Corona-Weltrezession

Paul J. J. Welfens

Corona-Weltrezession

Epidemiedruck und globale Erneuerungs-Perspektiven

Paul J. J. Welfens
Europäisches Institut für Internationale Wirtschaftsbeziehungen (EIIW)/Universität Wuppertal, Schumpeter School of Business and Economics/Fakultät Wirtschaftswissenschaften
Wuppertal, Deutschland

ISBN 978-3-658-31385-2 ISBN 978-3-658-31386-9 (eBook)
https://doi.org/10.1007/978-3-658-31386-9

Die Deutsche Nationalbibliothek verzeichnet diese Publikation in der Deutschen Nationalbibliografie; detaillierte bibliografische Daten sind im Internet über http://dnb.d-nb.de abrufbar.

Springer

Titelbild: vectorpocket - stock.adobe.com

Springer ist ein Imprint der eingetragenen Gesellschaft Springer Fachmedien Wiesbaden GmbH und ist ein Teil von Springer Nature.
Die Anschrift der Gesellschaft ist: Abraham-Lincoln-Str. 46, 65189 Wiesbaden, Germany

Vorwort

Die weltweite Coronavirus-Epidemie ist ein Schock für Europa, Asien, die USA, Kanada, Brasilien, Russland, Indien, China – fast alle Länder der Welt sind schwer betroffen in Sachen Krise des Gesundheitssystems und Wirtschaftseinbruch. Weltweit ist die COVID-19-Todeszahl Mitte 2020 die häufigste Todesursache gewesen. Der Produktionseinbruch ist in den meisten Industrieländern schlimmer als bei der Transatlantischen Bankenkrise 2008/2009. Es ist eine echte Corona-Weltwirtschaftskrise in 2020, bei der zumindest für zwei Quartale massive ökonomische Einkommensdämpfungseffekte, ja starke absolute Produktionsminderungen in über 100 Ländern, für ernste Probleme sorgen; zumal die Arbeitslosenzahlen und die Zahl der Unternehmenskonkurse sowie die staatlichen Defizitquoten stark ansteigen. Was bedeutet diese historische Qualität der neuen medizinischen und ökonomischen Herausforderungen? Wie sind die Auswirkungen auf Wirtschaft, Wirtschaftspolitik und das Vertrauen der Menschen in Institutionen beziehungsweise Politiksysteme?

Eine erste Antwort lautet, dass in Dutzenden Ländern ein Vertrauensverlust in politische Systeme und Institutionen bei Teilen der jüngeren Wählerschaft eintreten wird; und dass in der EU die Mehrzahl der Menschen in den EU-Ländern von der Hilfe anderer EU-Länder während der Corona-Seuche enttäuscht ist. Da geht offenbar in der Corona-Krise viel Vertrauen verloren, was schlecht für internationale Koordination und ökonomisch-politische Stabilität weltweit ist. Dabei ist noch gar nicht absehbar, wer denn ökonomisch für die volkswirtschaftlichen Schäden in über 190 UN-Mitgliedsländern zahlen soll. Diese Debatte wird auf die Industrieländer wie die Entwicklungs- und Schwellenländer noch zukommen. In Teilen der Medien wird aus der Corona-Rezession für Deutschland und andere EU-Länder ein langfristiger

Verarmungseffekt destilliert; allerdings ohne vernünftige Gründe. In Deutschland und anderen Industrieländern kommt es allerdings auch stark auf die Erneuerungspolitik im Kontext mit dem Neustart der Wirtschaft und dem erwarteten Aufschwung an. Wenn der Norden der Weltwirtschaft mittelfristig eine Stabilisierung und neues – mehr klimafreundliches – Wirtschaftswachstum erreicht und den Entwicklungsländern via Weltbank und Internationaler Währungsfonds hilft, so sollte auch der Süden zügig die Corona-Krise überwinden können. Dabei wäre es hilfreich, wenn noch 2021 eine globale Impfaktion stattfinden könnte.

Welche Situation ist da entstanden, dass erstmals nach 1945 in einer internationalen Wirtschaftskrise von den USA keine politische Führung kommt – und weshalb sind die Vereinigten Staaten unter dem Populisten-Präsidenten Trump so unberechenbar für andere (und für sich selbst)? Geht es nach der Corona-Rezession in 2021 und den Folgejahren ökonomisch einfach wieder gut nach oben für die Länder des Westens und auch die in Asien und anderen Weltregionen? Kann man die neuen Impulse in Sachen Strukturwandel einordnen, wo es um beschleunigten digitalen Technikfortschritt in den OECD-Ländern und China plus Indien geht? Was bedeutet das für die USA, für die Europäischen Union, China und viele andere Länder in der ganzen Welt – welche Reformen sind wünschenswert, welche realistisch? Wie werden sich durch die Corona-Schocks die internationalen Gewichte verschieben? Viele Fragen und einige ausgewählte Antwort-Elemente, die es in sich haben und im Buch erläutert werden, nachfolgend in Kürze:

- Die globale ökonomische Kräfteverschiebung geht zunächst von USA und der EU Richtung China, das seine relative Position für einige Zeit global verbessern kann: mit einem Anstieg seines Anteils am Welt-Einkommen. Dennoch dürfte es auch China schwer fallen, in einem global ökonomisch verzerrten Umfeld mittelfristig erfolgreich zu sein – mit Realzinssätzen nahe Null und hohen Staatsschuldenquoten in vielen wichtigen Handelspartnern.
- Die Länder Schweden, Niederlande und Großbritannien zählen in Sachen COVID-19 Todeszahl zu den relativen Verlierern bei den Industrieländern – ihre Strategie, auf Herdenimmunität zu setzen, kann man als sehr bedenklich einschätzen. Die Unterschiede in den Sterberaten in den OECD-Ländern sind enorm, wobei Belgiens COVID-19 Sterberate etwa 10-fach so hoch ist wie die in Österreich. Die US-Entwicklungen sind im Gesundheitssystem und auch ökonomisch enttäuschend – relativ zum US-Führungsanspruch. Besonders schlecht ist zudem das Ergebnis im Schwellenland Brasilien, wo der populistische Staatspräsident wenig

rationales Handeln im Umgang mit das Virusinfektion zeigte. Nord- und Südamerika haben viel mehr Infizierte und COVID-19-Tote als Europa.

- Deutschland zählt in der kurzen Frist zu den relativen Gewinnern in der Corona-Weltrezession. Da man aber seitens der EU keine überzeugende Strategie zur Vermeidung einer neuen Euro-Krise – mit Italien als Epizentrum – entwickelt hat, könnte Deutschland gleichwohl noch zu den Verliererländern in Europa werden. Die EU insgesamt droht, gerade nach dem BREXIT, weiter auseinanderzufallen, falls das Vermeiden einer Eurokrise2 bzw. die Entwicklung neuer Reformmaßnahmen nicht rechtzeitig gelingt; von vernünftigen Maßnahmen zum Vermeiden einer neuen Eurokrise war bis Mitte 2020 sonderbarerweise in der Eurozone und der EU nichts zu sehen. Das EU-Risikomanagement in Berlin und Paris ist schwach; die ökonomischen „Wiederaufbau-Pläne" der Von-der-Leyen-Kommission erscheinen in Teilen als höchst widersprüchlich; eine EU-weite Umfrage des EU-Parlamentes von Anfang Mai zeigt, dass nur 33 % der Befragten direkte EU-Finanzhilfen als politische Top-Priorität betrachten, sogar in Italien und Spanien sind es nur 49 % und 43 %. Das 750 Milliarden-EU-Kommissions-Kredit-Paket ist ökonomisch kaum sinnvoll und wird auch von der EU-Bevölkerungsmehrheit gar nicht für wichtig erachtet. Das aber, was wichtig ist, nämlich eine Eurokrise2 zu vermeiden, das leistet das Kommission-Paket nicht. Es droht im Fall von US-Krise, BREXIT-Krise in Großbritannien und auch noch Eurokrise2 – mit Italien als Epizentrum – für den Westen eine historisch einmalige Schwächung durch eine politisch zu große Problempizza. Die Corona-Krise legt schonungslos offen, wie schwach viele Regierungen und Gesundheits- sowie Wirtschaftssysteme in Europa und Nordamerika sind. Das Virus mag Länder wie Italien und Spanien zufällig stark negativ getroffen haben und sicherlich werden Menschen – auch Wissenschaftler – in allen EU-Ländern gute Gründe auch für Solidaritätsmaßnahmen mit den stark vom medizinischen Corona-Schock betroffenen Ländern finden. Aber man kann kaum übersehen, wie spät und widersprüchlich gerade komplexe Koalitionsregierungen in vielen EU-Ländern – auch Belgien, Niederlande, Schweden – reagiert haben. Umfragen des EU-Parlaments fragen in EU-Ländern nach der Sichtweise der Bürgerschaft; in der entsprechenden Corona-Unsicherheits-Umfrage des Europäischen Parlamentes vom Mai 2020 wurde allerdings erst gar nicht gefragt, ob denn die 19 Länder der Eurozone ein gemeinsames Konjunktur- und Kreditpaket auflegen sollten. Hier erscheint es so, dass in der Umfragethematik teilweise das Thema verfehlt wurde. Man könnte den Eindruck haben, dass es kaum jemand in der Politik interessiert, dass die EU27 aus 19 Euro-Ländern, sieben potenziellen EU-Beitrittsländern und dem Spezialfall Dänemark besteht. Der Corona-Medizin- und Wirtschaftsschock hat aber besondere Auswirkungen auf Länder der Eurozone und auch auf den Euro-Wechselkurs, was es zu bedenken gilt für eine erfolgreiche und effiziente Überwindung der Corona-Wirtschaftskrise.

- Neue Studien zeigen, auch wenn man im Corona-Schock Klimaprobleme eher als weit weg empfindet: Gute Umwelt- und Klimapolitik ist auch Anti-Seuchenpolitik, da im nicht mehr ewigen Permafrost in Sibirien und Kanada neu alte Viren und Bakterien aufgetaut und in die Länder der Welt gebracht werden könnten. Zudem ist die Luftqualität wohl ein für die Todesintensität der Coronavirus-Pandemie wichtiger Einflussfaktor, so dass Umwelt- beziehungsweise Klimapolitik an Bedeutung nach 2020 weltweit zunehmen sollte. Es gibt schon gute Gründe, nicht einfach auf einen Neustart der Wirtschaft quasi nach altem Muster zu setzen: Die neuen Einsichten gilt es mit Blick auf den ökonomischen Aufschwung zu bedenken.
- Die Bekämpfung internationaler Epidemien verlangt längerfristig eine verstärkte internationale Zusammenarbeit, bei der sich die EU positiv einbringen könnte und sollte. Die EU ist allerdings in einer schwierigen Lage, da der politische Dialog mit China seit 2020 sichtbar erschwert ist.
- Die Beitragssätze zu verschiedenen Internationalen Organisationen hängen häufig von ökonomischen Variablen ab; bei der Weltgesundheitsorganisation und einigen anderen Internationalen Organisationen sollte jedoch der Anteil der über 65-Jährigen (und gegebenenfalls andere Gesundheitsmerkmale der Bevölkerung) mit eine Rolle in der Zukunft spielen, damit die ökonomischen Anreize vernünftig und die Lastenverteilung fair sind.
- Viele westliche Demokratien werden politische Narbeneffekte verzeichnen, da es vor allem bei jüngeren Wählerschichten in Ländern mit schwachen Regierungen – das heißt oft auch schlechter Seuchenpolitik – bei Epidemien zu langanhaltenden Enttäuschungseffekte kommt. Westliche Länder, vor allem solche in der EU, könnten zu politischen Verlierern der Corona-Seuche werden; die Europäische Union in dieser Lage zusammen zu halten, erfordert solides Wissen und politisches Geschick. Beides scheint in der EU27 und in Großbritannien teilweise Mangelware zu sein in 2019/2020.
- Der Corona-Schock beschleunigt den globalen digitalen Technologie- und Strukturwandel. Die Länder Asiens könnten mit zu den Gewinnern der Corona-Impulse weltweit werden. Dabei haben im Westen viele Länder gezeigt, dass sie mit einem Seuchen-Schock nur schwer umgehen können; dass

Wirtschafts- und Politiksysteme zum Teil wenig lernfähig und zu wenig innovativ sind und dass zumindest in der EU die Politik auf Basis von wenig Analyse große Projekte starten will, die zum Teil wenig durchdacht sind – den EU-Aufschwung wenig unterstützen werden. Deutschlands Digitalschwächen sind nochmals in 2020 für jedermann besonders deutlich geworden, ob die großen Staatsausgabenprogramme Mittel in vernünftige Verwendungen lenken, bleibt abzuwarten.

- Für fast alle Länder der Welt ist der Corona-Schock medizinisch und ökonomisch eine parallele Herausforderung; ökonomisch gibt es eine Corona-Weltrezession, medizinisch eine globale Virusausbreitung mit mehr als einer halben Million Tote in 2020; mit ganzen Industrien – noch vor Jahren glänzend an den Börsentafeln leuchtend –, die über Jahre nur deutlich geschrumpft überleben: etwa die Luftfahrtindustrie und der Fernreise-Tourismus. Horizonte schrumpfen für viele Millionen Menschen und auch für Investoren.
- Die Impfstoff-Forschungsförderung zu COVID-19 ist in den Industrie- und Schwellenländern bis zum Sommer 2020 unterdimensioniert gewesen.

An natur- und sozialwissenschaftlichen Analysen zur Coronavirus-Pandemie arbeiten weltweit Tausende Forscher in den Natur- und Sozialwissenschaften. Daraus ergibt sich ein bisweilen kompliziertes und manchmal im Schock-Jahr 2020 nicht ganz klares Bild. Gelegentlich muss man sich allerdings wundern, wie wenig man etwa in Deutschland oder den USA von anderen Industrie-Ländern lernen will; da gibt es enorm viele Parallelstudien, nicht selten bei den Epidemiologen und Virologen, die zum Teil mit bedenklich kleinen Fallzahlen arbeiten. Das wiederum führt zu statistisch gesehen wenig belastbaren Befunden: als Basis von Politikentscheidungen (dabei gibt es zur gleichen Virus-Frage womöglich in Dänemark, Norwegen, Schweden oder Island schon Studien mit mehr Teilnehmern, was auch solidere Schlussfolgerungen erlaubt). Das Virus, der da in Industrie- und Entwicklungsländern zuschlägt, ist zwar geografisch gesehen nicht überall exakt derselbe, aber zumindest in Europa ist der aktive Virusstamm in allen EU28-Ländern offenbar gleich.

Als Ökonom habe ich selbst im Frühjahr und Sommer Corona-Analysebeiträge am EIIW entwickelt, kaum dass ich von einer Vortragsreise in USA (mit anderer Thematik, allerdings verwandt) Ende Februar nach Deutschland zurückgekehrt war. Früh habe ich die ökonomischen Negativeffekte eines massiven Einbruchs des Internationalen Tourismus auf das Realeinkommen in der Weltwirtschaft betont, wobei ein angenommener Rückgang von 50 % in 2020 gesamtwirtschaftliche Einkommenseinbrüche -10 %

bis -1 % für mehr als 100 Länder bringt. Ein Realeinkommensrückgang von mehr als 2 % in einem Jahr gilt in der Regel als ernste Rezession. Hinzu kommen jenseits des Tourismussektors natürlich weitere indirekte Einkommensdämpfungseffekte und dann obendrauf die Effekte durch staatliche Regulierungen in Sachen Zuhause-Bleiben-Müssen und Produktionsbeschränkungen als Teil der Anti-Seuchen-Politik.

Bei der internationalen Analyse der Pandemie-Effekte kommt es, das sei hier betont, nicht nur auf die Entwicklungen in großen Ländern an. Es gibt auch einige kleine Länder von erheblicher strategischer Bedeutung – wie etwa Libanon und Jordanien -, deren Probleme man auch aus EU- und US-Sicht sehr ernst nehmen sollte, wo zügige Unterstützung durch Weltbank und Internationaler Währungsfonds dringlich sind. Das Netzwerk internationaler Organisationen ist bei der Bekämpfung der globalen Seuche und der Folgeeffekte wichtig für Problemlösungen. Zudem ist es wichtig zu verstehen, wo die zum Teil erheblichen internationalen Unterschiede bei den COVID-19-Sterblichkeitsraten herkommen.

Mit Kollegen (Lucas Bretschger und Elise Grieg) von der ETH Zürich und Tian Xiong (EIIW) habe ich ein empirisches Paper zur COVID-19-Sterblichkeit in den OECD-Ländern verfasst und gebe einige der Befunde im Weiteren als Teil der Forschung wieder. Es ist schon bemerkenswert, dass die Corona-Sterbequote in Belgien rund zehnfach so hoch wie in Österreich im ersten Halbjahr 2020 war; und dass absolut gesehen Großbritannien – genauer UK – mit 40.000 Todesfällen so viel höher als Deutschland mit 9000 zu Anfang Juni lag. Verglichen mit der Sterbequote in Deutschland hätte man für UK etwa 7000 Sterbefälle erwarten sollen. Viele Tote und viel Leid hätte man sich im Vereinigten Königreich ersparen können, wenn man nicht auf das Konzept Herdenimmunität gesetzt und doch früh umfangreiche Coronavirus-Tests angesetzt hätte. Die Popularität von Boris Johnson als Premier ist im Sommer 2020 offenbar daher abgesunken.

Als besonders wichtig für die neuere Corona-Analyse im ökonomisch-politischen Bereich ist aus meiner Sicht die neue Studie von Barry Eichengreen (UC California) und dessen Co-Autoren einzustufen: Sie fragt nach den politischen Narben, die sich durch Seuchen in westlichen demokratischen sowie in autokratischen Ländern ergeben. Da kann ein langfristig negatives Echo als Destabilisierung im Westen wirken.

Eine verständliche Darstellung soll dabei hier insgesamt erfolgen, wobei sich einige eher komplizierte Zusammenhänge im Anhang des jeweiligen Kapitels finden. Die Darstellung insgesamt umfasst den Ausbruch der weltweiten Epidemie – also die Coronavirus-Pandemie – und geht dann über zu den ökonomischen Absturzeffekten; sowie den Neustartperspektiven der Wirtschaft plus den veränderten EU-bezogenen und globalen Kooperationsperspektiven.

Die Corona-Weltrezession ist die erste internationale Wirtschaftskrise, die sich ohne politische Führung der USA vollzogen hat. Präsident Trump will einerseits keine solche Führung anbieten, aber die Trump-Administration könnte sie andererseits wegen der ernsten Kompetenzlücken in vielen Ministerien auch gar nicht anbieten. Gleichwohl ist wegen der Pandemie-Gefahren eine verstärkte internationale Kooperation notwendig, wie kann man eine solche erreichen und welche Rolle könnte die EU dabei spielen?

Kooperation gilt es zu verbessern in vielen Punkten, dabei sind umfassende EU-Reformen unerlässlich, sofern denn die Europäische Integration fortbestehen will. Dass der Mehrfach-Stresstest der Wirtschaftssysteme alte und neue Probleme in vielen Ländern klar aufzeigt und zudem eigenständigen Anpassungsbedarf mit sich bringt, ist unübersehbar; zumindest in den Ländern, die von der Seuche stark betroffen sind. Die Enttäuschung in Italien, Spanien, Frankreich und Belgien über Schwächen des Gesundheitssystems ist nicht im Ansatz politisch verarbeitet worden, im Übrigen bedeuten besonders hohe Sterberaten in diesen EU-Ländern – und in Großbritannien -, dass der ökonomische Einbruch besonders stark ist: Hohe Sterberaten in diesen Ländern bedeuten, dass die regulatorischen staatlichen Einschränkungen bei der Produktion (via Zuhause-Bleibe-Vorgaben, Produktionsstopps für bestimmte Sektoren) besonders stark als Element der Seuchen-Bekämpfung zeitlich sein müssen; umso stärker ist dann die Corona-Rezession. In Europa ist die Zahl der Seuchen-Toten besonders hoch in Großbritannien unter einem populistischen Ministerpräsident: 43.000 Todesfälle bis Anfang Juli 2020, gegenüber 9000 Todesfällen in Deutschland, zeigen offenbar ernste Defizite im UK-Gesundheitssystem und in der britischen Seuchenpolitik.

Sechs Monate nach der internationalen Virus-Ausbreitung Anfang 2020 gab es rund fünf Million Corona-Infizierte weltweit (inoffiziell sicher weit mehr), mehr als 400.000 Tote. Offenbar kann sich das Coronavirus weltweit rasch ausbreiten, was bei einer Milliarde Flugpassagiere im Vierteljahr nicht überraschend ist; die Normalzahl von Flugpassagieren pro Jahr lag bei 4 Milliarden in 2017 und 2018 sowie 2019 dürften ähnliche Zahlen in den offiziellen Statistiken haben. Nach dem Höhenflug kam ein steiler wirtschaftlicher Absturz in der ersten Jahreshälfte 2020. Einige Industrieländer verzeichneten im ersten Quartal 2020 einen Wirtschaftseinbruch um -8 % und aufs Jahr gerechnet sind -6 % bis -10 % bei einigen Industrieländern zu erwarten; zum Teil natürlich hervorgerufen durch staatlich angeordnete Produktionseinschränkungen und häusliche Quarantänemaßnahmen, die der Seuchenabwehr dienen sollen. China hat mit einer harten Quarantäne in der Ausgangsprovinz der Epidemie, in Hubei, im ersten Quartal die Seuche gestoppt und dann im zweiten Quartal dort und landesweit einen wirtschaftlichen Expansionskurs eingeschlagen.

Die USA hingegen sehen unter Präsident Trump in 2020 in medizinischer wie ökonomischer Sicht schwer angeschlagen aus. Das liegt erstens daran, dass das US Center for Disease Control den von der Berliner Charité-Wissenschaftlergruppe um Professor Drosten entwickelten frühen Corona-Nachweis-Test nicht übernehmen wollte; und zudem hat Trump die Virus-Warnungen seiner Experten im Januar und Februar 2020 nur wenig ernst genommen. Hinzu kamen Schwächen des US-Gesundheitssystems, das in Teilbereichen schlechter als das System in führenden Ländern in Westeuropa ist. Deutschland stand im Juni 2020 bei 9000 Corona-Toten, die USA hingegen bei rund 120.000. Hätten die Vereinigten Staaten in etwa die Corona-Sterbequote von Deutschland, gäbe es kaum 40.000 Tote in den USA. Die Supermacht USA wird sich wohl kaum mit den in Sachen Epidemie-Abwehr relativ schwachen EU-Ländern Italien und Spanien vergleichen wollen. Im Übrigen haben die Vereinigten Staaten mit Präsident Trump einen Präsidenten, der auch laut Umfragen dem Ansehen der USA geschadet hat und wirtschaftspolitisch schon in 2018/2019 für widersprüchliche, riskante, populistische Politikansätze stand. In Westeuropa ist der BREXIT von Großbritannien ein ökonomisch riskantes populistisches Projekt. Der Westen zeigt in der Corona-Krise weitgehend ein Bild der Schwäche und populistisch regierte Länder wie USA, UK und Brasilien verzeichnen besonders schlechte Entwicklungen im Gesundheits- wie im Wirtschaftsbereich.

Deutschland, die Niederlande, Belgien und andere EU-Länder haben relativ hohe Exportquoten – nahe 50 % oder gar mehr (in kleinen EU-Ländern) – und sind daher besonders von den ökonomischen Effekten des Pandemie-Schocks betroffen, der praktisch alle Länder der Welt gleichzeitig als Rezession betrifft: Länder mit hohen Exportquoten könnten einen besonders starken wirtschaftlichen Dämpfer verzeichnen; anders ausgedrückt, die besonders exportstarken Länder haben ein besonderes Interesse an einer wirksamen internationalen konjunkturpolitischen Kooperation. Zum Teil erfolgt eine Quasi-Kooperation aus der gleichen oder ähnlichen Konjunktur-Betroffenheit von Ländern. Aber gerade bei den großen Ländern USA, China, Japan, EU27, UK gibt es untereinander wenig Kooperation, die für eine optimale Politik – also auch eine bestmögliche Überwindung der Weltrezession – aber eigentlich notwendig wäre. Hier sieht man auch Deutschland in diesem Kontext relativ wenig Anstrengung, soweit man von Kooperationsansätzen für EU-Expansionsimpulse absieht.

Die konjunkturpolitische Kooperation Deutschland-Frankreich-Italien-Großbritannien-USA-Japan-Kanada, findet also auf G7-Ebene in 2020 nicht wirklich statt: vor allem weil die Vereinigten Staaten als internationale Führungsmacht unter Trump ausfallen. Eigentlich müssten die G7-Länder aber auch mit anderen Ländern konjunkturpolitisch kooperieren, etwa mit China. In der Transatlantischen Bankenkrise hatte China mit einem großen nationalen Konjunkturpaket positive Impulse national, aber auch für die USA und die EU gegeben. Ein ähnlich stark dimensioniertes China-Konjunkturpaket wie 2009/2010 wird es aber 2020/2021 nicht geben, weil die finanzpolitischen Spielräume Chinas viel geringer sind als 2009/2010.

Die Europäische Union wiederum glänzt mit ihrer Unlust, sich mit den Gründen für den BREXIT auseinanderzusetzen und sinnvolle Reformen zu entwickeln – und zudem sind die EU-Führungsländer offenbar kaum fähig, eine neue Eurokrise, die im Zentrum eine Italien-Staatsfinanzierungskrise hätte, zu verhindern. Eine gefährliche neue Eurokrise in 2020/2021 zu verhindern, wäre zwar möglich, aber die Planungen in Berlin und Paris sehen da keine realistische präventive Politik. Allenfalls wird man wohl dieses gefährliche ökonomische Desaster eintreten lassen, um dann kurzfristig, mit flickwerkmäßig zusammen geschusterten Ansätzen, die schlimmsten Auswüchse einer Italien- und Eurokrise 2 zu reparieren und teilweise zu vermeiden suchen. Eine enorm riskante Strategie angesichts bevorstehender nationaler Wahlen in Deutschland 2021 und in Frankreich im Folgejahr, wo der Populismus ohnehin schon stark ist.

Die EU-Kredit- und Transferpakete in Höhe von insgesamt 1290 Milliarden Euro sind zwar groß dimensioniert, aber inhaltlich nicht vernünftig ausgerichtet und zudem zu etwa 10 % eine Luftbuchung. Es gibt auch keine vernünftig dimensionierten Institutionen: Eigentlich braucht man zur Vermeidung einer Italien- und Eurokrise2 ein Euro-Parlament und eine Euro-Kommission für die 19 Länder der Eurozone. Stattdessen gibt es aber nur ein EU-Parlament und eine EU-Kommission für 27 Länder, so dass man unnötig große und teure Rettungspakete aufsetzen muss. Das 750 Milliarden-Euro-Paket als Kommissionsvorschlag vom Mai 2020 ist zu groß und in der Statik nicht durchgerechnet im Vergleich zu einem sinnvollen Eurozonen-Paket. Das sind erhebliche Politikfehler, die Europa und den Westen zusätzlich schwächen könnten. Deutschland mag die Epidemie medizinisch relativ gut bewältigt haben und der Regierung kann man wohl ein gutes Zeugnis hier ausstellen. Aber die Europa- und Wirtschaftspolitik wird halt – bei aller Wertschätzung für die RKI-Arbeit – nicht im Robert-Koch-Institut gemacht. Bei der Stabilitäts- und Integrationspolitik ist die Bundesregierungin Teilen der Europapolitik wenig fundiert, uninnovativ, widersprüchlich und weithin ohne Risikomanagement unterwegs; als ob kein BREXIT stattgefunden hätte – und keine Eurokrise 2 drohte.

Dazu kommen Bundesländer, die über Monate die Schulen nicht wieder ans Laufen bringen, nicht einmal ein Zwei-Schicht-Betrieb ist in Deutschlands Schulen möglich, da man eine dafür nötige Putzaktion der Klassenräume am frühen Nachmittag nicht zu organisieren vermag – bei drei Millionen Arbeitslosen und Bergen von Finanzierungsspielräumen des Staates ist das ein Armutszeugnis; auszubaden von zum Teil überforderten Eltern mit Home-Office-Belastung und Zuhause-Unterrichtsaktivitäten über Monate. Ob die Schulen ihre Defizite in Sachen Digitalisierungsgrad und Lehrerweiterbildung mittelfristig deutlich werden abbauen können, wird man sehen. Die in der Politik offenbar im Frühsommer gängige Vorstellung, wir schließen die Schulen ans WLAN an – rund 1/3 der Schulen war noch im April 2020 in Deutschland ohne vernünftigen Internet-Anschluss – und die Lehrerschaft möge sich dann selbst fortbilden, ist sonderbar.

Die USA, Großbritannien und eine Reihe von EU-Ländern zeigten zur Jahresmitte 2020 deutliche Schwächen bei der Bekämpfung der Coronavirus-Epidemie. Zwar begann im Juni in verschiedenen OECD-Ländern auch ein Neustart von Teilen der Wirtschaft, aber die Prognosen etwa des Internationalen Währungsfonds zur Stärke der Rezession in 2020 in wichtigen EU-Ländern wurden im Juni gegenüber den Analysen vom April deutlich herunter gesetzt. Die USA zeigten zudem Probleme in der Epidemie-Bekämpfung: Die Infektionszahlen pro Tag erreichten gar Anfang Juli neue nationale Rekordwerte.

Der einst stolze Westen hat insgesamt politisch und ökonomisch 2016–2020 an Rationalität eingebüßt, was der neuen ökonomischen Supermacht China verbesserte globale Aufstiegschancen bringt. Für China ist die Situation allerdings durchaus schwierig, da US-Firmen zahlreiche wichtige Vorprodukte beziehungsweise Technologien auf Druck von Präsident Trump hin nicht mehr länger zur Verfügung stellen; die USA-China-Handelsbeziehungen waren schon vor der Corona-Krise durch Konflikte geprägt. Die USA fallen zudem mitten in der internationalen Wirtschaftskrise als Stabilisator seit Mai 2020 fast vollkommen aus.

Die Industrieländer und viele Schwellenländer haben mit Vorgaben für Zuhause-Bleiben von über einer Milliarde Menschen und Kontakteinschränkungen wohl für ein Viertel der Menschheit im ersten und zweiten Vierteljahr Produktionsstopps in vielen Sektoren verursacht; zudem einen Ausfall an Liquidität, der für viele Firmen und Selbstständige existenzgefährdend ist. Die Epidemieabwehr schafft relativ zufällige, oft große und ungerechte ökonomische Verluste; selbst gute Restaurants, Hotels oder Soloselbstständige mit tollem Programm können Corona-Opfer für viele Monate werden. Wie soll die Wirtschaftspolitik hier reagieren? Kann man Epidemiepolitik und Wirtschaftspolitik vernünftig in Einklang bringen?

China hatte rund 5000 Tote und 80.000 Infizierte bei seiner Corona-Epidemie verzeichnet. Warum aber haben die USA mit ¼ der Einwohnerzahl Chinas über 1 Million Infizierte und mehr als 100.000 Tote bis zur Jahresmitte 2020 verzeichnet? Ein Teil der Antwort ist einfach, dass China eine mehr als 100jährige erfolgreiche Tradition der Epidemie-Bekämpfung hat; und die USA einen populistischen Präsidenten, der seine Amtspflichten in einigen Bereichen offenbar nicht ernst nimmt und dem fast 1000 Experten in seiner Regierung – im Vergleich zur Obama-Administration – fehlen.

Dass Europa einige erfolgreiche Epidemie-Bekämpfungsländer hat, ist wohl richtig. Aber die EU hat mit Italien und Spanien sowie Belgien offenbar auch Länder mit schwachen Gesundheitssystemen und schlechter Epidemie-Bekämpfungsstrategie; dabei spielten Altersheime in Italien und Spanien eine traurige Rolle, was von einer unangemessenen Seuchenpolitik mit verursacht wurde. Auch Schweden kann man zu den Problemfällen zählen. Deutschland und Österreich wird man eher zu den Erfolgsländern rechnen können, wenn man die westlichen Industrieländer im Vergleich betrachtet. Allerdings kommt man mit einer gesundheitspolitischen Analyse allein nicht weit, man muss schon eine Verbindung der Analyse des Gesundheitssystems und des Wirtschaftssystems leisten, um eine sinnvolle Reflexion zu den Corona-Schocks vorlegen zu können; das jedenfalls wird in diesem Buch für eine Reihe von Ländern versucht (interessanter Weise war dies mit Bezug auf die USA bereits ein Hauptthema in meinem 2019 veröffentlichten Buch The Global Trump/„Trump global" als 2020 publizierte deutsche Buchversion).

Im Ergebnis kann man erkennen, dass die herrschende ökonomische Analyse – auch wenn es das ausgebaute Feld der Gesundheitsökonomik gibt – hier Defizite hat. Die Ökonomik ist vielfach zu sehr parzelliert, eine verbindende, sinnvolle, beziehungsweise analytisch notwendige, Betrachtung von Wirtschaftsentwicklung und Gesundheitszustand der Bevölkerung findet fast nicht statt: von Ausnahmen abgesehen. So geht man in der ökonomischen Lehrbuchliteratur davon aus, dass die Individuen ihren Konsumnutzen bei Gütern maximieren möchten, zudem eine möglichst geringe Arbeitszeit haben wollen; dass man aber auch einen optimalen oder Mindestgesundheitszustand (altersabhängig definiert) für sich dabei anstrebt – was wohl jeder Mensch macht – wird in der Regel übersehen. Das ist eigentlich sonderbar, weil das eine elementare Nutzen- und Glückskategorie der Menschen ausblendet; zumal ja die Menschen etwa in den USA immerhin 18 % des Nationaleinkommens für Gesundheitsausgaben aufwenden. Das wiederum ist 1/3 mehr als Deutschland und Frankreich, wo jedoch die Lebenserwartung deutlich höher und die Säuglingssterblichkeit geringer als in den USA ist.

Gibt es mehr gesunde Menschen beziehungsweise Arbeitnehmer und Unternehmer, dann kann man mehr produzieren, weshalb ein vernünftiges Krankenversicherungssystem als sehr wichtig gelten darf. Denn ein solches System bringt ein relativ gutes Gesundheitssystem und damit einen im Durchschnitt guten Gesundheitszustand der Bevölkerung hervor. Im Übrigen hatten die USA gut 30 Jahre vor der Trump-Präsidentschaft noch eine Lebenserwartung, die höher als in Frankreich und Deutschland war.

Die Corona-Krise hat mit vielen Infizierten und hohen Todeszahlen traurige Seiten, aber sie hat auch einige unerwartete Innovationen und Veränderungen mit sich gebracht. Denn parallel zur Corona-Gesundheitskrise entstand ein unfreiwilliger weltweiter Versuch in Sachen Home Office und digitaler Unterricht. Aus Not wird man in vielen Fällen längerfristig eine Tugend machen, die Zahl der Zuhause-Digital-Arbeitnehmer wird um Millionen gesteigert bleiben, auch wenn die Pandemie überwunden ist. Ganze Bürohochhäuser werden sich als zunächst überflüssig nach der Corona-Krise erweisen, in allen großen Metropolen der Welt. Sofern eine Impfung rasch verfügbar wird, kann man vermutlich in vielen Feldern weitgehend zum alten Leben – vor der Pandemie – zurückkehren. Ohne weltweite Impfung wären die Beschränkungen im Alltagsleben erheblich und auch Aufzugfahren in Hochhäusern kann dann nicht aussehen wie früher: weniger Leute pro Raumeinheit, Maskenpflicht und Abstandsgebot einhalten, wo immer möglich, wären Gebote der Stunde der Not.

Wie dringlich man eine wirksame Impfung braucht; für fast die ganze Menschheit. Denn sonst geht die Epidemie als internationale Bedrohung nicht weg. Allerdings hat man in 2020 gar keine effiziente Förderung der Impfstoffforschung zustande gebracht. Am 23. Mai starben 6000 Menschen weltweit, jede Verkürzung um einen Tag beim Prozess des Findens eines wirksamen Coronavirus-Impfstoffs rettet wohl um 10.000 Menschenleben – wenn man vom Impfbeginn zur Jahreswende 2020/2021 ausgeht. Die Weichen für eine optimale Impfstoff-Forschungsförderung wurden nicht gestellt; mangelhafte Kooperation zwischen der EU, China und den USA gehören zu den relevanten Problemen dahinter.

International kooperationsunwillig ist vor allem Präsident Trump, der als 45. US-Präsident auf gewichtige Weise ein Populist auf dem Höhepunkt der US-Macht ist; gewählt von einer US-Bevölkerungsmehrheit und getragen von einer sonderbar gewendeten Republikanischen Partei, zu der Trump in vielen Feldern ideologisch eigentlich kaum passt. Populisten sind Meister im Wunschdenken und verhalten sich entsprechend, wobei der US-Präsident enorme Macht für die Inszenierung von Wohltaten für einige Gruppen hat, zudem auch Entlassungen in der Administration vornehmen kann. Wie kaum ein Präsident vor ihm hat Trump Mitarbeiter entlassen und versetzt – oft nur, weil die betreffenden Personen ihre Arbeit normal erledigen. Der Populismus, wie man ihn bei Trump, in Großbritannien bei Boris Johnson, in Brasilien bei Präsident Bolsonaro und in der Türkei zum Teil bei Präsident Erdogan auffällig sehen kann, ist in seinem typischen Wunschdenken eher wissenschaftsabgeneigt und möchte den unangenehmen Hinweisen von Epidemiologen und anderen Seuchenexperten eher nicht zuhören. Das Ergebnis dürfte eine gewisse Entzauberung der Populisten sein – die Mortalitätsrate in Ländern mit Populisten-Regierungen dürfte tendenziell relativ hoch sein, da Anti-Seuchen-Maßnahmen eben unwillig und verspätet eingeleitet werden. Allerdings sorgt die Seuchengefahr für erhöhte politische Verwirrung, so dass man kaum sicher sein kann, dass die Populisten bei Wahlen auch eine klare Niederlage erleiden werden.

Für den Westen verschieben sich durch die Corona-Krise die Machtgewichte in der Demokratie mit ihrer angehängten Marktwirtschaft. Da nur der Staat die gewaltigen notwendigen Finanz-Summen zur Stabilisierung der Wirtschaft beziehungsweise zur Rezessionsüberwindung in einer global massiven Rezession mobilisieren kann und weil der Staat als Retter von Großunternehmen hundertfach als Miteigentümer plötzlich an Bord kommt, nimmt die Rolle des Staates in Wirtschaft, Politik und Gesellschaft zu. Auch wenn es ökonomisch eher nicht vernünftig ist, dass der Staat sich in privaten Firmen quasi wie ein Unternehmer betätigt – dafür fehlt gelernten Beamten einfach in der Regel Talent und Motivation -, so werden politische Akteure kaum die Gelegenheit auslassen wollen, über die neuen Unternehmenseigentümerschaften auch unternehmensstrategisch Macht zu entfalten: also politisch nahestehende Beamte und Parteikader in leitende Unternehmenspositionen zu setzen, womöglich auch Parteispendenflüsse „zweckmäßig“ mit zu gestalten. Zur politischen Macht des Staates kommt nun durch die Corona-Krise bedingt auch noch zusätzlich wirtschaftliche Macht, so dass die normale Machtteilung westlicher Demokratien teilweise aufgehoben wird. Die Wachstumsdynamik westlicher Länder wird sich in dieser neuen Konstellation verlangsamen, was bedeutet, dass sich die Verteilungskämpfe zeitweilig verschärften dürften. Wenn zudem in der EU die Rolle des Emissionshandels durch faktische sektorale Staatseingriffe vermindert wird – auf dem Papier mag der Emissionshandel dabei ausgeweitet werden –, so erhöhen sich unnötigerweise die Kosten der Emissionsminderung; und das mitten in der Corona-Rezession. Es gibt dann weitere Wohlstandsverluste, die notwendige System- und Politikerneuerung für eine zukunftsfähige Wirtschaft findet zu wenig oder gar nicht statt. Die Corona-Rezession bedeutet Einkommensverluste, aber die von den Corona-Rettungsmaßnahmen ausgehenden qualitativen Veränderungen des Wirtschaftssystems erhöhen die Verlustrechnung noch deutlich; und zwar weltweit.

Der Corona-Schock wirkt weltweit als ökonomische Herausforderung und in einer Zeit erhöhter politischer Nervosität in vielen Ländern wird da gemeinsames, koordiniertes Handeln nicht leicht zu erreichen sein. Mehr politisch-wirtschaftlich machtvolle Länder in der Weltwirtschaft werden in der Corona-Zeit weniger als früher international kooperationsgeneigt sein, so dass politische, ökonomische und womöglich auch militärische Konflikte zunehmen dürften. Es ist nicht auszuschließen, dass in einigen Ländern, wo die Bevölkerung über die Seuchenpolitik der Regierung enttäuscht ist, auch vorzeitige Machtwechsel zustande kommen.

Im Übrigen besteht die Gefahr, dass manche politische Utopisten meinen, ein kurzfristig im ersten Halbjahr 2020 ausnahmsweise zur Verfügung stehendes großes Finanz-Füllhorn des Staates – mobilisiert zur Rettung von Wirtschaft und Gesellschaft – sei eine Art geheimnisvoller Hinweis: darauf, dass man in Wahrheit viele Dinge ja doch ganz leicht ganz anders machen könnte und sollte als herkömmlich. Das ist aber ein logisch-ökonomischer Irrtum. Man kann aus einer Ausnahmesituation im Leben nicht die Leitsätze für das normale Alltagsleben herleiten und eine Wiederholung der gewaltigen Rettungsmanöver für Unternehmen und Arbeitnehmer in der Corona-Krise im ersten Halbjahr 2020 wäre schon bei einer zweiten Virus-Welle einfach unmöglich, da der Staatsbankrott mit hoher Sicherheit vielen Ländern drohte.

Auch wenn das Coronavirus wohl aus China, aus Wuhan, ursprünglich kam, so ist offensichtlich, dass Chinas Regierung die Epidemie im Land nach wenigen Monaten durch strenge Quarantäne-Vorschriften zunächst besiegt hat; im späten Frühjahr 2020 wurden noch in einigen anderen Provinzen neue Infektionsfälle gemeldet, etwa im Mai in der Grenzprovinz zu Nord-Korea. China hat mehr als 100 Jahre Erfahrung in moderner Seuchenbekämpfung; als man 1910 einen Seuchenausbruch in der Mandschurei verzeichnete, gelang es dem Militärarzt Wu Lien-teh – in Westeuropa medizinisch ausgebildet – eine Epidemie in der Mandschurei durch strikte regionale Quarantänemaßnahmen zu stoppen: Zuhause bleiben, Kontaktvermeidung mit Infizierten und anderen Menschen, dann ist die Seuche überwunden.

Demgegenüber machen Teile Europas und vor allem auch die USA einen schlechten Eindruck in Sachen Seuchenbekämpfung in 2020. Sobald man etwas mehr 600 Infizierte pro Tag in einem Land wie Deutschland oder Frankreich hat, ist die Verfolgung von Kontaktnetzwerken und damit eine strikte effektive Quarantänepolitik kaum noch möglich. Es sei denn, dass man eine auf Mobilfunktechnik aufsetzende Kontaktverfolgungs-App hätte. Solch eine App wurde immerhin in Korea, Taiwan, China und Japan erfolgreich im Frühjahr 2020 eingesetzt (in Frankreich war eine solche App immerhin im Mai verfügbar). Aus etwas sonderbaren Gründen heraus kauften westliche Länder nicht von diesen Ländern eine schon entwickelte entsprechende App ab, sondern die Politik in vielen Ländern ließ erst einmal umständlich eigene neue Apps entwickeln, die nur mit „üblicher" Verspätung verfügbar wurden. Natürlich sind Datenschutz-Aspekte wichtig, aber in einer ersten Phase hätte man ja durchaus eine App aus Asien nutzen können. Als die Infektionszahlen rasant im März und April 2020 in den EU-Ländern, Großbritannien, der Schweiz und den USA anstiegen, konnte man seitens des Staates kaum ein anderes Seuchenbekämpfungsmittel anwenden, als quasi nationale Quarantänemaßnahmen per Regulierung zu beschließen: Vorgaben für allgemeines Zuhause-bleiben hieß für viele die Devise und viele Unternehmen oder Dienstleister – Hotels, Restaurants, Fluglinien – mussten für einige Monate fast ganz schließen.

Der öffentliche Personennahverkehr, gerade noch umweltpolitisch hochgelobt, wurde plötzlich zum Infektionsrisiko. Krankenschwestern und Ärzten wurden in vielen Ländern nun kostenlose Leihwagenangebote vorgelegt; Auto fahren als sichere Fortbewegung zum Einsatzort. Im Übrigen stellte sich heraus, dass es bei Schutzkleidung und Beatmungsgeräten in vielen Ländern enorme Defizite gab. Nach hektischen Monaten improvisierter weltweiter Beschaffungsaktionen und einem allmählichen Hochfahren nationaler Produktion wichtiger Medizinprodukte – inklusive Gesichtsmasken – hatte man im Mai 2020 eine verbesserte Situation in Europa und Teilen der USA erreicht.

Die Sterberaten in Belgien, Spanien, Italien, Frankreich und Großbritannien sowie New York waren im Frühjahr 2020 die höchsten der Welt. Das ist eine teilweise überraschende Entwicklung; am meisten wohl in Frankreich, wo das Pasteur-Institut seit einem Jahrhundert als eines der führenden Epidemie-Analysezentren weltweit gilt und wo man auch dachte, dass das eigene Gesundheitssystem höchste Standards böte (Meinungsumfragen für Frankreichs Präsident Macron sahen im Sommer 2020 schwach aus und die Kommunal-Wahlen Ende Juni gingen verloren). Immerhin können Deutschland und Österreich relativ gute Werte aufweisen. Mit dem Robert-Koch-Institut hat man in Deutschland ein wichtiges Forschungsinstitut, dessen Namensgeber für Pionierforschung bei der Seuchen-Abwehr gilt.

Zu den globalen Verlierern der Coronavirus-Pandemie gehören die USA. Während China zur Jahresmitte 2020 rund 5000 Todesfälle zu verzeichnen hatte – bei 1,4 Milliarden Einwohnern -, mussten die Vereinigten Staaten unter Präsident Trump über 100.000 Todesfälle (bei 330 Millionen

Einwohnern) verzeichnen. Der traditionelle Anspruch der USA als globale Führungsmacht wird durch eine solche Schwäche des US-Gesundheitssystems unterminiert. Die USA könnten bis Jahresende 2020 die Epidemie national nicht besiegt haben, es sei denn via Verfügbarkeit eines Impfstoffes. Allerdings ist es durchaus zeitraubend, 330 Millionen Menschen zu impfen; das könnte Monate dauern.

Im Übrigen hat die Trump-Administration in der Weltgesundheitsorganisation (WHO) ein neues Konfliktfeld mit China aufgebaut; Präsident Trump hat gedroht, die USA könnten sich aus der WHO zurückziehen, umgekehrt hat Chinas Präsident angekündigt die WHO mit einer Sonderzahlung finanziell stärken zu wollen. Trumps Anti-Multilateralismus-Politik, nämlich das Sich-Zurückziehen aus Internationalen Organisationen, wird hier einerseits sichtbar. Andererseits sucht der US-Präsident offenbar einen Sündenbock für eigene Fehler bei der Seuchenbekämpfung.

Alle Länder mit intensiven internationalen Wirtschafts- und Tourismusbeziehungen weisen im ersten Halbjahr 2020 relativ hohe Infektionsraten auf – zumindest soweit man davon ausgeht, dass nationale Unterschiede in der Testungsintensität die Vergleichbarkeit von Infektionshäufigkeiten noch sinnvoll bleiben lässt. Man kann den Eindruck gewinnen, dass internationale Vernetzung der Wirtschaft mit besonderen Gesundheitsrisiken einhergeht. Ein Schatten ist von daher auch auf die Globalisierung der Wirtschaft gefallen. Denn jedermann versteht, dass eine sehr weit getriebene internationale Arbeitsteilung – bei stark abgebauter Vorratshaltung – zu Engpässen bei Medikamenten und Schutzkleidung während des Corona-Schocks im ersten Halbjahr 2020 in vielen Ländern geführt hat. Allerdings gilt auch, dass Globalisierung mit die Basis des hohen Wohlstandes in Europa, Nordamerika plus Lateinamerika und Asien ist. Schließlich versteht man auch, dass Gesundheit eine wichtige Nebenbedingung von Konsumnutzen ist.

Dies ist einem zwar aus der Alltagsfrage nach der Gesundheit seines Gegenübers durchaus bewusst, aber erst der Corona-Schock verdeutlicht nochmals, dass große Konsummengen für ernsthaft erkrankte Menschen kein so großer Genuss sind. Die Qualität des Gesundheitssystems ist ein Einflussfaktor des Wohlstandes, der vielfach unterschätzt oder ausgeblendet wird. In vielen Ländern sah man zudem auch, dass eine große Zahl von COVID-19-Erkrankten plötzlich zu Produktionsausfällen führt – etwa in Oberitalien bei Autobahntankstellen im April und Mai 2020 oder eben im Gesundheitssystem beziehungsweise in einem Krankenhaus, wo sich viele Ärzte und Pfleger angesteckt haben; oder in Schlachthäusern in den USA und Europa, wo oft viele in Massenunterkünften lebende Arbeiter sich gegenseitig mit dem Coronavirus angesteckt haben.

Die USA haben in Gestalt von Präsident Trump die Seuche anfangs nicht ernst genommen, obwohl die Trump-Administration offenbar alle relevanten Informationen in der Hand hielt. Aber Trump spielte die Seuchengefahr im Januar und Februar 2020 herunter, da er offenbar Negativ-Effekte am Aktienmarkt befürchtete, sobald in den USA eine breite Epidemie-Diskussion beginnen sollte; immerhin stoppte Trump den Flugverkehr mit China Ende Januar. Erste Maßnahmen der Bundesregierung in Washington DC und der Regierungen der US-Bundesstaaten gab es dann erst im März und April. Ich selbst konnte noch am 24. Februar an der Georgetown Universität einen Vortrag halten, bei dem ich mein Buch The Global Trump vorstellte und auch die Buchpräsentation am 26. Februar an der UC Berkeley in Kalifornien verlief reibungslos (im Internet: *UC Berkeley talk of Welfens Feb. 26, 2020, youtube*) The Global Trump. Structural US Populism and Economic Conflicts with Europe and Asia, London: Palgrave Macmillan, 2019 (https://www.youtube.com/watch?v=92TzUcljceg&t=416s).

Ich hatte einige Befürchtungen, dass man in Kalifornien wegen der Epidemie den Ausnahmezustand ausrufen werde. Aber das geschah erst eine Woche nach meiner Rückkehr – am 28. Februar – aus den USA. In meinem Buch The Global Trump hatte ich schon auf eine Reihe von Schwachpunkten des US-Gesundheitssystems verwiesen und tatsächlich erwies sich in der Corona-Krise 2020, dass die USA ein in wesentlichen Teilen wenig vernünftig organisiertes und sehr teures Gesundheitssystem haben. Eine besondere Tragik liegt darin, dass die Krankenversicherung von Arbeitnehmern mit dem Arbeitsplatz verknüpft ist, so dass man mit dem Job in der Regel auch die Krankenversicherung verliert; wer nur beurlaubt ist, behält immerhin die Krankenversicherung einige Zeit. Da bis Jahresmitte 2020 rund 40 Millionen Arbeitnehmer in den USA ihren Arbeitsplatz verloren, dürften rund 30 Millionen Arbeitnehmer – und häufig auch die Familienangehörigen – ohne Krankenversicherung dagestanden haben; zusätzlich zu den 13 Millionen Menschen ohne Krankenversicherung Ende 2019 unter der Trump-Administration (zwei Millionen mehr als unter der Obama-Administration). Mitte 2020 dürfte in den USA jeder fünfte US-Bürger ohne Krankenversicherungsschutz gewesen sein, was im Vergleich zu Europa doch besondere Schwächen im US-Sozialversicherungssystem offenbart. Zugleich hatte der massive Rückgang der Produktion im März und April – da wurden Maßnahmen zur Produktionsschließung aus Seuchenbekämpfungsgründen angeordnet – in wichtigen Branchen, ähnlich wie in Europa, einen Produktionseinbruch mit sich gebracht. Flugverkehr, der internationale Tourismus und das Hotel- und Gaststättengewerbe verzeichneten sehr starke Produktions- und Beschäftigungseinbrüche. Nur wenige Branchen profitierten in der Krise.

Die Gewinner der Krise sind Pharma-Firmen, Kommunikations-, Computer- und Internetfirmen sowie Plattformanbieter wie Google und große Logistikdienstleister; das sind meist Giganten aus den USA und China. Relative Verlierer sind von daher viele Firmen in Europa und anderen Weltregionen. Zu den Gewinnern zählen auch Pharmafirmen mit Corona-bezogenen Impfstoff-Forschungen; und die Versicherungen, die in ihren Verträgen künftig weltweit Pandemie-/Epidemie-Versicherungen verstärkt anbieten. Zu den Verlierern gehört auch der Teil der Menschheit, der die bis 2019 verbreitete und noch 2007 tiefe „Kernzuversicht" ins westliche Wirtschafts- und Politiksystem verloren hat. Banken- und Klima- plus Epidemiekrise ist wohl ein Zuviel an Risiko und Unsicherheit.

Der Aufstieg des Populismus in Ländern des Westens prägt die Weltwirtschaft mit, emotionalisierte Politik wird zunehmend beobachtbar; auch ein Sich-Abwenden in Teilen der Politik von der Wissenschaft – des Talkshow-Hoch der Virologen ist trügerisch. Tatsächlich hat laut Umfragen unter der Trump-Administration das Vertrauen der US-Gesellschaft in die Wissenschaft nachgelassen. Die Entwicklung eines neuen Impfstoffes aber wird es ohne Wissenschaft und Forschung nicht geben können. Am 19. Mai 2020 kam es bei der Pharmafirma Medea in den USA zu erheblichen Kursgewinnen, da Journalisten Nachrichten vom Unternehmen über erfolgreiche Impfstoffforschung – in einer ersten Testrunde – erfuhren. Der ganze US-Aktienmarkt legte deutlich zu. Dennoch bleibt sicher in den großen Teilen der Gesellschaft in den USA und Europa die Furcht, dass man durch COVID-19 sein Leben, seine Gesundheit oder auch seine Arbeit verlieren könnte. Das Coronavirus sät weltweit neue Furcht und Unsicherheit, aber die Epidemie ist auch Treiber des digitalen technischen Fortschritts.

Eine Jugendumfrage einer Forschergruppe um Timothy Garton Ash im Frühjahr 2020 zeigte in Europa, dass eine Mehrheit der jungen Generation für ein Allgemeines Grundeinkommen eintritt; und der Ansicht ist, dass autoritäre Regimes Klimaschutzpolitik schneller umsetzen als Demokratien. Das klingt wie eine Einladung an Populisten, mit einer sozialen Klimadiktatur die kaum einhundertfünfzigjährigen Parteiendemokratien in Europa (und den USA) längerfristig vom Sockel zu stürzen. Nach Rechtspopulisten klingt das immerhin nicht, denn deren Verachtung der Klimaforschung und der Wissenschaft verhindert, dass von diesen das Thema Klimapolitik ernst genommen wird. Ein Linkspopulismus aber könnte da im Nebel von Bankenkrise, Klimakrise und Corona-Pandemie allmählich aufsteigen. Die Enttäuschung über etablierte Parteien – auch über tolle nationale Pandemiepläne ohne Substanz, also ohne ausreichende Masken- und Schutzkleidungsvorräte in allen Industrieländern – könnte für Links- und Rechtspopulisten eine

Mehrheitssumme in Parlamenten wichtiger Länder ergeben. Das wären „Weimarer Verhältnisse“ und damit das Ende der traditionellen Demokratie, der Anfang politisch-ökonomischer Instabilität. Vielleicht gelingt es immerhin einigen Ländern, die eine gute Pandemiepolitik mit geringen Corona-Todesraten umgesetzt haben – etwa Deutschland, Japan, Australien – zum Verteidiger des Erfolgsmodells Soziale Marktwirtschaft zu werden.

Das klingt nach einer ungewöhnlichen denkbaren neuen Politikallianz; aber eine gewisse Logik hätte das, nur dass Deutschland sich um besonders gute Beziehungen mit Japan und Australien bislang wenig gekümmert hat. Vielleicht wird die Politik in Deutschland auch kaum Energie dafür aufbringen, wenn nämlich Bundesregierung und Bundestag im Nachgang zum Corona-Schock über Jahre mit Stabilisierungsaufgaben und gegebenenfalls Problemen aus dem Zerfall der Europäischen Union dauerbeschäftigt sein werden. Die ökonomischen Nebenwirkungen der Pandemie sind gewaltig negativ und sorgen für ökonomische Spannungen in Europa, den USA und weltweit.

Die kurze Große Rezession nach der Bankenkrise 2008 brachte einen erheblichen ökonomischen Einbruch. In Deutschland sank die Produktion insgesamt um rund 5,5 % im Jahr 2009. Aber beim Corona-Schock 2020/2021 dürfte der Wert noch übertroffen werden, wobei allerdings Frankreich, Italien und Spanien ökonomisch noch schlimmer dran sind. Immerhin hat man die erste Coronavirus-Welle im ersten Halbjahr halbwegs überstanden, eine zweite kommt vermutlich in Teilen Europas noch hinterher. Da kann der Staat nicht ähnliche Maßnahmen für eine Art künstlichen Winterschlaf der Wirtschaft mit riesigen Ausgleichszahlungen vornehmen. Denn das Budget schon hochverschuldeter Staaten gibt solche Großzügigkeit nicht her; die Finanzierung gigantischer neuer staatlicher Haushaltsdefizite wäre über den Kapitalmarkt kaum noch möglich. Die EU hat mit sonderbar riesigen Kreditprogrammen im ersten Halbjahr reagiert, wobei die EU-Kommission von den vorgeschlagenen 750 Milliarden € als Kreditpaket gar 2/3 – also 500 Milliarden € – auf Kosten künftiger Beitragszahler an die EU-Mitgliedsländer verschenken will; ohne vernünftige Begründung, mit problematischen Anreizeffekten und dabei letztlich auf Kosten künftiger Steuerzahler. Das alles geschieht in einer EU, wo gerade ein Drittel der Bevölkerung in EU-Finanzhilfen für EU-Mitgliedsländer eine Top-EU-Priorität sehen. Nachdem schon die USA unter Trump und UK unter den Ministerpräsidenten May und Johnson als BREXIT-Befürworter populistisch sonderbare und ökonomisch national und global schädliche Politik betrieben haben, will sich die EU-Kommission nun noch an eine Selbstschwächung der Europäischen Union als Teil der seit 2016 erfolgenden Schwächung des Westens machen?

Man wird wohl bei einer zweiten Infektionswelle besser vorbereitet sein, was die Gesundheitssysteme der Länder in aller Welt angeht; das dürfte auch für EU-Länder in besonderer Weise gelten. Man wird eine vernünftige Seuchen- und Wirtschaftspolitik brauchen, um den Virus zu besiegen. Eine Rolle spielen dabei strikte Abstandsgebote und neue Maskennutzungs-Vorgaben; es gilt zu warten, bis die Anstrengungen der acht Dutzend Teams weltweit mit ernsten Ansätzen, um rasch einen Impfstoff zu finden, Früchte getragen haben. China hat am 18. April angekündigt, man werde einen Impfstoff aus China als globales Kollektivgut vermarkten beziehungsweise zu günstigen Konditionen allen Ländern der Welt zur Verfügung stellen. Da sieht im Vergleich dazu die USA unter Trump international schwach aus. Chinas autoritäres Regime sammelt im globalen Wettbewerb der Wirtschafts- und Politiksysteme Punkte.

Die USA sind durch die Trump-Politik in eine sehr schwierige Lage geraten. Der übliche Glanz einer internationalen US-Führungsrolle ist nicht zu sehen; der US-Präsident, der oft schlecht gelaunt zu Presseterminen im Mai erschien – oder Pressekonferenzen einfach abbrach -, macht national und international keinen starken Eindruck. Allerdings genießt er tägliche Medien-Aufmerksamkeit, während sein Gegner von den Demokraten, Joe Biden, wenig sichtbar ist. Im Übrigen hat Trump nach dem USA-China-Handelskrieg im Bereich der Pandemie-Ursprungsdebatte ein neues USA-China-Konfliktfeld gefunden. Trump beschuldigt China, dies habe den Ausbruch der Epidemie Ende 2019 verspätet international gemeldet und auch keine ausreichenden internationale Reisebeschränkungen verordnet. Auch die Weltgesundheitsorganisation beschuldigt Trump, zu spät vor dem Coronavirus gewarnt zu haben, nämlich erst Ende Januar 2020. Ob solche Vorwürfe stichhaltig sind, bleibt in einzelnen Studien zu untersuchen.

Welche gesundheits- und wirtschaftspolitische Reaktion erfolgte in den ersten beiden Quartalen 2020? Sind die Maßnahmen in den Industrieländern und China ausreichend, um die Seuche erfolgreich zu bekämpfen? Und von welchen Ländern soll man dabei lernen? Die höchsten Todesraten (Corona-Tote pro Millionen Einwohner) unter den Industrieländern gab es auf Basis von Zahlen bis inklusive erste Mai-Woche in Belgien, Spanien und Italien. Deutschland stand auf Rang 15 von 36 OECD-Ländern, immerhin sechs Ränge besser als die USA. Dass Belgien zehnfach so hohe Corona-Todesraten hat wie Österreich, muss erstaunen.

Die Coronavirus-Epidemie reiht sich ein in die neueren Virus-Ausbrüche in Asien und weltweit: AIDS, das vermutlich einst von Afrika ausging, Spanische Grippe mit ihrem vermuteten Ausgangsort Kansas in den USA, Ebola als Seuche in Afrika – mit einigen Fällen auch in den USA und Europa -, SARS

(2003) und MERS (2012), die ebenfalls gefährliche Epidemien waren; allerdings bei SARS beschränkt auf Länder in Asien und bei MERS im Raum der arabischen Länder; mit wenigen Einzelfällen in EU-Ländern.

Wieder ist mit „Corona" eine Pandemie, entstanden; wie etwa auch zuvor 1918/1919, als die sogenannte Spanische Grippe wohl 40 bis 80 Millionen Menschenleben weltweit forderte. Damals gab es drei Wellen dieser Grippe (Typ A), manche Autoren meinen gar vier. Auch beim Coronavirus wird man nach der ersten Welle im ersten Quartal 2020 noch weitere Wellen in vielen Ländern erwarten müssen. Während man die erste Coronavirus-Welle zur Jahresmitte 2020 in vielen Industrieländern mit umfassenderen Quarantäne-Maßnahmen und enormen wirtschaftspolitischen Stabilisierungsmaßnahmen zu bekämpfen suchte, wird man einer zweiten Welle zu Ende 2020 oder Anfang 2021 anders begegnen müssen als der Welle 1. Nochmals die Staatsausgaben so stark erhöhen und den Zinssatz geldpolitisch soweit dämpfen wie im ersten Quartal 2020, ist völlig unmöglich. Mit einer zweiten Welle wird man anders umgehen müssen; und das gilt auch für eine denkbare dritte Coronavirus-Welle. Vielleicht bleibt letztere der Menschheit dank einer weltweiten Impfung tatsächlich erspart.

Corona-Schocks sind Herausforderungen für den Gesundheitssektor, die Wirtschaft und das politische System, wobei tatsächlich erstmals eine Weltrezession entstanden ist. Die sogenannte Weltwirtschaftskrise der 1930er-Jahre brachte weder in Schweden noch in Japan (und einigen anderen Ländern) eine Rezession; 2020 ist aber die gesamte Weltwirtschaft betroffen. Dabei ist auch China als durch Rezession geprägt zu interpretieren: Wenn eine Volkswirtschaft von 5 % Jahreswachstum um vier Prozentpunkte beim Wirtschaftswachstum abstürzt, dann ist das eine Rezession. In Industrieländern gilt der Fall mit mindestens zwei aufeinanderfolgenden Vierteljahren mit rückläufiger Produktion als Rezession (also etwa von 2 % Wachstum auf –1 %), aber diese Definition 1:1 auf Schwellenländer anwenden zu wollen, ist ja wohl nicht angebracht. Die Pandemie begann im Dezember 2019 in der chinesischen Industriemetropole Wuhan. Schnell breitete sich das Virus Richtung Europa, USA und Kanada, Afrika, Lateinamerika und Australien aus.

Vielfach ist der Nationalstaat in der Corona-Krise als mächtiger Akteur zurück auf der politischen Bühne – gerade auch in der Europäischen Union – und der Staat erscheint vielen als Rettungsanker bei der Epidemie-Bekämpfung und der Rezessions-Überwindung. Es sind allerdings auch staatliche Seuchenbekämpfungsschritte, die vielfach die Produktion über Monate zum Erliegen bringen. Obendrein sind Schul- und Universitätsschließungen für mehrere Monate erfolgt.

Tatsächlich ist die Bekämpfung der Corona-Pandemie zunächst eine medizinische und gesellschaftlich-politische Aufgabe, da das übliche enge soziale Kontaktleben von Millionen Menschen unter Seuchenbekämpfungsaspekten ausgedünnt werden muss; Schutzmaßnahmen von Mindestabstand über Maskentragen und zeitweise Betriebsschließungen werden debattiert. Das Coronavirus wird unvermeidlich auch eine Herausforderung für Politik und Wirtschaft in einer besonderen Verbindung: Medizinisch gute Behandlung in privaten und staatlichen Krankenhäusern verlangt, dass die Wirtschaft trotz verschlechterter Logistik und Krankheitsfällen in der Belegschaft wichtige Medizin- und Schutzprodukte produziert und liefert.

Zugleich entsteht ein Konflikt durch die seuchenpolitisch motivierten Betriebsschließungen und Reisebeschränkungen, die große Teile der Wirtschaft in ein künstliches Koma versetzen und Milliarden-Schäden bei den Unternehmen, große Einkommensverluste bei Beschäftigten und enorme Unsicherheit bei Schülern, Studierenden und Auszubildenden verursachen. In vielen EU-Ländern hat der Staat im Frühjahr 2020 eine enorme Macht im Zeichen der Seuchenbekämpfung an sich gezogen – Ausnahmezustand als Machtverstärkung und staatliche Finanzspritzen für Haushalte und Unternehmen bei gleichzeitig durch den Staat angezogener Handbremse in der Wirtschaft. Viele Maßnahmen ergreifen heißt aber noch nicht, dass die neue großzügige Geld- und Konjunkturpolitik als Wirtschaftsmedizin – etwa in der EU beziehungsweise der Eurozone – wirkt. Die USA verzeichneten nach neun Wochen Corona-Krise 33 Millionen Arbeitslose am Ende der ersten Mai-Woche, die Arbeitslosenquote war von knapp 4 % Ende 2019 auf 14 % am Ende des ersten Quartals 2020 hochgeschossen. Die Prognose des Internationalen Währungsfonds für die USA lautete im April, dass man mit gut -6 % Schrumpfung rechnen müsste; die Europäische Kommission sagte am 6. Mai – 7 % für die Eurozone und die EU voraus; -4 % für Polen, -6 % für Deutschland, -10 % für Italien; also in den USA und der EU viel schlechtere Zahlen als etwa in 2009, im Krisenjahr nach dem Konkurs der Lehman-Brothers Bank in New York; da lag man in den USA bei knapp -3 %, in Deutschland bei -5.5 %, wobei Asien von einem Konjunktureinbruch gar nicht groß betroffen war. In 2020 aber sind fast alle Industrie- und Schwellenländer deutlich und gleichzeitig eingebrochen, das gibt grundsätzlich auch Chancen, rasch und gemeinsam wieder aus der Krise herauszukommen; wenn denn die Krise nicht eine sehr geschwächte Weltwirtschaft zurücklässt, die doch eher langsam und vor allem in Europa oder den USA nur schwer wieder auf die Beine kommt.

Dass der Staat als Akteur in der Krise ein eher schwaches Bild zeitweise abgeben kann, wird am Fall der Vereinigten Staaten unter Präsident Trump deutlich. Der hat nicht nur viel zu spät eine Epidemie-Strategie auf den Weg gebracht, sondern im Übrigen im Januar und Februar auch versucht, öffentlich die Risiken einer Pandemie kleinzureden. Ergebnis war, dass schon Ende April die USA mehr Corona-Tote zu beklagen hatte als Amerikaner in zehn Jahren Vietnam-Krieg gefallen sind. Als politische Führungsmacht auf internationaler Ebene sind die USA in der ersten Hälfte 2020 unter der Trump-Administration erst gar nicht sichtbar gewesen – ein erstmaliges Abtauchen der Vereinigten Staaten bei einer internationalen Wirtschaftskrise nach 1945. Zwar kam das Coronavirus aus China in den ersten Monaten des Jahres 2020, aber Chinas Regierung hat die Epidemie regional – in der Provinz Hubei (58 Millionen Einwohner) mit dem Industriezentrum Wuhan – national zügig durch entschiedene Maßnahmen offenbar gut unter Kontrolle gebracht. Besonders erfolgreich bei der Seuchenbekämpfung waren auch Taiwan und die Republik Korea.

Einstweilen waren einige Länder Asiens relativ zu den USA und den EU-Ländern erfolgreich in der Seuchenkontrolle, während Teile der Vereinigten Staaten und mehrere EU-Länder durch enorm viele COVID-19-Krankheitsfälle und hohe Todesraten geprägt waren. Die als Seuchenbekämpfungsmaßnahmen des Staates gedachten Zuhause-Bleiben-Vorgaben und die regulatorischen Betriebsschließungen in einigen Sektoren haben einen starken wirtschaftlichen Einbruch zur Folge gehabt. 2020 ist der größte globale Wirtschaftseinbruch seit den 1930er-Jahren, als die Weltwirtschaftskrise für enorme ökonomische Verwerfungen in den westlichen Industrieländern plus Lateinamerika sorgte; und zudem gefährliche radikalisierende Politikentwicklungen in Europa begünstigte, vor allem in Deutschland.

Die Corona-Pandemie ist ein unfreiwilliges Experiment, wie gut Gesundheits- und Wirtschaftssysteme mit einer neuen Seuche klarkommen: wie rasch und stark der ökonomische Aufschwung nach einer Weltrezession sein wird. Allerdings, der Corona-Schock ist seit der Transatlantischen Bankenkrise 2008/2009 und der Eurokrise in der EU nun auch der dritte Schock – wie geht das weiter; warum lernen westliche Industrieländer so wenig, Krisen zu vermeiden und gemeinsam zu begrenzen?

Was bedeutet es für die Europäische Union, dass die Corona-Weltrezession die erste internationale Wirtschaftskrise nach 1945 ist, in der die Vereinigten Staaten nicht als Führungsland engagiert sind. Kann die EU eine solche Führungsrolle ersatzweise übernehmen und damit zu einer neuen integrationsmäßigen Entwicklungsstufe aufsteigen? Oder steht die EU durch die Corona-Krise gar vor einem Zerfall?

Die Aufschwungsprognosen des Internationalen Währungsfonds im April 2020 waren für China und die USA deutlich besser als für die Eurozone, obwohl zumindest in Deutschland die Corona-Todesrate viel geringer als in den USA war. Für alle sichtbar gibt es bei der Corona-Krise einen internationalen Leistungsvergleich von Gesundheits- und Wirtschaftssystemen; bislang wenig unsichtbare Unterschiede in der EU und im Vergleich Europa, USA und China werden solche auch deutlich. Paradoxerweise dürfte hierbei China, das Ausgangsland der Pandemie, zu den globalen Gewinnerländern zählen. Die Vereinigten Staaten unter Präsident Trump bieten im Corona-Jahr 2020 ein schlechtes Bild. Die EU zeigt Licht und Schatten, wobei Deutschland die Corona-Krise medizinisch relativ gut zu bewältigen scheint, während Spanien, Frankreich und vor allem Italien enorm hohe Zahlen an Todesopfern zu beklagen haben.

Dabei lag das Problem in Norditalien wesentlich daran, dass die regional herrschende populistische Lega-Partei die Corona-Herausforderung nicht ernst nahm und anfänglich unprofessionell genug war, dass Corona-Infizierte zur Behandlung und Isolierung in Altersheime eingewiesen wurden. Das führte zu einer enormen Todesspirale in solchen Betreuungseinrichtungen beziehungsweise bei älteren Italienern: Populismus ist tödlich, könnte man formulieren; und mit Blick auf den wissenschaftsfeindlichen US-Präsidenten Trump, der meistens alles am besten zu wissen glaubt – Militärfragen ausgenommen -, könnte man Ähnliches formulieren: Zu spät reagierte der Präsident, den vor allem die Sorge um die Aktienkurse Anfang 2020 umtrieb; und den Ausgang des Amtsenthebungsverfahrens, das ihn allerdings im Amt ließ.

Die Europäische Union muss mit dem Corona-Schock einen dreifachen Stress-Test bestehen: medizinisch, ökonomisch und integrationspolitisch. Der Schock hat in der EU einen neuen Nationalismus befördert und den Binnenmarkt unterminiert, während zugleich eine neue Eurokrise droht – viel gefährlicher noch als die erste. Eine Eurokrise2 wäre in 2020/2021 mit dem Epizentrum Italien von viel größerer Wucht als die Eurokrise 2010–2015, als vor allem kleinere Länder plus Spanien ernstlich betroffen waren. Italien kam nur zeitweise unter Druck und musste auch keine Hilfskredite von EU-Institutionen aufnehmen. Das 540 Milliarden EU-Kreditpaket vom April 2020 ist kaum geeignet, eine Eurokrise2 zu verhindern; diese wäre wohl nur über eine Euro-Gemeinschaftsanleihe zu verhindern, die allerdings teilbesichert sein müsste. Ohne eine innovative Lösung, die nicht in einer naiven Eurobonds-Einführung liegen kann, gehen Deutschland und die Eurozone 2020/2021 wohl in eine Mega-Rezession: Allein eine Eurokrise2 dürfte für Deutschland 2 % zusätzlichen Einkommensrückgang bedeuten. Im Fall eines EU-Austritts von Italien könnte die populistische AfD wohl mit über 20 % der Stimmen in der Bundestagswahl 2021 rechnen.

Mit einem Italexit wäre, nach dem BREXIT, die EU bald am Ende: Europa zurück auf dem Weg ins 19. Jahrhundert; nur mit einem bescheidenen Politikstatus, da man von den USA und China dominiert zu werden droht, obwohl die EU durchaus auch innovative Projekte wie den Emissionszertifikate-Handel entwickelt hatte. EU-Integration ohne Konzept wird nicht überleben können. Die Schwächung des US-Wirtschafts- und Politiksystems bedeutet, dass die Führungsfähigkeit der Vereinigten Staaten deutlich nachgelassen hat: Die Corona-Weltrezession ist die erste internationale Krise nach 1945 ohne US-Führung und eine globale Krise ohne Führung könnte zu einer unkoordinierten Bekämpfung der weltweiten Rezession führen.

EU-Integration ohne Konzept und internationale Führungskraft wird nicht überleben können. Die Schwächung des US-Wirtschafts- und Politiksystems bedeutet, dass die Führungsfähigkeit der Vereinigten Staaten deutlich nachgelassen hat. Wegen der unter Trump verschärft eingetretenen Polarisierung wird die US-Führung wohl für viele Jahre schwach sein.

Die Menschen in den EU-Länder werden sich vor 2025 entscheiden müssen zwischen Zerfall der Europäischen Union und Rückkehr ins 19. Jahrhundert oder einem Mehr an Integration in der Eurozone, was vor allem Deutschland und Frankreich als Impulsgeber voranbringen müssten. Die Corona-Rezession macht einen Neustart der Wirtschaft unter besonderen Bedingungen notwendig: In der Eurozone und der EU könnte man bei einer klugen Politikerneuerung durchaus schneller aus der Rezession kommen als die USA; aber nur dann, wenn die EU-Kommission und der Europäische Rat ernste Politikfehler vermeiden. Hier aber kann man durchaus skeptisch sein, wenn man die Politikvorschläge zur Mitte 2020 sieht.

Wie die politischen Entwicklungen in Spanien, Italien und Frankreich nach dem Corona-Schock-Jahr sein werden, bleibt abzuwarten. Es wäre nicht überraschend, wenn sich gerade jüngere Wählerschichten enttäuscht von den faktisch schwachen Regierungen und wichtigen Institutionen abwenden – eine Vertrauens- und Stabilitätskrise in wichtigen EU-Ländern droht. Auf Deutschland und andere EU-Länder mit erfolgreicher Seuchen- und Wirtschaftspolitik kommt in dieser historischen Situation eine besondere Rolle zu; das heißt nicht, Reformerfordernisse in Deutschland, etwa notwendige Verbesserungen in der digitalen Infrastruktur (behindert von viel zu komplizierten Vorschriften und kommunalen Blockade-Elementen) zu übersehen. Aber andere EU-Länder wären gut beraten, übermäßig hohe Staatsquoten und Überzentralisierung als Themen energisch anzugehen und auch die Digitalisierung voranzubringen. Von einigen Element der Sozialen Marktwirtschaft lässt sich durchaus lernen und hier könnte die Corona-Krisenerfahrung mehr

EU-Länder mobilisieren, Erneuerung des Politik- und Wirtschaftssystems vorzunehmen.

Die Seuche bringt politische Enttäuschung über die Seuchenpolitik in vielen Ländern und eine Abkehr von der Demokratie in vielen Schichten. Die Kombination von Seuche und schwerer Corona-Rezession in den USA und einigen EU-Ländern sollte zu massiven Reformen im Gesundheitssystem führen, während Deutschland und Österreich fürs erste die Herausforderung gut gemeistert haben. Die Corona-Epidemie wird politisch-ökonomische Narben hinterlassen und könnte die EU-Integration sowie die westliche Demokratie deutlich schwächen.

Selbst wenn Trump nicht wiedergewählt werden sollte, so sind die USA wohl auf Jahre politisch innerlich so zerrissen, dass sie kaum international führungsfähig sein werden. Das wiederum bedeutet, dass viele regionale Konflikte – bei Abwesenheit des Weltpolizisten USA – neu aufbrechen werden. Neue Regionalkonflikte aber bedeuten, dass es zu erhöhter politischer Instabilität kommt. Ein mögliches Desintegrationsfeld ist die EU, wo sich institutionelle Defizite und Politik-Ineffizienzen addieren. Eine parallele Expansion Chinas als asiatische und internationale Führungsmacht käme dann relativ rasch.

In der Corona-Weltrezession empfinden vielen Menschen den Virus beziehungsweise die Pandemie als Schockereignis; vermutlich ist es eine natürliche Reaktion, die Brücke über dem Schloss-Wassergraben hochzuziehen, das Überlegen vor allem national zu organisieren und den Blick auf den Rest der Welt für einige Zeit zu vergessen. Das aber kann natürlich keine langfristig sinnvolle Lebens- und Politikperspektive sein und man muss sich fragen, was denn die Corona-Weltrezession für die EU-Integration bedeutet? Wie wird sich die EU in der Krise bewähren, welche Teile sind robust, inwieweit droht ein Zerfall von Pfeilern der EU oder gar des ganzen Integrationsgebäudes. Wie soll man nach der Krise fortfahren? Was bedeutet das zeitweise Sinken des Ölpreises – im April 2020 – auf 0, statt der üblichen 60–80 $ pro Fass? Was bedeuten die „negativen Ölpreisschocks“ für die USA, Asien, die OPEC-Länder und Russland plus Mexiko sowie die EU und Afrika?

Die Menschen in den EU-Ländern werden sich vor 2025 entscheiden müssen zwischen Zerfall der Europäischen Union und Rückkehr ins 19. Jahrhundert oder einem Mehr an Integration in der Eurozone. Es besteht dabei eine Entdemokratisierungsgefahr – ohne echte Debatte steuert die Politik ins Abseits. Wieder kann es sein wie beim EU-Referendum 2016 in Großbritannien, dessen kritisches Umfeld weder Berlin noch Paris noch Brüssel auf dem Radar hatten. Während die Politik etwa von den Banken zu Recht eine regelmäßige Risikoanalyse verlangt, haben Regierungen in großen EU-Ländern kaum eine nennenswerte politische Risikoanalyse vorzuweisen. Für Deutschland gilt das in EU-Fragen offenbar erst recht, große Teile der Bundesregierung sind im Denken im Kern national, für europäische und globale Fragen interessiert man sich wenig. Dank der US-Weltmachtrolle bis zum Amtsantritt von Präsident Trump, der die alte Weltrolle der Vereinigten Staaten nicht mehr will, konnten sich EU-Länder auch leisten, Nabelschau zu betreiben. Natürlich wollen Regierungen von EU-Ländern billiges Öl importieren können und in dem Kontext ist Saudi-Arabien als größter Ölproduzent – mit den niedrigsten Kosten ein sogenannter Swing-Produzent, der leicht die Produktion erhöhen und senken kann – besonders wichtig. Die Stabilisierung von Saudi-Arabien, das mit den USA politisch eine lange Freundschaft pflegt, ist dabei aus EU-Länder Sicht einerseits wichtig; andererseits möchte man sich am liebsten nirgendwo engagieren und auch nicht in globale Führungskraft investieren.

Vor einigen Jahren war ich in Berlin in einem sehr bekannten Hotel am Abend zu einer kompakten Runde von Energieexperten eingeladen: Anwesend ein westlicher Botschafter – aus einem der westlichen Alliierten-Länder (nicht USA), der Chefvolkswirt eines der größten Ölkonzerne weltweit, ein weiterer Ölexperte und ein angesehener Bundestagsabgeordneter, der übermüdet zeitweise einschlief. Im Lauf der Unterhaltung kam das Gespräch auf den Ölpreis und dessen Schwankungen in einem gewissen Preiskorridor im Zeitablauf. Als Ökonom argumentierte ich, dass hierfür Änderungen von Angebot und Nachfrage eine wichtige Rolle spielten. Der Botschafter lachte und erklärte seine Sicht als Kontrapunkt zu meinen Worten: Es gebe einfach eine Vereinbarung zwischen den Saudi-Arabien und den USA, wonach der Ölpreis in einem bestimmten Preiskorridor schwanken sollte, was eine gewissen Stabilität für die Weltwirtschaft brächte. Im Gegenzug hätten die USA garantiert, dass im Fall einer Revolution in Saudi-Arabien jederzeit genügend Hubschrauber zur Verfügung wären, um die große Königsfamilie rechtzeitig ins Ausland zu fliegen. Als jemand in der Runde fragte, wieviel Hubschrauber eigentlich die EU-Länder für einen solchen Fall zu Verfügung stellen könnten, gab es kaum unterschiedliche Einschätzungen: zwischen zwei und vier sei anzunehmen, also nicht nennenswert. Die EU-Länder sind also auch zusammen genommen schon in einfachen Machtfeldern keine nennenswerte Macht. Eine eigenständige größere EU-Hubschrauberflotte ist nicht teuer, sie brächte Einfluss und sicherte Freiheit und Stabilität in Europa. Wie sieht es eigentlich um die Einsatzbereitschaft von Hubschraubern der Bundeswehr aus? Dazu bedarf es bekanntlich keines Kommentares.

Wenn sich aber die USA aus der neueren Weltmachtrolle zurückziehen sollten, wird das eine ungemütliche Welt für Europa werden. Vielleicht wird man in den EU-Ländern weiterhin international und global unkoordiniert und ohne sichtbaren Ressourceneinsatz aktiv sein wollen und einfach nur eine neue Abhängigkeit von China, Russland und USA genießen wollen.

Für die Europäische Union wäre es nicht schwer, eine besondere Wirtschaftskooperation Richtung China auszubauen; auf einem Weg, der den USA aus geografischen Gründen verwehrt ist – nämlich der Eisenbahnausbau und die entsprechenden Gütertransportverbindungen. Allerdings könnten die Vereinigten Staaten in eine neue Dauerfehde mit China geraten, dem Trump vorwirft, den Ausbruch der Corona-Epidemie lange verheimlicht zu haben.

Es gibt interessante globale Probleme im Kontext der Pandemie: Kein Land auf der Welt ist vor einem Neuausbruch der Coronavirus-Epidemie sicher, solange nicht in allen Ländern entweder Herdenimmunität oder aber eine Welt-Impfaktion durchgeführt wurde. Bei globalen Corona-Rezession-Kosten von etwa 800 Milliarden € pro Monat kostet jeder Tag 27 Milliarden € oder 3,6 € pro Erdenbürger am Tag. Das heißt umgekehrt, dass sich globale Anstrengungen zur Beschleunigung einer Coronavirus-Impfung auch mit großen Beträgen global lohnen. Wie man solche Beträge mobilisiert und wie die Pharmaindustrie hier einzubeziehen ist, erscheint als eine Hauptfrage für eine vernünftige Überwindung der Pandemie. Es ist bis Sommer 2020 nicht gelungen, eine globale Geberkonferenz unter Beteiligung aller G20-Länder durchzuführen. Die EU hat zwar eine Geberkonferenz organisiert, aber die USA blieben da außen vor. Wie man globalen Impfschutz – ein internationales Kollektivgut – sinnvoll organisiert, bleibt zu untersuchen und zu entscheiden. Fehler in diesem Punkt kosten viele Menschenleben auf der Welt.

Dieses Buch betrachtet im ersten Hauptkapitel die Herausforderung der Corona-Pandemie für die Gesundheitssysteme der führenden Industrie-Länder einerseits und der ärmeren Länder andererseits. Hierbei kann ich immerhin ein bescheidenes gesundheitsökonomisches Wissen einbringen. Im zweiten Kapitel geht es um die Weltrezession, die mit dem Corona-Schock einhergeht: ein teilweise paradoxes Rezessionsproblem, da es sich weitgehend auf Anordnung des Staates im Kontext der Seuchenbekämpfung eingestellt hat. Das Kapitel fragt auch danach, wie sehr die USA, Großbritannien und die EU durch den Corona-Doppelschock – Gesundheits- und Wirtschaftssystem betreffend – geschwächt sind und inwieweit die USA ihre alte globale Führungsrolle aufgeben werden; und was dies bedeuten könnte (das Kapitel basiert zum Teil auf meinem Journal-Beitrag im Heft 2 International Economics and Economic Policy, 2020). Im dritten Hauptkapitel wird die Frage gestellt, welche Reformen man in der EU bräuchte, um die Eurozone und die EU zu stabilisieren und zu erneuern: Sind die von der EU und den EU-Ländern geplanten Maßnahmen hinreichend für Aufschwung, Integrationsstabilität und nachhaltiges Wachstum? Das vierte Kapitel wirft einen kritischen Blick auf die Impf-Herausforderung und internationale Kooperations- und Führungsprobleme: Soll die EU eine globale Führungsrolle zu entwickeln – sicherlich nur relevant, wenn die Europäische Union selbst nicht binnen einer Dekade weiter zerfällt. Umgekehrt gilt, dies kann besonders wichtig werden, falls die USA eine globale Führungsrolle auf lange Zeit nicht mehr wie gewohnt ausüben könnten.

Es sei hier angemerkt, dass dieses Buch im Blick auf die Weltwirtschaft im frühen 21. Jahrhundert eine Art Ergänzung zu den Büchern BREXIT aus Versehen und Trump global ist. In einer Transatlantischen Sicht kann man sicherlich im Buch gut nachvollziehen, dass die EU zahlreiche Wirtschaftsschwächen bzw. Defizite in der Integrationsarchitektur hat, während die USA über Reformen in ihren Gesundheits- und Sozialsystemen nachzudenken Anlass haben; die Vereinigten Staaten könnten hier in Teilen vom Modell der Sozialen Marktwirtschaft in Europa lernen, die EU-Länder von den USA allerdings unter anderem wichtige Reformpunkte beim Thema Risikokapital und Innovationsförderung sowie Digitalisierung aufnehmen. Im Schlusskapitel wird auch die Frage nach einer sinnvollen Organisation der globalen Impfforschung gestellt, wobei ein Teil der Ausführungen Überlegungen von Larry Summers aus einem Princeton-Webinar (organisiert von Markus Brunnermeier) aufnimmt. Zudem werden neue Schlussfolgerungen zur nationalen, EU- und globalen Politik vorgestellt und die Hypothese für weitere Forschungen aufgestellt, wonach die Internet-Gesellschaft zumindest mit jetzigen Ur-Internet einem globalen Wissensqualitätsverlust entgegen sieht – mit der Folge von weniger Wachstum und mehr Krisen- sowie internationalen Konfliktphasen.

Für technische Zuarbeiten bei der Manuskripterstellung danke ich sehr dem Team am Europäischen Institut für Internationale Wirtschaftsbeziehungen (EIIW) an der Bergischen Universität Wuppertal. Mein Dank gilt insbesondere Herrn Kennet Stave, Christina Wiens, den Mitarbeitern Fabian Baier, David Hanrahan, Samir Kadiric, Tobias Zander sowie Tian Xiong. Die Verantwortung für das Buch liegt indes komplett bei mir und ich hoffe, dass die Analyse eines auf den ersten Blick schwierigen Themas doch die Leserschaft mit verständlichen, überzeugenden Argumenten für klare Einsichten gewinnen kann. Das Leid der Corona-Schocks mag gemindert werden durch die Netzwerkeffekte verbesserten Verständnisses bei vielen Leserinnen und Lesern. Mit den Büchern „BREXIT aus Versehen", „Trump global" und „Klimaschutzpolitik" liegt damit ein viertes Buch zu internationalen Wirtschafts- und Wirtschaftspolitikfragen im Springer Verlag, Wiesbaden und Heidelberg vor, wobei ich beim Verlag für eine gute technische Zusammenarbeit vor allem Frau Hanser herzlich danken möchte.

Wuppertal und Aardenburg/Zeeland, Deutschland und Niederlande
Juli 2020

Paul Welfens

Inhaltsverzeichnis

Teil I Corona-Gesundheitsschock – Seuchengefahr für die Menschheit

1 Corona-Schock: Erste globale Seuche im 21. Jahrhundert 3

2 Corona-Pandemie 23

3 Seuchenausbreitung und internationale Corona-Todesraten 33

4 Seuchenbekämpfung 37

Teil II Weltweite Wirtschaftsinstabilität

5 Wirtschaftsschocks durch Coronavirus-Pandemie 49

6 Wirtschaftliche Unterbrechungen: Schock im Tourismussektor und andere wichtige Aspekte der Epidemie 91

7 SARS-Erfahrung und Aspekte des Gesundheitssystems im Zusammenhang mit der COVID-19-Epidemie 103

8 Länderübergreifende Regressionsergebnisse mit dem GHS-Indikator und der Handels- und Direktinvestitions-Intensität 115

9 Finanzmarkt-Perspektiven und Corona-Schock im Makromodell 127

10 Technologiewandel und digitaler technischer Fortschritt nach dem Corona-Schock 135

11 Aspekte der politischen Ökonomie in der westlichen Welt 139

12 Schlussfolgerungen für politische Entscheidungsträger 141

13 Anhang zu Teil II 155

Teil III Risiko der Euro-Zerfallsdynamik und EU-Aspekte

14 Corona-Schocks als besondere Herausforderungen 193

15 Schiefe Ratspräsidentschaft Deutschlands und Mega-Risiko Eurokrise 209

16 Das Streben nach internationaler Führung und Multilateralismus 225

17 Corona-Weltrezession und internationale Führungskrise 229

18 Europäische globale Gesundheitsinitiative in der Corona-Krise 233

19 Perspektiven der Euro-Krise 2 und mangelnde politische Kohärenz in der EU 235

20 Gesundheits- und wirtschaftspolitische Schlussfolgerungen 269

21 Schlussfolgerung mit internationalen Politikperspektiven 281

22 Anhang zu Teil III 297

Teil IV Impfförderungsaufgaben und Kooperation sowie globale Führungsfragen

23 Impfförderungsaufgaben 325

24 Verschuldung in der EU als Problem der Eurozone 339

25 Globale Kooperationserfordernisse und Reformdruck EU und USA 345

26 Marktsystemschwächung durch Politikmaßnahmen gegen Corona-Schock 353

27 Demokratieschwächung durch Enttäuschung über Epidemie-Politik 357

28 Digitalisierungsschub für die Wirtschaft 363

29 Zweistufige Fragen der internationalen Zusammenarbeit und der IWF-Konsistenz in der Corona-Krise 367

30 Vernetzte Führung im 21. Jahrhundert? 369

31 Internationale Konjunkturperspektiven 377

32 Anhang zu Teil IV 397

Weiterführende Literatur 407

Abbildungsverzeichnis

Abb. 2.1 COVID-19 Dashboard (Johns Hopkins University 2020) 24

Abb. 4.1 Verbindung von Infektionsgeschehen und Wirtschaftslage 39
Abb. 4.2 Anzahl der bestätigten COVID-19-Fälle, die in den letzten sieben Tagen gemeldet wurden, nach Land, Territorium oder Gebiet, 17. Juni bis 23. Juni 2020 (WHO 2020d) 43
Abb. 4.3 Anzahl der bestätigten COVID-19-Fälle, nach Datum des Berichts und WHO-Region, 30. Dezember 2019 bis 23. Juni 2020 (WHO 2020d) 44

Abb. 5.1 Wachstumspfadentwicklung nach der Transatlantischen Bankenkrise für die USA, Deutschland und China (Hodrick-Prescott-Filter; GDP steht hier für reales Bruttoinlandsprodukt; Cycle steht für zyklische Komponente), 1950–2016. **a**) USA, **b**) Deutschland, **c**) China 51
Abb. 5.2 Karte der Weltgesundheitsorganisation zur weltweiten Ausbreitung des Coronavirus 2019 (Stand 25. März 2020) 64
Abb. 5.3 Google Trend-Abfrage für USA zum Begriff „Recession" UK, Italien, Frankreich und Deutschland (die untere blaue Linie ist auf die USA selbst bezogen) 78
Abb. 5.4 CISS-Indikator, 2007–2020 78
Abb. 5.5 Volatilitätsindex für die Eurozone (STOXX VIX), UK (FTSE VIX) und USA (S&P VIX); Januar 2006 – April 2019, Tagesdaten 79

Abb. 7.1 Wirkung von gesundheitspolitischen Interventionen auf den Höhepunkt einer Epidemie 104
Abb. 7.2 Die Gesamtpunktzahl des globalen Gesundheitssicherheitsindex, ausgewählte Länder, 2019 111

Abb. 7.3 Globaler Gesundheitssicherheitsindex, Gesamtpunktzahl, ausgewählte Länder, 2019 112

Abb. 8.1 Streudiagramm für Pro-Kopf-BIP-Zahlen (2018; KKP) und Global Health Security Index (2018) 116
Abb. 8.2 Streudiagramm für die Zahlen des Pro-Kopf-BIP (2018; KKP) und den globalen Gesundheitssicherheitsindex (2018) für die Gruppe mit hohem Einkommen (OECD, ASEAN und China) und andere Länder 117
Abb. 8.3 Streudiagramm für Zahlen zum logarithmischen Pro-Kopf-BIP (2018; KKP) und Global Health Security Index (2018) 118
Abb. 8.4 Maximierung des Lebensnutzens mit endogenem Zeithorizont 125

Abb. 9.1 Makromodell-Effekte von Liquiditätsgarantien des Staates 132

Abb. 13.1 Gesundheitsausgaben in Prozent des BIP/Lebenserwartung für ausgewählte Länder, 2016 168
Abb. 13.2 Ölpreise der Sorte Brent, US-Dollar pro Barrel (Tagesdaten), 09.02.2018–06.03.2020 171
Abb. 13.3 Entwicklungen der wichtigsten globalen Aktienmarktindizes, 08.11.2006 – 16.03.2020 174
Abb. 13.4 Mundell-Strukturmodell mit handelbaren und nicht-handelbaren Gütern 178

Abb. 14.1 Hauptaspekte des Coronavirus-Schocks 194

Abb. 15.1 COVID-19 kumulierte Sterbefälle pro Million Einwohner (bis zum 6. Mai 2020) in ausgewählten Ländern 222
Abb. 15.2 Gesamtanzahl bestätigter Fälle in den USA, 31.12.2019–04.07.2020 223

Abb. 19.1 Institutionelle Verankerung des gemeinsamen Eurobonds-Fonds im europäischen Kontext (ESRB=Europäischer Rat für Systemrisiken) 248

Abb. 22.1 Rohölpreise (WTI) in US-Dollar pro Barrel (Täglich, 01.01.2000–21.04.2020) 299
Abb. 22.2 Reales Bruttoinlandsprodukt (Änderung in %), Prognose Frühling 2020 319
Abb. 22.3 Gesamtstaatsdefizit in % des Bruttoinlandsprodukts, 2007–2019; ausgewählte Länder 321

Abb. 23.1 Erneuerungsperspektiven nach dem Corona-Schockjahr 2020 326

Abb. 28.1 Die 100 wertvollsten Plattformen der Welt (Stand: 29.02.2020) 364
Abb. 28.2 Anzahl und Anteil (in Prozent) großer Start-up-Firmen („Einhörner") im internationalen Vergleich 365

Abb. 31.1 Wirtschaftspolitik-Unsicherheits-Index, ausgewählte Länder, 01.2007–01.2020 378

Tabellenverzeichnis

Tab. 3.1 COVID-19 Sterberate (05.05.2020) 35

Tab. 5.1 Wirtschaftszwischenausblick (WZA) vom 2. März 2020, Prozentuale Veränderung der Wachstumsprognosen des realen BIP im Jahresvergleich für ausgewählte Länder/Wirtschaften (OECD 2020) 71

Tab. 5.2 EIIW-Schätzung der Einkommensrückgänge (Ende März 2020) in 2020 auf Basis eines angenommenen 50 % Rückgangs des internationalen Tourismus – zum Vergleich OECD-Schätzung (WZA) vom März 2020 73

Tab. 5.3 Überblick zu den Welt-Einkommensausblick-Prognosen 2020 und 2021 des IWF im Jahresvergleich 75

Tab. 6.1 Ausgewählte Länder, die stark von einem Rückgang der internationalen Tourismuseinnahmen betroffen sind (basierend auf dem Anhang und den zugrunde liegenden Berechnungen; reale Effekte beim Bruttoinlandsprodukt: letzte Spalte) 92

Tab. 7.1 Medianalter und Prozentsatz der Gesamtbevölkerung im Alter von 65 Jahren und älter in ausgewählten Ländern, 2018 105

Tab. 8.1 Regression für Zahlen zum realen Pro-Kopf-BIP (KKP): Länderübergreifende Analyse für 2018 (174 Länder; Liste der Länder und Datenquelle: Anhang 7) 120

Tab. 8.2 Krankenhausbetten pro 1000 Einwohner und Akutversorgung Krankenhausbetten pro 1000 Einwohner für OECD-Länder 122

Tab. 8.3 Anzahl der Akutkrankenhausbetten pro 1000 Einwohner im Alter von 65 Jahren und älter für ausgewählte Länder 123

Tab. 13.1 Statistiken der Weltgesundheitsorganisation zu COVID-19 in chinesischen Regionen, Stand: 9. März 2020 155
Tab. 13.2 Statistiken der Weltgesundheitsorganisation zu COVID-19, Anzahl der Infizierten für ausgewählte Länder (Stand: 9. März 2020) 156
Tab. 13.3 Reiseeinnahmen und -ausgaben in der Zahlungsbilanz, ausgewählte Länder, 2013 und 2018 158
Tab. 13.4 Internationale Tourismuseinnahmen in Prozent des BIP und Rückgang der Produktion 160
Tab. 13.5 Globaler Gesundheitssicherheitsindex, Ergebnisse Top 40 nach Gesamtpunktzahl und Einzelindikatoren 166
Tab. 13.6 Regression – Variablen, Maßnahmen und Quelldaten 169
Tab. 13.7 Regressionsland-Liste 169
Tab. 13.8 Gesundheitsversorgung in ausgewählten Ländern, staatliche/soziale Krankenversicherung und private Krankenversicherung 172

Tab. 14.1 750 Milliarden € Kreditpaket der EU-Kommission – bei 500 Milliarden € Zuschüsse (Vorschlag EU-Kommission, Mai 2020); Transferquote = EU-Zuschüsse als Prozent des Bruttoinlandsproduktes (BIP) im Empfängerland 201

Tab. 15.1 Banzhaf-Index-Machtposition von EU-Ländern nach dem BREXIT (nach Kirsch 2016) 219

Tab. 19.1 Umfrageergebnisse zur Prioritätenliste der EU-Reaktion auf das Corona-Virus (max. 3 Antworten, Angaben in %) 259

Tab. 22.1 Internationale Reserven und Fremdwährungsliquidität (% des BIP) 297
Tab. 22.2 Internationale Reserven und Fremdwährungsliquidität (% des BIP; ohne Reserven bei der EZB) 298
Tab. 22.3 Nettokreditvergabe (+)/Nettokreditaufnahme (+) des Gesamtstaats ausgewählter Länder 300
Tab. 22.4 Schulden-BIP-Verhältnis und -Prognose. Weltwirtschaftsausblick des IWF Frühjahr 2020 (April) 300
Tab. 22.5 Staatsverschuldung: Ausgewählte große EU-Länder, das Vereinigte Königreich und die USA 301
Tab. 22.6 Anteile des deutschen BIP in Relation zum BIP von EU28, EU27 und EZ19 (in Prozent) 301
Tab. 22.7 Weltwirtschaftsausblick des IWF, April 2020, Ausgewählte Indikatoren für ausgewählte Regionen/Länder 302
Tab. 22.8 Defizit-zu-BIP-Verhältnis für ausgewählte Länder des Euroraums, plus Großbritannien und USA, 1999–2018 306
Tab. 22.9 Verschuldung im Verhältnis zum BIP für ausgewählte Länder des Euroraums sowie Großbritannien und die USA, 1999–2018 307

Tab. 22.10 Gesamtstaatsdefizit in % des Bruttoinlandsprodukts, 2007–2019; ausgewählte Länder 320
Tab. 32.1 Anteil der über 65-Jährigen (in Prozent; nach UN) in den Ländern/Regionen der Welt, 2019 398

Über der Autor

Paul Welfens Präsident des Europäischen Instituts für Internationale Wirtschaftsbeziehungen (EIIW) an der Bergischen Universität Wuppertal; Lehrstuhl Makroökonomik und Jean Monnet Professor für Europäische Wirtschaftsintegration an der Bergischen Universität Wuppertal; Research Fellow, IZA, Bonn; Non-Resident Senior Research Fellow at AICGS/Johns Hopkins University, Washington DC. Vorsitzender des bdvb Forschungsinstitutes, Düsseldorf. Alfred Grosser Professorship 2007/2008, Sciences Po, Paris.

Teil I

Corona-Gesundheitsschock – Seuchengefahr für die Menschheit

1

Corona-Schock: Erste globale Seuche im 21. Jahrhundert

Der erste COVID-19-Situationsbericht der Weltgesundheitsorganisation (WHO 2020a) über eine sich ausbreitende Epidemie aus China wurde im Internet am 21. Januar 2020 veröffentlicht: Es wurde auf Epidemiefälle in der chinesischen Provinz Hubei beziehungsweise der Stadt Wuhan hingewiesen – aber auch Einzelfälle aus Shanghai und Peking – und offensichtliche Übertragungen, durch Labor-Tests bestätigt, in Thailand, Japan und Korea. Spätestens Mitte Januar 2020 waren offensichtlich alle WHO-Mitgliedsländer über die neue Epidemie unterrichtet, wobei die erste Unterrichtung des WHO-China-Zentrums durch Chinas Behörden laut dem WHO-Bericht vom 21. Januar am 31. Dezember 2019 erfolgte. Am 12. Januar wurde der genetische Code des neuen Virus von den Behörden Chinas veröffentlicht, so dass man Tests weltweit zu entwickeln beginnen konnte. Am 20. Januar 2020 gab es 282 bestätigte Fälle – 278 in China, zwei in Thailand, einer in Japan und einer in Korea. Zum 14. Januar 2020 meldete China, dass 35 Infrarot-Thermometer in Flughäfen, Bahnhöfen, Fernbusstationen und Fährstationen installiert worden waren. Im nachhinein kann man wohl sagen, dass diese Maßnahmen unterdimensioniert angesichts der Epidemie waren, wobei mangelnde Kontrolle des internationalen Flugverkehrs sicherlich ein ernstes Problem war.

Ein halbes Jahr später lauteten die Zahlen der WHO gemäß Situationsbericht für den 11. Juli 2020 (WHO 2020e): Weltweit 12,3 Millionen durch Tests bestätigte COVID-19 Infektionen, 219.983 am Vortag; 556.000 Tote, am Vortag davon 5286. Dabei haben Dutzende Industrieländer zwischen März und Juni 2020 mit erheblichen Anstrengungen der Epidemie-Politik für eine Abflachung der Infektions- und Sterblichkeitskurve gesorgt. Das Coronavirus sorgte mit seiner weltweiten Expansion im Frühjahr 2020 für Besorg-

P. J. J. Welfens, *Corona-Weltrezession*, https://doi.org/10.1007/978-3-658-31386-9_1

nis bei Milliarden Menschen weltweit und bedeutete für einige Industrieländer extreme Belastungen im Gesundheitssystem und für alle Industrieländer und auch viele Schwellen- und Entwicklungsländer einen starken negativen Wirtschaftsschock.

Die weltweite Coronavirus-Epidemie hat zu enormen Belastungen in den Gesundheitssystemen von über 100 Ländern geführt, wie man im Frühjahr 2020 erkennen konnte. Sogar in Universitätskliniken kam es zu großen Problemen: auf Intensivstationen und bei Rechenzentren. Die Arbeitsbelastung für Ärzte- und Pflegerschaft auf einer Intensivstation im Lauf einer Woche mit vielen COVID-19-Patienten (COVID-19 heißt abgekürzt die Erkrankung, die sich bei einer Infektion mit dem Coronavirus ergibt) sind in den vielen betroffenen Krankenhäusern in Europa und in den USA oder Asien kaum vorstellbar. Extreme Bilder zeigten TV-Sender weltweit aus Großbritannien, Italien, Spanien, Teilen Frankreichs und der USA – insbesondere New York im April und Mai 2020 -, wo sogar das Abtransportieren und Begraben der COVID-19-Leichen zum Problem wurden. In Brasilien spielte Staatspräsident Bolsonaro die medizinische Corona-Bedrohung über Monate herunter und sorgte damit für ein Zuwenig an Quarantäne- und Abstandshaltemaßnahmen, so dass die Infektionsraten im Mai und Juni 2020 enorm angestiegen waren: natürlich dann auch die täglichen Todeszahlen, die Anfang Juni absolut gesehen höher waren als in den USA. Auffällig war Anfang Juli 2020, dass Mexiko offenbar aus Furcht vor dem Import neuer Infektionen aus den USA, wo im Juni die Infektionszahlen wieder anstiegen, die Grenze zu den USA zeitweise schloss.

Deutschland kam im internationalen Vergleich relativ gut weg – die COVID-19-Todesraten (Todesfälle relativ zur Bevölkerung) waren besser als in den vierzehn global schlechtesten Ländern, was vor allem auf die Einführung früher Testverfahren dank Professor Drosten und seines Teams von der Charité-Klinik in Berlin zurückzuführen war; zudem auf wohl angemessene Maßnahmen in Sachen Quarantäne, Abstandshaltung und Hygiene seitens der Seuchenpolitik von Bundesregierung und Bundesländern – dabei spielte auch das meist vernünftige Verhalten von Millionen Menschen in Stadt und Land eine entscheidende Rolle. Interessant ist, dass bei Google Trends der Suchbegriff Corona einen kurzen starken Anstieg im März 2020 in den USA und Großbritannien verzeichnete, im Mai und Juni aber die Such-Intensitätswerte schon enorm gesunken waren. Das war anders in Deutschland, wo nach einem kurzen Spitzenwert im März die Corona-Begriff-Suchintensität im Internet doch auch in den Folgemonaten auf recht hohem Niveau blieb: obwohl ja die COVID-19-Sterbequote in Deutschland viel geringer als in den USA und Großbritannien war. Die politische Kommunikation bei der Seuchen-Bekämpfung war offenbar in Deutschland besser als in den Vereinigten Staaten und in UK. In den 30 Tagen vor dem 12. Juli 2020 waren die Top-5-Suchländer beim Suchbegriff Corona Deutschland, Österreich, Äthiopien, Nepal, Schweiz, während auf den Plätzen 26 bis 30 Saudi-Arabien, Brasilien, Großbritannien (UK), Finnland und USA verzeichnet waren. Eine etwas erstaunliche Reihung, da doch in den Vormonaten Brasilien, UK und USA Infektionsraten und Sterbequoten viel höher waren als etwa in Deutschland. Auch wenn man Google Trends für die vorangegangenen 90 Tage auswertet, ändert sich an der Reihung der Länder nur relativ wenig. In Großbritannien fiel interessanterweise schon im April und Mai die Häufigkeit des Internet-Suchbegriffs Corona unter den Standard-Suchbegriff „weather" (Wetter).

Die EU27 mit ihren 450 Millionen Einwohnern musste Ende Juli rund 5000 Neuinfektionen pro Tag bei COVID-19 notieren, die USA mit ihren 330 Millionen Einwohnern kam auf etwa 65.000 tägliche Neuinfektionen. Das zeigt, wie schwach unter US-Präsident Trump die Epidemiepolitik in den Vereinigten Staaten gegenüber der Europäischen Union aufgesetzt ist. Eine sehr widersprüchliche Epidemiepolitik der Trump-Administration sorgt nicht nur für ungewöhnlich hohe Infektions- und Todeszahlen in den USA, sondern dürfte auch den ökonomischen US-Aufschwung verlangsamen. Bei 160.000 Toten in den USA am 24. Juli (WHO-Angaben) und vier Millionen Infizierten macht sich eine kritisch hohe Zahl von US-Bürgerinnen und US-Bürgern Sorgen um die Gesundheit von Familienangehörigen oder um die eigene Gesundheit – keine gute Basis für hohes nationales Konsumwachstum in den USA. Hohe Epidemiedynamik heißt geringe ökonomische Aufschwungskräfte. Im Sommer 2020 gab es zudem Proteste zum Thema Polizeigewalt und Rassismus, worauf Präsident Trump im Juli schon mit der Entsendung von Bundestruppen in einige Städte begann; ohne dass etwa die Bürgermeister von Städten um solche Hilfe gebeten hätten. Es sieht im Kern wie eine innere Besetzung der USA durch den Oberbefehlshaber des US-Militärs aus, eine sonderbare Situation, die für eine Trump-bedingte Schwächung der Vereinigten Staaten steht. Die alte Vormacht des Westens ist unter Trump in ernste Probleme geraten. Die Präsidentschaftswahl im November 2020 dürfte zu einer enormen internen politischen Belastung in den USA werden; zugleich auch große Unruhe auf den Finanzmärkten im Vorfeld entstehen lassen; das alles in einem Umfeld mit Rezession und Coronavirus-Epidemie. Die schlechten US-Zahlen werden mittelfristig sicher noch deutlich übertroffen durch die Infektionsraten und Sterbehäufigkeiten in Brasilien, wo mit Präsident Bolsonaro ebenfalls ein Populist regiert, der – wie Trump – wissenschaftlichen Beratern nicht gerne zuhört und offenbar unter medizinischer

Selbstüberschätzung oder einfach grundlegender Beratungsunfähigkeit in wichtigen Politikfeldern leidet. Global dürfte auch die Lage in Indien im internationalen Vergleich dramatisch aussehen. In allen Ländern hoffen Menschen auf baldige Impfungen.

Seuchen sind natürlich kein neues Phänomen, wie etwa die Erfahrungen mit der sogenannten Spanischen Grippe 1918/19 gezeigt haben, als 40–80 Millionen Tote weltweit auch das Phänomen einer Pandemie widerspiegelten: eine weltweite Epidemie. Die Seuche kam im Übrigen nicht aus Spanien, sie hieß zufällig so, weil in den anderen Ländern Europas im letzten Kriegsjahr 1918 überall Pressezensur galt, da die eigenen Truppen nicht auch noch durch schlechte Nachrichten über den Ausbruch einer neuen Seuche demoralisiert werden sollten. Da in Spaniens Presse über die neue Grippeepidemie – mit ihrem oft tödlichen Ausgang – berichtet wurde, hatte die neue Seuche schnell den Namen Spanische Grippe. Schon damals zeigte sich an der Unterschiedlichkeit in der Verhängung strenger Quarantäne und Abstandsgeboten, wie etwa in verschiedenen US-Städten beobachtbar, dass in Städten mit strikten Quarantänemaßnahmen und Abstandsgebot die Bekämpfung der Epidemie lokal viel besser gelang als in Städten mit wenig seuchenpolitischen Regulierungseingriffen (Spinney 2018).

Wie wichtig Abstandshalten („social distancing") für das lokale Infektionsgeschehen in 2020 hat, machte eine Studie aus New York deutlich (Chen et al. 2020). Es zeigte sich, dass die Kontaktintensitätselemente in New York die Infektionszahlen mit Bezug auf einzelne Stadtteile nach oben trieben: Die Supermarktdichte, die Parkdichte und paradoxerweise sogar die Ärztedichte in den jeweiligen Stadtteilen erwiesen sich in der Untersuchung als Verstärker des lokalen Infektionsgeschehens. Von daher führen Regulierungen zum verstärkten Zuhause-Bleiben der Bürgerschaft und auch das Sperren von Parks zu einem Abklingen der Infektionsintensität lokal. Hier unterscheiden sich aber die Industrieländer und auch einzelne Schwellen- und Entwicklungsländer jeweils stark voneinander: Die Politikansätze beziehungsweise die gewählte Art der Seuchenbekämpfung war je nach Land unterschiedlich. Drei westliche Industrieländer insbesondere sahen gar keine Veranlassung, starke Zuhause-Vorgaben und Abstandskontrollen sowie Schul- und Universitätsschließungen allgemein durchzuführen, da man auf das Konzept der Herdenimmunität setzte, das aus zwei Punkten besteht:

- Internationale Kontakte werden zwecks Eindämmung der Seuche stark eingeschränkt, was also Eingriffe beim internationalen Schiffs-, Bahn- und Flugverkehr bedeutete. Großbritannien etwa ließ im Mai nur noch einen liberalen Personenverkehr zwischen der Republik Irland und der britischen Insel zu.

- Die Bevölkerung kann man in Gesunde, Infizierte und Genesene (plus Gestorbene) einteilen, wobei mit der Zahl der Genesenen – sie hängt von der Zahl der Infizierten in den Vorwochen ab – eine natürliche Ausbreitungsbarriere entsteht. Denn die Genesenen werden Abwehrkräfte gegen den Virus entwickelt haben, so dass nach einer gewissen Zeit beziehungsweise aber einer hohen Durchseuchungsdichte – da geht es um gut 60 % der Bevölkerung – die Ausbreitung des Virus immer weniger „Nahrung" findet und dann quasi auslaufen kann. Hat die Medizin dann auch wirksame Therapieansätze für die COVID-19-Erkrankten gefunden, so brauchen die Noch-nicht-Infizierten auch kaum große Angst vor einer Infektion zu haben. Das gesellschaftliche, schulische und Arbeitsleben kann also weitergehen, ohne dass der Staat große Eingriffe vornimmt. Großbritannien hat relativ spät, etwa Mitte April 2020, eine Abkehr vom Konzept der Herdenimmunität vorgenommen, da die erwartete UK-Todeszahl plötzlich als zu groß schien; tatsächlich verzeichnete UK mit über 40.000 COVID-19-Toten Anfang Juni die höchste Todeszahl in der EU; hätte Großbritannien die Sterberate Deutschlands läge die UK-Zahl unter 8000, was Schwächen des britischen Gesundheitssystems und der Politik offenlegt. In Schweden begann Ende Mai 2020 eine selbstkritische Diskussion über das gewählte Konzept der Herdenimmunität. Im Lauf von 2020 wird die britische Sterberate höher als die Spaniens und Italiens werden – das wird den ökonomischen Neustart in Großbritannien erschweren.

Eine neue Untersuchung für Industrieländer aus dem Juni 2020 zeigte eine ganze Reihe von interessanten Befunden im Rahmen statistisch-ökonometrischer Analysen für die 36 OECD-Ländergruppe auf (Bretschger et al. 2020a); diese Industrieländer wurden, ausgehend vom Ausbruch der Seuche in China im Dezember 2019, im Frühjahr durch eine weltweite Ausbreitung des Virus im Frühjahr 2020 stark getroffen, wobei wohl der Verbreitungskanal internationale Flugreisen und speziell der Flugverkehr mit China – innerhalb Europas auch mit Italien (einem frühen EU-Epidemie-Zentrum) – eine erhebliche Rolle spielte. Spinney (2017) hat in ihrem Buch zur Spanischen Grippe, die die ganze Welt 1918/19 erfasste, einige interessante Reflektionen vorgestellt. Dazu gehört auch der Befund, dass die damalige Identifizierung der Hauptgründe für das Infektionsgeschehen schwierig war. So fand man etwa in Paris gerade in Stadtbezirken mit hohem Einkommen relativ hohe Infektionszahlen und hätte doch erwartet, dass Wohlhabende eher eine geringe Infektionsrate haben könnten, da sie wohl gut ernährt waren und sich auch medizinischen Rat leicht holen konnte. Es stellte sich bei genauerer Analyse allerdings heraus, dass gar nicht die Wohlhabenden in den reichen Stadtvierteln von Paris besonders häufig infiziert waren. Vielmehr war es so, dass wohlhabende Familien in der Regel eine zahlreiche Schar von Bediensteten hatten, die oft auf engem Raum in einer kleinen Nebenwohnung ihre Zimmer hatten und sich rasch gegenseitig ansteckten. Das war wohl auch eine Gefahr für wohlhabende Familien, bei denen allerdings Frau und Kinder auch – nach Möglichkeit – oft aufs Land geschickt wurden.

Die Analyse von Bretschger, Grieg, Welfens, und Xiong (2020a) hat eine Reihe von Hauptbefunden zu den COVID-19-Todesraten in den Industrieländern gebracht: Es wurde gezeigt, dass die „Corona-Todesrate" – COVID-19-Tote relativ zur Landesbevölkerung – positiv abhängt von der der Corona-Infizierten-Zahl, vom Bevölkerungsanteil der über 65jährigen, dem Anteil der Übergewichtigen und der Staubkonzentration. Letztere wird näherungsweise erfasst über die Staubkonzentration (PM2.5) in der jeweils größten Stadt des betrachteten Landes (starke Infektionsherde gibt es in den großen Städten, während ein nationaler PM2.5-Durchschnittswert in die Irre führt). Dieser städtische Luftqualitäts-Problemindikator wird aus einer medizinischen-ökologischen Sicht als repräsentativ und wichtig angesehen, weil die Großstädte in den OECD-Ländern besonders stark von Coronavirus-Infektionen betroffen waren; und weil zu vermuten ist, dass bei Atemwegserkrankungsaspekten von COVID-19 eine mögliche Vorschädigung von Atemwegen eine Rolle spielen könnte.

Aus einer statistisch-ökonometrischen Sicht hat die Politikstrategie für eine Herdenimmunität in Schweden, Niederlande und UK zunächst für eine erhöhte Todesrate gesorgt. Je nachdem, wie schnell ein Impfstoff verfügbar ist, kann eine solche Politik insgesamt als unvernünftig – im Nachhinein betrachtet – gelten: Wenn eine Schutzimpfung relativ schnell, also etwa zu Anfang 2021 realisiert werden kann, dann kann die Idee mit einer hohen frühen Durchseuchungs- und Heilungsrate den späteren Epidemie-Verlauf und damit die längerfristigen Todesraten günstig zu beeinflussen, nicht zum Tragen kommen. Nur wenn eine Schutzimpfung relativ spät erst verfügbar ist – also etwa zu Ende 2021 -, könnte man unter dem Aspekt des Rettens von Menschenleben die Herdenimmunitätsstrategie von Schweden, Niederlande und UK (das sich im April 2020 regierungsseitig dann noch von ihr abwandte) über die Gesamtausbruchszeit der Coronavirus-Seuche als vertretbar erachten. Bezüglich selektiver Anti-Epidemie-Politikeingriffe – wie Quarantäne- und Abstandsmaßnahmen plus Gesichtsschutz-tragen – ergeben sich keine signifikanten Einflüsse, was allerdings nicht unbedingt ein Argument gegen solche Politikmaßnahmen ist. Denn ein wichtiger positiver Einflussfaktor ist die Zahl der Infizierten und die könnte natürlich von den selektiven Anti-Epidemie-Maßnahmen Richtung Dämpfungseffekt beeinflusst worden sein.

Hier kann man vorläufig keine klaren Schlüsse ziehen, ohne umfangreichere Zusatzstudien vorzunehmen.

Was getan werden könnte: Man kann mit Blick auf die Luftqualitätseinflüsse dazu raten, dass die Politik diese Umweltqualitätsvariable künftig stärker im Blick hat und mit Blick auf eine mögliche zweite Infektionswelle sollten gerade die Krankenhäuser in Regionen mit hoher Feinstaubkonzentration besondere Vorbereitungen mit Blick auf Einlieferungen von Corona-Erkrankten treffen. Es bleibt künftig zu untersuchen, ob Länder mit hohen Coronavirus-Todesraten bzw. erwarteter starker Epidemie-Anfälligkeit, bei Staatsanleihe-Risikoprämien auffällig sind, wie dies etwa laut IMF-Bericht Global Financial Stability Report (IMF 2020c) mit Blick auf Klimarisiken bereits bei entsprechenden Staatsanleihen festgestellt wurde. Es könnte jedenfalls in Ländern mit hohen COVID-19-Todesraten zu einer Risikoprämie bei Staatsanleihen kommen, was den entsprechenden Ländern fiskalpolitische Expansions-Maßnahmen des Staates – finanziert auf Kredit – erschweren wird.

Die Befunde zur Variablen „Anteil der über 65-Jährigen" kann man hier so interpretieren, dass Regionen und Länder mit einem relativ hohen Anteil der über 65-Jährigen bei einer zweiten Epidemie-Welle besonders hart betroffen sein könnten. Zudem gilt mit Blick auf mögliche künftige Epidemien, die ein ähnliches Ansteckungs- und Todesprofil wie COVID-19 haben, dass die Länder mit rascher Alterung der Bevölkerung in Europa ab 2025, also vor allem Deutschland, Italien, Spanien und Griechenland sowie die Schweiz einem erhöhten Epidemierisiko strukturell ausgesetzt sind. Frankreich und UK mit einer relativ langsameren Alterung der Bevölkerung stehen demgegenüber strukturell wohl günstiger da. Dass offenbar Übergewicht – statistisch mit schwacher Signifikanz bei der Todesrate verstärkend wirkend – eine Rolle in Richtung Erhöhung der COVID-19-Todesrate spielt, sollte für die allgemeine Gesundheitspolitik und auch für unternehmensseitige Gesundheits- bzw. Fitnessprogramme ein Impuls sein, die Begrenzung der Übergewichtsfälle und der Übergewichtsproblematik in der Bevölkerung insgesamt künftig verstärkt anzugehen. Das gilt vor allem für einige Industrieländer mit hohem Anteil von Übergewichtigen, aber auch für eine Reihe von Schwellenländern – vermutlich auch längerfristig Entwicklungsländern -, so dass hier die nationalen Träger der Gesundheitspolitik gefordert sind. Eine Zunahme von „Wohlstandskrankheiten" im Zuge ökonomischer Aufholprozesse sollte man stärker als bisher durch sinnvolle Anreize, Informationen und vernetzte private plus öffentliche Initiativen in relativ armen, aber wachstumsstarken Ländern im Norden (und wohl auch im Süden der Weltwirtschaft) vermeiden.

Erweiterte COVID-19 Studie

In einer weiteren Forschungsstudie von Bretschger, Grieg, Welfens, und Xiong (2020b) mit Fokus auf Industrie- und Schwellenländern gibt es einige weitergehende Befunde, die sich beziehen auf Infektionsfälle einerseits und die COVID-19-Sterberaten andererseits. Zu den Hauptbefunden gehören:

- Luftqualitätsprobleme (PM2.5) in OECD-Ländern erhöhen die Sterberaten in Industrieländern.
- Die Zahl der Infektionen erhöht – nicht überraschend – in Industrie- und Schwellenländern die COVID-19-Sterbehäufigkeit.
- Kann das Auftreten des Virus beziehungsweise der ersten Erkrankung verzögert werden, so senkt dies die Sterblichkeit deutlich. Hier dürfte als Mechanismus im Hintergrund stehen, dass die Ärzteschaft und das Pflegepersonal in den Krankenhäusern in der Praxis mit fortschreitendem Umgang mit COVID-19-Patienten „Lerneffekte aus der Behandlungspraxis" und wohl auch beim Medikamenteneinsatz nutzen können. Ein international gesehen später Virus-Ausbruch ist also leichter zu beherrschen als ein früherer. Von daher kommt der internationalen WHO-Informationseffektivität bei der Pandemie und nationalen Epidemie-Abwehrmaßnahmen sowie internationalen Bekämpfungsmaßnahmen gegen die Virus-Ausbreitung eine große Bedeutung zu. Kann der Ausbruch um einen einzigen Tag verzögert werden, so sinkt die Sterberate zwischen zwei und fünf pro Million Einwohner. Bezieht man die Zahl auf die Weltbevölkerung (ohne Chinas Provinz Hubei), so ergäbe sich auf Basis der mittleren Zahl 3,5: Eine eintägige Verzögerung beim Pandemie-Ausbruch bringt weltweit 26.000 COVID-Tote weniger, eine zehntägige globale Verzögerung bedeutet schon 260.000 COVID-19-Sterbefälle weniger. Das sind beeindruckende Zahlen, wenn man die Zahl der tatsächlich verstorbenen COVID-19-Patienten bis 15. Juli 2020 in der Welt nimmt, nämlich – laut WHO-Situationsbericht vom 16. Juli – immerhin 580.000.
- Die Häufigkeit von vorhergehenden Herzerkrankungen senkt die Sterberate – allerdings ist hier wohl davon auszugehen, dass der Mechanismus der ist, dass Länder mit hoher Verbreitung an kardiovaskulären Erkrankungen ein breiter ausgebautes System an Intensiv-Stationen in den Krankenhäusern haben: also auch mit ernsten COVID-19-Fällen von der qualitativen Krankenhaus-Kapazität her relativ gut umgehen können. Dies ist jedenfalls eine naheliegende Erklärung für den festgestellten statistisch signifikanten Zusammenhang.
- Herdenimmunitätsstrategien erhöhen die Sterbehäufigkeit: Länder mit einer solchen Strategie der Politik verzeichnen 180–250 mehr Tote pro

Million Einwohner als andere Länder; nimmt man den oberen Wert, ergibt das etwa bei Großbritannien immerhin dann 16.000 zusätzliche Sterbefälle, beim unteren Wert ergeben sich für UK dann knapp 12.000 zusätzliche Sterbefälle. Der Rest der erheblichen Sterblichkeitsdifferenz etwa gegenüber Deutschland und anderen Ländern mit relativ guten Werten ist dann auf andere Faktoren zurückzuführen.

Die COVID-19-Infektionsraten werden vor allem verstärkend beeinflusst durch:

- Luftqualitätsprobleme (PM2.5/Staubbelastung) – außer dem Fall, dass nur OECD-Länder (Industrieländer) betrachtet werden. Die Staubbelastungswerte haben u. a. Einfluss auf die Regenintensität und andere für das Ausbreitungsgeschehen lokal wichtige meteorologische Faktoren.
- Das Durchschnittsalter der Bevölkerung erhöht die Zahl der Infektionen.
- Der Übergewichtigen-Anteil bei der Bevölkerung erhöht ebenfalls die Infektionszahlen.
- Das Pro-Kopf-Einkommen erhöht die Zahl der Infektionen; allerdings ist hier zu beachten, dass ein hohes Pro-Kopf-Einkommen in der Regel steht auch für relativ intensive Handels- und Direktinvestitionsbeziehungen sowie internationale Tourismusströme in beide Richtungen. Der Mechanismus ist also hier wohl indirekter Art. Denn intensivere internationale Wirtschafts- und Tourismusbeziehungen begünstigen ja die internationale Virus-Diffusion, also den Ansteckungsprozess (z. T. auch mit Blick auf China als wichtigen Handelspartner und großes Tourismus-Land, sowohl als Ziel- wie als Quellenland von Touristen und Touristinnen). Man kann hier im Übrigen anmerken, dass hoher Wohlstand im Sinn von hohem Pro-Kopf-Einkommen auch mit einem erhöhten Epidemie-Infektionsrisiko (bei COVID-19 und ggf. anderen Epidemiearten) einhergeht. Jedoch ist das noch kein Argument gegen eine Internationalisierung der Wirtschafts-, Politik- und Forschungsbeziehungen. Es dürfte durch Internationalisierung ja auch ein erleichterter Zugang zu neuen Impfstoffen und Medikamenten möglich sein und die Internationalisierung der Pharmaforschung ist selbst in vielen Krankheitsfeldern mit Effizienzgewinnen verbunden.

Aum, Lee, und Shin (2020) haben gezeigt, dass Großbritannien bei Anwendung der Politikmaßnahmen der Republik Korea geringere Infektions- und Sterbefälle einerseits und auch einen geringeren Rückgang der Wirtschaftsaktivität verzeichnet hätte als bei der Politik der Johnson-Regierung.

Hier wird exemplarisch deutlich, dass eine wenig durchdachte Epidemie-Bekämpfungspolitik und ein schwaches Gesundheitssystem auch zu verschärften Rezessionsproblemen führen. Was im Vergleich UK-Korea gilt, wird man ähnlich wohl auch im Vergleich USA-Deutschland als Befund finden. Eine Sichtweise, die gelegentlich zu hören ist, wird man allerdings kaum für vernünftig halten können: Dass sich durch das Coronavirus die ganze Welt grundlegend geändert hätte, wobei dabei oft ein Unterton ist, dass die Realität immer unübersehbarer werde. Da wollen sich offenbar Politiker häufig bequem unter einen Coronavirus-Unsicherheitsschirm mit ihren Aktionen retten, den sie selbst mit ihrer Katastrophen-Rethorik aufspannen. Das schließt im Übrigen ernsthafte Folgeprobleme etwa bei der weltweiten Versorgung mit Agrargütern nicht aus: Wenn etwa wegen der enorm hohen Infektions- und Sterbezahlen in Brasilien mittelfristig landwirtschaftliche Produktion und Exporte dieses Landes deutlich sinken sollten. Man kann sicherlich auch auf die besondere Schwere der globalen Corona-Rezession hinweisen und es gibt auch in einer Reihe von Demokratien langfristige politische Echo-Effekte bei einigen Wählerschichten. Aber einige Jahre nach Überwindung der Coronavirus-Epidemie werden die bekannten neuen Phänomene und Herausforderungen wieder im Hauptfokus stehen: etwa die Digitalisierung der Wirtschaft, der Aufstieg Chinas, die wachsende ökonomische Ungleichheit – und damit verbunden: Instabilität – in den USA, die neue Instabilität der EU-Integration. In den USA kann im Übrigen nicht ausgeschlossen werden, dass eine verschärfte Infektionswelle in den Vereinigten Staaten im November 2020 paradoxerweise eine Trump-Wiederwahl begünstigt: Es gibt zwar Mitte Juli 2020 den Befund, dass eine Mehrheit der US-Bürgerschaft mit der Trumpschen Epidemie-Politik unzufrieden ist. Aber es gibt auch Umfragen, die für den Fall einer verschärften Infektionswelle zeigen, dass die Wahlbeteiligung bei der Wählerschaft des Demokraten-Kandidaten Joe Biden stärker zurück gehen wird als bei den Republikaner-Anhängern von Präsident Trump. Unvernünftige Entscheidungen gibt es nicht nur in den USA, wo man zeigen kann (Ahammer et al. 2020), dass mit der Durchführung einer zusätzlichen Sport-Massenveranstaltung die COVID-19-Todeszahl um 13 % im jeweiligen Landkreis (county) zunimmt; im Sommer 2020 signalisierte in Deutschland das Kanzleramt, dass man Fußballspiele mit hohen Zuschauerzahlen zügig wieder zulassen wolle – das kann man nur unverantwortlich nennen.

Insgesamt sind sicherlich weitere Forschungen nötig. Aber die Pionier-Analysen der oben genannten vier Autoren – und andere vorliegende Analysen – werden hoffentlich ein nützlicher Impuls für weitere Studien in verschiedenen Wissensgebieten sein und letztlich helfen, dass sich Länder auch gegen eine zweite oder gar dritte Infektionswelle besser als bisher wappnen können.

Es bleibt im Übrigen festzustellen, dass durch die Pandemie-Effekte im Wirtschaftsbereich, nämlich eine fast weltweite Rezession in 2020, die Klimaziele vieler Länder für 2020 – so auch in Deutschland – unerwarteter Weise doch noch erreicht werden. Je stärker die Infektionswellen sind und je länger es dauert, effektive Medikamente und Impfstoffe gegen COVID-19 zu entwickeln, desto größer werden die ökonomischen Kosten sein. Dabei gilt es zu bedenken, dass natürlich auch die starke Fokussierung der Krankenhäuser auf mögliche COVID-19-Fälle bestimmte Kosten mit sich bringt: auch im Gesundheitsbereich. Denn die Vielzahl verschobener Operationen in Krankenhäusern kann durchaus auch eine Zunahme von Todesfällen in anderen Krankheitsbereichen mit sich bringen. Auf Basis der obigen Forschungen ließen sich im Übrigen regionale Frühwarnsysteme weltweit aufbauen: für die Infektionsdynamik wie für den „Sterblichkeitsdruck" – beiden könnte man mit gezielten Maßnahmen in potenziellen Schwerbelastungs-Regionen entgegenwirken; mehr Forschungsförderung und praktische Projekte, zügig umgesetzt, sind hier wünschenswert.

In der Gesundheits- und Wirtschaftspolitik sind grenzübergreifende Kooperationsansätze etwa in der EU oder in anderen Integrationsräumen erwägenswert, vor allem in Grenzregionen von Ländern. Aber auch für die Weltgesundheitsorganisation und die Vereinten Nationen könnten verstärkte, sinnvoll gezielte Anti-Seuchen-Initiativen nützlich sein. Auch für die G20 könnte das Themenfeld in der Zukunft eine wichtige gesundheitspolitische und ökonomisch relevante thematische Baustelle werden. Es sollte im Rahmen regionaler und internationaler vernetzter besserer Bevorratungspolitik zur Epidemien-Bekämpfung möglich werden, die Kosten im Gesundheitssektor effektiv zu begrenzen und vor allem auch den Schutz der im Krankenhaus- und im Pflegesektor aktiven Personen viel stärker zu sichern, als dies in der Pandemie 2020 der Fall war. Eine Überforderung des Gesundheitssystems kann relativ rasch eintreten, wenn es an wichtigen Ausrüstungsgegenständen mangelt oder aber ein großer Teil des Ärzte- und Pflegepersonals selbst infiziert wird.

Immerhin ist nach der ersten Seuchenwelle Februar bis Mai 2020 in den meisten Industrieländern eine verbesserte Bevorratung mit Schutzkleidung erfolgt. Käme eine zweite Seuchenwelle, so wird man im Gesundheitssystem besser vorbereitet sein als bei der ersten Welle. Zudem sind immerhin einige Anti-COVID-19-Medikamente in der Erprobung; und zudem haben die Ärzte aus dem Umgang mit Erkrankten zahlreiche Lehren für eine bessere Therapie ziehen können, während zugleich mehr relativ zuverlässige und auch schnelle Testverfahren zur Verfügung stehen. Bessere Hygienestandards hat man obendrein entwickeln können.

Unerwartete Herausforderungen

Im Übrigen waren auch die Herausforderungen bei den Computernetzen oft an unerwarteter Stelle enorm; diese Netze sollten mit höchster Zuverlässigkeit vor allem in Universitätskliniken im Frühjahr 2020 laufen; auch im Intranet. Die wichtigste Seite im Intranet eines Universitätsklinikums ist für gewöhnlich die Website mit der Kantineninfo – welches Essen gibt es heute: etwa in einem Krankenhaus in New York, Berlin, Paris, Mailand oder Madrid. Man kann sich vorstellen, dass die entsprechende Serverarchitektur oft sehr veraltet ist und die Universitäten bei ihrem Sparkurs über Jahre die Qualität des internen Computernetzes vernachlässigt haben (wie man auch aus deutschen Krankenhäusern hören kann). Ab März aber standen auf den wichtigen Seiten des Intranets plötzlich sehr bedeutsame Infos, die es seitens der Krankenhaus-Reinigungskräfte in Sachen Hygieneschutz im Anti-Corona-Kampf unbedingt zu beachten galt. Die Anforderung für die Computerspezialisten lautete, dass das Intranet jederzeit funktionieren musste, aber eine Systemstabilität für ein veraltetes Netz zu gewährleisten, ist eine fast unmögliche Aufgabe. Wenn allerdings Hygienevorschriften nicht richtig in einem Krankenhaus umgesetzt würden, so gibt es ein erhöhtes Sterberisiko für Corona-Patienten.

Im März gab es plötzlich also gewaltige Herausforderungen, nämlich alte Intra-Netzwerke sollten plötzlich ultra-zuverlässig 24 Stunden, sieben Tage die Woche laufen: Natürlich gebe es großzügige Budgetmittel für diese unmögliche Aufgabe. Es ist fast ausgeschlossen, binnen drei Wochen mit Bordreparaturen aus einem veralteten Netzwerk ein sicher funktionierendes Netz in einem New Yorker oder Mailänder Krankenhaus zu machen. Auch für deutsche Krankenhäuser galt: Schwachpunkte im Gesundheitssystem in Deutschland und anderen EU-Ländern zeigten sich hier an ganz unerwarteter Stelle. Darüber – und die Möglichkeiten zur Herstellung wirklich zuverlässiger Computernetzwerke im Gesundheitssystem – gilt es sehr ernsthaft nachzudenken und spätestens nach der Corona-Krise sinnvolle Schlüsse zu ziehen.

Dabei könnte die Coronavirus-Herausforderung länger andauern:

- als gesundheitliches Problem für Milliarden von Menschen – für die Menschheit;
- als Störproblem der Wirtschaft: Produktionsausfälle, Konkurse, neue Bankenkrise – alles nicht ausgeschlossen; gefährdet scheinen etwa mit Blick auf Deutschland eher kleine und mittelgroße Banken, bei denen beträcht-

liche Kreditausfälle von Unternehmen im Kontext der Corona-Wirtschaftskrise entstehen könnten (6 % der Kredite im Fall einer milden Rezession, bei einer starken Rezession ein mehr als vierfach so hoher Anteil, was eine Bankenkrise brächte: Gropp et al. 2020).

- als Politik-Problematik: politische Akteure sollen sich verständigen, welche Maßnahmen in welcher Reihenfolge für die Epidemie-Abwehr nötig sind; wer etwa auf EU-Ebene und national, regional und kommunal wann wie sinnvoll tätig sein soll. Das könnte auf EU-Ebene ein besonderes Problem werden, die erstmals erhebliche Kredite – faktisch für die Mitgliedsstaaten – aufnehmen will. Ein internationales Abstimmungsproblem ergibt sich auch bei einer weltweiten Impfaktion: zuerst für das medizinische und pflegerische Personal, danach für die Risikogruppen und dann für die ganze Bevölkerung.

Aus den Problemen im Gesundheitssystem wurden in den ersten Monaten 2020 rasch ökonomische Probleme. Da die Intensivbetten-Kapazitäten viel zu klein in vielen Industrieländern waren, um mit einem großen Zulauf von schwer erkrankten Corona-Patienten fertig zu werden und eine blinde Durchseuchungsstrategie zur Herstellung von „Herdenimmunität" in allen westlichen Ländern außer den Niederlanden, Großbritannien und Schweden – politisch abgelehnt wurde, entschieden sich Dutzende Regierungen: Notwendig sei ein mehr oder weniger kontrolliertes Herunterfahren von Schulen, Universitäten und großer Teile der Wirtschaft.

Immerhin gibt es in den USA, Russland, China und den EU-Ländern sowie vielen anderen Ländern Seuchen-Notfallpläne; auf dem Schreibtisch und im Computer haben viele Länder den Ernstfall Epidemie schon durchgespielt. Besonders deutlich gilt für die Länder Asiens, die schon 2003 mit der SARS-Epidemie eine Art Vorläufer-Infektionswelle des Coronavirus hatten. Auch die SARS-Epidemie kam aus China, sie konnte aber binnen weniger Wochen – mit 800 Toten zu beklagen – eingedämmt werden. Die Infizierten waren an klaren Krankheitssymptomen rasch zu identifizieren. Das erleichterte die SARS-Bekämpfung. Immerhin errichtete man etwa in Singapur ein eigenes Seuchen-Krankenhaus mit spezialisierten Ärzte- und Pflegerteams (plus bauliche Spezialausstattung, etwa Zimmer mit Unterdruck), so dass man in dem asiatischen Stadtstaat 2020 relativ gut bei der Bekämpfung des Coronavirus aufgestellt war.

2012 trat in einigen arabischen Ländern – bei Einzelfällen auch in anderen Ländern – das Coronavirus MERS auf, das mit einer hohen Wahrscheinlichkeit tödlich verläuft und wohl ursprünglich aus dem Tierreich, von Dromedaren, kommt. Es ist interessant nachzulesen, was das Robert-Koch-Institut am

13.12.2019 zu MERS schrieb (Robert Koch Institut 2019; siehe Box 1). Weltweit sind natürlich auch andere Seuchen bekannt, etwa HIV, Tuberkulose und die als weitgehend ausgerotteten Pocken oder auch Pest-Krankheiten; Ebola ist eine in Teilen Afrikas immer wieder auftauchende Seuche, Cholera im 19. Jahrhundert eine gelegentlich auftretende Epidemie (übertragen von Bakterien). Nicht wenige der jüngeren Seuchen – von HIV über SARS und MERS bis zum Coronavirus – kommen vermutlich aus dem Tierreich, von wo aus eine Übertragung auf den Menschen stattfindet. Kritisch wird es, wenn eine Übertragung Mensch zu Mensch möglich wird. Der normalerweise allgegenwärtige weltweite Flugverkehr kann neue Seuchen binnen Monaten auf der ganzen Welt übertragen. Dabei zeigte das Coronavirus, wie verletzlich moderne Wirtschaftssysteme sind, die bislang nicht ausgerichtet sind auf breite internationale Seuchenfälle. Gelingt es nicht, rasch wirksame Impfstoffe zu finden, so könnten ganze Sektoren nach dem Überwinden der Seuchenhöhepunkte nicht mehr zum alten Zustande auch nur annähernd zurückfinden. Man müsste in allen Ländern über spezielle Solidaritätsfonds für die ökonomischen Opfer der Coronavirus-Seuche nachdenken und die Wirtschaftssysteme für die Zukunft deutlich robuster („resilienter") machen. Wachstumsverlangsamung, ansteigende Einkommensunterschiede und verstärkte Armut in einer Reihe von Krisenländern wären zu erwarten. Es könnte einige Jahre dauern, bis die Wirtschaft neu zu anhaltendem Wirtschaftswachstum zurückfindet.

Denkbar sind auch erhebliche soziale und politische Konflikte, etwa über wiederholte Ausgangssperren und staatliche Vorschriften zu Lockdown – Zuhause-bleiben-Vorgaben – und zeitlich befristeten Betriebsschließungen. Für Millionen Selbstständige geht es um die wirtschaftliche Existenz. Mittelfristig wird man sich auch politisch einigen müssen, welche Gruppen welche Kosten der Pandemieeffekte zu tragen haben werden. Wenn der Staat im Zuge hoher Defizitquoten eine deutlich gestiegene Schuldenquote zu verzeichnen hat, dann bringt das längerfristig eine erhöhte Zinsausgabenquote (Beispiel: wenn die Schuldenquote von 100 % auf 150 % ansteigt, so wären bei konstant 1 % Zinssatz nicht mehr 1 % des Nationaleinkommens für Zinszahlungen beim Staat fällig, sondern 1,5 % – der durchschnittliche Einkommenssteuersatz muss dann um einen halben Prozentpunkt ansteigen. Steigt zugleich der Zinssatz aber auf 2 %, so muss der durchschnittliche Steuersatz um einen Prozentpunkt ansteigen).

Beschleunigter Strukturwandel könnte auftreten sowohl im Bereich der handelsfähigen Güter (z. B. Automobilsektor, Sektor der Informations- und Kommunikationstechnologie/IKT) wie im Bereich der nichthandelsfähigen Güter (z. B. Gaststätten, Hotellerie). Es kann aber auch Expansionsbremsen etwa für den digitalen Fortschritt geben, was u. a. an der zu geringen Verfügbarkeit von qualifizierten Arbeitnehmern mit den unternehmensseitig gesuchten digitalen Fähigkeiten liegen kann. Die Neugründerrate bei Unternehmen – auch bei technologieorientierten – dürfte zeitweilig deutlich abgebremst werden, weil Neugründer schlechter als früher an Kapital kommen und weil sich natürlich in bestimmten Sektoren auch die Absatz- beziehungsweise Expansionschancen für einige Quartale oder Jahre deutlich verschlechtern. Wenn die Zahl der Arbeitslosen ansteigt, könnte allerdings auch die Gründerrate bei Firmen insgesamt ansteigen – einfach weil die Alternative, einen gut bezahlten Arbeitsplatz zu finden, sich sichtbar verschlechtert hat.

Box 1: Informationen des RKI zu MERS-Coronavirus

Vorkommen, Symptome und Übertragungswege

Das Middle East Respiratory Syndrome Coronavirus (MERS-CoV) wurde im April 2012 erstmals bei Patienten auf der arabischen Halbinsel nachgewiesen. Die Inkubationszeit beträgt in der Regel ein bis zwei Wochen. Bei gesunden Menschen verläuft die Erkrankung in der Regel asymptomatisch oder mit milden grippeähnlichen Symptomen. Bei schweren Verläufen kann sich eine Pneumonie entwickeln, die in ein akutes Atemnotsyndrom übergehen kann. Ein häufiges Begleitsymptom ist Durchfall; außerdem kann es zu Nierenversagen kommen. Schwere Verläufe treten überwiegend bei Menschen mit chronischen Vorerkrankungen auf, wie z. B. Diabetes, Herzerkrankungen, chronische Nieren- oder Lungenerkrankungen.

Bislang wurden der Weltgesundheitsorganisation (WHO) mehr als 2400 laborbestätigte Fälle (davon mehr als 800 Todesfälle) gemeldet, vor allem aus Saudi-Arabien. Aktuelle Zahlen und Informationen sind auf der MERS-CoV-Seite der WHO abrufbar.

Bei MERS-CoV handelt es sich um einen zoonotischen Erreger. Als Reservoir gelten Dromedare (einhöckrige Kamele). Viele der als sporadisch (oder Primärfall) eingestuften Fälle hatten auch Kontakt zu Dromedaren, allerdings lassen sich nicht alle Primärfälle darauf zurückführen. Eine Übertragung von Mensch zu Mensch ist möglich. Die Erkrankungs- bzw. Infektionsrate bei Haushaltskontakten von Primärfällen wird als niedrig beschrieben. In Krankenhäusern haben sich jedoch schon mehrere, zum Teil große Ausbrüche ereignet. Die WHO stuft MERS als „Priority Disease" ein – als eine Krankheit, deren Erforschung und Entwicklung von Medikamenten höchste Priorität eingeräumt werden muss

Wichtig für die globale Risikoeinschätzung – auch für Deutschland – ist, dass es bislang keine Hinweise auf eine anhaltende, unkontrollierte Mensch-zu-Mensch-Übertragung gibt. Importierte Krankheitsfälle sind jedoch jederzeit möglich und könnten, wenn sie nicht rechtzeitig erkannt werden, im Krankenhaus zu weiteren Ansteckungen führen (siehe Risikoeinschätzung des Europäischen Zentrums für die Prävention und die Kontrolle von Krankheiten (ECDC) vom August 2018). Von der arabischen Halbinsel reisen allein nach Deutschland jedes Jahr eine Million Menschen.

MERS auf der arabischen Halbinsel

Alle bisherigen Fälle waren direkt oder über einen anderen Patienten mit der arabischen Halbinsel oder benachbarten Ländern assoziiert. Primäre Krankheitsfälle (Krankheitsfälle ohne vorherige Exposition zu menschlichen Fällen) traten überwiegend in Saudi-Arabien, aber auch in anderen Ländern in der Region auf. Bei den Infektionen mit vorherigem Kontakt zu einem anderen menschlichen Fall wurde der überwiegende Anteil im Krankenhaus erworben: In Riyadh etwa wurden seit 2015 mehrere Ausbrüche in Krankenhäusern beobachtet.

MERS in anderen Ländern

Ende Mai 2015 meldeten die Gesundheitsbehörden von Südkorea einen Ausbruch, der auf einen importierten MERS-Fall zurückging. Bis Anfang Juli 2015 gab es unter medizinischem Personal, Familienangehörigen, Mit-Patienten und deren Angehörigen 186 weitere Erkrankungen, darunter 38 Todesfälle (siehe Artikel in Journal of Hospital Infections). Eine der in Südkorea identifizierten Kontaktpersonen reiste weiter nach China, wurde dort positiv getestet und isoliert.

In Europa wurden bislang nur einzelne importierte Fälle bzw. Sekundärfälle von importierten Fällen gemeldet, darunter in Deutschland, Frankreich, Griechenland, Großbritannien, Italien, den Niederlanden, Österreich und der Türkei. In Afrika, Nordamerika und anderen asiatischen Ländern traten ebenfalls importierte Fälle auf. Im Rahmen der weltweit intensivierten Surveillance aufgrund der Pilgerfahrten nach Saudi-Arabien (Hajj bzw. Umrah) wurden allenfalls einzelne laborbestätigte MERS-Fälle identifiziert.

Hinweise für Reisende

Für Reisende in Länder der arabischen Halbinsel und deren Nachbarländer hat die WHO keine Reiseeinschränkungen empfohlen. Die WHO weist darauf hin, dass Reisende auf die arabische Halbinsel den Kontakt zu Dromedaren vermeiden sollten, ebenso den Besuch von Farmen und Märkten, auf denen sich die Tiere aufhalten. Außerdem sollten sie keine rohen oder unvollständig erhitzten Kamelprodukte zu sich nehmen. Darüber hinaus sollten die üblichen Regeln der Alltagshygiene beachtet werden: Reisende sollten sich häufig die Hände waschen. Das Auswärtige Amt informiert generell auf seinen Internetseiten über medizinische Risiken für Bundesbürger im Ausland, auch über MERS. Die Bundeszentrale für gesundheitliche Aufklärung (BZgA) bietet Informationen zu MERS in verschiedenen Sprachen an (Erregersteckbrief MERS-Coronaviren). Falls nach einer Reise mit möglicher Exposition zu MERS-Coronaviren (Dromedare oder Kontakt zu möglichen MERS-Patienten) respiratorische Symptome auftreten, die auf eine Infektion der unteren Atemwege schließen lassen, sollte bei einem Arztbesuch (möglichst mit telefonischer Ankündigung) unbedingt auf diese potenzielle Infektionsquelle hingewiesen werden für eine schnelle zielgerichtete ärztliche Betreuung.

Auch wenn man einen Impfstoff rasch finden beziehungsweise entwickeln sollte, so gilt doch mit Blick auf den notwendigen Neustart der Wirtschaft:

- Es wird eine globale Neustart-Situation geben, da das Virus fast alle Länder der Welt getroffen hat. Wegen der internationalen Wirtschaftsverflechtung allerdings bedeutet jede neue Infektionswelle in Land x, dass es zu ökonomischen Störeffekten in anderen Ländern kommen kann. Absatzprobleme für diese Länder oder auch Belieferungsprobleme bei importierten Vorprodukten aus Land x werden hier wichtig sein.

- Die Wirtschaftsstrukturen der Volkswirtschaften werden nach dem Corona-Schock zum Teil anders aussehen als vorher, so dass sich ein beschleunigter Strukturwandel ergibt; dabei muss es langfristig nicht zu einer Verlangsamung des Wirtschaftswachstums in Europa und weltweit kommen. Denn gerade der besonders innovationsstarke Sektor der Informations- und Kommunikationstechnologie wird expandieren; viele neue digitale Dienste und Technologien werden gerade im Jahr 2020 entwickelt und notgedrungen von Millionen Firmen und Individuen getestet.
- Firmen werden die Art und die Reichweite des Bezuges internationaler Vorprodukte neu überdenken. Vermutlich wird es zu stärker regional aufgebauten Wertschöpfungsketten kommen – und insgesamt weniger Globalisierung (mit sehr großem Bezugsradius von Vorprodukten); kommt es zu einer größeren internationalen Diversifizierung der Bezugsländer, kann der Globalisierungsgrad durchaus auch stabil bleiben. Die EU-Arbeitsteilung könnte sich zumindest in einigen Sektoren künftig durch den Corona-Schock verstärken. Denn die Störpotenziale geografisch sehr weitgezogener Bezugsquellen erscheinen doch als relativ hoch. Das hieße im Übrigen auch, dass die ökonomischen BREXIT-Kosten noch höher für Großbritannien ausfallen werden und sich UK mit langfristigem Druck konfrontiert sehen könnte, praktisch Teil der US-Wirtschaft und politisch ein US-Vasall zu werden. Die jeweiligen nationalen beziehungsweise regionalen Quarantäneregeln könnten sich erheblich unterscheiden – also etwa zwischen der EU und China. Dies wird den Personenverkehr, also etwa auch den Austausch von Technikern und Managern sowie Forschern behindern, was wiederum bei den Unternehmen in der EU ein vermindertes Interesse am Aufbau komplexer Produktionsnetzwerke mit China bedeuten könnte. Bei der Wiederaufnahme des Flugverkehrs von Frankfurt nach China beziehungsweise der ersten LH-Maschine nach Tianjin (gut eine Autostunde nördlich von Peking) Anfang Juni 2020 ergab sich die Situation, dass alle Passagiere für eine Kurzquarantäne im chinesischen Ankunftsort, Speichel- und Blutabnahmen sowie die Installation einer Gesundheits-App vorgesehen waren; doch stellt sich heraus, dass eine Kurzquarantäne nicht möglich war, weil einer der Passagiere symptomlos an COVID-19 infiziert war, so dass erst einmal alle Passagiere 14 Tage im Quarantäne-Hotel bleiben müssen (so ein Bericht „Jeder für sich" aus DER SPIEGEL, Juni 2020, Nr. 24). Sonderbarerweise waren alle 190 Reisenden vor dem Abflug negativ auf Corona getestet worden. Solches Reisen erhöht

letztlich dann die effektiven Flugkosten EU-China und die Projektkosten in China. Weniger globale Handelsvernetzung kann sich durchaus negativ auf die globale politische Stabilität wirken. Schon der ökonomische Klassiker David Ricardo (1817) hatte argumentiert, dass verstärkter Außenhandel zwischen Land A und B zu einer Minderung militärischer Konflikte führen werde. Die Pandemie hat zahlreiche ökonomische Effekte, aber natürlich auch besondere medizinische Herausforderungen.

Literatur

Ahammer, A., Halla, M., & Lackner, M. (2020). Mass gathering contributed to early COVID-19 spread: Evidence from US sports, *Covid Economics: Vetted and Real-Time Papers*, Issue 30, 19.06.2020, CEPR Press.

Aum, S., Lee, S. Y., & Shin, Y. (2020). *Inequality of fear and self-quarantine: Is there a trade-off between GDP and public health?* NBER working paper no. 27100, Mai 2020.

Bretschger, L., Grieg, E., Welfens, P. J. J., & Xiong, T. (2020a). *Corona fatality development, health indicators and the environment: Empirical evidence for OECD countries*, EIIW discussion paper no. 274. https://uni-w.de/8-ljy.

Bretschger, L., Grieg, E., Welfens, P. J. J., & Xiong, T. (2020b). COVID-19 infections and fatalities developments: empirical evidence for OECD countries and newly industrialized economies, *International Economics and Economic Policy, 17*(4). https://doi.org/10.1007/s10368-020-00487-x.

Chen, Y., Jiao, J., Bai, S., & Lindquist, J. (2020). Modeling the spatial factors of COVID-19 in New York City, SSRN.COM preprint research paper (Elsevier). (last accessed 05.06.2020).

Gropp, R. E., Koetter, M., & McShane, W. (2020). The corona recession and bank stress in Germany, IWH Online, 4/2020.

IMF. (2020c). *Global financial stability report, April 2020.* Washington DC: International Monetary Fund.

Ricardo, D. (1817). *On the principles of political economy and taxation.* London: John Murray.

Robert Koch Institut. (2019). *Informationen des RKI zu MERS-Coronavirus, Vorkommen, Symptome und Übertragungswege.* Berlin: RKI. https://www.rki.de/DE/Content/InfAZ/M/MERS_Coronavirus/MERS-CoV.html. Zugegriffen am 29.06.2020.

Spinney, L. (2017). *Pale rider: The Spanish Flu of 1918 and how it changed the world.* New York: PublicAffairs.

Spinney, L. (2018). *1918. Die Welt im Fieber. Wie die Spanische Grippe die Gesellschaft veränderte.* München: Hanser.

WHO. (2020a). Coronavirus disease (COVID-19) situation report – 1, 21 January 2020, World Health Organization, Geneva. https://www.who.int/docs/default-source/coronaviruse/situation-reports/20200121-sitrep-1-2019-ncov.pdf?sfvrsn=20a99c10_4. Zugegriffen am 13.07.2020.

WHO. (2020e). Coronavirus disease (COVID-2019) situation report 171, July 9, 2020, World Health Organization, Geneva. https://www.who.int/docs/default-source/coronaviruse/situation-reports/20200709-covid-19-sitrep-171.pdf?sfvrsn=9aba7ec7_2. Zugegriffen am 13.07.2020.

2

Corona-Pandemie

Am 2. Mai 2020 gab es auf der Welt 3,4 Millionen nachweislich Infizierte, davon 1,1 Millionen in den USA; 84.000 Infizierte waren im ersten Ausbruchsland der Epidemie, in China, bis zu diesem Zeitpunkt seit Anfang 2020 verzeichnet worden. Zudem ergaben die Analysen, dass es weltweit fast 240.000 Corona-Tote gab; davon 60.000 Tote in den USA, 28.000 Tote in Italien und Großbritannien, 25.000 in Spanien; 18.000 im Bundesstaat New York (siehe Abb. 2.1; Karte der Johns Hopkins University). In Deutschland gab es 164.000 Infizierte, dabei 7000 Tote. Hätten die USA die gleiche Corona-Todesrate wie die Bundesrepublik Deutschland, dann hätten die USA nur etwa 30.000 Corona-Verstorbene gehabt. Ein besonders gutes Gesundheitssystem haben die Vereinigten Staaten von daher offenbar insgesamt nicht – auch wenn die USA natürlich teilweise ein exzellentes Gesundheitssystem haben. Im Übrigen sind in den EU-Ländern fast 100 % der Bevölkerung krankenversichert, während in den USA unter der Trump-Administration 13 % der Bevölkerung ohne Krankenversicherung sind (unter Präsident Obama war der Anteil auf 11 % abgesenkt worden). Die tatsächliche US-Zahl von knapp 60.000 Toten Anfang Mai 2020 ist auch insofern ziemlich schockierend, als dies knapp über der Zahl aller US-Gefallenen in zehn Jahren Vietnam-Krieg ist. Der Popularität des ohnehin umstrittenen US-Präsidenten Trump dürfte das wohl nicht gut bekommen.

In Deutschland gab die Bundesregierung zusammen mit den Bundesländern im März 2020 über eine Art Corona-Quarantänepolitik vor, welche Gruppen von Schülern und Studierenden sowie der Arbeitnehmerschaft wann, wo und wie lange Zuhause bleiben mussten, damit eine zu rasche Ausbreitung des Coronavirus unterbleiben sollte: Verminderte Infektionsrate

P. J. J. Welfens, *Corona-Weltrezession*, https://doi.org/10.1007/978-3-658-31386-9_2

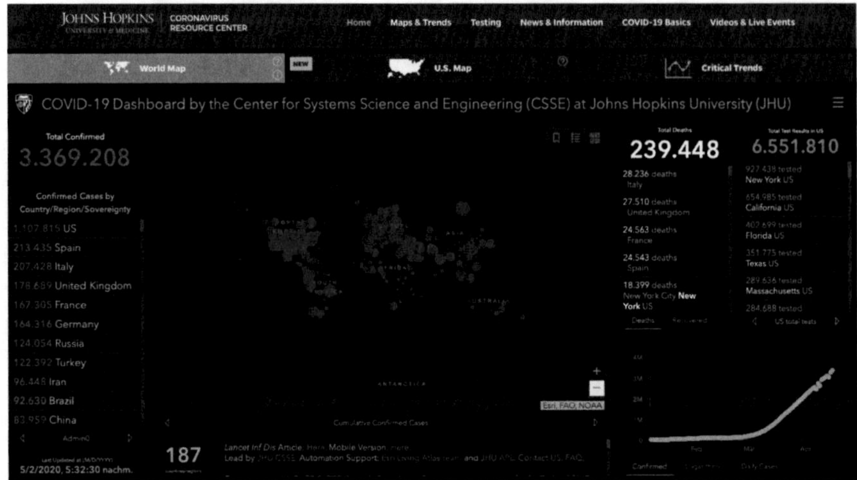

Quelle: Johns Hopkins University (2020), https://coronavirus.jhu.edu/map.html (05.05.2020)

Abb. 2.1 COVID-19 Dashboard (Johns Hopkins University 2020)

hieß, dass die in einem Krankenhaus eingelieferten Corona-Patienten eine Chance haben sollten, dass sie innerhalb der jeweiligen intensivmedizinischen Kapazitäten versorgt werden könnten. Mehrwöchige Zwangsschließungen von Schulen, Universitäten und Unternehmen mussten für die Wirtschaft enorme plötzliche Einbußen an Produktion, Beschäftigung, Gewinnen und Steuerzahlungen bedeuten. Ende April erfolgten dann die ersten Lockerungen, indem etwa die Gymnasien für Abiturklassen in Nordrhein-Westfalen und einigen anderen Bundesländern geöffnet wurden: Mitte Mai wurden Abiturprüfungen in mehreren Bundesländern durchgeführt. Für viele jüngere Kinder gab es alle zehn Tage einige Stunden Unterricht und ein Großteil der Lehrerschaft hatte sich krank gemeldet; zum Teil weil Lehrerinnen und Lehrer sich als über 60-Jährige selbst zur Risikogruppe zählten. In Teilen der Lehrerschaft gab es sicherlich auch wenig Wissen, wie man die nun plötzlich geforderten internet-basierten Aufgaben für Schüler stellen sollte. Anfänglich nutzte man an vielen Schulen auch noch verschiedene digitale Plattformen für die Kommunikation mit der Schülerschaft. Das war schon ziemlich verwirrend für die Kinder und noch mehr für die Eltern, bei denen vielfach wirtschaftliche Sorgen den Alltag mitbestimmten. War der eigene Arbeitsplatz angesichts des Corona-Schocks noch sicher?

Viele Unternehmen schlossen über viele Wochen, hatten kaum noch Umsatz und mussten dennoch Mieten, Löhne und Gehälter sowie angelieferte Vorprodukte bezahlen. Bund und Länder haben allerdings mit zahlreichen kurzfristigen Maßnahmen für verschiedene Branchen und Berufsgruppen unterstützend gewirkt und die Kurzarbeiterregelungen – zeitlich gegenüber früher verlängert – haben geholfen, den Anstieg der Arbeitslosenzahlen in Grenzen zu halten und die Wissensnetzwerke in Unternehmen zu erhalten. Ein gewisser Neustart der Unternehmen in verschiedenen Branchen wurde zur Jahresmitte dann möglich, als die Infektionsraten sich vermindert hatten und die Unternehmen ihre Produktionskonzepte mit Blick auf die Seuchengefahr angepasst hatten. Es galt hier insbesondere auf Abstandsregeln, das Tragen von Mund- und Nasenschutz und bauliche Veränderungen – etwa bei Belüftung und Klimaanlagen – zu achten.

Aus Unternehmen ohne ausreichend Liquidität und mit steigenden Verlusten konnten wiederum in der Corona-Krise rasch konkursreife Fälle werden, die wiederum die ihnen über Kreditvergabe verbundenen Banken in 2020/2021 in ernste Schwierigkeiten bringen konnten: Kreditausfälle von gewerblichen Kunden können Banken in jeweils überschaubarem Rahmen in der Regel verkraften. Aber einen Pandemie-Schock für Millionen von Unternehmen in Europa war bislang noch nie festzustellen gewesen. Die Aussichten für eine Systemstabilisierung in den EU-Ländern und den USA sowie China, Japan, Republik Korea etc. waren daher im ersten Halbjahr 2020 ungewiss: Das Risiko einer Mega-Rezession in verschiedenen Industrieländern und auch in Schwellen- sowie Entwicklungsländern galt es zu bedenken; und seitens der nationalen Politik und von Seiten internationaler Organisationen ging es um geeignete Gegenmaßnahmen der Politik im ungewöhnlichen Corona-Problemfall. Die nationalen und regionalen Politikakteure haben reagiert und mit Überbrückungsgeldern privaten Haushalten und auch vielen Selbstständigen vorübergehend geholfen, bis dann große konjunkturelle Stabilisierungsprogramme anliefen.

In der EU startete man zudem gemeinsame EU-Hilfspakete, die groß dimensioniert waren. Einige EU-Länder erwischte die Corona-Epidemie in einer Phase ohnehin abgeschwächten Wachstums, wobei Italien hier besonders hervorzugeben ist. Das Land leidet seit zwei Jahrzehnten unter einer Stagnation beim verfügbaren Haushaltseinkommen, politischer Instabilität mit jeweils kurzen Amtszeiten der Regierungen und hat eine hohe Relation von Staatsschuld zu Nationaleinkommen: gut 130 % betrug der Wert in 2019, rund doppelt so hoch wie Deutschland.

Schwellen- und Entwicklungsländern wurden bei der Pandemie oft mit Verzögerung – gegenüber den großen EU-Ländern und den USA – getroffen. Eine erhebliche Sorge betrifft die Schwellenländer, wo Regierungen sich mit Blick auf die Erfahrungen der Transatlantischen Bankenkrise Sorgen machen über kommende starke Währungsabwertungen gegenüber dem Dollar und Zinserhöhungen. Immerhin kann man Mitte 2020 feststellen, dass in der ersten Corona-Schockphase die Abwertung deutlich geringer war als unmittelbar nach dem Beginn der Bankenkrise im Herbst 2008 (Esteves und Sussman 2020).

Menschen in allen Ländern sind gewohnt, dass die wirtschaftliche Entwicklung mittelfristig voranschreitet; mit einigen Konjunkturschwankungen, so dass es auch für einige Quartale eine Rezession – einen ökonomischen Abschwung in der Güterproduktion – geben kann. Beim Thema Krise kommt den meisten auch die Transatlantische Bankenkrise von 2008/09 in den Sinn, von der fast alle westlichen Länder betroffen waren. Das waren rund 30 Länder. Aber die Coronavirus-Krise stellt hier fast alles in den Schatten: Ende März 2020 waren rund 160 Länder von der gefährlichen Virus-Infektion betroffen. Italien meldete rund 800 Tote am Tag in den späten März-Tagen und natürlich sank die Produktion in den Monaten März/April dramatisch in Italien und in vielen Industrieländern. Spanien hatte Ende März ähnlich hohe Todeszahlen wie Italien.

Zudem gab es hohe Todeszahlen in New York, das in den USA als regionaler Coronavirus-Schwerpunkt galt. Zu diesem Zeitpunkt hatte US-Präsident Donald Trump für die USA schon ein Kriegswirtschaftsrecht in Gang gesetzt, das ihm erlaubte, die zögerliche Autoindustrie im Lande anzuweisen, sich bei der Produktion fehlender Medizingeräte einzubringen (währenddessen wies VW-Chef Diess in einer TV-Diskussion eines solche Aktivierung von Volkswagen – VW hatte die Mitarbeiter mit Kurzarbeitergeld nach Hause geschickt und die Werke standen still! – für solche Produktion als Möglichkeit von sich, aber das US-Beispiel setzte dann auch in Deutschland und der EU die Autoproduzenten unter Druck und viele Unternehmen erwiesen sich als innovative Produzenten von Teilen für Medizingeräte).

Während die EU-Länder und die USA noch gegen die Corona-Epidemie im Frühjahr 2020 einen zähen politischen und medizinischen Kampf führten, hatten Länder wie China, Taiwan, Singapur und Korea die Epidemie schon stärker unter Kontrolle gebracht. Rigorose Quarantäne-Maßnahmen und Handy-basierte Ortungssysteme von Infizierten bzw. Infektionsverdächtigen wurden in diesen Ländern Asiens genutzt, um die Infektionsketten effizient zu identifizieren. Für die westlichen Länder stellen sich hier grundsätzlich neue Fragen, nämlich ob man nicht stärker auf Systemelemente in asiatischen Ländern wird achten müssen – zumindest wenn es um den Epidemieschutz geht. Zugleich ergibt sich die Frage, ob die dem Staat in der Hochphase der Epidemiebekämpfung zugewachsene Macht – auch in der Beschränkung von Bewegungsfreiheit von Individuen – von den Bürgern zurück gewonnen werden kann. Oder aber, ob die Politik die einmalige Machtanreicherung im Politiksystem wird nutzen wollen, um Individuen und Unternehmen langfristig stärker zu kontrollieren. Schließlich bleibt auch die Frage, wo die Europäische Union in der Corona-Krise blieb?

Jedenfalls reiste die EU-Kommissionschefin von der Leyen nicht nach Norditalien, auch nicht nach Spanien im März 2020, obwohl ja diese beiden Länder besonders von der Corona-Krise betroffen waren. Die EU hat durch das Verhalten der Kommissionschefin schon in den ersten Monaten der neuen Kommission an Ansehen, Macht und Einfluss verloren. Das gilt gleich doppelt, weil im März 2020 auch noch die EU-Mitgliedsstaaten mit nationalen Grenzschließungsmaßnahmen und anderen Schritten – man denke an den Beschluss in Frankreich, dass Masken aus Frankreich nicht ausgeführt werden durften – dazu beigetragen hat, den EU-Binnenmarkt zu beschädigen; letztlich auch die Lieferketten etwa in der Auto- und in der Medizingerätetechnik- oder auch in der Desinfektionsmittelproduktion.

Als Rettungsplattform taugte die EU im ersten Halbjahr 2020 offenbar relativ wenig bei einer Pandemie, nur die Europäische Zentralbank und die Europäische Investitionsbank haben mit ihren Maßnahmen klar positiv zum Profil der EU in der frühen Corona-Krise beigetragen. Der EU-Finanzministerrat kann auch positiv angeführt werden, da er die Weichen stellte, um Mittel aus dem Europäischen Stabilitätsmechanismus (ESM) bereitzustellen. Sonderbarer Weise war die EU allerdings auf der Bremse, als es um Staatsbürgschaften für staatliche Kredite ging – hier erlaubte die EU zunächst nur eine 90 %-Bürgschaft für Bankkredite, was die Banken in langwierige Prüfarbeiten bei einer Kreditvergabe zwang; eine 100 %-Bürgschaft bis zu einer Kreditgrenze von zum Beispiel 3 Millionen Euro hätte den Banken für die kleineren Kreditanfragen zeitaufwendige Prüfungsarbeit erspart; allerdings auch gewisse Mitnahmeeffekte den Unternehmen ermöglicht. In einer Epidemie-Lage mit staatlich angeordneten Unternehmensschließungen ist aber eine sehr rasche Bürgschaftsnutzung beziehungsweise Entscheidung zu Kreditvergaben wichtig. Die EU folgte schließlich dem Beispiel der Schweiz, wo im Frühjahr 2020 eine 100 %-Bürgschaft des Staates für bestimmte Bankenkredite an Unternehmen möglich wurden.

Dass es angesichts der Pandemie dazu kam, dass zahlreiche Schwachpunkte in Wirtschaft, Gesellschaft und Politik in westlichen Ländern – auch in Deutschland – aufgedeckt wurden, war zu erwarten. Man mag der Politik in Westeuropa und den USA zugutehalten, dass sie keine Erfahrung im Umgang mit einer weltweiten Epidemie hatte; dabei haben natürlich alle Industriestaaten große Pandemiepläne seit Jahren in der Schublade – aber die Hausaufgaben in Sachen Bevorratung etwa mit Schutzkleidung für medizinisches Personal wurden fast nirgendwo gemacht. Einige der erkennbaren Schwachpunkte sind Besorgnis erregend: Es stellte sich heraus, dass man bei vielen Medikamenten die Produktion übertrieben globalisiert hat, also auf Vorprodukte oder gleich beim ganzen Medikament auf Lieferung aus dem fernen Ausland angewiesen war. Unter hohem Kostendruck im Gesundheitssystem – und unter Ausblendung von internationalen Epidemierisiken-, hat man unter der Überschrift Kostenminimierung wichtige Teile der Medikamentenproduktion nach China und Indien ausgelagert. Als Produktion und Lieferketten in Asien im Februar und März zum Teil unterbrochen wurden, fehlte es in EU-Ländern, aber auch in den USA an wichtigen Medikamenten. Ganz viele Bereiche der Wirtschaft wurden einem Stresstest unfreiwilliger Art durch den Corona-Schock unterworfen. Der Bereich Passagierflüge und Tourismus gehört neben der Autoindustrie zu den international wichtigen Einbruchsfeldern.

Die Lufthansa hatte schon am 22. März 2020 95 % ihrer Passagierflüge gestrichen, die überzähligen Jets standen auf der Landebahn Nordwest des Frankfurter Flughafens, der seit Mitte März ziemlich verwaist aussah. Es gab noch einige Dutzend Rückhol-Flüge, die die Lufthansa im Auftrag der Deutschen Bundesregierung durchführte, um deutsche Staatsbürger aus dem Ausland zurück zu holen; zudem gab es wenige innereuropäische und andere internationale Flüge. Die Air France-Fluggesellschaft unternahm ähnliche Aktivitäten in Frankreich.

Die großen Autokonzerne in der EU und in Nordamerika stellten für einige Wochen die Produktion ein. Als Grund hieß es in EU-Ländern, dass es Lieferschwierigkeiten mit international zugelieferten Teilen gebe; bei Volkswagen wiederum wollten Teile der Belegschaft nicht am Band zur Arbeit erscheinen, da Mitarbeiter/innen Angst hatten, sich bei der Montag zu infizieren – während die Mehrzahl der Verwaltungsangestellten ins Home Office verschwunden war. Das Management von Unternehmen hatte ebenso wie Hochschulleitungen die am Bildschirm arbeitenden Mitarbeiter/innen nach Hause geschickt, um die Infektionsgefahr für diesen Teil der Belegschaft auf einfache Weise zu vermindern. Zudem bestand die Gefahr, dass bei Feststellung einer unerwarteten Corvid-19-Infektion bei einem Büro-Mitarbeiter sonst ganze Abteilungen ungeplant in eine mindestens 14-tägige Quarantäne geschickt werden müssten.

Da war es besser, große Unternehmensteile als virtuelles Netzwerk von Unternehmen und Organisationen vom heimischen Arbeitsplatz der Mitarbeiterschaft arbeiten zu lassen. Der Corona-Schock, der zumindest einige Monate andauert, ist eine historisch einmalige globale Störung des Wirtschaftslebens und wird auf Jahre Spuren im Wirtschaftsleben, im Gesundheitssystem und in der Politik hinterlassen. Der ökonomische Einbruch durch den Corona-Schock in Deutschland und anderen westlichen Ländern könnte die −5 % beim nationalen Einkommen von 2009 noch übertreffen. Damals brachte die Transatlantische Bankenkrise die Volkswirtschaften der westlichen Länder an den Rand einer Existenzkrise, die man mit energischen Maßnahmen und ein wenig Glück relativ rasch überwunden hatte.

Am 11. März 2020 erklärte die Weltgesundheitsorganisation (WHO 2020b): Die internationale Coronavirus-Epidemie ist eine weltweite Seuche, eine Pandemie. Die ursprünglich wohl aus Wuhan, einer Großstadt in China, kommende Viren-Infektion breitete sich in 2020 auf der ganzen Welt aus. In Europa steigen die Fallzahlen zunächst verstärkt in Italien, dann auch in Spanien, der Schweiz, Deutschland und anderen Ländern im späten ersten Quartal des Jahres. Enorm hohe Todeszahlen und Bilder von Krankenhäusern mit wegen COVID-19-Patienten überfüllten Intensivstationen in Oberitalien, etwa in der Stadt Bergamo, gingen im März weltweit über die TV-Bildschirme; es gab so viele Tote, dass Militärlastwagen die Toten abtransportieren mussten – ein Bild, dass man auch bei der Spanischen Grippe 1918/19 in Teilen der USA und Europas gesehen hatte (Spinney 2017).

Im WHO-Bericht vom 19. März 2020 hieß es, dass es gut 90 Tage gedauert hätte, bis weltweit die ersten 100.000 Corona-Infizierten registriert worden waren; dann jedoch für die nächsten 100.000 Infektionen nur 12 Tage vergingen (WHO 2020c). Daraus ergibt sich eine Wachstumsrate von 5,8 % täglich. Wenn es nicht durch massive Quarantäne-Maßnahmen gelingt, die weltweite Ausbreitung des Corona-Virus zu verhindern, so wird die Zahl der Infizierten noch bis 2021 auf eine Milliarde Menschen ansteigen. Das aber ist ein Fall, der kaum eintreten kann, da, bei vernünftigen Quarantäne-Maßnahmen, sich das Virus ab Mai oder Juni eben nur noch sehr langsam in der Welt wird ausbreiten können. Zudem scheint es so, dass in China mit seinen 1,3 Milliarden Einwohnern die Seuche im März 2020 gestoppt worden war: Mit drakonischen Beschränkungen der Mobilität der Menschen in der Region um Wuhan und in anderen chinesischen Regionen. Die ersten Impfstofferprobungen in den USA begannen Mitte März, möglicherweise wird man schon im Winter 2020/21 in den Vereinigten Staaten, China, Japan, Europa und Indien medizinisches Personal und vermutlich auch Politiker sowie Risikopatienten dann impfen; dann auch die ganze Weltbevölkerung.

Die Coronavirus-Epidemie steht für eine globale Seuche, eine Pandemie. Das ist zum ersten Mal seit 1918/19, als die Spanische Grippe weltweit für geschätzte 40–80 Millionen Tote sorgte, dass die ganze Weltwirtschaft mit einer Epidemie konfrontiert ist. Bei 7 Milliarden Erdbewohnern und einer mittelfristigen Durchseuchungsrate von 40 bis 60 Prozent könnten also 2,8 Milliarden bis 4,2 Milliarden Menschen infiziert sein, von denen vermutlich 0,5 % sterben werden: Das wären 1,4 Millionen – unter der Annahme, dass man rasch einen Impfstoff entwickeln kann und Quarantäne-Maßnahmen weltweit energisch umsetzt werden.

Das weltweite Wirtschaftswachstum ist schon im ersten und zweiten Quartal 2020 deutlich fallen. Aber die enormen Gegenmaßnahmen seitens der Geld- und Fiskalpolitik in den USA und der Europäischen Union bedeuten, dass schon 2021 ein deutlicher Aufschwung in den westlichen Industrieländern zu erwarten ist. Ob die Wirtschaftsentwicklung in Deutschland und anderen Ländern mehr wie ein L für einige Zeit aussieht oder aber wie ein V – also starker Einbruch 2020, kräftiger Aufschwung 2021-, wird von Beobachtern kontrovers diskutiert. Wenig Zweifel gibt es, dass der Wirtschaftseinbruch in den westlichen Ländern größenordnungsmäßig an den Rückgang in der Bankenkrise 2008/09 heranreichen oder übertreffen wird. In Deutschland ging das Realeinkommen 2009 um gut 5 Prozent zurück. Kommt in großen OECD-Staaten noch eine zweite Infektionswelle, dann könnte der Aufschwung 2021 eher wie ein W aussehen: mit einer Art Zwischenrezession.

Eigentlich gibt es in Sachen Wirtschaftseinbruch in Deutschland und anderen westlichen Ländern mehr Argumente für eine Art U-Verlauf, wie zu zeigen sein wird. Im Übrigen könnte der Teil des V, das für Aufschwung steht, flacher verlaufen als der Abschwungsteil des V, also die Rezession in 2020. Es werden nicht einfach die USA und Westeuropa mit deutlichem Wirtschaftswachstum in mittelfristiger Perspektive allein voranschreiten können. Vielmehr ist in einigen Schwellen- und Entwicklungsländern zu erwarten, dass auch zwei bis drei Jahre nach dem Ausbruch der Pandemie die Aufschwungskräfte relativ schwach sein werden. Das könnte etwa für Brasilien und Indien sowie einige Staaten Afrikas gelten, bei deren Stabilisierung auch die internationalen Organisationen und die EU sowie UK und USA plus Japan und China gefordert sein werden. Es ist allerdings nicht sicher, dass die Trump-Administration eine effektive Seuchenpolitik betreibt, da im Juni 2020 die Infektionszahlen wieder deutlich in den USA nach oben gingen. Das wird wiederum den ökonomischen Aufschwung in den Vereinigten Staaten verlangsamen, was negative Auswirkungen auf die Nachbarländer Mexiko und Kanada, aber auch auf die großen Handelspartner EU, UK, Japan, China haben wird.

Dabei ist allerdings in Präsident Trump keine US-Führungsrolle zu erwarten, so dass auch in der G20-Gruppe der führenden Industrieländer gerade in der Corona-Krise eine eher langwierige Entscheidungsfindung zu wichtigen Fragen der Krisenbekämpfung entstehen dürfte. Das Abseitsstehen der USA ist eine neue Situation, wobei selbst eine energische EU-Politik dies nicht wird kompensieren können. Dabei kann im Übrigen die Pandemie mit entscheidend für den Ausgang – und möglicherweise auch die Verlegung – der

US-Präsidentschaftswahlen sein, die am 3. November 2020 stattfinden sollen. Ein kleiner Virus hat die größte Macht der Welt seit März 2020 hart im Griff, lässt die politische Polarisierung in den USA unter Trump zumindest zeitweise schrumpfen und erzwingt im Interesse der Seuchenbekämpfung neue Verhaltensweisen im öffentlichen Raum: auch mit einer Abstandsregel, die womöglich Abstimmungen an den Wahlurnen in vielen Ländern für einige Quartale behindert.

Was ist für die Weltwirtschaft, für Deutschland und Europa sowie die USA und Asien zu erwarten. Welche Mechanismen wirken in der Corona-Krise? Was bedeutet der Sachverhalt, dass Deutschland bei der Relation Intensivbetten im Krankenhaus zu den über 65-Jährigen in der Bevölkerung auf Platz 7 steht, Frankreich auf 21, die USA auf 22, Italien auf 27, Großbritannien auf 28? Warum sind die Unterschiede bei diesem Indikator so groß und welche Schlussfolgerungen sollte man gemäß Analyse aus den Befunden der folgenden Kapitel ziehen. Welche Reformmöglichkeiten hat die Gesundheits- und Wirtschaftspolitik? Wie schnell kann es wieder aufwärts gehen. Eine klare Einschätzung bietet die weitere Untersuchung – der Anpassungsprozess ist schwierig, aber am Ende gibt es aus guten Gründen auch Anlass, optimistisch auf die Zeit nach dem Ende der Krise zu schauen.

Literatur

Esteves, R., & Sussman, N. (2020). Corona spreads to emerging markets, in COVID-19 in developing countries. In S. Djankov & U. Panizza (Hrsg.), *The Graduate Institute of International and Development Studies, Geneva and VoxEU.org* (S. 362–373). London: CEPR Press.

Johns Hopkins University. (2020). *COVID-19 dashboard.* Johns Hopkins Whiting School of Engineering, Center for Systems Science and Engineering. https://www.arcgis.com/apps/opsdashboard/index.html#/bda7594740fd40299423467b48e9ecf6. Zugegriffen am 05.05.2020.

Spinney, L. (2017). *Pale rider: The Spanish Flu of 1918 and how it changed the world.* New York: PublicAffairs.

WHO. (2020b). WHO Director-General's opening remarks at the media briefing on COVID-19, dated 11 March 2020. https://www.who.int/dg/speeches/detail/who-director-general-s-opening-remarks-at-the-media-briefing-on-covid-19%2D%2D-11-march-2020. Zugegriffen am 29.06.2020.

WHO. (2020c). Coronavirus disease (COVID-19) situation report – 59, 19 March, World Health Organization, Geneva. https://www.who.int/docs/default-source/coronaviruse/situation-reports/20200319-sitrep-59-covid-19.pdf?sfvrsn=c3dcdef9_2. Zugegriffen am 29.06.2020.

3

Seuchenausbreitung und internationale Corona-Todesraten

Nicht jede Epidemie wird sich rasch international ausbreiten. Schließlich hat die Menschheit lange Erfahrungen mit Seuchen, was von der Pest im Mittelalter bis über die Cholera im 19. Jahrhundert und SARS (2003) sowie verschiedene Ebola-Schübe in Afrika in der zweiten Dekade des 21. Jahrhunderts ging. Die Venezianer, die während des Mittelalters das Mittelmeer beherrschten, sind die Erfinder der Quarantäne: Aus Angst etwa der Einschleppung der Pest in die Stadt durch die Mannschaften zurück kehrender Schiffe verfügte die Regierung Venedigs, dass die Mannschaften erst nach einer mehrtägigen Quarantäne auf einer Venedig vorgelagerten Insel vom Schiff herunter – also in die Stadt – könnten.

Die Insel in der Lagune von Venedig, wo die eingehenden Schiffe von großer Fahrt vor Anker für die Quarantäne gehen mussten, war das 1468 errichtete Lazzaretto Nuovo an der Einfahrt nach Venedig. Hingegen war die einige Jahre früher hergerichtete Insel Lazzaretto Vecchio ein Ort, wo die Sterbenskranken hin verfrachtet wurden. Die Einführung der Quarantäne war für die Seemacht Venedig hilfreich, auch wenn dies die Stadt letztlich nicht vor allen Pestwellen in Europa bewahren konnte.

Auch im 21. Jahrhundert könnten Seetransporte für Passagiere und Güter eine Verbreitungsader für Epidemien sein. Offensichtlich besonders wichtig sind aber bei den Seuchen im 21. Jahrhundert eher die weltweiten großen Flugverbindungen, die es zwischen allen großen Städten und Wirtschaftszentren der Welt gibt. Natürlich gibt es auch zu kleineren Städten und zahlreichen Inseln Flugverbindungen. Selbst große Flugentfernungen – etwa London-Sydney oder Frankfurt-Singapur oder Shanghai-Paris oder Peking-San Francisco kann man ohne Zwischenstopp bewältigen. Auf einer typischen

P. J. J. Welfens, *Corona-Weltrezession*, https://doi.org/10.1007/978-3-658-31386-9_3

Passagiermaschine auf den genannten Städteverbindungen wird man zwischen 200 und 400 Passagieren finden. Die Haupt-Flugverkehrsländer in den Industrieländern plus China, Indien, Australien und Russland dürften daher auch relativ hohe Infektionszahlen haben.

Da das Coronavirus eine neue Seuche ist, dauert es eine Reihe von Monaten, bis die Ärzte in den Krankhäusern optimal mit der Krankheit umzugehen lernen – und auch erste wirksame Medikament einsetzen können. Die COVID-19-Sterberate dürfte am Anfang der Pandemie größer als nach einem halben Jahr oder Ende 2020 sein. Hier liegt im Übrigen ein gutes Argument für staatliche Maßnahmen, die die Ausbreitung des Virus auf der Zeitachse verlangsamen helfen.

Globale Corona-Sterberaten im internationalen Vergleich

Die höchsten Todesraten bis Ende erste Mai-Woche 2020 hatten – auf den ersten zehn Rangplätzen – Belgien, Spanien, Italien, Großbritannien, Frankreich, Niederlande, Schweden, Irland, USA und Schweiz (Tab. 3.1). 684 COVID-Tote pro Millionen Einwohner in Belgien Anfang Mai waren ein hoher Wert, wobei Spanien, Italien und Großbritannien auch relativ hoch lagen; im Zeitablauf dürfte UK noch an Spanien vorbei ziehen, was die Sterberate angeht.

Deutschland stand auf Rang 15 (von oben gezählt: vor Österreich). Die niedrigsten Todesraten, die besten fünf Länder, fanden sich als folgende Gruppe: Republik Korea, Slowakische Republik, Neuseeland, Japan und Australien. Bemerkenswert ist, dass der Wert in Belgien zehnmal so hoch war wie in Österreich. Der absolute Wert für UK am 3. Juli 2020 wurde von der Weltgesundheitsorganisation mit 44.000 angegeben, was sehr viel höher als der Wert in Deutschland von 9000 war. UK folgte wie die Niederlande und Schweden anfänglich – im Februar und März 2020 – der Strategie einer Herdenimmunität: man versuchte die Ausbreitung des Virus nicht einzudämmen, sondern wollte auf die Gleichung setzen, wonach jeder geheilte Infizierte die Seuchenausbreitung verhindern werde. Die COVID-19-Todeszahlen in UK stiegen allerdings so stark an, dass Premier Johnson den Ansatz Herdenimmunität aufgab.

Vom Ansatz der Herdenimmunität kann man in Industrieländern und vielen anderen Ländern – etwa China – nur abraten, da sich deutlich höhere Sterbequoten ergeben als bei einer vernünftigen Seuchenpolitik mit Quarantäne-Maßnahmen, Vorgaben für das Tragen von Gesichtsmasken und Mindestabstandsgeboten. Die Sterbezahlen durch COVID-19 waren im Übrigen im Frühjahr 2020 in EU-Ländern signifikant höher als in den Jahren davor – die Übersterblichkeitsstatistiken sind eindeutig (Economist 2020; 15. Juli).

Tab. 3.1 COVID-19 Sterberate (05.05.2020)

Rang	Land	COVID-19-Sterberate (= Sterbefälle pro Mio. Einwohner)
1	Belgien	683,7
2	Spanien	547,8
3	Italien	480,9
4	Großbritannien	423,3
5	Frankreich	386,1
6	Niederlande	296,6
7	Schweden	274,2
8	Irland	267,1
9	USA	208,3
10	Schweiz	170,6
11	Luxemburg	153,4
12	Portugal	104,2
13	Kanada	102,1
14	Dänemark	84,6
15	Deutschland	81,5
16	Österreich	66,6
17	Slowenien	46,7
18	Finnland	43,3
19	Estland	41,5
20	Türkei	41,0
21	Norwegen	38,4
22	Ungarn	37,6
23	Island	29,3
24	Israel	27,2
25	Tschechische Republik	23,5
26	Polen	18,4
27	Mexiko	17,6
28	Litauen	16,9
29	Chile	14,1
30	Griechenland	14,0
31	Lettland	8,5
32	Republik Korea	5,0
33	Slowakei	4,6
34	Neuseeland	4,2
35	Japan	4,1
36	Australien	3,7

Quelle: Our World in Data, 2020

Literatur

The Economist. (2020). Tracking covid-19 excess death across countries. July 15. https://www.economist.com/graphic-detail/2020/07/15/tracking-covid-19-excess-deaths-across-countries. Zugegriffen am 31.08.2020.

4

Seuchenbekämpfung

Die meisten Menschen hoffen wohl, dass man rasch einen Impfstoff gegen das Coronavirus finden wird. Auch wenn man über Jahre keinen Impfstoff fände, so kann die Virus-Epidemie doch auch konventionell gestoppt werden. Nötig sind einige Wochen mit strikten Ausgangsbeschränkungen und Kontaktverboten im öffentlichen Raum, also flächendeckende regionale oder nationale Quarantänemaßnahmen; auch das Tragen von Mund-Nase-Schutz und das Verbot von größeren Personenansammlungen sind wichtig. China, Russland und andere Länder – auch Teile der USA – haben entsprechende historische Erfahrungen; in den Vereinigten Staaten zumindest regional. Nur gab es keine öffentliche Unterstützung für solche Maßnahmen durch US-Präsident Trump im ersten Halbjahr 2020, was die Epidemie-Abwehr in den USA erkennbar schwächte. Chinas Vorgehen gegen den Seuchenausbruch in der Provinz Hubei und einigen anderen Landesteilen war hingegen vergleichsweise sehr energisch.

Es ist interessant, sich den Epidemie-Ausbruch (Lungenpest) in China im Jahr 1910 anzusehen. Damals war China unter dem letzten Kaiser politisch schwach und man befürchtete in Peking, dass ein internationales Übergreifen eines Epidemieausbruchs in der Mandschurei ausländischen Mächten einen Vorwand geben könnte, China verstärkt zu besetzen. Die Qing-Dynastie war überzeugt, dass man die Epidemie ohne Hilfe von außen eigenständig unter Kontrolle bringen musste. Die Regierung betraute den chinesischen Militärarzt Wu Lien-teh (Wu Liande), der in Cambridge studiert und am Pasteur-Institut in Paris sowie in Halle bei Carl Fränkel – Schüler von Robert Koch – studiert und geforscht hatte. Wu Lien-teh war 1908 nach China zurückgekehrt und als Militärarzt an der Medizin-Hochschule in Tientsin aktiv. Im Novem-

P. J. J. Welfens, *Corona-Weltrezession*, https://doi.org/10.1007/978-3-658-31386-9_4

ber 1910 bekam er ein Telegramm aus dem Außenministerium, das ihn aufforderte, er solle in die Mandschurei reisen, damit er dort eine Epidemie stoppen sollte (Spinney 2018, S. 184 f.).

Bis April 1911 war es Wu gelungen, die Epidemie einzudämmen; ein Übergreifen ins Ausland und damit eine weitere mögliche Invasion ausländischer Mächte in China war so verhindert worden. Dr. Wu war konsequent in seinen Quarantänemaßnahmen und auch in seinen Empfehlungen an die Bevölkerung, Gesichtsmasken zu tragen; offenbar war Wu in Sachen Gesichtsmasken als Infektionsschutz ein Pionier. Man wird daher nicht überrascht sein, dass die chinesischen Behörden den Ausbruch einer neuartigen Epidemie in Wuhan beziehungsweise der Provinz Hubei im ersten Quartal mit harten Quarantänemaßnahmen stoppen konnten. Rund 80.000 Infizierte und etwa 5000 Tote waren für China zu verzeichnen. Allerdings haben die lokalen und regionalen Behörden offenbar besorgte Ärzte in Wuhan am Anfang der Epidemie schikaniert, damit diese ihre Seuchenbesorgnis nicht öffentlich machten; die Zentralregierung griff allerdings ein. Der Parteichef von Wuhan wurde von der Zentralregierung beziehungsweise der Kommunistischen Partei entlassen. Lokales und regionales Politikversagen hat von daher dazu beigetragen, dass international Chinas Seuchenbefunde mit Verzögerung an die Weltgesundheitsbehörde kommuniziert wurden.

Es gibt zwar offenbar Versäumnisse bei einigen lokalen Behörden in China, aber man wird dem Land beziehungsweise seiner Politikführung in Sachen Seuchenpolitik kaum Vorwürfe machen können und auch bei der Informationspolitik hat sich Chinas Regierung im ersten Quartal offenbar um Besserung bemüht. Ziemlich unverantwortlich erscheint hingegen die Seuchenpolitik des Populisten Bolsonaro, der die Coronavirus-Seuche über Monate verharmloste. Brasilien zog im Juni 2020 bei den Todeszahlen an den USA vorbei – bedenkt man Statistikprobleme bei den Gesundheitsbehörden in Brasilien könnt das schon im Mai 2020 der Fall gewesen sein. Die USA reagierten mit einem Abbruch des Flugverkehrs mit Brasilien. Hier sieht man ohne weiteres, dass eine schwache Seuchenpolitik direkte und indirekte ökonomische Negativwirkungen hat. Das gilt auch für die EU beziehungsweise Schweden mit seiner Herden-Immunitäts-Seuchenpolitik und dem entsprechenden Mangel an Quarantäne-Maßnahmen. Die Infektionsraten und Sterberaten in Schweden erreichten im Mai sehr hohe Werte im EU-Vergleich, während die entsprechenden Werte in den anderen EU-Ländern zurückgingen. Entsprechend entschieden eine Reihe von EU-Ländern im Juni 2020, die Grenzen zu Schweden für den Reiseverkehr nicht zu öffnen; die meisten EU-Länder haben zum 1. Juli 2020 den freien Reiseverkehr untereinander wieder hergestellt.

Allerdings gab es auch regionale Negativ-Infektionsbeispiele, gerade auch in Deutschland: Im Kreis Gütersloh – bei Arbeitnehmern in der Fleischerei Tönnies – wurden über 1000 Corona-Infizierte bei Tests Mitte Juni 2020 ermittelt. Die Fleischerei wurde zunächst für zwei Wochen geschlossen und offenbar waren betriebliche Abläufe und auch die Kantinen-Organisation nicht seuchengerecht. In Dänemark, wo es auch große Schlachtbetriebe gibt – aber keine Leiharbeiter mit miserabler Unterbringung und täglichem Bustransport (ohne vernünftige Abstände der Passagiere) zur Arbeit wie in Deutschland – sind Massenausbrüche des Coronavirus bis 4. Juli 2020 unbekannt. Das gibt mit Blick auf den Fall im Kreis Gütersloh doch sehr zu denken. Dabei war dies in Deutschland und der EU ja nicht der erste Fall im ersten Halbjahr 2020, wo offenbar miserable enge Massenunterbringung für Arbeitnehmer mit Jobs in Fleischereien (und wohl auch nicht seuchengerechte Transporte von Arbeitnehmern zum Arbeitsplatz) zu Masseninfektionen führten. Es ist kaum verständlich, dass die Behörden in Nordrhein-Westfalen nicht energischer und früher in der Fleischwirtschaft einschritten und Kontrolleure in die Fleischerei-Betriebe schickten. Hohe Bußgeldzahlungskataloge für Verstöße gegen seuchenhygienische Vorschriften fehlen zudem offenbar und im Vergleich zu Schlachtereien in Dänemark sind offenbar die Seuchen-Bekämpfungskonzepte in deutschen Schlachtereien unzureichend.

Die Verbindung zwischen Infektionsgeschehen und Sterberate – und Anteil der Geheilten – mit dem Wirtschaftsgeschehen ist offensichtlich (Abb. 4.1). Wenn es hohe Infizierten-Zahlen, relativ zur Bevölkerung, gibt, dann wird

Quelle: Eigene Darstellung

Abb. 4.1 Verbindung von Infektionsgeschehen und Wirtschaftslage

der Staat umfassenden Quarantäne- und sektorale Produktionsschließungsmaßnahmen vornehmen müssen. Es gibt daher eine klaren Einfluss von der Seuchen- auf die Wirtschaftslage: national und regional. Wenn die Sterberate relativ hoch ist, dürfte dies starke psychologische Besorgnisse bei vielen Menschen verursachen: mit Ergebnis von starker Kaufzurückhaltung, was also die Wirtschaftslage nach unten drückt.

Corona-Weltrezession

Der Coronavirus-Schock in 2020 ist weltweiter Natur. Es ist dies eigentlich die erste Weltwirtschaftskrise im strengen Sinn; in der sogenannten Weltwirtschaftskrise der frühen 1930er-Jahre ging die Wirtschaftskraft in Nordamerika – vor allem den USA – und Lateinamerika sowie Europa massiv über gut vier Jahre zurück (1930–1934), aber weder Schweden noch Japan verzeichneten damals eine Rezession (Kindleberger 1986). In der Corona-Krise sind aber fast alle Länder von einem starken Einbruch der Wirtschaftstätigkeit gleichzeitig geprägt. Der Internationale Währungsfonds hat eine Prognose im April 2020 vorgelegt (IMF 2020b), wonach statt des im Herbst 2019 noch erwarteten 3 % globales Wachstum in 2020 nun −3 % zu erwarten seien. Der vermutete Einkommensrückgang in Deutschland und der Eurozone liegt bei etwa −7 %, in Spanien bei −8 %, in Italien bei −9 %; für die USA werden −6 % erwartet. Das ist rund ein Drittel mehr an Minderung der Wirtschaftskraft in einem Jahr als etwa im Krisenjahr 2009, als es im Zuge der Transatlantischen Bankenkrise zu einer Schrumpfung der gesamtwirtschaftlichen Produktion um gut 5 % in Deutschland und in den USA um rund 3 % gekommen war. Die sehr starke Betroffenheit Italiens und Spaniens bei den Corona-Toten im ersten und zweiten Quartal 2020 hat politische Bitternis entstehen lassen über einen Mangel an EU-interner Hilfsbereitschaft. Meinungsumfragen in Italien im Frühjahr 2020 zeigten, dass eine Mehrheit gegen die EU sichtbar ist, was eine deutliche Verschiebung in der EU-Einstellung der italienischen Bürgerschaft ist. Diese war traditionell deutlich pro Europäische Union und Italien ist ja auch Gründungsmitglied der Europäischen Union.

Was die Aufschwungsperspektiven angeht, so hängt viel von der für 2021 erwarteten Verfügbarkeit eines Anti-COVID-19-Impfstoffes ab. Kommt ein solcher Impfstoff frühzeitig, so dürfte die Erholung der Weltwirtschaft sehr stark in 2021/2022 ausfallen. Ohne Impfstoff könnte eine mehrjährige globale Stagnation erfolgen oder gar eine langanhaltende Rezession entstehen. In der Eurozone, dem Kern der EU, könnte es zu deutlich unterschiedlichen Wirtschaftsentwicklungen kommen, nämlich einer spürbaren und raschen Erholung in den nördlichen EU-Ländern und Frankreich; aber einem nur sehr schwachen Aufschwung in Italien und Spanien. Dabei hat vor allem die

Fiskalpolitik Italiens keinen großen Spielraum, um große Expansionsprogramme über neue Haushaltsdefizite zu finanzieren. Um so mehr hat die Conte-Regierung Italiens im März und April 2020 gefordert, dass es ein EU-Expansionsprogramm geben sollte, bei dem die nördlichen EU-Länder über gemeinschaftlich organisierte Finanzpolitik klar Solidarität mit den überdurchschnittlich betroffenen südlichen EU-Ländern zeigen sollten. Deutschland hat sich in der Diskussion speziell gegen eine Finanzierung über Gemeinschaftsanleihen – also Eurobonds – gestellt. Tatsächlich gibt es erhebliche rechtliche Barrieren für Eurobonds, bei denen Deutschland eine Art Solidarhaftung für die Schuldenaufnahme von EU-Partnerländern übernähme. Ausdrücklich heißt es im Maastrichter Vertrag, dass jedes Land selbst für die eigenen Staatsschulden verantwortlich ist, und das ist auch vernünftig, da es sonst massive Anreize zur Staats-Überschuldung in vielen EU-Ländern gäbe, die schließlich den Staatsbankrott aller EU-Länder zur Folge haben könnten.

Die kritische Größe bei der Defizit- und Schuldenpolitik von Ländern ist die Schuldenquote: Sie ergibt sich langfristig aus dem Verhältnis von Defizitquote (Staatliche Haushaltslücke in Prozent der Wirtschaftsleistung) zum Wirtschaftswachstum (Wachstumsrate des Bruttoinlandsproduktes, also der gesamtwirtschaftlichen Produktion). In der EU soll die Schuldenquote normalerweise unter 60 % liegen; etwas vereinfacht heißt das, dass das Verhältnis von Defizitquote zum Wirtschaftswachstum rund 2:3 betragen soll. Wer eine längerfristige Defizitquote von 1 % beim Staat haben will, muss gut 1,5 % Wirtschaftswachstum im Trend erreichen: Denn 1/1,5 = 0,66, also 66 Prozent. Man könnte auch 2 % Defizitquote realisieren, allerdings müsste man dann auch drei Prozent Wirtschaftswachstum haben – längerfristig für führenden Industriestaaten kaum zu erreichen. EU-Länder, die im Trend nahe an 2 % Defizitquote kommen, dürften langfristig über 100 % Schuldenquote realisieren. Auch mit 100 % Schuldenquote oder gar 200 % könnte man als Staat zurechtkommen, wenn der reale Zinssatz (Marktzins minus Inflationsrate) immer sehr niedrig ist und kaum Auslandsverschuldung vorhanden ist. Letzteres ist der Fall Japans, das Anfang 2020 rund 230 % Schuldenquote hatte. Aber in Japan ist der Realzinssatz seit vielen Jahren sehr niedrig und der Anteil von ausländischen Anlegern im Gesamtbestand japanischer Anleihen liegt unter 15 %. In der EU ist die Obergrenze für die Schuldenquote laut Stabilitäts- und Wachstumspakt bei 60 %. Das kann man mit Blick auf das langfristige Sinken des Realzinssatzes in den OECD-Ländern als möglicherweise überehrgeizig einstufen. Es ist durchaus diskussionswürdig, ob man die kritische Schuldenquote etwa höher künftig festlegen soll, wobei man parallel dazu verstärkt Vorgaben machen könnte, dass Defizite national – oder bei der

Eurozone - zulässig sind nur im Kontext von öffentlichen Investitionen und effizienter Forschungsförderung. Den Grundgedanken einer Schuldenbremse sollte man in Deutschland und der EU beibehalten: also geringe Defizitquoten und Überschüsse im Aufschwung, höhere Defizitquoten in der Rezession. Eine Debatte über diese Punkte ist im Zuge der Corona-Rezession sicher zu erwarten. Sinnvolle Anpassungen sind im Einzelnen allerdings nötig.

Transatlantische Bankenkrise, Eurokrise, Corona-Schock – wie geht das weiter?

Die Corona-Weltrezession ist binnen einem Dutzend Jahren in der EU die dritte große Krise: nach der Transatlantischen Bankenkrise 2008/09 und der Eurokrise 2010–2012, wobei die Eurokrise vor allem Griechenland, Zypern, Portugal, Spanien und Irland sowie zeitweise auch Italien besonders betraf; indirekt waren allerdings alle EU-Länder betroffen, da es Rettungsschirme und gemeinsame oder koordinierte Krisenmaßnahmen zu treffen galt. In die Corona-Krise gehen die EU-Länder an einer Stelle gestärkt, dass man nämlich die Bankensysteme in 2020 dank neuer Regulierungen als etwas robuster aufgestellt ansehen kann als in der Transatlantischen Bankenkrise. Diese brachte die westlichen Marktwirtschaften nahe an einen Systemabsturz. Die Corona-Pandemie sollte eigentlich keinen Systemabsturz auslösen, aber wegen der Vielzahl der betroffenen Länder drohen doch mittelfristig ernste Gefahren. Zudem gibt es möglicherweise mit Blick auf die USA ein besonderes Problem, wie sich im Juni 2020 im Kontext neuerlich ansteigender Infektionszahlen zeigte: Wenn die USA in großen Teilen des Landes im Herbst in einen neuen Lockdown (Zuhause-Bleiben-Vorgabe) und Shutdown (sektorale Betriebsschließungen) als Teil effektiver Seuchenpolitik gezwungen würden – weil der erste Teil der Trump-Seuchenpolitik so halbherzig war-, dann könnte die US-Rezession 2020/2021 noch stärker ausfallen, als vom Internationalen Währungsfonds im Juni 2020 erwartet wurde. Hier drohen stark negative Impulse für andere Länder, auch in Europa und Asien sowie Lateinamerika.

Die Berichte der Weltgesundheitsorganisation (WHO) zur Anzahl der bestätigten COVID-19-Fälle, die in den letzten sieben Tagen gemeldet wurden, sind in Abb. 4.2 zu sehen (17. Juni bis 23. Juni) und zeigen, dass die USA und Brasilien jeweils mehr als 100.000 neue Fälle an die WHO weitergeleitet haben. Praktisch alle Länder der Welt weisen beträchtliche Infektionszahlen aus. Neben den USA und Brasilien erscheinen auch die Infektionszahlen für Russland, Indien und einige arabische Länder als relativ hoch in der Karte.

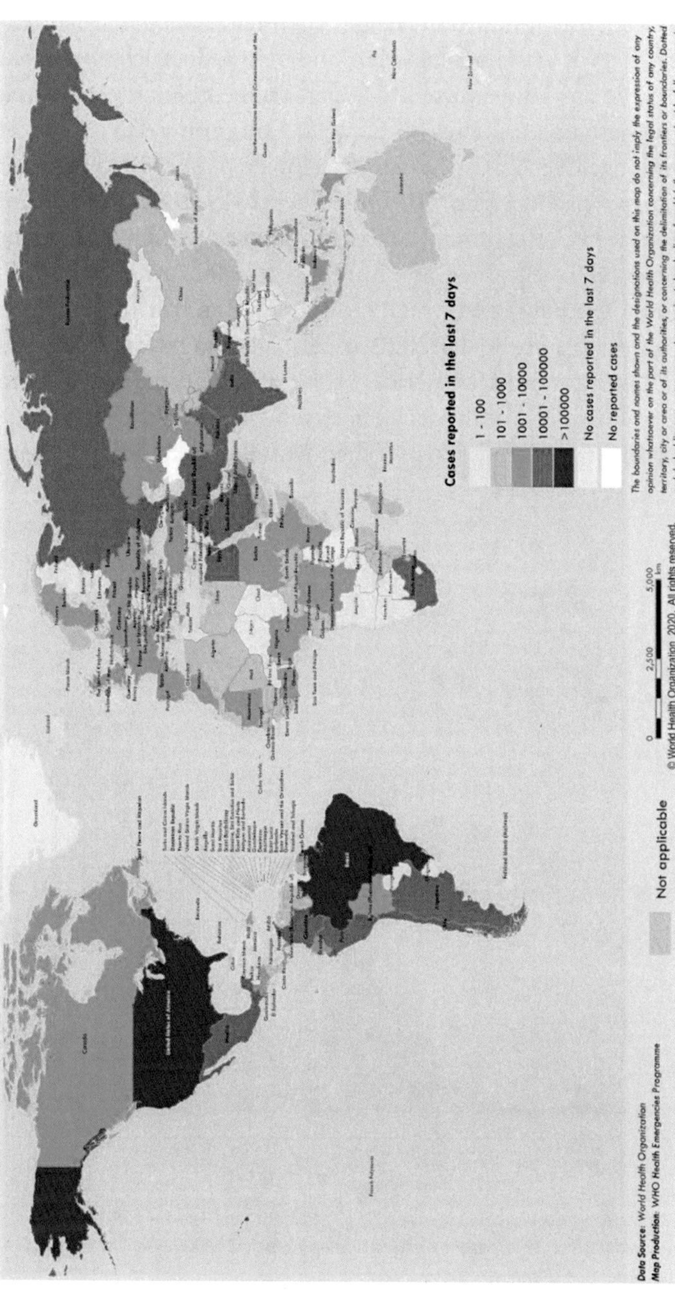

Quelle: WHO (2020d), 23.06.2020, Coronavirus disease (COVID-19) Situation Report – 155, Figure 1, https://www.who.int/docs/default-source/coronaviruse/situation-reports/20200623-covid-19-sitrep-155.pdf?sfvrsn=ca01ebe_2 (letzter Zugriff am: 22.07.2020)

Abb. 4.2 Anzahl der bestätigten COVID-19-Fälle, die in den letzten sieben Tagen gemeldet wurden, nach Land, Territorium oder Gebiet, 17. Juni bis 23. Juni 2020 (WHO 2020d)

Die Situation in den Vereinigten Staaten kann als gefährlich für die USA angesehen werden, da die Trump-Administration mit ihrer zögerlichen und widersprüchlichen Epidemiepolitik dazu beigetragen hat, dass die US-Infektionszahlen neuerlich stark ansteigen; in den anderen Industrieländern hat sich die Infektionskurve zur Jahresmitte 2020 abgeflacht. Ebenfalls meldeten Mexiko und weitere lateinamerikanische Staaten eine große Anzahl neuer COVID-19-Infektionen. Die Abb. 4.3 zeigt das globale Ausbruchsgeschehen des COVID-19-Virus zwischen dem 30. Dezember 2019 bis zum 23. Juni 2020 für alle großen WHO-Regionen. Grafisch gut zu erkennen ist die sinkende Anzahl gemeldeter Infektionen aus Europa seit etwa April/Mai 2020. Zunächst ist klar eine Dominanz der gemeldeten bestätigten Infektionsfälle in Europa zu erkennen, die bis etwa Mai 2020 anhält, allerdings von USA, Kanada, Mexiko und Lateinamerika (Americas) stetig übernommen wird. Am Ende der Zeitreihe sind ist die Anzahl der bestätigten Virusinfektionen in den Regionen Europa, Südostasien und den östlichen Mittelmeerländern (Eastern

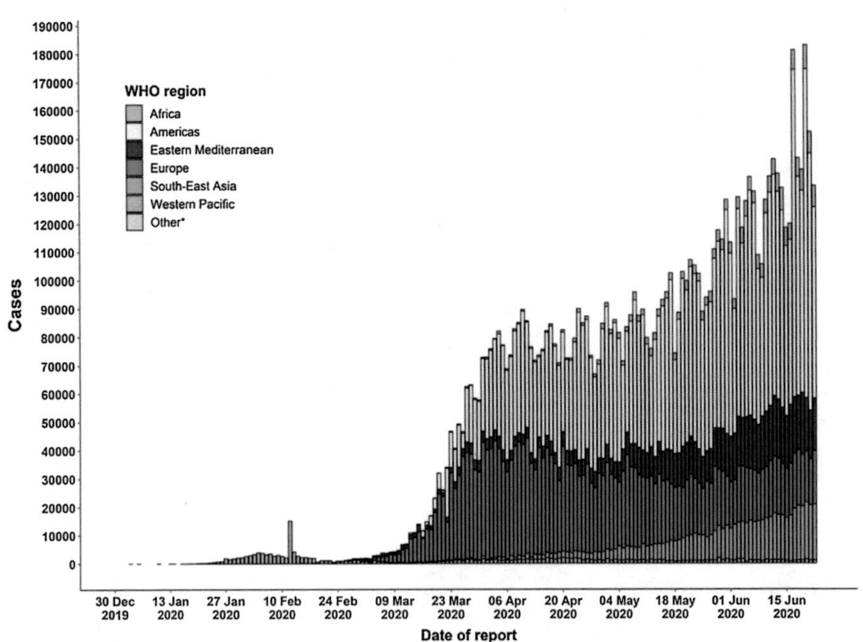

Quelle: WHO (2020d), 23.06.2020, Coronavirus disease (COVID-19) Situation Report – 155, Figure 2, https://www.who.int/docs/default-source/coronaviruse/situation-reports/20200623-covid-19-sitrep-155.pdf?sfvrsn=ca01ebe_2 (letzter Zugriff am: 22.07.2020)

Abb. 4.3 Anzahl der bestätigten COVID-19-Fälle, nach Datum des Berichts und WHO-Region, 30. Dezember 2019 bis 23. Juni 2020 (WHO 2020d)

Mediterranean) etwa gleich groß – mit großem Abstand in Summe vorn liegen die USA, Kanada, Mexiko und Lateinamerika.

Hinter hohen Infektionszahlen stehen in vielen Ländern nach einigen Monaten Corona-Schock – mit Einbrüchen in der Produktion in vielen Sektoren – erhebliche soziale Probleme für viele Menschen; vor allem in Ländern mit geringem Sozialsystem und wenig fiskalischen Abfederungsmöglichkeiten. Im Übrigen sind unterschiedliche finanzpolitische Handlungsmöglichkeiten des Staates sichtbar – auch in EU-Ländern. Da kann etwa Deutschland eine relativ expansive Fiskalpolitik betreiben, weil hier auch Finanzspielräume dank langjähriger Konsolidierungspolitik vorhanden sind. In Italien hat der Staat bei einer mehr als doppelt so hohen Schuldenquote wie in Deutschland weniger Möglichkeiten für eine expansive Finanzpolitik, so dass Italiens Regierung viel mehr mit Staatsgarantien als Stabilisierungsinstrument für die Wirtschaft gearbeitet hat als Deutschland im ersten Halbjahr 2020. Auch außerhalb Europas sind die Herausforderungen groß. Die Unterstützung in den USA für Arbeitslose geht kaum über mehr als ein halbes Jahr. In Russland gibt es einen staatlichen Reservefonds, der in Zeiten mit hohen Öl- und Gaspreisen aufgefüllt worden ist; bei den 2020 drastisch gesunkenen Öl- und Gaspreisen wird dieser Fonds bis Ende des Corona-Schock-Jahres 2020 weitgehend abgeschmolzen sein. In vielen Schwellen- und Entwicklungsländern sind staatliche Unterstützungsleistungen sehr gering dimensioniert. Ohne familiäre Hilfen und Spenden können Millionen Menschen die Corona-Zeit kaum überleben, so dass sich zeitweise größere Einkommensunterschiede ergeben als in Normalzeiten.

US-Präsidentenberater Fauci betonte in Interviews, dass das Coronavirus-Leid nicht nur an der Zahl der verstorbenen Infizierten zu messen sei. Auch ein Teil der gesundeten Infizierten leide längere Zeit an Beeinträchtigungen der Gesundheit – nach Entlassung aus dem Krankenhaus. Im Übrigen steht manches Land nur auf den ersten Blick günstig bei den Infektions- und Sterberaten da. Singapurs offizielle Zahlen sehen relativ gut aus. Da aber viele Gastarbeiter in Singapur unter enorm beengten Wohnverhältnisse leben, breitet sich bei legalen und illegalen Zuwanderern das Coronavirus offenbar rasch aus. Die Pandemie wirft viel Licht auf manche bislang eher dunkle soziale Zustände und die zum Teil sonderbare Realität der Schlachthäuser in Teilen der USA und der EU – mit Masseninfektionen von Beschäftigten – ist ein Teil dieses Aspektes. Teilweise ist es erstmals wegen der anwendbaren Seuchen-Gesetze möglich, etwa ziemlich unmögliche Wohnverhältnisse von ausländischen Arbeitnehmern seitens der Behörden in Augenschein zu nehmen. Wie man dabei sieht, fehlt wohl auch ein Bußgeld-Katalog für unhygienische und gesundheitsgefährdende Unterbringung von Arbeitnehmern und Arbeitnehmerinnen.

Die Überwindung der Corona-Rezession und die Kontrolle des Infektionsgeschehens sind eine weltweite Doppel-Herausforderung. Während Milliarden Menschen auf der Welt damit beschäftigt sind, über die nächsten Monate ökonomisch auskömmlich und gesund über die Runden zu kommen, vollzieht sich durch den Wettbewerb der Systeme beziehungsweise Länder zugleich doch eine wohl langfristig wirkende Verschiebung von Macht in der Welt. Die westlichen Industrieländer, die medizinisch wie ökonomisch mit sehr ernsten Problemen im Corona-Schockjahr 2020 zu kämpfen haben – dabei womöglich auch klare Politikfehler zeigen -, werden zu den Verlierern im globalen Systemwettbewerb zählen. Deutschland und einige andere EU-Länder sowie verschiedene Länder in Asien, darunter China, Japan, Korea und Taiwan, stehen relativ günstig im internationalen Vergleich da. Die nächste Herausforderung in der Corona-Pandemie im medizinischen Bereich dürfte die Massenimpfung werden. Dabei bleibt die Problematik der massiven Corona-Rezession weltweit. Auch das Problem einer zweiten oder dritten Infektionswelle könnte noch eine Rolle in einigen Ländern spielen.

Literatur

IMF. (2020b). *World economic outlook, April 2020*. Washington DC: International Monetary Fund.

Kindleberger, C. (1986). *The world in depression, 1929–1939* (2. Aufl.). Berkeley/Los Angeles: University of California Press.

Spinney, L. (2018). *1918. Die Welt im Fieber. Wie die Spanische Grippe die Gesellschaft veränderte*. München: Hanser.

WHO. (2020d). *Coronavirus disease (COVID-19) situation report* – 155, 23 June 2020. Geneva: World Health Organization. https://www.who.int/docs/default-source/coronaviruse/situation-reports/20200623-covid-19-sitrep-155.pdf?sfvrsn=ca01ebe_2. Zugegriffen am 29.06.2020.

Teil II

Weltweite Wirtschaftsinstabilität

5

Wirtschaftsschocks durch Coronavirus-Pandemie

Die neuartige Coronavirus-Epidemie (kurz COVID-19, oder COrona VIrus Disease 2019), die wohl Ende 2019 in der chinesischen Wuhan-Region begann, hat innerhalb der folgenden drei Monate weltweit etwa 90.000 Menschen betroffen, von denen etwa 3000 gestorben sind: März 2020 war also ein sichtbarer Startpunkt für eine neue globale Seuche. Ende Mai 2020 war die Zahl der Infizierten schon bei weltweit fünf Millionen Menschen – bei über 300.000 COVID-19-Toten. Bis Ende 2020 werden über zehn Millionen Infektionen und fast eine Million Seuchen-Tote erwartet. Erhofft wird für 2021 eine globale Impfaktion, die selbst kompliziert und konfliktreich werden könnte. Eine ernste Weltrezession wird in 2020 die Volkswirtschaften der Welt prägen, wobei sich die USA, die EU, Großbritannien, Japan und China mit großen Konjunkturprogrammen und expansiver Geldpolitik zur Jahresmitte gegen eine wirtschaftliche Depression stemmten. Zugleich konnte man allerdings auch absehen, dass der Corona-Schock und die Corona-Weltrezession einhergehen werden mit einem raschen Strukturwandel: Bei einem Wachstum des digitalen Sektors, der durch im Zuge der Seuchenbekämpfung verordnete monatelanges Zuhause-Arbeiten für Millionen Arbeitnehmer begünstigt wird; auch durch in Schulen und Universitäten neu entwickelte oder erstmals genutzte Lehrformen auf Internetbasis.

Da entstehen neue globale Universitätsmärkte. Denn ein englischsprachiger Kurs, der von einer US-Universität oder einer britischen oder deutschen oder niederländischen oder französischen Universität angeboten wird, kann natürlich weltweit als Teil eines Studienprogramms vermarktet werden. Es ist nicht ausgeschlossen, dass nach dem Corona-Schock die USA und Großbritannien auf neue Weise internetbasiert dominante Universitätsanbieter wer-

P. J. J. Welfens, *Corona-Weltrezession*, https://doi.org/10.1007/978-3-658-31386-9_5

den könnten. Die eher trägen deutschen Staatsuniversitäten lassen eher wenig erwarten, dass Deutschland-Universitäten – obwohl in vielen Bereichen international als hochklassig anzusehen – starke Akteure auf den globalen Universitätsmärkten werden. Man wird sehen, ob die Bundesländer den staatlichen Universitäten überhaupt den notwendigen Expansion- und Experimentierraum geben, um weltweit erfolgreich zu sein. Der Erfolg kontinentaleuropäischer Universitäten wäre hier aus Sicht der Sicherung der europäischen Sozialen Marktwirtschaft sehr wichtig: Denn fast immer verbunden mit der Universitätsausbildung ist doch auch ein Impuls zum Export des jeweiligen Wirtschaftssystems. Wer als Student aus asiatischen Schwellenländern etwa in EU-Ländern studiert, der dürfte häufig auch einen intellektuellen Impuls Richtung Marktwirtschaft, Rechtsstaat und Demokratie mit nach Hause nehmen; wer in China studiert, dürfte häufig eher mitnehmen, dass die Gleichung Autokratie plus Marktwirtschaft gut funktioniert.

Die führenden US-amerikanischen und britischen Universitäten haben eine hohe internationale Qualitätsreputation – was bieten hier die Universitäten aus Deutschland und den anderen EU-Ländern als innovative Angebote? Diese Frage mag man für einige Zeit verdrängen und vor allem auf die Corona-Weltrezession fokussieren, deren Überwindung schwierig werden könnte. US-Universitäten sahen sich andererseits Anfang Juli einem neuen Problem durch das Weiße Haus gegenüber, da Präsident Trump verlangte, dass ausländische Studierende in ihre Heimatländer zurück gehen müssten, sofern an der jeweiligen Universität nur internetbasierter Fernunterricht stattfände. US-Unis entwickeln nun neue Lehrangebote im Präsenzstil. Binnen Wochen hat der Präsident einen Rückzieher gemacht.

Eine globale Seuchenwelle hat die Weltwirtschaft im Frühjahr 2020 getroffen und der Westen erwartet Einkommensrückgänge für 2020, die größer als in der Transatlantischen Bankenkrise 2008/09 sind. Ein relativ starker Einbruch hat die Eigenschaft – wie man bei der Bankenkrise sehen konnte-, dass nach der scharfen Rezession die ökonomische Entwicklung nicht mehr an den alten Wachstumspfad anschließt, sondern es geht mit einer Absenkung im Wachstumsniveau später voran (Pichelmann 2015). Das kann man als ökonomischen Narbeneffekt bezeichnen. Auch in der Abb. 5.1 sieht man im Fall der USA die Absenkung im Niveau des wirtschaftlichen Entwicklungspfades nach 2008/09. Bei Deutschland sieht man einen enormen Anstieg der zyklischen Wirtschaftskomponente in 2008–2010, während China wenig betroffen ist.

Mit Blick auf den Coronavirus-Wirtschaftsschock ist festzustellen, dass nicht allein Dienstleistungssektoren stark negativ betroffen sind. Vielmehr zeigt etwa der Bereich Flugzeugbau als Hochtechnologiesektor, dass zahlrei-

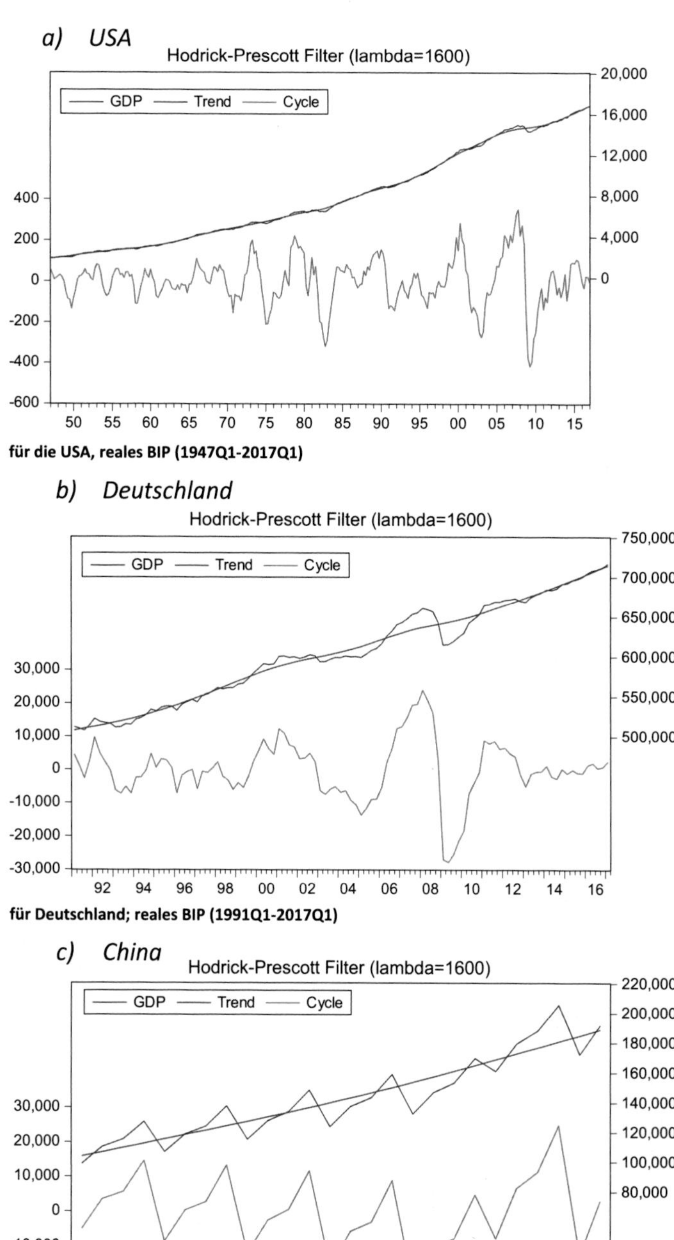

Abb. 5.1 Wachstumspfadentwicklung nach der Transatlantischen Bankenkrise für die USA, Deutschland und China (Hodrick-Prescott-Filter; GDP steht hier für reales Bruttoinlandsprodukt; Cycle steht für zyklische Komponente), 1950–2016. **a)** USA, **b)** Deutschland, **c)** China

che gut bezahlte Arbeitsplätze im Zug eines Schrumpfungsprozesses in Europa und den USA verloren gehen – natürlich im Schlepptau des Rückganges des globalen Luftverkehrstourismus und auch sinkender Geschäftsflugreisen im Corona-Schock und in den Jahren unmittelbar nach 2020. Der ökonomische Corona-Schock lenkt dabei den Blick unmittelbar zurück auf die Zeit vor 12 Jahren, als die Bankenkrise die USA und weite Teile Europas betraf. Zugleich ist der Corona-Doppelschock (medizinisch und ökonomisch) wie ein unfreiwilliges Reallabor-Experiment, wie die Innenstädte aussähen, wenn es viel weniger Pendelverkehr gäbe. Letzterer hat nämlich durch die enorme Ausweitung von Arbeiten im „Zuhause-Büro" in vielen Großstädten enorm abgenommen. Die Art des Corona-Wirtschaftsschocks ist im Übrigen sichtbar verschieden von jenem der Transatlantischen Bankenkrise.

Der Westen hat in der Transatlantischen Bankenkrise einen ökonomischen Rückschlag erlitten. Immerhin haben die USA und die EU mit verschärften Bankenregulierungen reagiert. Aber schon unter der Regierung May in Großbritannien und unter US-Präsident Trump begannen regierungsseitig neue Debatten – in den USA auch Maßnahmen-, um die Bankenregulierung wieder zu entschärfen. Im Vereinigten Königreich geschah das vor allem mit Blick auf die absehbare Wachstumsverlangsamung wegen des BREXIT und nach dem britischen Austritt aus der EU am 31.01.2020 kann die britische Regierung in der Tat relativ leicht Banken-Deregulierungen durchführen; allerdings mit der Konsequenz eines verschlechterten Zugangs zum EU-Binnenmarkt. War der Westen schon durch die Deregulierungen von USA und UK im Vorfeld der Transatlantischen Bankenkrise 2008/09 in ökonomische Schwierigkeiten gekommen, so scheint sich bei der Seuchenpolitik des Westens erneut ein doppelter Schwachpunkt in den USA und UK zu ergeben – zwei populistische Regierungschefs in den USA und UK lassen mit ihrer jeweiligen Seuchenpolitik die alte und die neue globale Führungsmacht schwach aussehen. Demgegenüber ist die sachorientierte Seuchenpolitik in Deutschland und einigen anderen EU-Ländern sicherlich positiv einzuordnen. Dass der Westen als Ganzes gegenüber Asien hier schwach aussieht, könnte Bestandteil einer historischen Machtverschiebung im 21. Jahrhundert werden.

Es bleiben ökonomische Narbeneffekte einer schweren Wirtschaftskrise. Bei der Corona-Weltrezession 2020 dürfte ein ähnlicher Effekt auftreten wie bei der Bankenkrise. Es wird dann Jahre dauern, bis die Weltwirtschaft wieder auf einen erhöhten Wachstumspfad übergehen kann. Nicht auszuschließen ist, dass einige Entwicklungs- und Schwellenländer von den Corona-Schocks stärker relativ getroffen sein werden als die Industrieländer und China. In einem solchen Fall wird der Immigrationsdruck Corona-bedingt in den OECD-Ländern und China zunehmen.

Die Zunahme der Arbeitslosenzahlen in den ersten sechs Monaten des Jahres 2020 erreichte in den USA fast 40 Millionen, was die Arbeitslosenquote von 3,5 % auf gut 16 % hochschießen ließ, ehe Ende Mai die Arbeitslosenzahlen in den USA wieder zu fallen begannen. Das hing damit zusammen, dass die Behörden Produktionseinschränkungen in vielen Bundesstaaten aufhoben und auch die behördlichen Vorgaben, dass Arbeitnehmer aus wichtigen Branchen Zuhause bleiben sollten, ab Mitte Mai schrittweise gelockert wurden. Zu den infektionsmäßig heftig getroffenen Ländern gehören Belgien, Großbritannien, Spanien, Italien, Frankreich, USA, Russland, Brasilien, Türkei und – regional – China. Mit Ausnahme von Brasilien, der Türkei und Spanien hatten alle genannten Länder um 1920 schon ein recht gut ausgebautes Gesundheitssystem im Bereich Epidemie-Bekämpfung, wobei 1918 der weltweite Ausbruch der Spanischen Grippe lag.

Dass China das Coronavirus 2020 relativ schnell unter Kontrolle in der Provinz Hubei – mit Wuhan als Zentrum – bringen konnte, lag wohl auch an mehr als hundert Jahren Erfahrung in der Seuchenbekämpfung. Mit Blick auf China ist dieser Erfahrungsschatz relativ wenig allgemein bekannt. Aber ein Blick in das Buch von Spinney (2018) – 1918, „Die Welt im Fieber" – zeigt das. Unter den europäischen Ländern als führend in der Medizin bei der Epidemiebekämpfung galten lange Zeit Frankreich, Großbritannien und Deutschland. Aber wenn man auf die Ausbreitungsrate und die COVID-19-Sterbequote in 2020 sieht, dann haben Frankreich und Großbritannien offenbar erhebliche Schwachpunkte im Gesundheitssystem. Die USA machten im Mai 2020 medizinisch und ökonomisch einen schwachen Eindruck: mit einem Präsidenten Trump, der im TV-Interview vom großartigen Aufschwung 2021 sprach, wo die massive US-Rezession 2020 sich gerade erst voll entfaltete. Die Corona-Sterberate (COVID-19-Tote relativ zur Bevölkerung) der USA zur Jahresmitte 2020 war etwa viermal so hoch wie in Deutschland.

Die Zahl der Länder, die über Coronavirus-Infektionen berichten, hat in der ersten Jahreshälfte 2020 enorm zugenommen, und die hohe Zahl der Todesfälle hat Individuen, Unternehmen und Regierungen veranlasst, auf verschiedene Weise zu reagieren, um die Ausbreitung des Virus einzudämmen. Das Virus ist ein unsichtbarer „Gegner" und eine Teilproblematik besteht darin, dass man Symptome erst etwa 12 Tage nach der Infektion sieht und im Übrigen ein Teil der Infektionen symptomlos verläuft.

Dass Firmen in Industrie- und Schwellenländern Home-Office anordnen, ist nachvollziehbar, wirft aber auch ganz neue Fragen auf: etwa nach der Produktionsweise nach der Corona-Wirtschaftskrise. Da könnten Millionen Jobs nach Zuhause verlagert werden, da man unter dem Druck des Corona-Schocks vor allem bei Dienstleistungen eine neue Technologie der Leistungserstellung entwickelt hat: Mit Arbeitnehmern, die Zuhause über Tage und Wochen am Bildschirm sitzen und sich dabei über verschiedene bestehende und neuartige Technologien mit Kolleginnen und Kollegen arbeitsmäßig vernetzten. Die Nachfrage nach Büroflächen dürfte in den Industrieländern mittelfristig deutlich sinken, während Unternehmen Arbeitnehmern, die sich auf Zuhause-Büro als Arbeitsmodell einlassen, einen Mietzuschuss zahlen sollten. Das erhöht die Wohnungsmieten.

Es stellt sich heraus, dass man über Monate ohne internationale Flüge ziemlich gut in großen Unternehmen auskommt. Das heißt allerdings nicht, dass man die jetzige Weltwirtschaft mit ihrem globalen Wohlstand und der enormen Weltbevölkerung – rund 7,5 Milliarden in 2020 (1,5 Milliarden um 1900) – aufrechterhalten könnte ohne eine gewisse Rückkehr zur Normalität: medizinisch und ökonomisch. Sicher ist auch, viele Geschäftsmodelle von etablierten Fluglinien werden am Ende der Corona-Pandemie umfangreich überprüft werden müssen. Vermutlich wird man für einige Jahre mit 2/3 der Flugzeugflotte auskommen, die man in 2019 hatte. Statt 4 Milliarden Flugreisender könnte es in 2020/2021 jeweils nur gut zwei Milliarden sein. Das wird eine ernste Herausforderung auch für die großen Flugzeugbauer, also Boeing und Airbus. Mit Teilverstaatlichen von Fluggesellschaften will man in der EU sicherstellen, dass gerade auch Airbus weiter darauf hoffen kann, dass neu bestellte Airbus-Maschinen auch abgenommen werden. Man kann bezweifeln, dass das auf längere Sicht eine überzeugende Strategie der Politik ist. Vorübergehend kann man die Teilverstaatlichungen befürworten, aber die faktischen Subventionen für Staatsunternehmen – sie profitieren auch vom Bonitätsvorteil des Staates (bei Deutschland und Frankreich AAA beziehungsweise AA als Rating; bei Italien BBB), was die Kapitalkosten senkt. Der Aktienkursanstieg sollte von daher bei Lufthansa und Air France stärker als bei Alitalia sein.

In der EU und den USA wurden im Februar, März und April 2020 unter anderem Personen unter Quarantäne gestellt, die kürzlich aus dem Ausland zurückgekehrt sind – beispielsweise aus China – oder die an bestimmten gesellschaftlichen Ereignissen teilgenommen haben (wie die Karnevalsfeiern in Westdeutschland Ende Februar, wo sich allein an einem Ort, der Stadt Heinsberg in der Nähe von Düsseldorf, viele Menschen mit dem Virus angesteckt haben), an denen auch Personen teilgenommen haben, die positiv auf COVID-19 getestet wurden und die auf dem Radar der Gesundheitsbehörden erschienen sind.

Viele Firmen in Deutschland und Frankreich sowie anderen EU-Ländern haben Mitarbeiter ermutigt, im Home Office zu arbeiten, und so versucht, die Infektionsrisiken innerhalb des Unternehmens zu minimieren; andere

Länder, darunter die USA, sind im März, April und Mai 2020 gefolgt. Solche Anpassungsmaßnahmen in den Unternehmen sind zwar pragmatisch, gehen aber mit einer verringerten Arbeitsproduktivität und Innovation einher, aber zumindest eine Menge wichtiger Arbeit kann noch aus der Ferne erledigt werden. Mitte März verhängten die Behörden in Italien einen so genannten „Lockdown", und andere EU-Länder sind mit ähnlichen Maßnahmen gefolgt, um die Ausbreitung des Coronavirus zu verlangsamen: Menschen wurden aufgefordert, von Zuhause zu arbeiten, soweit möglich. Für viele Branchen kam es zudem zu einer regulatorisch vorgegebenen Schließung oder extremen Minderungen der Produktion. Auch in den USA haben praktisch alle Bundesstaaten im April 2020 durch eine Regulierungspolitik veranlasst, dass Schulen und Universitäten plus viele Betriebe geschlossen wurden und Kontaktsperren faktisch bei vielen Millionen Individuen verhängt wurden: Menschen mussten einige Wochen Zuhause bleiben, Mindestabstandsgebote im öffentlichen Raum gelten für Personen, Vorgaben für Maske-Tragen in den USA und den EU-Ländern sind Standard zur Jahresmitte 2020. Zugleich sind allerdings auch Lockerungen bei den Vorgaben für private Haushalte und Unternehmen erfolgt, damit die Produktion wieder ansteigen kann. Viele Menschen setzten die neuen Vorgaben geduldig um und dennoch waren erkennbar Millionen Menschen in ganz Europa und den USA froh gestimmt, als Mitte Mai und dann verstärkt im Juni 2020 erste Lockerungen bei Geschäftsschließungen seitens der Politik verfügt werden.

In Autofabriken – zum Beispiel bei Volkswagen – hatten Arbeiter Anfang März 2020 die Frage aufgeworfen, warum die Produktion fortgesetzt werden sollte, was bedeutet, dass die Arbeiter einer sich ausbreitenden Infektion ausgesetzt sind, während Angestellte nach den Mitte März in vielen westlichen OECD-Ländern von der Regierung auferlegten Beschränkungen zu Hause bei der Familie im Home Office sitzen; nämlich um Situationen zu vermeiden, in denen sich viele Menschen gleichzeitig mit hohem Infektionsrisiko im selben Ortspunkt beziehungsweise in Betriebsstätten versammeln. Im Mai 2020 sind dann in vielen Sektoren Produktionsprozesse unter Auflagen wieder hochgefahren worden. Mindestabstandsgebote und Maske-Tragen in Bereichen, wo 1,5 bis 2,0 Meter Mindestabstand zwischen Personen nicht einzuhalten sind, wurden Alltag. In Nahverkehrszügen und beim Einkaufen ist in Europa im Mai 2020 das Maske-Tragen in den meisten Ländern Pflicht, was eine erhebliche Neuerung ist. Kaum Maske-Tragen Vorschriften gab es im Sommer 2020 für Restaurant-Angestellte in den Niederlanden und auch in Schweden waren die Regulierungen relativ lax. Großbritannien, Niederlande und Schweden gehörten zu den Ländern, wo die Regierungen zunächst auf eine Strategie der Herden-Immunität setzten: Das Virus sollte sich ruhig ausbreiten, denn bei einer steigenden Zahl von Genesenden auf mittlere Frist gäbe es dann immer weniger Möglichkeiten für den Coronavirus, sich weiter auszubreiten. Denn die Infizierten – und dann hoffentlich Genesenden – werden ja Anti-Körper gegen die Coronaviren ausbilden. Allerdings stellte sich heraus, dass COVID-19-Erkrankungen (also die Infektion mit dem Coronavirus) keineswegs eine Art Grippekrankheit sind, sondern bei jungen wie bei alten Patienten zum Teil dramatisch Verläufe zu beobachten waren. Erst im Juni 2020 fand man ein Medikament, dass die Sterblichkeit von Corona-Patienten erheblich senken konnte.

Aus ökonomischer Sicht ist es wichtig, dass die Produktion möglichst zügig wieder ans Laufen kommt; auch wenn dabei etwa geschlossene Schulen – mit Elternteilen, die sich um die Kinder Zuhause kümmern müssen – noch im April und Mai 2020 ein großes Hindernis in Europa waren. Immerhin wurden in der EU die innereuropäischen Reisebeschränkungen bei den meisten Ländern aufgehoben; allerdings hielten einige Länder die hohen Infektionsraten in Schweden für so gefährlich, dass man den Reiseverkehr mit Schweden weiter beschränkte. Die Wiederaufnahme des nationalen und internationalen Flugbetriebes kommt im weiteren Jahresverlauf 2020, natürlich auch mit Auflagen für Passagiere und Crew: also Maskenpflicht und Desinfektionsrichtlinien zur Beachtung. In der Industrie erfolgt das Hochfahren der Produktion im Mai und Juni in Europa nur schrittweise.

Probleme mit einem Mangel an Zwischenprodukten, die aus dem Ausland geliefert werden, haben die industrielle Produktion ebenso zeitweise verlangsamt wie die Angst der Arbeiter vor der Verbreitung des Coronavirus beziehungsweise der sich ausbreitenden Infektion in der Fabrikhalle. In dem Maße, in dem Vorschriften zur Schließung von Hotels und Restaurants erlassen wurden, ist sowohl der inländische als auch der internationale Tourismus im ersten und zweiten Quartal 2020 extrem eingeschränkt. Es stellt sich daher die Frage, mit welchen gesamtwirtschaftlichen Auswirkungen zu rechnen ist und wie sich der effektiv massive Epidemietest des Gesundheitssystems und des Krankenhaussektors in den vielen betroffenen Ländern auswirken wird.

Der erste Teil der folgenden Analyse ist eine Einführung und ein Überblick über die Schlüsselfragen. Die Grundidee des gesamten Beitrags besteht darin, zu argumentieren, dass eine breitere und tiefere analytische Verbindung zwischen makroökonomischen Ansätzen und der Analyse des Gesundheitssystems wünschenswert zu sein scheint; ja sogar erforderlich ist, wenn man die einzigartigen mittel- und langfristigen Auswirkungen des Coronavirus-Schocks – oder ähnlicher zukünftiger Schocks – weitgehend verstehen will. Darüber hinaus werden einige neue Schlüsselindikatoren für die Kapazität des Krankenhaussektors bei der Coronavirus-Pandemie für OECD-Länder vorgestellt. Die Nützlichkeit des kürzlich verfügbaren Global Security Health Index (auch wenn man etwa Zweifel an der Top-Positionierung der USA haben kann – siehe die tatsächliche Seuchensituation in den Vereinigten Staaten in 2020) wird hervorgehoben; und die analytischen Ergebnisse eines erweiterten Mundell-Modells für handelbare/nicht handelbare Güter werden zusammen mit wichtigen Aspekten aus einem erweiterten Wachstumsmodell vorgestellt. Dabei wird der bevölkerungsmäßige Abdeckungsgrad der Krankenversicherung als kritische Variable im Zusammenhang mit einem ökonomischen Ansatz zum epidemischen Schock betrachtet. Es geht hierbei indirekt auch um die vergleichende Betrachtung EU und USA, wobei der Grad an Krankenversicherungs-Abdeckung in der Bevölkerung 2019 bei etwa 87 % lag; 2 Prozentpunkte weniger unter der Trump-Administration als unter der Vorgänger-Administration mit Präsident Obama. Dabei sind allerdings auch Millionen US-Bürger/innen faktisch unterversichert in Sachen Krankenversicherung.

Für die Menschen in den USA ist der medizinische und ökonomische Coronavirus-Doppelschock daher viel schlimmer als in der EU. Da in den USA die Krankenversicherung der meisten Menschen an einem Arbeitsplatz hängt, ist die Verbindung von Epidemie und Rezession besonders hart für die Arbeitnehmerschaft: Da im Frühsommer bis zu 35 Millionen Menschen ihren Arbeitsplatz verloren hatten, sank mitten in der Epidemie-Situation der Krankenversicherungsschutz für große Menschengruppen; nur Arbeitnehmer, die von den Unternehmen nur beurlaubt worden waren, behielten einstweilen den Krankenversicherungsschutz. Da die Arbeitslosenversicherung in den USA auch nur für etwa sechs Monate gilt, ist der Druck in den Vereinigten Staaten, Produktionseinschränkungen zu vermeiden größer als in der EU. Politisch ist so gesehen in den USA weniger Platz für Seuchen-Bekämpfungsmaßnahmen, die Produktionsbeschränkungen zur Folge haben, als in EU-Ländern.

Ein entscheidender Aspekt bei der Corona-Analyse sollte darin bestehen, dass man die positiven Zusammenhänge zwischen Gesundheit und Produktivität bzw. Produktionswachstum wahrnimmt: im Allgemeinen unterstrichen u. a. durch eine frühe Studie von Mushkin (1962); Hsiao (2000) und für den Fall Chinas durch die empirischen Ergebnisse von Li und Huang (2009). Eine Erwerbsbevölkerung mit gutem allgemeinen Gesundheitszustand wird eine höhere Produktivität aufweisen als eine solche, wo der durchschnittliche Gesundheitsstatus der Beschäftigten schlecht ist – dann gibt es relativ viele Fehltage und natürlich auch gelegentlich eine weniger gut für die Arbeit oder für Projektbearbeitungen motivierte Mitarbeiterschaft. Eine breite Krankenversicherung und ein leistungsfähiges Gesundheitssystem für alle zahlt sich also ökonomisch aus.

Die anschließende Analyse basiert auf den Mitte 2020 verfügbaren Erkenntnissen, aber die hier hervorgehobenen und entwickelten Ansätze dürften über die Änderungen in der COVID-19-Ausbreitung hinaus nützlich sein. Eine weltweite Epidemie ist ein eher seltenes Ereignis; nicht viele Menschen haben etwa in der Schule von der Spanischen Grippe von 1918/19 erfahren. Schon von daher ist das Wissen zu den Effekten der Coronavirus-Pandemie recht beschränkt. Allerdings, wenn hier eigene Forschungen und neue Studien aus der Wissenschaft dargestellt und analytisch miteinander verbunden werden, dann kann man doch trotz der Neuartigkeit der Corona-Schocks die wichtigsten Entwicklungen und Herausforderungen in Teilen gut verstehen. Auf Basis einer kompetenten, sorgfältigen Analyse beziehungsweise Erklärung kann man wiederum sinnvolle Politikvorschläge machen.

Vernünftige Politikreaktionen in 2020–2025 – bis 2025 dürften die negativen ökonomischen Auswirkungen sichtbar weltweit bleiben – sind in mehr als 100 Ländern nötig, wenn man nicht haben will, dass es eine lange und sehr bittere Corona-Weltwirtschaftskrise gibt. Es ist zwar unbestreitbar, dass der Staat in der Krise in Sachen Stabilitätspolitik klar gefordert ist, das heißt aber noch nicht, dass jede expansive Fiskalpolitik – verbunden mit hohen Haushaltsdefiziten und weiter steigenden staatlichen Schuldenquoten – sinnvoll ist; die Verwendung der zusätzlichen Staatsausgaben für sinnvolle Investitions- und Modernisierungsprojekte sowie zeitlich befristete Unterstützungsmaßnahmen erscheint als wichtige Herausforderung.

Gegenwärtige und künftige Generationen müssen ja die entsprechenden langfristigen höheren Schulden auch zins- und tilgungsmäßig bedienen. Dabei kann man sicherlich auch argumentieren, dass mehr private und staatliche Investitionen wünschenswert sind. Aber eine gelegentlich zu hörende Argumentation, dass wesentlich höhere private und staatliche Investitionsquoten langfristig notwendig seien, ist für die EU und die USA abwegig. Das Sinken der absoluten Preise – über gut drei Jahrzehnte – bei Informations- und Kommunikationstechnologien (IKT) und IKT-Investitionsgütern bedeutet, dass man auch mit leicht verminderten gesamtwirtschaftlichen realen (preisbereinigten) Investitionsquoten ähnliche Expansionswirkungen erzielen kann wie zu früheren Zeiten, also etwa in den 1960er- und 1970er-Jahren. Eine energische expansive Fiskalpolitik kann man im Übrigen in der EU nur mit Schwierigkeiten umsetzen, da der Staat die Regeln in weiten Bereichen der Wirtschaft so verkompliziert hat, dass Parlamentsbeschlüsse über höhere staatliche Investitionen oft erst mit einer Zeitverzögerung von mehr als einem Jahr – bisweilen mehr als drei Jahren – in konkrete Projekte umgesetzt werden können. Hier sind z. T. auch komplizierte Umweltprüfungsvorschriften ein Problem.

Immerhin ist festzustellen, dass im internationalen Vergleich einige EU-Länder, darunter auch Deutschland, relativ gut mit der medizinischen Herausforderung der Pandemie in 2020 fertig wurden. Deutschland konnte vor dem Hintergrund einer Reihe von Konsolidierungsjahren im Staatshaushalt und guter Konjunktur in der Dekade nach 2009 dann im Schock-Jahr 2020 relativ viel Spielraum für eine expansive Fiskalpolitik und staatliche Hilfsmaßnahmen für einzelne Bevölkerungsgruppen nutzen. Deutschlands Schuldenquote lag 2019 bei 60 %, also rund 20 Prozentpunkte unter dem Höchst-Wert nach der Transatlantischen Bankenkrise. Die Zahl der Neuinfizierten pro Tag lag Anfang Juli um 450 in Deutschland, was als relativ überschaubar scheint. Der sogenannte R-Faktor wurde mit unter 1 festgestellt – das bedeutet, dass das Infektionsgeschehen sich längerfristig weiter abschwächen könnte. Dabei hat Deutschland auch Anfang Juli noch für über 100 Länder eine Reisewarnung in Kraft gehabt, was auch die USA, Brasilien und die Türkei umfasste. Man kann auf eigene Gefahr in Länder mit Reisewarnung durchaus reisen und auch Familienbesuche machen, aber man muss dann Quarantäne-Maßnahmen beachten. Für die USA und die Türkei geht es hier auch um Einnahmen aus dem internationalen Tourismusgeschäft.

Corona-Schocks: medizinisch als Seuchenproblem, ökonomisch als Mega-Rezession

Im Juli 2020 wird man weltweit mehr als 11 Millionen Infektionsfälle zu COVID-19 gezählt haben, mehr als eine halbe Million Menschen sind gestorben und bis Jahresende könnte es über eine Million Todesfälle geben. Der Einbruch bei der Wirtschaftsentwicklung in den Industrieländern (OECD-Gruppe), China, Indien und Brasilien wird in 2020 sehr erheblich sein, so dass weltweit die Produktion sinkt, die Arbeitslosenzahlen stark ansteigen und sich die staatlichen Haushaltsdefizite spürbar erhöhen; letztere 2021 – relativ zur jeweiligen Wirtschaftskraft des Landes – wohl auch noch erheblich, und zwar selbst im Fall einer deutlichen Erholung bei der Wirtschaftsentwicklung. Die Corona-Schocks sind von verschiedenen Ländern und Wirtschaftssystemen zu verarbeiten, wobei der Westen schwer getroffen ist: Die USA unter Präsident Trump werden erkennbar den Herausforderungen bei der Seuche schon medizinisch kaum gerecht, da die Epidemiepolitik von Trump nicht als professionell gelten kann; Trump ist wie Präsident Bolsonaro in Brasilien ein Populist und daher mehr von Wunschdenken und Nationalismus geleitet als von einem Ansatz zu rationaler Politik. Großbritannien unter Premier Johnson kann man wohl ebenfalls als populistisch einordnen und seine Seuchenpolitik ist schwach: Die WHO meldete am 3. Juli 44.000 COVID-19-Tote, hätte Großbritannien Deutschlands Sterberate, dann wären in UK nur rund 7000 COVID-19-Tote zu zählen. Die US-Todesrate bis Ende 2020 dürfte vierfach so hoch sein wie in Deutschland und es steht in den USA vor Ende 2020 eine zweite Infektionswelle zu befürchten, die die US-Rezession nochmals gegenüber den IWF-Prognosen vom April und Juni 2020 verschärfen könnte.

Jede US-Rezession zieht die Wirtschaftsentwicklung in Lateinamerika, China, Japan und der EU sowie in anderen Ländern und Regionen deutlich nach unten. Denn die USA sind ein globales Handelsschwergewicht und auch als Quellenland von Direktinvestitionen multinationaler Unternehmen international sehr gewichtig. Ein scharfe Rezession in den USA heißt weniger US-Güterimporte – spiegelbildlich also auch weniger China-, Japan- und EU-Exporte Richtung USA; und zudem bringt eine solche Rezession deutlich verminderte US-Unternehmensgewinne und damit dann auch weniger Investitionen der US-Multis im In- und Ausland. Natürlich haben die USA, die EU-Länder und Japan sowie andere Länder staatliche Konjunkturpolitik sowie die Geldpolitik mobilisiert, um die Rezession abzumildern und einen Aufschwung einzuleiten.

In der EU zählen Italien, Spanien und Belgien sowie Frankreich zu den Ländern mit hoher COVID-19-Sterbequote und die hier genannten drei großen Länder dürften in der EU auch zu den Ländern mit besonders starkem Rückgang der Realeinkommen in 2020 zählen: Größenordnung etwa -10 %. Die EU-Kommission hat einen 750 Milliarden schweren Wiederaufbaufonds vorgeschlagen, der 2/3 als Transfers-Zahlungen an EU-Mitgliedsländer vorsieht: Dabei erhält Frankreich 1,6 % des Bruttoinlandsproduktes als Transfers (Geschenkzahlung) aus dem EU-Sondertopf, wenn es nach dem Vorschlag der EU-Kommission vom Mai 2020 geht; Deutschland 0,8 %. Sonderbarerweise sind die Hauptempfängerländer aber Bulgarien, Kroatien, Lettland, Rumänien, Polen mit Anteilsquoten (Transfers relativ zum Bruttoinlandsprodukt) von 15 %, 14 %, 10 %, 9 % und 7 % – mit ökonomischer Logik hat es die EU-Kommission offenbar nicht und tatsächlich kann man mit einiger Sorge nach Brüssel und auch nach Berlin schauen; auch Griechenland ist ein Hauptempfängerland von Transfers der EU beim geplanten Sonderprogramm der EU. Spanien und Italien haben geringere Transfer-Quoten im Kommissions-Sonderprogramm als die oben genannten Länder, obwohl doch beim Epidemie-Schock und beim Corona-Rezessionsschock diese beiden Länder besonders hart betroffen sind. Auf Details wird in einem späteren Kapitel einzugehen sein.

In Berlin hat die Bundesregierung zusammen mit den Bundesländern zwar im ersten Halbjahr 2020 eine recht erfolgreiche Seuchenpolitik aufgesetzt. Aber ein stimmiges Konzept zur Stabilisierung der Eurozone und der EU hat man in Berlin wohl nicht gefunden und das mögliche Problem einer neuen Eurokrise scheint man übersehen zu haben. Auf nationaler Ebene hat die Bundesregierung für 2020 und 2021 deutlich erhöhten Staatsverbrauch und zeitweise Steuersenkungen vorgesehen, um die Wirtschaft zu stimulieren und Härten bei Menschen zu mildern, die quasi zufällig zu besonderen Opfern des Corona-Schocks und der als notwendig erachteten Quarantäne- und Zuhause-Bleiben-Vorschriften des Staates wurden. Dabei steht Deutschland bei erwarteten 6–8 % Rückgang des Realeinkommens in 2020 im europäischen und OECD-Vergleich noch recht gut da. Bei einem Teil der Medien ist allerdings die Corona-Debatte nicht nur aufgeregt, sondern auch teilweise wirr.

Corona-Wirtschaftskrise, Medien-Verzerrungen und Aufschwungsperspektive

Der Corona-Schock wird von Medien genutzt, um nach Sensation klingende Meldungen zu platzieren, die vielleicht bei der Leserschaft einen wohligen Schauer erzeugen und jedenfalls wohl hohe Auflagen bringen sollen: DER SPIEGEL etwa vom 4. Juli 2020 nimmt auf in Deutschland zu erwartende hohe Einkommensverluste Bezug und betonte dann nach Hinweis auf einen DIW-Forscher eine schaurige Perspektive: „In den Zahlen steckt sozialpolitisches Dynamit. Wenn sich die Vermögenden in der Krise endgültig vom Rest der Bevölkerung entkoppeln, wenn die Mittelschicht dünner wird und Altersarmut zum Regelfall – dann zerbröseln die Voraussetzungen, auf denen der soziale Friede ruht." Das ist eine unverantwortliche Elendsspiegelei, die hier mit Blick auf *„Altersarmut zum Regelfall"* betrieben wird, die man bei einem Boulevard-Blatt vielleicht vermuten könnte. Aber so viel ökonomischer Unfug-Text im SPIEGEL sind ein ernster, von Fakten nicht gedeckter Spaltungs- und Selbstzerstörungsimpuls in einer hochentwickelten Wirtschaftsgesellschaft, ziemlich unverantwortlich. Wenn man die SPIEGEL-These oft genug wiederholt und damit eine Fehlwahrnehmung in der Öffentlichkeit schafft, kann das eine verstärkte Umverteilungspolitik des Staates – natürlich in Verbindung mit erhöhten Steuersätzen – zur Folge haben, wodurch das Wirtschaftswachstum sinkt: bis der zu verteilende Kuchen so verkleinert ist, dass die Realität durch Altersarmut als Regelfall abgebildet wird. Hier wird ein perfider Mechanismus sichtbar, der in einer zersplitterten digitalen Öffentlichkeit wirksam werden kann. Indem DER SPIEGEL im entsprechenden Beitrag Wirtschaftswissenschaftler vom Institut für Weltwirtschaft (mit etwas sonderbaren Zahlen) und vom DIW zu Wort kommen lässt, wird einem indirekt wissenschaftliche Autorität für die unsinnige These von „Altersarmut als Regelfall" nahegelegt. Wissenschaftler lassen sich hier wohl für ideologische Sprüche missbrauchen. Aufklärung war gestern, in der aufgeregten Seuchen-Situation wird die Öffentlichkeit von manchen Medien in die Irre geführt. Im Übrigen ist 2021/2022 ein Aufschwung zu erwarten.

Derselbe SPIEGEL schreibt im selben Heft, dass die Reisewarnungen der Bundesregierung gegenüber der Türkei problematisch seien und führt dabei den Fall von türkisch-stämmigen Selbstständigen in Deutschland an, die ihre Familie in der Türkei in den Ferien besuchen möchten; Deutschlands Epidemie-Regeln verlangen bei Rückkehr aus der Türkei entweder eine 14-tägige Quarantäne oder – dann geht es ohne diese – einen Corona-Test in der Türkei vor Rückfahrt. Bei einem Test-Preis von 50 € wird suggeriert, dass das für eine vierköpfige Familie unzumutbar sei. Wieder wird ein höchst fragwürdiges Verteilungsargument plakativ formuliert. Man hätte alternativ darauf hinweisen können, dass 50 € Testkosten umgelegt auf einen vierwöchigen Türkei-Aufenthalt bedeuten: pro Tag entstehen durch die Mitwirkung an der Epidemie-Bekämpfung via Corona-Test Zusatzkosten von 1,80 € (!) pro Tag und Person. Das wiederum hilft das Infektionsgeschehen in der Türkei und Deutschland bei COVID-19 einzudämmen, über die wiederum dieselbe SPIEGEL-Ausgabe berichtet: nämlich als Krankheit mit im Einzelfall ernsten Symptome, die verschiedene Organe des Körpers zeigen können.

Nochmals zum ganz oben genannten SPIEGEL-Artikel: Es ist absurd zu glauben, dass ein System der Sozialen Marktwirtschaft durch (angenommene) 6,8 % realer Rückgang beim Volkseinkommen im Corona-Schock-Jahr 2020 so abstürzt. Sensationsheischende Armuts- und Elendsthesen für Deutschland und Westeuropa sind auch in längerfristiger Betrachtung oft meilenweit von der Realität entfernt. Der Anteil der unteren Hälfte der Einkommensbezieher an den Markteinkommen ist zwischen 1981 und 2015 in Westeuropa von 22 % auf 20 % laut Analysen der Piketty-Verteilungsforschergruppe gesunken, in den USA hingegen wirklich dramatisch von 21 % auf 13 % abgestürzt; und die Corona-Krise wird sicherlich in den USA die Ungleichheit noch deutlich weiter ansteigen lassen. In vielen EU-Ländern und sicherlich in Deutschland gibt es, anders als in den USA, eine breit fundierte Sozialpolitik. 2019 waren etwa 15 % der Rentner von Altersarmut betroffen und Deutschlands Sozialsysteme funktionieren gut.

Im Vergleich zu vielen anderen EU-Ländern – von den USA ganz zu schweigen – geht es auch armen Teilen der Rentnerschaft relativ gut und eine gute Krankenversicherung ist Teil eines soliden Lebensstandards auch im Alter. Natürlich ist es richtig, dass ein Rückgang des Pro-Kopf-Volkseinkommens um etwa 2100 € in 2020 einen erheblicher Wirtschaftsschock für Millionen von Familien in Deutschland bedeutet. Aber die Deutsche Bundesbank nimmt in ihrem Juni-Monatsbericht 2020 an, dass die reale Wirtschaftskraft nach einem Rückgang von -7,1 % (kalendertagsbereinigte Größe) gegenüber 2019 dann 2021 und 2022 ansteigt: dass es zu einem Wachstum des Realeinkommens von +3,2 % und +3,8 % kommen wird. Dann geht es also 2022 ökonomisch eben wieder sichtbar besser und vermutlich in 2023 erst recht.

Die Entwicklung kann weniger gut beim Aufschwung mittelfristig werden, wenn die USA eine sehr starke Wirtschaftskrise 2020/2021 verzeichnen sollten (dafür stellte Trumps schlechte Epidemie-Politik in der ersten Jahreshälfte 2020 einige Weichen) oder wenn mangels Vorsorgemaßnahmen bei Deutschland, Frankreich, Italien und der EU eine neue Eurokrise ausbricht. Im Übrigen ist die Coronavirus-Epidemie ein ernster globaler medizinischer und ökonomischer Schock. Aber immerhin steht Deutschland unter den Industrieländern medizinisch, ökonomisch und sozialpolitisch weitgehend vorbildlich da, was viele Länder bei kommenden Systemreformen motivieren könnte, Elemente der Sozialen Marktwirtschaft aus Deutschland zu übernehmen. Auch einige EU-Politikelemente sind international vorbildlich, etwa der CO2-Zertifikatehandel, der allerdings von 45 % Abdeckung der CO2-Emissionen auf gut 80 % ausgebaut werden könnte – das wäre ein massiver Impulsgeber für einen klimafreundlichen Strukturwandel nach dem Corona-Schockjahr 2020. Neuere Forschungen unter Beteiligung des EIIW zeigen im Übrigen, dass auch Luftqualitätsprobleme die COVID-19-Sterblichkeitsrate in OECD-Ländern erhöhen. Der Neustart der Wirtschaft und ein beschleunigter Strukturwandel werden wichtig für Europa, die USA, China, Japan und die ganze Weltwirtschaft sein; die Problemlage aus dem Frühjahr 2020 sollte dauerhaft überwunden werden.

Einige Schlüssel-Statistiken zur Pandemie

COVID-19 breitet sich weltweit aus, und am 11. März 2020 definierte die Weltgesundheitsorganisation (WHO) die internationale Epidemie als globaler Natur: COVID-19 wurde zu diesem Zeitpunkt offiziell als Pandemie betrachtet. Bei 104 betroffenen Ländern sind etwa 420.000 Menschen infiziert und fast 19.000 Todesopfer zu beklagen (für einen Überblick siehe die Karte der WHO vom 25. März 2020[1] in Abb. 5.2 und Tabellen in Anhang 1). Bis Mitte März waren 146 Länder betroffen, 154.000 Menschen waren infiziert und 5700 Todesfälle wurden registriert. In absoluten Zahlen war die Zahl der Infektionen in China mit 81.048 Fällen sehr hoch, gefolgt von Italien

[1] Es sei darauf hingewiesen, dass beispielsweise die Türkei bis zum 8. März der Weltgesundheitsorganisation noch keine COVID-19-Infektionen melden musste; die Abwesenheit des Virus im Land ist unwahrscheinlich (siehe auch die Mitte März veröffentlichten Zahlen).

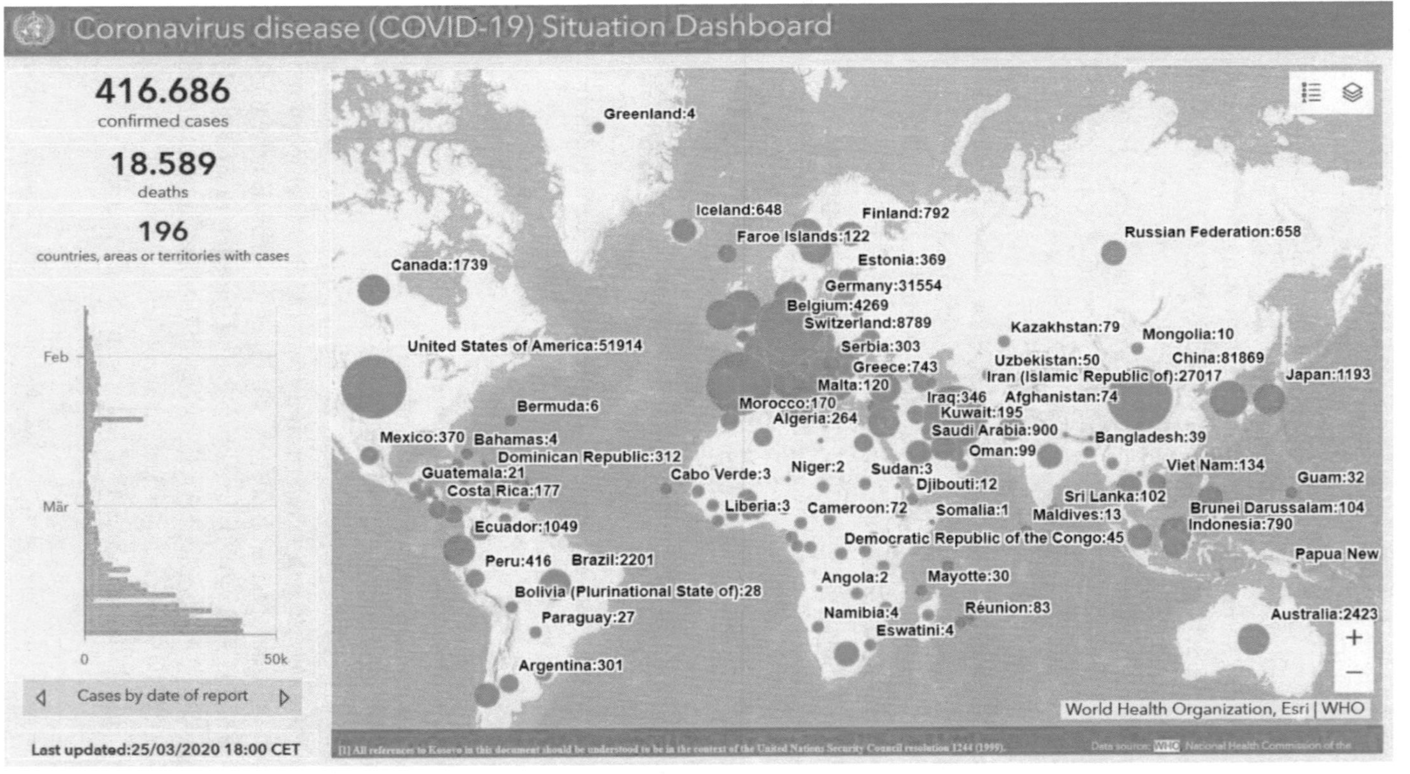

Quelle: Karte entnommen aus https://experience.arcgis.com/experience/685d0ace521648f8a5beeeee1b9125cd (letzter Zugriff am: 26.03.2020)

Abb. 5.2 Karte der Weltgesundheitsorganisation zur weltweiten Ausbreitung des Coronavirus 2019 (Stand 25. März 2020)

(21.157), Iran (12.729), Republik Korea (8162), Spanien (5753), Frankreich (4469), Deutschland (3795), USA (1678), Schweiz (1359) und Großbritannien (1144). Angesichts der Art der Pandemie ändert sich das Bild schnell: Für den 23. März 2020 meldete die WHO 81.601 Fälle in China, was in etwa einer Stagnation entspricht, während Italien bereits 59.138, Spanien 28.572, Deutschland 24.774 und Frankreich 15.821 Fälle verzeichnet hatten.

Mitte Juni lag die Zahl der Toten in Großbritannien (genauer: in UK) bei über 40.000, was die höchste absolute Zahl in Westeuropa war. Die UK-Zahlen sind schockierend und deuten auf ein schlechtes Gesundheitssystem und eine relativ schwachen Seuchenpolitik der Johnson-Regierung; hätte UK die Sterblichkeitsrate von Deutschland im ersten Halbjahr realisiert, hätte UK nicht jene 40.000 Corona-Todesfälle registriert, sondern nur 7000. Deutschland hat in der Seuchenpolitik einige Menge richtig gemacht, UK offenbar eine Menge falsch. Die deutsche Bundesregierung und die Länderregierungen haben im April und Mai 2020 relativ strikte Quarantäne- und Abstandsgebote verhängt, zudem umfangreiche Tests durchgeführt – wichtig für die Eindämmung der Seuche. UK hat zunächst gar nicht auf Eindämmung der Seuche als Strategie durch Quarantäne- und andere Maßnahmen gesetzt, sondern wollte bis in die letzte März-Woche eine Strategie der Herdenimmunität realisieren. Erst als in UK klar wurde, dass dann mit einer sehr hohen Todeszahl in 2020 zu rechnen sei, ruderte die Johnson-Regierung zurück und folgte einem Seuchen-Eindämmungsansatz, wie er schon früher in Deutschland festgelegt worden war. Deutschland ist im Übrigen demografisch schlechter aufgestellt als UK, da der Anteil der über 65-Jährigen – sie sind klar eine COVID-19-Risikogruppe – in der Bevölkerung in Deutschland höher als in Großbritannien ist.

Die Altersverteilung der Coronavirus-bedingten Todesfälle in China zeigt, dass ältere Menschen, nicht überraschend, eine höhere Sterblichkeit als der Durchschnitt aufweisen. Eine wirtschaftliche Implikation ist, dass einerseits die effektive Erwerbsbevölkerung durch COVID-19 negativ beeinflusst werden sollte. Auf der anderen Seite gibt es einen unklaren Effekt auf Personen im Ruhestand und die allgemeine Sterblichkeitsrate, da die Schließung von Firmen die Luftqualität insgesamt verbessert und somit die Zahl der Menschen, die an Krankheiten erkranken, die nicht auf Coronaviren zurückzuführen sind, verringern könnte (Fenz und Kharas 2020). Bei voller Auslastung der Akutversorgungskapazitäten in den Krankenhäusern könnte die Überlebensrate anderer stationärer und ambulanter Patienten mit schweren Erkrankungen (nicht COVID-19) sinken. Zu den Zahlen der WHO ist anzumerken, dass die von der Johns Hopkins University veröffentlichten, oft zitierten Zahlen aufgrund der breiteren statistischen Erfassung durch die Johns Hopkins University voneinander abweichen.

Das einzige Land unter den sieben führenden Ländern, in dem die scheinbar auf den E-Funktions-Typ bezogene Ausweitung unterschiedlich war – beginnend mit dem Tag, an dem 100 Infektionen gemeldet worden waren – war die Republik Korea, wo umfassende Tests und strenge Quarantänemaßnahmen angewandt wurden. Ein weiteres Land mit einer relativ geringen Zahl gemeldeter Infektionen war Taiwan (mit weniger als 50 bestätigten Fällen bis zum 9. März 2020), wo sich die Regierung auf einen fertigen Notfallplan stützte, der auf den früheren Erfahrungen mit der SARS-Epidemie von 2003 aufbaute und den gesamten Flugverkehr mit China frühzeitig einstellte.

Die Pandemie könnte eine ernste Rezession für die OECD-Länder und China oder mehrere Quartale mit sehr stark reduzierter Produktion in der Industrie und im Dienstleistungssektor mit sich bringen. Der internationale Tourismus wird im Jahr 2020 sehr bescheiden sein und sich möglicherweise nicht vor der zweiten Hälfte des Jahres 2021 erholen. In einer normalen Rezession ist der Tourismus – der in vielen Ländern einen großen Wirtschaftssektor darstellt – in der Regel nicht stark betroffen. Ein Mangel an normaler Urlaubszeit wiederum und der Stress durch die Pandemiegefahr könnten auch erhebliche Schichten der Gesellschaft für einige Zeit niederdrücken, so dass die Produktivität für viele Monate stark zurückgehen könnte. Da PSA, Renault, Fiat-Chrysler, Volkswagen und andere EU-Automobilhersteller am 16. März angekündigt haben, dass die Produktion in mehreren Werken in Europa für mehrere Monate stillgelegt wird, ist eine tiefe Rezession nicht auszuschließen, da es zu einer einzigartigen Überschneidung von rückläufiger Produktion im verarbeitenden Gewerbe und Schrumpfung des Dienstleistungssektors, einschließlich des Tourismus, kommen könnte.

Es besteht auch die Gefahr, dass normale Zahlungsketten in der Wirtschaft (und auch bei Selbstständigen) unterbrochen werden, da Unternehmen oder Haushalte bei einer Verschärfung der Wirtschaftskrise mit ernsthaften Liquiditätsengpässen – und zum Teil auch Solvenzproblemen der Unternehmen oder Banken – konfrontiert sind. Eine sich vertiefende Wirtschaftskrise wird es schwieriger machen, die dem Gesundheitssektor zugewiesenen Mittel aufzustocken. Der Krankenhaussektor ist offensichtlich von entscheidender Bedeutung für die Reaktion auf die Coronavirus-Epidemie, und hier sind die Indikatoren für viele Länder, darunter auch viele EU-Länder, von großer Bedeutung, insbesondere wenn Akutbetten im Verhältnis zur älteren Bevölkerung in Betracht gezogen werden (siehe nachfolgende Abschnitte). In diesem Beitrag werden makroökonomische und gesundheitssystembezogene Aspekte auf eine etwas ungewöhnliche Weise zusammengeführt. Aber diese Perspektive könnte für die Analyse der Coronavirus-Epidemie nützlich sein. Eine einfache ökonomische Analysesicht erscheint wegen der besonderen Eigenschaften der Coronavirus-Pandemie nicht ausreichend. Gesundheitsökonomische Aspekte werden allerdings in der Forschung eher selten mit gesamtwirtschaftlichen Analyseperspektiven verknüpft. Dabei kann man durchaus argumentieren, dass die hohen Gesundheitsausgaben – relativ zum Nationaleinkommen geht es um eine Größenordnung zwischen 10 % und fast 20 % – schon für sich genommen eine ökonomische Bedeutung in einer Makro-Betrachtung haben.

Eine Epidemie beginnt typischerweise mit einer geringen Verbreitung der Zahl der Infizierten, nach einigen Monaten oder Quartalen kommt es zu einem Höhepunkt, da Gegenmaßnahmen sowohl von der Regierung als auch von Einzelpersonen – und Ärzten im Gesundheitssystem – ergriffen wurden. Nachdem der Höhepunkt erreicht ist, wird die Zahl der Infizierten allmählich sinken. Aus dieser Perspektive dürften die makroökonomischen Auswirkungen in einer ersten Phase einer Epidemie (ohne frühe Quarantäne) eher bescheiden sein, gefolgt von einem Höhepunkt negativer Produktions-Schocks – und schließlich von einem potenziell verstärkten wirtschaftlichen Aufschwung, da aufgeschobene Investitionen und der Konsum im privaten Sektor zunehmen könnten.

Sowohl die veröffentlichten Sterblichkeits- als auch Morbiditätsstatistiken dürften sich einerseits auf die Gesamtnachfrage, andererseits aber auch auf das Gesamtangebot auswirken, da in einer Epidemieperiode weniger Menschen in Fabriken und Büros arbeiten werden. Von besonderer Bedeutung für die Kontrolle der räumlichen Ausbreitung von COVID-19 sind Maßnahmen, die den Infizierten effektiv eine Quarantäne auferlegen; und für viele andere Menschen könnten die Behörden Mobilitätsbeschränkungen auf regionaler, nationaler und globaler Ebene erlassen. Viele Menschen, darunter Touristen und Geschäftsleute, werden bestrebt sein, die Zahl ihrer internationalen Reisen zu reduzieren: insbesondere in Regionen/Länder mit hohen Infektionsproblemen. Aus dieser Perspektive hat China – wo COVID-19 Ende 2019 begann – ein spezifisches Problem. Aber man sollte auch beachten, dass China in den zwei Jahrzehnten nach 1990 wachsende Besucherzahlen, einschließlich Geschäftsleuten und Touristen, zu verzeichnen hatte (siehe Tabellen in Anhang 2). Zudem gibt es Millionen Touristen, die aus China vor allem zu Besuchen nach Asien und Europa fliegen. Hier wird es 2020 eine Art Pause geben.

Eine Pandemie wie COVID-19 ist ein entscheidender Schock für die meisten nationalen Gesundheitssysteme in Ländern mit einer hohen Zahl von Infektionen und ist auch ein Schock für die Weltwirtschaft. Angesichts der Tatsache, dass die Gesundheitsausgaben im Verhältnis zum Bruttoinlandsprodukt in den Industrieländern im Jahr 2019 zwischen 8 und 18 Prozent liegen, erscheint es entscheidend, die Analyse der Gesundheitsausgaben mit der traditionelleren makroökonomischen Analyse zu verknüpfen. Tatsächlich fehlt eine solche Analyse, wie bereits von Gerdtham und Jonsson (2000) in ihrem klassischen Gesundheitsanalyse-Vergleichs-Beitrag „International Comparison of Health Expenditure" (Handbuch der Gesundheitsökonomie) bereits festgestellt wurde.

Der Coronavirus-Schock für die Weltwirtschaft ist ein Fall, in dem eine Überschneidung von makroökonomischer Analyse und Gesundheitsanalyse in der Tat sehr sinnvoll ist. In dem Maße, wie der COVID-19-Schock in vielen Ländern das Realeinkommen für mehrere Quartale reduziert, sollte man auch einen mittelfristigen Rückgang der Gesundheitsausgaben (nach dem durch die Epidemie bedingten kurzfristigen vorübergehenden Höchststand) sehen, da die Nachfrage nach Gesundheitsversorgung überproportional zum Realeinkommen steigt.

Die Statistiken über Chinas regionale Inzidenz von COVID-19-Infektionen zeigen, dass vor allem zwei Provinzen betroffen sind, was darauf hindeutet, dass die von den nationalen und regionalen Behörden verhängten drastischen Quarantänemaßnahmen offenbar wirksam gewesen sind. Was die EU betrifft, so ist Italien ein Hotspot mit mehr als 7000 bestätigten Fällen Ende der ersten Märzwoche. Das US-Center for Disease Control meldete am 7. März 2020 elf Todesfälle in den USA, während die WHO am selben Tag keine COVID-19-bezogenen Todesfälle in den Vereinigten Staaten dokumentierte (die WHO-Zahlen wurden in den folgenden Tagen aktualisiert).

Am 24. März hatte die WHO bereits insgesamt 42.164 Coronavirus-Infektionen in den Vereinigten Staaten registriert, darunter 10.591 Neuinfektionen und 471 Todesfälle. New York schien ein regionaler Krisenherd zu sein, und am 24. März erklärte die Trump Administration, dass sich Besucher in New York 14 Tage lang einer Selbstisolierung unterziehen sollten. Angesichts der Tatsache, dass New York 64 Millionen US-Besucher hatte, plus 14 Millionen ausländische Besucher plus eine unbekannte Zahl von New Yorkern, die Freunde oder Geschäftskollegen und andere Institutionen in den USA und auch außerhalb der USA besuchten, steht der New Yorker Infektions-Schwerpunkt tatsächlich für eine entscheidende Herausforderung.

Geht man davon aus, dass 500.000 US-Besucher in den zwei Wochen vor dem 24. März als Besucher in New York waren, sollten etwa eine halbe Million US-Bürger unter Quarantäne gestellt werden, und die etwa 100.000 ausländischen Besucher, die New York im gleichen Zeitraum besucht hatten, sollten auch den Ratschlag für eine selbst auferlegte Quarantäne befolgen. Diese Personen sind jedoch offenbar nicht kontaktiert worden, obwohl Fluggesellschaften hätten mobilisiert werden können, um ausländische Besucher aufzuspüren und sie auf die Notwendigkeit einer Selbstquarantäne aufmerksam zu machen. Dies ist ein Beispiel dafür, wie schlecht die Weltwirtschaft angesichts der Herausforderung einer Pandemie organisiert ist und wie nachlässig die Behörden in den USA und außerhalb der USA mit der Tatsache umgegangen sind, dass New York ein Coronavirus-Hotspot ist. Obwohl das Wesen einer Pandemie eine globale wirtschaftliche Zusammenarbeit erfordert, scheint eine solche Zusammenarbeit im Jahr 2020 an erster Stelle zu stehen; inwieweit der politische Populismus zu diesem Problem beiträgt, könnte ein wichtiger Aspekt in der künftigen Forschung sein.

Die USA haben in großen urbanen Zentren hohe Zahlen an Corona-Infektionen und Corona-Toten verzeichnet. New York war dabei ein „Hot Spot", wobei diese Infektionsschwerpunkte mit Blick auf New Yorker Teilregionen bei den Infektionszahlen ohne weiteres erklärt werden kann durch die Kontakthäufigkeit: Stadtteile mit einer großen Dichte an Einkaufszentren, Parks und sogar Arztpraxen – überall treffen sich relativ viele Leute (in Arztepraxen natürlich gerade auch Kranke) – weisen eine signifikant häufige Infektionswahrscheinlichkeit auf (Chen et al. 2020).

Frühe Einschätzungen der wirtschaftlichen Auswirkungen der Coronavirus-Epidemie

Hinsichtlich der wirtschaftlichen Auswirkungen von COVID-19 in verschiedenen Ländern kann man darauf hinweisen, dass nicht nur die direkten und indirekten Kanäle in der Realwirtschaft von Bedeutung sein werden, sondern auch Veränderungen der Einkommenserwartungen, die sich (dazu gehören auch digitale Nachrichtenkanäle – z. B. die Verbreitung von COVID-19-bezogenen Informationen im Internet) auf das Verhalten von Investoren und Konsumenten sowie von politischen Entscheidungsträgern auswirken werden. Psychologische Auswirkungen auf der Nachfrageseite könnten bei der gegenwärtigen Epidemie eine starke Rolle spielen, und negative Auswirkungen auf der aggregierten Nachfrageseite könnten sich mit Störungen auf der Angebotsseite aufgrund internationaler Probleme bei der Lieferung von Vorleistungen überschneiden. Liquiditätsprobleme auf der Seite der Unternehmen könnten ebenfalls zu einer Verlangsamung der Wirtschaft beitragen, darüber hinaus könnten in vielen Ländern Liquiditätsprobleme von Großbanken auftreten, so dass der Produktionsrückgang in den OECD-Ländern sowie in China und anderen Ländern erheblich sein könnte. Anfang März 2020 haben McKibbin und Fernando (2020) ein Makromodell mit verschiedenen Szenarien für die Weltwirtschaft vorgestellt, die eine große Bandbreite möglicher negativer realer

BIP-Ergebnisse im Zusammenhang mit der COVID-19-Herausforderung aufzeigen, einschließlich einer großen internationalen Rezession.

Die ökonomischen Zwischenanalyse der OECD (2020) vom 2. März 2020 hat argumentiert, dass das globale Produktionswachstum von 2,9 Prozent im Jahr 2019 auf eine niedrige Rate von 2,4 Prozent zurückgehen könnte – im Jahr 2021 würde das Produktionswachstum der Weltwirtschaft jedoch auf 3,3 Prozent steigen (Tab. 5.1). Die Zwischenbilanz der OECD (2020) zeigte im März nur geringe negative Auswirkungen auf die Produktion in den Jahren 2020 bzw. 2021; der Höhepunkt der Ansteckung wurde im ersten Quartal 2020 angenommen. In einem speziellen Simulationsfall mit einem Höhepunkt erst in der zweiten Hälfte des Jahres 2020 zeigt sich ein stärkerer Produktionsrückgang, nämlich -1,75 Prozent gegenüber der Basislinie („veränderte Normalentwicklung" nach Corona-Schock); Nordamerika verzeichnet -1,5 Prozent. Die OECD-Prognosekorrekturen von Anfang März waren, so hat sich binnen Wochen gezeigt, viel zu optimistisch. Die Corona-Weltrezession ist gerade für die Industrieländer ein stark negativer Wirtschaftsschock.

Am Ende des ersten Quartals 2020 ist es noch zu früh, um den Produktionsrückgang infolge des Coronavirus-Schocks vollständig abzuschätzen, aber die Größenordnung für die westlichen OECD-Länder könnte sich dem Produktionsrückgang im Zusammenhang mit der transatlantischen Bankenkrise annähern. Die Art des Schocks, den die Coronavirus-Pandemie darstellt, wird normalerweise in den makroökonomischen Standardsimulationen nicht berücksichtigt – daher muss die kombinierte Wirkung einer Schließung des Tourismussektors und des Gastgewerbes sowie des Automobilsektors und anderer Dienstleistungen (z. B. ein Friseurladen, der wegen epidemiebedingter Regierungsvorschriften für mehrere Wochen geschlossen ist – ohne dass eine relative Preisanpassung kurzfristig ein neues Marktgleichgewicht herbeiführen kann) erst auf dem analytischen Radar von Simulationsexpertengruppen erscheinen. Die Dauer des Nachfrageeffekts ist in der Frühphase der Pandemie ziemlich ungewiss, aber selbst wenn die Dauer nach einigen Monaten klar wird, könnte es zu schwerwiegenden Auswirkungen auf die Bilanzen von Unternehmen mit begrenztem Betriebskapital und kurzfristigen Schuldenlaufzeiten kommen – daher kann selbst eine vorübergehende Schließung von Unternehmen in einigen Wirtschaftssektoren gravierende Effekte haben. Es ist daher nicht klar, dass man nach einigen Monaten der vorübergehenden Schließung vieler Firmen die gesamte Wirtschaft mehr oder weniger wieder auf das alte Level des Wachstumspfads zurücksetzen und die Produktionsexpansion auf dem alten Niveau fortsetzen könnte.

Tab. 5.1 Wirtschaftszwischenausblick (WZA) vom 2. März 2020, Prozentuale Veränderung der Wachstumsprognosen des realen BIP im Jahresvergleich für ausgewählte Länder/Wirtschaften (OECD 2020)

		2020		2021	
Länder	2019	2020 WZA	Differenz zu November WZA	2021 erwarteter Wert	Differenz zu November WZA
Welt	2,9	2,4	−0,5	3,3	0,3
G20	3,1	2,7	−0,5	3,5	0,2
Australien	1,7	1,8	−0,5	2,6	0,3
Kanada	1,6	1,3	−0,3	1,9	0,2
Euroraum	1,2	0,8	−0,3	1,2	0,0
Deutschland	0,6	0,3	−0,1	0,9	0,0
Frankreich	1,3	0,9	−0,3	1,4	0,2
Italien	0,2	0,0	−0,4	0,5	0,0
Japan	0,7	0,2	−0,4	0,7	0,0
Korea	2,0	2,0	−0,3	2,3	0,0
Mexiko	−0,1	0,7	−0,5	1,4	−0,2
Türkei	0,9	2,7	−0,3	3,3	0,1
Vereinigtes Königreich	1,4	0,8	−0,2	0,8	−0,4
Vereinigte Staaten	2,3	1,9	−0,1	2,1	1,1
Argentinien	−2.7	−2.0	−0,3	0,7	0,0
Brasilien	1,1	1,7	0,0	1,8	0,0
China	6,1	4,9	−0,8	6,4	0,9
Indien	4,9	5,1	−1,1	5,6	−0,8
Indonesien	5,0	4,8	−0,2	5,1	0,0
Russland	1,0	1,2	−0,4	1.3	−0,1
Saudi-Arabien	0,0	1,4	0,0	1,9	0,5
Südafrika	0,3	0,6	−0,6	1,0	−0,3

Quelle: Eigene Darstellung basierend auf der Tabelle in der OECD (2020), S. 2; Anmerkung: Das G20-Aggregat beinhaltet nicht die EU, und die Projektionen basieren auf den bis zum 28. Februar 2020 verfügbaren Daten

Da der Pandemieschock fast alle Länder der Weltwirtschaft betrifft, gibt es auch eine ungewöhnliche globale Synchronisation des Schocks und die großen fiskalischen Pakete, die in den USA, der EU, Großbritannien und in anderen Ländern in Betracht gezogen werden, implizieren eindeutig einen mittelfristigen Anstieg der Schuldenquoten in den OECD-Ländern und vielen Schwellenländern. Entwicklungsländer ohne großen Handlungsspielraum werden starke Unterstützung durch den IWF, die Weltbank und regionale multilaterale Banken benötigen. Die Coronavirus-Pandemie ist somit eine Herausforderung, die eine multilaterale Reaktion erfordert. Multilateralismus ist jedoch nicht der bevorzugte Ansatz der Trump-Administration mit ihrer Betonung des Bilateralismus. Folglich wird es in dieser internationalen Wirtschaftskrise an der Führungsrolle der USA mangeln, was wiederum auch Zweifel an den Standardergebnissen von Modellsimulationen offener Volkswirtschaften aufkommen lassen könnte.

In einem typischen DSGE-Makromodell folgt auf den starken Produktionsrückgang nach dem ersten epidemischen Schock ein späterer Produktionsanstieg, wobei ein Teil des anfänglichen Produktionsverlustes durch ein höheres Produktionswachstum in den folgenden Quartalen kompensiert wird. Solange die Coronavirus-Herausforderung im medizinischen Sinne bis zum Herbst 2020 überwunden werden kann, sollten aufgeschobene Konsum- und Investitionstätigkeiten nützlich sein, um zu einem neuen wirtschaftlichen Aufschwung im Jahr 2021 und darüber hinaus beizutragen; eine angemessene Mischung aus Geld- und Finanzpolitik kann zur Überwindung der beginnenden Rezession beitragen. Die Geldpolitik der Industrieländer im Frühjahr und Sommer ist als expansiv zu kennzeichnen, wo ein sinnvolles Ziel indirekt darin besteht, Banken und Firmen zu stabilisieren, die eigentlich ein profitables Geschäftsmodell haben – wo es also vor allem um Liquiditätsprobleme geht. Allerdings verändert der große Umfang der Corona-Rezession in der Weltwirtschaft in vielen Sektoren die Rentabilität bislang gängiger Geschäftsmodelle. Es kann von daher zu Ende 2020 und 2021 daher zunehmend das Problem auftreten, dass expansive Geld- und Finanzpolitik auch Banken und Unternehmen über Wasser hält, die gar kein wirklich zukunftsfähiges Geschäftsmodell haben. Es entsteht also das Problem sogenannter Zombie-Banken und Zombie-Unternehmen. Sollte Präsident Trump im November 2020 wiedergewählt werden – das dürfte noch mehr US-Protektionismus und US-Nationalismus und Unvorhersehbarkeit der US-Politik bedeuten-, so dürfte das negativ zum globalen Wirtschaftswachstum und verstärkend zu Instabilitäten beitragen. Umgekehrt, wenn Donald Trump nicht wiedergewählt wird, gibt es eine Chance für eine Rückkehr zu mehr Freihandel und zu mehr Multilateralismus: Das heißt, es käme ein relativ schnellerer ökonomischer Aufschwung im Westen.

In dem Maße, wie China, die USA, die EU27 sowie Großbritannien und Japan eine ähnlich expansive Politik verfolgen, wird es einerseits internationale Übertragungs-Effekte geben, die den Aufschwung verstärken. Allerdings wird die quantitative Lockerung (QE), die normalerweise eine nominale und reale Abwertung sowie einen Rückgang des Zinssatzes bewirkt, durch den realen Abwertungsimpuls keine große Produktionsausweitung bringen, wenn mehrere große Länder eine ähnliche QE-Politik verfolgen.

Im Hinblick auf Großbritannien ist jedoch klar, dass der im Frühjahr 2020 beschlossene expansive Politik-Mix bedeutet, dass es nicht viel Spielraum für einen starken fiskal- und geldpolitischen Impuls zur Abfederung des BREXIT-

Schocks gibt. Das Vereinigte Königreich wiederum sieht sich nach BREXIT – ab dem 1. Februar 2020 – mit schärferen Problemen im Gesundheitssystem konfrontiert; der Zugang Großbritanniens zu speziellen medizinischen Programmen der EU ist nicht mehr möglich, und die Zahl der ausländischen Arbeitnehmer im britischen National Health Service (NHS) ist im Zeitraum 2016–2019 zurückgegangen. Dies ist ein Problem in einer Zeit, in der der Nachfragestress bei der Intensivpflege im NHS-Krankenhaussystem zunehmen wird. Die Zahl der Krankenhausbetten pro Einwohner im Vereinigten Königreich ist im internationalen Vergleich der OECD-Länder eher niedrig, gleichzeitig kann man darauf hinweisen, dass Italien, Spanien und Frankreich im März 2020 eine hohe Zahl von COVID-19-Infektionen verzeichnet hatten.

Meine eigenen Anfang April erfolgten Schätzungen für die Wachstumsraten der obigen Länder – nur auf Basis eines angenommenen Rückgangs des internationalen Tourismus um 50 % (als Untergrenze des zu erwartenden Einkommensrückgangs) – sahen schon sehr viel schlechter beim Wirtschaftswachstum aus, wie Tab. 5.2 ausweist. Es ist nicht einfach zu verstehen, weshalb die OECD mit einer so unrealistischen ersten Abschätzung des Corona-Schocks heraus kam.

Tab. 5.2 EIIW-Schätzung der Einkommensrückgänge (Ende März 2020) in 2020 auf Basis eines angenommenen 50 % Rückgangs des internationalen Tourismus – zum Vergleich OECD-Schätzung (WZA) vom März 2020

Länder	2020 WZA Wirtschaftswachstum	Rückgang des internationalen Tourismus, Einnahmen (derzeit US$) / BIP US$ *um 50 % = Rückgang reales Wachstum (in %)*
Australien	1.8	-1.65
Kanada	1.3	-0.64
Deutschland	0.3	-0.76
Frankreich	0.9	-1.32
Italien	0.0	-1.24
Japan	0.2	-0.46
Korea	2.0	-0.61
Mexiko	0.7	-0.97
Türkei	2.7	-2.41
Vereinigtes Königreich	0.8	-0.85
Vereinigte Staaten	1.9	-0.62
Argentinien	-2.0	-0.58
Brasilien	1.7	-0.17
China	4.9	-0.15
Indien	5.1	-0.54
Indonesien	4.8	-0.75
Russland	1.2	-0.56
Saudi-Arabien	1.4	-1.08
Südafrika	0.6	-1.33

Quelle: Eigene Darstellung basierend auf der Tabelle in der OECD (2020), S. 2; Anmerkung: Berechnungen auf Basis von Daten aus den World Development Indicators

IWF-Schätzungen zu Welt-Einkommensentwicklung und dem Corona-Schock in 2020 in einzelnen Ländern

Die Juni-Schätzungen des IWF waren dann gegenüber den Schätzungen des IWF vom April nochmals deutlich schlechter für 2020 und für 2021 (IMF 2020d) (vgl. auch Tab. 5.3): Statt – 3 % beim realen Welteinkommen in 2020 geht der IWF in der Juni-Prognose von -4,9 % aus, allerdings soll 2021 das Welt-Realeinkommen um 5,4 % ansteigen (2018: 3,6 %, 2019: 2,9 %). In der Eurozone und den USA werden jeweils -8 % in 2020 und 4,5 % (Eurozone) beziehungsweise 4,8 % (USA) für 2021 erwartet. Bei Deutschland erwartet der IWF -10,2 % in 2020, +6,2 % für 2021. Etwas geringer sind die Zahlen jeweils absolut gesehen bei Frankreich. Bei Italien und Spanien werden für 2020 -12,5 % bzw. -12,8 % erwartet, für 2021 jeweils +6,3 %. Bei China werden für 2020 und 2021 1,0 % beziehungsweise 8,2 % erwartet (6,1 % in 2019), während bei Indien -4,5 % beziehungsweise + 6 % aufgeführt sind. Ein deutlicher Einbruch wird in 2020 auch für Brasilien, Mexiko, Nigeria und Südafrika mit -9,1 %, -10,5 %, -5,4 % und -8 % erwartet. Für Großbritannien werden -10,2 % in 2020 und 6,3 % in 2021 erwartet. In den Industrieländern wird 0,3 % als Inflationsrate vom IWF prognostiziert, was faktisch eine leichte Deflation ist. Als relevanten Zinssätze (LIBOR) für $, € und Yen-Einlagen geht der IWF für 2020 und 2021 von 0,9 und 0,6, -0,4 % und -0,4 % beziehungsweise 0,0 % sowie 0,1 % aus.

Was den Wert beim Einkommensrückgang in der Eurozone angeht, so entspricht das in etwa dem angenommenen extremen Einkommensrückgang bei früheren Banken-Stresstest der EU-Bankenaufsicht (via Behörde EBA). Ein ernstes Problem ist allerdings der Sachverhalt, dass praktisch die ganze Welt in der Rezession in 2020 versunken ist. Zudem kann eine zweite Infektionswelle in den USA, Teilen der EU, Großbritannien und anderen Ländern in 2021 nicht ausgeschlossen werden. Je schlechter das Infektionsgeschehen ist, desto größer auch die Wirtschaftsprobleme. Denn der Staat wird ja bei ungünstiger Infektionsentwicklung wiederum anordnen müssen, dass bestimmte Arbeitnehmergruppen Zuhause bleiben müssen oder auch dass Schulen und Universitäten wieder geschlossen werden; zudem auch Teile des internationalen Flug- und Schiffsverkehrs. Die wirtschaftlichen Negativeffekte wären geringer als bei der ersten Infektionswelle, da man im Laufe einiger Monate gesundheits- und wirtschaftspolitisch einiges schon gelernt hat. Allerdings muss man auch sehen, dass Europa und die USA durch den Seuchenausbruch im März/April in einer günstigen Jahreszeit getroffen wurden – immerhin gehen die Temperaturen hoch und sofern nicht eine Zuhause-Quarantäne angeordnet

Tab. 5.3 Überblick zu den Welt-Einkommensausblick-Prognosen 2020 und 2021 des IWF im Jahresvergleich

			Prognosen		Unterschied WEO-Prognose 04.2020[1]		Im Q4-Vergleich[2] Prognosen		
	2018	2019	2020	2021	2020	2021	2019	2020	2021
Welt Output	**3,6**	**2,9**	**−4,9**	**5,4**	**−1,9**	**−0,4**	**2,8**	**−3,5**	**4,6**
Entwickelte Volkswirtschaften	**2,2**	**1,7**	**−8,0**	**4,8**	**−1,9**	**0,3**	**1,5**	**−7,2**	**5,1**
Vereinigte Staaten	2,9	2,3	−8,0	4,5	−2,1	−0,2	2,3	−8,2	5,4
Eurozone	1,9	1,3	−10,2	6,0	−2,7	1,3	1,0	−8,6	5,8
Deutschland	1,5	0,6	−7,8	5,4	−0,8	0,2	0,4	−6,7	5,5
Frankreich	1,8	1,5	−12,5	7,3	−5,3	2,8	0,9	−8,9	4,2
Italien	0,8	0,3	−12,8	6,3	−3,7	1,5	0,1	−10,9	5,5
Spanien	2,4	2,0	−12,8	6,3	−4,8	2,0	1,8	−11,4	6,3
Japan	0,3	0,7	−5,8	2,4	−0,6	−0,6	−0,7	−1,8	0,0
Vereinigtes Königreich	1,3	1,4	−10,2	6,3	−3,7	2,3	1,1	−9,0	6,9
Kanada	2,0	1,7	−8,4	4,9	−2,2	0,7	1,5	−7,5	4,6
Andere entwickelte Volkswirtschaften[3]	2,7	1,7	−4,8	4,2	−0,2	−0,3	1,9	−5,1	5,5
Schwellen- und Entwicklungsländer	**4,5**	**3,7**	**−3,0**	**5,9**	**−2,0**	**−0,7**	**3,9**	**−0,5**	**4,2**
Schwellen- und Entwicklungsländer Asien	6,3	5,5	−0,8	7,4	−1,8	−1,1	5,0	2,4	3,9
China	6,7	6,1	1,0	8,2	−0,2	−1,0	6,0	4,4	4,3
Indien[4]	6,1	4,2	−4,5	6,0	−6,4	−1,4	3,1	0,2	1,2
ASEAN-5[5]	5,3	4,9	−2,0	6,2	−1,4	−1,6	4,6	−1,4	6,1
Schwellen- und Entwicklungsländer Europa	3,2	2,1	−5,8	4,3	−0,6	0,1	3,4	−7,0	6,6
Russland	2,5	1,3	−6,6	4,1	−1,1	0,6	2,2	−7,5	5,6
Lateinamerika und Karibik	1,1	0,1	−9,4	3,7	−4,2	0,3	−0,2	−9,0	4,1
Brasilien	1,3	1,1	−9,1	3,6	−3,8	0,7	1,6	−9,3	4,5
Mexiko	2,2	−0,3	−10,5	3,3	−3,9	0,3	−0,8	−10,1	4,8
Naher Osten und Zentralasien	1,8	1,0	−4,7	3,3	−1,9	−0,7	…	…	…
Saudi-Arabien	2,4	0,3	−6,8	3,1	−4,5	0,2	−0,3	−4,4	4,1
Subsahara-Afrika	3,2	3,1	−3,2	3,4	−1,6	−0,7	…	…	…
Nigeria	1,9	2,2	−5,4	2,6	−2,0	0,2	…	…	…
Südafrika	0,8	0,2	−8,0	3,5	−2,2	−0,5	−0,6	−2,1	−2,8
Memorandum									
Einkommensschwache Entwicklungsländer	5,1	5,2	−1,0	5,2	−1,4	−0,4	…	…	…
Weltwachstum (Basis Marktwechselkurse)	3,1	2,4	−6,1	5,3	−1,9	−0,1	2,3	−4,9	4,8

(Fortsetzung)

Tab. 5.3 (Fortsetzung)

					Unterschied WEO-Prognose 04.2020[1]		Im Q4-Vergleich[2]		
			Prognosen					Prognosen	
	2018	2019	2020	2021	2020	2021	2019	2020	2021
Welthandelsvolumen (Waren und Dienstleistungen)[6]	**3,8**	**0,9**	**−11,9**	**8,0**	**−0,9**	**−0,4**	**...**	**...**	**...**
Entwickelte Volkswirtschaften	3,4	1,5	−13,4	7,2	−1,3	−0,2	...	...	...
Schwellen- und Entwicklungsländer	4,5	0,1	−9,4	9,4	−0,5	−0,7	...	...	...
Rohstoffpreise (US-Dollar)	**0,0**	**0,0**	**0,0**	**0,0**	**0,0**	**0,0**			
Öl[7]	29,4	−10,2	−41,1	3,8	0,9	−2,5	−6,1	−42,6	12,2
Nicht Brennstoffe (Durchschnitt basierend auf den Gewichten der weltweiten Warenimporte)	1,3	0,8	0,2	0,8	1,3	1,4	4,9	−0,8	1,3
Verbraucherpreise	**0,0**	**0,0**	**0,0**	**0,0**	**0,0**	**0,0**			
Entwickelte Volkswirtschaften[8]	2,0	1,4	0,3	1,1	−0,2	−0,4	1,4	−0,1	1,5
Schwellen- und Entwicklungsländer[9]	4,8	5,1	4,4	4,5	−0,2	0,0	5,0	3,1	4,0
London Interbank Offered Rate (Prozent)	**0,0**	**0,0**	**0,0**	**0,0**	**0,0**	**0,0**			
Für US-Dollar Einzahlungen (6 Monate)	2,5	2,3	0,9	0,6	0,2	0,0	...	...	...
Für Euro Einzahlungen (3 Monate)	−0,3	−0,4	−0,4	−0,4	0,0	0,0	...	...	...
Für Yen Einzahlungen (6 Monate)	0,0	0,0	0,0	−0,1	0,1	0,0	...	...	...

Anmerkung: Reale effektive Wechselkurse werden als konstant auf dem Niveau vom 21. April bis zum 19. Mai 2020 bleibend angenommen. Volkswirtschaften werden auf der Grundlage ihrer wirtschaftlichen Größe aufgeführt. Aggregierte Quartalsdaten sind saisonbereinigt. WEO = *World Economic Outlook*

[1]Die Differenz basiert auf gerundeten Zahlen der aktuellen Prognose sowie der WEO-Prognose von April 2020. Länder, deren Prognosen im Vergleich zu April 2020 aktualisiert wurden, machen 90 Prozent des Welt-Bruttoinlandprodukts aus, gemessen nach gewichteten Kaufkraft-Paritäten

[2]Für die Weltproduktion machen die quartalsweisen Schätzungen und Vorhersagen etwa 90 Prozent der jährlichen Weltproduktion gemessen an gewichteten Kaufkraft-Paritäten aus. Bei den Schwellen- und Entwicklungsländern machen die quartalsweisen Schätzungen und Prognosen etwa 80 Prozent der jährlichen Produktion der Schwellen- und Entwicklungsländer aus, gemessen an gewichteten Kaufkraftparitäten

(Fortsetzung)

Tab. 5.3 (Fortsetzung)

[3]Ausgeschlossen sind die Gruppe der Sieben (Kanada, Frankreich, Deutschland, Italien, Japan, Vereinigtes Königreich, Vereinigte Staaten) und die Länder der Eurozone
[4]Für Indien werden die Daten und Prognosen auf Basis des Fiskaljahres dargestellt, und das Bruttoinlandsprodukt ab 2011 basiert auf dem Bruttoinladsprodukt zu Marktpreisen mit dem Fiskaljahr 2011/12 als Basisjahr
[5]Indonesien, Malaysia, Philippinen, Thailand, Vietnam
[6]Einfacher Durchschnitt der Wachstumsraten für Export- und Importvolumina (Waren und Dienstleistungen)
[7]Einfacher Durchschnitt der Preise für UK Brent, Dubai Fateh und West Texas Intermediate Rohöl. Der durchschnittliche Ölpreis in US-Dollar pro Barrel lag 2019 bei 61,39 USD; der angenommene Preis, basierend auf den Terminkontraktmärkten (Stand: 19. Mai 2020), beträgt 36,18 USD im Jahr 2020 und 37,54 USD im Jahr 2021
[8]Die Inflationsrate für den Euroraum beträgt 0,2 % im Jahr 2020 und 0,9 % im Jahr 2021, für Japan −0,1 % im Jahr 2020 und 0,3 % im Jahr 2021, und für die Vereinigten Staaten 0,5 % im Jahr 2020 und 1,5 % im Jahr 2021
[9]Ausgenommen Venezuela
Quelle: International Monetary Fund (2020d), World Economic Outlook Update, June 2020, https://www.imf.org/en/Publications/WEO/Issues/2020/06/24/WEOUpdateJune2020

ist, kann man sich im Freien gut bewegen. Bei einer zweiten Welle in Winter 2020/2021 wären die äußeren Umstände hier eher ungünstig. Natürlich kann es auch wieder vorkommen, dass Krankenhäuser beziehungsweise Intensivstationen in verschiedenen Regionen wieder überlastet sind.

Die Häufigkeit von Google-Website-Anfragen in den USA beim Thema Rezession zeigt, dass mit Blick auf UK, Frankreich, Deutschland und vor allem Italien im Kontext der Corona-Rezession eine starke Häufung eingetreten ist (Abb. 5.3). Je mehr Italien in einem verstärkten Fokus in Sachen Rezession steht, umso eher dürfte eine Rating-Abwertung Italiens zu erwarten sein. Wenn man aus den USA auf Großbritannien, Deutschland, Frankreich und Italien schaut, dann zeigt die Google-Trend-Analyse, dass das Suchwort Rezession seit 2004 in einigen Abständen oft mit Blick auf Frankreich relativ häufig verwendet wurde. Im März und April 2020 sieht man dann einen starken Anstieg mit Blick auf Italien, was auch ein Hinweis auf die Besorgnis von Kapitalmarkt-Anlegern mit Blick auf Italien-Anleihen zum Ausdruck bringen dürften.

Auch kann man im Übrigen erkennen, dass der von der Europäischen Zentralbank erstellte CISS-Finanzmarktinstabilitätsindikator relativ klar auf eine akute Stress-Situation in den EU-Ländern im Kontext des Corona-Wirtschaftsschocks hinweist: Im März 2020 sieht man einen deutlichen Anstieg des CISS-Indikatorwertes (Abb. 5.4).

Eine Analyse des von der Europäischen Zentralbank bereitgestellten CISS-Indikators ist aufschlussreich in 2020: CISS zeigt Finanzmarkt-

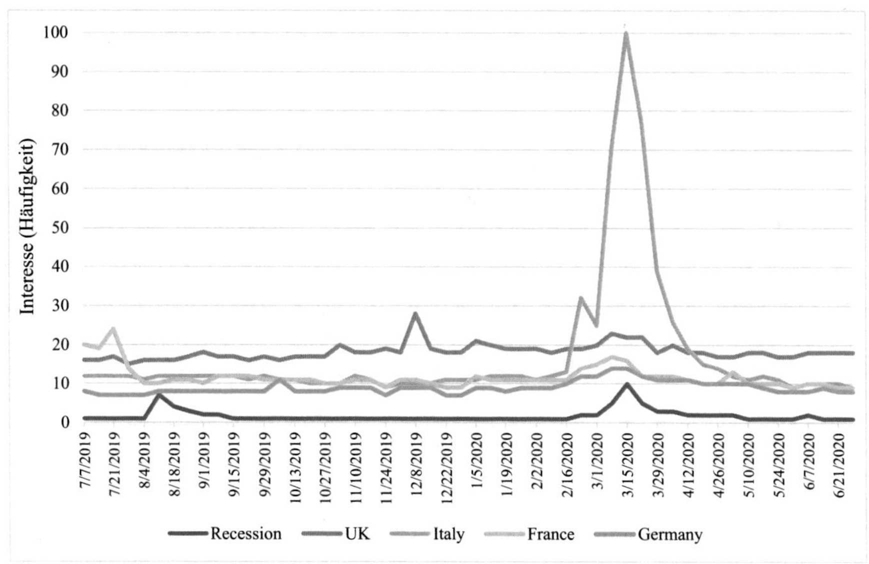

Abb. 5.3 Google Trend-Abfrage für USA zum Begriff „Recession" UK, Italien, Frankreich und Deutschland (die untere blaue Linie ist auf die USA selbst bezogen)

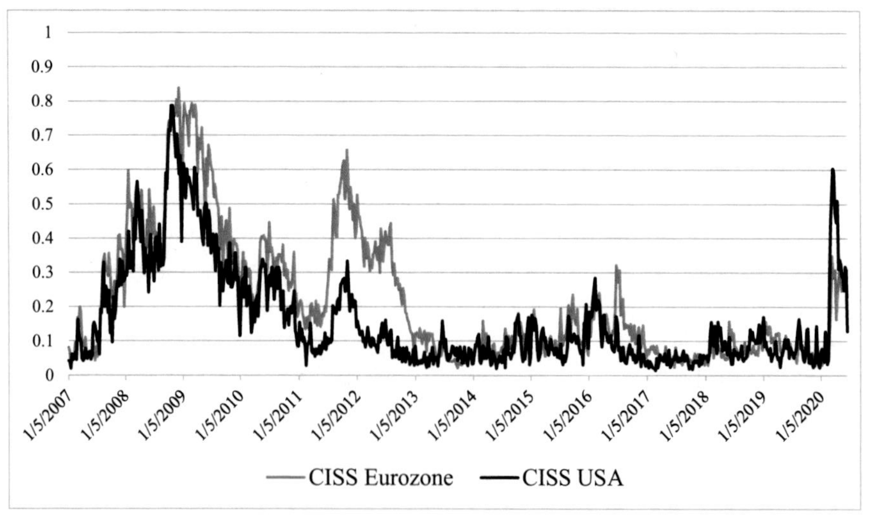

Quelle: Europäische Zentralbank, Statistical Data Warehouse, Composite Indicator of Systemic Stress; 05.01.2007–19.06.2020, wöchentliche Daten; *https://sdw.ecb.europa.eu/browse.do?node=9689686 (letzter Zugriff am: 20.07.2020)*

Abb. 5.4 CISS-Indikator, 2007–2020

Schwankungsintensitäten an und zeigte sehr deutliche Ausschläge nach oben in der Transatlantischen Bankenkrise 2008–2009 – zeitweise mehr für die

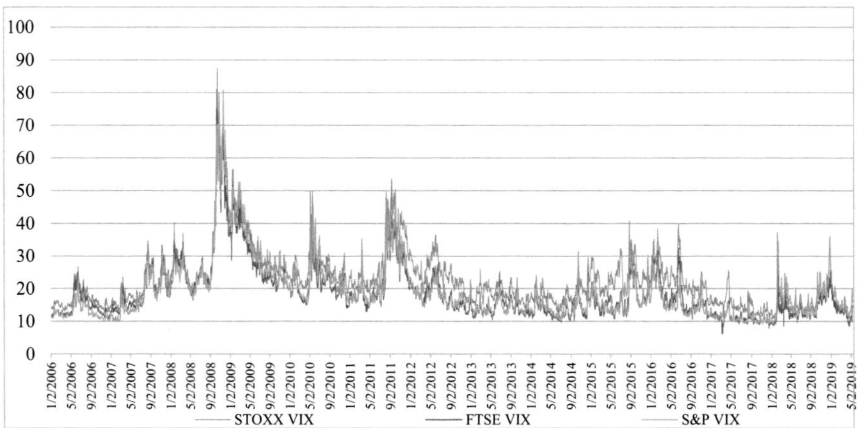

Quelle: Thomson Reuters Datastream

Abb. 5.5 Volatilitätsindex für die Eurozone (STOXX VIX), UK (FTSE VIX) und USA (S&P VIX); Januar 2006 – April 2019, Tagesdaten

Eurozone als für die USA. In der Eurokrise 2010–14 waren die CISS-Indikator-Ausschläge nach oben deutlich in der Eurozone; in den ersten Monaten des Jahres 2020 stiegen die CISS-Indikatorwerte wieder deutlich an. Dabei waren zeitweise die US-Ausschläge höher als für die Eurozone. Die Volatilitätsindikatoren zum Aktienmarkt USA, UK und Eurozone (Abb. 5.5) hatten sich nach der Transatlantischen Bankenkrise 2008/09 beruhigt und sind seit 2020 mit höheren Werten sichtbar.

Schularick, Steffen und Tröger (2020) haben argumentiert, dass die EU-Länder eine umfangreiche Rekapitalisierung der Banken über ESM-Kredite machen sollten (also aus dem EU-Rettungstopf, der allerdings kaum mehr als 200 Milliarden € noch verfügbar hat, sofern EU-Länder die vom EU-Finanzministerrat vorgeschlagenen Kredite von bis zu 2 % des EU-Nationaleinkommens aufnähmen). Denn es könnten wegen der Corona-Rezession im Fall einer starken Ausprägung des Abschwungs bis zu 600 Milliarden Euro an Eigenkapital bei den Banken fehlen. Bei einer wenig starken Krisen könnte immer noch ein Betrag von 140 Milliarden € als Eigenkapitallücke bestehen. Die großen Banken sollten nach Meinung der Autoren vorbeugend alle eine staatliche Kapitalerhöhung bekommen, was als Ansatz an die Bankenrettungen in den USA in 2008 erinnert. Allerdings stehen in 2020 kaum große EU-Banken vor großen Problemen und eine allgemeine Teilverstaatlichung von Banken ohne wichtigen Grund erscheint als ein problematischer Ansatz. Durch den Konkurs des Finanzdienstleisters WIRECARD aus Deutschland werden allerdings erhebliche Verluste bei einigen Banken anfallen. Solange davon auszugehen ist, dass der Corona-Weltrezession in 2021 ein klarer EU-Aufschwung beziehungsweise ein globaler Konjunkturaufschwung folgt, könnte man ohne drastische Maßnahmen wie eine breite Banken-Rekapitalisierung auskommen. Im Übrigen hilft der starke Einbruch der Ölpreise um rund 40 % in 2020 gegenüber dem Vorjahr vielen Unternehmen in Europa und Asien durch eine deutliche Senkung der Energiekosten. Den Entwicklungsländern könnte immerhin die G20-Initiative helfen, dass bei Niedrigeinkommens-Ländern der Schuldendienst zeitweise ausgesetzt wird.

Bis Mitte März 2020 hatten die Europäische Zentralbank, die Bank of England und die US-Zentralbank allesamt die Zinssätze gesenkt oder – wie die EZB, die bereits auf einem Nullzinsniveau operierte – günstigere Bedingungen für die Banken eingeführt, um Zentralbankkredite zu erhalten. Zinssenkungen könnten in einer normalen Rezession Investitionen und den Konsum anreizen und zudem zu verminderten Zinsausgaben des Staates beitragen. Die Zinsausgaben auf die Staatsschuld insgesamt können dann allmählich sinken; da kann der Staat womöglich auch neue Ausgabenspielräume auf diese Weise gewinnen. Oder aber auch Spielraum für Steuersenkungen. Die Coronavirus-Pandemie stellt eine etwas merkwürdige und jedenfalls ungewöhnliche Störungsart der Wirtschaft dar:

- Es gibt angebotsseitige Produktionsstörungen infolge von staatlichen Regulierungen, wonach aus Seuchenschutzgründen Teile der Arbeitnehmerschaft zu Hause bleiben sollen oder auch weil ausländische Vorprodukte nicht in gewohnter Weise ans Band in tausenden Firmen geliefert werden können.
- Natürlich gibt es auch Nachfrageschocks, weil etwa verunsicherte Konsumenten – die womöglich um ihren Arbeitsplatz fürchten – Ausgabenkürzungen im Vergleich zum Vorjahr vornehmen. Verminderter Konsum dürfte in vielen Industrieländern ein wichtiges Phänomen sein.
- Liquiditätsprobleme ergeben sich, weil Unternehmen nicht die normalen Zahlungen von Kunden in gewohnter Zuverlässigkeit in der Krise erhalten oder einfach nicht in der Lage sind, Alt- und Neukunden zu beliefern und daher die notwendigen Umsätze zu machen, um etwa Mieten sowie Löhne/Gehälter zu zahlen und Steuervorauszahlungen zu leisten.

Es ist nicht klar, ob die Geldpolitik geeignet ist, die negativen Auswirkungen der Coronavirus-Pandemie auszugleichen, deren wirtschaftliche Störung weitgehend eine Störung auf der Angebotsseite (z. B. Schocks für die internationalen Produktionsnetze) und Liquiditätsprobleme vieler Unternehmen sowie eine gewisse Abschwächung der Gesamtnachfrage ist. Mitte März 2020 waren auch in den USA, Großbritannien und einigen führenden EU-Ländern fiskalische Expansionspakete verabschiedet worden. Die Europäische Kommission (2020) betonte, dass ein konsistenter expansiver Politik-Mix dazu beitragen könnte, die EU in einer Situation zu stabilisieren, in der sich Angebots- und Nachfrageschocks – einschließlich eines negativen Schocks aus China im ersten Quartal 2020 – sowie Liquiditätsprobleme von Unternehmen überlagern. Man kann hinzufügen, dass sich die EU bzw. die EU-Länder im Februar und März 2020 passiv um Beschränkungen des Flugverkehrs von und nach China bemüht hatten, was wahrscheinlich nicht hilfreich war, um die Ausbreitung der Epidemie nach Europa einzudämmen; im Gegensatz dazu verhängten die USA im Februar Beschränkungen des Flugverkehrs mit China.

Während China und andere Länder Asiens der Epidemie als einer entscheidenden Herausforderung für das Gesundheitssystem und das politische wie wirtschaftliche System gegenüberstehen, versuchen Westeuropa und die Vereinigten Staaten, die Ausbreitung des Virus zu antizipieren und eine angemessene Antwort in der Gesundheitspolitik, der Wirtschaftspolitik und im Bereich der internationalen Zusammenarbeit zu entwickeln. Was China betrifft, so war die Provinz Hubei (mit dem Seuchenzentrum Wuhan) sehr stark von COVID-19 betroffen, und die chinesischen Behörden haben die Produktion in der Region weitgehend eingestellt, aber auch Schulen und Universitäten in der gesamten Region haben Quarantäne-Maßnahmen ergriffen. Die Behörden in China haben die Produktion in mehreren Regionen eingestellt, was bedeutet, dass Unternehmen in Europa, den USA und Asien mit einem Mangel an Vorleistungen aus China konfrontiert sind; negative Auswirkungen auf die Nachfrage in China und in anderen Ländern waren ebenfalls zu beobachten. Die Autoverkäufe fielen im Februar 2020 im Vergleich zum Vormonat um etwa 80 %, was eindeutig auf einen Fall eines starken negativen sektoralen Nachfrageschocks hinweist. Soweit bei langlebigen Gütern Käufe aufgeschoben werden, besteht eine Chance für die betroffenen Unternehmen, dass die Nachfrager später geplante Käufe nachholen – der sektorale Aufschwung in der Autoindustrie könnte von daher besonders stark sein. Entsprechend könnten nach Überwindung der beiden ersten Krisenquartale in 2020 in den beiden folgenden Vierteljahren Produktivitäts- und Produktionssteigerungen in einigen Sektoren zweistellig ausfallen.

Ein wichtiger Zwischenprodukt-Export Chinas sind Computerchips, die von Unternehmen in den USA, Europa, Asien, Lateinamerika, Australien und Afrika importiert werden. Der erste Sektor, der nach der chinesischen Exportverlangsamung mit einem Produktionsrückgang konfrontiert sein wird, sind die Computer- und Mobiltelefonhersteller sowie die Hersteller moderner Bildschirme. In einer zweiten Runde von Übertragungen über die Versorgungskette müssten die Anbieter digitaler Dienste natürlich die geplante Expansion solcher Dienste verlangsamen, was wiederum das Produktivitätswachstum in den OECD-Ländern und den Schwellenländern verringern würde. Wenn es chinesischen Firmen gelingt, die Produktionskapazität recht schnell wieder herzustellen, dürften die negativen Auswirkungen auf der Angebotsseite für andere Länder eher bescheiden ausfallen, aber wenn es in China eine zweite Welle von COVID-19 gibt, könnte der globale angebotsseitige Schock von COVID-19 ziemlich groß sein. Wenn man die Verlangsamung der digitalen Produktivität in der Weltwirtschaft berücksichtigt, würde dieser Schock zusätzlich zu den sektoralen Rückgängen in den Bereichen Tourismus und Logistik auftreten.

Was die Reaktion internationaler Organisationen und multinationaler Firmen auf den COVID-19-Ausbruch in China betrifft, so riefen sie in der Regel Anfang und Mitte Februar internationales Personal, das sich in Peking (und anderen chinesischen Zentren) aufhielt, nach Hause zurück. Europäische, amerikanische wie auch japanische Firmen folgten in vielen Fällen dem Beispiel internationaler Organisationen; von denjenigen, die in EU28-Länder oder die USA zurückkehrten, wurde erwartet, dass sie eine 14-tägige Selbstisolierung in Hausquarantäne durchführten.

Während viele Beobachter der COVID-19-Epidemie – und Politiker in den USA, der EU und China/Japan/Republik Korea – Fragen im Zusammenhang mit den Herausforderungen der nationalen Gesundheitssysteme aufwerfen, ist man sich nur wenig bewusst, dass das neuartige Coronavirus mit seinem Potenzial als weltweite Epidemie (eine Pandemie) ein globales öffentliches Übel betrifft; und die Bekämpfung des Virus in diesen und anderen Ländern steht für ein globales öffentliches Gut. Es liegt auf der Hand, dass der Kampf gegen ein globales öffentliches Übel die Zusammenarbeit zwischen den führenden Volkswirtschaften und in den einschlägigen internationalen Organisationen (z. B. der Weltgesundheitsorganisation, dem Internationalen Währungsfonds, der Weltbank, UNHCR – im Falle von Flüchtlingen) erfordert. In dieser Perspektive könnte die Tatsache, dass der globale Technologieführer der Welt, die Vereinigten Staaten, von der Trump-Administration regiert wird, die den Multilateralismus zurück weist, zu einem ernsten Problem werden. Die Bekämpfung einer Pandemie ist ein globales öffentliches Gut, und wenn es erhebliche politische Trittbrettfahrerprobleme oder einfach nur politische Ungereimtheiten und Ineffizienzen in wichtigen OECD-Ländern gibt, wird der Kampf gegen die globale Epidemie nicht wirklich erfolgreich sein. Dies wiederum bedeutet, dass viel mehr Menschenleben verloren gehen könnten als im Falle einer effizienten und wirksamen globalen Zusammenarbeit.

Die Tatsache, dass die Weltwirtschaft Anfang 2020 vor der Herausforderung des COVID-19 als globales Problem steht, könnte bedeuten, dass die Weltwirtschaft vor einem ernsten Instabilitätsproblem steht; nämlich in dem Maße, wie der Produktionsrückgang in 2020/21 mehr als die Hälfte der Weltwirtschaft ernsthaft in Mitleidenschaft ziehen wird: Die Krankheit trat in China auf, was etwa 17,5 Prozent des weltweiten Realeinkommens ausmacht und damit etwas mehr als in den USA und der EU28, die 2018 jeweils 16,5 Prozent darstellen (Kaufkraftparitäten-Zahlen laut Weltbank). Wenn nationale und internationale Seuchenschocks im Jahr 2020 zu einer ernsthaften wirtschaftlichen Verlangsamung in China führen, wird dies automatisch große negative internationale Auswirkungen auf die EU und die USA haben, und von diesen beiden Akteuren wird China stark in Mitleidenschaft gezogen werden. Kurz gesagt, eine COVID-19-Pandemie in der neuen Weltwirtschaft der gegenseitigen Triade-Abhängigkeit EU-USA-China erfordert eine verstärkte internationale Zusammenarbeit und Multilateralismus; aber die Trump-Administration betont den Bilateralismus, was bedeutet, dass die Effizienz der Fiskal-/Geldpolitik der OECD-Länder+China nicht effizient sein kann. Dies wiederum erschwert die Bekämpfung der Pandemie, da ein wirtschaftlicher Abschwung im globalen Norden die wirtschaftliche Stabilität und den Wohlstand im globalen Süden untergraben würde, was bedeutet, dass das Problem der unzureichenden Ressourcen im Gesundheitssektor der Entwicklungsländer verstärkt würde. Das Wesen einer Pandemie ist jedoch so beschaffen, dass der Süden der Weltwirtschaft direkt vom COVID-19-Schock betroffen sein könnte und relativ arme Länder – mit eher schwachen öffentlichen Gesundheitssystemen – massive Probleme bei der Bewältigung der Herausforderungen im Gesundheitswesen sowie der wirtschaftlichen Auswirkungen dieses Schocks haben könnten.

Wenn die G20-Länder am Ende mit einem gleichzeitigen COVID-19-Problem konfrontiert würden – außerhalb Chinas ist der Höhepunkt der Pandemie möglicherweise erst im Sommer 2020 zu erwarten (und möglicherweise eine zweite Welle im Herbst 2020 oder danach) – könnte es zu einer ernsten globalen Rezession kommen, da die G20 für 81 Prozent des globalen Bruttoinlandsproduktes steht. Von den G20-Ländern werden wohl nur zwei oder drei Länder im Jahr 2020 keine Rezession verzeichnen.

Wenn die Verbreitung des Coronavirus recht schnell gestoppt werden kann, besteht kein größerer Grund zur Sorge hinsichtlich der mittelfristigen Produktions- und Arbeitsplatzentwicklung in der Weltwirtschaft. Sollte die Pandemie jedoch bis 2021 oder sogar darüber hinaus andauern, könnte ein sehr ernstes globales Stabilitätsproblem entstehen. Angesichts der Pandemie und des wahrscheinlichen Ausmaßes des wirtschaftlichen Schocks in Sektoren wie Tourismus und Logistik – plus wirtschaftlicher Multiplikator-Effekte – sollten die politischen Entscheidungsträger in Nordamerika, Europa, Asien und anderen Regionen der Weltwirtschaft möglicherweise eher besorgt sein.

Darüber hinaus wird es im Hinblick auf die EU27/Eurozone und die USA interessant sein, einen Sektor näher zu betrachten, der direkt von der Pandemie betroffen ist, nämlich den Gesundheitssektor. Die Größe und Charakteristik dieses Sektors in der EU und den USA rechtfertigen eindeutig das Argument, dass es sich um einen systemisch relevanten Sektor handelt. In dem Maße, in dem der Gesundheitssektor und die Wirtschaft – mit Krankenversicherungen, die mit Unternehmen in den USA verbunden sind – durch Ineffizienzen gekennzeichnet sind, wird die COVID-19-Herausforderung diese Ineffizienzen in erheblichem Maße aufdecken.

Bei einer Person mit Verdacht auf eine Infektion ist in der Regel ein Test erforderlich, und wenn das Ergebnis dieses Tests positiv ist, muss die betreffende Person zu Hause in Quarantäne bleiben oder ins Krankenhaus gehen. Wenn Patienten eine schwerwiegende Reaktion auf COVID-19 zeigen, werden sie in der Regel stationär in Krankenhäusern behandelt, wo strenge Quarantänebedingungen und Schutzmaßnahmen für die dort arbeitenden Personen erforderlich sind. Der US-Kongress hat Anfang März zusätzliche 8 Milliarden Dollar bewilligt, um das Gesundheitsbudget im Zusammenhang mit COVID-19-Fällen aufzustocken. Italien hat am 5. März 2020 ein zusätzliches Paket im Wert von 7 Milliarden Euro in einem zusätzlichen Budget eingeführt, um die Herausforderung des Virus zu bekämpfen. Mitte März wurden in den USA, Deutschland, Frankreich und Italien zusätzliche Steuerpakete verabschiedet.

Die sehr hohe COVID-19-Sterblichkeitsrate in Italien im Frühjahr 2020 deutet darauf hin, dass die Zahl der Infizierten in Italien unterschätzt worden ist. Dies wirft Fragen zur Qualität des italienischen Gesundheitssystems bzw. der Gesundheitspolitik in Italien auf. Am 9. März 2020 verhängte die italienische Regierung eine Ausgangssperre für das gesamte Land, während Österreich eine Woche später signalisiert hatte, dass es den freien Verkehr zwischen Italien und Österreich (beides Länder des Schengen-Raums) einschränken will. Ausgangssperrungen werden in vielen Ländern der Welt sicherlich als ernste Einschränkung persönlicher Freiheit eingestuft. Aus epidemiologischer Sicht ist allerdings anzumerken, dass eine Phase mehrwöchiger Ausgangssperrungen und Verbote für Ansammlungen großer Menschenzahlen sowie für Auslandsreisen die Virus-Expansion ziemlich sicher stoppen kann. Hat man die Infektionsrate soweit senken können, dass die Gesundheitsbehörden wieder eine umfassende Kontaktverfolgung bei Infizierten machen können, dann kann man das Infektionsgeschehen insgesamt kontrollieren; sodann eben auch die Kontaktbeschränkungen deutlich lockern und eine Art Neustart der Wirtschaft in die Wege leiten.

Bis zum 17. März hatten die meisten EU-Länder neue Grenzkontrollmaßnahmen eingeführt, die das Reisen von Menschen über die Grenzen in der EU kontrollieren und einschränken sollten, um die Infektionsrate mit dem Coronavirus zu senken. Ein wirtschaftlich schwerwiegender Nebeneffekt war jedoch, dass es bald zu langen LKW-Schlangen an vielen Grenzen kam, was zwangsläufig die Just-in-Time-Produktion in der Automobilindustrie in den meisten EU-Ländern unterminieren musste. Es ist völlig unklar, warum die neuen Grenzkontrollen nicht so installiert wurden, dass die Lieferketten im EU-Binnenmarkt nicht ernsthaft gestört wurden: Die vermeidbare massive Verlangsamung der LKW-gestützten Logistik in der EU stellt ein ernstes Lieferrisiko für die Automobilfirmen dar, deren vorübergehende Schließung dadurch mit verursacht wird (zuzüglich des Impulses der reduzierten Nachfrage). Dieser Teil der wirtschaftlichen Rezessionsgefahr, mit der die EU konfrontiert ist, hätte durch eine koordinierte effiziente Politik der EU-Länder vermieden werden sollen und können. Es besteht eine hohe Wahrscheinlichkeit, dass dieser Effekt für die EU-Länder eine höhere wirtschaftliche Belastung im Zusammenhang mit der COVID-19-Krise mit sich bringt als für die Vereinigten Staaten, wo solche Probleme kaum existieren.

Mitarbeiter von Firmen in vielen Ländern haben geplante Treffen in Italien abgesagt, und auch der Tourismus in Italien wird im Jahr 2020 erheblich darunter leiden. Was die deutschen und französischen Automobilhersteller sowie die Hersteller von Maschinen und Ausrüstungen in Deutschland und Frankreich betrifft, so sind die Unternehmen in beiden Ländern teilweise auf Vorleistungen aus Italien angewiesen, so dass Beeinträchtigungen der relevanten Produktion in Italien auch die Industrieproduktion in Deutschland und Frankreich bremsen werden. Diese Situation wird die Unternehmen natürlich dazu ermutigen, sich nach alternativen Lieferanten von Zwischenprodukten umzusehen. Was einen Vergleich zwischen den USA und der EU betrifft, so sind europäische Unternehmen stärker von internationalen Vorleistungen abhängig als Unternehmen in den USA (Welfens und Irawan 2014). Ein allgemeines Problem für die USA, die EU, China und alle anderen Länder mit neuartigen Coronavirus-Problemen ist, dass eine Impfung gegen das COVID-19 wahrscheinlich nicht kurzfristig verfügbar sein wird.

Internationale Investoren haben auf den COVID-19-Schock reagiert: Die Börsenkurse sind Mitte März stark gefallen, sind aber dann durch expansive Geldpolitik wieder auf ein relativ hohes Niveau zur Jahresmitte 2020 in den

Industrieländern angehoben worden. Allein die Tatsache, dass es eine Pandemie gibt, bedeutet, dass fast alle Länder der Weltwirtschaft vor ähnlichen Problemen stehen werden: Verzerrungen auf der Güter-Angebotsseite, negative Nachfrageschocks und Liquiditätsprobleme für Unternehmen und Millionen von Selbstständigen. Dadurch wird die Wirtschaftskrise durch das Coronavirus potenziell schlimmer als die transatlantische Bankenkrise 2008/09. Aufgrund zahlreicher Reformen der Bankenregulierung und institutioneller Innovationen, die seit dieser Krise durchgeführt wurden, ist die westliche Welt jedoch besser auf einen internationalen Schock vorbereitet als Ende 2008. Darüber hinaus besteht eine gewisse Wahrscheinlichkeit, dass es, sobald die Infektionswelle gestoppt werden kann – nach einigen Quartalen (oder möglicherweise nach zwei Jahren) – zu einer raschen wirtschaftlichen Erholung kommen wird. Das Potenzial für Lieferunterbrechungen ist jedoch beträchtlich, da sich die globalen Wertschöpfungsketten in bestimmten Sektoren seit den 1990er-Jahren stark weiterentwickelt haben.

Was die USA, die Eurozone/Großbritannien und China betrifft, so gibt es einen spezifischen Unterschied zwischen der westlichen Welt (z. B. USA+Eurozone+Großbritannien+Schweiz) und China, nämlich, dass in einer Zeit einer internationalen Epidemie Safe-Hafen-Effekte zu erwarten sind – und zwar zugunsten der USA und der wichtigsten Länder der Eurozone wie Deutschland, Frankreich, die Niederlande und Österreich sowie Großbritannien und die Schweiz. Diese Länder dürften von niedrigeren nominalen und realen Zinssätzen profitieren, aber auch mit einer nominalen und realen Aufwertung der Währung konfrontiert sein.

Der folgende Abschnitt geht kurz auf die Erfahrungen mit SARS ein und betont, dass bestimmte Charakteristika der Gesundheitssysteme der USA und der EU-Länder entscheidende gesamtwirtschaftliche Auswirkungen haben, die bisher in der Wirtschaftswissenschaft noch nicht gründlich berücksichtigt wurden. Abschnitt 3 betrachtet die Zusammenhänge von Qualität des Gesundheitssystems und ökonomischem Wohlstand (Pro-Kopf-Einkommen). Abschnitt 4 ist den theoretischen makroökonomischen Aspekten der COVID-19-Epidemie gewidmet, während Abschnitt 5 einige Finanzmarktaspekte betrachtet. Abschnitt 6 befasst sich kurz mit Aspekten der politischen Ökonomie in der westlichen Welt (Verbindung von US-Präsidentschaftswahlen und Johnsons Position bei den Verhandlungen EU-Großbritannien), während Abschnitt 7 einen Ansatz zur Wachstumsanalyse bietet, der sich mit den eher langfristigen Wirtschaftsaspekten einer Epidemie befasst. Der letzte Abschnitt befasst sich mit den Auswirkungen auf die politischen Entscheidungsträger. Die folgende Analyse legt den analytischen Schwerpunkt auf einige neue Perspektiven, die für das Verständnis der mit dem Coronavirus verbundenen wirtschaftlichen Dynamik und möglicher politischer Reaktionen nützlich sein dürften. Dieses Kapitel basiert auf meinem entsprechenden Beitrag im Journal *International Economics and Economic Policy* (Welfens 2020). Letztlich will die weitere Analyse auch eine neue Sichtweise zur Verbindung von Gesundheitssystem und Wirtschaftsentwicklung entwickeln. Bislang hat die Makroökonomik Aspekte des Gesundheitssystems kaum aufgenommen, obwohl die Verbindung aus mehrfachen Gründen sehr wichtig ist:

- Da die Gesundheitsausgaben relativ zum Nationaleinkommen (oder Bruttoinlandsprodukt) in Deutschland und Frankreich in 2019 um 12 %, in den USA bei 18 % lagen, ist der Gesundheitssektor einer der größten Sektoren überhaupt.
- Sofern der Gesundheitssektor relativ befriedigend funktioniert – wie etwa in Deutschland, Frankreich und der Schweiz – ist die durchschnittliche Gesundheit von Arbeitnehmerschaft und Unternehmerschaft relativ gut; also ist der effektive Arbeitseinsatz hoch und es kann mehr produziert werden – das Produktionspotenzial ist dann relativ hoch und das Produktions- und Konsumniveau ebenfalls. Eine Schlüsselinstitution für einen effizienten und innovativen Gesundheitssektor stellt das System der Krankenversicherung dar, wobei in den EU-Ländern etwa 99 % der Bevölkerung eine Krankenversicherung haben. In den USA sind es nur 87 % unter Präsident Trump gewesen; 98 % unter Präsident Obama, der die Krankenversicherungsquote der USA erhöht hat. Das US-Gesundheitssystem ist – trotz einzelner exzellenter Bereiche – insgesamt teuer und ineffizient: In den USA sind die Ausgaben relativ zum Nationaleinkommen 1/3 höher als in Deutschland und Frankreich, aber die Lebenserwartung ist höher in Westeuropa und die westeuropäische Säuglingssterblichkeit geringer als in den USA. Diese Aspekte werden durch den Corona-Schock nochmals wie unter einer Lupe verstärkt sichtbar. In den USA ist es ein besonderes Problem, dass die Krankenversicherung meist an den Arbeitsplatz gebunden ist – die über 30 Millionen Arbeitnehmer, die im Frühjahr 2020 ihren Job verloren, haben dabei meist auch ihre Krankenversicherung verloren. Hier ist anzumerken, dass das größte Armuts-Risiko für einen US-Haushalt sich aus ernsten Krankheitsfällen in der Familie ergibt. Dabei verhindert Donald Trump durch seine schwache widersprüchliche Epidemie-Politik, dass viele Bundesstaaten vernünftige Quarantäne-Maßnahmen treffen: Viele Republikaner-Gouverneure trauen sich wegen des Drucks aus dem Weißen Haus nicht, strenge Quarantäne- und Zuhause-Bleibe-Regeln zu beschließen. Das wiederum erhöht dann die Infektions- und Sterberate in den

USA, wobei zudem die hohe Mobilität der Bevölkerung in den Vereinigten Staaten dazu führt, dass schlechte Epidemie-Politik in Bundesstaaten mit Republikaner-Gouverneuren in Bundesstaaten mit Demokraten-Gouverneuren leicht überschwappt. Die US-COVID-19-Sterberate ist für ein globales Führungsland enorm hoch: viermal so hoch – im Juni 2020 – wie in Deutschland. Mit Blick auf das Thema Krankenversicherungsreform kann man die Trump-Präsidentschaft der USA als vier verlorene Jahre für die US-Bevölkerung ansehen.

- Wenn ein Land wie die USA eine Gesundheitsausgabenquote von 18 % hat, während Konkurrenzländer in der EU bei 9–12 % liegen, so ist das ein Kostennachteil der USA, der die US-Position im Sektor der handelsfähigen Güter schwächt; im Vergleich zu Deutschland und Frankreich bedeutet das einen Kostennachteil von etwa 4 %, wie man überschlägig errechnen kann. Denn die Lohnforderungen werden natürlich die Höhe der Krankenversicherungskosten einbeziehen. Wenn Präsident Trump sich über das angeblich so hohe Handelsbilanzdefizit aufregt, so sollte er vernünftigerweise auf eine Verbesserung des US-Krankenhaussystems hinarbeiten – im Vergleich zu Deutschland sind Standard-Operationen dreimal so teuer. Das ist kaum verständlich. Im Übrigen übersieht die politische Diskussion in den USA, dass eine 100 %-Krankenversicherungsquote eine höhere effektive Erwerbstätigenzahl mit sich bringt, was das Bruttoinlandsprodukt erhöht und damit auch die Gesundheitsausgabenquote am Ende gar dämpfen könnte. Nur die über 65-Jährigen haben in den USA alle eine vom Steuerzahler finanzierte Krankenversicherung.
- Der Krankenversicherungsgrad hat Auswirkungen auf die Sparquote einer Gesellschaft und könnte wohl auch die Innovationsrate beeinflussen; die Krankenversicherungsthematik ist bislang im Bereich der Wachstumstheorie und -politik sehr unterbelichtet. In den USA gibt es viele Untersuchungen zur empirischen Erklärung der Gesundheitsausgaben. Hier geht es um wichtige Aspekte, aber der wichtigste Aspekt der Thematik bleibt unintelligent: Es geht um den Krankenversicherungsgrad beziehungsweise die langfristige Gesundheitsausgabenquote, also das Verhältnis von Gesundheitsausgaben zu Nationaleinkommen (oder Bruttoinlandsprodukt). Die Krankenversicherungsquote erhöht die Gesundheitsausgaben wohl in der Regel. Aber eine Erhöhung der Krankenversicherungsquote führt auch zu einer Verbesserung des durchschnittlichen Gesundheitsstatus der Erwerbsbevölkerung und mithin des Produktionspotenzials – also des langfristigen realen Bruttoinlandsproduktes; eine Steigerung der Krankenversicherungsquote kann durchaus die Gesundheitsausgabenquote senken helfen und

damit mehr Gesundheit sowie eine höhere Lebenserwartung bei zugleich verbesserter internationaler Konkurrenzfähigkeit bringen.

Neben Gesundheitssystemfragen sind viele Aspekte des Coronavirus-Epidemie-Schocks sehr wichtig. Einige Epidemiebekämpfungs-Fragen betreffen wiederum die Arbeitswelt. So haben etwa die Massenausbrüche der Krankheit in Schlachtbetrieben (mit über 1000 Fällen im Fall der Tönnies-Schlachtbetriebe im Kreis Gütersloh im Juni 2020) deutlich gemacht, was für sonderbare Zustände in Deutschlands Schlachtbetrieben herrschen. Dass Werkvertragsarbeitnehmer in der Schlachtindustrie als „indirektes Beschäftigungssystem" problematisch und dass die Unterkünfte der Arbeitnehmerschaft häufig viel zu beengt – und infektionsverbreiternd – sind, ist eine ernste Herausforderung. Wieso die Politik diese Zustände erst zum Jahresende 2020 neu regeln will, ist unverständlich; das könnte und sollte doch offenbar viel schneller möglich sein. In jedem Fall wäre zu erwarten, dass die Behörden die Handlungsmöglichkeiten der Infektionsschutz-Gesetzgebung umfassend nutzen, um der Probleme Herr zu werden.

Literatur

Chen, Y., Jiao, J., Bai, S., & Lindquist, J. (2020). Modeling the spatial factors of COVID-19 in New York City, SSRN.COM preprint research paper (Elsevier). Zugegriffen am 05.06.2020.

Europäische Kommission. (2020). Erklärung der Exekutiv-Vizepräsidentin Margrethe Vestager zu staatlichen Beihilfemaßnahmen zur Bewältigung der wirtschaftlichen Auswirkungen von COVID-19, 13. März 2020. https://ec.europa.eu/commission/presscorner/detail/en/statement_20_467.

Fenz, K., & Kharas, H. (2020). A mortality perspective on COVID-19: Time, location, and age, The Brookings Institute, blog contribution March 23, 2020. https://www.brookings.edu/blog/future-development/2020/03/23/a-mortality-perspective-on-covid-19-time-location-and-age/. Zugegriffen am 26.03.2020.

Gerdtham, U. G., & Jonsson, J. R. (2000). International comparison of health expenditure: Theory, data, and econometric analysis. In A. J. Culyer & J. P. Newhouse (Hrsg.), *Handbook of Health Economics* (Bd. 1 Part A, S. 11–53). Amsterdam: Elsevier.

Hsiao, W. C. (2000). *What should macroeconomists know about health care policy? A primer,* IMF Working Paper, WP/00/136. Washington DC: International Monetary Fund.

IMF. (2020d). *World economic outlook, update June 2020*. Washington DC: International Monetary Fund.

Li, H., & Huang, L. (2009). Health, education, and economic growth in China: Empirical findings and implications. *China Economic Review, 20*, 374–387.

McKibbin, W., & Fernando, R. (2020). The global macroeconomic impacts of COVID-19: Seven scenarios, The Brookings Institution, 2. March 2020. https://www.brookings.edu/research/the-global-macroeconomic-impacts-of-covid-19-seven-scenarios.

Mushkin, S. J. (1962). Health as an investment. *Journal of Political Economy, 70*(5), 129–157.

OECD. (2020). OECD interim economic assessment, coronavirus: The world economy at risk, dated March 2, 2020. https://www.oecd-ilibrary.org/docserver/7969896b-en.pdf?expires=1583745256&id=id&accname=ocid177160&checksum=BC42C16F7220C0A9342BA1401F79397E. Zugegriffen am 09.03.2020.

Pichelmann, K. (2015). *When ‚Secular Stagnation' meets Piketty's capitalism in the 21st century. Growth and inequality trends in Europe reconsidered*, Economic papers 551. Luxemburg: Europäische Kommission.

Schularick, M., Steffen, S., & Tröger, T. (2020). CEPR, DP14927 Bank capital and the European recovery from the COVID-19 crisis, Centre for Economic Policy Research CEPR, Discussion paper DP14927, June 2020.

Spinney, L. (2018). *1918. Die Welt im Fieber. Wie die Spanische Grippe die Gesellschaft veränderte*. München: Hanser.

Welfens, P. J. J. (2020). Macroeconomic and health care aspects of the coronavirus epidemic: EU, US and global perspectives. *International Economics and Economic Policy, 17*, 295–362. https://doi.org/10.1007/s10368-020-00465-3.

Welfens, P. J. J., & Irawan, T. (2014). Transatlantic trade and investment partnership: Sectoral and macroeconomic perspectives for Germany, the EU and the US. *International Economics and Economic Policy, 11*, 293–328. https://doi.org/10.1007/s10368-014-0292-9.

6

Wirtschaftliche Unterbrechungen: Schock im Tourismussektor und andere wichtige Aspekte der Epidemie

Der Reise- und Tourismussektor wird von der COVID-19-Pandemie negativ betroffen sein; im Jahr 2018 entfielen auf diesen Sektor 10,4 % des globalen Nationaleinkommens und 319 Millionen Arbeitsplätze (WTTC 2019). Wenn der weltweite Tourismussektor im Jahr 2020 um 30 % zurückgeht, würde das globale Produktionswachstum im Vergleich zu den Prognosen – und Erwartungen – von 2019 um 1,2 Punkte zurückgehen und 96 Millionen Arbeitsplätze würden als direkte Auswirkung verloren gehen. Bis zum 6. März 2020 hatte die Fluggesellschaft Lufthansa beschlossen, 7000 für 2020 geplante Flüge zu streichen, was etwa 50 % aller Flüge entspricht: Der Schwerpunkt liegt dabei auf Flügen nach China, Republik Korea, Italien und Iran, die Länder mit einer hohen Zahl von Infektionen sind. Air France und andere EU-Fluggesellschaften beschlossen ähnliche Beschränkungen. Im Mai waren 90 % der Lufthansa-Flüge – außer Fracht – gestrichen worden. Im Juni erfolgte eine Rettung der Lufthansa mit Steuermitteln in Deutschland, ähnliche Maßnahmen ergaben sich in Frankreich bei Air France und in Italien bei Alitalia. Die EU-Kommission hat hier die Beihilfe-Regeln in der besonderen Corona-Krise gelockert, so dass nationale Regierungen leichter als sonst Subventionen an Unternehmen geben können. Im Übrigen ist unübersehbar, dass einige Sektoren besonders in der Corona-Krise leiden.

Der Anteil des Tourismus an der nationalen Produktion in ausgewählten Ländern ist in der Tab. 6.1 dargestellt. Länder mit einem hohen Anteil des Tourismus an der nationalen Produktion sollten mit einem hohen, das Produktionswachstum dämpfenden Effekt rechnen. Allerdings sollte man nicht übersehen, dass z. B. Franzosen, die normalerweise im Ausland Urlaub machen würden, stattdessen einen Urlaub innerhalb Frankreichs buchen – und

P. J. J. Welfens, *Corona-Weltrezession*, https://doi.org/10.1007/978-3-658-31386-9_6

Tab. 6.1 Ausgewählte Länder, die stark von einem Rückgang der internationalen Tourismuseinnahmen betroffen sind (basierend auf dem Anhang und den zugrunde liegenden Berechnungen; reale Effekte beim Bruttoinlandsprodukt: letzte Spalte)

Land	Internationale Tourismusausgaben / BIP US$	Internationaler Tourismus, Einnahmen (derzeit US$) /BIP US$	Internationaler Tourismus, Einnahmen (in % der Gesamt-Exporte)	Rückgang des internationalen Tourismus, Einnahmen (in US$) / BIP US$		
				um 20%.	um 40%.	um 50%.
Kroatien	2.85%	19.80%	38.59%	15.84%	11.88%	**9.90%**
Kambodscha	4.40%	19.69%	26.24%	15.75%	11.81%	**9.84%**
Libanon	11.29%	15.35%	45.42%	12.28%	9.21%	**7.67%**
Jordanien	3.54%	14.73%	41.33%	11.78%	8.84%	**7.37%**
Zypern	6.21%	13.82%	18.92%	11.05%	8.29%	**6.91%**
Thailand	2.91%	12.92%	19.63%	10.34%	7.75%	**6.46%**
Portugal	2.71%	10.02%	22.71%	8.01%	6.01%	**5.01%**
Griechenland	1.79%	9.90%	26.38%	7.92%	5.94%	4.95%
Marokko	2.56%	8.08%	22.08%	6.46%	4.85%	4.04%
Luxemburg	4.64%	7.81%	3.99%	6.25%	4.69%	3.91%
Bulgarien	3.45%	7.79%	11.67%	6.23%	4.67%	3.89%
Estland	5.37%	7.59%	10.22%	6.07%	4.55%	3.79%
Slowenien	3.25%	6.25%	7.32%	5.00%	3.75%	3.13%
Ungarn	2.08%	6.08%	7.15%	4.86%	3.65%	3.04%
Malaysia	3.69%	6.07%	8.83%	4.86%	3.64%	3.04%
Tunesien	2.39%	5.82%	11.95%	4.65%	3.49%	2.91%
Spanien	1.88%	5.73%	16.30%	4.58%	3.44%	2.86%
Singapur	6.96%	5.61%	3.18%	4.49%	3.36%	2.80%
Österreich	3.13%	5.58%	10.01%	4.47%	3.35%	2.79%
Ägypten	1.15%	5.06%	24.61%	4.05%	3.04%	2.53%
Türkei	0.65%	4.81%	16.62%	3.85%	2.89%	2.41%
Äthiopien	0.73%	4.21%	46.54%	3.36%	2.52%	2.10%
Vietnam	2.41%	4.11%	3.90%	3.29%	2.47%	2.06%
Irland	1.93%	3.83%	3.14%	3.07%	2.30%	**1.92%**

Quelle: Eigene Darstellung von Daten aus den World Development Indicators und eigene Berechnungen

damit einen Teil der normalerweise großen internationalen Touristengruppen aus vielen Ländern ersetzen. Daher haben beliebte Reiseziellländer einige Möglichkeiten, sich auf den rückläufigen internationalen Tourismus einzustellen. Das Internet schafft viele Möglichkeiten, internationale Besuche von Geschäftsleuten zu ersetzen. Messeveranstaltungen können bei Bedarf teilweise auch als virtuelle Veranstaltung organisiert werden. Es ist jedoch sinnvoll, Szenarien eines Rückgangs der internationalen touristischen Wertschöpfung um 20 %, 40 % und 50 % in Betracht zu ziehen (Tab. 6.1). Für

Deutschland, Frankreich, Italien (und das Vereinigte Königreich) bedeutet ein Rückgang um 50 % einen Rückgang des BIP um etwa 1 %; für Italien würde dies eine Rezession im Jahr 2020 bedeuten. Der Rückgang der Ausgaben im Tourismus im weitesten Sinne – einschließlich Unterhaltung (Restaurants usw.) – würde den negativen Output-Effekt noch verstärken. Was die Einnahmen aus dem Tourismus im Verhältnis zum BIP in den EU-Ländern, der Schweiz und der Türkei betrifft, so waren hohe Werte in Bulgarien (6,8 %), Estland (5,8 %), Griechenland (8,7 %), Spanien (5,7 %), Kroatien (18,4 %), Zypern (13,9 %), Luxemburg (7,0 %), Malta (12,7 %), Portugal (8,3 %), Slowenien (5,9 %), der Schweiz (3,9 %) und der Türkei (50 % laut Eurostat, siehe Anhang 3) zu verzeichnen; was die Statistiken über die Türkei betrifft, darf man annehmen, dass die Zahl zweifelhaft ist. Es ist klar, dass Länder wie Griechenland, Zypern, Malta und Portugal als Folge eines dramatischen Rückgangs der Tourismusausgaben im Zusammenhang mit einer Coronavirus-Pandemie vor neuen Problemen stehen könnten, dasselbe gilt für die Türkei.

Es gibt zwei Länder, in denen sich die Leistungsbilanz durch den Nettoeffekt von COVID-19 auf die Einnahmen und Ausgaben im Tourismus stark verbessern könnte: Länder, die bekannt für ihre hohen internationalen Tourismus-Ausgaben sind, werden bei weltweiten Flugverkehrs-Beschränkungen in 2020 ihre Leistungsbilanzposition verbessern, sofern eben weniger Auslandsreise unternommen werden. Die USA einerseits, sowie Deutschland und Großbritannien andererseits sind hier zu nennen. Im Jahr 2018 beliefen sich die entsprechenden deutschen Ausgaben auf 80,9 Milliarden Euro, während die Einnahmen 36,4 Milliarden Euro betrugen (Saldo -44,5 Milliarden Euro), so dass ein relativ starker Rückgang der internationalen Tourismusausgaben – mit zusätzlichen Substitutionseffekten zugunsten höherer inländischer Tourismusausgaben – die Leistungsbilanz der Eurozone stärken dürfte. Ein ähnlicher Effekt wäre im Vereinigten Königreich zu erwarten, das 2018 einen Nettosaldo von -17,3 Milliarden Euro bei internationalen Tourismusausgaben aufwies (für weitere Einzelheiten siehe Tabelle in Anhang 3). Für die USA würde ein 50 %iger Rückgang des internationalen Tourismus als direkte Auswirkung einen Produktionsrückgang von 0,6 % mit sich bringen; das ist ein überschaubarer Effekt. Die US-Leistungsbilanzposition wird sich in 2020 verbessern, wenn US-Bürger kaum noch ohne weiteres zu internationalen Auslandsreisen starten können; etwa, weil die EU Einreisebeschränkungen für US-Bürger im Sommer 2020 verkündet hat.

Wie die Tab. 6.1 zeigt, gibt es viele kleine Länder, die im Falle eines 50 %igen Rückgangs des internationalen Tourismus gewichtige Produktionseinbußen hinnehmen müssten: Es gibt eine Gruppe von Ländern, die einen

Produktionsrückgang von um 10 % haben könnten (negative sektorale Multiplikator-Effekte eingerechnet noch höher), und für den Libanon, der sich bereits Anfang 2020 in einer instabilen fiskalischen und wirtschaftlichen Situation befand, würde der prognostizierte Produktionsrückgang -7,67 % betragen; für Jordanien wird ein Produktionsrückgang von 7,37 % erwartet, gefolgt von Zypern, Thailand und Malta mit erheblichen -6,91 %, -6,46 % bzw. -6,43 %. Der Produktionsrückgang würde für Kroatien 9,90 %, für Portugal 5,01 %, für Griechenland 4,95 % und für Spanien 2,86 % betragen; es besteht also die Gefahr, dass die Euro-Krise wieder aufflammt (für weitere Länder siehe Tab. 6.1 und Anhang 4). Denn hier sind gerade auch die Länder aufgeführt mit hohem Rückgang des Bruttoinlandsproduktes, die in der Eurokrise 2010–2014 stark von einer nationalen Staatsfinanzierungskrise in der Eurozone betroffen waren.

Zu beachten ist, dass in Westeuropa in der ersten März-Hälfte 2020 noch Binnentourismus möglich war. Ab etwa dem 15. März wurde jedoch durch die in vielen EU-Ländern verhängten Sperrmaßnahmen die Möglichkeit des Inlandstourismus für mehrere Wochen effektiv unterbunden. Somit steht der gesamte Tourismussektor zumindest für einige Monate vor einer fast 100 %igen Sperrung. Erst im Juni 2020 sind die Reisebeschränkungen innerhalb der EU aufgehoben worden. Dabei ist davon auszugehen, dass auch der internationale Tourismus der EU gedämpft wird, da weniger Reisende von außerhalb der EU in die EU-Länder einreisen werden und zudem viele Touristen den Urlaub im eigenen Land aus verschiedenen Gründen gegenüber einem normaler Weise geplanten Auslandsurlaub vorziehen werden. Geht man von einem 50 %-Rückgang des internationalen Tourismus aus, so beträgt der Rückgang – in Prozent der nationalen Wirtschaftskraft (hier: Bruttoinlandsprodukt) – enorme 9,9 % in Kroatien und 9,8 % in Kambodscha und auch Libanon, Jordanien, Zypern, Thailand und Portugal wären mit einem Rückgang des Realeinkommens von mehr als 5 % sehr deutlich getroffen (Tab. 6.1).

Historisch gesehen gab es schon früher Fälle von internationalen Epidemien (Pandemie ist eine weltweite Epidemie), wie die Spanische Grippe 1918/1919, die Asiatische Grippe 1957 und die Hongkong-Grippe 1968 (Kilbourne 2006). Bei der schweren Spanischen Grippe erlagen weltweit zwischen 30 und 60 Millionen Menschen der Krankheit. Bell und Lewis (2004, S. 159) argumentieren, dass keine festen Schlussfolgerungen über die langfristigen Auswirkungen internationaler Epidemien gezogen werden können. Das dürfte eine Aussage sein, die man 15 Jahre später so nicht stehen lassen kann, da die Forschungsarbeiten zu den Auswirkungen von Epidemien in den vergangenen Jahren massiv zugenommen haben.

Die Behörden haben sich darauf konzentriert, die Zahl der öffentlichen Veranstaltungen mit vielen Menschen sowie die Interaktion vieler Menschen an einem bestimmten Ort zu reduzieren oder zu vermeiden – in der Gegend von Wuhan wurden Fabriken und Arbeitsplätze über mehrere Wochen geschlossen. In vielen Ländern wurden Menschen, die aus China zurückgekehrt sind, und Menschen, die COVID-19-Symptome zeigten, unter Quarantäne gestellt. Die Infektion bringt in der Regel Atembeschwerden mit sich, und ältere Menschen scheinen in vielen der betroffenen Länder in der Tat mit einer recht hohen Sterblichkeitsrate konfrontiert zu sein. Da COVID-19 die Lungen der Infizierten befällt, sollten Regionen/Länder mit schlechter Luftqualität und einem hohen Anteil an Rauchern mit einer relativ hohen Sterblichkeitsrate einhergehen; eine schwache Umweltpolitik könnte daher zu besonders schwerwiegenden COVID-19-Problemen führen. Dieses Coronavirus ist jedoch nicht die erste Epidemie des frühen 21. Jahrhunderts. 2002/03 war SARS (oder Schweres Akutes Respiratorisches Syndrom) – dessen Ausbruch auch auf China zurückgeführt wurde – die erste internationale Epidemie des Jahrhunderts; gefolgt von MERS (Middle East Respiratory Syndrome), von der hauptsächlich einige Länder des Nahen Ostens betroffen waren. Es gab auch weitere Epidemien, etwa Ebola in Teilen Afrikas.

Mit dem Ausbruch von COVID-19 sieht sich die Weltwirtschaft im Jahr 2020 eindeutig mit einem vorübergehend geringeren Wirtschaftswachstum konfrontiert, als im Herbst 2019 prognostiziert worden war (z. B. auf der Grundlage des Weltwirtschaftsausblicks des IWF). Der IWF hat am 4. März erklärt (IMF 2020a), dass er den Mitgliedsländern, die das Coronavirus bekämpfen, zusätzliche 50 Milliarden Dollar an Finanzmitteln zur Verfügung stellen wird, wobei besondere Mittel für eher arme Länder reserviert sind. Weltbank und IWF sollten armen Entwicklungsländern in der Tat in dieser globalen Notsituation helfen.

In der EU bzw. in der Eurozone war Italien – eigentlich Norditalien – bis Ende Februar 2020 am stärksten von COVID-19 betroffen. Es ist nicht ganz klar, warum gerade Italien mit so vielen Fällen von Infektionen und einer relativ hohen Sterblichkeitsrate konfrontiert ist. Ein Blick auf die Qualitätsindikatoren des Gesundheitssystems scheint daher sinnvoll zu sein, und der anschließend diskutierte Indikator der Studie von NTI/Johns Hopkins University – der Global Health Security Index (https://www.ghsindex.org/wp-content/uploads/2019/10/2019-Global-Health-Security-Index.pdf) – gilt als ein angemessener aggregierter Indikator mit mehreren nützlichen Subindikatoren: Der aggregierte Index hat einen klaren Fokus auf Epidemie-Risiken und die Qualität des jeweiligen nationalen Gesundheitssystems; der Indikator zeigt eine große Variation zwischen den Ländern der EU, der

OECD und den G20-Ländern (etwas merkwürdig ist allerdings die Top-Positionierung der USA und auch von UK). Es gibt einige Verbindungen zwischen diesem Indikator und der makroökonomischen Entwicklung, darunter die folgenden

- Eine hohe Punktzahl im Global Health Security Index könnte als Qualitätssignal für ausländische Investoren interpretiert werden, für die oft eine qualitativ hochwertige Gesundheitsversorgung für Manager/innen im Gastland sowie ein gutes Gesundheitssystem für die in der Auslandsniederlassung beschäftigten Arbeitnehmer/innen wichtige Aspekte sind, die im Zusammenhang mit internationalen Investitionen und der Standortwahl für Investitionsprojekte auf der grünen Wiese oder internationale Fusionen und Übernahmen zu berücksichtigen sind.
- Dabei kommt es nicht nur auf die Qualität des jeweiligen Gesundheitssystems an, sondern auch auf die Effizienz des Gesundheitssystems und damit auf Kostenaspekte – indirekt sichtbar in Steuersätzen und Sozialversicherungs beitragssätzen – der Produktion. Länder mit eher ineffizienten Gesundheitssystemen haben ein spezifisches Problem der Kostenwettbewerbsfähigkeit; sicherlich in arbeitsintensiven Branchen. Die Vereinigten Staaten haben, etwas überraschend, einige spezifische Probleme in diesem Bereich, die von den meisten internationalen Makroökonomen viele Jahre lang fast unbemerkt geblieben sind. Im Zusammenhang mit der COVID-19-Epidemie, die die USA bereits Ende Februar 2020 erreicht hatte, könnten die Ineffizienzen des US-Gesundheitssystems wieder sichtbar werden.

Für die Gesundheitssysteme der jeweiligen Länder bzw. Regionen stellt die Coronavirus-Epidemie eine besondere Herausforderung dar. Wie in jedem Epidemie-Szenario besteht ein besonderes Risiko, dass Ärzte und Pflegepersonal infiziert werden könnten, und Krankenhäuser sowie Pflege- und Betreuungseinrichtungen für ältere Menschen sind hinsichtlich des Infektionsrisikos potenzielle Hot Spots. Spezielle Kleidung, Masken und Desinfektionsmaßnahmen sollten in der Regel das Leben von Ärzten und Pflegepersonal schützen. Gleichzeitig gibt es Standardpläne und -ansätze für Schutz und Behandlung, die darauf abzielen, Infektionen (Quarantäne von Betroffenen von wenigen Wochen als eine der Standardmaßnahmen) und die Ausbreitung des Virus zu kontrollieren. Da Masken und andere Schutzvorrichtungen jedoch nur in begrenzter Zahl vorrätig sind, kann eine internationale Ausbreitung des Virus schnell zu Engpässen führen; so beschlagnahmte die französische Regierung beispielsweise Anfang März 2020 alle verfügbaren Bestände an medizinischen Masken auf nationaler Ebene und verbot den Export von Masken aus Angst vor einer Unterversorgung mit Masken, falls solche medizinischen Güter in beträchtlicher Zahl exportiert würden. In Deutschland verhängten die Behörden in der ersten Märzwoche ähnliche Beschränkungen.

Epidemien können schwerwiegende negative Auswirkungen auf die lokale, nationale oder internationale Nachfrage haben. Im Fall der SARS-Epidemie zum Beispiel ging der Tourismus in Hongkong im ersten Quartal 2003 innerhalb von zwei Monaten um 90 Prozent zurück. Eine Studie des US-Kongress-Budgetbüros über den Fall einer schweren Epidemie in den USA (CBO 2005) geht daher auch von erheblichen negativen Nachfrageeffekten einer Epidemie aus, von der natürlich viele Menschen betroffen wären und die auch eine gewisse Sterblichkeitsrate hätte. In einer ähnlichen EU-bezogenen Simulationsstudie zu den Makroeffekten einer Epidemie verfolgen Jonung und Roeger (2006) einen ähnlichen analytischen Ansatz, gehen aber ebenfalls von einem dauerhaften negativen Schock des Bevölkerungswachstums aus (-0,75 Prozent).

Im Hinblick auf die Bereitschaft der Länder, mit der gegenwärtigen Coronavirus-Epidemie fertig zu werden, ist es interessant, die Ergebnisse der Analyse der NTI/Johns Hopkins University (2019) zu betrachten – für weitere GHS-Index-Ranglisten siehe Anhang 5-, die verschiedene Elemente der Bereitschaft der Länder zeigt, mit einer Epidemie fertig zu werden. Das führende Land im relevanten Globalen Gesundheitssicherheitsindex sind nach dieser Studie die USA mit einer Nr. 1-Platzierung im aggregierten Gesamtindikator, andere OECD-Länder und einige Schwellenländer gehören ebenfalls zur Gruppe der führenden Länder (man kann mit Blick auf die US-Positionierung bei dem Indikator durchaus auch Bedenken anmelden). Das Vereinigte Königreich und die Niederlande liegen im aggregierten Gesundheitssicherheitsindikator auf Platz 2 bzw. 3, Frankreich auf Platz 11 und Deutschland auf Platz 14 des aggregierten Gesamtindikators. Entwicklungsländer haben in der Regel niedrige Ränge im Gesamtindikator und in den Unterindikatoren. Thailand sticht unter den Schwellenländern mit einer günstigen Position im Gesamtindikator (Nr. 6) und in einigen Unterindikatoren hervor. Im aggregierten Indikator liegt China auf Platz 51, Indien auf Platz 57; während die Russische Föderation auf Platz 63 rangiert, sind Rumänien und Bulgarien auf Platz 60 bzw. 61 – noch weiter hinten liegt überraschenderweise Luxemburg (Platz 67). Es liegt auf der Hand, dass sich bisher nur wenige Wirtschaftsexperten dieser kritischen Rankings im Global Health Security Index, der erstmals Ende 2019 veröffentlicht wurde, bewusst sind; Rankings, die bestimmte Schwachstellen in der Europäischen Union aufzeigten.

Seit Anfang März 2020 ist es offensichtlich, dass der internationale Tourismus und der Passagierflugverkehr durch die Coronavirus-Epidemie negativ beeinflusst werden. Angesichts der Tatsache, dass mehr als 50 % des Welthandels aus dem Handel mit Zwischenprodukten besteht, gibt es auch Schocks für die internationalen Lieferketten. Darüber hinaus sind Messen und Sportveranstaltungen abgesagt worden, so dass auch Hotels, Restaurants und andere damit verbundene Dienstleistungen negativ betroffen sind. Da mehrere Länder/Regionen Schulen und Universitäten geschlossen haben, ist auch das Bildungssystem negativ betroffen. Es liegt auf der Hand, dass die Schließung von Produktionsstätten in mehreren Regionen Asiens zu Verzerrungen in den Lieferketten Asien-EU und Asien-USA führen wird, so dass es zu einem Angebotsschock für Unternehmen im Sektor der handelbaren Güter in der EU bzw. den USA kommt.

Angesichts der beginnenden Entlassungen in den Unternehmen des Dienstleistungssektors und einer pessimistischeren wirtschaftlichen Wahrnehmung seitens der Haushalte und Investoren verlangsamt sich einerseits die Gesamtnachfrage im Frühjahr 2020, andererseits ist zu erwarten, dass insbesondere die Nachfrage im Nicht-Handelssektor (Dienstleistungen) zurückgehen wird. Die Hauptwirkung der Epidemie ist also:

- Kurz- und mittelfristig ein negativer Angebotsschock im Sektor der handelbaren Güter. Die Produktionsseite der Wirtschaft ist negativ betroffen – dabei kann auch der Sektor der nichthandelsfähigen Güter (man denke etwa an Restaurants oder auch an Schulen) negativ bei der „Produktion" betroffen sein, wenn etwa Behörden anordnen, dass Schließungen vorübergehend vorzunehmen sind.
- Kurzfristig ein negativer Nachfrageschock im Sektor der handelbaren Güter und im Sektor der nicht handelbaren Güter (der negative Nachfrageschock im Sektor der nicht handelbaren Güter könnte anfänglich dominieren, teilweise aufgrund eines starken Nachfragerückgangs im Tourismus und in der Unterhaltungsbranche); sobald in den OECD-Ländern bzw. in den G20-Ländern eine Impfung verfügbar wird, dürfte das Nachfragewachstum wieder positiv werden. Die „Kaufstimmung" in einer Gesellschaft mit heftigem Infektionsgeschehen wird sicherlich für viele Monate gedämpft sein – jedenfalls bis wirksame Corona-Medikamente oder eben wirksame Impfstoffe breit verfügbar sind.
- Ein negativer Schock der internationalen Gesamtnachfrage auf mittlere Sicht, der sowohl von einem verringerten Verbrauch als auch von Investitionsverschiebungseffekten herrühren könnte – wobei viele Länder parallel negative Übertragungs-Effekte in Nachbarländern bzw. bei den

wichtigsten Handelspartnern erzeugen; China ist ein wichtiger Handelspartner sowohl der USA als auch vieler EU-Länder, so dass der Ausbruch von COVID-19 in China sehr viele OECD-Länder betroffen hat.

Die analytische Perspektive auf die Makroökonomie des COVID-19 ist einfach und wird im Folgenden in diesem Papier gezeigt. Was die politischen Reaktionen betrifft, so kann man im Wesentlichen drei Aspekte berücksichtigen:

- Die angebotsseitige Reaktion der Regierung im Gesundheitssystem; zum Beispiel kaufen Regierungen zusätzliche Mengen an medizinischer Ausrüstung und Medikamenten, was die Preise in den jeweiligen Sektoren in die Höhe treiben dürfte.
- Geldpolitik, die hauptsächlich die USA, die Eurozone, Großbritannien und China betrifft. In einer kleinen offenen Volkswirtschaft wäre eine expansive Geldpolitik mit festem Wechselkurs nicht effektiv; nur die Fiskalpolitik würde funktionieren – und sie könnte funktionieren, wenn die Regierung einen Teil der Defizitausgaben mit einem klaren Fokus auf den nicht handelbaren Sektor (z. B. Bauaktivitäten für die Infrastruktur) finanzieren kann.
- Fiskalpolitik, die hauptsächlich die USA, die EU-Länder, Großbritannien und China sowie andere asiatische Länder betrifft, die dem Virenschock ausgesetzt sind; Thailand zum Beispiel hat normalerweise eine ziemlich hohe Zahl chinesischer Touristen und Geschäftsleute, die jedes Jahr zu Besuch kommen, aber mit dem Problem des COVID-19 in China werden diese Besuche dramatisch zurückgehen und Thailand könnte sich zu einer expansiven Fiskalpolitik entschließen. Eine ähnliche Logik könnte auch für andere ASEAN-Länder gelten. In dem Maße, in dem bestimmte Länder in Asien den Wechselkurs gegenüber dem US-Dollar effektiv festlegen, wäre eine Makroanalyse in einem System fester Wechselkurse angemessen.

In einem bedeutenden politischen Schritt senkte das US-Notenbankensystem Anfang März 2020 den Zinssatz um 0,5 Prozentpunkte, gefolgt von einer weiteren Zinssenkung um 1 Prozentpunkt nur etwa eine Woche später. Es ist nicht klar, ob eine expansive Geldpolitik ausreicht, um einen negativen angebotsseitigen Schock zu bewältigen. Letztlich wird der Politikmix – also die Mischung von Geld- und Fiskalpolitik – wichtig sein. Expansive Fiskalpolitik dürfte in 2020 in sehr vielen Ländern der Welt eine wichtige Rolle spielen: in Form höherer Ausgaben und von Steuersenkungen, zum Teil etwa Mehrwertsteuersenkungen in Deutschland und Großbritannien. Da höhere Staatsausgaben und Steuersenkungen zu erheblich erhöhten Defizitquoten des Staates führen werden, kann eine deutlich expansive Geldpolitik den Zinssatz für einige Jahre auf Niedrigniveau festhalten, was selbst hohe Schuldenquoten für einige Jahre als relativ unproblematisch erscheinen lässt. Auf Dauer sehr hohe Schuldenquoten zu realisieren, ist allerdings unklug und auch eine längerfristige Phase ultra-niedriger Realzinssätze ist nicht sinnvoll. Es kommt dann nämlich zu Überinvestitionen und einer Verzerrung bei den Investitionen in langfristig wenig werthaltige Bereiche.

Die US-Zinssenkung 2020 wird die Gesamtnachfrage in den USA stimulieren und könnte in diesem Zusammenhang auch die Nettoexporte von Waren und Dienstleistungen durch eine reale Abwertung der Währung ankurbeln. Gleichzeitig wird die damit verbundene reale Aufwertung des Euro die Gesamtnachfrage in der Eurozone dämpfen; und ein ähnliches Argument gilt für China, dessen Währungsaufwertung das Bruttoinlandsprodukt Chinas dämpfen würde. Die Senkung der Produktion sowohl in China als auch in der Eurozone wird die US-Gesamtproduktion durch einen dämpfenden Effekt auf die US-Nettoexporte reduzieren.

In der Eurozone verfügt die Europäische Zentralbank (EZB) nicht über einen beträchtlichen Handlungsspielraum und begrüßt möglicherweise die Zinssenkung der FED (sowie mögliche neue quantitative Lockerungsmaßnahmen in den USA), da dadurch auch der Zinssatz in der Eurozone gesenkt wird. Angesichts der Tatsache, dass die Zinssätze in den USA, Großbritannien und der Eurozone bereits sehr niedrig sind, besteht ein gewisses Risiko, dass es zu einem Umkehreffekt der Zinssätze kommt (Brunnermeier und Koby 2018), der die gesamtwirtschaftliche Produktion dämpfen könnte, da eine Zinssenkung eine Verringerung der Gewinne der Banken aus dem Einlagengeschäft mit sich bringt, was die Bewertungsgewinne kompensieren könnte, die die Banken mit hochverzinslichen Altanleihen in ihren Bilanzen erzielen. Die Fähigkeit der Banken, Kredite zu vergeben, könnte entscheidend vom Nettovermögen abhängen – sobald diese Beschränkung verbindlich wird – und daher würden niedrigere Zentralbankzinsen zu einem Rückgang der Kredite an Unternehmen bzw. an die Realwirtschaft führen; die traditionelle Geldpolitik ist nicht mehr expansiv. Was die EZB betrifft, so hat sie trotz eines Nullzinssatzes der Zentralbank (und negativer Einlagenzinssätze der Banken) immer noch einen gewissen Handlungsspielraum, da die EZB die quantitative Lockerung verstärken könnte – mit dem potenziellen Problem, die derzeitige Obergrenze von einem Drittel der ausstehenden Staatsanleihen überschreiten zu müssen – und sie könnte den Banken auch mehr langfristige bedingte Kredite zu günstigen Zinssätzen gewähren, nämlich unter der Bedingung, dass die Banken mehr Kredite an Unternehmen vergeben würden.

Es ist jedoch nicht ganz klar, was der mittelfristige Zweck einer solchen Maßnahme sein sollte, wenn dadurch das Überangebot im Sektor der handelbaren Güter in der Eurozone bzw. in der EU ansteigen würde – es besteht ein gewisses Risiko, dass dies das globale Niveau der Preise für handelbare Güter drücken würde, eine Entwicklung, die wiederum die Weltwirtschaft mittelfristig destabilisieren könnte.

Eine expansive Fiskalpolitik könnte auch in den USA, der EU (den EU-Ländern) und China in Betracht gezogen werden. Angesichts der Interdependenz der USA, der EU und Chinas wäre eine fiskalpolitische Koordinierung angemessen, aber es ist unklar, welche Institution die Plattform sein könnte/sollte, um diese Art der Koordinierung zu erreichen. Der Handelskonflikt zwischen den USA und China ist durch das Handelsabkommen zwischen den USA und China Anfang Februar 2020 zumindest etwas entschärft worden, so dass eine gewisse bilaterale Koordinierung der Fiskalpolitik der USA und Chinas nicht ausgeschlossen ist. Eine gewisse Koordinierung zwischen den USA und den EU-Ländern könnte über die OECD erfolgen, aber angesichts der Kompetenzlücke in der Trump Administration im Finanzministerium könnte dies schwierig zu erreichen sein: Die Trump-Administration könnte nur etwa 3000 der etwa 4000 politischen Ämter besetzen, die am Ende der vorherigen Obama-Administration frei wurden, was bedeutet, dass die Trump-Administration unter einem Mangel von etwa 1000 Experten in Schlüsselbereichen leidet (Welfens 2019a) – und das Finanzministerium ist eine Schlüsselinstitution, die hier exponiert ist. Die G20 als Koordinationsplattform ist ziemlich übertrieben und übermäßig komplex, so dass man das internationale Outreach-Programm der OECD, das China und Indien einschließt, als eine zurückhaltende, aber dennoch effektive Plattform für die internationale Politikkoordination betrachten könnte. Die OECD als Institution leidet allerdings unter Finanzmangel, vor allem weil die USA – schon seit Präsident Obama – die Finanzierung der OECD nicht erhöht haben.

Literatur

Bell, C., & Lewis, M. (2004). The economic implications of epidemics old and new. *World Economics, 5*(4, October–December), 137.

Brunnermeier, M. K., & Koby, Y. (2018). *The reversal interest rate* (NBER working paper no. 25406). Cambridge, MA: National Bureau of Economic Research.

CBO. (2005). *A potential influenza pandemic: Possible macroeconomic effects and policy issues*. Washington, DC: US Congressional Budget Office.

IMF. (2020a). *IMF makes available $50 billion to help address coronavirus*, speech by IMF Managing Director Kristalina Georgieva at Joint Press Conference with World Bank Group President David Malpass on the Coronavirus Response, March 4 2020. https://www.imf.org/en/News/Articles/2020/03/04/sp030420-imf-makes-available-50-billion-to-help-address-coronavirus. Zugegriffen am 11.03.2020.

Jonung, L., & Roeger, W. (2006). *The macroeconomic effects of a pandemic in Europe – A model-based Assessment* (ECFIN Economic working paper No. 251, June 2006). Brussels: European Commission.

Kilbourne, E. D. (2006). Influenza pandemics in the 20th century. *Emerging Infectious Diseases, 12*(1), 9–14. https://doi.org/10.3201/eid1201.051254.

NTI/Johns Hopkins University. (2019). Global health security index – Building collective action and accountability, October 2019. https://www.ghsindex.org/wp-content/uploads/2019/10/2019-Global-Health-Security-Index.pdf. Zugegriffen am 25.03.2020.

Welfens, P. J. J. (2019a). *The global Trump – structural US populism and economic conflicts with Europe and Asia*. London: Palgrave Macmillan.

WTTC. (2019). *Travel & tourism, economic impact 2019*. London: World Travel & Tourism Council.

7

SARS-Erfahrung und Aspekte des Gesundheitssystems im Zusammenhang mit der COVID-19-Epidemie

2003 erlebte China/Hongkong im zweiten Quartal die SARS-Epidemie, die die Produktion im dritten Quartal sowohl in Hongkong als auch in Teilen des chinesischen Festlandes erheblich reduzierte. Dieser Vorfall hat mehrere Forscher dazu veranlasst, sich mit den makroökonomischen Auswirkungen einer Epidemie zu befassen, bei der Produktionsausfälle aufgrund der Erkrankung von Arbeitnehmern/Managern und Todesfälle unter der Belegschaft ein Schlüsselelement der Analyse waren. Die SARS-Epidemie war relativ schnell vorbei und wurde nicht zu einem größeren Schock für die Weltwirtschaft; nicht zuletzt, weil China damals nur 4 % des weltweiten BIP ausmachte. Döhrn (2020) hat geschätzt, dass Chinas Rückgang des Realeinkommens im ersten Quartal 2020 bei 2,4 % lag. Dieser negative Einkommenseffekt wird sich negativ auf die USA, die Eurozone, das Vereinigte Königreich und andere Länder auswirken. Es ist zu erwarten, dass die internationale Verbreitung von COVID-19 groß sein wird: Personen, die mit der Atemwegserkrankung SARS infiziert waren, konnten relativ leicht identifiziert werden, während Personen, die mit dem neuartigen Coronavirus infiziert sind, oft keine sichtbaren Symptome der Krankheit zeigen.

Eine zentrale Herausforderung bei einer Epidemie betrifft die Belastung für das Gesundheitssystem bzw. die Krankenhäuser. Wenn sich das Personal im Gesundheitssystem und die Kapazitäten der Krankenhäuser bei einer Epidemie recht schnell an kritische Grenzen herantasten, steigen die Sterblichkeitszahlen rasch an. Aus dieser Perspektive ist es in jedem Epidemie-Szenario ganz wichtig, dass gesundheitspolitische Maßnahmen dazu beitragen, den Höhepunkt der Infektionen hinauszuzögern und damit die Belastung der Krankenhäuser auf ein überschaubares Maß zu reduzieren. Im Idealfall verschiebt die

P. J. J. Welfens, *Corona-Weltrezession*, https://doi.org/10.1007/978-3-658-31386-9_7

Gesundheitspolitik den Höhepunkt auf der Zeitachse von M_1 nach M_2, und in diesem Zusammenhang sind angemessene Tests und breite Quarantänen oft entscheidend (Abb. 7.1). Es ist wichtig, das Ausbruchsgeschehen so einzugrenzen und zu verlangsamen, dass die bestehenden Intensivkapazitäten in den Krankenhäusern der verschiedenen Regionen nicht überlastet werden.

Bemerkenswert ist auch, dass von den mit COVID-19 Infizierten etwa 80 Prozent der Patienten mit relativ milden Symptomen genesen, während 14 Prozent schwere krankheitsbedingte Komplikationen haben und etwa 6 Prozent mit einer kritischen Krankheit konfrontiert sind (ECDC 2020). Letzterer Effekt ist vor allem in der Altersgruppe über 65 Jahre zu erwarten. Aus dieser Perspektive ist das mittlere Alter der Länder von Interesse: Je höher der Median des Alters in der jeweiligen Gesellschaft ist und je höher der Anteil älterer Menschen in einem betrachteten Land ist, desto höher ist das Risiko einer hohen Morbidität. Aus der Perspektive der Morbidität könnten Japan, Deutschland, Italien, Spanien mit einem eher hohen Anteil älterer Menschen mehr Probleme haben als beispielsweise Frankreich, Großbritannien oder die USA (Tab. 7.1).

Es ist zwar klar, dass eine Epidemie bis zu einem gewissen Grad zu einem Anstieg der gesamten Gesundheitsausgaben im Verhältnis zum Bruttoin-

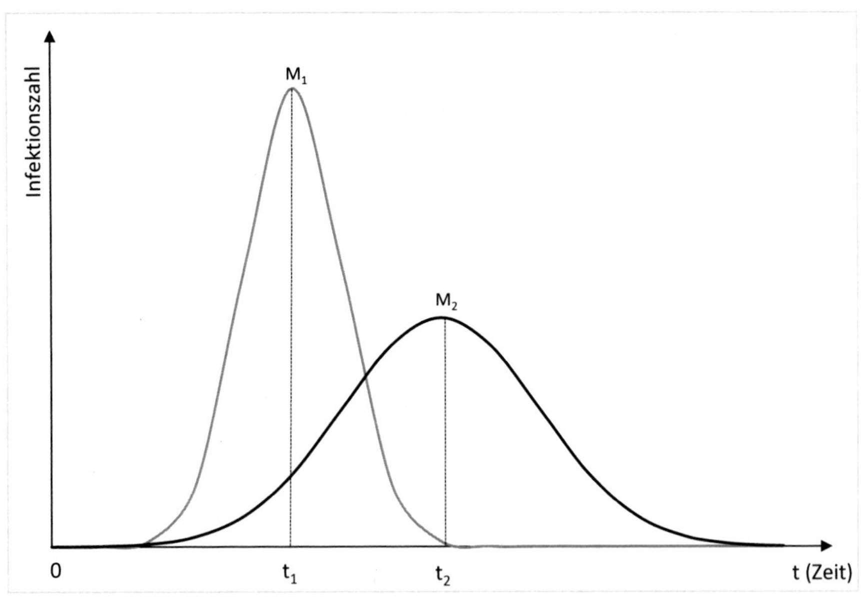

Quelle: Eigene Darstellung

Abb. 7.1 Wirkung von gesundheitspolitischen Interventionen auf den Höhepunkt einer Epidemie

Tab. 7.1 Medianalter und Prozentsatz der Gesamtbevölkerung im Alter von 65 Jahren und älter in ausgewählten Ländern, 2018

Land	Medianalter (Jahre)	Land	Prozentsatz der Gesamtbevölkerung im Alter von 65 Jahren und darüber (% der Gesamtbevölkerung)
Japan	45,53	Japan	27,58
Deutschland	45,09	Italien	22,75
Italien	43,99	Deutschland	21,46
Schweiz	41,85	Schweden	20,10
Niederlande	41,47	Frankreich	20,03
Spanien	40,99	Spanien	19,38
Schweden	40,91	Niederlande	19,20
Frankreich	40,43	Schweiz	18,62
Vereinigtes Königreich	40,07	Vereinigtes Königreich	18,40
Republik Korea	38,85	Vereinigte Staaten	15,81
Singapur	37,88	Republik Korea	14,42
Vereinigte Staaten	37,3	Singapur	11,46
China	35,12	China	10,92
Iran (Islamische Republik)	27,99	Iran (Islamische Republik)	6,18

Quelle: Eigene Darstellung der Daten; Daten für das mittlere Alter von UN https://data.un.org *Daten für 2012; Daten für den Anteil der über 65-Jährigen an der Gesamtbevölkerung von der Weltbank, World Development Indicators, Daten für 2018; Rangfolge: höchste bis niedrigste*

landsprodukt beitragen könnte, da die Zahl der stationären Patienten in den Krankenhäusern steigt – und die Produktion vorübergehend sinken wird-, doch kann nicht ausgeschlossen werden, dass diese Quote nahezu konstant ist (oder sogar sinken könnte); der letztgenannte Fall tritt ein, wenn die Inzidenz der Mortalität bei Gruppen mit Grunderkrankungen und in den älteren Altersklassen recht hoch ist, so dass ältere Patienten, die mit COVID-19 infiziert sind, recht plötzlich sterben könnten und nicht die normalen zwei letzten Lebensjahre erleben werden. In diesen letzten beiden Jahren fallen in den Vereinigten Staaten 30 Prozent der Gesundheitsausgaben während der Lebenszeit an (DPE 2016). Wenn infizierte ältere Patienten ein Jahr früher als erwartet sterben, würden die Gesundheitsausgaben in den letzten beiden Lebensjahren der betroffenen älteren Menschen um etwa die Hälfte gekürzt. Nur eine breit angelegte statistische Analyse wird in Zukunft mehr Licht auf diese Aspekte werfen.

Was die Länge des Infektionszeitraums betrifft, so ist klar, dass China der Ausgangspunkt war und bis Mitte 2020 zur vollen Produktion zurückkehren könnte, aber die geografische Ausbreitung der Epidemie – mit einer gewissen Anzahl von Patienten, die aus verschiedenen Ländern zu Geschäfts-, Touristen- oder Familienbesuchen nach China reisen – wird zu Zeitverzögerungen bei Ausbruch und Entwicklung der Epidemie führen. Es scheint, dass z. B. Portugal in Europa eher spät betroffen war und auch einige Länder in Lateinamerika mit erheblicher Verzögerung betroffen sind, so dass der Infektionsgipfel in Teilen Europas und Lateinamerikas mindestens ein Vierteljahr nach dem Höhepunkt in China liegen könnte. Was die Ausbreitung der Epidemie in der EU – außerhalb Italiens – betrifft, so ist es möglich, dass Reisen zwischen Italien und mehreren Nachbarländern (und zwischen China und EU-Ländern, einschließlich Italien) eine kritische Anzahl importierter Infektionen mit sich gebracht haben, die es nicht erlauben, die Epidemie leicht unter Kontrolle zu bringen. Wie die SARS-Epidemie jedoch gezeigt hat, könnte ein einziger infizierter Tourist, der nach Italien kommt, die kritische Zahl von Infizierten in Italien verursacht haben. Es sind weitere Forschungsarbeiten erforderlich, um die Quellen der Epidemie in Italien zu identifizieren. In der allgemeinen öffentlichen Diskussion halten es wahrscheinlich viele Menschen für plausibel, dass die Schuld bei den Einwanderern liegt – daher könnte die Epidemie zu einem Motor für populistische Debatten in Europa oder den USA (und anderswo) werden.

Es ist nicht klar, ob im Herbst 2020/Winter 2021 eine zweite Welle der Pandemie beginnen könnte oder nicht; zu erwarten zumindest für einige Länder ist dies – vor allem in solchen Ländern mit wenig strikt durchgeführten Quarantänemaßnahmen. Daher ist noch unklar, ob es in den meisten OECD-Ländern und China sowie in anderen Ländern nur zu einem kurzfristigen einmaligen negativen wirtschaftlichen Effekt kommen wird; in diesem Zusammenhang könnten sowohl der Finanzsektor als auch die Realwirtschaft betroffen sein. In einigen Fällen könnten die Infektionen auch Parlamentsmitglieder oder Regierungen in verschiedenen Ländern betreffen, was wiederum die politische Entscheidungsfindung erschweren könnte. Das Rechtssystem der betroffenen Länder könnte wiederum mit einer Welle von Haftungs- und Rechtsstreitigkeiten im Zusammenhang mit Epidemien konfrontiert werden, wobei in einigen Ländern viele neuartige rechtliche Fragen auftauchen könnten.

Im Hinblick auf Prognosen der internationalen Epidemie-Inzidenz hat eine Forschergruppe der Johns Hopkins University einen interessanten Ansatz vorgeschlagen, der sich hauptsächlich auf internationale und nationale Fluggastverbindungen stützt (Gardner et al. 2020). Dieser Prognose zufolge dürften die Vereinigten Staaten ab Ende Januar 2020 ein Land sein – mit vielen Luftverkehrsverbindungen nach China -, das im Zusammenhang mit der Epidemie vor einer ernsthaften Herausforderung stehen wird. Es ist nicht ganz klar, ob die Trump-Administration diese Forschung und ihre Auswirkungen berücksichtigt hat oder nicht. In Gesprächen mit den führenden Versicherungsgesellschaften am 10. März (und in den Tagen davor) hat die Trump-Administration ausgehandelt, dass die Kosten für die Tests auf das neuartige Coronavirus weitgehend von diesen Gesellschaften übernommen würden. Da jedoch 13 Prozent der Bevölkerung ohne Krankenversicherungsschutz sind, gibt es in den USA ein spezifisches Gesundheitsversorgungsproblem, da unversicherte Personen, sich bei Symptomen, die denen von COVID-19 ähneln, eher spät oder gar nicht an Ärzte wenden könnten. Illegale Einwanderer könnten auch zu einem Problem im Kampf gegen die Epidemie in den USA werden. Eine offensichtliche Lücke im US-Gesundheitsmanagement ist das Fehlen von Tests im Februar 2020, wie im internationalen Vergleich der USA, der Republik Korea und Chinas aufgezeigt wurde (Meyer und Madrigal 2020).

Erkrankung der Belegschaft sowie Todesfälle reduzieren den effektiven Arbeitseinsatz in der makroökonomischen Produktionsfunktion (und in der Produktionsfunktion der von solchen Fällen betroffenen Einzelfirmen in der jeweiligen Belegschaft). Jonung und Roeger (2006) konzentrierten sich insbesondere auf die Auswirkungen einer Pandemie auf Tourismus und Handel als zwei Sektoren, die von einem epidemischen Schock im Ausland erheblich betroffen sind – mit dem Potenzial einer internationalen Übertragung der Krankheit; die wichtigsten Erkenntnisse aus dieser Studie waren, dass eine Pandemie zwar einen hohen Tribut an menschlichem Leid fordern würde, aber wahrscheinlich keine große Bedrohung für die EU-Wirtschaft darstellen würde. Normalerweise würde die Produktion kurzfristig zurückgehen, sich danach aber recht schnell erholen. Ein entscheidendes Element eines epidemischen Schocks im ersten Quartal 2006 – das betrachtete Szenario – wäre die negative Auswirkung auf den Tourismus- und Unterhaltungssektor, der in der EU25 und auch in den USA 4,4 % ausmachte. Würde man von einem Rückgang der Nachfrage um 80 % ausgehen, so würde der Produktionsrückgang im nächsten Quartal 3,5 % des BIP betragen, und für das gesamte Jahr würde sich der aggregierte Nachfrageeffekt in einer Dämpfung des realen BIP um 0,5 % niederschlagen. Im folgenden Jahr würde das BIP jedoch um einen Prozentpunkt mehr steigen als im Basisszenario. Innerhalb der EU könnte man natürlich davon ausgehen, dass die südlichen Länder/Länder des Mittelmeerraums von dem epidemischen Schock besonders betroffen wären, da der Anteil des Tourismus und der Unterhaltung in diesen Ländern relativ groß wäre. Nach dem Ansatz von Jonung und Roeger (2006) sind etwa 2/3 des europäischen Output-Schocks angebotsinduziert, während 1/3 nachfrageinduziert ist. Die Haupterkenntnis der Autoren ist somit, dass bei einer Epidemie ein starker Produktionsrückgang – relativ zum Business-as-usual-Fall – auftreten wird, ein Teil des Produktionsrückgangs jedoch im folgenden Jahr wieder aufgeholt wird.

Gleichzeitig könnte man hinzufügen, dass ökonomisch gesehen Deutschland wegen seiner relativ hohen Exportquote (im Verhältnis zur Landesgröße) besonders negativ betroffen wäre. Ein produktionsdämpfender Effekt auf Italien, Spanien, Frankreich und Deutschland wäre ein wirtschaftlich relevanter produktionsdämpfender Effekt für die gesamte Eurozone bzw. die EU. Angesichts der Größe der Eurozone würde sich eine Dämpfung der Produktion in der Eurozone in einem dämpfenden Effekt auf die US-Exporte bzw. die US-Produktion niederschlagen; dasselbe gilt für einen dämpfenden Effekt auf die chinesischen Exporte und das reale BIP. Man kann auch feststellen, dass die Autoren die Rolle der steigenden Kosten im Gesundheitssystem nicht berücksichtigt haben. Solche Kosten könnten in der Tat beträchtlich sein, und da sich die Gesundheitskosten in den USA, in Deutschland/Frankreich (Westeuropa; lies: Eurozone) und in China erheblich unterscheiden, sollte man in der Tat die Auswirkungen eines internationalen epidemischen Schocks auf die relativen Gesundheitskosten und die Implikationen für die jeweiligen Handelsbilanzen bzw. Leistungsbilanzpositionen berücksichtigen.

Was die USA und die Eurozone betrifft, so ist es sinnvoll, einige Schlüsselaspekte der jeweiligen Gesundheitssysteme zu betrachten; der Einfachheit halber wird die Eurozone hier nur als die Summe von Deutschland und Frankreich betrachtet – gelegentlich auch als Deutschland, Frankreich und Italien. Die Hauptunterschiede zwischen den USA und Deutschland sind die folgenden:

- Die Gesundheitsausgaben im Verhältnis zum BIP betragen in den USA 18 % (für 2018), aber nur 12 % in Deutschland und Frankreich, während die Lebenserwartung in der Eurozone deutlich höher und die Säuglingssterblichkeit niedriger ist als in den USA (mehr dazu in Anhang 6). Lässt man bestimmte Bereiche der medizinischen Exzellenz in den USA außer Acht, kann man nicht übersehen, dass das US-Gesundheitssystem teilweise ineffizient ist. Es ist recht merkwürdig, dass die Zahl der Gynäkologen pro Frau in den USA nur halb so hoch ist wie in Deutschland. Zudem kostet eine durchschnittliche klinische Operation in den USA dreimal so viel wie in den USA (Göpffarth 2012, S. 30).

- Wenn die Gesundheitsfürsorge in den USA durchschnittlich 35 % teurer ist als in Deutschland/Frankreich, hat dies schwerwiegende makroökonomische Auswirkungen: Geht man davon aus, dass der Anteil der US-Gewinne am US-Bruttoinlandsprodukt 1/3 beträgt – wie dies häufig für westliche OECD-Länder angenommen wird – haben US-Exporteure einen gesundheitskostenbedingten Nachteil gegenüber der Eurozone (Deutschland/Frankreich/Italien/Spanien/Niederlande der Einfachheit halber) von (2/3) 6 Prozent = 4 Prozent; Ineffizienzen im US-Gesundheitssystem belaufen sich effektiv auf eine Exportsteuer von 4 %. In der Tat ist in den USA die Krankenversicherung für Arbeiter und Angestellte in der Regel – außerhalb von Medicare für die über 65-Jährigen und die armen Schichten, die Medicare von der Regierung erhalten – an einen Arbeitsplatz gebunden, so dass die Ineffizienzen des US-Gesundheitssystems einer Exportsteuer der USA von 4 Prozent entsprechen (das Verhältnis Gesundheitsversorgung-BIP bzw. der Krankenversicherungsbeitragssatz erhöhen den Reservierungslohn auf den Arbeitsmärkten). Die Debatte der Trump-Administration über ein übermäßiges US-Handelsbilanzdefizit sollte daher mit einer Bestandsaufnahme der Ineffizienzen des US-Gesundheitssystems und – damit verbunden – der scheinbar enormen Lobbymacht eines Teils des US-Gesundheitssektors sowie der mangelnden Preistransparenz und des fehlenden Wettbewerbs im Krankenhaussektor beginnen. Im Gegensatz dazu ist das Gesundheitssystem Singapurs auf ein striktes Benchmarking der Krankenhäuser in Singapur angewiesen, unabhängig davon, ob diese privat oder öffentlich organisiert sind (für einen Überblick über das Gesundheitssystem Singapurs im Vergleich zu den USA siehe US Commercial Service 2015).
- Eine Epidemie, die alle wichtigen OECD-Länder betrifft, würde die Gesundheitsausgaben im Verhältnis zum BIP in den USA und in der Eurozone erhöhen, und zwar einerseits durch höhere Ausgaben und andererseits durch ein niedrigeres BIP, das aufgrund einer steigenden Krankheitsquote der Arbeitskräfte sinken wird. Sollte es in den USA (oder der EU) zu einer ausgewachsenen COVID-19-Epidemie kommen, würden die Krankenhauskosten stark ansteigen. Für die Vereinigten Staaten könnte dies bedeuten, dass der komparative Nachteil der USA in arbeitsintensiven Sektoren – die faktisch auch hohen Gesundheitskosten darstellen – weiter verstärkt würde und damit das US-Handelsbilanzdefizit im Verhältnis zum BIP und das Leistungsbilanzdefizit im Verhältnis zum BIP steigen würde.

Gesundheitssystemreformen können natürlich nicht kurzfristig konzipiert und umgesetzt werden, aber es besteht kein Zweifel, dass solche Reformen in der EU und mehr noch in den USA sorgfältig erwogen werden sollten. Der Stressimpuls durch die COVID-19-Epidemie macht diese Probleme deutlich.

Es ist eher überraschend, dass der enorme Vorsprung der USA bei den Gesundheitsausgaben im Verhältnis zum BIP – oder zu den Lebenserwartungsjahren – in der makroökonomischen Analyse über Jahrzehnte hinweg relativ unbemerkt geblieben ist: Die USA geben 1/3 mehr aus als Westeuropa, haben aber eine niedrigere Lebenserwartung und eine höhere Kindersterblichkeitsrate, was ein echtes Rätsel für das US-Gesundheitssystem darstellt und Teil der US-Schwäche in der internationalen Wettbewerbsfähigkeit bei der Produktion bzw. beim Export von Gütern ist. Innerhalb der OECD könnte jedes Mitgliedsland davon profitieren, indem es von jedem anderen Mitgliedsland etwas lernt; daher sollte die vergleichende Systemanalyse ein wichtiges und nützliches Feld der internationalen Wirtschaft bleiben – was sie seit dem Ende des Kalten Krieges nicht mehr ist.

In Bezug auf die Ergebnisse der Johns Hopkins University hinsichtlich ihres globalen Gesundheitssicherheitsindikators (NTI/Johns Hopkins University 2019) zur Bereitschaft für den Umgang mit Epidemien ist bemerkenswert, dass mit Blick auf Säule 4, nämlich *ein ausreichendes und robustes Gesundheitssystem zur Behandlung von Kranken und zum Schutz des Gesundheitspersonals, viele* EU-Länder ein eher bescheidenes Ranking haben und in der Mittelgruppe der 195 Länder liegen, die im globalen Gesundheitssicherheitsindex berücksichtigt werden: Irland (Rang 41), Luxemburg, Slowakei, Griechenland, Tschechische Republik, Italien, Rumänien, Ungarn, Litauen – und, in der schwächsten Gruppe, Estland (hinter Südafrika), was erstaunlich ist und als Status für ein EU-Land nicht wirklich akzeptabel ist. Dies weist zumindest auf das Problem hin, dass die EU bisher ein Mindestmaß an Qualität der Gesundheitssysteme nicht ausreichend als Voraussetzung für eine EU-Mitgliedschaft betrachtet hat; in der Tat sollte die Aufnahme einer solchen Qualitätsanforderung in die Kopenhagener Kriterien II (eine aktualisierte Version der Kopenhagener Kriterien) mittelfristig vom Europäischen Parlament, der Kommission und dem Rat sowie den EU-Mitgliedsländern in Erwägung gezogen werden. Es gibt beträchtliche Unterschiede zwischen den OECD-Ländern sowie zwischen China und Singapur (Abb. 7.2 und 7.3). Die Erklärung der GHS-Index-Position der einzelnen Länder ist eine interessante Frage.

Was den globalen Gesundheitssicherheitsindex betrifft, so ist es bemerkenswert, dass Russland, China, Italien und Spanien im aggregierten Gesamtindex eher schwache Positionen einnehmen, wie die obige Grafik zeigt. Doch

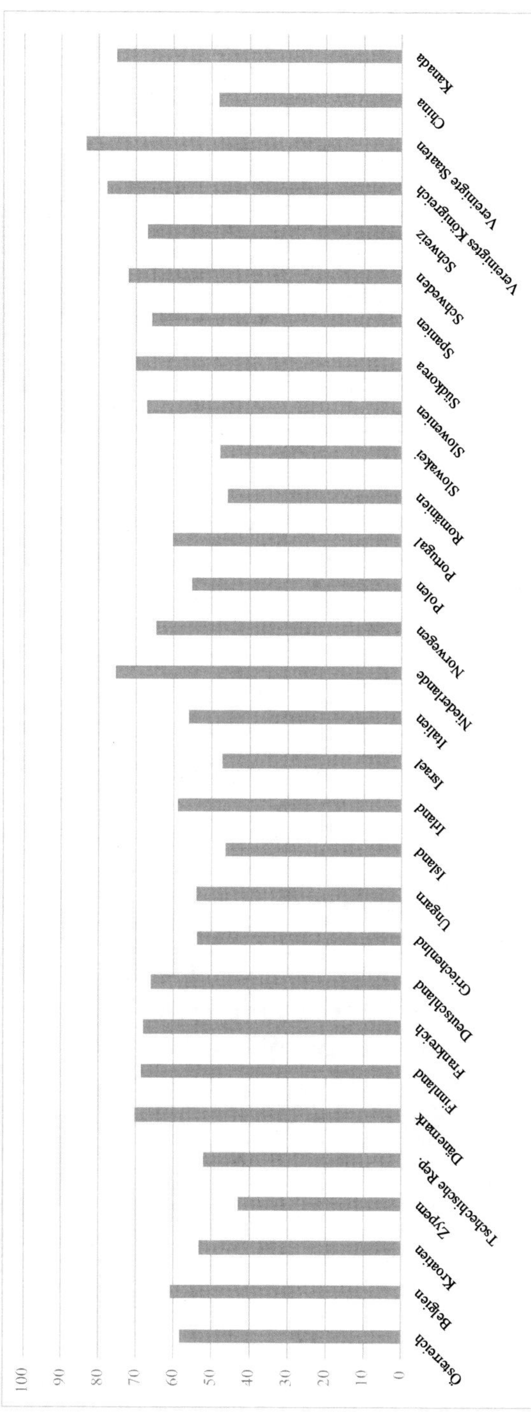

Abb. 7.2 Die Gesamtpunktzahl des globalen Gesundheitssicherheitsindex, ausgewählte Länder, 2019

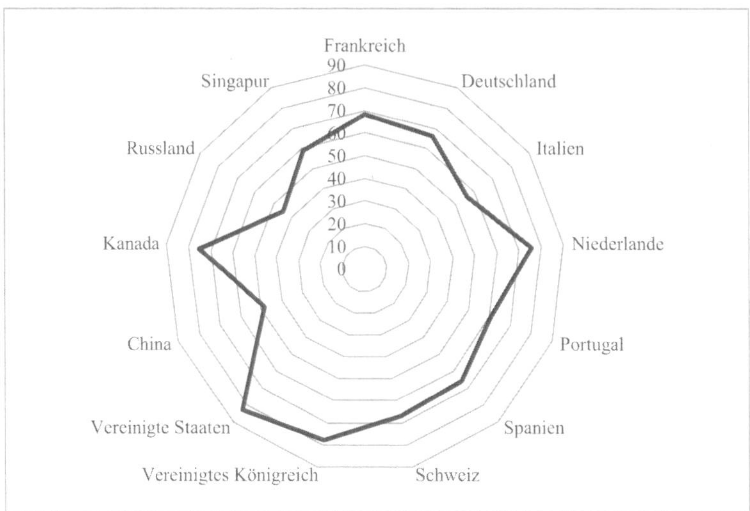

Abb. 7.3 Globaler Gesundheitssicherheitsindex, Gesamtpunktzahl, ausgewählte Länder, 2019

selbst einige Länder mit hohem Pro-Kopf-Einkommen – Singapur und die Schweiz – zeigen keine starke Position. Betrachtet man die Zahl der Infektionen Anfang März 2020, so waren China, Iran und Italien führend, bei der Mortalität hatten die USA einen viel höheren Rang als bei der Vergleichszahl der Infektionen; dies deutet auf eine große Zahl nicht identifizierter Infektionen in den Vereinigten Staaten hin. Schwachpunkte im US-Gesundheitssystem könnten dies erklären.

Es ist klar, dass eine internationale Epidemie ernsthafte Gefahren für die Weltwirtschaft birgt. Die Fähigkeit von Unternehmen in allen Ländern, sich rational auf eine internationale Arbeits- und Wissensteilung zu verlassen, wird eindeutig untergraben und gefährdet, wenn eine große Zahl von Ländern keine hohen Qualitätsindikatorwerte im Global Health Security Index erreicht.

Literatur

Döhrn, R. (2020). Auswirkungen der COVID-19 Epidemie auf die chinesische Wirtschaft – eine erste Abschätzung. RWI – Leibniz-Institut für Wirtschaftsforschung, Heft 134. http://www.rwi-essen.de/media/content/pages/publikationen/rwi-materialien/rwi-materialien_134.pdf. Zugegriffen am 01.04.2020.

DPE. (2016). The US health care system: An international perspective, Department for Professional Employees, fact sheet 2016. https://www.dpeaflcio.org/factsheets/

the-us-health-care-system-an-international-perspective#_edn51. Zugegriffen am 06.03.2020.

ECDC. (2020). Outbreak of novel coronavirus disease 2019 (COVID-19): Increased transmission globally – fifth update, European Centre for Disease Prevention and Control, 2 March 2020, Stockholm.

Gardner, L., Zlojutro, A., & Rey, D. (2020). Modelling the spreading risk of 2019-nCoV, Update 31, 2020, Johns Hopkins University, Whiting School of Engineering. https://systems.jhu.edu/research/public-health/ncov-model-2/. Zugegriffen am 11.03.2020.

Göpffarth, D. (2012). Access, quality, and affordability in health care in Germany and the United States, AICGS/Johns Hopkins University, Policy Report 51, Washington, DC.

Jonung, L., & Roeger, W. (2006). *The macroeconomic effects of a pandemic in Europe – A model-based Assessment* (ECFIN Economic working paper No. 251, June 2006). Brussels: European Commission.

Meyer, R., & Madrigal, A. (2020). The dangerous delays in U.S. coronavirus testing haven't stopped, published in The Atlantic, March 9, 2020. https://www.theatlantic.com/health/archive/2020/03/coronavirus-testing-numbers/607714/. Zugegriffen am 11.03.2020.

NTI/Johns Hopkins University. (2019). Global health security index – Building collective action and accountability, October 2019. https://www.ghsindex.org/wp-content/uploads/2019/10/2019-Global-Health-Security-Index.pdf. Zugegriffen am 25.03.2020.

US Commercial Service. (2015). *Singapore: Healthcare overview.* Washington DC: United States of America Department of Commerce. http://files.export.gov/x_5985.pdf. Zugegriffen am 01.04.2020.

8

Länderübergreifende Regressionsergebnisse mit dem GHS-Indikator und der Handels- und Direktinvestitions-Intensität

Was die Qualität des Gesundheitssystems betrifft, so ist es wichtig, den Zusammenhang zwischen dem Qualitätsindikator Global Health Security Index (GHS-Indiktor) und dem realen Pro-Kopf-Einkommen zu verstehen. Die Relevanz des Global Health Security Index für die wirtschaftliche Analyse ist in zweierlei Hinsicht entscheidend:

- Der Index stellt die Position des jeweiligen Landes in einem Schlüsselbereich des Gesundheitswesens dar
- Der Index könnte als gesundheitssystembezogener Proxy für den in der Produktion verfügbaren effektiven Arbeitseinsatz verwendet werden, wobei möglicherweise auch ausländische Fach- und Führungskräfte einbezogen werden könnten, die ins Land fliegen, um bestimmte Dienstleistungen für die Produktion von Waren und Dienstleistungen zu erbringen, die in der Statistik nicht vollständig erfasst werden, die aber für im Ausland produzierende Tochtergesellschaften eine Schlüsselrolle spielen: Je höher der Rang im GHS, desto höher die Bereitschaft solcher Fach- und Führungskräfte, vorübergehend in dem betreffenden Land zu arbeiten, und in dem Maße, in dem der GHS-Index ein Näherungswert für die Qualität des Gesundheitssystems ist, kann man auch davon ausgehen, dass sich hier der effektive Einsatz der Arbeitskräfte widerspiegeln könnte (mehr gesunde Arbeitskräfte, die zur Wertschöpfung beitragen). Andere Variablen, die das Pro-Kopf-Bruttoinlandsprodukt erklären könnten, könnten in einer länderübergreifenden Regression berücksichtigt werden, und die Ergebnisse sind durchaus interessant, wie im Folgenden gezeigt wird.

P. J. J. Welfens, *Corona-Weltrezession*, https://doi.org/10.1007/978-3-658-31386-9_8

Eine nützliche deskriptive Analyse besteht darin, sich auf ein Streudiagramm der Pro-Kopf-Bruttoinlandsprodukt-Zahlen und den Index der globalen Gesundheitssicherheit zu konzentrieren. Hier zeigt sich, dass beide Datenreihen positiv korreliert sind (siehe Abb. 8.1). Die Gründe für eine solche Korrelation müssen identifiziert werden: Ein höheres Pro-Kopf-Einkommen geht in der Regel mit einer höheren Nachfrage nach Gesundheitsleistungen einher, und ein besserer Gesundheitszustand – basierend auf einer besseren Qualität des Gesundheitssystems (wie durch den GHS-Index veranschaulicht) – dürfte auf verschiedene Weise zu einem höheren realen Pro-Kopf-BIP beitragen (z. B. positive angebotsseitige Effekte eines besseren Gesundheitszustands auf den potenziellen Output). Die Subindizes mit einem besonderen Schwerpunkt auf der Qualität der Epidemieabsorption des jeweiligen Gesundheitssystems könnten auch für spezifische Forschungsinteressen analysiert werden.

Anschließend wird zunächst ein Streudiagramm für eine lineare Beziehung zwischen dem realen Pro-Kopf-BIP (nach Kaufkraftparitäten) und dem GHS-Index (Gesamtpunktzahl) für alle 161 Länder betrachtet: Die USA liegen unter der durchschnittlichen Beziehung für alle Länder; hier können Luxem-

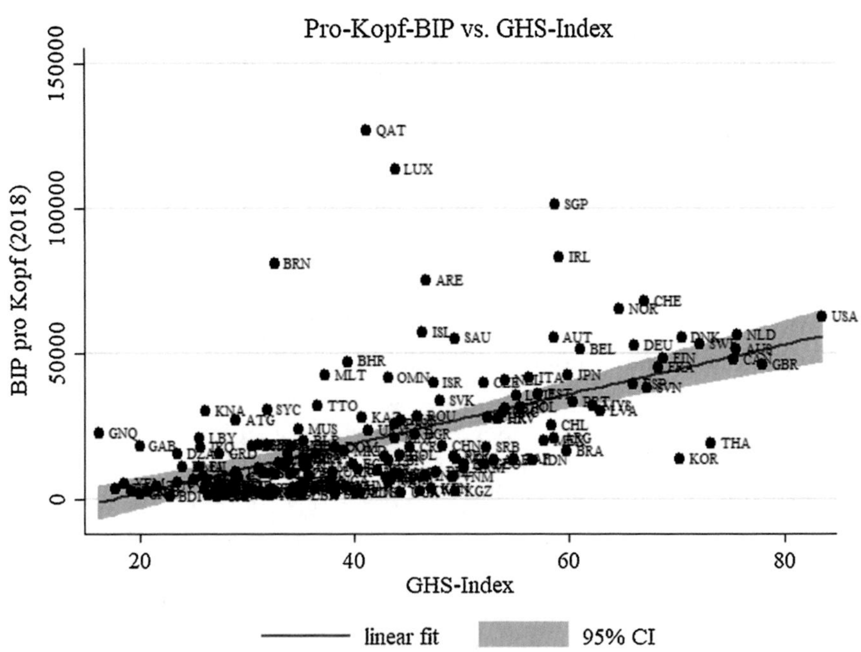

Abb. 8.1 Streudiagramm für Pro-Kopf-BIP-Zahlen (2018; KKP) und Global Health Security Index (2018)

burg und Katar als klare Ausreißer betrachtet werden. Man könnte auch die Beziehung zwischen dem Logarithmus des Pro-Kopf-BIP und dem GHS-Index in Betracht ziehen; die Idee könnte darin bestehen, implizit zu berücksichtigen, dass das reale Pro-Kopf-Einkommen und die Gesundheit für eine nichtlineare Beziehung stehen (unter der Annahme bestimmter linearer Eigenschaften bei der Konstruktion des GHS-Index). Bezogen auf das Pro-Kopf-Einkommen stehen die Vereinigten Staaten und das Vereinigte Königreich – und noch mehr die Republik Korea, Thailand und Brasilien – für eine überdurchschnittliche Position im GHS-Index, während beispielsweise Deutschland und Japan einen unterdurchschnittlichen GHS-Wert aufweisen. Ein interessantes Ergebnis erhalten wir, wenn man die Gesamtgruppe der Länder in eine Gruppe mit hohem Einkommen – definiert als OECD plus ASEAN plus China – und eine Gruppe mit niedrigem Einkommen („andere Länder" in Abb. 8.2) aufteilt (Abb. 8.2 und 8.3). Bei dieser Aufteilung der Stichprobe können wir sehen, dass die Qualität der Position des US-Gesundheitssystems wiederum unter der des durchschnittlichen Verhältnisses der Gruppe mit hohem Einkommen liegt, während Brasilien besser ist, als das durchschnittliche Verhältnis vermuten lässt. Interessanter ist, dass die Gruppe

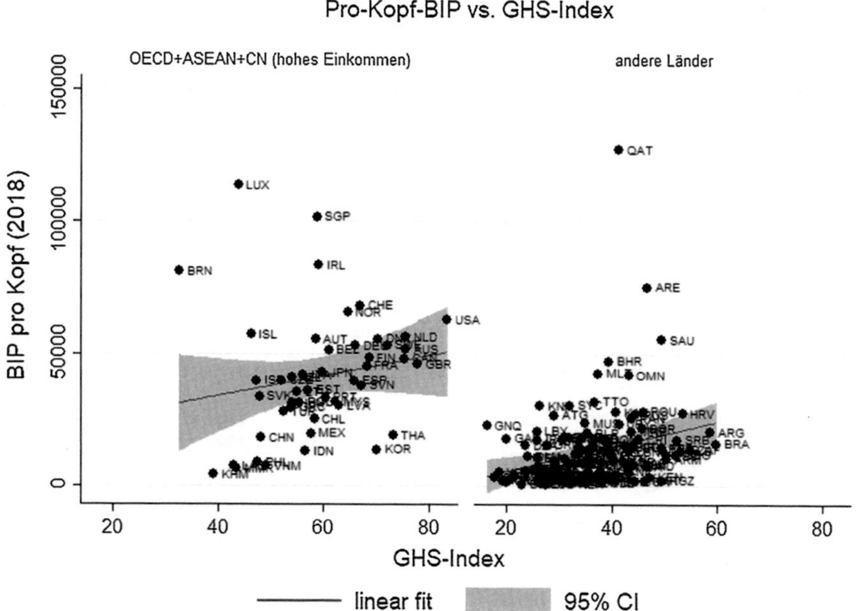

Abb. 8.2 Streudiagramm für die Zahlen des Pro-Kopf-BIP (2018; KKP) und den globalen Gesundheitssicherheitsindex (2018) für die Gruppe mit hohem Einkommen (OECD, ASEAN und China) und andere Länder

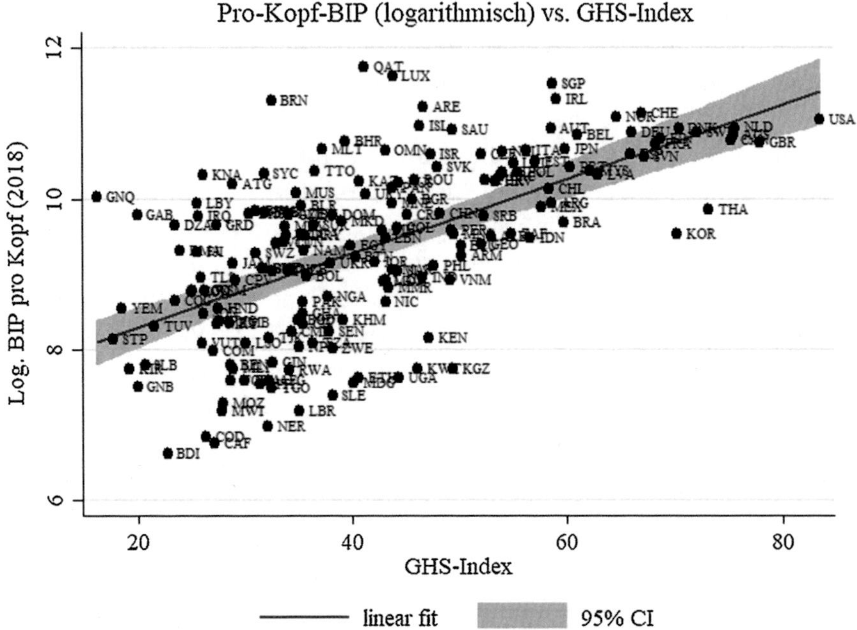

Abb. 8.3 Streudiagramm für Zahlen zum logarithmischen Pro-Kopf-BIP (2018; KKP) und Global Health Security Index (2018)

mit hohem Einkommen ein viel höheres Pro-Kopf-Niveau aufweist als die armen Länder, während die Steigungen für beide Ländergruppen ziemlich ähnlich sind. Dies wirft die Frage auf, ob die Qualität des Gesundheitssektors selbst einen Einfluss auf das Pro-Kopf-Einkommen hat, was wiederum komplexe Fragen aufwirft. Gleichwohl ist es interessant, anschließend eine recht einfache Regression zu betrachten, die sich darauf konzentriert, das Pro-Kopf-Einkommen durch wirtschaftliche Schlüsselvariablen zu erklären, darunter die Handelsintensität (was implizit für Spezialisierungsgewinne und höhere Innovationsintensität in Verbindung mit einer offeneren Wirtschaft steht).

Box 1: Länderübergreifende Regressionsanalyse

Eine einfache länderübergreifende Regression zur Erklärung des realen Pro-Kopf-BIP (Kaufkraftparitätszahlen) durch den GHS-Index, die wahre Handelsoffenheit und die Intensität der Direktinvestitionen – für 174 Länder – zeigt eine gute Eignung der Regression für diesen einfachen Ansatz auf der Grundlage der Zahlen für 2018; die wahre Offenheit ist ein Maß für die Handelsintensität, korrigiert um die Größe der Wirtschaft (kleine Länder, hier proximal zum BIP im Verhältnis zum durchschnittlichen BIP in der Länderstichprobe), und die Variable spiegelt somit sowohl die internationale Arbeitsteilung als auch den effektiven Importwettbewerb wider (Tab. 8.1). Die wahre FDI-Intensität (FDI-Zuflüsse und FDI-Abflüsse) ist eine ähnliche Variable für ausländische Direktinvestitionen; zusätzlich wurde die wahre FDI-Zuflussintensität einbezogen. Keine der beiden FDI-Variablen war jedoch signifikant.

Die Regression, die die wahre FDI-Zuflussvariable einschließt, erklärt 44,6 % der Variation des realen Pro-Kopf-BIP zwischen den Ländern, und sowohl der GHS-Index als auch die wahre Handelsoffenheitsvariable sind auf dem 1 %-Niveau signifikant. Der Koeffizient der wahren Handelsoffenheit ist etwa dreimal so groß wie der des GHS-Indikators. Nimmt man Protokolle des realen Pro-Kopf-BIP, sind die Koeffizienten besser zu interpretieren, nämlich als Halbelastizität, und der bereinigte R2 steigt leicht auf 46,7; beachten Sie, dass in dieser Variante die wahre FDI-Inlandsvariable fallen gelassen wurde und nur die wahre FDI-Intensität verwendet wird. Sobald längere Zeitreihen für den GHS-Index zur Verfügung stehen, wird eine Paneldatenanalyse mit diesem Indikator möglich, so dass man mehr Licht auf den Zusammenhang zwischen der Qualität des Gesundheitssystems und der wirtschaftlichen Wohlfahrt werfen kann.

Eine wichtige politische Schlussfolgerung, die hier gezogen werden muss, ist, dass der IWF, die OECD, die EU, die Weltbank und andere Institutionen, die versuchen, das Wirtschaftswachstum in der Weltwirtschaft durch spezifische Programme für Mitglieds- oder Partnerländer zu unterstützen, der Qualität des Gesundheitssystems der Empfängerländer mehr Aufmerksamkeit schenken sollten.

Probleme im US-Gesundheitssystem

Was die USA betrifft, so sollte man auch nicht übersehen, dass der Fall einer schweren Krankheit in der Familie der wichtigste Risikofaktor für eine Familie der Mittelschicht ist, aus dieser Position in die Armut zu stürzen. Case und Deaton (2020) haben das Problem des Todes durch Verzweiflung/Selbstmord – und die Frage der Opioidkrise (Missbrauch von Schmerzmitteln) – in den USA analysiert und gezeigt, dass in Westeuropa nur Schottland eine ähnlich hohe Selbstmordrate wie in den USA aufweist. Der Anteil der nicht versicherten Amerikaner ist unter der Obama-Administration zurückgegangen, unter der Trump-Administration ist er jedoch angestiegen; in 2020 dürfte der Anteil der US-Bürger/innen ohne Krankenversicherung auf deutlich über 20 Millionen zeitweise gestiegen sein.

Man kann darauf hinweisen, dass ein persönlicher Bankrott aufgrund von Gesundheitsausgaben in EU-Ländern mit einer allgemeinen Krankenversicherungsdeckung ein selten bekanntes Phänomen ist, während diese Art von Bankrott in den USA ein häufig auftretendes Problem ist und viele Haushalte

Tab. 8.1 Regression für Zahlen zum realen Pro-Kopf-BIP (KKP): Länderübergreifende Analyse für 2018 (174 Länder; Liste der Länder und Datenquelle: Anhang 7)

	(1)	(2)	(3)	(4)
	ln_gdppc	ln_gdppc	gdppc	gdppc
ghs	0,0395***	0,0402***	623,3***	652,3***
	(0,00395)	(0,00398)	(82,62)	(82,10)
ifdi_trueo~n	−1,279		−55470,3	
	(1,191)		(34015,1)	
trade_true~n	0,735***	0,721***	16624,0***	15966,6** *
	(0,113)	(0,110)	(3711,1)	(3820,4)
fdi_trueopen		−1,394		−34391,2
		(1,055)		(31443,0)
_cons	7,759***	7,714***	−4808,6	−6025,0
	(0,199)	(0,205)	(3844,5)	(4004,5)
N	174	174	174	174
R-sq	0,475	0,476	0,465	0,455
adj. R-sq	0,465	0,467	0,456	0,446
rmse	0,848	0,847	16205,2	16357,4

Standard errors in parentheses
* p<0,05, ** p<0,01, *** p<0,001
Quelle: Eigene Darstellung. Die vollständige Liste der Länder und der Datenquellen ist in Anhang 7 zu finden

mit dem Problem konfrontiert sind, in der Angst zu leben, die nächste Gesundheitsrechnung nicht bezahlen zu können. Eine Umfrage in den USA ergab, dass Arztrechnungen die wichtigste Ursache für den Konkurs von Verbrauchern sind – mit 18–25 Prozent direkt durch medizinische Schuldfälle verursacht (Austin 2014). In einer anderen Umfrage war ein zentrales Ergebnis, dass 56 Millionen Amerikaner unter 65 Jahren im Jahr 2013 Schwierigkeiten hatten, ihre Arztrechnungen zu bezahlen (Lamontage 2014). Es wird erwartet, dass 10 Millionen amerikanische Erwachsene Probleme mit der Bezahlung von Arztrechnungen haben werden, obwohl sie ganzjährig versichert sind (Lamontage 2014). Zur Erörterung weiterer Gesundheitsaspekte im Zusammenhang mit Produktivitätsaspekten in den USA siehe DPE (2016).

Die COVID-19-Epidemie wird in den USA wahrscheinlich viele zusätzliche Gesundheitsprobleme verursachen; einige Patienten könnten sterben, aber die meisten werden natürlich überleben – in vielen Fällen könnten jedoch hohe Arztrechnungen anfallen. In den USA könnte die Epidemie daher wahrscheinlich zu einem Impuls für einen Rückgang des realen Pro-Kopf-Verbrauchs werden, und zwar stärker als in der Eurozone bzw. in der EU, wo eine universelle Gesundheitsversorgung üblich ist. Man muss auch damit rechnen, dass sich viele Menschen in den USA nicht frühzeitig auf das Coronavirus testen lassen werden, da sie Angst vor hohen Arztrechnungen haben, was wiederum zu einer höheren Sterblichkeitsrate in den USA als in der Eurozone führen wird. In den USA könnte dies zu einer verzögerten Epidemie führen, was in den USA zu viel höheren Gesundheits- und Produktionskosten führen würde, als es ein europäisches, breit gefächertes Krankenversicherungssystem implizieren würde. Man kann jedoch darauf hinweisen, dass eine einfache Ausdehnung der Medicare-Optionen auf Personen unter 65 Jahren die Ineffizienzen des US-Gesundheitssystems nicht allein lösen wird; die Frage, wie mehr Wettbewerb und Anreize für ein gesünderes Leben (z. B. ohne das Problem der Übergewichtigkeit) sowie Lobbying-Aspekte organisiert werden können, müsste geprüft werden. Ökonometrische Arbeiten, die nur die US-Gesundheitsausgaben und nicht das Verhältnis der Gesundheitsausgaben zum Nationaleinkommen (oder Bruttoinlandsprodukt) betrachten, sind für politische Reformen oft irreführend.

Im Hinblick auf die Fähigkeit der Gesundheitssysteme, mit der Coronavirus-Epidemie fertig zu werden, wird die Verfügbarkeit von Intensivbetten in Krankenhäusern von entscheidender Bedeutung sein; unter der Annahme, dass insbesondere die ältere Bevölkerung bei dieser Pandemie einem hohen Risiko ausgesetzt ist, wäre das Verhältnis von Akutbetten zur Bevölkerung über 65 Jahren von besonderem Interesse. Was diese Zahlen betrifft, so enthält die Tab. 8.2 Informationen für die OECD-Länder. Zu Beginn der COVID-19-Herausforderung gibt es natürlich eine gewisse Kapazitätsauslastung der Intensivbetten, die von Land zu Land unterschiedlich ist – je höher dieses Kapazitätsverhältnis ist, desto schwieriger wird es für das jeweilige Gesundheitssystem sein, den Coronavirus-Schock zu verkraften. Vor allem in Bezug auf die Zahl der Akutbetten im Krankenhaus ist eine große Variation der Kapazität zwischen den Ländern festzustellen – Japan und Korea, die die COVID-19-Epidemien in ihren Ländern relativ gut bewältigt haben, waren besser gerüstet (7,79 und 7,14 Akutbetten pro 1000 Einwohner) als Italien (2,62), wobei das Vereinigte Königreich und die Vereinigten Staaten ebenfalls eine relativ geringe Zahl von Akutbetten pro 1000 Einwohner aufweisen (Tab. 8.2). Daten zu Akutbetten pro 1000 Einwohner über 65 Jahre (Altersgruppe mit höherem Risiko für COVID-19) finden Sie in Tab. 8.3. Auch hier zeigen sich signifikante Unterschiede, von 51,92 in Korea bis zu nur 10,39 in Schweden. Innerhalb der EU haben einige Mitgliedstaaten im Verhältnis zur älteren Bevölkerung größere Kapazitäten als andere, nämlich die Slowakei (32,78), Österreich (29,50), Polen (28,26) und Litauen (28,13). Italien liegt mit nur 11,74 am unteren Ende der Tabelle. Hier geraten einige andere Länder, die vom Coronavirus schwer betroffen sind, unter Druck, nämlich Spanien, Dänemark, die Niederlande und die Vereinigten Staaten.

Tab. 8.2 Krankenhausbetten pro 1000 Einwohner und Akutversorgung Krankenhausbetten pro 1000 Einwohner für OECD-Länder

Land	Krankenhausbetten pro 1000	Land	Akutpflegebetten pro 1000
Japan	13,05	Japan	7,79
Korea	12,27	Korea	7,14
Deutschland	8	Deutschland	6,02
Österreich	7,37	Litauen	5,47
Ungarn	7,02	Österreich	5,45
Tschechische Republik	6,63	Belgien	5
Polen	6,62	Slowakische Republik	4,91
Litauen	6,56	Polen	4,85
Frankreich	5,98	Ungarn	4,27
Slowakische Republik	5,82	Slowenien	4,2
Belgien	5,66	Tschechische Republik	4,11
Lettland	5,57	Luxemburg	3,77
Estland	4,69	Griechenland	3,6
Luxemburg	4,66	Schweiz	3,56
Schweiz	4,53	Estland	3,45
Slowenien	4,5	Lettland	3,3
Griechenland	4,21	Portugal	3,25
Australien	3,84	Norwegen	3,2
Norwegen	3,6	Frankreich	3,09
Portugal	3,39	Niederlande	2,92
Niederlande	3,32	Finnland	2,8
Finnland	3,28	Türkei	2,78
Italien	3,18	Irland	2,77
Island	3,06	Neuseeland	2,69
Israel	3,02	Italien	2,62
Spanien	2,97	Dänemark	2,54
Irland	2,96	Island	2,51
Türkei	2,81	Vereinigte Staaten	2,44
Vereinigte Staaten	2,77	Spanien	2,43
Neuseeland	2,71	Israel	2,2
Dänemark	2,61	Vereinigtes Königreich	2,11
Vereinigtes Königreich	2,54	Schweden	2,04
Kanada	2,52	Chile	1,99
Schweden	2,22	Kanada	1,96
Chile	2,11	Mexiko	1,38
Mexiko	1,38		

Quelle: Eigene Darstellung der Daten von OECDStat, Health Care Resources, Daten für 2017 oder das letzte verfügbare Jahr; für Australien liegen keine Daten zu den Akutbettkapazitäten vor

Box 2: Krankenversicherung, endogener Zeithorizont, Lebenserwartung und wirtschaftliche Wohlfahrt

In einer ökonomischen Perspektive sollte die Rolle des Zeithorizonts in Verbindung mit dem Krankenversicherungsschutzgrad (h) bzw. der Qualität des Gesundheitssystems betrachtet werden. Lebt man in einer Gesellschaft mit einem breiten Krankenversicherungsschutz der Bevölkerung, so ist die Lebenserwartung höher als in einer Gesellschaft mit einem eher kleinen h. Man geht typischerweise davon aus, dass die Individuen den Lebensnutzen maximieren und auch typischerweise, der Einfachheit halber, ist der Zeithorizont von 0 bis unendlich, was ein Kernproblem an der Schnittstelle von Ökonomie und Gesundheitssystemanalyse wegnimmt. Ein realistischerer und relevanterer Ansatz könnte hier die Annahme sein, dass der typische Haushalt den Nutzen U maximiert, der eine Funktion der Lebensqualität – angenähert durch h – und des Logarithmus des Verbrauchs C(t) ist, wie im nachfolgenden einfachen Ansatz angegeben. Die erwartete Lebenserwartung T – relevant für den Zeithorizont, über den die Maximierung des Konsums erfolgt – ist eine positive Funktion von h; eine breitere Krankenversicherung führt zu einer besseren durchschnittlichen Lebens- bzw. Konsumqualität. Dieser Aspekt macht die Problemstellung realistischer und auch schwieriger zu analysieren (Haushalte betrachten hier den diskontierten „effektiven Konsum", der durch h lnC(t) $e^{'-rt}$ repräsentiert werden soll (siehe Gleichung (i); e' ist die Euler-Zahl, r der Realzins). Der Grundgedanke ist, dass mehr Konsum bei besserer durchschnittlicher Gesundheit einen erhöhten Nutzen bietet (wenn der Krankenversicherungsgrad h ansteigt, so verbessert sich annahmegemäß auch der durchschnittliche Gesundheitsgrad).

Der Ansatz ist eher kompakt, wenn h als über die Zeit konstant angenommen wird (siehe Gleichung (ii)); in einem breiteren Ansatz wird man explizit zwischen h und der individuellen Gesundheitsqualität h''_i) unterscheiden müssen. Selbst dann wird es in zwei Nachbarländern Migration geben – z. B. zwischen Mexiko und den USA oder Osteuropa plus Afrika und Westeuropa –, weil es länderübergreifende Unterschiede in h gibt; der durchschnittliche Gesundheitszustand in Kalifornien/Texas und möglicherweise in den gesamten USA ist höher als in Mexiko. Nicht nur der Unterschied im Konsum C zwischen zwei Ländern wird als relevant angesehen, sondern die Variable h könnte in der Tat auch bei der Analyse der internationalen Migration berücksichtigt werden. Die Relevanz von h bzw. der Gesundheitsqualität kann durch die nachfolgende Grafik verdeutlicht werden.

$$U = \int_0^{T(h)} h \ln C(t) e^{'-rt} \, dt \tag{i}$$

$$U = h \int_0^{T(h)} \ln C(t) e^{'-rt} \, dt \tag{ii}$$

Tab. 8.3 Anzahl der Akutkrankenhausbetten pro 1000 Einwohner im Alter von 65 Jahren und älter für ausgewählte Länder

Land	Akutbetten pro 1000 über 65
Korea	51,92
Slowakische Republik	32,78
Österreich	29,50
Polen	28,26
Litauen	28,13
Japan	28,08
Deutschland	27,80
Belgien	27,36
Ungarn	22,87
Slowenien	22,31
Tschechische Republik	21,89
Irland	20,64
Chile	20,07
Schweiz	19,85
Israel	19,24
Neuseeland	18,44
Island	18,15
Estland	17,85
Griechenland	16,67
Lettland	16,52
Frankreich	16,07
Vereinigte Staaten	15,97
Niederlande	15,79
Dänemark	13,56
Finnland	13,36
Spanien	12,81
Italien	11,74
Vereinigtes Königreich	11,73
Kanada	11,62
Schweden	10,39

Quelle: Eigene Berechnungen und Darstellung von Daten aus OECDStat, Health Care Resources, Daten für 2017 oder das letzte verfügbare Jahr und Statistisches Bundesamt für Deutschland; UK: Amt für Nationale Statistik

Auch die Qualität des Gesundheitssystems könnte für die Attraktivität eines Landes als Investitionsstandort von Bedeutung sein. Spitzenmanager und internationale Investoren werden sicherlich an einer hohen Qualität des Gesundheitssystems an den vorgesehenen Standorten des Gastlandes interessiert sein. Aus dieser Perspektive könnte man die Ergebnisse des NTI/Johns Hopkins Global Health Security Index (sobald wieder Datenpunkte verfügbar sind) in eine modifizierte moderne Gravitationsgleichung für ausländische Direktinvestitionen einfließen lassen – für eine grundlegende Direktinvestitions-Gravitationsmodellierungsanalyse siehe Welfens und Baier (2018).

Die Abb. 8.4 zeigt die Verbrauchsfunktion für den Fall von h = 1 und einem niedrigeren Wert von h, sagen wir h = 0,8. Durch die Annahme ist der niedrige Wert von h mit einer eher kurzen durchschnittlichen Lebenserwartung verbunden. Um es anders auszudrücken: Eine Erhöhung von h vom niedrigeren Wert auf einen höheren Wert führt nicht nur zu einer Aufwärtsbiegung/Verschiebung des Konsumpfades, sondern darüber hinaus wird die Lebenserwartung von t_M auf t_M' erhöht. Die Steigerung des Nutzwertes durch ein höheres h ist durch den gepunkteten Bereich dargestellt, und es ist bemerkenswert, dass traditionelle Ansätze zur Nutzenmaximierung die Rolle des Wohlfahrtsgewinns LNM′L′ übersehen würden.

Unter dem Strich stellt die Coronavirus-Analyse eine interessante analytische Herausforderung im Hinblick auf die Modifizierung etablierter Ansätze dar. Die politischen Entscheidungsträger wären gut beraten, diese Art neuer Analysen zu fördern. Schließlich scheint die Überschneidung von Gesundheitsanalyse und Makroökonomie ein nützliches Feld für die weitere Forschung zu sein – der Gesundheitssektor ist groß genug, um die Gesamtwirtschaft in signifikanter Weise zu beeinflussen, und die zahlreichen Auswirkungen von Reformen des Gesundheitssystems auf die aggregierte Nachfrageseite (und in der Tat den Konsum) und die Angebotsseite/das Produktionspotenzial sollten sorgfältig analysiert werden. Auch makroökonomische Politikbeiräte in allen Ländern und internationale Organisationen sollten die neuen Forschungsperspektiven berücksichtigen.

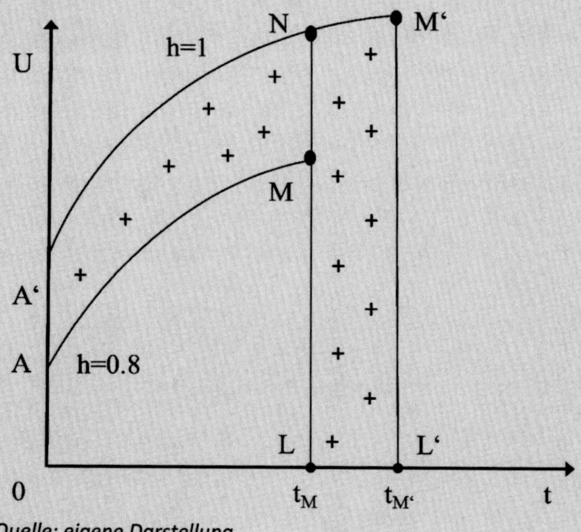

Quelle: eigene Darstellung

Abb. 8.4 Maximierung des Lebensnutzens mit endogenem Zeithorizont

Literatur

Austin, D. (2014). Medical debt as a cause of consumer bankruptcy. *Maine Law Review, 67*(1), 1–23.

Case, A., & Deaton, A. (March/April 2020). The epidemic of despair – Will America's mortality crisis spread to the rest of the world? *Foreign Affairs*. https://www.foreignaffairs.com/articles/united-states/2020-02-03/epidemic-despair. Zugegriffen am 01.04.2020.

DPE. (2016). The US health care system: An international perspective, Department for Professional Employees, fact sheet 2016. https://www.dpeaflcio.org/factsheets/the-us-health-care-system-an-international-perspective#_edn51. Zugegriffen am 06.03.2020.

Lamontage, C. (2014). NerdWallet health finds medical bankruptcy accounts for majority of personal bankruptcies, Nerdwallet.com, published March 26, 2014. https://www.nerdwallet.com/blog/health/medical-bankruptcy. Zugegriffen am 06.03.2020.

Welfens, P. J. J., & Baier, F. (2018). BREXIT and foreign direct investment: Key issues and new empirical findings. *International Journal of Financial Studies, 6*(2), 46. https://doi.org/10.3390/ijfs6020046.

9

Finanzmarkt-Perspektiven und Corona-Schock im Makromodell

Bei COVID-19 handelt es sich um eine internationale Epidemie, die bei internationalen Investoren Zweifel hinsichtlich der Entwicklung der US-Börsen und der Börsenkurse in der Eurozone und im Vereinigten Königreich sowie in Japan, der Republik Korea und China geweckt hat. Der langfristige Anstieg der relativen Aktienmärkte endete im Februar 2020, und Mitte März kam es zu einem erheblichen Abwärtsdruck auf die Aktien in den OECD-Ländern und in China („Anhang 10: Entwicklungen am Aktienmarkt"). Somit ist der wirtschaftliche Aufschwung in den USA und der EU sowie in Großbritannien ebenfalls im Frühjahr 2020 zu Ende gegangen. Da die Ölpreise zu sinken begannen, trägt dies zur Stabilisierung der wirtschaftlichen Entwicklung in der EU und im Vereinigten Königreich bei; in den USA wird die Produktion im Öl- und Gassektor jedoch gedämpft, was wiederum – zusammen mit einem erwarteten Rückgang der Gesamtnachfrage – zu einem geringeren Produktionswachstum beitragen wird. Die US-Geldpolitik hat den Zinssatz Anfang 2020 gesenkt. Aber ihre Fähigkeit, das Produktionswachstum zu stabilisieren, ist recht begrenzt. Produktionsbeschränkende staatliche Regulierungen müssten schon allmählich, bei deutlicher Senkung der Ansteckungszahlen, aufgehoben werden.

Man sollte nicht ausschließen, dass das COVID-19-Problem in einigen Ländern zu verstärkter politischer Instabilität führen wird. In einer breiteren Perspektive ist politische Instabilität zu einem Element bestimmter OECD-Länder geworden, und der Jahresbericht der Bank für Internationalen Zahlungsausgleich von 2018 hat in der Tat auf das Problem der politischen Instabilität und auf das Problem hingewiesen, dass sich politische Instabilität leicht in wirtschaftliche Instabilität verwandeln kann (BIZ 2018). Politische

P. J. J. Welfens, *Corona-Weltrezession*, https://doi.org/10.1007/978-3-658-31386-9_9

Instabilität könnte die Risikoprämien im Unternehmenssektor erhöhen und damit das Investitionswachstum dämpfen. Was die Auswirkungen eines politischen Schocks in Europa betrifft, so war der BREXIT-Schock in den letzten Jahren sowohl für das Vereinigte Königreich als auch für die Eurozone von großer Bedeutung. Kadiric und Korus (2019) zeigen, dass die Renditen von Unternehmensanleihen im Vereinigten Königreich bei Laufzeiten von 3–5 Jahren um 23 Basispunkte (0,23 %), bei 5–7 Jahren um 21 Basispunkte, bei 7–10 Jahren um 18 Basispunkte und bei Laufzeiten über 10 Jahren um 16 Basispunkte gestiegen sind; in der Eurozone betrug die Auswirkung auf die Risikoprämien von Unternehmen bei Laufzeiten von 1–3 Jahren, 3–5 Jahren und über 10 Jahren 9 Basispunkte. Dies bedeutet, dass politische Schocks höhere Risikoprämien für Unternehmen und damit einen dämpfenden Effekt auf Investitionen, Produktion und Arbeitsplätze bewirken könnten.

Zwar können Zentralbanken in den USA, UK und Europa sowie Schwellenländern durch Staatsanleihen-Ankäufe die Zinssätze im Corona-Schockjahr 2020 und in den folgenden Jahren drücken, aber es bleibt natürlich eine dreifache Herausforderung zu bedenken:

- Da praktisch alle G20-Länder ökonomisch negativ von den Coronaschocks betroffen sind, nimmt weltweit die Kreditnachfrage der Staaten zu; die globalen Schuldenquoten steigen erheblich an. Daher wird es ein signifikantes Interesse der Politik geben, die Notenbanken unter Druck zu setzen, die Zinssätze auch längerfristig niedrig zu halten. Gerade das aber ist ökonomisch problematisch, da Realzinssätze (Marktzins minus Inflationsrate) nahe Null oder gar im Negativbereich zu Überinvestitionen beziehungsweise zur Realisierung von ökonomisch unsinnigen Investitionsprojekten führen. Die Relation Kapitaleinsatz zu Beschäftigten steigt dann über die aus Sicht der „goldenen Kapitalintensität" notwendigen Höhe an: Die goldene Regel aus der Wachstumstheorie wird verletzt, die sichert, dass der Pro-Kopf-Konsum langfristig maximal wird.
- Wenn der Kapitaleinsatz pro Kopf in der Wirtschaft unnötig hoch ist, bedeutet das auch eine Verschwendung von Ressourcen und Energie. Denn alle Maschinen und Anlagen sowie Gebäude/Produktionshallen wurden ja unter Einsatz von Ressourcen und Energie produziert.
- Eine mittelfristige Normalisierung des Zinssatzes ist für Wohlstand und Stabilität der Wirtschaft notwendig. Diese Normalisierungserfordernisse sollte man bei der Erneuerung der Wirtschaft und notwendigen Reformen des Wirtschafts- und Politiksystems nicht aus dem Auge verlieren. Je länger die Epidemie anhält, ohne das ein wirksamer und sicherer Impfstoff vorhanden ist, desto länger dauert der Ausnahmezustand auf den Finanzmärkten

an; und um so schwieriger dürfte eine Normalisierung der Geld- und Finanzpolitik und damit eine Rückkehr zu stabilen Verhältnissen werden.

Was die Coronavirus-Epidemie angeht, so dürfte diese ernste Liquiditätsprobleme für viele Unternehmen mit sich bringen, die mit bestimmten fixen und variablen Kosten konfrontiert sind, während die Verkaufserlöse aufgrund der schrumpfenden Nachfrage sinken oder die Produktion aufgrund von Problemen bei der Beschaffung von Vorleistungen (aus der einheimischen und internationalen Wirtschaft) zurückgeht. Die sektoralen Risikoprämien in den OECD/G20-Ländern sollten einerseits auf einen Teil dieser Liquiditätsprobleme hinweisen, andererseits können diese Probleme durch wirtschaftspolitische Interventionen gemildert werden, da Regierungen z. B. Unternehmen erlauben können, Steuerzahlungen aufzuschieben, oder dass Regierungen Quasi-Subventionen aus breiteren Arbeitslosenversicherungsfonds an Unternehmen mit geringerer Kapazitätsauslastung zahlen (solche Maßnahmen wurden von der deutschen Regierung am 13. März angekündigt). Staatliche Bürgschaften für Bankkredite an solvente Unternehmen, die tatsächliche und potenzielle Liquiditätsprobleme haben, könnten ebenfalls nützlich sein – in der EU haben sowohl Deutschland als auch Frankreich Mitte März 2020 solche Maßnahmen beschlossen. Der Grundgedanke dabei ist, Unternehmen mit kurzfristigen Cashflow-Problemen zu helfen. Unternehmen, die zahlungsunfähig sind, sollten natürlich nicht von einer solchen staatlichen Unterstützung profitieren. Sollte sich der Anteil der notleidenden Kredite in den OECD/G20-Ländern erhöhen, wird man eine staatlich unterstützte Erhöhung der Eigenkapitalquoten der Banken in Betracht ziehen müssen. Da die Gesamtnachfrage Ende 2020 und 2021 anziehen dürfte – was den schockbedingten Nachfragerückgang im zweiten und dritten Quartal 2020 teilweise kompensieren würde – dürften die meisten Unternehmen 2021 wieder auf den richtigen Weg zurückfinden. Für die Eurozone bzw. die EU könnte dies bedeuten, dass es 2020 eine Rezession geben wird, 2021 jedoch könnte es in den OECD-Ländern plus China (sowie in anderen Ländern) einen neuen wirtschaftlichen Aufschwung geben.

Was die Ölpreise anbelangt, so könnte es im Laufe des Jahres 2020 zu einem beträchtlichen Rückgang kommen („Anhang 8: Ölpreisentwicklung"), nicht zuletzt, weil Saudi-Arabien und Russland Schwierigkeiten hatten, sich Anfang März 2020 auf Kürzungen der Ölförderung zu einigen. Ein starker Rückgang der Ölpreise wird zu sehr niedrigen Inflationsraten in der EU, in China und in den USA beitragen, aber in den USA könnten sehr niedrige Ölpreise auch zu einer Verringerung der Produktion im Fracking-Sektor und zu einigen Problemen für US-Banken führen, die durch Kredite an den

Öl- und Gassektor stark exponiert sind. Mit sinkenden Öl- und Gaspreisen wird es auch entsprechende Leistungsbilanzeffekte in wichtigen importierenden OECD/EU-Ländern geben, während die USA mit einer Verschlechterung der Leistungsbilanzposition konfrontiert sein könnten. Länder, die sowohl Netto-Ölimporteure sind als auch eine Netto-Ausgabenposition im Tourismus haben, dürften natürliche Gewinner der internationalen Coronavirus-Krise sein.

Die hohe Volatilität der Börsenkurse und der Rückgang der Börsenindizes in der westlichen Welt Mitte März 2020 hat zu einer breiteren Welle von Margin Calls geführt, so dass die Investoren den Banken, die ihre Börseninvestitionen über Kredite finanziert hatten, mehr Eigenkapital zur Verfügung stellen mussten. Normalerweise müssten die Investoren bestimmte Vermögenswerte verkaufen, darunter auch Gold, dessen Preis Mitte März stark gefallen ist. Der Goldpreis könnte sich erholen, da die expansive Geldpolitik die nominalen und realen Zinssätze für Staatsanleihen weiter senkt.

Es stellt sich allerdings die Frage, wie die kurz- und mittelfristigen gesamtwirtschaftlichen Effekte des Corona-Schocks in den Industrieländern ausfallen und welche Gegenmaßnahmen der Staat in der Corona-Rezession sinnvoll setzten kann. Grundsätzlich ist die Corona-Schock-Situation eine besondere, da ja durch Seuchenpolitik eintretende Produktionsbeschränkungen die Angebotsseite der Wirtschaft betreffen (der Staat verhängt etwa eine Vorgabe für einen Teil der Haushalte, dass sie für Wochen oder Monate Zuhause bleiben müssen); zugleich werden die Haushalte aber wegen einer wirtschaftlichen Verunsicherung ihre Konsumpläne zurückfahren – wobei auch bestimmte Konsummöglichkeiten wiederum durch die Seuchenpolitik des Staates beschränkt sind. Staatliche Stabilisierungsmaßnahmen sind mit Blick auf die besondere Corona-Rezessionslage durchaus sinnvoll, soweit man davon ausgehen kann, dass die Geschäftsmodelle der verschiedenen Branchen im Kern intakt beziehungsweise nach der Corona-Rezession – also nach wenigen Quartalen – weiter profitabel sind. Auch das schon in der Transatlantischen Bankenkrise 2008/2009 in Deutschland und anderen EU-Ländern bewährte Kurzarbeitergeld und bestimmte Transfers an die Haushalte dürften in begrenztem Umfang sinnvoll sein. Dabei wird man den dabei entstehenden Druck zur Erhöhung der Schuldenquote im Blick haben müssen. Einen zweiten Corona-Schock – also eine zweite Epidemiewelle – wird man wohl aus Budget-Gründen, also mit Blick auf die staatliche Budgetbelastung, nicht ähnlich umfassend festlegen können, wie man das in den westlichen Industrieländern im ersten Halbjahr 2020 gemacht hat.

Makroökonomische Analyseperspektiven im EU-QUEST-Modell

Mit einigen makroökonomischen Problemen des medizinischen Coron-Schocks haben sich verschiedene Autoren auseinander gesetzt: etwa Holtemöller (2020) und Pfeiffer et al. (2020). In einem neueren Beitrag der Europäischen Kommission (DG Wirtschaft und Finanzen) haben Pfeiffer et al. (2020) eine Reihe von wichtigen Aspekten der Corona-Makro-Modellierung im QUEST-Modell der EU herausgearbeitet. Dabei wird ein vom Staat angeordneter Lockdown betrachtet – ein Teil der Arbeitnehmerschaft muss aus Gründen der Seuchenpolitik Zuhause bleiben (dann wird weniger produziert); und zudem wird der Stabilisierungseffekt der EU-Wirtschaftspolitik betrachtet – einbezogen werden Kurzarbeitergeld-Maßnahmen (short-term work allowances) und Liquiditätsgarantien. Der Wirtschaftseinbruch wird durch solche Maßnahmen gemildert; um etwa ein Viertel. Allerdings können die Maßnahmen zwar einen scharfen ökonomischen Einbruch vermeiden helfen, aber keine vorübergehende Produktionsminderung verhindern. Liquiditätsgarantien sind dabei offenbar besonders wichtig. Allerdings wird nicht der Fall einer erhöhten Abschreibungsrate auf Realkapital betrachtet, was im Durchschnitt aller Sektoren wohl angesichts der Schärfe des Corona-Schocks als relevantes Problem anzusehen ist.

Betrachtet man nur Liquiditätsgarantien des Staates – also Abschirmungsgarantien gegen bankenseitige Verluste bei der Kreditvergabe –, dann kann man die Haupteffekte des Epidemie-Schocks (durchgezogene Linie) und des Corona-Schocks mit staatlicher Liquiditätsgarantie (gestrichelte Linie) in Abb. 9.1 nachvollziehen:

- Die Produktion (output) wird gemäß der gestrichelten Linie – dies ist die relevante Darstellung für den Fall von Liquiditätsgarantien – weniger stark einbrechen als ohne Liquiditätsgarantien; die durchgezogene Linie stellt jeweils die „Basis-Lage" des Epidemie-Schocks dar.
- Die Investitionen werden bei einer Liquiditätsgarantie weniger stark einbrechen als sonst.
- Die Inflationsrate ist im Fall einer staatlichen Liquiditätsgarantie kurzfristig etwas höher als sonst, danach leicht vermindert.
- Die Defizitquote des Staates – also Relation Haushaltsdefizit zu Bruttoinlandsprodukt – fällt bei einer Liquiditätsgarantie geringer aus als sonst.
- Werden zudem noch Kurzarbeitergeld und Transfers des Staates an einen Teil der Haushalte gezahlt (2,8 % des Bruttoinlandsproduktes: laut Annahme im Modell), dann fällt die Wirtschaftsentwicklung insgesamt günstiger aus – die Rezession wird weniger extrem ausfallen als ohne diese

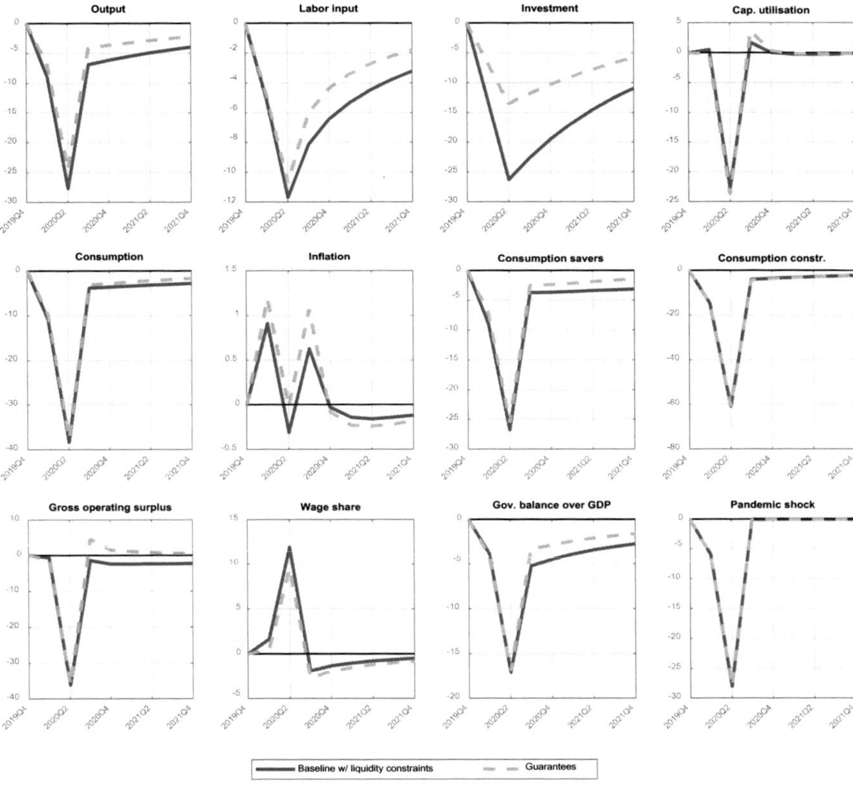

Abb. 9.1 Makromodell-Effekte von Liquiditätsgarantien des Staates

Maßnahmen. Der Transfer-Multiplikator liegt unter 1, nämlich etwa in Höhe der Konsumneigung: Wenn die Haushalte bei 100 € Einkommenserhöhung 80 € ausgeben, dann bedeuten Zusatzeinkommen in Höhe von 100 € staatliche Transfers an einen repräsentativen Haushalt, dass eine Ausgabenerhöhung von 80 € stattfindet. Diese Annahme könnte aber zu optimistisch sein, wenn in der Realität die Haushalte durch Verunsicherungseffekte der Epidemie und des Wirtschaftseinbruchs geprägt sind und daher vermindert konsumieren wollen; oder auch wenn der Staat durch regulatorische Produktionsbeschränkungen – etwa im Hotel- und Gaststättengewerbe – die Ausgabenmöglichkeiten der Haushalte beschränkt. Die von der EU-Kommission im Juli 2020 angedachten Transfers an die EU-Mitgliedsländer sind allerdings nicht mit den hier genannten Transfers an private Haushalte zu verwechseln (es ist allerdings auch nicht ausgeschlossen, dass EU-Länder einen Teil der EU-Mittel nutzen, um erhöhte Transfers an private Haushalte in der Corona-Rezession zu finanzieren: etwa in Italien oder Spanien in 2021 und 2022).

Gelten ähnliche Zusammenhänge für Italien, wo der Staat besonders hohe Garantien (relativ zum Nationaleinkommen in 2020) gab, so könnte die Wirtschafts- und Defizitentwicklung mittelfristig deutlich günstiger ausfallen als ohne die Staatsgarantien. Die Autoren haben auch den Fall einer längeren Pandemiezeit in die Modellanalyse eingebaut und erhalten dann – natürlich – einen stärkeren Produktionseinbruch. Die Modellanalyse ist natürlich eine gewisse Vereinfachung. Aber für die stabilitätspolitische EU-Debatte bietet sie wichtige Einsichten über Wirkungszusammenhänge und den Einfluss bestimmter Politikmaßnahmen. Fragen des Strukturwandels werden hierbei zunächst nicht behandelt und auch langfristige Wachstumsfragen sind außerhalb des Blickwinkels des Modells. Von Interesse sind natürlich auch weitergehend geldpolitische Maßnahmen. Dabei sorgt „Quantitative Easing" – mengenmäßige Lockerungspolitik – in den USA, Großbritannien und der EU für eine nominale und reale Abwertung der westlichen Währungen. Im Grunde findet auch eine Abwertung gegenüber dem Süden der Weltwirtschaft statt; allerdings, einige Schwellenländer haben das Problem erkannt und ihrerseits den Ankauf von Staatsanleihen (QE-Politik) in einem Umfeld mit Notenbankzins nahe Null in der ersten Jahreshälfte 2020 begonnen. Die Anpassungsmaßnahmen der Unternehmen in vielen Industrie- und Schwellenländern sorgen für weitere wirtschaftliche und technologische Impulse; auch im Kontext der verstärkten Nutzung der Informations- und Kommunikationstechnologie. Hier profitieren einige Sektoren und Berufsfelder sicherlich in besonderer Weise in vielen Ländern vom Corona-Schock.

Literatur

BIZ. (2018). *Jahresbericht 2018*. Basel: Bank für Internationalen Zahlungsausgleich.

Holtemöller, O. (2020). *Integrated assessment of epidemic and economic dynamics*, IWH discussion papers, no. 4/2020. https://www.econstor.eu/bitstream/10419/215895/1/1694465632.pdf. Zugegriffen am 01.05.2020.

Kadiric, S., & Korus, A. (2019). The effects of Brexit on credit spreads: Evidence from UK and Eurozone corporate bond markets. *International Economics and Economic Policy, 16*(1), 65–102. https://doi.org/10.1007/s10368-018-00424-z.

Pfeiffer, P., Roeger, W., & In't Veld, J. (2020). The COVID-19 pandemic in the EU: Macroeconomic transmission and economic policy response, London, CEPR book/Covid Economics, No. 30, June 19, 120–145.

10

Technologiewandel und digitaler technischer Fortschritt nach dem Corona-Schock

Der Sektor der Informations- und Kommunikationstechnologie (IKT) spielt im Corona-Schock-Jahr 2020 eine besondere Rolle. Der Corona-Schock hat die Expansion des IKT-Sektors deutlich gefördert, wobei Tätigkeiten von gut und hoch Qualifizierten sich leichter auf Basis von digitaler Zuhause-Arbeit erledigen lassen als einfache Produktionstätigkeiten für Geringqualifizierte oder Ungelernte (Fallbeispiele USA und EU). Das bedeutet, dass Ungelernte und Geringqualifizierte in Industrie- und Schwellenländern eher Einkommensausfälle und Jobverluste in der Corona-Rezession zu verzeichnen haben als gut und hoch Qualifizierte. Der in der Corona-Rezession weltweit erhöhte Einsatz von Informations- und Kommunikationstechnologie erhöht den relativen Aktienkurs von IKT-Firmen und stärkt die Nachfrage nach Qualifizierten relativ zu den Ungelernten. Damit dürften sich die Lohnprämien für Qualifizierte zumindest zeitweise auch erhöhen. Die Erfahrungen der Unternehmen mit digitalem Zuhausearbeiten dürfte häufig bedeuten, dass diese Büroräume nicht mehr länger in teuren Großstadt-Lagen zunehmend anmieten wollen, sondern eher künftig in preiswertere Umlandbüros auszuweichen planen oder aber bestimmten Gruppen von Arbeitnehmern werden finanzielle Anreize geboten, auf Dauer beim digitalen Zuhausearbeiten als Hauptarbeitsform zu bleiben. Viele qualifizierte Arbeitnehmer werden dann quasi auch einen Teil der eigenen vier Wände Arbeitgebern mietmäßig in Rechnung stellen. Das steigert den Wert eines eigenen Hauses oder eines eigenen Appartments und ist zugleich für viele Firmen klar kostensenkend unterm Strich. Da wiederum ein höherer Anteil von Qualifizierten ein eigenes Haus oder Appartment besitzt als bei Ungelernten, entsteht hier für Qualifizierte ein positiver Vermögenseffekt in und nach der Corona-Krise. Corona sorgt also

P. J. J. Welfens, *Corona-Weltrezession*, https://doi.org/10.1007/978-3-658-31386-9_10

auch hier für mehr Ungleichheit. Weiterdenkend kann man natürlich die Frage anschließen, inwieweit der Staat in Industrie- und Schwellenländern verstärkte Anreize für die Weiterbildung von Ungelernten in der Corona-Krise beschließt; davon ist in Europa und den USA wenig zu sehen.

Eine hohe Rate des digitalen technologischen Fortschritts ist schon längere Zeit beobachtbar, vor allem in den USA. Aber auch in den Vereinigten Staaten gibt es offenbar Expansionsgrenzen für die digitale Wirtschaft – und diese sollte man auch in der EU und anderen Ländern bedenken. Es ist nicht ohne weiteres so, dass der Wertschöpfungsanteil der digitalen Wirtschaft, trotz hoher Rate des digitalen technischen Fortschritts, im Zeitablauf immer mehr zunimmt. Im Fall der USA zeigt sich ein begrenzter digitaler Strukturwandel im Zeitablauf, der im wesentlichen drei Gründe haben kann (Röger 2019):

- Es gibt aus Nachfrager-Sicht in Märkten kritische Wertebereiche bei Ausweichmöglichkeiten von herkömmlichen auf digitale Güter (geringe Substitutionselastizität).
- Der Anteil der Qualifizierten mit digitaler Berufsprofilierung ist zu gering, was die Expansion von IKT-intensiven Unternehmen behindert.
- Relativ hohe Gewinnzuschlagsraten entstehen im IKT-Sektor, und zwar als Hinweis auf eher wenig intensiven Wettbewerb; das kann u. a. auch bedeuten, dass die Diffusionsgeschwindigkeit bei digitalen neuen Produkten oder Dienstleistungsprozessen relativ langsam ist.

Die Substitutionselastizität auf Märkten kann durchaus auch durch staatliche bürokratische Vorschriften für Unternehmen wie Privatpersonen beschränkt werden. Entbürokratisierung kann also auch hier ein wichtiger Wachstumstreiber in der digitalen Wirtschaft sein. In Sachen Qualifizierung sind die Herausforderungen in vielen Industrie- und Schwellenländern enorm, in einigen EU-Ländern – so auch Deutschland – erfolgt die digitale Modernisierung von Schulen und Hochschulen relativ langsam. Die Aufrechterhaltung hoher Wettbewerbsintensität in vielen Märkten ist schwierig, soweit es um große „Weltmärkte" geht; da eine Welt-Anti-Kartellbehörde fehlt, kann der Fall eintreten, dass etwa die EU-Länder gegen steigende globale Marktmacht bestimmter US- oder China-Unternehmen wenig vornehmen können.

Einsichten zur Produktionsstruktur und zur Entlohnungsstruktur beim Corona-Schock

Ein wesentlicher Aspekt des Corona-Schocks ist, dass aus Epidemie-Bekämpfungsgründen in Millionen Firmen weltweit eine Umstellung auf digitales Zuhause-Arbeiten erfolgt. Da die Grenzkosten der Nutzung etwa von Videokonferenz-Software nahe Null sind, kann man den digitalen Corona-Schock so auffassen, dass es zu einem exogenen Anstieg mit Informations- & Kommunikationstechnologie-Kapital gekommen ist (beziehungsweise entsprechender Expansion von Softwarenutzung). Nach dem Rybczynski-Theorem bedeutet die – exogene – mengenmäßig Erhöhung eines bestimmten Produktionsfaktors (hier „Videokonferenzsoftware"), dass die Produktion des Gutes ansteigen wird, dass die Videokonferenzsoftware relativ intensiv nutzt. Die Produktion des anderen Gutes schrumpft absolut; im einfachen Fall mit zwei Gütern. Dabei wird hier Software/IKT-Kapital neben Arbeit und traditionellen Maschinen als eigenständiger Produktionsfaktor betrachtet. In der Praxis geht es um die Gruppe von video-software-intensiven Gütern und Dienstleistungen, deren Produktion ansteigen wird.

Im Übrigen und ergänzend ist zu beachten: Es gibt im Kontext des Corona-Schocks beziehungsweise der entsprechenden EU-Politik – und auch der Politik in Japan – eine klare Orientierung, die Expansion klimafreundlicher Produkte zu erhöhen, was zu steigenden Grenzkosten möglich ist. Damit hat der Corona-Schock über Politikimpulse eine relative Preiserhöhung bei klimaintensiven Gütern zur Folge. Gemäß dem Samuelson-Stolper-Theorem wird der relative Faktorpreis bei dem Produktionsfaktor ansteigen, der in der Produktion klimafreundlicher Güter intensiv genutzt wird: Es geht also praktisch-faktisch um die Erhöhung des relativen Lohnsatzes von Qualifizierten. Denn qualifizierte Arbeitnehmer werden relativ intensiv in der Produktion von klimafreundlichen Gütern eingesetzt. Damit ergeben sich also auf Basis theoretischer Überlegungen zwei handfeste Schlussfolgerungen:

- Der Strukturwandel wird sich Corona-Schock-bedingt ab 2020 verstärkt in Richtung software-intensiver Produktion entwickeln.
- Die politik-bezogene Förderung klimafreundlicher Produktion wird die ökonomische Ungleichheit zugunsten der Qualifizierten erhöhen. Die Ungelernten sind die Verlierer des Corono-Schocks in 2020 und darüber hinaus. Um so wichtiger sind Maßnahmen zur Weiterbildung gerade bei den Ungelernten: Sie sollten nicht einfach zufälliges Opfer von Corona-Schocks und klimafreundlichen Politikaktivitäten werden, letztere verstärkt unter der Überschrift zukunftsfreundlicher Strukturwandel.

Es gibt also hier sehr wesentliche neue Analysebefunde für Deutschland und andere Industrie- und auch für die Schwellenländer.

Mit Blick auf Corona-Schock-bedingten Strukturwandel geht es aus einer Forschungssicht auch um notwendige Kapitalmarktanalysen – letztlich die durchdachte Auswertung relativer sektoraler Aktienkursentwicklungen in den OECD-Ländern und China. Solche Analysen sollten ein Teil einer adäquaten Untersuchungsstrategie zu den aufgeworfenen Punkten sein. Hinzutreten müssten zudem Analysen zur Weiterbildungsdynamik in Industrie- und Schwellenländern. Politische Reformen für mehr digitale und analoge Weiterbildung erscheinen als unabdingbares Modernisierungselement in vielen Ländern der Welt: jedenfalls, wenn vernünftige Reformen gewünscht sind.

Der Staat könnte durchaus die Substituierbarkeit von herkömmlicher Produkte durch digitale Produkte via gezielte Entbürokratisierung und neue Beschaffungsrichtlinie für den Öffentlichen Sektor – inklusive Universitäten – erleichtern. Für mehr Weiterbildungsanreize und Modelle für gute digitale Berufsausbildung könnte der Staat neue Weichen stellen, wobei hier in föderalen Ländern die Zentralebene und die regionale Politikebene aktiv werden müssten. Die Bereitschaft des Staates, etwa die digitale Schulmodernisierung durch deutliche Entlohnungszuschläge für bei der digitalen Modernisierung besonders engagierte Lehrer/innen zu fördern, ist allerdings sonderbar begrenzt. Es wird wohl auffällig bleiben, dass der Staat in der Corona-Krise enorme Erhöhung der Finanzpolitik vornimmt, aber relativ geringe Anreiz-Lohnerhöhungen für digitale Modernisierung im eigenen Bereich nicht vornimmt. Zu den Sonderbarkeiten in Deutschland gehört es, dass – schon vor dem Corona-Schock – die Deutsche Bundesregierung fünf Milliarden an Sonderetat für digitale Schulmodernisierung in 2019 beschlossen hatte. Es stellt sich Anfang Juli 2020 heraus, dass im bevölkerungsreichsten Bundesland Nordrhein-Westfalen von einer Milliarde € an digitalen Schul-Modernisierungsmitteln gerade einmal der Mini-Betrag von 400.000 € von Schulen abgerufen worden war. Das hier für das Bundesland Nordrhein-Westfalen angesprochene Problemfeld besteht ähnlich in anderen Bundesländern und deutet tendenziell auf Staatsversagen im digitalen Bildungsbereich.

Literatur

Röger, W. (2019). *Digital technical progress, Aggregate growth and wage share, EU Commission/DG ECFIN*. Brussels: mimeo.

11

Aspekte der politischen Ökonomie in der westlichen Welt

In Bezug auf die Vereinigten Staaten stellt das Coronavirus-Problem eine besondere Herausforderung für die Trump-Administration dar, die in vielen Bereichen unter einem Mangel an Fachkenntnissen leidet und daher ernsthafte Probleme haben könnte, eine effiziente und effektive Antwort auf die Fragen zu finden, die die neue Epidemie im Jahr 2020 aufwirft. Es sollte nicht überraschen, wenn das Coronavirus einen entscheidenden Einfluss auf den Ausgang der US-Präsidentschaftswahlen am 3. November 2020 haben würde. Für die große Mehrheit der Bevölkerung ist klar, dass sich die Regierung bzw. das politische System um die internationale Epidemie kümmern muss – und dass der US-Kongress und die nationale Regierung/der Präsident der Vereinigten Staaten weitgehend für die beschlossene Politik verantwortlich sind.

Sollte Donald Trump am 3. November nicht wiedergewählt werden, hätte die Europäische Union eine gestärkte politische Position, da ein Präsident mit dem Wahlschein der Demokraten höchstwahrscheinlich die traditionelle Unterstützung der USA für die regionale Integration in Europa und anderen Regionen der Weltwirtschaft – die unter Präsident Trump unterbrochen wurde – fortsetzen würde. Dies bedeutet, dass die COVID-19-Herausforderung für die USA starke politische Implikationen im Bereich der transatlantischen Wirtschaftsbeziehungen haben könnte; und das geplante Freihandelsabkommen zwischen der EU und Großbritannien würde sicherlich anders aussehen, wenn sich die EU gegenüber Großbritannien in einer relativ starken Position befindet, im Vergleich zu der alternativen Situation, in der die Position der Regierung Johnson aufgrund der politischen Unterstützung durch einen anti-EU-orientierten, neu gewählten Trump recht stark ist. Für die EU gibt es keinen Grund, nicht auf eine abschließende Verhandlungs-

P. J. J. Welfens, *Corona-Weltrezession*, https://doi.org/10.1007/978-3-658-31386-9_11

runde zwischen der EU und Großbritannien Mitte November 2020 zu drängen.

Es spricht wenig dafür, Großbritannien ohne gute Gründe bei den Verhandlungen besonders entgegen zu kommen. Vermutlich sieht die britische Regierung für UK eine Art Sonderrolle im Verhältnis zur EU vor – die Zugeständnisse der Europäischen Union bei den Verhandlungen über einen EU-UK-Handelsvertrag erscheinen dann tendenziell als unzureichend. Wenn Trump in den USA abgewählt werden sollte am 3. November 2020, so wird sich in jedem Fall die Verhandlungsposition von Großbritannien gegenüber der EU27 erheblich verschlechtern.

Über solche mittelfristigen Perspektiven hinaus gibt es weitere langfristige Fragen, die durch die COVID-19-Epidemie aufgeworfen werden. Aspekte der Wachstumsmodellierung sind grundsätzlich wichtig – wenn es also um die langfristige Realeinkommensentwicklung nach dem Corona-Schock geht. Dabei kann man berücksichtigen, wie sich etwa der Krankenversicherungsgrad auf die langfristige Gleichgewichtslösung der Volkswirtschaft auswirkt. Dabei sind mögliche Ansatzpunkt insbesondere die Sparfunktion beziehungsweise die Ersparnisse, aber auch das Bevölkerungswachstum.

12

Schlussfolgerungen für politische Entscheidungsträger

Den Menschen in den meisten EU-Ländern ist wohl zu wenig klar, wie große die Vorteile des europäischen Modells der Sozialen Marktwirtschaft sind; durchaus auch mit ländermäßigen Differenzierungen, wobei Deutschland und Österreich sowie einige andere EU-Länder gut positioniert sind. Die USA müssten sich nicht unbedingt EU-Länder als Vorbild für ein vernünftiges Gesundheitssystem nehmen – Singapur hat ein sehr effizientes System: hohe Lebenserwartung zu relativ geringen Kosten kennzeichnen diesen Stadtstaat in Asien. Einige Elemente des Singapur-Systems zu bedenken, kann man sowohl den USA wie EU-Ländern empfehlen. Dabei ist der Kern des Singapur-Gesundheitssystems einfach: Bagatellkrankheitskosten sind selbst zu bezahlen, jeder Bürger in Singapur muss ein Gesundheitssparbuch haben – hiervon sind Kosten von normalen Operationen zu bezahlen – und für schwere und komplexe Krankenhausbehandlungen gibt es eine vorgeschriebene Pflicht-Hochrisiko-Lebensversicherung; dabei gibt es private und staatliche Krankenhäuser, zu deren Leistungen und Effizienz es Vergleichsanalysen gibt, die Druck ergeben, dass sich die verschiedenen Krankenhäuser tendenziell im Zeitablauf sinnvoll modernisieren. Im Zeitablauf kommen so praktisch alle Krankenhäuser auf einen ähnlich hohen Leistungsstand (zu Einzelheiten siehe den Welfens-Beitrag in IEEP, Issue 2, 2020).

Grundlegende Aspekte der Anti-Rezessionspolitik

Da es 2020 zu einer ernsten Rezession im Kontext einer Pandemie gekommen ist, sollte eine expansive Fiskalpolitik verabschiedet werden, die traditionelle Elemente umfasst und neue Aspekte zur besonderen Corona-Rezession aufnimmt:

P. J. J. Welfens, *Corona-Weltrezession*, https://doi.org/10.1007/978-3-658-31386-9_12

- Erhöhte Staatsausgaben sind notwendig, nach Möglichkeit für investive Zwecke sowie Innovations- und Gründerförderung. Ein Teil der höheren Staatsausgaben wird faktisch in höheren Transfers an Haushalte und Subventionen an Unternehmen bestehen, um Corona-Schocks abzufedern und auch einigen Gruppen von Selbstständigen und Arbeitnehmern Überbrückungs-Hilfen zu geben. Allerdings gilt mit Blick auf Unternehmen, dass nicht-zukunftsfähige Geschäftsmodelle zu fördern, nicht Aufgabe des Staates sein kann. Hier drohen Verschwendung von Steuergeldern und Wettbewerbsverzerrungen. Spätestens zwei Jahre nach der Krise sollten Staatshilfen allesamt kritisch überprüft werden (bei Bund, Länder und EU). In Deutschland gibt es nicht nur auf Bundesebene Probleme bei den Staatsausgaben und den Steuerausfällen, sondern gerade auch bei den Bundesländern. Für die sollte eigentlich 2020 ein strukturelles (konjunkturbereinigtes) Defizit von Null – als Teil der Schuldenbremse – gelten. Aber die Schuldenbremse wurde aufgehoben und so haben sich die Bundesländern „Sondervermögen" geschaffen, um für einige Jahre selbst mit Sonderausgaben die Krise mit abfedern zu können; der Grundgedanke ist durchaus richtig, aber natürlich besteht die Gefahr, dass in der Krise zu große, ineffiziente Programme aufgesetzt werden, die allen Lobby-Interessen im Zweifelsfall gerecht zu werden suchen. Betrachtet man die Defizite der Bundesländer in Deutschland, kommt man 2020 auf gut 2 % des Nationaleinkommens, auf Bundesebene ergeben sich wohl 9 %; für einige Jahre kommen indirekt noch etwa 2 % EU-Defizitquote pro Jahr hinzu (für Deutschland und allen anderen EU-Mitgliedsländer; solange die EU-Sonder-Fiskalprogramme laufen). Man muss aber mittelfristig bei den Bundesländern auf ausgeglichene Haushalte, beim Bund auf eine strukturelle Defizitquote von 0,35 % maximal zurückkommen. Letzteres ist die sonderbar und unzweckmäßig knapp festgelegte Obergrenze in der Verfassung. Diese Obergrenze ist so knapp, dass sie destabilisierend für die ganze Eurozone wirkt, wenn man sie nicht ändert. Denn bei einem Trend-Wirtschaftswachstum von 1,5 % kommt man auf eine langfristige Schuldenquote von 23 % – bei einer EU-Obergrenze für die EU-Länder von 60 % laut Maastrichter Vertrag. Damit sinkt dann langfristig der Anteil der Deutschland-Anleihen mit AAA-Rating, was die durchschnittliche Rating-Note der Staatsanleihen in der Eurozone nach unten zieht und zu einem höheren Realzins, einer verminderten Investitionsquote in der Eurozone beziehungsweise vermindertem Wachstum in den Euro-Partnerländern Deutschlands führt; dann über Handels- und Direktinvestitionseffekte auch zu einem verminderten Wachstum von Realeinkommen und Beschäftigung in Deutschland. Die Corona-Krise könnte für Deutschland zu einem unerwarteten Modernisierungsimpuls werden, da die zu knappe Defizit-Obergrenze auf einen Schlag für einige Jahre wegen des Corona-Schocks angehoben wurde. Das modernisiert und stabilisiert Deutschland und wirkt auch als positiver Expansionsimpulse für die Handelspartner.

- Während die Epidemie-Bekämpfungsmaßnahmen zu Betriebsschließungen und mehr digitales Zuhause-Arbeiten führen, sind einzelne Arbeitnehmergruppen unterschiedlich stark betroffen von Einkommens- und Jobverlusten. In einer Modell-Analyse mit unterschiedlichen Qualifizierungsgruppen von Arbeitnehmern zeigen Bredemeier et al. (2020), dass den besonders stark negativ betroffenen Arbeitnehmergruppen der Ungelernten und mittleren Qualifikationen mit einer Senkung der Arbeitskosten via Minderung der Lohnnebenkosten relativ gut geholfen werden könnte. Eine zeitweise Senkung der Sozialbeitragssätze für untere Lohngruppen erscheint von daher als sinnvoll.
- Ordnungspolitisch besteht die Gefahr, dass der Staat durch viele Rettungsmaßnahmen und expansive Finanzpolitik eine unnormal große und letztlich wachstumsschädliche Rolle einnimmt. Der Staat ist erfahrungsgemäß eher ein wenig erfolgreicher Unternehmer; der Staat kann die Krisenüberwindung durch wohlüberlegte Deregulierung, Entbürokratisierung und eine gewisse Senkung der Körperschaftssteuersätze überwinden helfen. Davon sieht man in 2020 in den EU27-Ländern – und auch in Deutschland – eher wenig. Im Übrigen wäre eine stärkere Förderung des digitalen technischen Fortschritts in der EU und den G20-Ländern sicherlich sinnvoll. Dabei wird man das Thema Einführung einer Welt-Wettbewerbsbehörde anzusprechen haben.
- Strategische Lieferdiversifizierung könnte ein wichtiger Zusatzaspekt staatlicher Anreize oder Vorgaben sein. Zu erwägen sind neuartige ergänzende Maßnahmen zur Einführung digitaler Plattformen, die in Zukunft bessere Möglichkeiten bieten sollten, importierte Inputs aus einem stärker diversifizierten Lieferantenpool zu beziehen. Weniger Abhängigkeit von einem einzigen Lieferland dürfte Teil eines sinnvollen Gesamt-Anpassungspaketes für die Zeit nach dem Corona-Schock sein. Auch einige Aspekte des Wettbewerbsrechts müssten hier möglicherweise neu überdacht werden, nämlich, dass das Pooling von Zwischenimporten aus Nicht-EU-Ländern für kleine und mittlere Unternehmen in der Europäischen Union erleichtert werden sollte. Eine Notifizierung eines solchen Poolings wäre notwendig, intensiver Wettbewerb zu erhalten. Das wird allerdings in manchen Bereichen nicht einfach sein, da einige Digitale Großunternehmen wie Amazon und Google (als Beispiele) in der Corona-Krise ihre schon hohen

Marktanteile weiter ausgebaut haben. Es bliebt, wie schon vor der Corona-Krise, die Herausforderung für die G20-Länder, eine Art Welt-Wettbewerbsbehörde zu gründen. Die EU27-Länder, Australien, die USA und andere könnten hier eine Initiative starten.

- Die G20-Länder sollten sich um die Stabilisierung von Corona-Ländern mit extremen Wirtschaftsproblemen bemühen, wobei hier IMF und Weltbank zu aktivieren sind; Argentinien war schon vor der Corona-Krise ein ökonomischer Notfall innerhalb der G20-Länder, die sich hierfür kaum interessiert haben. Auch Länder wie Libanon und Jordanien sowie einige andere Länder verdienen besondere Hilfen. Die G20 sollten einen Corona-Exekutive-Ausschuss für Krisenländer schaffen, um dann via IMF, Weltbank und regionale Entwicklungsbanken gezielter und stärker helfen zu können.

Die Rolle der Gesundheitssysteme in offenen Volkswirtschaften sollte sorgfältiger untersucht werden. Zu lange ist dieses Problem in der internationalen Wirtschaft weitgehend vernachlässigt worden. Die Rolle der Gesundheit für die Produktivität, die Größe der effektiven Arbeitskräfte und für das Unternehmertum sollte untersucht werden, und vergleichende internationale Studien könnten hier von Nutzen sein.

Mehr Zusammenarbeit in der internationalen Gesundheitspolitik – ein Bereich, der in einigen Ländern kaum vorhanden ist – ist notwendig, und ein stärker formalisiertes Muster der Zusammenarbeit könnte angemessen sein. Die Rolle der Weltgesundheitsorganisation ist von entscheidender Bedeutung, und sie ist in der Tat ein fester Bestandteil des wertvollen multilateralen Systems, das die EU auf dem G20-Gipfel und darüber hinaus verteidigen sollte. Es könnte durchaus nützlich sein, ein interdisziplinäres Forschungsnetzwerk über effiziente und innovative Gesundheitssysteme zu schaffen, das von den G20-Ländern mitfinanziert werden könnte, dass aber den wissenschaftlichen Organisatoren bei der Schaffung internationaler Forschungsnetzwerke klare Freiräume lassen müsste.

Analytische Verbindungen zwischen Gesundheitspolitik und Makroökonomie sollten systematisch untersucht werden; ebenso wie Verbindungen zwischen makroökonomischer Dynamik und Gesundheit. In alternden Gesellschaften werden die Ausgaben für die Gesundheitsversorgung in den OECD-Ländern – und langfristig auch in China – steigen. Es gibt eine Fülle von Literatur, die sich mit der Dynamik von sozialer Sicherheit, Beschäftigung, Wachstum und Haushaltsdefizit befasst, aber es gibt auch vernachlässigte Bereiche im Hinblick auf die Analyse von Gesundheitssystemen und die moderne Makroökonomie. Darüber hinaus gibt es wenig Forschung zur politischen Ökonomie der Gesundheitsreform. Älter werdende Gesellschaften in

Demokratien könnten bei der staatlichen Finanzierung mit besonderen Konflikten konfrontiert sein, namentlich im Hinblick darauf, in welchem Umfang staatliche Transfers zugunsten der Ausweitung der Gesundheitsversorgung oder der Erweiterung der Rentensysteme gestaltet werden sollten. Ob es einen strukturellen Interessenkonflikt zwischen den jüngeren Generationen und den älteren Generationen gibt, ist eine offene Frage. Eine PEW-Umfrage für die USA hat deutlich gezeigt (Pew Research Center 2020), dass sich die politischen Schlüsselprioritäten – sagen wir die sechs wichtigsten Themen – zwischen Alt und Jung stark unterscheiden, mit Ausnahme des Bereichs der Gesundheitskosten.

Es ist klar, dass die wirtschaftliche Globalisierung und sicherlich auch der Handel mit Zwischenprodukten mit spezifischen Risiken einhergehen, die teils mit der Logistik, teils mit einem epidemischen Risiko zwischen den Erzeugerländern und den Ländern, die Teil der Logistikkette sind, zusammenhängen. Mit dem Global Health Security Index hat die Forschungsgruppe von NTI/Johns Hopkins University einen sehr nützlichen Index entwickelt, der nicht nur für das Verständnis der Qualität der Gesundheitssysteme in den meisten Ländern der Welt wichtig ist, sondern der auch für ein besseres Verständnis der Risiken für internationale Produktionsketten und der Risiken, denen ausländische Investoren in verschiedenen Gastländern ausgesetzt sind, nützlich sein könnte.

Da der Fluggastverkehr im März 2020 nahezu weltweit zum Erliegen kommt, steigt der effektive Preis für Luftfracht. Dies wird natürlich nur einen kleinen Teil des internationalen Handels betreffen, aber einige der transportierten Güter und Zwischenprodukte sind für die jeweiligen Importländer von entscheidender Bedeutung. Daher könnten einige zusätzliche negative angebotsseitige Spillover-Effekte im Logistiksektor auftreten. Regionen mit großen Flughäfen in den meisten Ländern der Welt werden im Jahr 2020 wahrscheinlich mit besonderen kurzfristigen wirtschaftlichen Problemen konfrontiert sein. Was die Innovationsdynamik betrifft, so ist zu erwarten, dass viele Firmen unter der einfachen Überschrift „Organisation der Vernetzung von Heimarbeitsplätzen" große Innovationsprojekte in Angriff nehmen werden, die langfristig die Weltwirtschaft beeinflussen könnten und tatsächlich zu einem wirtschaftlichen Aufschwung nach der Krise beitragen könnten. Die natürlichen Gewinner der globalen COVID-19-Wirtschaftskrise dürften Unternehmen im Bereich der Informations- und Kommunikationstechnologie sowie Telekommunikationsunternehmen und Firmen aus dem Nachrichten- und digitalen Unterhaltungssektor sein; hinzu kommen der Sektor der Gesundheitsausrüstung und ein Teil des Pharmasektors.

Jede Epidemie hat vier große wirtschaftliche Herausforderungen: a) wie die internationale und nationale Verbreitung minimiert werden kann; b) wie den kranken Patienten effizient geholfen werden kann; c) wie schnell ein Impfstoff entwickelt werden kann, der dazu beitragen kann, einen sehr großen Teil der Gesellschaft immun zu machen, zum Beispiel gegen das entsprechende Virus; d) wie die negativen makroökonomischen Auswirkungen der Epidemie bekämpft werden können. Was a) und b) betrifft, so haben Länder, die sich im mittleren Bereich oder im unteren Teil der Indextabellen befinden, allen Grund, an der Verbesserung ihrer Position in einer international vergleichenden Perspektive zu arbeiten. Es liegt auf der Hand, dass beim Benchmarking die Bildung verschiedener Benchmarking-Gruppen nützlich sein könnte, z. B. könnten die Länder nach der Höhe des Pro-Kopf-Einkommens und der Intensität des Handels und der ausländischen Direktinvestitionen (im Verhältnis zu den Gesamtinvestitionen) gruppiert werden.

Die EU hat ein besonderes Problem, nämlich dass die EZB nur noch wenig Handlungsspielraum hat. Daher sollten Optionen für eine koordinierte Fiskalpolitik und gemeinsame Maßnahmen zum raschen Wiederaufbau internationaler Produktionsnetzwerke sorgfältig geprüft werden. Es besteht kaum Zweifel daran, dass die Lobbyarbeit gegen eine wirksame Anti-Epidemie-Politik stark sein könnte – einflussreiche Fußballvereine in vielen EU-Ländern zum Beispiel dürften einen erbitterten Kampf gegen lukrative Fußballspiele in leeren Stadien führen; hier sollte die Europäische Kommission klare Prinzipien entwickeln, die die maßgebliche Rolle von Experten und Ärzten mit einschlägigen Spezialisierungen betonen. Was die Rolle der Gesundheitssysteme in den EU-Ländern betrifft, wäre es angemessen, in der öffentlichen politischen Debatte die vielen Vorteile von Krankenversicherungssystemen europäischen Typs stärker hervorzuheben. Dies bedeutet natürlich nicht, dass wichtige Möglichkeiten übersehen werden, die Gesundheitssysteme in den EU-Ländern effizienter und innovativer zu gestalten. Was die Zusammenarbeit mit den USA betrifft, so könnten mehr transatlantische Städtepartnerschaften (Städtepartnerschaften zwischen EU-Städten und Städten in den USA) sinnvoll sein; das Benchmarking der Gesundheitssysteme könnte als Vergleichsfeld in solche Partnerschaften einbezogen werden. Im Hinblick auf ein mögliches künftiges Freihandelsabkommen zwischen der EU und den USA liegt es nicht im Interesse der EU, US-Gesundheitsdienstleistern einen leichten Zugang zu den Märkten in der EU zu ermöglichen, da dies sicherlich eine starke Tendenz zur Erhöhung der Krankenhauskosten in Europa mit sich bringen würde – dies liegt nicht im Interesse der Menschen in der EU. In dieser Hinsicht wird das COVID-19-Problem in den USA hoffentlich zu einem Ausgangspunkt für die US-Regierung wie auch für viele Landesregierungen werden, um die Reformoptionen im Gesundheitssektor sorgfältig zu überdenken.

Was die EU(27) betrifft, so dürfte es sinnvoll sein, die Gesundheitssysteme in vielen Mitgliedsländern mit schwachen Ergebnissen im Global Health Security Index zu modernisieren. Dies liegt nicht nur im Interesse der jeweiligen Länder, sondern aller EU-Mitgliedsländer bzw. der Weltwirtschaft. Investitionen in den Epidemieschutz könnten so zu einem neuen Feld der gemeinsamen Kofinanzierung in der EU werden. Aus ökonomischer Sicht ist es entscheidend zu betonen, dass der Schutz vor Epidemien teilweise Elemente eines internationalen öffentlichen Gutes hat. Dies macht natürlich eine angemessene internationale Zusammenarbeit – zum Beispiel in der EU, aber auch in der G20 und der Weltwirtschaft – notwendig. Es macht die Zusammenarbeit eher schwierig, wenn die nationale Wirtschaftspolitik, insbesondere die Gesundheitspolitik, eher inkonsequent organisiert ist, wie dies in Deutschland der Fall ist (Kaufmann 2009). Aus dieser Perspektive erfordert die COVID-19-Pandemie nationale Politikreformen (in Deutschland einschließlich Reformen auf der Ebene der Staaten, die eine erhebliche Verantwortung in der Epidemiepolitik haben, während das Gesundheitsministerium auf nationaler Ebene eher schwache Kompetenzen bei der Bekämpfung einer Epidemie hat). Die Tatsache, dass die Bekämpfung der COVID-19-Pandemie ein globales öffentliches Gut ist, wirft besondere Fragen im Hinblick auf die internationale Zusammenarbeit bzw. die Überwindung potenzieller Trittbrettfahrerprobleme auf.

Was die Europäische Union betrifft, so ist zu erwarten, dass verstärkte Anstrengungen zur Entwicklung von Impfstoffen gegen das Coronavirus unternommen werden. Es ist nicht wirklich klar, warum die Morbidität bei der COVID-19-Epidemie in Italien im Frühjahr 2020 viel höher zu sein schien als in anderen EU-Ländern; außer dass ein hoher Anteil älterer Menschen an der Gesamtbevölkerung und ein eher niedriges Verhältnis von Akutbetten zur Bevölkerung 65+ für zwei ungünstige Indikatoren im Gesundheitssystem standen. Die kurz- und mittelfristige Aufstockung der Akutbetten in Krankenhäusern wird in vielen Ländern der OECD-Länder plus China sowie in Schwellen- und Entwicklungsländern eine gemeinsame Herausforderung darstellen. Es bleibt abzuwarten, ob der spezifische britische Ansatz funktionieren wird: Großbritannien will – nach Regierungsbeschlüssen Mitte März – nicht der antiepidemischen Politik anderer OECD-Länder folgen und favorisiert stattdessen eine milde kontrollierte Vermehrung des Coronavirus, während ältere Menschen eine dreimonatige Hausquarantäne durchlaufen müssen.

Maßnahmen zur wirtschaftlichen Stabilisierung sollten sich auf fünf Schlüsselelemente konzentrieren:

- Liquiditätsmaßnahmen zur Stützung von Unternehmen und Banken, die mit ernsthaften Problemen im Zusammenhang mit dem Coronavirus konfrontiert sind; da der Tourismussektor – neben der verarbeitenden Industrie und industrienahen Dienstleistungen – in der Regel aus vielen kleinen und mittleren Unternehmen besteht, könnte die Gesamtzahl der Unternehmen mit Liquiditätsproblemen wesentlich höher sein als in früheren großen Rezessionen.
- Finanzpolitische Maßnahmen, die mehr Investitionen in die Modernisierung des Gesundheitssystems und in Backup-Einrichtungen zur Herstellung wichtiger chemischer Inhaltsstoffe für Pharmazeutika bedeuten könnten. Der Aufschub von Steuerzahlungen für Firmen und Selbstständige könnte entscheidend für die Aufrechterhaltung der Liquidität sein. Die Verstaatlichung von Großunternehmen und Banken sollte nicht ausgeschlossen werden, aber Firmen und Banken sind dafür verantwortlich, auch eigene Anpassungsmaßnahmen zu ergreifen. Es wird fast unumgänglich sein, Transfers an bestimmte Gruppen von Haushalten zu zahlen, die von der Rezession und dem globalen Wirtschaftsabschwung stark betroffen sind.
- Eine expansive Geldpolitik scheint vor dem besonderen Hintergrund der Pandemie etwas unzureichend zu sein – möglicherweise mit Ausnahme von China, nämlich unter der Annahme, dass die Epidemie in China vorüber ist. Es besteht jedoch das Risiko, dass China das Coronavirus aus anderen Ländern importiert oder dass eine zweite Coronavirus-Welle in China und der Weltwirtschaft entsteht.
- Der Multilateralismus sollte verstärkt werden: Es liegt auf der Hand, dass internationale Organisationen und eine breite Zusammenarbeit bei der Bekämpfung der COVID-19-Pandemie eine wichtige Rolle spielen müssen. Was jedoch die Reaktion der EU und der EU-Länder Mitte März 2020 mit vielen nationalen Sperrmaßnahmen an den Grenzen betrifft, so kann man argumentieren, dass die Pandemie den politischen und wirtschaftlichen Nationalismus verstärkt hat. Im ersten Quartal 2020 gab es wenig Zusammenarbeit zwischen den EU-Mitgliedstaaten – die Rolle der Europäischen Kommission war eher bescheiden. In Bezug auf die Eurozone sollte man nicht ausschließen, dass der ESM, ein spezieller Notfallfonds, der während der Euro-Krise eingerichtet wurde, mittelfristig aktiv werden würde, sobald ein oder mehrere Länder der Eurozone ernsthafte Probleme beim Zugang zu Finanzmitteln zur Stützung der Staatsdefizite und der

Prolongation der Staatsschulden haben sollten. Italien, wie auch andere EU-Länder mit relativ hohen Anteilen an der Tourismusproduktion, könnten noch eine Position erreichen, in der diese Option nützlich sein könnte. Die Trump-Administration steht hier natürlich für ein Problem, da ihre Ablehnung des Multilateralismus und ihre Betonung des Bilateralismus sowohl die Zusammenarbeit in der gesundheitspolitischen Kooperation als auch in der Wirtschaftspolitik untergräbt.

- Die Pandemie steht für eine weltweite Herausforderung und schafft damit eine steigende Nachfrage nach internationalen Informationen und Zugang zu relevanten Nachrichten. Der öffentlich-rechtliche Rundfunk sollte in der EU (und weltweit) geöffnet werden: Da die nationalen Nutzer für die Programmgestaltung und die Verbreitung von Fernsehen und Radio bezahlt haben, könnte man auf der Grundlage der Gegenseitigkeit leicht freien internationalen Zugang zu Informations-/Nachrichtenprogrammen anbieten. Was Europa betrifft, so könnte dies wiederum dazu beitragen, eine einheitlichere Öffentlichkeit in der EU zu schaffen, was die konsequente Koordinierung der politischen Entscheidungsträger erleichtern könnte.

Ein neues und breiteres Benchmarking der Gesundheitssysteme sollte von ausländischen Investoren weltweit stärker in Betracht gezogen werden: Der Standortwettbewerb in der Industrie könnte sich expliziter auf Aspekte des Gesundheitssystems konzentrieren. Die Vereinigten Staaten scheinen mit einem besonderen Problem der Ineffizienz von Gesundheitssystemen konfrontiert zu sein, das auf der Grundlage von mehr nationalem und internationalem Benchmarking, insbesondere im Teilsystem Krankenhaus, behoben werden könnte. Sowohl in Europa als auch in Asien und den USA ist mehr vergleichende Forschung erforderlich; und Ökonomen könnten sicherlich auf vielfältige Weise, oft in Zusammenarbeit mit Kollegen aus den medizinischen Wissenschaften, dazu beitragen, sowohl die Reform des Gesundheitssystems als auch mehr mittel- und langfristige Stabilität zu fördern. Da die USA und die EU – plus Großbritannien – einer wachsenden Konkurrenz aus Asien bzw. China ausgesetzt sind, könnte es für die EU und die USA nützlich sein, besser zusammenzuarbeiten, wozu auch die Suche nach dem optimalen Policy-Mix für die wirtschaftliche Stabilisierung sowie neue Wege für eine bessere Gesundheitsversorgung gehören sollten.

Die EU steht im Jahr 2020 vor einer ernsthaften dreifachen Herausforderung: Die Coronavirus-Epidemie als Herausforderung für die Gesundheitsversorgung, die anhaltenden internen Konflikte im Hinblick auf eine mögliche neue Flüchtlingswelle – hauptsächlich im Zusammenhang mit dem syrischen Bürgerkrieg und der Instabilität in Afghanistan – und ein weltweiter Produktionsrückgang, der teilweise mit der Pandemie zusammenhängt. Mit dem bevorstehenden Bankrott im Libanon besteht für die EU ein zusätzliches Risiko einer neuen Flüchtlingswelle, da im Libanon etwa zwei Millionen Flüchtlinge leben. Sollte der Libanon im Jahr 2020 von einem wirtschaftlichen und politischen Chaos geprägt sein, könnte es massive Flüchtlingswellen vom Libanon in die Türkei und von der Türkei in die EU geben (plus einige direkte Flüchtlingsbewegungen vom Libanon in EU-Länder). Es liegt auf der Hand, dass die Europäische Kommission im Jahr 2020 vor erheblichen Herausforderungen steht. Die Kommission sollte bei der Koordinierung der Epidemiepolitik in der EU aktiver werden – es ist merkwürdig, dass in einigen europäischen Ländern Fußballspiele hinter verschlossenen Türen ohne Zuschauer stattfinden, weil das Risiko einer Verbreitung von COVID-19 als zu hoch eingeschätzt wird, aber Anfang März 2020 haben mehrere EU-Länder zugelassen, dass die Fußballspiele wie gewohnt weiterlaufen. Die Frage der europäischen Fußballturniere ist ebenfalls ein wichtiges Thema. Es sollten gemeinsame Standards in der Epidemiepolitik der EU-Länder angenommen werden, und die EU sollte sowohl den Entwicklungsländern als auch den Nachbarländern, die mit besonderen Pandemieproblemen konfrontiert sind, helfen. Im Vergleich zu den USA scheinen die westlichen EU-Länder – die meisten Länder der Eurozone – über relativ hochwertige Gesundheitssysteme zu verfügen, und unter dem Strich sollte die EU in Zukunft auf den Export der Sozialen Marktwirtschaft drängen und sich stärker für EU-Reformen einsetzen.

Während in der gesundheitspolitischen Debatte in den USA über höhere Gesundheitsausgaben der Schwerpunkt auf der Ausgabenseite liegt, ist die relevante wirtschaftspolitische Perspektive eine andere, nämlich wie sich das Verhältnis der Gesundheitsausgaben zum BIP langfristig entwickelt (das BIP wird teilweise durch das Produktionspotenzial bestimmt, für das der effektive Arbeitseinsatz ein entscheidendes Element ist, das es zu berücksichtigen gilt). Dies muss in der künftigen Forschung und Politik stärker berücksichtigt werden: Da sich die Krankenversicherungsausgaben im Verhältnis zum BIP positiv auf den effektiven Arbeitseinsatz und damit auf das BIP auswirken, wirkt sich eine Erhöhung des Krankenversicherungsschutzes (h) sowohl auf den Zähler als auch auf den Nenner dieses Verhältnisses aus. Die Krankenkassen-BIP-Quote könnte sinken, wenn der Output-Effekt eines Anstiegs von h stärker wäre als der Effekt im Zähler. Und schließlich, wenn ein Anstieg von h – plus bessere effizienzsteigernde Regulierung für den Wettbewerb eine höhere Lebenserwartung mit sich bringt – ist immer noch ein positiver Wohlfahrtseffekt zu berücksichtigen, wenn die Individuen ihren Lebenszeitkonsum maximieren. Die Länge der Lebenszeit ist endogen, und die Lebenserwartung liegt in den meisten westlichen EU-Ländern in den ersten beiden Jahrzehnten des 21. Jahrhunderts um mehrere Jahre über der der USA.

Die Coronavirus-Pandemie wird wahrscheinlich die Nachfrage nach Krankenversicherungen weltweit erhöhen, wenn die herkömmliche Weisheit davon ausgeht, dass Versicherungsgesellschaften in einem Land mit einem Hurrikanschock höhere Kosten zu tragen haben, da die Versicherungspolicen honoriert werden müssen. Gleichzeitig wird die Erfahrung der Menschen mit dem Hurrikanschock die Nachfrage nach Versicherungen gegen Hurrikane stimulieren und die durchschnittliche Zahlungsbereitschaft erhöhen – das Hurrikanereignis ist wie natürliche Werbung für Hurrikanversicherungen (siehe für den Fall der Anschläge vom 11. September in den USA eine verwandte Perspektive in Wang und Corbett 2008). In EU-Ländern mit sehr breitem Krankenversicherungsschutz wird sich an ihren jeweiligen Krankenversicherungssystemen möglicherweise nicht viel ändern, vielmehr werden die Inhaber von Polizeiversicherungen nach einer Pandemie in den Genuss einer höheren Verbrauchermiete kommen, da die implizite Nachfrage nach Krankenversicherungen größer wird; private Krankenversicherungen könnten in der EU von diesem Effekt profitieren. In den USA und vielen Entwicklungs- und Schwellenländern könnte die Nachfrage nach Krankenversicherungen mittelfristig erheblich steigen. Als letzter interessanter struktureller Verschiebungseffekt ist zu erwarten, dass die durch die Epidemie verursachte massive Umstellung auf mehr Heimbüroarbeit einen Ratscheneffekt haben könnte, so dass die Nachfrage nach Büroraum nach der Pandemie (über den negativen Output-bezogenen Effekt hinaus) zurückgehen wird, was den relativen Preis für Bürogebäude weltweit senken wird. Parallel dazu wird die Nachfrage nach IKT-Technologie und Telekommunikationsdienstleistungen stark zunehmen, was angesichts der Technologieintensität der IKT auf einen positiven Angebotsschock hinauslaufen könnte. Die wirtschaftspolitischen Entscheidungsträger sollten sich daher bewusst sein, dass die Wiederankurbelung der Wirtschaft nach dem Höhepunkt der Pandemie nicht einfach bedeutet, die „Old Economy" wieder anzukurbeln. Für Investoren könnten diese Überlegungen auf eher leichte Chancen für Gewinne im Zuge der Anpassungsdynamik hinweisen.

In Bezug auf die globale COVID-19-Pandemie kann man argumentieren, dass dies auf einen internationalen symmetrischen wirtschaftlichen Schock hinausläuft, der in vielen Ländern automatisch einige parallele stabilisierungspolitische Maßnahmen zur Folge haben wird. Allerdings war im März 2020 nicht wirklich klar, inwieweit es sich bei der Pandemie um einen stark symmetrischen Schock handelt – der Zeitpunkt des Ausbruchs der Epidemie unterscheidet sich von Land zu Land, und auch die sektorale Zusammensetzung des Outputs in bestimmten Ländern unterscheidet sich von der in anderen Ländern; und auch die länderspezifische Reaktion des Gesundheitssystems bzw. der Gesundheitspolitik unterscheidet sich von Land zu Land. Was die Zusammenarbeit zwischen den Ländern anbelangt, so scheint dies recht schwierig zu sein, und die Länder der Eurozone hatten offensichtlich besondere Probleme, sich darüber zu einigen, inwieweit eine starke Zusammenarbeit und möglicherweise der Einsatz von Eurobonds in Erwägung gezogen werden sollte. Traditionell gibt es in den nördlichen Ländern der Eurozone, darunter Deutschland, Widerstand gegen Eurobonds, während die südlichen Länder der Eurozone – darunter Italien und Spanien als Länder, die vom Coronavirus-Schock in Bezug auf die hohe Zahl der Todesfälle durch Coronaviren ziemlich stark betroffen sind – lieber auf diese neue Option drängen würden. Wie man jedoch zeigen kann, steht die Coronavirus-Epidemie, gekoppelt mit einer starken Rezession in der EU, den USA und anderen Ländern, nicht für die traditionelle Eurobond-Debatte und das damit verbundene politische Umfeld: Eine Schlüsselfrage ist, inwieweit solche Anleihen mit teilweiser Besicherung durch Gold- und Währungsreserven aufgelegt werden könnten, um das Haftungsrisiko von Partnerländern mit eher niedrigen Schuldenquoten zu begrenzen (z. B. Deutschland oder die Niederlande) und dann etwa 40 % solcher Joint Eurobonds – JEBs – beispielsweise durch die Europäische Zentralbank im Rahmen ihres neuen Pandemieprogramms zur quantitativen Lockerung erworben werden könnten; ein solcher Ansatz, gekoppelt mit einer speziellen Vermögensbesteuerung in Italien und Spanien, um sicherzustellen, dass Zinsen und Kapital von Anleihen problemlos gezahlt werden können, sollte in der Tat sorgfältig erwogen werden, da nur dieser Ansatz entschieden dazu beitragen würde, eine neue Eurokrise zu vermeiden und einen ansonsten extrem negativen wirtschaftlichen Schock in Italien und Spanien abzumildern (Welfens 2020b). Die Abmilderung des wirtschaftlichen Schocks in der ersten Hälfte des Jahres 2020 und die Gewährleistung eines breiten und nachhaltigen Neustarts der Volkswirtschaften in Europa, Nordamerika und Asien sowie in anderen Weltregionen stellen die politischen Entscheidungsträger vor große Herausforderungen. Solange keine Impfungen zur Verfügung stehen, müssen bestimmte Länder vorübergehende Sperren und „Stay-at-home"-Perioden in Anspruch nehmen, so dass sich ein breiter und starker internationaler Neustart als schwierig erweisen könnte. Es könnte sich auch als die erste große internationale Krise nach 1945 ohne die Führung der USA bei der Bekämpfung der Krise erweisen; ein potenzielles Problem, auf das ich bereits zuvor hingewiesen hatte – der Mangel an qualifiziertem Personal in der Trump-Administration ist kritisch (Welfens 2019a). Die USA sind das einzige OECD-Land, in dem Millionen von Menschen in der Rezession nicht nur ihren Arbeitsplatz, sondern auch ihre Krankenversicherung verlieren werden – mitten in der Coronavirus-Epidemie; ein Grund mehr, über Reformen in den USA nachzudenken.

Literatur

Bredemeier, C., Jüssen, F., & Winkler, R. (2020). *Bringing back the jobs lost to Covid-19: The role of fiscal policy, covid economics, Issue 29, 16 June 2020*. London: CEPR Press.

Kaufmann, S. (2009). *The new plagues. Pandemics and poverty in a globalized world.* London: Haus Publishing.

Pew Research Center. (2020). Most Americans say there is too much economic inequality in the U.S., but fewer than half call it a top priority, Pew Research Center, January 2020.

Wang, Y., & Corbett, R. (2008). Market efficiency: Evidence from market reactions of insurance industry stocks to the September 11, 2001 event. *Journal of Insurance Issues, 31*(2), 152–167. Western Risk and Insurance Association.

Welfens, P. J. J. (2019a). *The global Trump – structural US populism and economic conflicts with Europe and Asia*. London: Palgrave Macmillan.

Welfens, P. J. J. (2020b). *Corona world recession and health system crisis: Shocks not well understood so far*, EIIW discussion paper no. 273. https://uni-w.de/2tzbc.

13

Anhang zu Teil II

Anhang 1: Statistiken der Weltgesundheitsorganisation COVID-19

Tab. 13.1 Statistiken der Weltgesundheitsorganisation zu COVID-19 in chinesischen Regionen, Stand: 9. März 2020

	Bestätigte Fälle	Todesfälle
Hubei	67.743	3007
Guangdong	1352	8
Henan	1272	22
Zhejiang	1215	1
Hunan	1018	4
Anhui	990	6
Jiangxi	935	1
Shandong	758	6
Jiangsu	631	0
Chongqing	576	6
Sichuan	539	3
Heilongjiang	481	13
Peking	428	8
Shanghai	342	3
Hebei	318	6
Fujian	296	1
Guangxi	252	2
Shaanxi	245	1
Yunnan	174	2

(Fortsetzung)

P. J. J. Welfens, *Corona-Weltrezession*, https://doi.org/10.1007/978-3-658-31386-9_13

Tab. 13.1 (Fortsetzung)

	Bestätigte Fälle	Todesfälle
Hainan	168	6
Guizhou	146	2
Tianjian	136	3
Shanxi	133	1
Liaoning	125	1
Gansu	124	2
Sonderverwaltungsregion Hongkong	114	3
Jilin	93	1
Xinjiang	76	3
Innere Mongolei	75	1
Ningxia	75	0
Taipeh	45	1
Qinghai	18	0
SAR Macao	10	0
Xizang	1	0
Gesamt	**80.904**	**3124**

Quelle: Eigene Darstellung der von der WHO verfügbaren Daten, Coronavirus Situation Dashboard, Zahlen vom 9. März 2020, https://www.who.int/emergencies/diseases/novel-coronavirus-2019

Tab. 13.2 Statistiken der Weltgesundheitsorganisation zu COVID-19, Anzahl der Infizierten für ausgewählte Länder (Stand: 9. März 2020)

Länder	Anzahl der infizierten Personen
China	80.904
Republik Korea	7382
Italien	7375
Iran (Islamische Republik)	6566
Frankreich	1116
Deutschland	902
Spanien	589
Japan	488
Schweiz	332
Vereinigtes Königreich	277
Niederlande	256
Vereinigte Staaten	213
Schweden	203
Belgien	200
Österreich	102
Australien	77
Griechenland	73
Kanada	60
Indien	39
Dänemark	36

(Fortsetzung)

Tab. 13.2 (Fortsetzung)

Länder	Anzahl der infizierten Personen
Brasilien	25
Irland	21
Saudi-Arabien	15
Argentinien	12
Mexiko	7
Russische Föderation	7
Indonesien	6
Südafrika	3
Nigeria	1

Quelle: Eigene Darstellung der von der WHO verfügbaren Daten, Coronavirus Situation Dashboard, Zahlen vom 9. März 2020 https://www.who.int/emergencies/diseases/novel-coronavirus-2019 Es ist anzumerken, *dass die Türkei noch keine Fälle von COVID-19-Infektionen oder Todesfälle im Land der WHO gemeldet oder offiziell bestätigt hatte*

Anhang 2: Tourismus aus chinesischer Sicht

Die Zahl der ausländischen Ankünfte in China hat zugenommen, und auch die Zahl der chinesischen Ausreisenden ist gestiegen – sie hat sich zwischen 2009 und 2018 sogar fast vervierfacht. Was die Einnahmen aus dem Inlandstourismus im Verhältnis zum BIP betrifft, so ist der Anteil von 2,9 % im Jahr 2009 auf 5,7 % bzw. 5,5 % in den Jahren 2017 und 2018 gestiegen. Aus dieser Perspektive könnten Reisebeschränkungen auf nationaler oder internationaler Ebene für chinesische Touristen erhebliche negative Auswirkungen haben, sowohl innerhalb Chinas als auch in den wichtigsten Zielländern für chinesische Touristen. Die Einnahmen aus dem Inlandstourismus sind zwar nicht gleichbedeutend mit Wertschöpfung, aber es ist klar, dass der starke Rückgang des Inlandstourismus bereits erhebliche Auswirkungen auf Chinas Gesamtproduktion hätte. Ein Rückgang um z. B. 50 % im Jahr 2020 könnte das chinesische BIP um etwa zwei Prozentpunkte verringern, was wiederum negative Spillover-Effekte auf die Eurozone/EU und die USA haben könnte.

Anhang 3: Reiseeinnahmen und -ausgaben in der Zahlungsbilanz, ausgewählte Länder, 2013 und 2018

Tab. 13.3 Reiseeinnahmen und -ausgaben in der Zahlungsbilanz, ausgewählte Länder, 2013 und 2018

	Quittungen (Millionen EUR)		Relativ zum BIP 2018 (%)	Ausgaben (Millionen EUR)		Relativ zum BIP 2018 (%)	Saldo (Millionen EUR)
	2013	2018		2013	2018		2018
EU-27 (¹)	126010,7	158148,2	1,17287059	86737,8	109245,4	0,81019396	48902,7
Belgien	10074	7548	1,64151261	16692	15687	3,41155383	–8139
Bulgarien	2890,8	3822,5	6,81531695	840	1584,4	2,82490207	2238,1
Tschechien	5303,1	6312,6	3,04118653	3493,8	5055,5	2,43556039	1257,1
Dänemark	5385,1	7710,4	2,55869681	7584,1	8887,5	2,94931753	–1177,1
Deutschland	31081	36390	1,08809731	68793	80933	2,41997745	–44543
Estland	1255,8	1515,7	5,82157713	802,8	1245,5	4,78377932	270,2
Irland	3370	5237	1,61616748	4669	6270	1,93495705	–1033
Griechenland	12152	16086	8,70861702	1835	2191	1,18616063	13895
Spanien	51589	69023	5,74142421	12359	22692	1,8875505	46331
Frankreich	53103	55450	2,35647595	31787	40528	1,72233106	14922
Kroatien	6135,9	9488,6	18,3798191	679,3	1434,2	2,778106	8054,4
Italien	33063	41712	2,36272201	20309	25484	1,44350805	16228
Zypern	2211	2940	13,9087322	944	1315	6,22108261	1625
Lettland	651	897	3,0770814	538	660	2,26407327	237
Litauen	1035,2	1274,2	2,81501577	805	1185,5	2,61905604	88,7
Luxemburg	3797	4230	7,04376627	2422	2731	4,547642	1499
Ungarn	4042,8	5850,4	4,37307803	1437,1	2238,6	1,67331678	3611,7
Malta	1057,2	1573,8	12,7136718	288,8	440,5	3,55850325	1133,3
Niederlande	10343	15236	1,96837627	15589	17956	2,31977975	–2720
Österreich	15237	19559	5,07088322	7738	10143	2,62968293	9416
Polen	8549,1	11911,5	2,39976598	6646,4	8249,6	1,66201649	3661,9

Portugal	:	16840	8,25910439	:	4662	2,28645752	12178
Rumänien	1391,6	2876,2	1,40548914	1507,7	4522,2	2,2098265	−1646
Slowenien	2093,5	2704,1	5,90998103	1068,3	1389,5	3,03683985	1314,6
Slowakei	1997,7	2709,8	3,02025167	1782	2225,4	2,48035577	484,5
Finnland	3044	3102	1,32354824	3989	5151	2,19780689	−2049
Schweden	8181,8	12651,3	2,68486585	11551,6	15293,4	3,24557377	−2642,1
Vereinigtes Königreich	34675,6	41167,5	1,69851377	45854,5	58442,9	2,41127274	−17275,4
Island	813	2657,8	12,0876672	638,9	1553,8	7,06667819	1104
Norwegen	:	4956,2	:	:	14699,4	:	−9743,2
Schweiz	12644	14370,4	3,90612832	12163,3	15539,5	4,22391033	−1169,1
Montenegro	666	1001	0,16766925	37	58	0,0097151	943
Nord-Mazedonien	200,8	324,8	6,9653235	98,3	219,8	4,71360254	105
Albanien	:	1855,7	17,3460708	:	1426,1	13,3304045	429,6
Serbien	792	1317	10,3032294	841	1396	10,9212667	−79
Türkei	21089,4	21482,1	50,1268215	3623,3	3888,2	9,07281446	17593,9
Bosnien und Herzegowina	516,5	875,8	0,13421813	100,6	221,3	0,03391467	654,4
Kosovo*	647,5	1228,2	7,32846837	135,3	302,3	1,80377462	925,9

Quelle: Eurostat, Industrie und Dienstleistungen, Tourismus – Tabelle 3: Reiseeinnahmen und -ausgaben in der Zahlungsbilanz, 2013–2018

Anhang 4: Internationale Tourismuseinnahmen als prozentualer Anteil des Bruttoinlandsprodukts und Produktionsrückgang

Tab. 13.4 Internationale Tourismuseinnahmen in Prozent des BIP und Rückgang der Produktion

Name des Landes	*Ausgaben für internationalen Tourismus / BIP US$*	*Internationaler Tourismus, Einnahmen (derzeit US$) /BIP US$*	*Internationaler Tourismus, Einnahmen (% der Gesamtexporte)*	*Rückgang des internationalen Tourismus, Einnahmen (derzeit US$) / BIP US$*		
				um 20 %.	*um 40 %.*	*um 50 %.*
Turks- und Caicosinseln	0.41 %	76.98 %		61.59 %	46.19 %	**38.49 %**
SAR Macao, China	2.56 %	73.27 %	88.73 %	58.61 %	43.96 %	**36.63 %**
Antigua und Barbuda	7.02 %	60.29 %	84.31 %	48.23 %	36.17 %	**30.14 %**
Malediven	8.13 %	57.33 %	82.69 %	45.86 %	34.40 %	**28.66 %**
St. Lucia	4.53 %	51.46 %	81.27 %	41.17 %	30.88 %	**25.73 %**
Grenada	3.46 %	46.21 %	84.34 %	36.97 %	27.73 %	**23.10 %**
Seychellen	6.41 %	38.42 %	35.42 %	30.74 %	23.05 %	**19.21 %**
St. Kitts und Nevis	5.84 %	36.31 %	60.64 %	29.05 %	21.78 %	**18.15 %**
Vanuatu	2.30 %	35.55 %	62.84 %	28.44 %	21.33 %	**17.77 %**
St. Vincent und die Grenadinen	5.92 %	29.71 %	76.27 %	23.76 %	17.82 %	**14.85 %**
Bahamas, Die	4.31 %	27.23 %	77.25 %	21.78 %	16.34 %	**13.61 %**
Cabo Verde	4.91 %	26.51 %	53.58 %	21.21 %	15.90 %	**13.25 %**
Belize	2.67 %	26.03 %	45.21 %	20.82 %	15.62 %	**13.01 %**
Fidschi	2.89 %	24.74 %	51.32 %	19.79 %	14.85 %	**12.37 %**
Samoa	0.51 %	23.32 %	62.57 %	18.65 %	13.99 %	**11.66 %**
Montenegro	1.33 %	22.24 %	52.17 %	17.79 %	13.34 %	**11.12 %**
Dominica	5.45 %	20.15 %	68.54 %	16.12 %	12.09 %	**10.07 %**
Georgien	5.45 %	19.99 %	39.54 %	15.99 %	11.99 %	**9.99 %**
Kroatien	2.85 %	19.80 %	38.59 %	15.84 %	11.88 %	**9.90 %**
Jamaika	3.20 %	19.72 %	53.38 %	15.78 %	11.83 %	**9.86 %**

Kambodscha	4.40%	19.69%	26.24%	15.75%	11.81%	**9.84%**
Curacao	17.10%	19.34%	31.57%	15.47%	11.61%	**9.67%**
São Tomé und Príncipe	4.17%	17.03%	73.19%	13.62%	10.22%	**8.51%**
Libanon	11.29%	15.35%	45.42%	12.28%	9.21%	**7.67%**
Albanien	11.59%	15.27%	48.20%	12.22%	9.16%	**7.63%**
Mauritius	5.08%	15.20%	38.88%	12.16%	9.12%	**7.60%**
Jordanien	3.54%	14.73%	41.33%	11.78%	8.84%	**7.37%**
Zypern	6.21%	13.82%	18.92%	11.05%	8.29%	**6.91%**
Thailand	2.91%	12.92%	19.63%	10.34%	7.75%	**6.46%**
Malta	3.56%	12.68%	8.76%	10.14%	7.61%	**6.34%**
Island	7.07%	12.09%	25.55%	9.67%	7.25%	**6.04%**
Sonderverwaltungsregion Hongkong, China	7.31%	11.54%	6.13%	9.24%	6.93%	**5.77%**
Tonga	9.15%	10.68%	45.89%	8.54%	6.41%	**5.34%**
Gambia, die	0.64%	10.29%	48.27%	8.23%	6.17%	**5.14%**
Bahrain	10.66%	10.16%	12.74%	8.13%	6.09%	**5.08%**
Portugal	2.71%	10.02%	22.71%	8.01%	6.01%	**5.01%**
Armenien	11.73%	9.95%	26.32%	7.96%	5.97%	4.97%
Griechenland	1.79%	9.90%	26.38%	7.92%	5.94%	4.95%
Marshall-Inseln	14.19%	9.08%	15.59%	7.27%	5.45%	4.54%
Dominikanische Republik	1.12%	8.84%	37.45%	7.07%	5.30%	4.42%
Panama	2.01%	8.63%	20.78%	6.90%	5.18%	4.32%
Marokko	2.56%	8.08%	22.08%	6.46%	4.85%	4.04%
Katar	6.14%	7.96%	14.86%	6.37%	4.78%	3.98%
Luxemburg	4.64%	7.81%	3.99%	6.25%	4.69%	3.91%
Bulgarien	3.45%	7.79%	11.67%	6.23%	4.67%	3.89%
Estland	5.37%	7.59%	10.22%	6.07%	4.55%	3.79%
Costa Rica	1.93%	6.64%	19.40%	5.32%	3.99%	3.32%
Salomon-Inseln	3.81%	6.59%	13.57%	5.27%	3.96%	3.30%
Komoren	3.82%	6.51%	50.44%	5.21%	3.91%	3.26%
Haiti	6.20%	6.42%	34.86%	5.14%	3.85%	3.21%

Tab. 13.4 (Fortsetzung)

Tab. 13.4 (Fortsetzung)

Madagaskar	2.23%	6.34%	20.22%	5.08%	3.81%	3.17%
Sri Lanka	2.80%	6.31%	27.67%	5.05%	3.78%	3.15%
Slowenien	3.25%	6.25%	7.32%	5.00%	3.75%	3.13%
Ungarn	2.08%	6.08%	7.15%	4.86%	3.65%	3.04%
Malaysia	3.69%	6.07%	8.83%	4.86%	3.64%	3.04%
Aserbaidschan	5.23%	6.03%	11.10%	4.82%	3.62%	3.01%
Kirgisische Republik	5.60%	6.02%	18.73%	4.81%	3.61%	3.01%
Tunesien	2.39%	5.82%	11.95%	4.65%	3.49%	2.91%
Spanien	1.88%	5.73%	16.30%	4.58%	3.44%	2.86%
Singapur	6.96%	5.61%	3.18%	4.49%	3.36%	2.80%
Österreich	3.13%	5.58%	10.01%	4.47%	3.35%	2.79%
Ruanda	3.96%	5.55%	25.89%	4.44%	3.33%	2.78%
Bosnien und Herzegowina	1.82%	5.36%	12.73%	4.29%	3.22%	2.68%
Neuseeland	2.25%	5.35%	19.08%	4.28%	3.21%	2.67%
El Salvador	1.88%	5.26%	18.19%	4.21%	3.15%	2.63%
Vereinigte Arabische Emirate	4.35%	5.16%		4.13%	3.10%	2.58%
Ägypten, Arabische Rep.	1.15%	5.06%	24.61%	4.05%	3.04%	2.53%
Bhutan	3.23%	4.95%	15.54%	3.96%	2.97%	2.47%
Türkei	0.65%	4.81%	16.62%	3.85%	2.89%	2.41%
Moldawien	3.83%	4.37%	14.49%	3.50%	2.62%	2.18%
Tansania	1.41%	4.25%	29.37%	3.40%	2.55%	2.12%
PDR Laos	5.29%	4.22%	12.18%	3.37%	2.53%	2.11%
Äthiopien	0.73%	4.21%	46.54%	3.36%	2.52%	2.10%
Nicaragua	2.66%	4.15%	9.87%	3.32%	2.49%	2.07%
Vietnam	2.41%	4.11%	3.90%	3.29%	2.47%	2.06%
Uruguay	2.20%	4.09%	14.87%	3.27%	2.46%	2.05%
Mongolei	6.29%	4.03%	6.82%	3.22%	2.42%	2.01%
Irland	1.93%	3.83%	3.14%	3.07%	2.30%	**1.92%**
Uganda	1.22%	3.80%	18.62%	3.04%	2.28%	**1.90%**
Serbien	3.63%	3.80%	7.67%	3.04%	2.28%	**1.90%**

Oman	4.05%	3.75%	6.44%	3.00%	2.25%	**1.88%**
Tschechische Republik	2.48%	3.38%	4.31%	2.70%	2.03%	**1.69%**
Namibia	0.48%	3.36%	9.83%	2.69%	2.02%	**1.68%**
Australien	2.95%	3.30%	14.46%	2.64%	1.98%	**1.65%**
Slowakische Republik	2.67%	3.13%	3.27%	2.51%	1.88%	**1.57%**
Honduras	2.17%	3.11%	10.23%	2.49%	1.86%	**1.55%**
Botswana	1.45%	3.09%	7.84%	2.47%	1.85%	**1.55%**
Lettland	2.26%	3.07%	5.01%	2.46%	1.84%	**1.54%**
Nord-Mazedonien	2.23%	3.05%	5.09%	2.44%	1.83%	**1.53%**
Timor-Leste	5.08%	3.02%	64.00%	2.42%	1.81%	**1.51%**
Philippinen	3.77%	2.94%	10.76%	2.35%	1.76%	**1.47%**
Schweiz	2.94%	2.88%	4.39%	2.30%	1.73%	**1.44%**
Niederlande	2.84%	2.83%	3.35%	2.26%	1.70%	**1.41%**
Sambia	1.79%	2.78%	7.43%	2.22%	1.67%	**1.39%**
Polen	1.81%	2.69%	4.84%	2.15%	1.61%	**1.34%**
Schweden	3.25%	2.68%	5.91%	2.15%	1.61%	**1.34%**
Südafrika	1.72%	2.66%	8.89%	2.13%	1.59%	**1.33%**
Litauen	2.24%	2.66%	3.23%	2.12%	1.59%	**1.33%**
Frankreich	2.09%	2.63%	8.08%	2.11%	1.58%	**1.32%**
Usbekistan	5.39%	2.60%	9.30%	2.08%	1.56%	**1.30%**
Nepal	3.16%	2.56%	27.78%	2.05%	1.54%	**1.28%**
Dänemark	2.95%	2.56%	4.60%	2.05%	1.53%	**1.28%**
Sudan	0.03%	2.55%	20.88%	2.04%	1.53%	**1.28%**
Italien	1.81%	2.48%	7.87%	1.98%	1.49%	**1.24%**
Bolivien	2.68%	2.41%	9.38%	1.93%	1.44%	**1.20%**
Myanmar	0.17%	2.35%	10.59%	1.88%	1.41%	**1.17%**
Trinidad und Tobago	0.63%	2.27%	4.87%	1.82%	1.36%	**1.14%**
Tadschikistan	0.32%	2.27%	15.31%	1.82%	1.36%	**1.14%**
Mosambik	0.92%	2.25%	5.54%	1.80%	1.35%	**1.12%**
Peru	1.54%	2.20%	8.72%	1.76%	1.32%	**1.10%**

Tab. 13.4 (Fortsetzung)

Tab. 13.4 (Fortsetzung)

Israel	2.64%	2.18%	7.42%	1.74%	1.31%	**1.09%**
Saudi-Arabien	2.28%	2.16%	5.41%	1.73%	1.29%	**1.08%**
Weißrussland	1.94%	2.05%	2.89%	1.64%	1.23%	**1.02%**
Finnland	2.63%	2.05%	5.28%	1.64%	1.23%	**1.02%**
Surinam	2.90%	2.03%	3.21%	1.63%	1.22%	**1.02%**
Kolumbien	1.70%	2.00%	12.25%	1.60%	1.20%	**1.00%**
Guatemala	1.43%	1.98%	11.13%	1.58%	1.19%	**0.99%**
Mexiko	1.15%	1.95%	4.96%	1.56%	1.17%	**0.97%**
Dschibuti	0.75%	1.93%		1.54%	1.16%	**0.96%**
Belgien	3.84%	1.91%	2.32%	1.53%	1.15%	**0.96%**
Ukraine	6.33%	1.73%	3.84%	1.39%	1.04%	**0.87%**
Ecuador	0.96%	1.73%	7.61%	1.39%	1.04%	**0.87%**
Vereinigtes Königreich	2.41%	1.70%	5.66%	1.36%	1.02%	**0.85%**
Westjordanland und Gaza	5.17%	1.68%	8.44%	1.34%	1.01%	**0.84%**
Kamerun	2.37%	1.64%	8.67%	1.31%	0.98%	**0.82%**
Norwegen	4.28%	1.63%	4.27%	1.31%	0.98%	**0.82%**
Deutschland	2.64%	1.53%	3.22%	1.22%	0.92%	**0.76%**
Ghana	2.03%	1.52%	4.42%	1.22%	0.91%	**0.76%**
Indonesien	1.12%	1.50%	7.47%	1.20%	0.90%	**0.75%**
Kasachstan	1.59%	1.48%	3.95%	1.18%	0.89%	**0.74%**
Brunei Darussalam	4.31%	1.40%	2.70%	1.12%	0.84%	**0.70%**
Guinea-Bissau	5.12%	1.37%	5.26%	1.10%	0.82%	**0.69%**
Rumänien	2.12%	1.36%	3.24%	1.09%	0.82%	**0.68%**
Chile	1.03%	1.33%	4.63%	1.07%	0.80%	**0.67%**
Kanada	1.96%	1.28%	4.03%	1.03%	0.77%	**0.64%**
Nauru	5.65%	1.27%	5.14%	1.02%	0.76%	**0.64%**
Vereinigte Staaten	0.91%	1.25%	10.24%	1.00%	0.75%	**0.62%**
Korea, Rep.	2.15%	1.23%	2.74%	0.98%	0.74%	**0.61%**
Argentinien	2.52%	1.15%	7.86%	0.92%	0.69%	**0.58%**
Russische Föderation	2.34%	1.13%	3.68%	0.90%	0.68%	**0.56%**

Indien	0.95%	1.07%	5.43%	0.86%	0.64%	**0.54%**
Paraguay	1.36%	0.97%	2.72%	0.78%	0.58%	**0.49%**
Sierra Leone	1.49%	0.95%	5.16%	0.76%	0.57%	**0.48%**
Japan	0.57%	0.91%	4.87%	0.73%	0.55%	**0.46%**
Irak	3.50%	0.89%	2.16%	0.71%	0.53%	**0.44%**
Lesotho	12.38%	0.88%	1.92%	0.70%	0.53%	**0.44%**
Guyana	2.06%	0.72%	1.75%	0.58%	0.43%	**0.36%**
Kuwait	10.18%	0.65%	1.08%	0.52%	0.39%	**0.33%**
Malawi	1.92%	0.61%	3.84%	0.49%	0.37%	**0.30%**
Angola	0.72%	0.53%	1.35%	0.42%	0.32%	**0.26%**
Nigeria	3.33%	0.50%	2.91%	0.40%	0.30%	**0.25%**
Eswatini	0.91%	0.35%	0.86%	0.28%	0.21%	**0.17%**
Brasilien	1.19%	0.34%	2.30%	0.27%	0.20%	**0.17%**
China	2.04%	0.30%	1.52%	0.24%	0.18%	**0.15%**
Pakistan	0.92%	0.26%	2.71%	0.21%	0.16%	**0.13%**
Afghanistan	1.17%	0.26%	3.10%	0.21%	0.15%	**0.13%**
Bangladesch	0.44%	0.13%	0.81%	0.10%	0.08%	**0.07%**
Burundi	0.76%	0.13%	1.37%	0.10%	0.08%	**0.06%**
Kongo, Dem. Republik	0.24%	0.13%	0.38%	0.10%	0.08%	**0.06%**
Mauretanien	0.73%	0.11%	0.29%	0.09%	0.07%	**0.06%**
Guinea	3.81%	0.07%	0.19%	0.06%	0.04%	**0.04%**

Quelle: Eigene Darstellung von Daten aus den World Development Indicators

Tab. 13.4 (Fortsetzung)

Anhang 5: Globaler Gesundheitssicherheitsindex, Ergebnisse Top 40 nach Gesamtpunktzahl und Einzelindikatoren

Tab. 13.5 Globaler Gesundheitssicherheitsindex, Ergebnisse Top 40 nach Gesamtpunktzahl und Einzelindikatoren

OVERALL SCORE			1. PREVENTION OF THE EMERGENCE OR RELEASE OF PATHOGENS			2. EARLY DETECTION & REPORTING FOR EPIDEMICS OF POTENTIAL INTERNATIONAL CONCERN			3. RAPID RESPONSE TO AND MITIGATION OF THE SPREAD OF AN EPIDEMIC			4. SUFFICIENT & ROBUST HEALTH SYSTEM TO TREAT THE SICK & PROTECT HEALTH WORKERS			5. COMMITMENTS TO IMPROVING NATIONAL CAPACITY, FINANCING AND ADHERENCE TO NORMS			6. OVERALL RISK ENVIRONMENT AND COUNTRY VULNERABILITY TO BIOLOGICAL THREATS		
Rank	Country	Score	Rank	Country	Score	Rank	Country	Score	Rank	Country	Score	Rank	Country	Score	Rank	Country	Score	Rank	Country	Score
1	United States	83.5	1	United States	83.1	1	United States	98.2	1	United Kingdom	91.9	1	United States	73.8	1	United States	85.3	1	Liechtenstein	87.9
2	United Kingdom	77.9	2	Sweden	81.1	2	Australia	97.3	2	United States	79.7	2	Thailand	70.5	2	United Kingdom	81.2	2	Norway	87.1
3	Netherlands	75.6	3	Thailand	75.7	3	Latvia	97.3	3	Switzerland	79.3	3	Netherlands	70.2	3	Australia	77.0	3	Switzerland	86.2
4	Australia	75.5	4	Netherlands	73.7	4	Canada	96.4	4	Netherlands	79.1	4	Canada	67.7	4	Finland	75.4	4	Luxembourg	84.7
5	Canada	75.3	5	Denmark	72.9	5	South Korea	92.1	5	Thailand	78.6	5	Denmark	63.8	5	Canada	74.7	5	Austria	84.6
6	Thailand	73.2	6	France	71.2	6	United Kingdom	87.3	6	South Korea	71.5	6	Australia	63.5	6	Mexico	73.9	6	Sweden	84.5
7	Sweden	72.1	7	Canada	70.0	7	Denmark	86.0	7	Finland	69.2	7	Switzerland	62.5	7	Indonesia	72.5	7	Andorra	83.5
8	Denmark	70.4	8	Australia	68.9	8	Netherlands	86.0	8	Portugal	67.7	8	France	60.9	8	Lithuania	72.1	8	Monaco	83.1
9	South Korea	70.2	9	Finland	68.5	9	Sweden	86.0	9	Brazil	67.1	9	Finland	60.8	9	Slovenia	72.1	9	France	83.0
10	Finland	68.7	10	United Kingdom	68.3	10	Germany	84.6	10	Australia	65.9	10	Belgium	60.5	10	Liberia	71.5	10	Canada	82.7
11	France	68.2	11	Norway	68.2	11	Spain	83.0	11	Singapore	64.6	11	United Kingdom	59.8	11	Sweden	71.3	11	Germany	82.3
12	Slovenia	67.2	12	Slovenia	67.0	12	Brazil	82.4	12	Slovenia	63.3	12	Spain	59.6	12	Thailand	70.9	12	Netherlands	81.7
13	Switzerland	67.0	13	Germany	66.5	13	Lithuania	81.5	13	France	62.9	13	South Korea	58.7	13	Japan	70.0	13	Iceland	81.2
14	Germany	66.0	14	Ireland	63.9	14	South Africa	81.5	14	Sweden	62.8	14	Norway	58.5	14	Argentina	68.8	14	Finland	81.1
15	Spain	65.9	15	Belgium	63.5	15	Thailand	81.0	15	Spain	61.9	15	Malaysia	57.1	15	Estonia	67.6	15	Singapore	80.9
16	Norway	64.6	16	Brazil	59.2	16	Italy	78.5	16	Malaysia	61.3	16	Serbia	56.6	16	Kenya	67.1	16	San Marino	80.5
17	Latvia	62.9	17	Kazakhstan	58.8	17	Greece	78.4	17	Canada	60.7	17	Portugal	55.0	17	Ethiopia	65.8	17	Denmark	80.3
18	Malaysia	62.2	18	Austria	57.4	18	Ireland	78.0	18	Chile	60.2	18	Argentina	54.9	18	Switzerland	65.6	18	Australia	79.4
19	Belgium	61.0	19	South Korea	57.3	19	Estonia	77.6	19	Denmark	58.4	19	Slovenia	54.9	19	Uganda	65.4	19	Belgium	78.2
20	Portugal	60.3	20	Turkey	56.9	20	Mongolia	77.3	20	Norway	58.2	20	Sweden	49.3	20	Kyrgyz Republic	64.8	20	United States	78.2
21	Japan	59.8	21	Armenia	56.7	21	France	75.3	21	New Zealand	58.1	21	Poland	48.9	21	Vietnam	64.6	21	Ireland	77.4
22	Brazil	59.7	22	Hungary	56.4	22	Georgia	75.0	22	Madagascar	57.8	22	Germany	48.2	22	Norway	64.4	22	Portugal	77.3
23	Ireland	59.0	23	Chile	56.2	23	Argentina	74.9	23	South Africa	57.7	23	Latvia	47.3	23	South Korea	64.3	23	New Zealand	77.2
24	Singapore	58.7	24	Singapore	56.2	24	Saudi Arabia	74.4	24	Micronesia	56.9	24	Mexico	46.9	24	Turkey	64.3	24	Spain	77.1

25 Argentina	58.6	25 Latvia	56.0	25 Albania	74.3	25 Uganda	56.5	25 Austria	46.6	25 United Arab Em.	63.4	25 Uruguay	74.8
26 Austria	58.5	26 Croatia	55.2	26 El Salvador	73.9	26 Armenia	55.5	26 Japan	46.6	26 Peru	63.0	26 United Kingdom	74.7
27 Chile	58.3	27 New Zealand	55.0	27 Slovenia	73.7	27 Serbia	55.1	27 Croatia	46.5	27 Portugal	63.0	27 South Korea	74.1
28 Mexico	57.6	28 Greece	54.2	28 Austria	73.2	28 Germany	54.8	28 Iceland	46.4	28 Denmark	62.6	28 Czech Republic	74.0
29 Estonia	57.0	29 Ecuador	53.9	29 Malaysia	73.2	29 Latvia	54.7	29 Nicaragua	45.9	29 Germany	61.9	29 Slovenia	73.7
30 Indonesia	56.6	30 Slovakia	53.5	30 Chile	72.7	30 Indonesia	54.3	30 China	45.7	30 Italy	61.9	30 Estonia	73.3
31 Italy	56.2	31 Georgia	53.2	31 Croatia	72.3	31 Japan	53.6	31 Turkey	45.7	31 Bulgaria	61.5	31 United Arab Em.	72.4
32 Poland	55.4	32 Spain	52.9	32 Ecuador	71.2	32 India	52.4	32 New Zealand	45.2	32 Netherlands	61.1	32 Malta	72.3
33 Lithuania	55.0	33 Portugal	52.8	33 Mexico	71.2	33 Hungary	52.2	33 Brazil	45.0	33 Spain	61.1	33 Malaysia	72.0
34 South Africa	54.8	34 Switzerland	52.7	34 Laos	70.4	34 Albania	52.0	34 Peru	45.0	34 Uzbekistan	60.5	34 Costa Rica	71.7
35 Hungary	54.0	35 Malaysia	51.4	35 Japan	70.1	35 Laos	52.0	35 Saudi Arabia	44.8	35 Colombia	60.1	35 Japan	71.7
36 New Zealand	54.0	36 Czech Republic	51.1	36 Kenya	68.6	36 Bosnia and Herz.	51.8	36 India	42.7	36 Cambodia	60.0	36 Slovakia	71.5
37 Greece	53.8	37 Poland	50.9	37 Indonesia	68.1	37 Peru	51.7	37 Israel	42.2	37 Cameroon	59.9	37 Seychelles	71.1
38 Croatia	53.3	38 Indonesia	50.2	38 Zimbabwe	65.6	38 Morocco	51.5	38 Singapore	41.4	38 Belgium	59.7	38 Chile	70.1
39 Albania	52.9	39 Vietnam	49.5	39 Kyrgyz Republic	64.7	39 Mexico	50.8	39 Bulgaria	41.0	39 New Zealand	59.4	39 Barbados	69.9
40 Turkey	52.4	40 Japan	49.3	40 Singapore	64.5	40 Argentina	50.6	40 Belarus	40.6	40 Myanmar	59.1	40 Cyprus	69.6

All data are normalized to a scale of 0 to 100, where 100 = best health security conditions.

Most prepared

More prepared

Least prepared

Quelle: Globaler Gesundheitssicherheitsindex, NTI/Johns Hopkins University (2019)

Anhang 6: Vergleich der Gesundheitssysteme, USA und Westeuropa

Die Abb. 13.1, die auf Welfens (2019a) basiert, zeigt die Variation zwischen den Gesundheitsausgaben (ausgedrückt in Prozent des Bruttoinlandsprodukts) und der geschätzten Lebenserwartung. Man kann deutlich einen signifikanten Unterschied zwischen den USA und den westeuropäischen Ländern (ausgewählte EU-Mitgliedsstaaten und die Schweiz) erkennen. Ursache dafür sind die höheren Ausgaben für die Gesundheitsversorgung und die geringere Lebenserwartung in der Nutzung, was Fragen nach der Effizienz des US-Gesundheitssystems aufwirft.

Die internationale Koordination der USA im Bereich der Gesundheitspolitik wurde durch interne Entscheidungen der Trump Administration geschwächt. Ein Merkmal der US Trump Administration ist, dass der leitende Direktor, Konteradmiral Timothy Ziemer, der im Nationalen Sicherheitsrat für Globale Gesundheit und Bio-Verteidigung zuständig ist, die Trump Administration im Mai 2018 verlassen hat. In einem Brief an den Nationalen Sicherheitsberater Robert O'Brien vom 18. Februar 2020 schlug eine Gruppe von 27 Senatoren vor, einen neuen Experten für globale Gesundheitssicherheit in den NSC zu berufen. Am 26. Februar 2020 ernannte Präsident Trump den Vizepräsidenten Pence zum Leiter der Anti-Pandemie-Bemühungen der Regierung im Zusammenhang mit COVID-19.

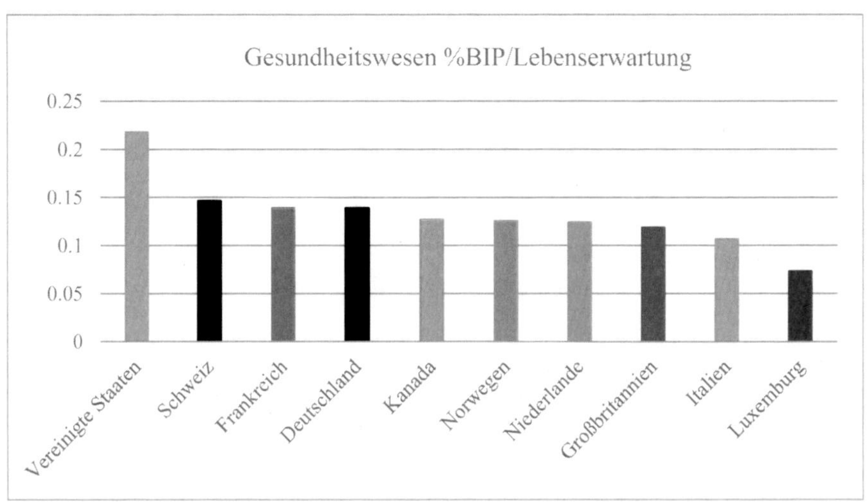

Abb. 13.1 Gesundheitsausgaben in Prozent des BIP/Lebenserwartung für ausgewählte Länder, 2016

Anhang 7: Regressionsland-Liste und Quelldaten

Tab. 13.6 Regression – Variablen, Maßnahmen und Quelldaten

Stata	Variablen	Maßnahmen	Einheiten	Quelle
gdppc	Pro-Kopf-BIP	PPP (derzeit international $)	Millionen Dollar	Weltbank
ghs_o	GHS-Index	Gesamtpunktzahl		NTI/Johns Hopkins (2019)
ifdi	FDI-Zuflüsse	US-Dollar zu laufenden Preisen	Millionen Dollar	Weltbank
ofdi	FDI-Abflüsse	US-Dollar zu laufenden Preisen	Millionen Dollar	Weltbank
Exportiert	Exporte von Waren und Dienstleistungen	US-Dollar zu laufenden Preisen	Millionen Dollar	Weltbank
Importiert	Importe von Waren und Dienstleistungen	US-Dollar zu laufenden Preisen	Millionen Dollar	Weltbank
gdp	BIP	US-Dollar zu laufenden Preisen	Millionen Dollar	Weltbank

Quelle: Eigene Darstellung

Tab. 13.7 Regressionsland-Liste

Länder-Liste			
Afghanistan	Dominikanische Republik	Libyen	Seychellen
Albanien	Ecuador	Litauen	Sierra Leone
Algerien	Ägypten	Luxemburg	Singapur
Angola	El Salvador	Madagaskar	Slowakei
Antigua und Barbuda	Äquatorialguinea	Malawi	Slowenien
Argentinien	Estland	Malaysia	Salomon-Inseln
Armenien	Eswatini	Malediven	Südafrika
Australien	Äthiopien	Mali	Südkorea
Österreich	Fidschi	Malta	Spanien
Aserbaidschan	Finnland	Mauretanien	Sri Lanka
Bahamas	Frankreich	Mauritius	St. Kitts und Nevis
Bahrain	Gabun	Mexiko	St. Lucia
Bangladesch	Gambia	Moldawien	St. Vincent und die Grenadinen

(Fortsetzung)

Tab. 13.7 (Fortsetzung)

Länder-Liste			
Afghanistan	Dominikanische Republik	Libyen	Seychellen
Barbados	Georgien	Mongolei	Sudan
Weißrussland	Deutschland	Montenegro	Surinam
Belgien	Ghana	Marokko	Schweden
Belize	Griechenland	Mosambik	Schweiz
Benin	Grenada	Myanmar	Tadschikistan
Bhutan	Guatemala	Namibia	Tansania
Bolivien	Guinea	Nepal	Thailand
Bosnien und Herzegowina	Guinea-Bissau	Niederlande	Timor-Leste
Botswana	Guyana	Neuseeland	Togo
Brasilien	Haiti	Nicaragua	Tonga
Brunei Darussalam	Honduras	Niger	Trinidad und Tobago
Bulgarien	Ungarn	Nigeria	Tunesien
Burkina Faso	Island	Nord-Mazedonien	Türkei
Burundi	Indien	Norwegen	Tuvalu
Cabo Verde	Indonesien	Oman	Uganda
Kambodscha	Irak	Pakistan	Ukraine
Kamerun	Irland	Panama	Vereinigte Arabische Emirate
Kanada	Israel	Papua-Neuguinea	Vereinigtes Königreich
Zentralafrikanische Republik	Italien	Paraguay	Vereinigte Staaten
Tschad	Jamaika	Peru	Uruguay
Chile	Japan	Philippinen	Usbekistan
China	Jordanien	Polen	Vanuatu
Kolumbien	Kasachstan	Portugal	Vietnam
Komoren	Kenia	Katar	Jemen
Kongo, Rep.	Kiribati	Rumänien	Sambia
Kongo, Dem. Republik	Kuwait	Russland	Simbabwe
Costa Rica	Kirgisische Republik	Ruanda	
Côte d'Ivoire	Laos	Samoa	
Kroatien	Lettland	São Tomé und Príncipe	
Tschechische Republik	Libanon	Saudi-Arabien	
Dänemark	Lesotho	Senegal	
Dominica	Liberia	Serbien	

Quelle: Eigene Darstellung

Anhang 8: Ölpreisentwicklung

Quelle: Eigene Darstellung der bei finanzen.net verfügbaren Daten (letzter Zugriff am: 20.07.2020)

Abb. 13.2 Ölpreise der Sorte Brent, US-Dollar pro Barrel (Tagesdaten), 09.02.2018–06.03.2020

Anhang 9: Krankenversicherungsschutz (prozentualer Anteil der Bevölkerung) für ausgewählte Länder, öffentlich und privat

Tab. 13.8 Gesundheitsversorgung in ausgewählten Ländern, staatliche/soziale Krankenversicherung und private Krankenversicherung

	Gesundheitsversorgung													
	Regierung/ soziale Krankenversicherung							Private Krankenversicherung						
	Gesundheitsversorgung insgesamt							Gesamte private Krankenversicherung (PHI)						
Land/Jahr	2012	2013	2014	2015	2016	2017	2018	2012	2013	2014	2015	2016	2017	2018
Australien	100,00	100,00	100,00	100,00	100,00	100,00	100,00	54,20	54,80	55,40	55,80	55,50	54,90	54,20
Kanada	100,00	100,00	100,00	100,00	100,00	100,00	100,00	67,00	67,00	67,00	67,00	67,00	67,00	67,00
Dänemark	100,00	100,00	100,00	100,00	100,00	100,00	100,00	27,10	28,80	31,70	32,00	32,50	29,20	
Finnland	100,00	100,00	100,00	100,00	100,00	100,00	100,00	17,10	17,80	18,30	20,20	21,00	21,60	22,00
Irland	100,00	100,00	100,00	100,00	100,00	100,00	100,00	45,70	44,40	43,60	45,30	45,40	45,40	
Israel	100,00	100,00	100,00	100,00	100,00	100,00	100,00	80,30	82,90	83,90	83,40	83,10	85,00	
Lettland						100,00	100,00	8,10	12,70	13,90	14,20	14,60	16,00	18,20
Neuseeland	100,00	100,00	100,00	100,00	100,00	100,00	100,00	30,50	29,80	29,30	28,80	28,70	28,60	28,40
Norwegen	100,00	100,00	100,00	100,00	100,00	100,00	100,00							
Tschechien	100,00	100,00	100,00	100,00	100,00	100,00		0,00	0,00	0,20	0,00	0,00	0,00	
Griechenland				86,00	100,00	100,00		12,50	12,50	11,50	12,00			
Italien	100,00	100,00	100,00	100,00	100,00	100,00								
Korea	100,00	100,00	100,00	100,00	100,00	100,00		56,50	61,00	63,20	66,80	67,70	67,60	
Portugal	100,00	100,00	100,00	100,00	100,00	100,00		20,20	21,00	22,30	25,70	26,10	26,60	
Slowenien	100,00	100,00	100,00	100,00	100,00	100,00		72,80	73,20	77,00	87,10	84,30	85,70	88,70
Schweden	100,00	100,00	100,00	100,00	100,00	100,00								
Schweiz	100,00	100,00	100,00	100,00	100,00	100,00		27,90					28,50	
Vereinigtes Königreich	100,00	100,00	100,00	100,00	100,00	100,00		10,80	10,60	10,40	10,50	10,40	10,40	
Japan	100,00	100,00	100,00	100,00	100,00	100,00								
Frankreich	99,90	99,90	99,90	99,90	99,90	99,90	99,90	95,00		95,50				
Österreich	99,90	99,90	99,90	99,90	99,90	99,90		34,50	35,20	35,70	36,20	36,50	36,90	
Niederlande	99,70	99,80	99,80	99,80	99,90	99,90		88,00	85,70	84,50	84,10	84,30	84,10	
Russland	99,80	99,20	99,90	100,00	100,00	99,70	99,60	11,60	11,50	11,30	10,40			

Island	99,80	99,80	99,80	99,70	99,60	99,50	99,60	0,20	0,20	0,20	0,30	0,40	0,50	0,40
Türkei	98,20	98,00	98,40	98,40	98,20	99,20		5,50	5,60	5,80	5,40	7,60	6,70	
Spanien			99,10			99,00	100,00			15,60			16,50	
Belgien	99,00	99,00	99,00	99,00	99,00	98,70		79,70	80,40	82,20	83,60	84,90	84,40	
Kolumbien	96,40	96,00	96,60	97,60	95,70	94,90	94,70			4,20	7,80	6,90	8,20	
Slowakische Rep,	95,00	94,60	94,20	93,80	94,50	94,60		0,00	0,00	0,00	0,00	0,00	0,00	
Estland	93,70	93,60	93,90	94,00	94,00	94,10	94,50							
Ungarn	96,00	96,00	95,00	95,00	95,00	94,00		0,00	0,00	0,00	0,00	0,00	0,00	
Litauen	91,90	91,80	92,00	92,40	92,50	93,90	98,10				1,50	1,50	1,30	1,80
Polen	91,00	91,60	91,30	91,00	91,50	92,60		0,00	0,00	0,00	0,00	0,00	0,00	
Deutschland	88,80	89,00	89,10	89,20	89,30	89,40		33,00	33,00	33,80	33,90	33,90	34,30	
Mexiko	89,60	91,60	92,90	92,30	89,80	89,30		7,60	7,50	7,70	7,60	8,10	8,70	
Chile	76,30	75,90	75,20	73,20	74,40	75,60	76,10							
Vereinigte Staaten	32,60	33,00	34,50	35,60	36,30	35,90		60,30	60,10	61,60	62,90	63,00	62,90	

Quelle: Eigene Darstellung der bei OECDStat verfügbaren Daten, Sozialschutz

Anhang 10: Entwicklungen am Aktienmarkt

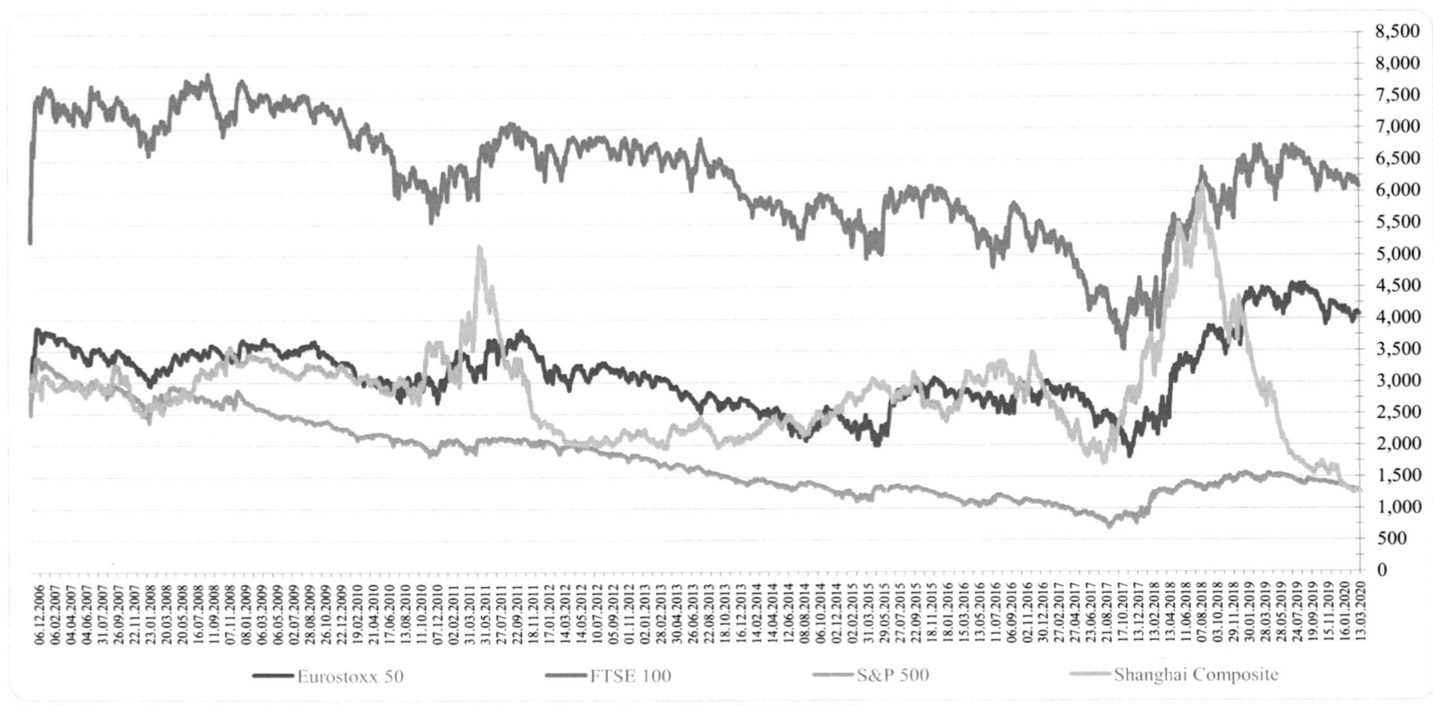

Quelle: Eigene Darstellung der bei finanzen.net verfügbaren Daten (letzter Zugriff: 20.07.2020)

Abb. 13.3 Entwicklungen der wichtigsten globalen Aktienmarktindizes, 08.11.2006 – 16.03.2020

Anhang 11: Theoretische Makroaspekte der Coronavirus-Epidemie

Die Rolle der Kosten des Gesundheitssystems wurde bereits oben erwähnt, und man kann darauf hinweisen, dass dieses Problem in der Literatur selten berücksichtigt wurde. In alternden Gesellschaften werden die Kosten des Gesundheitswesens im Laufe der Zeit tendenziell weiter steigen. Was die Alterung betrifft, so ist die Geschwindigkeit des Alterns in Deutschland, Spanien und Italien nach 2025 deutlich höher als in Frankreich. Aus politökonomischer Sicht ist nicht auszuschließen, dass sich wichtige soziale und politische Konflikte über die Altersgruppen hinweg erstrecken werden. Im Falle von BREXIT zum Beispiel lag die Mehrheit für BREXIT beim Referendum 2016 (und bei den allgemeinen Wahlen im Vereinigten Königreich im Dezember 2019, bei denen es eine Mehrheit für pro-BREXIT-Parteien gab) in allen Altersgruppen über 45 Jahren; dies lässt übrigens auf eine stärkere Desintegrationsdynamik der EU nach 2025 in einem Teil der Europäischen Union schließen.

Im Hinblick auf die Auswirkungen einer Epidemie auf die Gesamtwirtschaft – mit einem Sektor für handelbare Güter (T) und einem Sektor für nicht handelbare Güter (N) – ist ein einfacher analytischer Ausgangspunkt das Mundell-Modell des strukturellen Gleichgewichts, das die Gleichgewichtsbedingungen auf dem T-Markt und dem N-Markt sowie den Geldmarkt betrachtet (das Geldmarktgleichgewicht wird in der MM-Kurve dargestellt:

$$M = Pm\left(Y_0, i_0\right) \tag{13.1}$$

wobei M die nominale Geldmenge, P das aggregierte Preisniveau, bestehend aus einem Teilindex P^T für handelbare Güter und einem Teilindex P^N für nicht handelbare Güter, ist; Y ist der Output, i der Nominalzinssatz, m die reale Geldnachfrage). Die MM-Kurve im P^N-P^T-Raum ist negativ geneigt als $P= (P^N)^{b''}(P^T)^{1-b''}$, wobei $0<b''<1$ ein Gewichtungsfaktor ist. Die TT-Kurve – die das T-Markt-Gleichgewicht darstellt – ist positiv geneigt, ebenso wie die NN-Kurve, die das N-Markt-Gleichgewicht darstellt. Die Bedingung für das T-Marktgleichgewicht in Mundells strukturellem Nichthandels-/Handelsgütermodell kann mit einer geringfügigen Modifikation des ursprünglichen Modells wie folgt geschrieben werden (A^T ist das Wissen über Technologie im T-Sektor, K ist der Gesamtkapitalstock, L die Arbeitskräfte und hL ist die effektive Gesamtarbeitskraft in der Wirtschaft, wobei h ein positiver Parameter ist, der den durchschnittlichen Gesundheitszustand der Arbeitnehmer anzeigt; auch hier könnte der Krankenversicherungsdeckungsgrad ein guter Proxy für h sein. A' ist der reale Reichtum des privaten Sektors, der in die Nachfragegleichungen eingeht):

$$T^s\left(P^N,P^T,A^T,K,hL\right)=T^d\left(P^N,P^T,A'\right) \tag{13.2}$$

A^T, K und L werden angegeben, wobei h hier ein politischer Parameter ist; je höher P^T/P^N ist, desto höher ist der Anteil des gesamten Kapitalstocks K und der gesamten Arbeitskräfte, L, die im Sektor T beschäftigt sind. A^T hängt positiv von importierten technologieintensiven Zwischenprodukten ab, so dass Verzerrungen in der internationalen Logistik auf einen Angebotsschock im Sektor der handelbaren Güter hinauslaufen. T^d ist die Nachfrage nach handelbaren Gütern, die negativ von P^T, positiv von P^N (T-Güter und N-Güter sind Substitute) und dem Nettovermögen A' des privaten Sektors abhängt. In ähnlicher Weise kann man eine Bedingung für ein Gleichgewicht auf dem N-Markt angeben (wobei G für reale Staatsausgaben steht, von denen angenommen wird, dass sie auf N-Güter fallen):

$$N^s\left(P^N,P^T,A^N,K,hL\right)=N^d\left(P^N,P^T,A',G\right) \tag{13.3}$$

Das Angebot im N-Sektor ist eine positive Funktion von P^N und A^N, K und hL; und eine negative Funktion von P^T. Die Nachfrage im N-Sektor ist eine positive Funktion von P^T und A'; und eine negative Funktion von P^N. Kurz gesagt, das Vermögen des privaten Sektors ist A'=M/P + (P'/P)K, wobei der Börsenkurs P' für Nicht-US-Länder als durch den US-Börsenkursindex P'* bestimmt angesehen werden kann; und P'=eP'* kann hier für eine kleine offene Wirtschaft in Europa oder Asien angenommen werden. Eine Coronavirus-Pandemie kann als ein Rückgang von A^T und ein Rückgang von A' als ein Rückgang von P'* interpretiert werden – die Pandemie wird den US-Börsenkursindex P'* verringern. Der nationale Policy-Mix könnte sich dann auf die Geldpolitik konzentrieren (z. B. ein Anstieg von M) oder eine expansive Finanzpolitik oder Maßnahmen im Zusammenhang mit dem Gesundheitssystem, um den negativen Coronavirus-Schock auf h auszugleichen. Man kann davon ausgehen, dass der Angebotsschock im Sektor der handelbaren Güter in der ersten Märzhälfte 2020 relativ stark war, als die Produktionsnetzwerke im Zusammenhang mit fehlenden Vorleistungen aus China verzerrt waren (die Epidemie in China erzwang bis Mitte März indirekt immer noch Firmenschließungen im chinesischen Exportsektor), aber später, in der zweiten Märzhälfte 2020, als staatliche Regulierungen in den EU-Ländern den Unterhaltungssektor schlossen, gab es auch einen negativen Angebotsschock (einen Rückgang der A^N) im Sektor der nicht-handelbaren Güter. Bis zu einem gewissen Grad könnte man argumentieren, dass die Abriegelung der Bevölkerung in vielen EU-Ländern und internationale Reisebeschränkungen gleichzeitig einen negativen Nachfrageschock im N-Sektor dieser und anderer Länder darstellten.

Bei internationaler Arbitrage auf dem Warenmarkt und im Freihandel ist $P^T=eP^{T*}$ (e ist der Wechselkurs, P^{T*} der Weltmarktpreis von Handelswaren; * bezeichnet ausländische Variablen). Bei einem festen Wechselkursregime führen Veränderungen des P^{T*} also zu einer Erhöhung des P^T, was sich wiederum in einer Übernachfrage auf dem Geldmarkt niederschlägt – Firmen in der kleinen offenen Wirtschaft werden mehr exportieren, um diese Übernachfrage zu beseitigen, so dass die MM-Kurve durch die Intervention auf dem Geldmarkt nach rechts verschoben wird, lesen Sie: (Der Anstieg der Geldmenge). Rechts von der TT-Kurve gibt es ein Überangebot am T-Markt, das im Falle einer kleinen offenen Volkswirtschaft einen entsprechenden Handelsbilanzüberschuss bedeutet. Während das ursprüngliche Mundell-Modell (Mundell 1968) von einem festen Wechselkurs ausgeht, kann man das Grundmodell natürlich auch unter flexiblen Wechselkursen betrachten. Freier Handel plus Arbitrage führt zu einem $P^T=eP^{T*}$, wobei kurzfristig der nominale Wechselkurs aus dem Branson-Modell oder der Zinsparität bestimmt würde, wenn man von flexiblen Wechselkursen ausgeht.

In dem Maße, wie die COVID-19-Pandemie die weltweite Nachfrage nach Öl und Gas reduziert, wird der handelbare Weltmarktpreisindex (P^{T*}) gesenkt: Ein exogener internationaler Preisschock aus der Perspektive einer kleinen offenen Volkswirtschaft. In einem Umfeld mit flexiblen Wechselkursen wird die kurzfristige Reaktion des Wechselkurses von der US-Geldpolitik beeinflusst – relativ zur Geldpolitik in der Eurozone, Großbritannien, der Schweiz und China. Da die US-Geldpolitik Ende Februar 2020 den Zinssatz um 50 Basispunkte gesenkt hat, dürfte der US-Dollar eine vorübergehende Abwertung erfahren; die kleine offene Volkswirtschaft, die hier betrachtet wird (z. B. Großbritannien), würde daher in einem Umfeld mit flexiblen Wechselkursen, in dem die Kombination aus der Veränderung von P^{T*} und e auf einen Rückgang des P^T hinauslaufen sollte, mit einer Aufwertung der Währung rechnen müssen. Nur für den Fall, dass andere Länder (d. h. nicht die USA) den Zinssatz ziemlich stark senken, sollte es zu einer Abwertung der Währung kommen, so dass e steigt und die Kombination aus dem Anstieg des

Wechselkurses und dem Rückgang von P^{T*} zu einem Rückgang von P^T oder einem Anstieg von P^T führt.

Die Steigung der TT-Kurve ist steiler als die der NN-Kurve, da angenommen wird, dass die eigene Preiselastizität die Kreuzpreiselastizität übersteigt (Abb. 13.4). Das Angebot auf dem T-Markt hängt positiv vom T-Preis und negativ vom N-Preis sowie von einer gewissen Angebotsverschiebungsvariablen V^T ab, während die T-Nachfrage eine negative Funktion des T-Preises und eine positive Funktion des N-Preises ist (und eine ähnliche ökonomische Logik gilt natürlich auch für den N-Markt). Die nachfolgende Grafik ist eine modifizierte Version von Mundells Buch Monetary Theory (Mundell 1968; Kapitel 9), in der Mundell von einem festen Wechselkurs (e) und Vollbeschäftigung ausgeht (Output Y ist die gewichtete Summe von N-Output und T-Output, aber man kann diese Annahme lockern).

Der Angebotsschock für den Sektor der handelbaren Güter verschiebt die T-Kurve nach unten (von TT_0 zu TT_1), der negative Nachfrageschock für den

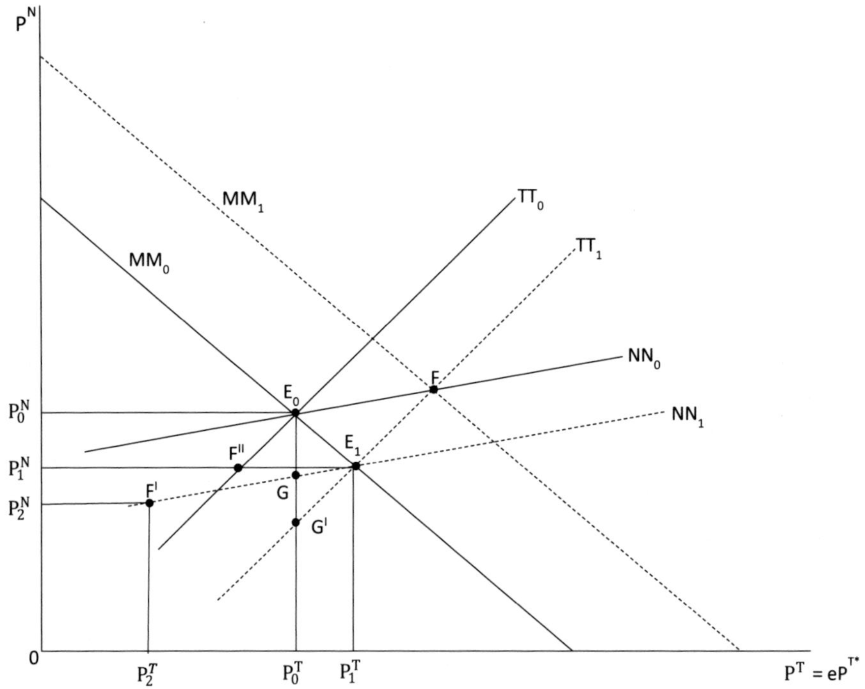

Quelle: eigene Darstellung

Abb. 13.4 Mundell-Strukturmodell mit handelbaren und nicht-handelbaren Gütern

Sektor der nicht-handelbaren Güter verschiebt die N-Kurve nach unten (von NN_0 zu NN_1). Liegt der neue Schnittpunkt (E_1) auf der anfänglichen Geldmarktgleichgewichtskurve MM_0, so lautet das Ergebnis:

- Der Preis der nicht handelbaren Güter ist absolut und relativ gesehen gesunken
- Der Preis der handelbaren Güter ist gestiegen

Geht die Produktion jedoch zurück, verschiebt sich die Geldmarkt-Gleichgewichtskurve nach rechts und der Punkt E_1 würde für ein Überangebot am Geldmarkt stehen. Man kann davon ausgehen, dass vor allem der Preis für Nichthandelsgüter sinken wird, wenn in diesem Sektor genügend Lohn- und Preisflexibilität besteht. Der COVID-19-Schock in der Weltwirtschaft könnte zu einem exogenen Rückgang des Weltmarktpreisindexes für handelbare Güter P^{T^*} und damit des Subpreisindexes für handelbare Güter P^T führen, so dass – bei gegebenem nominalen Wechselkurs – der inländische Preisindex für handelbare Güter sinken wird. Ein solcher deflationärer Preisimpuls sowohl für den nicht handelbaren als auch für den handelbaren Sektor impliziert, dass die Geldnachfrage in dem Maße sinkt, wie das aggregierte Preisniveau sinkt und sich somit die MM-Kurve weiter nach rechts verschiebt und das Überangebot am Geldmarkt weiter zunimmt; dies wiederum könnte einen verstärkten Deflationsdruck verursachen, der mittelfristig einen Rückgang der Produktion zur Folge hätte.

Wenn auf den Weltmärkten ein deflationärer Druck auf die Preise von handelbaren Gütern besteht, könnte die Wirtschaft zum Punkt F' auf der Gleichgewichtslinie NN_1 und damit zu ${P^T}_2$ bzw. ${P^N}_2$ wechseln. Im Bereich der handelbaren Güter gäbe es einen Nachfrageüberhang, so dass es im Laufe der Zeit zu einer steigenden Auslandsverschuldung kommen würde. Gleichzeitig müsste die Zentralbank in einem System fester Wechselkurse auf dem Devisenmarkt intervenieren und würde Währungsreserven verkaufen, so dass sich die Geldmenge verringern würde – die MM-Kurve würde sich von MM0 nach links verschieben (nicht im Diagramm dargestellt). Wenn es ein System flexibler Wechselkurse gibt, müsste man die Auswirkungen im kurzfristigen BRANSON-Modell berücksichtigen, nämlich dass sich im e-i- Raum die Gleichgewichtslinie für Auslandsanleihen nach oben verschieben würde, so dass es zu einer nominalen Abwertung und einem Anstieg des Zinssatzes käme. Die nominale Abwertung bedeutet, dass im Mundell-Strukturmodell der Preis P^T aufgrund des Anstiegs von e steigen wird; Punkt G' könnte dieser Situation entsprechen, die für einen Nachfrageüberhang auf dem Markt für Nicht-Handelswaren steht.

Das ursprüngliche Mundell-Modell war implizit nur $N^s = N^s(P^T, P^N)$ und $N^d = N^d(P^T, P^N, G_0)$, wobei G die fiskalpolitische Variable ist (und eine ähnliche Gleichung für den Sektor der handelbaren Güter; plus die Gleichung für das Geldgleichgewicht). Eine expansive Fiskalpolitik würde also die NN-Kurve nach oben verschieben. Implizit könnte man auch einen realen Vermögenseffekt sowohl bei der Nachfrage nach T-Gütern als auch nach N-Gütern in Betracht ziehen, wobei der reale Reichtum einfach $A' := M/P + KP'/P$ wäre, wobei P' der Börsenpreisindex und K der Kapitalstock ist. In einer solchen modifizierten Umgebung könnte man dann sowohl die Geldpolitik als auch die Fiskalpolitik analysieren.

Kommt es zu einem Rückgang des aggregierten Preisniveaus, verschiebt sich die MM-Kurve nach rechts, so dass in den bisherigen Gleichgewichten E_0 und E_1 ein Überangebot am Geldmarkt entstehen würde. Ein Überangebot sollte normalerweise die sektoralen Subpreisindizes und einen Rückgang des aggregierten Preisniveaus nach unten drücken; die Unternehmen würden normalerweise auch Arbeitskräfte entlassen. Bei heterogenen Arbeitnehmern, z. B. Facharbeitern im T-Sektor und ungelernten Arbeitnehmern im N-Sektor, wäre ein Überangebot im N-Sektor insofern problematisch, als dass arbeitslose ungelernte Arbeitnehmer umgeschult werden müssten, um eine neue Stelle im T-Sektor zu finden, sobald sich dieser Sektor nach einer größeren Rezession erholt.

Was die makroökonomische Größenordnung des Produktionsrückgangs im Zusammenhang mit dem Coronavirus-Problem betrifft, so kann man von einem 40 %igen Rückgang der Nachfrage im Tourismus- und Unterhaltungssektor ausgehen, was für die EU, die USA und Asien einen Produktionsrückgang von etwa 1,6 % im Jahr 2020 bedeutet. Dies bedeutet, dass die Projektionen eines globalen Wachstums von etwa 3 % ab 2019 nicht mehr relevant sind und nur noch ein globales Wachstum von etwa 1,4 % erwartet werden sollte. Das Produktionswachstum könnte weiter gedämpft werden, wenn der Nachfragerückgang stärker als 40 % ausfallen würde. Die Dämpfung könnte jedoch abgeschwächt werden, wenn es zu einem internationalen Rückgang des relativen Ölpreises käme. Tatsächlich sind die weltweiten Ölpreise zwischen dem 2. Januar 2020 und dem 2. März 2020 um etwa 15 Dollar pro Barrel gesunken (siehe „Anhang 8: Ölpreisentwicklung“). Am 6. März 2020 lag der Ölpreis für die Sorte Brent bei 45 USD pro Barrel, aber am 9. März war er bereits auf 31 USD gefallen. Es sei darauf hingewiesen, dass ein Produktionsrückgang um 1,6 % in den USA und in China einen Spillover-Rückgang der Produktion in der Eurozone/EU um etwa 0,3 % mit sich bringen würde. Es gilt also: Zusätzlich zu den direkten −1,6 % des Produktionswachstums in der EU sollte man einen zusätzlichen Effekt erhalten, der einen Gesamtproduktionsrückgang von -1,9 % im Vergleich zu einem Basisszenario mit sich bringt. Es wird nicht leicht sein, eine kompensierende expansive Finanzpolitik in den EU-Ländern bzw. in der EU zu verfolgen. Darüber hinaus ist klar, dass die Schocks für die internationalen Produktionsnetzwerke nicht durch die nationale Fiskalpolitik geheilt werden können, vielmehr könnte hier eine breite Zusammenarbeit zwischen der EU und den asiatischen Ländern und den USA nützlich sein. Angesichts des globalen Überangebots an handelbaren Gütern auf den Weltmärkten im Jahr 2020 könnte die Inflationsrate in der Eurozone bis 2020 auf 1 % sinken. Ein Rückgang der Inflationsrate in Kombination mit einer einjährigen Depression im Tourismussektor und schwerwiegenden Problemen im Luft- und Schifffahrtssektor (z. B. Kreuzfahrtschiffe) könnte für eine beträchtliche Anzahl von Unternehmen Liquiditätsprobleme – für eine kleine Anzahl auch Solvenzprobleme – mit sich bringen, so dass höhere Spreads bei Unternehmensanleihen und ein geringeres Kreditwachstum der Banken die wirtschaftliche Entwicklung dämpfen könnten.

Anhang 12: Epidemie-Aspekte des Wirtschaftswachstums

Eine Epidemie kann natürlich nicht nur die mittelfristige Entwicklung der zyklischen Produktion beeinflussen, sondern auch die langfristige wirtschaftliche Entwicklung, also das Wirtschaftswachstum. Hier kann ein kurzer Blick auf ein entsprechend modifiziertes, eher einfaches neoklassisches Modellsetting hilfreich sein. Eine entscheidende Frage betrifft die Frage des Krankenversicherungsschutzes (h) und seine Auswirkungen auf das Produktionspotenzial bzw. die wirtschaftliche Wohlfahrt. In diesem Abschnitt können nur einige wenige Aspekte analysiert werden, nämlich inwiefern eine Epidemie – oder Wellen von Epidemien – das langfristige Niveau des Wachstumspfades und die Wachstumsrate des Pro-Kopf-Einkommens (y) im stationären Zustand (lies: Auf sehr lange Sicht) beeinflussen könnte. Der Einfachheit halber muss hier ein entscheidender Aspekt außer Acht gelassen werden, nämlich dass typischerweise ein höherer Krankenversicherungsschutz die Lebenserwartung erhöht; ein wichtiger Aspekt, für den die westlichen EU-Länder und die USA relevante Belege liefern. Man kann an dieser Stelle auch darauf hinweisen, dass ein traditioneller moderner Wachstumsmodellierungsansatz darauf hinausläuft, diesen entscheidenden Aspekt zu ignorieren, nämlich durch die Annahme, dass die Haushalte den Nutzen (abhängig vom Pro-Kopf-Verbrauch C/L) in einem Ansatz mit unendlichem Zeithorizont maximieren. Dieser unendliche Zeithorizont ist eine Möglichkeit, einen Teil der Modellierungsaufgabe zu vereinfachen; er läuft jedoch darauf hinaus, zu ignorieren, dass die Länge einer Lebenszeit eine endogene Variable ist. Aus dieser Perspektive ist meine Betonung eines systemischen Vergleichs der sozialen Marktwirtschaften in Westeuropa und den USA eher angemessen, nämlich zur Berechnung des effektiven Lebenszeitkonsums pro Kopf oder des effektiven Lebenszeiteinkommens pro Kopf – und hier sind die Zahlen für Deutschland und Frankreich tatsächlich gleich dem US-Wert (Welfens 2019a); die westeuropäischen Länder haben jedoch den zusätzlichen Vorteil, dass die Säuglingssterblichkeit niedriger ist als in den USA (man könnte argumentieren, dass risikoscheue Personen/Eltern damit eine Präferenz für ein Leben in Deutschland/Frankreich hätten).

Was den Zusammenhang zwischen Gesundheit und Wachstum betrifft, so gibt es eine recht begrenzte Bandbreite von Beiträgen, die beispielsweise Modelle umfassen, die Umweltschock/Gesundheitsschocks und Wachstum berücksichtigen (Bretschger und Vinogradova 2017, 2019). Modelle zum Wirtschaftswachstum können auch endogenes Bevölkerungswachstum einbeziehen (Bretschger 2019). Der nachfolgende Ansatz ist ein eher kompaktes modifiziertes Solow-Modell mit Krankenversicherung und der Rolle der Gesundheit im Hinblick auf den effektiven Arbeitseinsatz in einer offenen Wirtschaft mit ausländischen Direktinvestitionen (FDI). Es gibt asymmetrische FDI, nämlich nur ausländische Direktinvestitionen im Inland. Es wird davon ausgegangen, dass ausländische Investoren einen Teil der erwirtschafteten Gewinne in ausländische Tochtergesellschaften im Gastland investieren; ß ist der Anteil der Gewinne am Bruttoinlandsprodukt des Gastlandes und α^*ßY die Gewinne der Tochtergesellschaften im Inland (α^* ist der Anteil ausländischer Unternehmen am Kapitalbestand). Der Krankendeckungsgrad (h) wird vereinfacht als „Ersatz-Größe" für den Gesundheitszustand des repräsentativen Arbeitnehmers betrachtet. Ein erhöhter Krankenversicherungsgrad führt zu einem erhöhten Produktionspotenzial und damit steigt das Niveau des Wirtschaftswachstumspfades an. Es stellt sich die Frage, wie ein Epidemie-Schock wirkt und hier kann wohl davon ausgehen, dass die langfristige Wachstumsrate der Bevölkerung sich vermindert; nicht nur der medizinische Bedrohungsschock wirkt hier negativ, sondern auch die erheblichen Negativ-Erfahrungen von Millionen jungen Menschen bei der Epidemie-bedingten Rezession. Allerdings kann man annehmen, dass mit dem Krankenversicherungsgrad dieser Effekt gedämpft wird (siehe „Anhang 9: Krankenversicherungsschutz (prozentualer Anteil der Bevölkerung) für ausgewählte Länder, öffentlich und privat"). Auch ist zu überlegen, ob sich die

Wachstumsrate des technischen Wissens durch den Epidemie-Schock vermindert und wie der Krankenversicherungsgrad hierauf einwirkt. Ein erhöhter Krankenversicherungsgrad dürfte mehr Studierenden den Abschluss eines innovationsrelevanten Studiums ermöglichen; wenn man selbst und die Eltern ohne Krankenversicherungsschutz ist, so dürfte es im Fall einer plötzlichen ernsten Erkrankung dazu kommen, dass häufiger als im Fall einer 99 % Krankenversicherung, das eigene Studium erfolgreich beendet wird. Zudem dürften innovationsorientierte Start-ups im Fall einer breiten Krankenversicherungsabdeckung relativ häufig erfolgreich sein, was wiederum zur Innovationsdynamik beiträgt.

Wichtig ist zunächst mit Blick auf die USA, aber auch viele Schwellen- und Entwicklungsländer, was eine Erhöhung des Krankenversicherungsabdeckungsgrades als ökonomische Wirkung ergibt.

Es ist denkbar, dass eine Erhöhung des Krankenversicherungsgrades, das Niveau des Wachstumspfades absinken lässt, während gleichzeitig die Steigung des Wachstumspfades – das langfristige Trend-Wirtschafswachstum – ansteigt. Dann entsteht eine interessante politische Problematik. Da kurzfristig das Realeinkommen pro Kopf sinkt, aber langfristig die Trendwachstumsrate des Pro-Kopf-Einkommens ansteigt, kommt es auf den Zeithorizont der Politik (und der Wählerschaft) an, ob sich die Regierung zu einer Erhöhung des Krankenversicherungsgrades entschließen wird. Wenn der Zeithorizont bei der Erhöhung des Trendwachstums relativ kurz ist, dann dürfte seitens der Politik kaum Bereitschaft bestehen, den Krankenversicherungsgrad zu erhöhen; hier könnte ein Hilfspaket des Internationalen Währungsfonds bei der zeitlichen Umverteilung der langfristigen „Vorteilsdividende" aus der Erhöhung des Krankenversicherungsgrades nützlich sein. Eine solche Hilfsoption besteht beim IWF für Mitgliedsländer bislang nicht, sollte aber künftig eingeführt werden.

Sofern man mehr an einer kurz- und mittelfristigen Analyseverbindung von Epidemieschock und zyklischer ökonomischer Instabilität interessiert ist, erscheint eine Mischung von Epidemie- und Makromodellierung sinnvoll zu sein. Exemplarisch und interessant ist hierbei Holtemöller (2020). Die weitere Analyse von Holtemöller und Muradoglu (2020) zeigt im Übrigen, dass Unternehmen aus Sektoren mit einem Shut-down – also staatlicher verfügtem Produktionsstop als Teil der Seuchenpolitik – schon nach drei Monaten von einer Existenzkrise überwiegend in Deutschland betroffen sind. Entsprechend sollte die Politik vorsichtig vorgehen. Im Übrigen ist denkbar, dass mehr Unternehmen längerfristig Pandemieversicherungen zeichnen; das hat in Deutschland etwa ein bekannter internationaler aktiver Event-Veranstalter gemacht und ist so dem wirtschaftlichen Ruin durch eine relativ teure Versicherung klug entgangen.

Wachstumsmodell: Krankenversicherungsgrad und Epidemieschock
In einer längerfristigen Perspektive kann ein einfaches modifiziertes neoklassisches Wachstumsmodell nützlich sein, wenn sich der hier verwendete Grundansatz auf Welfens (2011) stützt: Als Bezeichnung für das reale BIP mit Y, für den Anteil ausländischen Eigentums am Kapitalstock von Land 1 (Heimatland) mit α*, für die Sparquote inländischer Haushalte mit s (0<s<1) und für die Sparquote ausländischer Investoren mit s' (0<s'<1) haben wir für die aggregierte Ersparnis S (wobei * für ausländische Variablen steht, t" ist der Einkommensteuersatz, die Gewinne ausländischer Tochtergesellschaften werden in Land 1 als unversteuert angenommen):

$$S = s\left(1-t''\right)Y\left(1-\alpha^{*}\beta\right)+s'\alpha^{*}\beta Y \tag{13.4}$$

Beachten Sie, dass die „inländische Ersparnis" proportional zum verfügbaren Nationaleinkommen Z ist, wobei letzteres als Z=Y(1-α*ß) definiert ist; es wird angenommen, dass eine höhere Krankenversicherungsdeckung (h) den Begriff inländische Ersparnis nicht dämpft (wenn man diesen Aspekt berücksichtigen will, könnte man einen modifizierten Begriff s(1-t")(1-v"h)(1-α*ß) Y verwenden, wobei v"h im Intervall 0,1 angenommen wird; v" ist ein positiver Parameter. Es gäbe eine dämpfende Wirkung von v" auf die Höhe des Wachstumspfades des Pro-Kopf-Einkommens y=Y/L und Y im stationären Zustand. Man könnte auch in Betracht ziehen, dass es einen expliziten Krankenversicherungs-Beitragssatz t' gibt, so dass die Ersparnisse der Haushalte s(1-t"-t'h)(1-v"h)(1-α*ß)Y betragen, darüber hinaus könnten ausländische Tochtergesellschaften h als Indikator für die Standortqualität des Gastlandes betrachten, und daher könnte der zweite Begriff als s'α*ß(1+V'h)Y modifiziert werden, wobei V'>0; aber solche Verfeinerungen werden im nachfolgenden kompakten Modell nicht berücksichtigt).

Der Anteil der krankenversicherten Arbeitskräfte wird mit h (0<h<1) bezeichnet, K ist der Kapitalstock, A ist das Wissen und ß und ß' sind positive Parameter (mit 0<ß<1; Annahme hß'(1-ß)>1, so dass eine höhere Versicherungsdeckung ein höheres Produktionspotenzial mit sich bringt):

$$Y = K^{\beta}\left(ALh^{\beta'}\right)^{1-\beta} = K^{\beta}\left(AL\right)^{1-\beta} h^{\beta'(1-\beta)} \tag{13.5}$$

Es wird angenommen, dass das Bevölkerungswachstum n (ein exogener Parameter) und die Wachstumsrate des Wissens (a) ebenfalls ein exogener Parameter ist:

Durch die Definition von k'=K/(AL) und y':=Y/(AL) – wobei AL die Arbeit in Effizienzeinheiten ist – können wir schreiben (wobei d' den Kapitalabschreibungssatz bezeichnet; der stationäre Zustand wird mit # bezeichnet):

$$dk'/dt = \left(s\left(1-t''\right)\left(1-\alpha*\beta\right)+s'\alpha*\beta\right)h^{\beta'(1-\beta)}k'^{\beta} - \left(a+n+d'\right)k' \tag{13.6}$$

Die Steady-State-Lösung (auf der Grundlage der Gleichgewichtsbedingung Ersparnis gleich Bruttoinvestition dK/dt + d"K) ist also gegeben durch:

$$k'\# = \left[\frac{\left(s\left(1-t''\right)\left(1-\alpha*\beta\right)+s'\alpha*\beta\right)h^{\beta'(1-\beta)}}{\left(a+n+d'\right)}\right]^{\frac{1}{(1-\beta)}} \tag{13.7}$$

Die stationäre Bedingung für k' wird aus der obigen Differenzialgleichung abgeleitet, die wiederum annimmt, dass die Ersparnis S gleich der Bruttoinvestition dK/dt + d'K ist, wobei die verbesserte makroökonomische Produktionsfunktion berücksichtigt wird. Unter der Annahme, dass eine breitere Krankenversicherung mit einer besseren Gesundheit verbunden ist und dass Gesundheit ein implizites Konsumgut darstellt, ist diese Formulierung des Modells des verstärkten Wachstums angemessen. Vertritt man jedoch die Auffassung, dass Gesundheit eher eine Art Investitionsgut ist, kann man feststellen, dass man die Gleichgewichtsbedingung für die Gütermärkte zusätzlich als S= dK/dt + d'K + E"h betrachten könnte, wobei h der Krankenversicherungsschutz und E" die durchschnittlichen realen Pro-Kopf-Ausgaben für Gesundheit ist, während E"=e"Z (Z ist das reale Volkseinkommen; 0<e"<1; E" also als proportional zum realen Bruttonationaleinkommen Z angenommen wird. In diesem Fall ist der Zählerausdruck komplizierter, nämlich (a+n+d'+e"h(1-α*ß)), und die Lösung der Differenzialgleichung und der relevanten Bedingungen im wird wesentlich mühsamer, ohne dass wesentliche zusätzliche Erkenntnisse für die hier geführte Grundsatzdiskussion gewonnen werden (dieser zusätzliche Aspekt bietet sich jedoch für zukünftige Forschungsschritte an). Das Hauptinteresse besteht hier in der Betrachtung eines potenziellen Trade-offs zwischen dem Effekt eines höheren h auf das Niveau des Wachstumspfades und der Wachstumsrate des Pro-Kopf-Einkommens im stationären Zustand einerseits; andererseits ist es interessant, die langfristigen

Auswirkungen eines epidemischen Schocks zu betrachten, der als sowohl die quasi-exogene Wachstumsrate des Wissens (a) als auch die quasi-exogene Wachstumsrate der Bevölkerung (n) beeinflussend betrachtet wird. So wie die massiven Auswirkungen der transatlantischen Bankenkrise von 2008/2009 zu einer dauerhaften Verschiebung des Niveaus des Wachstumspfads vieler OECD-Länder nach unten geführt haben, könnte der globale Coronavirus-Schock eine Verschiebung des Pfades der globalen Wachstumsrate nach unten bewirken; oder – wie hier betrachtet – möglicherweise auch eine Veränderung der langfristigen Wachstumsrate.

Somit ist die langfristige Gleichgewichtsbedingung für Y/(AL) gegeben durch:

$$y' = h^{\beta'(1-\beta)}\left[\frac{\left(s\left(1-t''\right)\left(1-\alpha*\beta\right)+s'\alpha*\beta\right)h^{\beta'(1-\beta)}}{\left(a+n+d'\right)}\right]^{\frac{\beta}{(1-\beta)}} \quad (13.8)$$

Man betrachte die folgende semi-exogene Wachstumsrate der Bevölkerung (wobei n' ein exogener Parameter ist, C" und h" positive Parameter sind, so dass der Parameter h" den Epidemieschock-Parameter C" dämpft (C" könnte für eine normale Grippeepidemie oder sogar die Coronavirus-Pandemie stehen), der den Coronavirus-Effekt auf das langfristige Bevölkerungswachstum widerspiegelt:)

$$n = n'\left(1-C''\left(1-h''h\right)\right) \quad (13.9)$$

Der Einfachheit halber ignoriert diese sparsame Formulierung den Standardaspekt der sozialen Sicherheit, dass ein breiterer Sozialversicherungsschutz – hier der Krankenversicherungsschutz (h) – in der Regel die Wachstumsrate der Bevölkerung dämpft.

Das Pro-Kopf-Einkommen im stationären Zustand y:=Y/L ist also gegeben durch (wobei e' die Euler-Zahl und t den Zeitindex bezeichnet); A(t) = A0e$^{'at}$ wobei A0 das Anfangsniveau von A ist):

$$y\# = h^{\beta'(1-\beta)}\left[\frac{\left(s\left(1-t''\right)\left(1-\alpha*\beta\right)+s'\alpha*\beta\right)h^{\beta'(1-\beta)}}{\left(a+n'\left(1-C''\left(1-h''h\right)\right)+d'\right)}\right]^{\frac{\beta}{(1-\beta)}} A_0 e^{'at} \quad (13.10)$$

$$y\# = \left\{ h^{\beta'} \left[\frac{\left(s\left(1-t''\right)\left(1-\alpha*\beta\right)+s'\alpha*\beta\right)}{\left(a+n'\left(1-C''\left(1-h''h\right)\right)+d'\right)} \right]^{\frac{\beta}{(1-\beta)}} \right\} A_0 e^{'at} \qquad (13.11)$$

Es ist denkbar, dass h einen Wert hat, der es für das Niveau des Wachstumspfades neutral macht – siehe einerseits den Begriff $h^{ß'}$ und andererseits den Begriff (a + n'(1-C"(1-h"h)) + d')ß/$^{(1-ß)}$ im Zähler. Die Wachstumsrate der langfristigen Produktion (g_Y) ist daher gegeben durch:

$$g_Y = a + n'\left(1 - C''\left(1 - h''h\right)\right) \qquad (13.12)$$

Die Schlüsselaspekte des Wachstums sind hier h wirkt sich sowohl auf die Höhe des Wachstumspfades als auch auf die Wachstumsrate im stationären Zustand aus. Die Wirkung von h auf die Höhe des Wachstumspfades ist nicht eindeutig, aber ein Anstieg von h wird die Wachstumsrate des Pro-Kopf-Einkommens im stationären Zustand erhöhen. „Krankenversicherungsdeckung" kann in den USA und der EU effektiv Verschiedenes bedeuten – in den USA gibt es jedenfalls ein System von überwiegend privaten Krankenversicherungen (Teil II, „Anhang 9: Krankenversicherungsschutz (prozentualer Anteil der Bevölkerung) für ausgewählte Länder, öffentlich und privat", Tab. 13.8), das die Preisgestaltung von Gesundheitsdiensten und Krankenhäusern eher begrenzt unter Druck zu setzen scheint. Wenn sich h negativ auf die Höhe des Wachstumspfads auswirkt, würde ein Anstieg von h im Zuge der Modernisierung des Gesundheitssystems bedeuten, dass die Bevölkerung kurzfristig mit einer Verschlechterung des Pro-Kopf-Einkommens, langfristig aber mit einem Anstieg von y konfrontiert wäre. Wenn die Parametereinstellung eine solche Einstellung darstellt, könnte der Zeithorizont der Wähler bzw. der politischen Entscheidungsträger eine entscheidende Rolle spielen. „Kurzfristigkeit" im politischen System könnte die Aussichten auf eine Modernisierung des Gesundheitssystems im Sinne einer Verbreiterung des Deckungsgrades der Krankenversicherung untergraben.

Man könnte Verknüpfungen zwischen der Wachstumsrate des Wissens a und h in Betracht ziehen, zum Beispiel durch eine ziemlich einfache Funktion (wobei a' und a" beide für einen positiven Parameter stehen):

$$a = a' + a''h \qquad (13.13)$$

Der Grund für einen solchen positiven Zusammenhang zwischen Krankenversicherungsschutz und Wissenszuwachs könnte die Tatsache sein, dass ein hohes Verhältnis h impliziert, dass mehr Kinder in der Lage sein werden, zur Schule zu gehen und ein Hochschulstudium zu absolvieren; in einer Gesellschaft mit einem eher kleinen h würde die Krankheit der Eltern junge Erwachsene ansonsten dazu zwingen, die Humankapitalbildung zu unterbrechen, um sich um kranke Eltern zu kümmern. Technisch gesehen ist a' hier die rein exogene Wachstumsrate des Wissens, und a'h spiegelt somit die positiven Auswirkungen von mehr Humankapitalbildung – dazu gehört, dass ein Teil der Personen mit Hochschulbildung zu Forschern wird – auf die Schaffung von neuem Wissen bzw. die Wachstumsrate des Wissens wider (siehe zur Funktion der Wissensproduktion und den Auswirkungen von Forschern für den Fall der EU-Länder Jungmittag und Welfens 2020). In diesem speziellen Umfeld wirkt sich die Erhöhung der Krankenversicherungsdeckung (unter der Annahme $0<h<1$) positiv auf die Wachstumsrate im stationären Zustand aus. Damit bleibt noch die Frage offen, ob es aus ökonomischer Sicht eine optimale Krankenversicherungsquote gibt oder nicht. Das politische System kann sich jedoch dafür entscheiden, h auf ein adäquates Verhältnis festzulegen oder es sogar gleich der Einheit zu setzen. Der Versicherungsdeckungsgrad h erhöht das Pro-Kopf-Einkommen y# im stationären Zustand.

Auf der Grundlage von (13.13) haben wir

$$Y^{\#} = \left\{ h^{\beta'} \left[\frac{\left(s\left(1-t''\right)\left(1-\alpha^{*}\beta\right)+s'\alpha^{*}\beta\right)}{\left(a+n'\left(1-C''\left(1-h''h\right)\right)+d'\right)} \right]^{\frac{\beta}{(1-\beta)}} \right\} A_0 L_0 e'^{\left[a'+a''h+n'\left(1-C''\left(1-h'h\right)\right)\right]t} \qquad (13.14)$$

Daher hängen sowohl die Höhe des Wachstumspfads als auch die Trendwachstumsrate von Y von h ab; und hier könnte das Problem darin bestehen, dass ein Anstieg von h die Höhe des Wachstumspfads verringern könnte, während h die Trendwachstumsrate erhöht – selbst wenn C'' gleich Null ist. Somit wird die Rolle des Zeithorizonts von Wählern bzw. Politikern entscheidend werden.

Ein Element des Coronaschocks in einem einfachen Wachstumsmodell sowohl einer offenen als auch einer geschlossenen Wirtschaft könnte darin bestehen, dass die Produktionsnetzwerke der Vorleistungsgüter durch die Epidemie bzw. Pandemie beschädigt werden: Eine einfache Interpretation wäre es, eine solche Schwächung der Vorleistungsnetze als einen Anstieg der Kapitalabschreibungsrate zu interpretieren, was natürlich das Niveau des Wachstumspfads im stationären Zustand verringern würde. Man kann auch feststellen, dass die Bevölkerungswachstumsrate beeinflusst werden könnte – möglicherweise in positiver Weise während der wenigen Monate einer breiten oder teilweisen Abschottung der Wirtschaft (und der Stay-at-Home-Politik verschiedener Regierungen, die auf Quarantäne-Effekte abzielt, um die Ausbreitung des Virus zu verlangsamen), aber der möglicherweise massive wirtschaftliche Schock im Zusammenhang mit der Pandemie wird die Möchtegern-Eltern wahrscheinlich skeptischer hinsichtlich der Aussichten machen, Kinder in einem freundlichen, sozialen Umfeld aufzuziehen, und die Pandemie könnte auch das Leben junger Frauen kosten, die normalerweise in den kommenden Jahren schwanger werden würden.

Literatur

Bretschger, L. (2019). *Malthus in the light of climate change* (CER-ETH – Center of Economic Research at ETH Zurich Working Paper 19/320). Zürich: ETH.

Bretschger, L., & Vinogradova, A. (2017). Human development at risk: Economic growth with pollution-induced health shocks. *Environmental and Resource Economics, 66*, 481–495. https://doi.org/10.1007/s10640-016-0089-0.

Bretschger, L., & Vinogradova, A. (2019). Best policy response to environmental shocks: Building a stochastic framework. *Journal of Environmental Economics and Management, 97*, 23–41. https://doi.org/10.1016/j.jeem.2017.07.003.

Holtemöller, O. (2020). *Integrated assessment of epidemic and economic dynamics*, IWH discussion papers, no. 4/2020. https://www.econstor.eu/bitstream/10419/215895/1/1694465632.pdf. Zugegriffen am 30.04.2020.

Holtemöller, O., & Muradoglu, Y. G. (2020). Corona shutdown and bankruptcy risk, IWH Online, 3/2020. Halle (Saale). https://www.iwh-halle.de/fileadmin/user_upload/publications/iwh_online/io_2020-03.pdf. Zugegriffen am 30.04.2020.

Jungmittag, A., & Welfens, P. J. J. (2020). EU-US trade post-trump perspectives: TTIP aspects related to foreign direct investment and innovation. *International Economics and Economic Policy, 17*, 259–294. https://doi.org/10.1007/s10368-020-00459-1.

Mundell, R. (1968). *Monetary theory*. Pacific Palisades: Goodyear.

NTI/Johns Hopkins University. (2019). Global health security index – Building collective action and accountability, October 2019. https://www.ghsindex.org/wp-content/uploads/2019/10/2019-Global-Health-Security-Index.pdf. Zugegriffen am 25.03.2020.

Welfens, P. J. J. (2011). *Innovations in macroeconomics* (3., Akt. u. erw. Aufl.). Heidelberg: Springer.

Welfens, P. J. J. (2019a). *The global Trump – structural US populism and economic conflicts with Europe and Asia*. London: Palgrave Macmillan.

Welfens, P. J. J. (2019b). *Klimaschutzpolitik – Das Ende der Komfortzone, Neue wirtschaftliche und internationale Perspektiven zur Klimadebatte*. Wiesbaden: Springer.

Teil III

Risiko der Euro-Zerfallsdynamik und EU-Aspekte

14

Corona-Schocks als besondere Herausforderungen

Die Corona-Pandemie ist ein symmetrischer Schock für fast alle Länder der Weltwirtschaft, wobei man zunächst den medizinischen Schock – als Herausforderung für das Gesundheitssystem – und den ökonomischen Schock unterscheiden muss; auf den wirken auch Corona-Schocks aus dem Ausland ein. Beim medizinischen Schock geht es um COVID-19-Sterbefälle und Infizierte (und natürlich auch um Gesundende und Nicht-Infizierte) sowie die entsprechende Epidemie-Politik. Der Wirtschaftsschock zeigt sich als Einbruch bei Außenhandel und Produktion und erhöhter Arbeitslosigkeit sowie wegen Steuerausfällen plus expansiver Finanzpolitik auch als erhöhte Haushaltslücke; die wiederum führt via erhöhte Defizitquote auch zu einer steigenden Schuldenquote. Schließlich hat der ökonomische Schock Auswirkungen auf Aktienkurse und die Risikoprämien beziehungsweise Zinssätze auf den Finanzmärkten. Auf das Gesamtsystem der Finanzmärkte wirkt natürlich auch die Geldpolitik ein. Aktienkurs- und Zinsentwicklungen wirken auf den Wechselkurs ein, der mit Zeitverzögerung auf die Güter-Nettoexporte und damit auch die Konjunktur wirken – auf den wirken auch Staatsverbrauch und Steuersenkungen (Abb. 14.1). In der Eurozone bzw. im EU-Raum ist hierbei neben der nationalen Ebene auch die supranationale Ebene der EU zu bedenken, die allerdings in Sachen Fiskalpolitik gering dimensioniert ist: Üblicherweise um 1 % des Nationaleinkommens, mit den Sonderkredit-Paketen der EU könnten es faktisch einige Jahre rund 2 % werden.

Allerdings gibt es in der EU wenig klare Verantwortlichkeiten für die Mehrausgaben und die große Transfer-Komponente, vor allem osteuropäische Länder deutlich bevorteilend, wirft kritische Fragen auf. Von der differenzierten Diskussion ist man im Sommer 2020 in Deutschland und der Eurozone weit

P. J. J. Welfens, *Corona-Weltrezession*, https://doi.org/10.1007/978-3-658-31386-9_14

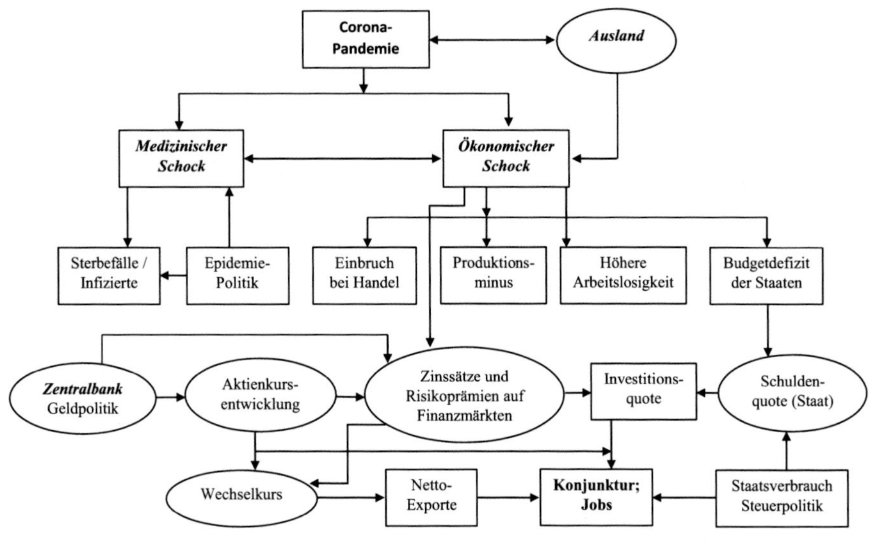

Abb. 14.1 Hauptaspekte des Coronavirus-Schocks

entfernt und es wäre nicht erstaunlich, wenn das Ganze in 2021 in einer neuen Eurokrise, mit Italien als Epizentrum, endet. Das wäre allerdings eine gefährliche Entwicklung und für die EU sowie speziell auch für Deutschland schlecht.

Sonderbarerweise kann man von einer umfassenden EU-Fiskalpolitik-Diskussion auch in Deutschland bei einigen großen Forschungsinstituten wenig hören, was seinerseits Anlass zur Sorge sein sollte. Bei einem Teil der Ökonomen hat man den Eindruck, dass sie keine kritische Analyse der sonderbaren EU-Transfer-Bausteine beim von der EU-Kommission vorgeschlagenen 750 Milliarden €-Kreditpaket (Mai 2020) – immerhin 500 Milliarden sind als Transfers vorgesehen – vornehmen wollen. Es geht immerhin um 1100 € Pro-Kopf geplante Transfers im Durchschnitt der EU27 (4400 € pro vierköpfige Familie), wobei Griechenland mit Transfers in Höhe von 7,9 % des Nationaleinkommens auf der Empfängerseite neben Bulgarien mit 6,1 % merkwürdigerweise an der Spitze steht. Italien und Spanien stehen mit rund 4 % deutlich weiter hinten. Nach welch sonderbaren Kriterien sollen hier große Geschenke auf Steuerzahlerkosten jetziger und künftiger Generationen auf EU-Ebene erfolgen? Warum will die Deutsche Bundesregierung offenbar zusammen mit den meisten anderen EU-Ländern solche Merkwürdigkeiten zulassen? Und sich zugleich nicht rechtzeitig um Vorsorge gegen eine drohende gefährliche Eurokrise2 (mit Italien als Epizentrum) kümmern? Die EU-Politik ist jedenfalls, so kann man zeigen, sehr widersprüchlich, relativ teuer, unvollständig in Sachen Risikomanagement und daher sehr riskant.

Derweil zeigen sich die USA und Großbritannien in 2020 auch als Länder mit schwachen und wirren Politikaktionen, so dass mittelfristig der ganze Westen abstürzen könnte. Dabei ist zu bedenken – auch das lässt sich zeigen (s. Buch Trump global), dass die USA unter einem strukturellen Populismus leiden, der für eine stabile USA und Weltwirtschaft mittelfristig eine ernste Gefährdung ist. Hinzu kommt, dass forschungsseitig ernste Hinweise bestehen, dass die Epidemie-Schocks politische Frustration und Politikenttäuschung bei der jüngeren Generation für viele Jahre hinterlassen – vor allem in Demokratien – und das klingt nun erst recht nach einer Schwächung großer Teile des Westens. Wer würde im Übrigen denken, dass UK eine COVID-19-Sterberate zur Mitte 2020 hätte, die sechsmal so hoch wie in Deutschland ist, während die USA nahe an einem vierfach so hohen Wert sind? Wer weiß eigentlich, dass China eine alte Tradition erfolgreicher Epidemie-Bekämpfung hat, die bis ins Jahr 1910/1911 zurück geht und die Arbeiten eines exzellenten Militärarztes mit Ausbildung in Großbritannien, Frankreich und Deutschland?

Strukturschocks und Strukturwandel

Die Wirtschaft in Deutschland verzeichnete sektoral im Zeitraum Januar bis April 2020 erheblich unterschiedliche Wachstumsraten bei der Wertschöpfung:

- Luftfahrt: – 76 % (April 2020 gegenüber Januar 2020)
- Gastgewerbe: −68 %
- Fahrzeugbau −41 %
- Post- und Kurierdienste −40 %
- Autohandel- und Autoreparaturen −22 %
- Textilindustrie −21 %
- Maschinenbau – 7 %
- Bauwirtschaft – 3 %
- Pharmaindustrie + 7 %

Natürlich war auch der Groß- und Einzelhandel von Bremseffekten (−18 %) betroffen. Die Luftfahrtbranche wird wohl mittelfristig deutlich schrumpfen, dann aber wird auch der internationale Tourismus zurückgehen. Das kann durchaus negative politische Folgen haben, weil eine Weltwirtschaft, in der Menschen durch ein Weniger an Reisen weniger als die Vorgeneration mit unterschiedlichen Ländern und Kulturen vertraut sind, womöglich konfliktreicher sein wird. Internationale Toleranz speist sich auch aus eigenen Reiseerfahrungen – im Ausland, auch im Urlaubsfall, ist man eben selbst der Fremde und möchte gerne freundlich aufgenommen werden. Der Rückgang bei den Post- und Kurierdiensten dürfte vor allem einen Rückgang an Lieferdiensten für Unternehmen darstellen, die gerade eine verminderte oder keine Produktion haben.

Es dürfte auch nach dem Corona-Konjunkturschock einen deutlichen nationalen und internationalen Strukturwandel geben, wobei etwa die Luftfahrt für eine Reihe von Jahren mit einem deutlichen Dämpfungseffekt zurecht kommen muss. Denn viele Unternehmen haben ja durch die starke neue Nutzung von Home Officefeststellen können, dass sich teure Flugtermine in Teilen leicht vermeiden lassen. Das unfreiwillige „Corona-Experiment" bringt hier sicherlich Innovationen; das teuerste an einem Auswärtstermin via Flug realisiert sind dabei in der Regel nicht die Flugkosten, sondern unnötiger zeitlicher Aufwand- und Nicht-Arbeitszeit für die gesamte Reise. Dass der Sektor Informations- und Kommunikationstechnologie (IKT) weltweit expandieren wird in und nach der Corona-Krise ist anzunehmen. Die Expansion des Pharmasektors in der Coronavirus-Pandemie ist wiederum nicht überraschend, denn die Pharmaforschung expandiert weltweit durch die Suche nach neuen Medikamenten und auch durch die verstärkte Impfstoff-Forschung. Die USA als global führendes IKT-Land, zusammen mit China, dürfte mittelfristig von stark ansteigenden Dienstleistungsexporten profitieren; das könnte bei den Schwellenländern auch für Indien gelten, das eine leistungsfähige digitale Exportwirtschaft seit vielen Jahren hat.

Sofern der Corona-Schock mittelfristig auch zu mehr klimafreundlicher Produktion weltweit führt, werden Unternehmen im Bereich erneuerbarer Energien besonders profitieren können. Die führenden Exportländer von Kohle und Erdöl werden dann zu Verliererländern des Corona-Schocks gehören. Haupt-Produktionsländer von Erdöl waren die USA, Saudi-Arabien, Russland, Kanada, Iran, Irak, China, Vereinigte Arabische Emirate, Kuweit, Brasilien – Top-Zehn-Ölförderländer in 2017 – und bei der Kohleförderung China, Indien, USA, Australien, Indonesien, Russland, Südafrika, Deutschland, Polen und Kasachstan. Die USA, Russland und China sind demnach doppelt negativ betroffen. Sofern vorübergehend die CO2-emissionsmäßig günstigere Gas-Nutzung relativ expandiert, so sind als Top-Zehn-Produktionsländer USA, Russland, Iran, Kanada, Katar, China, Norwegen, Australien und Saudi-Arabien sowie Algerien zu nennen. Immerhin könnten die USA, Russland und China hier eine interne Strukturverschiebung im Ressourcensektor organisieren, ähnliches gilt für Iran, Kanada und Australien sowie Saudi-Arabien (Welfens 2019b).

Finanzsystemreform Deutschland und EU

Man kann realistischer Weise nicht davon ausgehen, dass in den 2020er-Jahren osteuropäische EU-Länder (plus Schweden) der Eurozone beitreten werden. Die Hauptstabilisierungsaufgabe ökonomisch gesehen betrifft die Eurozone, bei der dieser Spaltungszustand – eigentlich EU-verfassungswidrig – in der EU ein ernstes Problem ist. Es fehlt der Eurozone eine Fiskalunion, die erst zu einer ökonomisch und stabilitätspolitisch effektiven und effizienten Stabilitätspolitik der Eurozone führen kann. Die EU hindert bislang die Eurozone faktisch an einer Fiskalunion, EU-Fiskalpakete fallen völlig überdimensioniert und fehlfokussiert aus, wie der Vorschlag des 750 Milliarden €-Kredit-Pakets der EU-Kommission vom Mai eindeutig zeigt; mit Transfers-Vorschlägen, die ohne erkennbare Begründung Transfers prioritär in osteuropäische EU-Länder geben. Damit ergeben sich vier Probleme:

- Es bleibt für die eigentlich notwendige stabilitätspolitische Schwerpunktsetzung in der Eurozone viel zu wenig an Mitteln übrig beziehungsweise das Gesamtpaket ist fiskalisch überteuert.
- Durch die sonderbar hohen Transfers-Ausgaben für osteuropäische EU-Länder wird faktisch eine Destabilisierung des EU-Kerns ökonomisch und politisch herbeigeführt – von der Europäischen Kommission selbst; wenn aber die Eurozone destabilisiert wird, so wird letztlich die EU destabilisiert.
- Den Populisten und Anti-EU-Kräften in der EU gibt die völlig widersprüchliche EU-Kommissionspolitik doppelten Auftrieb: indem das 750 Milliarden-Paket erhebliche EU-Gelder ausgerechnet den populistischen EU-feindlichen Kräften in Polen und Ungarn zukommen lässt und mit ihrer stabilitätspolitischen Überteuerungspolitik der Anti-Euro-Partei AfD und anderen Populisten in den westlichen EU-Ländern billige Munition für die politische Auseinandersetzung liefert.
- Indem die Eurozone durch unkluge Finanzpolitik destabilisiert wird, ergibt sich ein regionaler Desintegrationsimpuls in Europa und letztlich darüber hinaus. Die wirtschaftspolitische Beratung der EU ist offenbar völlig unzureichend, die kaum vernehmbaren kritischen Stimmen gegen die Struktur und Höhe des Transferpaketes in Deutschland wirft ein bezeichnendes Licht auch auf Schwächen der Politikberatung in Deutschland. Es ist nicht ausgeschlossen, dass die EU-Integration am Mangel an intellektueller Beratungsqualität und großen Widersprüchen der EU-Politik scheitert. Deutschland spielt dabei eine sonderbare Rolle nicht nur durch die Positionierung der Regierung im Vorfeld der deutschen EU-Ratspräsidentschaft. Die Schuldenbremse Deutschlands ist nämlich wiederum zu streng, um als rational gelten zu können. Mit einer verfassungsseitigen

Obergrenze von 35 % für die strukturelle Defizitquote des Bundes lässt man – bei 1,5 % angenommenem Trendwachstum des realen Bruttoinlandsproduktes – die langfristige Schuldenquote Deutschlands auf 23,3 % hinlaufen. Damit wird der Anteil der mit AAA-Rating benoteten Deutschland-Staatsanleihen im Gesamtbestand der Staatsanleihen in der Eurozone langfristig sinken, was zu einer erhöhten Risikoprämie und mithin erhöhtem durchschnittlichen Realzins der Eurozone (also auch einer verminderten Investitionsquote) führen wird. Das ist völlig gegen die deutschen und „euroländischen" Interessen gerichtet. Während auf Ebene der EU-Länder vertragsmäßig 0,5 % Obergrenze für die strukturelle Defizitquote festgelegt worden ist, wollte Deutschland aus einem sonderbaren politischen Überehrgeiz auf 0,35 % gehen.

Die Fiskalarchitektur der Eurozone und der EU ist mächtig schief. In Deutschland wäre eine Erhöhung der verfassungsmäßigen strukturellen Defizitquote auf 0,5 % des Nationaleinkommens sinnvoll. In der Eurozone ist das Thema Eurozone gegenüber der EU energisch anzugehen, sonst wird die Eurozone wohl langfristig instabiler und die EU dadurch insgesamt auf Zerfallskurs getrieben. Für 460 Millionen Menschen in der EU gegen Ende 2030 wäre das eine verheerende Entwicklung. Was die Sondersituation sehr niedriger Zinssätze angeht, die zu hohen Gewinnen der EZB führt, so wäre zu überlegen, dass man die Hälfte der EZB-Gewinne für die Zeit der Sondersituation den Kleinsparern aus Quasi-Zinszahlung zukommen lässt (mit einer Deckelung des Quasi-Realzinssatzes bei höchsten 1 %).

Der Internationale Währungsfonds hat in seinem Vorbericht zum World Economic Outlook vom April 2020 (IMF 2020b; Einzelheiten siehe Anhang) eine globale Rezession für das Jahr 2020 in der Prognose angekündigt: mit einem negativen weltweiten Produktionswachstum von −3 Prozent und einem hohen Produktionsrückgang in der Eurozone von −7,5 Prozent; Spanien und Italien mit einem noch stärkeren erwarteten Produktionsrückgang von −8 bzw. −9 Prozent. Der Produktionsrückgang in den USA wird voraussichtlich −6 Prozent betragen, was einen halben Prozentpunkt weniger ist als der erwartete Rückgang in Großbritannien im Jahr 2020. Der erwartete globale Produktionsrückgang ist somit größer als die Schrumpfung während der Großen Rezession 2008/09. Allerdings wird für alle OECD-Länder plus China in 2021 eine starke wirtschaftliche Erholung erwartet.

In der EU beziehungsweise den EU-Ländern gibt es drei Stabilisierungspakete gegen die Rezession:

- Es gibt nationale Konjunkturpakete, die über Kredite finanziert werden – diese sind für die meisten EU-Länder sehr günstig, da die Zinssätze real (Marktzins minus Inflationsrate) 2019 nahe 0 oder gar negativ waren. Allerdings dürfte der Corona-Schock die Inflationsrate von gut 1 % auf nahe 0 % drücken, was den Realzins etwas erhöhen dürfte. Deutschland hat große Ausgabenpakete des Bundes in zwei Schritten geschnürt, die enorm hoch sind, nämlich gut 6 % des Bruttoinlandsproduktes in 2020 erreichen dürften; hinzu kommen 2 % durch die Länder-Fiskalpolitik. Im Vergleich zu einer normalen Rezession mit Konjunkturpaketen von 0,5 bis 1 % des Bruttoinlandsproduktes sind die Ausgabenimpulse sehr hoch; in Teilen überhöht, da man kaum sinnvolle Ausgabenprojekte für 2020/2021 finden kann. Denn im häufig überkomplizierten Staat – bei unterbesetzten Bauämtern in den Kommunen und vielen Landesministerien – ist es faktisch unmöglich, etwa große Infrastruktur- und Bauprojekte umzusetzen. Die Soziale Marktwirtschaft ist durch Staatsfehler zum Teil stabilisierungsunfähig geworden. Das ist ein gefährlicher Zustand, den der Corona-Schock exemplarisch zeigt. Das Bundes-Konjunkturpaket (2) von 130 Milliarden € vom Juni 2020 hat einige vernünftige Punkte, darunter die auf ein halbes Jahr befristete Mehrwertsteuersenkung (Einnahmeausfall für den Staat 20 Milliarden €). Letztere erhöht auch die Importe, insbesondere aus EU-Ländern, erzeugt also auch leichte Expansionsimpulse für EU-Nachbarländer. Trotzdem fällt auf, dass die EU-Länder ohne Koordination nationale Konjunkturpakete beschlossen haben; das ist eine nicht optimale Antwort der Länder der Eurozone und der EU auf den Corona-Rezessionsschock. Von internationaler Koordination EU-USA-Japan-China ist im Übrigen gar nichts zu sehen. Mangelnde Koordination bedeutet, dass die Rezession stärker ausfällt als nötig, der Aufschwung später anfängt und die Schuldenquoten am Ende höher sind als sonst.
- Die EU-Finanzminister haben im April 2020 einen EU-Kreditrahmen von 540 Milliarden € geschaffen, wobei die Europäische Investitionsbank angeblich 200 Milliarden € bereit stellt (in Wahrheit sind es eher um 50 Milliarden € als Impuls). Die EU-Ländern können beim Europäischen Stabilitätsmechanismus (ESM) bis zu 2 % des Nationaleinkommens – genauer: des Bruttoinlandsproduktes – als Kredite für Corona-bedingte Mehrausgaben aufnehmen, was jedoch wenig populär sein dürfte. Kredite beim ESM aufzunehmen bedeutet, dass man eine Art negatives Qualitätssignal an den Kapitalmarkt sendet. Denn eigentlich haben bisher nur Krisenländer beim ESM Kredite aufgenommen: etwa in der Eurokrise in den Jahren nach 2010. Wer Kredite beim ESM aufnimmt, der dürfte mittelfristig höhere Zinssätze zahlen müssen als andere Länder.

- Die EU-Kommission hat unter der Überschrift Wiederaufbauhilfe ein Kreditpaket von 750 Milliarden € – davon 500 Milliarden als Transfers – vorgeschlagen. Das sind effektiv rund 8 % des EU-Nationaleinkommens, wobei die Gelder wohl vor allem an Länder mit hohen Arbeitslosenquoten in den vier Jahren vor 2020 fließen sollen. Da der EU-Haushalt üblicherweise etwa 1 % des EU-Nationaleinkommens im Jahr ausmacht, ergibt sich hier eine enorme Verdoppelung der EU-Ausgaben, die die EU-Kommission überwiegend in die Bereich Klimapolitik, Digitalisierung und Modernisierung des Gesundheitswesen stecken will; von Innovations- und Wachstumspolitik aber ist nichts zu hören, obwohl das enorm wichtig ist, wenn es um die Tragbarkeit der erhöhten Staatsschulden geht. Die Gelder werden dabei überwiegend als Geldgeschenke von der EU an EU-Mitgliedsländer weitergereicht, was ziemlich sonderbar ist; zumal auch noch osteuropäische EU-Länder, die von den Corona-Schocks wenig betroffen sind, große Transfers erhalten sollen. Ganz problematisch im Sinn von Verantwortlichkeit ist, dass völlig unklar ist, wie die EU-Kredite zurückgezahlt und zinsmäßig bedient werden sollen. Hinter den EU-Krediten stehen die EU-Mitgliedsländer, deren Schuldenquoten also um die obigen 4 % des Nationaleinkommens ansteigen und dann nochmals um fast 3 % auf dem 540 Milliarden-Kreditprogramm. Dem Kommissions-Vorschlag für ein 750 Milliarden €-Kreditpaket der EU vorangegangen war ein Vorschlag von Deutschland und Frankreich für ein 500 Milliarden € Konjunkturpaket.

Die Tab. 14.1 zeigt, wohin die Gelder aus dem 750 Milliarden € Kreditpaket laut EU-Kommissionsvorschlag fließen sollen. Dabei ist sonderbar, dass sich alle EU-Länder quasi selbst beschenken und besonders auffällig sind die großen Beträge für einige osteuropäische EU-Länder, wie etwa Bulgarien, Kroatien, Polen und Ungarn. Ganz vorn stehen, wenn man die Transfers relativ zum Einkommen (Bruttoinlandsprodukt) des Empfängerlandes ausdrückt, zunächst Bulgarien (15,2 %), Kroatien (13,8 %), Griechenland (12,1 %), Lettland (9,6 %), Rumänien (8,1 %), Slowakei (8,4 %), Litauen (8,1 %) Kroatien (7,4 %), Portugal (7,3 %), Polen (7,2 %), Estland (6,8 %), Zypern (6,4 %), Spanien (6,2 %), Ungarn (5,7), Italien (4,6 %). Diese Größenordnungen sind sonderbar, ja ökonomisch ziemlich absurd, wenn es denn darum gehen soll, Ländern mit starkem Corona-Schock in medizinisch-ökonomischer Hinsicht besonders zu helfen; auch wenn der Bezugspunkt die Corona-Schock-bedingte Erhöhung bei Arbeitslosenquote und bei der Rezessionsstärke sein sollte, ist der Verteilungsschlüssel der EU-Kommission bei den Transfers sachfremd bestimmt und unfair.

Tab. 14.1 750 Milliarden € Kreditpaket der EU-Kommission – bei 500 Milliarden € Zuschüsse (Vorschlag EU-Kommission, Mai 2020); Transferquote = EU-Zuschüsse als Prozent des Bruttoinlandsproduktes (BIP) im Empfängerland

	in Milliarden Euro				in Milliarden Dollar	Transferquote	
Eurozone	Zuschüsse	Kredite	Gesamt	BIP 2019	BIP 2019	Zuschüsse/ BIP	Kredite/ BIP
Griechenland	22,6	9,4	32	186,768958	209,852761	**12,10 %**	5,03 %
Lettland	2,9	1,6	4,5	30,3643103	34,1172026	**9,55 %**	5,27 %
Slowakei	7,9	4,9	12,8	93,8258514	105,422305	**8,42 %**	5,22 %
Litauen	3,9	2,4	6,3	48,2551909	54,2193156	**8,08 %**	4,97 %
Portugal	15,5	10,8	26,3	211,540607	237,686076	**7,33 %**	5,11 %
Estland	1,9	1,4	3,3	27,9343855	31,38695	**6,80 %**	5,01 %
Zypern	1,4	1,1	2,5	21,8625367	24,5646479	**6,40 %**	5,03 %
Spanien	77,3	63,1	140,4	1240,76352	1394,11631	**6,23 %**	5,09 %
Slowenien	2,6	2,5	5,1	47,830522	53,7421595	**5,44 %**	5,23 %
Italien	81,8	90,9	172,7	1781,10751	2001,24439	**4,59 %**	5,10 %
Malta	0,4	0,6	1	13,1596793	14,7861566	3,04 %	4,56 %
Frankreich	38,8	keine	38,8	2416,81126	2715,51827	1,61 %	–
Finnland	3,5	keine	3,5	239,197469	268,761201	1,46 %	–
Belgien	5,5	keine	5,5	471,349972	529,60671	1,17 %	–
Österreich	4	keine	4	397,220118	446,31474	1,01 %	–
Deutschland	28,8	keine	28,8	3422,61073	3845,63003	0,84 %	–
Niederlande	6,8	keine	6,8	809,072652	909,070395	0,84 %	–
Irland	1,9	keine	1,9	345,941853	388,698711	0,55 %	–
Luxemburg	0,2	keine	0,2	63,283378	71,1049191	0,32 %	–
Rest EU-27							
Bulgarien	9,2	3,2	12,4	60,45519	67,9271797	**15,22 %**	5,29 %
Kroatien	7,4	2,6	10	53,7698422	60,415553	**13,76 %**	4,84 %
Rumänien	19,6	11,6	31,2	222,568925	250,077444	**8,81 %**	5,21 %

(Fortsetzung)

Tab. 14.1 (Fortsetzung)

	in Milliarden Euro				in Milliarden Dollar	Transferquote	
Eurozone	Zuschüsse	Kredite	Gesamt	BIP 2019	BIP 2019	Zuschüsse/ BIP	Kredite/ BIP
Polen	37,7	26,1	63,8	527,026317	592,164401	**7,15 %**	4,95 %
Ungarn	8,1	7	15,1	143,26077	160,967158	**5,65 %**	4,89 %
Tschechien	8,6	10,6	19,2	219,375428	246,489245	**3,92 %**	4,83 %
Schweden	4,7	keine	4,7	472,441289	530,832909	0,99 %	-
Dänemark	2,2	keine	2,2	309,789436	348,078018	0,71 %	-
in Milliarden Euro	Zuschüsse	Kredite	Gesamt	Bruttoinlandsprodukt 2019		∑ Zuschüsse /∑ BIP	∑ Kredite /∑BIP
Summen Eurozone	307,7	188,7	496,4	11868,9005		2,59 %	1,59 %
Summen EU-27	405,2	249,8	655	13877,5877		2,92 %	1,80 %

*Quellen: Europäische Kommission (teilweise geschätzt), IMF (teilweise geschätzt), eigene Darstellung (EIIW); *geschätzt durch das IMF*

Belgien als Land mit der höchsten COVID-19-Sterberate aller EU-Länder soll 1,2 % als Transfer erhalten, Frankreich 1,6 %, Deutschland 0,8 %. Das Ganze sieht nach einem Förderprogramm vor allem für Nicht-Euro-Länder aus, die am wenigsten der Hilfe bedürfen. Dass Länder überhaupt Transfers von mehr als 5 % des Bruttoinlandsproduktes binnen drei Jahren ökonomisch sinnvoll absorbieren können, ist ohnehin zu bezweifeln. Gemessen am Empfänger-Bruttoinlandsprodukt steht bei der Eurozone ein Transfers-Anteil von 2,6 %, bei der EU27 von 2,9 % (Tab. 14.1), was zeigt, dass die EU-Transfers überwiegend gar nicht dahin gehen werden, wo sie am meisten gebraucht werden; sogar bei den Krediten ist der Anteil für die EU27 mit 1,8 % etwa 0,2 Prozentpunkte höher als bei den Krediten für Länder der Eurozone. Wenn man die EU-Transfers relativ zum Empfängerland-Bruttoinlandsprodukt in Tab. 14.1 sieht, so fällt enorm ins Auge, dass die relativ höchsten Transfers-Anteile in osteuropäische EU-Länder und nach Griechenland fließen. In der Tat, da stehen Italien und Spanien als schwer vom Corona-Schock getroffene Länder, gar nicht im Vordergrund der Betrachtung.

Der EU-Kommissionsvorschlag ist von daher wenig vernünftig, weitgehend abzulehnen. Ökonomisch nicht durchdacht ist der Vorschlag, ein Treibsatz für Populisten-Parteien in Osteuropa und auch in westlichen EU-Ländern; eine Art Provokation für jetzige und künftige Steuerzahler, die das Riesenprogramm letztlich über Steuern mit Blick auf Zins- und Tilgungszahlungen finanzieren müssen. Man fragt sich, weshalb die EU-Kommission durch eine wenig durchdachte Transfer-Programm-Architektur das Ansehen der Europäischen zu schwächen gedenkt. Zugunsten der EU-Kommission könnte man vermuten, dass die wirtschaftspolitische Beratung in Brüssel ziemlich unzureichend ist – aber auch das fällt letztlich auf die EU-Kommission zurück. Italien und vermutlich auch Spanien verdienen besondere Unterstützung, auch durch Transfers – osteuropäische Länder kann man sich eigentlich unter Sachgründen nur mit geringen Transferquoten vorstellen. Wie man von EU-Seite sinnvoll gerade den Aufschwung in Italien und Spanien unterstützen kann, gilt es sorgfältig zu überlegen; ein klarer Fokus auf Förderung von Innovation, technologieorientierten Unternehmensgründungen und Wirtschaftswachstum ist hier gefordert.

Dass Italien teilweise wohl Opfer seiner besonderen China-Wirtschaftsverbindungen in der Textilindustrie geworden ist, sei hier vermerkt. Als Italiens von Krisenperspektiven geprägte Textilindustrie – mit guten Markennamen – Anfang des 21. Jahrhunderts in Teilen vor allem von Investoren aus China aufgekauft wurde, haben auch Arbeitnehmer aus China in Italiens Textilfirmen Arbeit gefunden; es gibt dabei Berichte über chinesische „sweat shops" in Italien, also Textilfabriken mit sehr schlechten Arbeitsbedingungen (NZZ

2020). Das kann die Virusausbreitung begünstigt haben. Als dann erst einmal die Virusausbreitung in Oberitalien unterwegs war, kam es nach drei bis vier Wochen zu einer explosionsartigen Vermehrung von COVID-19-Krankheitsfällen. In der Lombardei sollen zudem populistische Politiker der Lega-Partei in Oberitalien in Regionalregierungen zu Beginn der Epidemie angeordnet haben, dass ältere Infizierte – bei minder schweren Fällen – zur Heilung in Altersheimen untergebracht wurden. Dieser Ansatz war sicherlich begünstigend für die Ausbreitung der Epidemie.

Wenn man bedenkt, dass Spaniens hohe COVID-19-Todeszahlen wohl überwiegend auf unglaublichen Mängeln im System der gut 5000 Altersheime in Spanien basierten (Rössler 2020) – mit offenbar gar nicht offiziell erfassten „Zusatz-Verstorbenen" im spanischen Gesamtmeldesystem, die die Politik aus den offiziellen Statistiken heraushalten wollte -, dann ist hier eine Fragwürdigkeit: Dass Spanien von der EU eine hohe Transferquote erhalten soll. Es kann ja sicherlich nicht EU Next Generation (EU-Kommissionsmotto 2020) entsprechen, dass man massenhafte spanische staatliche Aufsichtspflichten-Verletzung in Altersheimen auch noch mit großen Geldgeschenken aus Brüssel belohnt. Die Transfers für Spanien laut EU-Kommissionsplanung entsprechen 6 % der spanischen Wirtschaftsleistung und steht für eine der hohen Transferquoten in Tab. 14.1; in absoluten Zahlen gesehen geht es um die zweithöchste EU-Zahlung bei den Sonder-Transfers im 750 Milliarden Euro EU-Kreditpaket laut EU-Kommissionsvorschlag (2/3 als Transfers). Von daher ist zu erwägen: Ohne einen offiziellen umfassenden Untersuchungsbericht zu der Situation in Spaniens Altersheimen sollte an Spanien nur ein Minimal-Transferbetrag ausgezahlt werden. Die EU-Kommission droht mit ihrem nicht durchdachten 750 Milliarden-Paket eine große Selbstbeschädigung – neben dem Erfolg, einen Konsens politisch erzielt zu haben. Das Kommissionspaket ist zu groß, unausgewogen, mit schlechten Anreizen versehen und nicht auf Basis nachvollziehbarer Kriterien mit Blick auf den Verteilungsschlüssel bei den Transfers versehen.

Die Hauptempfänger-Länder der Transfers sollen Italien und Spanien (mit je etwa 80 Milliarden € laut Kommissionsvorschlag) sein, die immerhin stark vom Corona-Schock getroffen waren, sofern man die Sterberate als Maßstab nimmt; noch höher war die Sterberate hingegen in Belgien. Es ist nicht ausgeschlossen, dass die Transfers Empfängerländern helfen, eine vernünftige wachstums- und klimafreundliche Wirtschaftspolitik auf den Weg zu bringen. Aber sehr wahrscheinlich ist das nicht, wenn man die Erfahrungen etwa mit der Verausgabung von EU-Strukturfondsmitteln in den EU-Mitgliedsstaaten als Bezugspunkt nimmt. Aus unklaren Gründen hat die EU-Kommission bei Verteilungsschlüssel für die Gelder insbesondere die Arbeitslosenquoten zugrunde gelegt, was Länder in Osteuropa für schlechte Wirtschaftspolitik belohnt – denn vom Corona-Schock waren osteuropäische Länder nur relativ wenig betroffen; auch wenn über Zulieferverflechtungen natürlich Rezession in Westeuropa auch Rezessionsimpulse in Osteuropa bedeutet. Vernünftigerweise hätte man eher die Prognosen der EU-Kommission zum Rückgang des Realeinkommens 2020 und einen medizinischen Corona-Schockindikator als Schüsselgrößen für die Mittelzuweisung der EU genommen.

Ein großes EU-Hilfsbudget, zunächst von Deutschland und Frankreich vorgeschlagen – per Kredit vom Kapitalmarkt zu finanzieren -, soll wohl auch den EU-Imageschaden heilen helfen. Deutschland und Frankreich hatten mitten im für Italien seuchenmäßig sehr schwierigen Monat März insofern versagt, als der Export von medizinischen Gerätschaften in der EU plötzlich durch nationale Politikeingriffe verboten wurden. Dies waren nationalen Politikmaßnahmen, aber in der Öffentlichkeit wird das wahrgenommen als EU-Versagen: eine machtlose EU-Kommission hat sich unsolidarischem Handeln im Medizinbereich nicht entgegen gestemmt. Dadurch wurde vor allem Italien Hilfe mitten in einer seuchenmäßigen Überforderungssituation gegen den Geist der EU-Verträge – mit ihrer Betonung von Solidarität – versagt. China und Russland schickten hingegen per Flugzeug medizinische Geräte pressewirksam nach Oberitalien. In einer Zeit mit schwindender US-Macht, steigendem Einfluss Chinas und absehbarer USA-China-Konflikte werden die Regierungen der EU-Länder wohl auch überlegt haben (noch dazu im BREXIT-Jahr 2020), dass die EU ein „Corona-Gemeinschaftsprojekt“ braucht, das ökonomisch sinnvoll und politisch als Pro-EU-Signal wirken kann. Ein wenig durchdachter Verteilungsschlüssel für ein überdimensioniertes EU-Programm wird aber am Ende die EU eher schwächen. Die EU-Kommissionsvorschläge zum 750 Milliarden-Euro-Paket zeigen, dass die Exekutive der Europäischen Union in Sachen Wirtschaftspolitik wenig kompetent aufgestellt ist.

Große Unterschiedlichkeit der nationalen Finanzpolitiken

Die EU-Länder, Großbritannien und die USA haben auf unterschiedliche Weise in der Finanzpolitik im ersten Halbjahr 2020 in Sachen Bekämpfung der Corona-Rezession reagiert. Grundsätzlich gibt es höhere Staatsausgaben beziehungsweise Steuersenkungen (in Deutschland etwa die auf das zweite Halbjahr 2020 beschränkte Minderung der Mehrwertsteuersätze, die 20 Milliarden € ausmacht). Ergänzend gibt es Impulse durch Ausgabenverschiebungen für private Haushalte und Unternehmen – in der EU sind in 2020 die Beihilfe-Regeln vorübergehend in diesem Zusammenhang außer Kraft gesetzt worden und im Übrigen gelten auch die Obergrenzen für die Haushaltsdefizite der EU-Länder vorübergehend nicht. Ausgabenverschiebungen – mit dem Zweck einer Liquiditätssicherung bei Haushalten und Unternehmen – belasten in 2020 den jeweiligen Staatshaushalt; mittelfristig nur in dem Umfang, dass Zahlungen etwa durch in Konkurs gehende Unternehmen nicht geleistet werden. Schließlich gibt es in großem Umfang weitere Liquiditätsgarantien des Staates, etwa wenn der Staat Kreditausfallrisiken von Banken bei Krediten an kleine und mittelständische Unternehmen abdeckt. Nach Angaben von Anderson et al. (2020) hat in Deutschland die Regierung mit einem Fiskalimpuls von 13,3 % vor den USA und Großbritannien mit 9,1 % beziehungsweise 8,0 % unter den Industrieländern den Spitzenplatz. Frankreich, Italien und Spanien gaben einen direkten Fiskalimpuls von nur 4,4 %, 3,4 % beziehungsweise 3,7 %, die Niederlande von 3,7 % und Griechenland von 3,1 %; dabei spielten die hohen Schuldenquoten einiger EU-Länder (etwa bei Italien und Griechenland) wohl eine Begrenzungsrolle für den Fiskalimpuls einiger Länder. Dänemark und Belgien verzeichneten 5,5 % beziehungsweise 1,4 %. Die Nachbarländer Deutschlands – mit ihnen ist Deutschland über Außenhandel stark verbunden – konnten dank des starkes Expansionsimpulses der Bundesregierung ihre Fiskalimpulse kleiner halten als es sonst sinnvoll nötig gewesen wäre. Bei den Ausgabenverschiebungen waren – als Prozent des jeweiligen Bruttoinlandsproduktes – Italien, Portugal, Frankreich, Ungarn, Niederlande, Deutschland und Dänemark mit 13,2 %, 11.1 %, 8,7 %, 8,3 %, 7,9 %, 7,3 % beziehungsweise 7,2 % relativ hoch; die USA und Großbritannien standen bei 2,6 % beziehungsweise 2,3 %. Bei den weiteren Liquiditätsgarantien lagen – relativ zum Bruttoinlandsprodukt ausgedrückt – Italien, Deutschland, Belgien und Großbritannien mit 32,1 %, 27,2 %, 21,9 % und 15,4 % vorn, während die USA, die Niederlande und Ungarn nur 2,6 %, 3,4 % beziehungsweise 0,0 % realisierten.

Diese doch sehr unterschiedlichen Zahlen mögen teilweise unterschiedliche Schock-Betroffenheiten von Ländern und auch unterschiedliche Handlungsmöglichkeiten anzeigen. Aber die insgesamt sehr großen Unterschiede bei den jeweiligen Maßnahmen legt doch die Vermutung nahe, dass von einer optimalen Stabilisierungspolitik in den OECD-Ländern kaum die Rede sein kann.

Für die EU27-Länder kommen noch jeweils die EU-Fiskalimpulse in 2021–2023 aus dem 750 Milliarden €-Kreditpaket vom Juli 2020 („EU-Kommissionspaket") hinzu, die pro Jahr zwischen 1 % und 5 % erreichen könnten. Für Italien und auch für Griechenland bringen die EU-Impulse kaum eine deutliche Entlastung, sofern es um die Verhinderung einer mittelfristig kritisch hohen Schuldenquote geht.

Literatur

Anderson, J., et al. (2020). *The fiscal response to the economic fallout from the coronavirus*. Brussels: Bruegel.

IMF. (2020b). *World economic outlook, April 2020*. Washington, DC: International Monetary Fund.

NZZ. (23. Feb 2020). 50 000 im Hausarrest im „Wuhan Italiens" – zweiter Coronavirus-Patient gestorben. *Neue Zürcher Zeitung*.

Rössler, H.-C. (2. Juli 2020). Die Tage der einsamen Tode. *Frankfurter Allgemeine Zeitung*, S. 8, Frankfurt/Main.

Welfens, P. J. J. (2019b). *Klimaschutzpolitik – Das Ende der Komfortzone, Neue wirtschaftliche und internationale Perspektiven zur Klimadebatte*. Wiesbaden: Springer.

15

Schiefe Ratspräsidentschaft Deutschlands und Mega-Risiko Eurokrise

In Berlin sind die Koordinaten der Politik riskant innenpolitisch verschoben worden, da man sich im Frühjahr 2020 vor allem mit der Seuchen-Bekämpfung und weniger mit den Fragen der Überwindung der schweren Corona-Weltrezession und der EU-Stabilisierung beschäftigte. Deutschland und Frankreich haben aber ein 500 Milliarden € EU-Kreditpaket vorgeschlagen, die EU-Kommission landete bei ihrem Vorschlag im Mai, einige Wochen nach der Macron-Merkel-Initiative, bei 750 Milliarden €; davon 500 Milliarden als Transfers: mit Hauptempfängerländern Italien, Spanien, Frankreich, Polen, Deutschland, wobei allein die beiden letzteren mit 38 Milliarden beziehungsweise 29 Milliarden bedacht werden sollen. Für das Riesen-EU-Paket gibt es ökonomisch kaum Gründe und bekannte EU-Ineffizienten bei den Ausgabeprogrammen drohen. Laut Umfrage des EU-Parlaments von Anfang April sehen nur 33 % der Menschen in den EU-Ländern eine Priorität für direkte EU-Hilfszahlungen. Sogar in Italien und Spanien sind nur 49 % und 43 % dafür, in Deutschland 27 %. Während die EU-Kommission sich ein teures Riesenpaket ausgedacht hat, das nur eine Minderheit der Bürgerschaft in der EU will, hat sie fast nichts anzubieten im kritischen Bereich zur Verhinderung einer neuen Eurokrise – mit Italien als Epizentrum. Käme eine Italien-Staatsschuldenkrise, die zu einem „Haarschnitt" beim Wert der Anleihen führen wird, sind vor allem Italiener als Halter von Italien-Anleihen betroffen. Politik-Radikalisierung droht dann im EU-Gründungsland Italien. Die Angst der Politik in Italien vor einer Italien-Staatsschuldenkrise ist aber wohl überschaubar; einfach deshalb, weil diese absehbare Krise angesichts kurzer Dauer von Regierungen in Italien immer als die Krise der nächsten Regierung gesehen wird. Italiens politische Instabilität – mit fast jährlich

P. J. J. Welfens, *Corona-Weltrezession*, https://doi.org/10.1007/978-3-658-31386-9_15

neuen Regierungen – sorgt für ökonomische Unvernunft beim Staat und letztlich ökonomisches Krisenpotenzial. Wenn Italien über eine Staatsschuldenkrise den Zugang zum internationalen Kapitalmarkt verlöre, wird das eine nächste Rezession in Italien bedeuten und dann auch erhebliche Rezessionsimpulse für eine Reihe von Handelspartnern in der Eurozone – sowie für einige Balkan-Länder.

Man könnte in 2020 versuchen, auf EU-Ebene und in der Eurozone Leitplanken gegen eine neue Eurokrise zu setzen und müsste in diesem Kontext ein EU-Wachstumsprogramm, vor allem auch mit starker Italien-Komponente, aufsetzen. Das könnte vielleicht im Kontext der EU-Kreditpakete gelingen, wenn denn in Berlin, Paris und anderen Hauptstädten der Eurozone ein politisch-ökonomisches Risiko-Bewusstsein besteht. Danach sieht es eher nicht aus, zumal in Frankreich und Spanien etwa zunächst die politische Debatte über die schlechten Zahlen bei den Corona-Sterbequote dominiert. In Deutschland ist seit Sommer 2020 praktisch schon Wahlkampf für 2021, was langfristige EU-Integrationsperspektiven aus Berliner Sicht zu einem mühsamen und undankbaren Geschäft macht. Das läuft dann darauf hinaus, sehenden Auges in eine Eurokrise2 hineinzulaufen und dann in einer dramatischen Krisenlage über Notmaßnahmen das Schlimmste zu verhindern. Als vorausschauende kluge Politik kann ein solcher Ansatz wohl nicht gelten.

Neue Eurokrise und Eurokrise2-Kosten

Eine Eurokrise2 droht, weil durch den Corona-Schock Italiens Schuldenquote von 135 % in 2019 auf 155 % Ende 2020 anzusteigen droht und weiter noch in den Folgejahren, was für sich genommen ein großes Risiko ist, im Staatsanleihe-Rating massiv abzufallen. Zusätzlich ist Italien von einer Rating-Herabstufung durch die US-Entwicklung bedroht, wo die Defizitquote nahe 18 % in 2020 landen dürfte, was bedeutet, dass die US-Schuldenquote von 100 % in 2019 auf fast 160 % in 2025 ansteigen wird: Das Top-Rating der USA bei den großen Rating-Agenturen – AA bei S&P und AAA bei anderen Rating-Agenturen – ist absehbar nicht mehr zu halten. Eine US-Herabstufung wird eine Herabstufungswelle auch für einige EU-Länder, insbesondere Italien, bedeuten. Dann droht nicht nur ein kräftiger Zinsaufschlag für Italien-Anleihen (spiegelbildlich Zinssenkungen für einige OECD-Länder mit Top-Rating), sondern bald auch der Verlust des Zugangs zum internationalen Kapitalmarkt: das wäre die Eurokrise2. Gegen eine Eurokrise2 bieten die EU-Kreditpakete vom April – 540 Milliarden € laut EU-Finanzministerrat – plus die 750 Milliarden der EU-Kommission in Summe keinen Schutz. Im Übrigen muss die Kommission durch neue Einnahmequellen sicher stellen, dass der von der Kommission vorgeschlagene Großkredit von 750 Milliarden

€ langfristig zurückbezahlt werden kann. Ein CO2-Importausgleichszoll – eine Importsteuer auf Güter aus Ländern ohne zum EU-System äquivalenten CO2-Zertifikatehandelssystem oder CO2-Steuern – wäre ein mögliches Teilelement zur Finanzierung von Zins und Tilgungsleistungen. Solch ein Ausgleichszoll wird nicht ausreichend sein zur Finanzierung des EU-Großkredits. Sinnvoll wäre es, einen erheblichen Teil des bisher nationalen Körperschaftssteueraufkommen auf die EU umzuleiten; längerfristig auch die gesamten Körperschaftssteuern der Großunternehmen. Diese alle profitieren deutlich vom EU-Binnenmarkt und der Währungsunion.

Träte eine Eurokrise2 ein, ist natürlich jede Möglichkeit wirtschaftspolitischer Vorsorge vorbei und für alle Länder der Eurozone wird eine solche Krise politisch sehr belastend und auch teuer: Die Europäische Union dürfte rund 1000 Milliarden € Einkommensverlust über vier Jahre als Zusatz-Rezessionseffekt haben: Pro Kopf in der EU sind das etwa 2200 € Einkommensverlust. Obwohl die hohen Kosten der Eurokrise von 2010–2014 allgemein bekannt sind, gibt es in der EU bis Sommer 2020 praktisch keinerlei Vorsorge gegen eine Eurokrise 2; obwohl es durchaus auf Basis von „Joint Eurobonds" ein Vorsorge-Mittel gäbe – dabei sind Joint Eurobonds nicht zu verwechseln mit unbesicherten Euro-Gemeinschaftsanleihen. Falls man in Berlin darauf spekulieren sollte, dass es keine Italien- beziehungsweise Eurokrise geben könnte, da als erster Anpassungspunkt wohl ein Haarschnitt bei Italien-Anleihen käme (träfe vor allem Anleger aus Italien), so wäre das kein kluger Ansatz. Denn die EU-Länder kämen ohnehin in einer Eurokrise2 fast alle unter enormen Druck, Italien und einigen anderen EU-Ländern nun plötzlich und improvisiert helfen zu müssen; das wäre sicherlich fehlerbehaftet in den Anpassungsmaßnahmen und die EU stünde international blamiert da, wenn schon die erste Nachricht lautet, dass der ESM-Rettungsschirm der EU zunächst zu klein dimensioniert ist. Ein die Kapitalmärkte beeindruckender Rettungsfonds ist immer zu groß dimensioniert.

Die Kosten einer Eurokrise 2 für Deutschland liegen bei fehlendem Vorsorgekonzept überschlägig in drei Bereichen:

- Notwendiger Verdreifachung des Eigenkapitals des EU-Rettungsfonds ESM, was für Deutschland 48 Milliarden € kostet. Ohne eine massive Ausweitung des Rettungsfonds ESM kann man Italien nicht über einige Krisenjahre am internationalen Kapitalmarkt vorbei finanzieren.
- Deutschlands Realeinkommen wird um etwa 300 Milliarden € – über vier Krisenjahre gerechnet – sinken und die Arbeitslosenquote um 3–4 Prozentpunkte ansteigen; zugleich werden die Einnahmen der Steuer- und Sozialversicherung um etwa 120 Milliarden € sinken, während die

Ausgaben der Arbeitslosenversicherung um 20 bis 30 Milliarden € ansteigen werden. Den Staat kostet in Deutschland eine Eurokrise2 rund 200 Milliarden €. Demgegenüber wären die Kosten beziehungsweise Haushaltsrisiken für Deutschland bei einem Joint-Eurobonds-Ansatz mit teilbesicherten Gemeinschaftsanleihen der Eurozone überschaubar: viel geringer. Zudem hätte man die Chance, den Kapitalmarkt der Eurozone aktiv zu entwickeln und über eine starke Eurozone die EU zu stärken.

- Eine verschärfte politische Polarisierung und Radikalisierung – mit einer Expansion des Populismus – wird in einer Eurokrise2 entstehen, was die Investitionsquote und auch die Direktinvestitionszuflüsse sinken lassen wird, was wachstumsdämpfend wirkt; also auch eine Erhöhung der Schuldenquote zur Folge hat.

In weiten Teilen der Deutschen Bundesregierung wird eine Eurokrise2 als Risiko offenbar unterschätzt. In Italien wird das Thema schon mit Blick auf die kurzlebigen Koalitionsregierungen ohnehin weitgehend ignoriert. Man kann sich nur wundern, wie wenig lernfähig die EU ist: Auf der Ebene des EU-Finanzministerrates und der EU-Kommission werden 1290 Milliarden € auf der Vorschlagsebene als EU-Stabilisierungsbeitrag vorgesehen, aber das Thema Vermeiden einer Eurokrise2 spielt fast keine Rolle und die Architektur des Riesenbetrages von 1290 Milliarden € ist ungeeignet, um eine Italien- beziehungsweise Eurokrise zu vermeiden. Wenn die EU-Politikführung sich von außen betrachtete, sie könnte über ihr eigenes Handel in wichtigen Bereichen nur erschrecken.

Mit dem Heruntersetzen der Italien-Staats-Anleihen im Rating am 28. April 2020 durch Fitch auf eine Stufe über Nicht-Investorgrad (BBB-) – da steht qualitativ Italien auch schon bei der Rating-Agentur Moody's, während S&P noch zwei Stufen über dem Abgrund das Rating setzt -, steht Italien und damit auch die Eurozone vor einem neuen Problem mit Perspektive „Große Eurokrise 2". Eine chaotische Eurokrise könnte mitten im Bundestagswahljahr 2021 kommen.

Der Internationale Währungsfonds hat in seinem Frühjahrs-Vorabbericht vom April vor einem Rückgang der realen Wirtschaftsleistung in 2020 in der Eurozone um 7,5 %, in Deutschland um 7 %, in Spanien um 8 % und in Italien um 9 % – in den USA um 6 % – gewarnt. Mit Blick auf Deutschland wären das deutlich mehr als in der Transatlantischen Bankenkrise im Jahr 2009. Allerdings droht im Fall einer neuen Eurokrise gar eine Größenordnung von -9 % bis -10 % plus gegebenenfalls anschließender EU-Austritt Italiens, wo die Anti-EU-Emotionen angesichts offenbar von allen Partnerländern im Februar verweigerter medizinischer Hilfslieferungen hochkochen;

noch verstärkt durch die Aussicht auf eine harte Rezession. Italien, Spanien und Frankreich sowie einige andere Länder haben zur Rezessions-Überwindung Eurobonds, Gemeinschaftsanleihen der Eurozonen-Länder vorgeschlagen, was niedrige Zinssätze vor allem für Italien und Spanien brächte und als ein fiskalischer Solidarbeitrag eingestuft wird, der natürlich für Deutschland und andere nördliche EU-Länder erhöhte Haftungsrisiken brächte. Eine solche einfache naive Eurobonds-Lösung kommt aus Sicht Deutschlands aus ökonomischen und juristischen Gründen natürlich nicht in Frage, zumal man bei Italien eine stark ansteigende Schuldenquote absehen kann. Und obendrein kaum regierungsseitige Anstrengungen in Rom zu sehen sind, dass man entschiedene innovations- und wachstumsförderliche Reformen über mehrere Jahre plant.

Gegen das Risiko Eurokrise2 beziehungsweise als EU-Maßnahme zur Überwindung der Corona-EU-Rezession haben die EU-Finanzminister ein Kreditpaket von 540 Milliarden € beschlossen: 100 Milliarden als Kredite für nationale Arbeitslosenversicherungen mit großen Belastungen, 200 Milliarden Kredite der Europäischen Investitionsbank und bis zu 2 % des Bruttoinlandsproduktes aus dem Europäischen Stabilitätsmechanismus (ESM), womit rund die Hälfte der beim ESM noch verfügbaren Kreditvergabemöglichkeit von 440 Milliarden verbraucht wäre. Dieses Paket kann aber eine Eurokrise2 kaum vermeiden, zumal in Italien der populistische Koalitionspartner Zweifel geäußert hat, Kredite aus dem ESM zu akzeptieren; Italien fürchtet Stigmatisierungseffekte. Damit verliert Italien wohl den Zugang zu 39 Milliarden €; das ist eher ein geringer Betrag mit Blick auf das Italien-Gesamtproblem.

Wenn Italien jährlich 1/7 seiner Staatsschuld refinanzieren muss, geht es mit Blick auf eine Italien-Rettung im Fall eines Verlustes an Kapitalmarktzugang bei Italien um 350 Milliarden € plus das laufende Staatsdefizit von gut 100 Milliarden €. Der ESM wäre sofort zu klein und nur mit einer Verdopelung oder Verdreifachung seines Eigenkapitals käme man einige Jahre über die Runden, da ja auch andere Euroländer im Fall einer Mega-Rezession Kredite beantragen dürften und für einige Jahre dem Kapitalmarkt Signale zu geben sind. Eine Eurokrise2 wäre sicherlich politisch in Deutschland, Niederlande, Österreich und anderen Ländern sehr konfliktreich; eine langfristige politische Destabilisierung in Westeuropa droht dann und auch der Zerfall von Eurozone und EU wäre dann wieder ein Top-Thema.

Die bis Juli 2020 beschlossenen beziehungsweise vorgeschlagenen Hilfspakete haben ihre Schwachpunkte: Das 540 Milliarden-Paket ist wenig brauchbar, zumal beim Kredit der Europäischen Investitionsbank (EIB) die EIB in Wahrheit nur 25 Milliarden € bereitstellt, wobei das Gesamtpaket der Europäischen Investitionsbank 200 Milliarden € betragen soll, da 175 Milliarden komplementär von privaten Banken kommen sollen, womit sich die EIB auf 200 Milliarden als Akteur im EU-Kreditpaket hochrechnet. Tatsächlich würden die meisten dieser privaten Kredite auch ohne EIB gegeben, allenfalls bringt die EIB-Verlustübernahmegarantie für Banken netto 25 bis 40 Milliarden netto an Zusatzkrediten vom privaten Sektor. Das EU-Kreditpaket des Finanzministerrates liegt größenordnungsmäßig nicht bei 500 Milliarden €, sondern eher bei 350 Milliarden €, da fehlt dann ein Impuls in Höhe von 1 % des EU-Nationaleinkommens. Die ganze Hilfsphilosophie, nur mit billigen Krediten die Eurozone stabilisieren zu wollen, ist auch fragwürdig. Bei Italien Hilfskredite geben ohne Wachstumspolitik Italiens, ist kaum vertretbar; aber die Kurzlebigkeit von italienischen Regierungen bringt wiederum für die politische Arbeit in Rom das Problem, dass gerade langfristige Wachstumspolitik schwer zu realisieren ist. Die eher langfristig denkenden Akteure in Brüssel – Kommission und Europäischer Rat – könnten da Italien einerseits mit Krediten und auch Transfers in gewissem Rahmen wohl helfen; aber andererseits mit Vorschlägen für eine politisches Wachstumspaket sinnvoll Impulse geben. Allerdings müssten sich schon in Italien selbst hinreichende politische Mehrheiten für wachstumsförderliche Reformimpulse ergeben.

Für den Westen ist es problematisch, dass erstmals nach 1945 die USA in einer internationalen Wirtschafskrise als Führungsland ausfallen. Da muss sich die EU nun doppelt selbst anstrengen. Mehr als fahrlässig wäre es, wenn die Corona-Weltrezession auch noch im EU-Austritt Italiens und einer populistischen Infektion Europas enden sollte. Die Bundesregierung mit ihrer inflexiblen und wirtschaftspolitisch bisher innovationsarmen Anti-Eurobonds-Haltung steht in einer historischen Verantwortung, nicht im politischen Corona-Fieber gleich die EU auf dem Kontinent mit zu beerdigen. Im Vorfeld des BREXIT war Berlin nicht wach.

Teilbesicherte Joint Eurobonds als institutionelle Finanzinnovation

Was sinnvoll und auch juristisch möglich wäre, sind teilbesicherte Gemeinschaftsanleihen – Joint Eurobonds (JEBs) mit 55 %-Unterlegung mit Gold und Devisen – und Verwendungsvorgaben: etwa die Hälfte des Anleiheerlöses für öffentliche Investitionen bei Trans-Europa-Infrastrukturprojekten sowie ein Drittel für Innovations- und Wachstumsförderung, wobei Laufzeiten zwei, zehn und dreißig Jahre sein sollten, damit man vernünftig ein neues Kapitalmarktsegment mit Stärkungseffekt der Eurozone entwickeln kann. Institutionell sollte ein JEBsfonds von den Ländern der Eurozone gegründet werden, allerdings außerhalb der EU, so dass die No-bail-out-Klausel in der

EU erhalten bleibt: Jedes EU-Land soll weiter für seine Schulden selbst haften. Das JEB-Volumen könnte über vier Jahre 4 % bis 5 % des Bruttoinlandsproduktes der Eurozone erreichen.

Italien und Spanien könnten einen höheren Anteil am JEB-Aufkommen erhalten als es ihrem Anteil am Eurozonen-Bruttoinlandsprodukt entspricht, sofern diese Länder eine Vermögensabgabe in geringer Höhe für einige Jahre erheben; etwa 0,3 % reichen da als weitere Absicherung für Zins- und Tilgungszahlungen der anteiligen JEBs, wobei die Relation von Nettovermögen des privaten Sektors relativ zum verfügbaren Bruttoeinkommen in Spanien 10:1 und in Italien immer noch 8:1 beträgt; in Deutschland 6:1. Die Europäische Zentralbank sollte bis zu 40 % der JEBs aufkaufen können, was im Rahmen ihrer Anleihen-Ankaufsprogramme ginge. Dieses Maßnahmenpaket erlaubt der Eurozone einen ähnlichen Politikmix, wie er in den USA und Großbritannien praktiziert wird; nämlich expansive Finanzpolitik mit einer expansiven Geldpolitik, inklusive Anleiheankauf durch die Zentralbank, zu kombinieren, um damit der Realzinssatz für mehrjährig auf Niedrigniveau festzuhalten. Das hilft beim Aufschwung, vorausgesetzt man kann in den EU-Ländern ein mittelfristiges Wachstumspolitik-Programm aufsetzen. Die Eurozone könnte dann schneller in 2021/2022 aus der Rezession kommen als die USA.

Ein gewisses Zusatz-Haftungsrisiko übernähmen Deutschland und die anderen Euroländer bei Einführung von JEBs. Dabei ist es besser, überschaubare Haftungsrisiken in der Eurozone neu einzugehen, wenn man die hohen Kosten einer Eurozonen-Megarezession damit absehbar vermeiden kann – und schneller als sonst aus einer tiefen nationalen und internationalen Rezession herauskommt. Es geht auch hier um eine rationale Güterabwägung, zudem auch um einen Nachweis an politischer Führungs- und Selbstbestimmungsfähigkeit bei der EU. Wenn in Deutschland von Teilen der Politik Euro-Gemeinschaftsbonds – ohne jede Absicherung – abgelehnt werden, dann kann man das gut nachvollziehen. Weshalb aber weitgehend besicherte Anleihen von der Politik als Option erst gar nicht betrachtet werden, ist ein Rätsel.

Wenn schon die USA keine globale politische Führung mehr leisten können – weil Trump nicht will und die USA innenpolitisch zerrissen sind durch die populistische Polarisierung – sollte wenigstens die EU die Fahne des Westens in kritischer Zeit hochhalten. Hier könnte die EU – wenn möglich in Kooperation mit UK – durchaus zeigen, dass man in Europa die schwierige Lage beherrscht, die ökonomischen Probleme durchdacht angeht und in der ersten Globalrezession aus eigener Klugheit und mit Verantwortungssinn für die Weltwirtschaft die Weichen für einen internationalen Aufschwung effizient zu stellen weiß.

Die EU-Kommission hat ein 750 Milliarden-Euro Hilfspaket für 27 EU-Länder vorgeschlagen, wo im Kern eigentlich nur ein Hilfspaket für 19 Länder der Eurozone nötig ist. Hier zeigt sich, wie groß der Fehler ist, dass nicht alle Länder der EU – außer Dänemark mit seiner Opting-out-Klausel – in der Eurozone sind; oder umgekehrt: wie schlecht eine Eurozone ohne Euro-Parlament und Euro-Regierung arbeiten kann. Dringend ist in einigen Jahren, ein Euro-Parlament zu wählen. Zu lange schon lebt die EU mit einer Art Selbstbetrug: Die Eurozone wurde in der Erwartung begründet, dass mittelfristig alle EU-Länder mitwirken werden. Wenn aber 2019, zwei Jahrzehnte nach dem Eurozonen-Gründungstag, nur 19 der eigentlich zu erwartenden 26 EU-Länder an Bord sind, dann gibt es ein echtes EU-Institutionen-Problem; jedenfalls in 2020, als die ökonomischen Rezessionsschwerpunkte klar in der Eurozone lagen, nicht so sehr breit gestreut in der gesamten EU27.

Die EU und die Eurozone wird nicht fortbestehen, wenn sie ihren Problemüberhang nicht abbaut und nicht endlich zu Entscheidungsstrukturen findet, die in einer großen Gesundheitssystem- und Wirtschaftskrise binnen weniger Wochen durchdachte und wirksame Maßnahmen zu verabschieden erlaubt. Die Eurokrise in neuem Gewand ist schon 2020 durch den unglücklichen Pandemie-Schock fast wieder da. Denn allein ein 50 %-Rückgang des internationalen Tourismus bedeutet 5 % Einkommensverlust in Griechenland und Portugal; und dann kommt noch der ganze Rückgang der Industrieproduktion dort und in Italien hinzu.

EU-Reform- und Expansionsimpulse sind Teil deutscher Verantwortung: Spätestens mit der am 1. Juli 2020 begonnenen EU-Ratspräsidentschaft Deutschlands ist Berlin historisch gefordert. Die gewaltigen Transfers-Vorschläge der Kommission sind in jedem Fall jenseits von Italien und Spanien unangebracht; jedenfalls wäre ein politische Rechtfertigung sehr schwierig. Die EU-Kommission hat offenbar in den Juncker-Jahren und auch bei der Nachfolgen-Kommission eine Neigung, kaum durchdachte Politik auf den Weg zu bringen. Dass Finanzminister Schäuble aus Berlin im Vorfeld des britischen EU-Referendums den Weg nach London fand, um dort eine Rede zu halten, ist anerkennenswert. Dass EU-Kommissionspräsident Juncker in London erst gar nicht auftauchte, um seine Sicht zum BREXIT in einer klugen Rede darzulegen, ist eine Selbstverleugnung der EU-Kommission und der Europäischen Union. Wie kann man Chef einer Institution von europäischer und globaler Bedeutung sein und das ökonomisch zweitgrößte EU-Mitgliedsland einfach schweigend (und mit Fernreden) ziehen lassen? Eine solch schwache Europäische Union wird nicht überleben, wenn die USA und China zu einer Art Kalten Krieg aufbrechen.

Die Von-der-Leyen-Kommission hat große Worte im Frühjahr bemüht, als sie von einem Marshall-Plan für den Wiederaufbau Europas sprach. Aber schon diese Wortwahl ist sonderbar und irreführend – es sind ja nicht gewaltige Produktionskapazitäten zerstört und es gibt auch kein sehr großes Land (wie 1945 die USA mit Blick auf Europa), das aus strategischen und humanitären Gründen einen großen Kreditbetrag mit klaren Bedingungen, plus einige Transfers in erheblicher Größe, bereit stellen möchte. Das 750 Milliarden-Paket ist zunächst in Sachen Transfers eine Selbstbeschenkung aller EU-Länder ohne vernünftigen Grund. Einige Transfers für Italien und Spanien als erheblich vom Corona-Schock betroffene Länder mag man befürworten. Aber dann käme man mit einem Transferpaket von etwa 150 Milliarden € wohl aus – 500 Milliarden € sind völlig unvernünftig. Zu klären ist schon bei Verabschiedung eines EU-Hilfspaketes, wie man denn mittelfristig Einnahmen erzeugen will bei der EU, um Zins- und Tilgungszahlungen leisten zu können.

Insgesamt sind die beiden EU-Kreditpakete zum Teil wenig überzeugend und, das ist das größte Problem: Sie schaffen nicht einmal Leitplanken, um eine Eurokrise 2 zu vermeiden, die Italien im Epizentrum hätte. Es fehlt an vernünftiger Politikberatung in Brüssel, Berlin und Paris in Schlüsselfeldern der Wirtschaftspolitik. Wenn die Eurokrise2 plötzlich dann Realität wäre, wird es zu spät sein, über eine kluge Vorsorgepolitik den gewaltigen ökonomischen Schaden für die EU und auch für Deutschland zu beschränken. Man wird seitens der Politik durch improvisierte Not-Pakete zu hohen Kosten und in womöglich chaotischer Weise das Problem neue Eurokrise bearbeiten müssen.

Weitere EU-Fragen beim Corona-Schock

Es müsste untersucht werden, wie im Frühjahr 2020 die Medizingeräte-Exportverbote in Deutschland und Frankreich zustande kamen; ein Stück politische Panikreaktion dürfte wohl eine Rolle gespielt haben. Die große Verschenk-Summe von 500 Milliarden € im EU-Kommissionspaket von 750 Milliarden € spiegelt hier als einen etwas sonderbaren Versuch wieder, Politikfehler in Berlin und Paris aus dem März 2020 zu kompensieren. Zwar haben alle EU-Länder Seuchenpläne, die auch der EU gemeldet worden sind, aber offenbar haben sich die nationalen Parlamente und das Europäische Parlament wenig um die Umsetzung der Pläne gekümmert. Das Fehlen von Schutzmasken für medizinisches Personal in allen EU-Ländern gleichzeitig hätte ja sonst nicht auftreten können.

Die EU-Stabilität aber ist grundsätzlich gefährdet: Großbritannien wird wohl längerfristig versuchen, andere EU-Länder aus der Europäischen Union herauszubrechen, um seine Position in Europa zu stärken und die EU27 zu schwächen. Die EU-Institutionen Europäische Kommission und Europäischer Rat (Rat der EU-Mitgliedsländer) könnten in Verbindung mit dem Europäischen Parlament weiterhin gelegentlich sehr fragwürdige Entscheidungen fällen und damit die EU schwächen. Die EU besteht aus Netto-Zahlern, wobei auf Pro-Kopf-Basis Schweden, Niederlande und Deutschland vorne liegen. Zu den Hauptempfängerländern zählen Länder in Osteuropa sowie Portugal, Spanien und Griechenland. Von daher kann man auch ausrechnen, dass der von der Kommission angedachte 750 Milliarden € Großkredit der EU faktisch von einigen Ländern überwiegend beziehungsweise überproportional zurückgezahlt werden. Vermutlich wird unter deutscher EU-Ratspräsidentschaft der EU-Kommissionsvorschlag überarbeitet werden, so dass man bei einem kleineren Kreditpaket und einem geringeren Transferanteil als von der Kommission vorgeschlagen, einen Kompromiss finden könnte.

Eigentlich wäre es vor allem notwendig, die Eurozone zu stabilisieren und daher nähme man – wenn die Eurozone ein Euro-Parlament und eine Euro-Regierung hätte – sinnvoller Weise auf der Ebene der Eurozone einen großen Kredit auf, der sicherlich deutlich unter den 750 Milliarden € des EU-Kreditpaketes liegt und auch nicht 500 Milliarden € an Transfers enthielte. Die Verteilung unter den 19 Ländern der Eurozone wäre wohl auch anders als im Fall des EU27-Kreditpaketes. Da es kein Eurozonen-Parlament gibt, hat man nun einen unnötig teuren EU27-Kreditpakte-Vorschlag. Hier zeigt sich ein ernstes strukturelles Problem: Bei der Schaffung des Euros und der Europäischen Zentralbank (EZB) in 1999 hatte man angenommen, dass nach einige Jahren Übergangsphase die anderen EU-Länder – außer UK und Dänemark mit ihren Opting-out-Klauseln – zur Eurozone dazustoßen würden. Eigentlich müsste zu Ende 2020 eine Eurozone mit 26 Ländern bestehen (EU27 ohne Dänemark). Das ist aber nicht der Fall, da aus verschiedenen Gründen viele osteuropäische EU-Länder bislang nicht Mitglied der Eurozone geworden sind.

Um die etwas sonderbare Verteilung der Transfers und der Gesamtmittel zu erklären, sollte man auf ein spieltheoretisches Machtkonzept zurückgreifen: den Banzhaf-Machtindex, der plausibel erklärt, was man an Verteilungsplanung der EU-Kommission sieht (Tab. 15.1). Dieser Machtindex verdeutlicht, wie stark der politische Einfluss bei stimmgewichteten Abstimmungen im Europäischen Rat ist (die EU-Länder haben mit Ausnahme der Felder Steuern und Außenpolitik vereinbart, dass die einzelnen Länder unterschiedliche

Tab. 15.1 Banzhaf-Index-Machtposition von EU-Ländern nach dem BREXIT (nach Kirsch 2016)

	EU *mit* UK		EU *ohne* UK	
	Bevölkerung (%)	Banzhaf Index (%)	Bevölkerung (%)	Banzhaf Index (%)
Deutschland	15,90	10,20	18,30	11,90
Frankreich	13,00	8,40	14,90	9,90
Italien	12,00	7,90	13,70	9,20
Spanien	9,20	6,20	10,50	7,70
Polen	7,50	5,20	8,60	6,60
Rumänien	3,90	3,80	4,50	4,00
Niederlande	3,30	3,50	3,80	3,70
Belgien	2,20	2,90	2,50	3,00
Griechenland	2,20	2,90	2,50	3,00
Tschechien	2,10	2,80	2,40	2,90
Portugal	2,10	2,80	2,40	2,90
Ungarn	1,90	2,80	2,20	2,90
Schweden	1,90	2,70	2,20	2,80
Österreich	1,70	2,60	1,90	2,70
Bulgarien	1,40	2,50	1,60	2,50
Dänemark	1,10	2,30	1,30	2,30
Finnland	1,10	2,30	1,20	2,30
Slowakei	1,10	2,30	1,20	2,30
Irland	0,90	2,20	1,00	2,20
Kroatien	0,80	2,20	1,00	2,20
Litauen	0,60	2,00	0,70	2,00
Slowenien	0,40	2,00	0,50	1,90
Lettland	0,40	2,00	0,50	1,90
Estland	0,30	1,90	0,30	1,80
Zypern	0,20	1,80	0,20	1,80
Luxemburg	0,10	1,80	0,10	1,70
Malta	0,10	1,80	0,10	1,70

*Quelle: Kirsch (*2016*), Tabelle 1, S. 3;* https://www.ceps.eu/ceps-publications/brexit-and-distribution-power-council-eu/

Stimmengewichte haben, wobei bei Abstimmungen 55 % der Länder und 65 % der Bevölkerung der EU erreicht werden müssen). Nach dem britischen EU-Austritt hat das Gewicht von Deutschland und Frankreich – nach Berechnungen von Kirsch (2016) – zugenommen; allerdings sind die relativen Machtanstiege gemäß Banzhaf-Machtindex am größten bei Polen und Spanien. Im Übrigen stellt der Banzhaf-Machtindex darauf ab, in wie vielen Fällen von denkbaren Verlierer-Koalitionen von Ländern (j = 1,2…n) der Beitritt eines Landes (i) die Verliererposition in eine Gewinnerposition dreht. Insgesamt ist nach dem britischen EU-Austritt klar, dass kleinere EU-Länder sich gegen eine Deutschland-Frankreich-Dominanz kaum werden schützen können; jedenfalls nicht wie früher etwa dadurch, dass man eine Art politische Koalition mit Großbritannien schließt oder zu schließen androht. Das Duo Deutschland-Frankreich könnte als im 21. Jahrhundert die EU deutlich prägen, sofern die Europäische Union überlebt.

Vernünftige Grundsätze für ein EU-Hilfsprogramm zur Überwindung der Corona-Schocks sollten sein:

- Fokussierung bei Transfers auf besonders bedürftige Länder
- Einbeziehung der Absorptionsfähigkeit und der Bereitschaft der Empfängerländer, Innovations- und Wachstumsprogramme aufzulegen,
- Deutliches Schwergewicht bei Italien und Spanien in Sachen Transfers und gegebenenfalls Kredite
- Transfers für Eurozone und auch Kredite schwerpunktmäßig – relativ zum Empfänger-Bruttoinlandsprodukt – zugunsten von Ländern der Eurozone.

Ein Gesamttransfer-Volumen von ca. 150 Milliarden Euro sollte ohne weiteres ausreichen. Das Risiko Eurokrise2 kann nicht das 750 Milliarden EU-Paket (plus das 540 Milliarden EU-Kredit-Paket des EU-Finanzministerrates) abgedeckt werden.

Eine Reihe von Industrieländern versucht, mit Liquiditätsüberbrückungen für Haushalte und Selbstständige sowie mit großen Konjunkturprogrammen einen schnellen Konjunkturaufschwung zu sichern. Deutschlands Bundeshaushalt wird mit einer Rekord-Defizitquote von über 7 Prozent in 2020 geprägt sein, hinzu kommen hohe Defizite bei den Bundesländern sowie bei den Sozialversicherungen. Die deutsche Defizitquote wird mehr als 10 Prozent erreichen und die Schuldenquote von knapp 60 % in 2019 auf rund 75 % in 2021 ansteigen. Dabei kommen zumindest 2 bis 4 Prozentpunkte aus dem von Seiten der EU-Kommission angedachten EU-Kreditprogramm für 2021 und 2021 oben drauf; nochmals 4 Prozentpunkte dürften in 2022 und 2023 hinzukommen. Der Deutsche Bundestag hat richtiger Weise über hohe Kurzarbeiter-Zahlungen im ersten Halbjahr einen Maga-Einbruch im Arbeitsmarkt verhindert; immerhin gab es zur Jahresmitte 2020 gut 7 Millionen Kurzarbeiter – viel mehr als in der Transatlantischen Bankenkrise 2008/09.

Die internationale wirtschaftliche Entwicklung könnte in der Tat recht günstig sein, wenn 2020/2021 eine Impfung gegen COVID-19 zur Verfügung stehen sollte, aber dies ist eine eher vage Hoffnung. Ob die Konjunkturpolitik die Weichen in der EU richtig stellt, erscheint als zweifelhaft: Auch und gerade wenn die EU mit 1190 Milliarden € ein gewaltiges Defizit-Doppelpaket in der ersten Jahreshälfte beschlossen hat, das je nach Berechnung 5–7 % des EU-Nationaleinkommens ausmacht. Das ist ein sehr kräftiger Expansionsimpulse von den Absichten her, aber das Paket ist widersprüchlich konstruiert und fällt beim Stress-Test durch: Ob nämlich eine neue Eurokrise – mit Italien im Epizentrum – vermieden werden kann.

Das geplante EU-Doppelkreditpaket könnte gar zu einer neuen Italienkrise beitragen, da die Reformanreize in Italien in 2020 erst einmal vermindert werden. Dabei besteht das Paket aus 540 Milliarden €, die der EU-Finanzministerrat im April 2020 beschlossen haben; hinzu kommen geplante 750 Milliarden € gemäß Vorschlag der EU-Kommission, wobei ein enorm hoher Betrag von 500 Milliarden € an Transfers an alle EU-Länder gehen sollen: mit den Hauptempfängerländern Italien und Spanien, sowie Polen, Frankreich und Deutschland. Das ist ein sonderbares Weihnachtsgeschenk, dass die EU-Länder sich selbst wenige Wochen nach Ostern gewähren wollen und das aller Voraussicht nach wenig effektiv sein wird. Bei EU-Strukturfondsausgaben erweist sich in einem großen Teil der Empfängerregionen der ökonomische Effekt als eher gering, in den sogenannten Ziel-1-Regionen sind die Arbeitsplatzeffekte laut einer wichtigen Untersuchung 0 gewesen (Becker et al. 2010).

In dem 750 Milliarden € Paket soll das nun in noch größerem Maßstab geschehen, dass EU-Gelder – zuvor auf dem Kapitalmarkt als Kredit der EU aufgenommen – an EU-Länder verteilt werden. EU-Kommissionschefin hat in öffentlicher Rede davon gesprochen, dass man sich aus Steuerzahlersicht keine Sorgen machen brauche, da ja der Europäische Rechnungshof sich die EU-Ausgaben ansehe. Das ist aber bei der EU-Kommissionschefin Augenwischerei. Denn der Rechnungshof in Brüssel (oder auch in Berlin mit Blick auf den Bundeshaushalt in Deutschland) kontrolliert natürlich seit Jahrzehnten die Ausgaben. Aber selbst bei groben Ineffizienzen der Ausgabenprogramme sind die politischen Konsequenzen regelmäßig bei den verantwortlichen Politikern und Politikerinnen Null. Die EU-Kommission müsste sich schon ein besonderes Verfahren ausdenken, um in Kooperation mit dem Europäischen Parlament zu verhindern, dass riesige Gelder vor allem Korruption und ineffiziente Projekte bedienen. Es ist völlig klar, dass bei solch riesigen Extra-Ausgaben beziehungsweise Transfers sich allzu viele Akteure bequeme Geldströme aus Brüssel zu sichern suchen werden.

Corona-Weltrezession als Überforderungsschock?

Es gibt einige Anzeichen dafür, dass der gefährliche Charakter der Corona-Weltrezession von vielen Regierungen nicht wirklich verstanden wird, einschließlich der OPEC-Länder, Russlands und Mexikos, die nicht in der Lage waren, rasch einen koordinierten Rückgang der Ölförderung zu organisieren, so dass der Weltmarktpreis am 20. April 2020 zusammenbrach und zum ersten Mal auf null fiel. Dies deutet darauf hin, dass sich weitere negative politische Überraschungen abzeichnen und in der Folge die Gleichgültigkeit der deutschen Regierung gegenüber einer drohenden Euro-Krise 2 einer der hervorgehobenen Punkte ist; etwas paradoxerweise nur wenige Monate bevor Deutschland am 1. Juli die rotierende EU übernehmen soll. In den USA gibt es weitere spezifische Probleme, darunter die Unfähigkeit der Trump-Administration, angesichts einer globalen Rezession eine internationale Führungsrolle zu übernehmen – ein sehr merkwürdiges Szenario, das indirekt Trumps populistischen Ansatz in einer Krisensituation ohne größere G7-Initiativen widerspiegelt. Betrachtet man die Todesfallzahlen bei COVID-19-Fällen, so waren Länder wie Italien und Spanien – und Belgien – besonders stark betroffen (Abb. 15.1), und die drastisch negativen Prognosen für das Produktionswachstum (IMF 2020b) für Italien und Spanien werden sicherlich die öffentliche Wahrnehmung in diesen beiden Ländern verstärkt haben, dass die Coronavirus-Pandemie sehr stark und in unfairer Weise zugeschlagen hat. Die EU, die sowohl bestimmte liberale Werte als auch Solidarität betont, steht damit in der Corona-Weltrezession vor einer besonderen wirtschaftspolitischen Herausforderung.

Wie man sieht, hat sich im weiteren Jahresverlauf die Position von Großbritannien weiter verschlechtert; und gleiches gilt für die USA. In den USA ist bei der Zahl der im Zeitablauf aufsummierten Infektionsfälle im Juni 2020

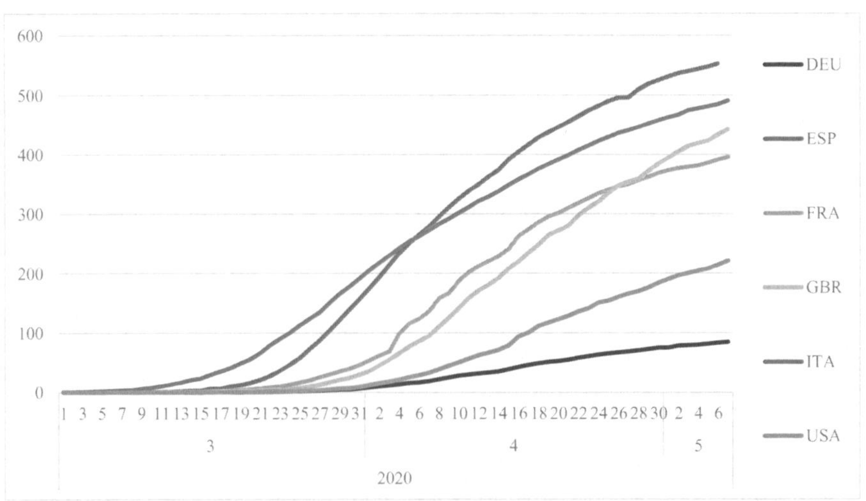

Quelle: Eigene Darstellung; Monate März (3), April (4) und Mai (5); Tagesdaten kumuliert

Abb. 15.1 COVID-19 kumulierte Sterbefälle pro Million Einwohner (bis zum 6. Mai 2020) in ausgewählten Ländern

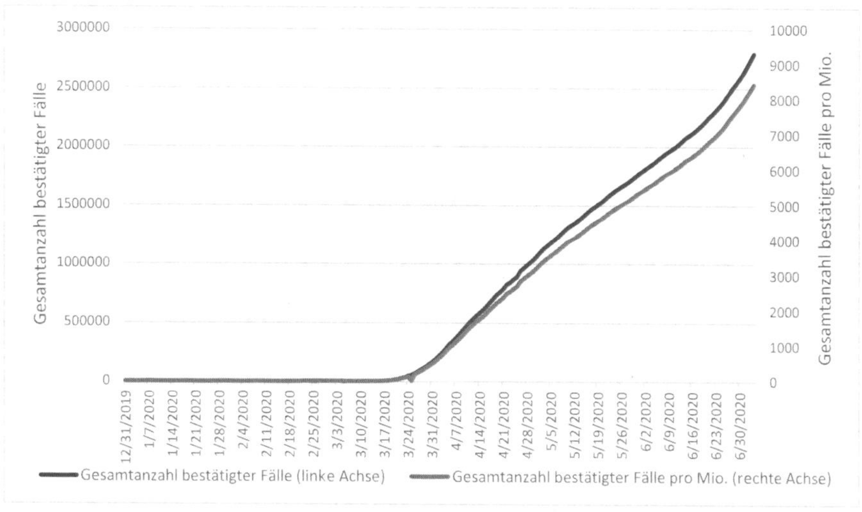

Quelle: WHO; eigene Darstellung

Abb. 15.2 Gesamtanzahl bestätigter Fälle in den USA, 31.12.2019–04.07.2020

ein verstärkt steiler Verlauf festzustellen; d. h. dass die Abflachung der Infektionskurve in den USA nicht gelang (Abb. 15.2). Im Übrigen sieht auch Brasiliens Entwicklung relativ ungünstig aus. In Brasilien hat der populistische Präsident Bolsonaro kaum Quarantänepolitik betrieben und die Coronavirus-Epidemie verharmlost.

Literatur

Becker, S. O., Egger, P., & Von Ehrlich, M. (2010). Going NUTS: The effects of EU structural funds on regional performance. *Journal of Public Economics, 94*, 578–590. https://doi.org/10.1016/j.jpubeco.2010.06.006.

IMF. (2020b). *World economic outlook, April 2020*. Washington, DC: International Monetary Fund.

Kirsch, W. (2016). Brexit and the distribution of power in the Council of the EU, CEPS, 25 November 2016. https://www.ceps.eu/publications/brexit-and-distribution-power-council-eu. Zugegriffen am 01.04.2020.

16

Das Streben nach internationaler Führung und Multilateralismus

Sowohl die medizinischen Aspekte der Bekämpfung der Coronavirus-Pandemie als auch die Corona-Weltrezession erfordern die internationale Zusammenarbeit vieler Länder, darunter OECD-Länder, China, Indien und andere G20-Länder sowie führende oder stark von der Pandemie betroffene Länder in Afrika. Eine optimale fiskal- und geldpolitische Zusammenarbeit im Rahmen der G20, oder zumindest zwischen den USA, China, Japan und der EU, könnte dazu beitragen, eine schnellere globale Erholung zu erreichen als ohne eine solche Koordinierung.

Eine angemessene medizinische Koordination und die gemeinsame Finanzierung des Kampfes gegen die Pandemie könnten dazu beitragen, die Gesundheitssysteme sowie die politischen und wirtschaftlichen Systeme der jeweiligen Länder zu stabilisieren. Rund die Hälfte der Länder der Welt sind mit ernsthaften Problemen aufgrund der hohen Zahl der Infizierten und der hohen Zahl der Todesfälle konfrontiert, die das normale Sozial-, Konsum- und Investitionsverhalten untergraben. Hier könnten also Internationale Organisationen mit ihrem Wissen und ihren Netzwerken besonders gefordert sein. Immerhin, in 2020 sind der Internationale Währungsfonds und die Weltbank besonders engagiert, allerdings ist die Zusammenarbeit unterhalb dieser Ebene zum Teil schwach; auf G20-Ebene hat man wenig an Kooperation erreicht, was zum Teil auf ungelöste Konflikte USA-China zurück zu führen ist. Speziell hat die Trump-Administration zahlreiche Internationale Organisationen geschwächt, denn das Motto von Trump ist Bilateralismus beziehungsweise Ablehnung von Multilateralismus (Rolle internationaler Organisationen). Trump hat offenbar wenig Verständnis für die Bedeutung regelbasierter internationaler Systeme und erkennt auch gar nicht, dass durch

P. J. J. Welfens, *Corona-Weltrezession*, https://doi.org/10.1007/978-3-658-31386-9_16

die Schwächung internationaler Organisationen US-Interessen letztlich schlechter vertreten werden als bisher. Trumps beruflicher Hintergrund als Bau-Unternehmer könnte hier hinderlich sein – der Unternehmer aus dem Sektor der nichthandelsfähigen Güter hat wohl wenig Kenntnis der internationalen Wirtschaftsbeziehungen und der Bedeutung internationaler Organisationen für eine stabile und effizienz-sichernde Weltwirtschaftsordnung. In der ihn unterstützenden Republikanischen Partei gibt es eine offenbar verstärkt unter Trump einflussreiche Strömung, die in Internationalen Organisationen vor allem eine Verschwendung von Steuergeldern sieht. Diese Sichtweise ist nicht zu vereinbaren mit der modernen ökonomischen Theorie internationaler öffentlicher Güter (z. B. Freihandel, Rechtssicherheit). Die Partei der Republikaner scheint hier in Teilen ein halbes Jahrhundert hinter der ökonomischen Forschung, die doch stark von US-Ökonomen geprägt worden ist.

Die effiziente Bereitstellung internationaler öffentlicher Güter ist insbesondere durch ein bekanntes Trittbrettfahrer-Problem geprägt: etwa beim Thema Freihandel oder beim Schutz vor einer Pandemie haben alle Länder beziehungsweise die Menschen weltweit Vorteile und da man andere Länder nicht von den Schutzwirkungen eigener Pandemie-Vorsorge ausschließen kann – in einer globalisierte Welt mit großer Personenmobilität weltweit –, kann sich ein einzelnes Land auf den Standpunkt stellen: Eigentlich wollen wir die Bereitstellung des internationalen Gutes, allerdings möchten wir hierzu finanziell nichts beitragen. Wenn sich alle Länder – oder in Sachen Pandemie-Schutz sehr viele Länder – auf einen solchen Standpunkt stellen wollten, dann wird das internationale öffentliche Gut am Ende gar nicht bereit gestellt; eine Bereitstellung über Markt gelingt von selbst ohnehin nicht, wenn nun noch Politikversagen zum Marktversagen hinzukäme, so hätte das weltweit ernste Konsequenzen. Hier wiederum sieht man die große Bedeutung funktionsfähiger internationaler Organisationen; und sicherlich wird auch deutlich, wie fatal eine offenbar leichtfertige Kündigung der Mitgliedschaft bei der Weltgesundheitsorganisation durch die USA unter der Trump-Administration in 2020 war. Zugleich hat die Trump-Administration auch die Funktionsfähigkeit der Welthandelsorganisation ernsthaft beschädigt, womit die USA unter Trump das regelbasierte globale Weltsystem – es bringt Vorhersehbarkeit und institutionelle Stabilität, was für Investoren besonders wichtig ist – deutlich und zum Schaden der USA (und anderer Länder) sowie von US-Investoren erheblich beschädigt haben. Das politische Verständnis von Trump für internationale Wirtschaftsbeziehungen ist erkennbar wenig ausgeprägt, zumal seine vorherige Geschäftstätigkeit ja im Sektor der nichthandelsfähigen Güter vonstatten ging. Im Übrigen ist der Erfolg der Globalisierung auch ein Problem für die Internationalen Organisationen, die seit den 1970er-Jahren immer mehr Mitgliedsländer gewonnen haben und damit vielfach auch schwerfälliger im Entscheidungsprozess wurden. Die UN-Organisationen sind naturgemäß von der Zahl der Mitglieder her besonders große Organisationen, so auch die Weltgesundheitsorganisation. Unter den großen internationalen Organisationen erscheint allerdings der Internationale Währungsfonds als eine traditionell gut handlungsfähige Institution, deren Arbeit wohl auch von vielen Regierungen insgesamt doch als strategisch nützlich eingestuft wird.

Kooperation bei der Seuchenbekämpfung über Grenzen hinweg und die sinnvolle Einschaltung Internationaler Organisationen kann eine beschleunigte Überwindung der weltweiten Epidemie erleichtern. Im Übrigen: man kann erst nach Überwindung der Pandemie die internationalen Flugnetze in großem Umfang wiederherstellen, was nicht nur als Grundlage für die vollständige Wiederaufnahme des internationalen Tourismus notwendig sein wird. Es gilt zudem, dass nur dann auch wichtige Geschäftsreisen, an denen z. B. Manager und Techniker beteiligt sind, umfassend wieder durchgeführt werden können; das ist wichtig für einen vollständigen Neustart der Weltwirtschaft und ist besonders wichtig für Entwicklungs- und Schwellenländer.

17

Corona-Weltrezession und internationale Führungskrise

Während die wirtschaftliche Herausforderung recht ernst ist, sind einige internationale politische Veränderungen im Zusammenhang mit der Corona-Weltrezession bereits offensichtlich:

- Zum ersten Mal seit 1945 übernehmen die Vereinigten Staaten in einer internationalen Wirtschaftsrezession keine Führungsrolle, und eine solide Zusammenarbeit zwischen dem IWF und der Trump-Administration ist so gut wie nicht existent. Warum ist das so und was sind die Folgen?
- In der Eurozone hat die EU27 ein Corona-bezogenes Kreditprogramm in Höhe von 540 Milliarden Euro im April 2020 entwickelt, das jedoch teilweise nicht funktionieren wird: Dieses Programm allein wird Europa nicht in die Lage versetzen, eine zweite Euro-Krise in den nächsten 24 Monaten zu vermeiden und stellt eine seltsame Kompromissposition der EU-Länder dar, die darauf abzielt, die Coronavirus-Rezession zu überwinden – die in den südlichen EU-Ländern sehr ernst zu nehmen ist. Nicht nur Spanien und Italien, sondern auch Portugal, Griechenland und Kroatien werden von der massiven Schrumpfung der Ausgaben für den internationalen Tourismus massiv beeinflusst werden, zu der noch eine Verringerung der Industrieproduktion in wichtigen Wirtschaftssektoren hinzukommt. Die Europäische Union ist durch die coronamedizinischen Herausforderungen sowie die schwere Wirtschaftskrise im Süden der Eurozone geschwächt, was bedeutet, dass die EU auch in dieser globalen Krise keine internationale Führungsrolle übernehmen wird. Der EU-Gipfel vom Juli 2020, der 750 Milliarden € von Seiten der Europäischen Union als EU-Kredit vereinbarte, hat zusätzliche Mittel in großer Höhe vereinbart – aber als Ansatz

P. J. J. Welfens, *Corona-Weltrezession*, https://doi.org/10.1007/978-3-658-31386-9_17

mit einer durchdachten Konzeption kann das Ganze nicht ansehen. Immerhin versucht die EU hier Handlungsfähigkeit für die Weltwirtschaft zu beweisen.

Wird China diese Führungslücke im Jahr 2020 schließen? Dies ist ziemlich unwahrscheinlich, da Chinas politische Führung langfristige Ambitionen auf mehr Macht in Asien und möglicherweise in einigen afrikanischen Ländern angedeutet hat. Dies unterscheidet sich jedoch völlig von einem etablierten Konzept der globalen Führung; ein solches Konzept gibt es in Chinas Regierung nicht, und man findet eine solche globale Perspektive auch nicht an führenden chinesischen Universitäten. Während man sich in Seminaren und Kursen zur internationalen Diplomatie an der Georgetown-Universität – mit einer langen Tradition – mit der Standardfrage konfrontiert sieht, wie sich Fragen oder Konflikte in Schlüsselregionen der Welt auf die Interessen und politischen Optionen der USA auswirken, sind solche Perspektiven an Chinas führenden Universitäten nicht viel zur Sprache gebracht worden. Natürlich wurden einige Aspekte innerhalb der chinesischen Akademie der Wissenschaften und der Akademie der Sozialwissenschaften diskutiert, aber gelegentliche Überlegungen und einige wissenschaftliche Abhandlungen können eine fest etablierte internationale und globale politische Perspektive der Regierung und ihrer wichtigsten Think Tanks nicht ersetzen.

Der Mangel an Führung in den USA hat seine Wurzeln in internen und ideologischen Ursachen: Präsident Trump favorisiert den Bilateralismus und hat daher wenig Ehrgeiz, sich als Führer im Kampf gegen die Corona-Weltrezession zu präsentieren; zweitens wäre seine Regierung nicht in der Lage, Führung auf traditionelle Weise zu übernehmen, da etwa 1000 politische Ernennungen fehlen – Trump konnte nur etwa drei Viertel der politischen Ernennungen von Präsident Obama ersetzen. Anfang 2017 sahen bereits zu viele Top-Experten aus führenden Think-Tanks in Washington DC und anderswo ein zu hohes Karriere-Risiko darin, ein Jobangebot eines populistischen Präsidenten anzunehmen, dessen seltsame Rede bei der Amtseinführungszeremonie und die Bemerkungen danach über die größte Menschenmenge, die jemals an einer solchen Zeremonie teilgenommen hatte – ganz im Gegensatz zu den gezeigten Fernsehbildern – Zweifel an der Führungsqualität von Donald Trump aufkommen ließen. Angesichts der personellen Lücke in der Trump-Administration wüsste der IWF nicht, mit wem er im Finanzministerium sprechen sollte, wie es auch im Handelsministerium der Fall ist, wo es Kompetenzlücken gibt, die die Umsetzung einer US-Führung ziemlich schwierig machen würden, selbst wenn Trump eine solche Führung übernehmen wollte. Die Wirkung dieser personellen Lücke wäre für die Außenwelt unsichtbar, solange die Weltwirtschaft und die USA ein hohes Wachstum aufweisen – aber in der Weltcoronarezession wird dieser Schwachpunkt der US-Regierung indirekt deutlich sichtbar. Ein Mangel an Führungsstärke der USA bedeutet, dass die Koordination zwischen den OECD-Ländern plus China unzureichend ist und daher der wirtschaftliche Preis für die Überwindung der globalen Rezession höher sein wird als normalerweise.

Auch wenn die USA in der Corona-Weltrezession wenig international präsent sind, so kommen aus den Vereinigten Staaten dennoch auch zwei Expansionsimpulse von internationaler Bedeutung: Da ist zum einen der Sachverhalt, dass viele US-Firmen aus dem Sektor der Informations- und Kommunikationstechnologie wegen der globalen Home-Office-Welle und der digitalen Modernisierungsmaßnahmen in Wirtschaft, Verwaltung und Bildungssektor in vielen Ländern zu den Gewinnern der Corona-Krise gehören: Aus diesen Unternehmen kommen wichtige Impulse für den nationalen und internationalen Strukturwandel, wobei die schiere Größe führender US-Anbieter auch neue Marktbeherrschungsprobleme bedeutet. Die Expansion von US-IKT-Firmen hilft, eine gewissen marktgetriebene Stabilisierung der US-Aktienkursindices mit herbei zu führen. Die globale Finanzmarkt-Führungsrolle der USA wirkt dann als positiver Stabilisierungsimpuls auch für andere große Börsen in der Weltwirtschaft. Zum zweiten könnten Erfolge von US-Pharmafirmen bei der Entwicklung von Impfstoffen gegen das Coronavirus zu sektoral starken Expansionsimpulsen an der Börse werden. Da sowohl der IKT-Sektor wie der Pharma-Sektor in den USA beziehungsweise den Industrieländern – und in Indien und China – zu den sektoralen Schwergewichten zählen, sind diese realwirtschaftlichen Stabilisierungsimpulse auch in globaler Perspektive gewichtig.

18

Europäische globale Gesundheitsinitiative in der Corona-Krise

Die Krise der Coronavirus-Gesundheit gibt der EU eine neue Chance, eine aktive Führungsrolle in einem kritischen Bereich der internationalen Politik zu entwickeln: Wenn man recht schnell eine neue Impfung entwickeln könnte, wäre dies ein Erfolg für die Menschheit und würde tatsächlich ein globales öffentliches Gut schaffen – den Schutz vor COVID-19. Normalerweise würde man erwarten, dass der US-Präsident die Führung im Kampf gegen eine Pandemie übernimmt, aber eine solche US-Führung ist nicht sichtbar; Präsident Trump scheint sich zu sehr auf innenpolitische Fragen, seine Betonung des Bilateralismus und die neuen diplomatischen Konflikte mit China zu konzentrieren, nämlich das Ausmaß, in dem China im Dezember 2019 die frühen Stadien der Epidemie in China falsch gehandhabt hat. In dieser Situation hat die EU in Zusammenarbeit mit Norwegen eine eigene Initiative entwickelt: In einem gemeinsamen Meinungsbeitrag in großen Zeitungen, der am 2. Mai 2020 veröffentlicht wurde, haben die europäischen Staats- und Regierungschefs Angela Merkel (Deutschland), Emmanuel Macron (Frankreich), Giuseppe Conte (Italien), Erna Solberg (Norwegen), Charles Michel (Präsident des Europäischen Rates) und Ursula von der Leyen (Präsidentin der Europäischen Kommission) argumentiert, dass nur eine globale pandemiepolitische Reaktion dazu beitragen würde, das Coronavirus erfolgreich zu bekämpfen und einen gerechten Zugang zu neuen Medikamenten und Impfungen zu ermöglichen.

Bei einer Online-Geberkonferenz am 4. Mai wollten die EU-Länder und die Europäische Union mindestens 7,5 Milliarden Euro aufbringen, um die Finanzierungslücke des Global Preparedness Monitoring Board (GPMB) zu schließen. Der Zeitungsbeitrag sagt: „Wir sind entschlossen, mit allen Akteu-

P. J. J. Welfens, *Corona-Weltrezession*, https://doi.org/10.1007/978-3-658-31386-9_18

ren zusammenzuarbeiten, die unser Engagement für die internationale Zusammenarbeit unterstützen." Die europäischen Staats- und Regierungschefs betonten, dass ihr Engagement die Versprechen der G20 aufgreift, eine koordinierte Reaktion gegen das neue Virus zu entwickeln; die EU-Länder gehörten auch zu den Pionierländern, die eine neue Plattform „Access to Covid-19 Tools (ACT) Accelerator" ins Leben gerufen haben – ebenfalls im Beitrag des op-ed betont-, die dazu beitragen soll, die Entwicklung neuer Therapien und Impfungen zu unterstützen und gleichzeitig sicherzustellen, dass jeder medizinische Fortschritt weltweit verfügbar ist. Die europäischen Staats- und Regierungschefs der op-ed erwähnen ausdrücklich den Wellcome Trust aus Großbritannien und die Bill and Melinda Gates Foundation aus den USA als Kooperationspartner, aber weder Großbritannien noch die Vereinigten Staaten als Partnerländer; am 4. Mai trug Großbritannien als Spender bei, die USA nicht. Eine solche internationale Führungsbotschaft der EU wird nur dann relevant sein, wenn diese beiden Länder sowie China und Indien die neue globale Initiative ebenfalls unterstützen und wenn die EU in der Lage ist, das Problem einer Euro-Krise 2 zu vermeiden. Der Spenden-Marathon der EU und der anderen Länder hat immerhin dank der Kooperation mit der Nicht-Regierungsorganisation Global Citizen – mit vielen Künstlern als Unterstützern für ein globales virtuelles Musikkonzert – Ende Juni dann noch weitere 6,2 Milliarden € aufbringen. Damit fehlt offenbar noch ein Beitrag von etwa 10 Milliarden €, um eine weltweite Impfstoffversorgung zu gewährleisten. Hier kann die Europäische Kommission unter Präsidentin von der Leyen einen internationalen Politikerfolg aufweisen.

19

Perspektiven der Euro-Krise 2 und mangelnde politische Kohärenz in der EU

Angesichts der internen Bruchlinien in der EU mit ihrer anhaltenden Debatte über die Eurobond-Frage ist es auch offensichtlich, dass die Europäische Union keine Führungsrolle übernehmen kann. Vielmehr steht die EU-Kommission für analytische Verwirrung, wenn ein Marshall-Plan zur Überwindung der Coronavirus-Krise angekündigt wird. Die EU verfügt über keine breit gefächerten zusätzlichen Ressourcen, die sie mobilisieren könnte, und es gibt auch keinen Plan, wie europäische „Corona Recovery"-Aktivitäten mit transatlantischen handelsfördernden Initiativen der USA kombiniert werden können; der US-Präsident ist kein Partner in diesem Ansatz – vielleicht wartet die Kommission in der Hoffnung auf einen neuen US-Präsidenten nach den bevorstehenden Präsidentschaftswahlen am 3. November. Die Vereinigten Staaten leiden jedoch unter so viel innenpolitischer Spaltung, dass es zweifelhaft ist, ob ein neuer Präsident viel bieten kann. Das Ansehen und die Glaubwürdigkeit der USA ist unter Trump erheblich geschwächt worden.

Statt über einen Marshallplan zu sprechen, sollte sich die Kommission darauf konzentrieren, eine Euro-Krise 2 zu vermeiden, die Ende 2020 entstehen könnte, sobald die italienische Schuldenquote über 150 Prozent des BIP liegt – und unter der Annahme, dass es im dritten und vierten Quartal keine schnelle und starke Erholung der Weltwirtschaft gibt. Der Anstieg des Schuldenstands im Verhältnis zum BIP hat zwei Komponenten: Die Defizit-BIP-Quote (z. B. 7,5 Prozent im Falle Italiens) plus die aktuelle Schulden-BIP-Quote multipliziert mit der negativen Wachstumsrate in der Rezession (1,35 × 9 Prozent). Sollte Italien mit einer Staatsverschuldung von rund 2400 Milliarden Euro Ende 2020 oder 2021 (Anhang 6 Teil III: Staatsschulden für ausgewählte EU-Länder, UK und US, 2018 und 2019) den Zugang

P. J. J. Welfens, *Corona-Weltrezession*, https://doi.org/10.1007/978-3-658-31386-9_19

zu den internationalen Kapitalmärkten verlieren, wird dies für die EU ein gewaltiges Problem darstellen: Italien steht in den Jahren 2020 und 2021 vor einem Prolongationsbedarf von etwa 350 Milliarden Euro, zuzüglich mindestens 100 Milliarden Euro für das aktuelle Defizit von 2020 (ähnlich in 2021): 450 Milliarden Euro könnte der Europäische Stabilitätsmechanismus in den Jahren 2020 und 2021 nur anbieten, wenn das Eigenkapital verdreifacht würde, was allein Deutschland etwa 48 Milliarden Euro kosten würde; ohne Garantie, dass dies ausreichen würde, um die gesamte Eurozone über ESM-Kredite zu stabilisieren, die sicherlich auch von einigen anderen Ländern der Mittelmeer-Zone benötigt würden.

Die 39 Milliarden Euro, die Italien im Rahmen des 540-Milliarden-Euro-Kreditpakets der EU im Rahmen der ESM-Säule angeboten werden, reichen selbst dann nicht aus, wenn Italien aus Darlehen der Europäischen Investitionsbank (EIB) und dem EU-Darlehen für die nationalen Arbeitslosenversicherungssysteme einen recht großzügigen Anteil von 20 Prozent erhalten würde; das wären 60 Milliarden Euro. Auch die zusätzlichen rund 160 Milliarden €, die Italien über vier Jahre verteilt aus dem EU-Kommissionspaket von 750 Milliarden, erhielte, wären als Zusatzfinanzierung völlig unzureichend, um den Staat Italien ohne Kapitalmarktzugang zu finanzieren. Das große Risiko einer neuen Eurokrise hätte die EU unbedingt im ersten Halbjahr 2020 angehen müssen und Deutschland vor allem. Denn da Deutschland die EU-Ratspräsidentschaft im zweiten Halbjahr 2020 hat, ist man in Berlin dann politisch wenig manövrierfähig.

Eine Italien- und damit Eurokrise2 aber droht sobald die Rating-Agenturen Italiens Staatsschulden weiter deutlich nach unten absenken. Das kann geschehen, weil Italiens Staatsschuldenquote – Relation Staatsschuld zu Nationaleinkommen – durch den Corona-Wirtschaftsschock in 2020 enorm ansteigt: Die Schuldenquote dürfte von 135 % in 2019 auf 155 % in 2020 ansteigen und dürfte sich mittelfristig noch mehr erhöhen. Wenn die größte Rating-Agentur S&P Italien um zwei Stufen absenkte, wäre der nächste Schritt der Verlust des Status „Investorgrad“, so dass die institutionellen Investoren dann ihre Italien-Staatsanleihenbestände verkaufen müssten: Die Kurse der Anleihe fielen deutlich, der Zinssatz für Italien-Staatsanleihen wird dann deutlich ansteigen. Bei einer Laufzeit von Italiens-Staatsanleihen wäre nach fünf Jahren der erhöhte Anleihe-Zins vollständig in Italiens Staatsschuld angekommen. Ein bis zwei Prozentpunkte des Bruttoinlandsproduktes als höhere staatliche Zinsausgaben in Italien wären dann fällig und Italien käme dann um Steuererhöhungen nicht herum, was den ökonomischen Aufschwung in Italien und damit auch in der Eurozone schwächte. Kritische Herabstufungen bei Italien-Anleihen könnten aber auch (zum Teil als Ergänzungsfaktor) durch Rating-Herabstufungen bei den USA entstehen. Die USA unter der Trump-Administration haben eine enorm hohe Defizitquote in 2020, die die US-Staatsschuldenquote von etwa 100 % in 2019 auf rund 160 % in 2025 hinauftreiben dürfte: Die Top-Bewertung der US-Staatsschulden bei der Bonitätsbewertung (AAA bei Moody's und Fitch; und AA bei S&P) wäre dann verloren. Wenn aber die USA im Rating abgewertet werden, dann droht eine allgemeine Herabstufungswelle für Länder mit erhöhten Staatsschuldenquote. Italien – und Griechenland – sowie Spanien dürften hier negativ erfasst werden.

Italiens Rating-Problem ist ein EU-Problem

Die Rating-Agentur Fitch stufte die italienische Staatsverschuldung am 28. April 2020 auf BBB- (mit stabilem Ausblick) herab, was nur eine Stufe über dem Investor-Grade-Rating liegt; das Rating von Moody's liegt auf dem gleichen kritischen Niveau (Baa2 ist die niedrigste Stufe innerhalb des Investor-Grade-Ratings), während S&P das italienische Rating um 2 Stufen über dem Non-Investor-Grade-Rating einstuft. Ende April musste die italienische Staatsverschuldung – mit einer Laufzeit von sieben Jahren – eine Zinsprämie von etwa 2 Prozent über der deutschen 10-jährigen Staatsrendite bieten; deutsche Staatsanleihen werden mit AAA bewertet. In einem Modell mit risikoneutralen Investoren impliziert dies eine 2-prozentige Ausfallwahrscheinlichkeit für italienische Staatsschulden. Man könnte natürlich argumentieren, dass die Quantitative Easing (QE)-Politik der Europäischen Zentralbank die Risikoprämie auf bestimmte Staatsanleihen künstlich reduziert hat; Quantiative Easing bedeutet, dass die Zentralbank in einem Umfeld mit sehr niedrigem Notenbankzins in großem Umfang Staatsanleihen ankauft, was die Kurs der Papiere hochtreibt, die Höhe des Zinssatzes mindert.

Italien braucht eine bessere Innovations- und Wachstumspolitik. Italiens Wirtschaftswachstum ist niedrig und eine ungünstige demografische Entwicklung – die rasche Alterung der Bevölkerung – wird Italiens Produktivitäts- und Wachstumsprobleme ab 2025 nochmals verschärften. Gleichwohl, man könnte auch in Italien seitens des Staates durch sinnvolle Maßnahmen ein Mehr an Wettbewerbsfähigkeit und Wachstumsdynamik erreichen; solche Maßnahmen hat aber eine Reihe verschiedener Regierungen in Italien kaum auf den Weg gebracht. Im Übrigen fällt auf, dass Italien sich Lebensarbeitszeiten leistet, die einfach sonderbar weit unter denen in Schweden, Niederlande oder Deutschland liegen; Italiens Wert liegt 10 Jahre unter den genannten Ländern.

Euro-Parlament und Euro-Regierung dringlich

Italiens Wirtschaftspolitik ist in Sachen Alterssicherung unrealistisch. Man kann gegenüber Ländern im Norden der EU keine starke Wettbewerbsfähigkeit haben, wenn man die Menschen relativ früher in Rente gehen lässt. Italien könnte 5 % Einkommens-Wachstumsschub mindestens erzielen, indem es schrittweise die Lebensarbeitszeiten verlängert und die Lücke zu Schweden, Niederlande und Deutschland deutlich vermindert. Wenn Italiens Politiksysteme solche Reformen auf Dauer nicht durchsetzt, dürfte Italien ab 2025 immer mehr zu einem Eurozonen-Krisenfall werden. Dann wird wiederum die Neigung osteuropäischer EU-Länder, der Eurozone beizutreten, nachhaltig gering bleiben; denn wer will schon sehenden Auges einer Krisen-Währungsunion beitreten. Dann aber bliebe die Eurozone ohne ein politisch handlungsfähiges Entscheidungszentrum: Es gäbe zwar eine gemeinschaftliche Zentralbank, die EZB, aber die eigentlich notwendige ergänzende Fiskalunion fehlte völlig. Es ist dann nicht auszuschließen, dass politische Populisten in nordeuropäischen EU-Ländern und auch in Italien an die Macht kommen und die EU schließlich weitere EU-Mitglieder verliert.

Die EU müsste, um überhaupt als Institution langfristig zu überleben, endlich einen nennenswert hohen Gemeinschaftshaushalt von mindestens 3–4 Prozent des Nationaleinkommens haben beziehungsweise zunächst ein Euro-Parlament und eine Euro-Regierung starten. Es wäre dabei wichtig, dass die Parteien sich auf Eurozonen-Ebene dann auch konstituieren und man einen vernünftigen politischen Wettbewerb im Euro-Parlament hinbekommt. Die Neigung der EU, womöglich die EU-Verträge zu ändern und dabei auf die EU als Ganzes zu fokussieren, ist nicht hilfreich bei notwendigen Problemlösungen. Wenn die Eurozone nicht binnen einer Dekade politisch erwachsen wird, dürfte die Eurozone zur Dauerkrisen-Region in Europa absinken und dann ist auch die EU bald am Ende. Der Westen ist von daher durch die Corona-Schocks wie mit einem Blitzlicht in seinen Schwachpunkten – ähnlich auch die USA und UK – ausgeleuchtet worden. Aber die Politikkonzepte der EU sind viel zu traditionalistisch, unrealistisch. Wenn die EU zerfällt, wird das Unsicherheit, wirtschaftliche Stagnation und neue gefährliche Konflikte Europa und der Weltwirtschaft bedeuten.

Reformerfordernisse mit Blick auf Italien

Es ist nicht so komplex, ein wachstumsförderndes Modell für die italienische Wirtschaft zu entwickeln, und es wäre sicherlich angemessen, wenn die EU-Kreditpakete, an denen Italien beteiligt ist, eine relativ breite tragende Säule für dieses Land in Betracht ziehen würden, während sie gleichzeitig einen konsequenten langfristigen wachstumspolitischen Ansatz seitens der italienischen Regierung erfordern. Hier stellt jedoch die politische Instabilität ein Problem dar, da die oft recht kurzlebigen italienischen Regierungen der letzten zwei Jahrzehnte es alle recht schwierig fanden, konsistente langfristige wachstumspolitische Ansätze zu entwickeln. Die italienischen Defizite dürften keine ernsthafte Herausforderung darstellen, wenn ein politischer Konsens über eine Politik zur Reduzierung der Schuldenquote sowie über neue wachstumspolitische Elemente erreicht werden könnte. Da der Zeithorizont der Europäischen Kommission und des Europäischen Rates in strategischen Fragen eher langfristig sein sollte, könnten ein angemessener Druck sowie bedingte finanzielle Unterstützungspakete für Italien aus Brüssel nützlich sein. Das schwache Rating der italienischen Anleihen Ende April 2020 deutet auf ein erhebliches Risiko unzureichender nationaler Politikreformmaßnahmen und „schiefer" EU-Hilfspakete für die Eurozone bzw. die EU hin.

Im Rahmen des Europäischen Semesters untersucht die EU-Kommission die Wirtschaftspolitik der EU-Länder jährlich. Der Bericht zu Italien für 2020 – und auch für einige Vorjahre – liegt vor. Es werden in den Kommissionsberichten fast immer die gleichen Missstände angesprochen; aber im Fall Italiens (und bei vielen anderen EU-Ländern) hat dies kaum zu mehr Reformdynamik geführt. Im Anhang 12 zu Teil III wird der Italien-Bericht 2020 aufgeführt.

Dabei übersieht die EU-Kommission ohnehin die wichtigen Bereiche Innovations- und Wachstumspolitik weitgehend. Im Übrigen besteht natürlich in Italien wie in Frankreich und Spanien sowie Deutschland das Problem, dass vom linken und rechten Rand populistische Parteien die bürgerlichen Mitte-Parteien angreifen. Eine Verlangsamung des Wirtschaftswachstums, die sich in Deutschland und Italien ab 2025 zunehmend wegen der Überalterung der Gesellschaft ergeben könnte, wird zu verstärkten Verteilungskämpfen führen: Vor allem auch zwischen älteren und jüngeren Generationen. Da die Wahlbeteiligung der jüngeren Wählerschichten relativ gering ist, dürften sich die Pensionslasten in den Staatshaushalten längerfristig erhöhen. Dann bleibt weniger Geld für Innovationsförderung.

Die Betonung der Europäischen Kommission auf durch die Europäische Investitionsbank besicherte Kredite scheint ein beeindruckender Beitrag in 2020 zur Überwindung der Corona-Rezession zu sein: Die EIB argumentiert, sie stelle 25 Milliarden Euro bereit, während private ergänzende Darlehen 175 Milliarden Euro erreichen würden, so dass ein „EIB-Gesamtpaket" von 200 Milliarden Euro zur Überwindung der EU-Rezession beiträgt; diese Behauptung ist jedoch irreführend, da in Wirklichkeit ein Substitutionseffekt stattfindet. Private Ergänzungsdarlehen wären den Unternehmen ohnehin zur Verfügung gestellt worden, möglicherweise zu einem etwas höheren Zinssatz und mit einem etwas geringeren Volumen. Der wahre Multiplikator für EIB-Mittel beträgt nicht mehr als etwa zwei, was bedeutet, dass das effektive EU-Paket nicht 500 Mrd. €, sondern nur 350 Mrd. € beträgt. Der gemeinsame Marktanteil von Moody's und Fitch am Markt der Rating-Agenturen beträgt 50 Prozent, so dass eine weitere Herabstufung italienischer Anleihen durch beide Rating-Agenturen viele institutionelle Anleger dazu zwingen würde, italienische Staatsanleihen zu verkaufen, was den Zinssatz Italiens enorm erhöhen würde. Bestimmte institutionelle Anleger werden italienische Staatsanleihen wahrscheinlich schon im Mai 2020 verkaufen. Die Argumente für die Rating-Entscheidung von Fitch im Falle Italiens sind im Anhang 11 Teil III: Fitch-Ratings für Italien – Herabstufung von Staatsanleihen aufgeführt – das Fehlen eines adäquaten wachstumspolitischen Ansatzes nach dem Coronaschock in Italien ist eines der kritischen Elemente, die nach Ansicht von Fitch hervorgehoben werden, die eher schwache wirtschaftliche Erholung der italienischen Wirtschaft nach der transatlantischen Bankenkrise 2009–2011 ist ein weiteres. Es scheint, dass Italiens Wirtschaft in Bezug auf die Schockabsorption in bestimmten Sektoren nicht sehr robust ist. Doch so sehr der italienische Tourismussektor von der Corona-Weltrezession im Jahr 2020 stark betroffen sein könnte, so sehr könnte es 2021 eine starke sektorale Erholung geben, sofern bis Mitte 2021 eine Impfung verfügbar ist.

EIB-Perspektiven im Rahmen des EU-Darlehenspakets

Im Hinblick auf die EIB bedeutet der Kernpunkt der „Rückstellungen" im EIB-Ansatz, dass die EIB Verluste aus ergänzenden Bankkrediten für – sagen wir – die Finanzierung von Investitionsprojekten übernimmt. Dies bedeutet, dass die einzelne Bank *i* mehr Darlehen an Unternehmen vergibt (und Bank *j* wird dasselbe tun) als sonst. Wenn die kombinierten Investitionen der Firmen *i′* und *j′*, verbunden mit Darlehen der Banken *i* und *j*, einen positiven makroökonomischen Effekt haben, so dass der wirtschaftliche Aufschwung verstärkt wird, könnte die Ausfallwahrscheinlichkeit für beide Banken *i* und *j* sinken. Wenn jedoch ineffiziente Investitionsprojekte über einen bestimmten Anteil der EIB-Investitionen unterstützt werden, wird die Ausfallwahrscheinlichkeit für die Investitionsprojekte beider Firmen steigen und damit auch die Ausfallwahrscheinlichkeit anderer Investitionsprojekte von Banken. Dies wiederum würde die von Privatbanken an Privatunternehmen vergebenen Kredite reduzieren. In jedem Fall impliziert die Bedingung der Gewinnmaximierung der Privatbanken, dass ein Teil der durch das EIB-Darlehenspaket mobilisierten privaten Mitkredite ein Ersatz für Darlehen sein wird, die den

Unternehmen ohnehin gewährt worden wären – vielleicht zu etwas höheren Zinssätzen.

Der Mechanismus des finanziellen Beschleunigers (Bernanke et al. 1996) könnte mit dem EIB-Ansatz zusammenarbeiten, bei dem dieser Beschleuniger die Rolle unvollkommener Kapitalmärkte und die Rolle der Agency-Kosten – d. h. der Überwachungskosten von Banken, die Investoren in einem Umfeld mit asymmetrischen Informationen Darlehen gewähren – auf den Finanz- bzw. Darlehensmärkten betont. Man sollte jedoch keinen Multiplikator über 2 erwarten (und das wäre bereits ein großer Multiplikator). Wenn die EIB also 25 Milliarden Euro für kombinierte öffentlich-private Darlehenspakete anbietet, wird die Nettoschöpfung an zusätzlichen Darlehen für private Investitionen kaum 25–30 Milliarden Euro übersteigen, während die EU wahrscheinlich argumentieren würde, dass der Multiplikator 5 beträgt – aber das ist Wunschdenken. Die grundlegende Wirkungsweise des finanziellen Beschleunigers besteht darin, dass eine effektive Senkung der Besteuerung von Banken – über EIB-Zuschüsse für Banken, die Unternehmen ergänzende Darlehen anbieten – sich in höheren erwarteten Gewinnen der Banken und einem höheren Eigenkapital (und damit einer höheren Börsenkapitalisierung der Banken) sowie in höheren Darlehen an Investoren niederschlägt. Was das effektive EU-Kreditpaket betrifft, so handelt es sich nicht um etwa 500 Milliarden Euro, sondern nur um 350 Milliarden Euro, was bedeutet, dass der fiskalische Impuls der EU nicht 3 Prozent, sondern nur etwa 2 Prozent des Nationaleinkommens der EU ausmacht. Irreführende Augenwischerei sollte nicht Teil eines rationalen Ansatzes der EU-Stabilisierungspolitik sein.

Negativer Ölpreis-Schock

Während der negative Ölpreisschock (mit einem Ölpreis von Null im April 2020; Anhang 3 Teil III: Weltölpreise (WTI-Tagespreis), 2000–2020) die Produktionskosten 2020/2021 in den OECD- bzw. Eurozonenländern senkt, wird der starke Rückgang der Warenimporte der OPEC-Länder, Russlands, Mexikos und anderer Öl- und Gasproduzenten das Exportwachstum und damit die Erholungsdynamik in den westlichen Ländern weiter destabilisieren. Die Unfähigkeit der OPECplus-Gruppe (OPEC+Russland+Mexiko), das Wesen der schweren Corona-Weltrezession zu verstehen, lässt vermuten, dass die Regierungen in vielen Ländern Probleme mit einer angemessenen Analyse der internationalen Pandemiedynamik haben; es gibt nicht nur ein Führungsproblem in der Weltwirtschaft im Jahr 2020, sondern darüber hinaus gibt es in vielen politischen Systemen eine Analyse- und Wissenslücke. Im Ergebnis erhält man sonderbare Entwicklungen, die man so nicht erwarten dürfte –

schon gar nicht einen zeitweise negativen Öl-Terminpreis wie das im Frühjahr 2020 zu besichtigen war.

Für die USA könnte eine Verstaatlichung eines Teils der Ölindustrie unumgänglich werden, und die negativen Börsenkursschocks in den USA, Russland und anderen großen Öl- und Gasproduzenten werden neue Finanzmarktprobleme schaffen, die leicht gefährlich auf den Bankensektor übergreifen könnten. Gleichzeitig impliziert der Preis für Emissionszertifikate in der EU – siehe die Analyse von Welfens und Celebi (2020) –, Japan, Korea, China, Kalifornien und einigen anderen Ländern negative Bilanzeffekte in Schlüsselsektoren, während Industrien, die noch nicht unter Emissionshandelssysteme fallen, relative Gewinne verzeichnen könnten.

Das EU-CO_2-Zertifikate-Handelssystem, das seit 2005 gilt und 45 % der CO_2-Emissionen abdeckt, kann als vorbildlich gelten. Viele Regionen (z. B. Kalifornien, zwei Provinzen in Japan) und Länder (z. B. China, Korea) haben das CO_2-Zertifikate-Handelssystem nachgemacht. Aus ökonomischer Sicht ist es ziemlich eindeutig der beste und preiswerteste Ansatz, um globale Klimaneutralität zu erreichen (Welfens 2019b). Das heißt noch lange nicht, dass etwa in Deutschland die Vorteilhaftigkeit des CO_2-Zertifikate-Handelsystems breit verstanden wäre – allerdings ein Problem, für das die Politik mit enormer Unlust zur Erklärung des Systems in der Öffentlichkeit mit Verantwortung trägt. Das Zertifikate-System arbeitet so, dass jährlich für die in der EU einbezogenen Sektoren Industrie und Energie eine Obergrenze der Emissionen festgesetzt wird, die nach politischen Vorgaben pro Jahr um einen bestimmten Prozentsatz sinkt. Emittenten im Industrie- und Energiesektor müssen sich entsprechende Zertifikate am Markt in hinreichender Menge kaufen – also kaufen in der Regel Firmen mit hohen CO_2-Vermeidungskosten Zertifikate von Firmen mit geringen CO_2-Vermeidungskosten beziehungsweise hoher Innovationsfähigkeit in Sachen CO_2-leichte Produktionsverfahren.

Der sich ergebende CO_2-Marktpreis sorgt auf diese Weise für eine effiziente CO_2-Minderung. Wenn der Staat etwa – so wie in Deutschland mit dem Kohlausstiegsgesetz mit Datum 2038 – mit zusätzlichen Interventionen (Vorgabe zur Schließung einzelner Kraftwerke) aktiv wird, so sorgt das für unnötig hohe Kosten der CO_2-Vermeidung und beschädigt auch noch das Marktsignal vom CO_2-Zertifikatemarkt. In einer sehr schweren EU-Rezession eine unnötige Schwächung der Wirtschafts- und Aufschwungskräfte zu verursachen, ist nicht verantwortungsvoll.

Greenpeace und andere Organisationen sorgen hier mit einer ökonomisch-ökologischen Ignoranz – dem Ruf, der Staat möge mehr Kohlekraftwerke schneller abschalten – für mehrere Milliarden an Zusatzkosten (auch Entschädigungskosten, die für den Staat unnötig bei der Entschädigung von Kohlekraftwerksbetreibern entstehen: 4,5 Milliarden €). Mitten in der Corona-Krise wurde im Juni 2020 im Deutschen Bundestag ein Kohleausstiegsgesetz verabschiedet, das 20–40 Milliarden € unnötige Kosten für den Staat und die Wirtschaft verursacht; hier hat man, so die logische Folgerung, der Bildungs- und Sozialpolitik indirekt ohne sorgfältiges Nachdenken quasi gut 30 Milliarden durch ein überflüssiges Gesetz weggenommen: Der Energiesektor ist ja völlig im EU-Zertifikate-Handelssystem abgedeckt. Greenpeace ist ein Beispiel für eine machtvolle Nicht-Regierungsorganisation – mit manchen auch sinnvollen Aktionen –, die beim Kohleausstiegsgesetz einfach nur auf Gesinnungsethik setzte: „Ich will etwas Gutes für die Umwelt/das Klima erreichen". Verantwortungsethik aber ist gefragt, nämlich hier auch die Frage, wie man ein bestimmtes Ziel zu den geringstmöglichen Kosten erreicht. Gesinnungsethik gibt womöglich manchen Greenpeace-Vertretern, der für mehr planwirtschaftlichen Kohleausstieg eintreten, ein wohliges Gefühl. Aber ein vernünftiger Problemlösungsbeitrag entstand hier nicht.

Erneuerung im Strukturwandel sollte wohl einen positiven Beitrag zur Klimapolitik erbringen. Da wäre es also mit Blick auf die Klimapolitik der EU vernünftig, wenn die Europäische Union Kaliforniens Beispiel (gilt seit 2015) folgte, das CO_2-Emissionszertifikate-Handelssystem der EU auf 85 % der Emissionen auszuweiten. Die EU hat mit dem Emissionszertifikate-Handelssystem eine klimafreundliche institutionelle Innovation realisiert, die allerdings auch 15 Jahre nach dem Start vielen Menschen in der EU unklar in ihrer Wirkungsweise ist. Verwirrung besteht aber nicht nur in der Klimapolitik in Deutschland, sondern auch in der Eurozone beziehungsweise beim Thema Politik der Europäischen Zentralbank (EZB).

Auch in der Europäischen Union herrscht in der Tat Verwirrung: Am 5. Mai 2020 hat das deutsche Bundesverfassungsgericht (BVG 2020) erklärt, dass die Urteile des Europäischen Gerichtshofs zur Politik der EZB so fehlerhaft sind, dass Deutschland den Europäischen Gerichtshof auf dem betreffenden Gebiet nicht respektieren darf. Dies führt zu einer großen Verfassungskrise in der EU, da andere nationale Verfassungsgerichte der EU-Länder dem BVG folgen werden; dies wäre das Ende des Europäischen Gerichtshofs und dies wiederum das Ende der Europäischen Union. BREXIT plus das BVG-Urteil läuft, kritisch gesehen, auf eine Beinahe-Zerstörung der EU hinaus. Allerdings bleibt hier zu hoffen, dass die Europäische Zentralbank und die Deutsche Bundesregierung zusammen mit dem Parlament eine sinnvolle Problemlösung herbeiführen können.

Gemeinsame europäische Anleihen JEBs als Basis für einen erfolgreichen Politik-Mix

Dass Deutschland und andere nördliche EU-Länder Gefahr laufen, eine Euro-Krise 2 nicht zu vermeiden und damit im Jahr 2020 einer massiveren Rezession zu begegnen, als bereits in der IWF-Analyse und ähnlichen Analysen der Europäischen Union beschrieben wurde, ist schon etwas merkwürdig. Die Regierung in Berlin im April 2020 scheint sich zu sehr auf die nationale Epidemie und die Abriegelung sowie die Frage der Ausstiegsoptionen aus der Abriegelung zu konzentrieren, um dem historischen Risiko weiterer EU-interner Konflikte und des Zerfalls der EU Rechnung zu tragen. Sollte sich der Coronaschock durch eine Euro-Krise 2 in eine EU-Megarezession verwandeln, würde die deutsche Produktion um mindestens weitere 2 Prozent zurückgehen und die notwendige ESM-Rekapitalisierung – wenn die Bundesregierung unflexibel bleibt – ebenfalls etwa 2 Prozent des deutschen Bruttoinlandsprodukts erreichen. Allein durch diese beiden Elemente würde die Defizitquote Deutschlands um weitere drei Prozentpunkte steigen.

Die einzige sichere Möglichkeit, eine Euro-Krise 2 konsequent zu vermeiden und gleichzeitig die Corona-Rezession in der Eurozone wirksam zu bekämpfen, ist die Einführung eines teilweise besicherten gemeinsamen Eurobond (JEB), der mehrere Kriterien erfüllen müsste, da die EU eine „No-Bail-out"-Klausel hat (Welfens 2020d):

- Die JEBs würden innerhalb eines speziellen JEB-Fonds (JEF) organisiert, der von den Ländern der Eurozone außerhalb des Rahmens der EU-Institutionen eingerichtet würde. Damit würde die „No-Bail-Out"-Klausel der EU respektiert. Man könnte beschließen, den JEF nach Überwindung der historischen Corona-Weltrezession aufzulösen; oder man könnte beschließen, diese neue Institution auf der Grundlage eines Sondervertrags beizubehalten. Mit der Schaffung des JEF würden die Länder der Eurozone als entschiedene Reaktion auf die außerordentliche Corona-Weltrezession angesehen, die die politischen Entscheidungsträger in den USA und im Vereinigten Königreich bereits zu eher ungewöhnlichen wirtschafts- und geldpolitischen Maßnahmen veranlasst hat.
- Die teilnehmenden Länder der Eurozone müssten 55 Prozent Sicherheiten für ihren Anteil an der JEB stellen, nämlich in Form von Gold- und Währungsreserven. Geht man davon aus, dass das Volumen der JEBs 5 Prozent des Nationaleinkommens der Eurozone ausmacht, wäre dies für die meisten Länder und sicherlich auch für Italien und Spanien als zwei kritische Volkswirtschaften möglich. Einige Länder könnten mit einer alternativen Form von Sicherheiten aufwarten – aber nur Luxemburg, Irland

und die Slowakische Republik verfügten über nationale Gold- und Währungsreserven (ohne Berücksichtigung des Eigenkapitalanteils in der EZB), die 2019 unter 3 Prozent des nationalen BIP lagen.

- Was die Verwendung der JEB-Einnahmen anbelangt, so sollte die Hälfte für die Finanzierung von Transeuropäischen Infrastrukturprojekten (TEIPs) vorgesehen werden, die nationale Investitionsprojekte mit Relevanz für das TEIP umfassen können: Hochgeschwindigkeitszugverbindungen, die Modernisierung der Stromnetze und Projekte für erneuerbare Energien sowie neue Wasserstraßen und Telekommunikationsnetze wären Schlüsselelemente. Länder, die in den letzten fünf Jahren, d. h. in den Jahren 2015–2019, eher niedrige Wachstumsraten des Realeinkommens verzeichneten, sollten ein Drittel für Innovations- und Wachstumsprojekte ausgeben; auch die Unterstützung der Gründung neuer multinationaler Unternehmen und höhere F&E-Ausgaben könnten unter diese Rubrik fallen, wobei der Maßstab für erfolgreiche Projekte ein steigender Anteil an den Weltmärkten und mehr Patente in der Mittel- und Hochtechnologie ist.
- Die Laufzeiten der JEBs sollten zwei, zehn und dreißig Jahre betragen, wobei die kürzeren Laufzeiten ein interessantes Angebot für Zentralbanken sind, die bereit sind, auf Euro lautende Vermögenswerte als Währungsreserven zu halten, während die längeren Laufzeiten für Banken und Versicherungsgesellschaften attraktiv sind. Mit diesen drei Laufzeiten würde ein breiterer Impuls für die Entwicklung eines internationalen, auf dem Euro basierenden Finanzmarktes geschaffen, und die aus der Laufzeitstruktur der JEBs gewonnenen Informationen würden entscheidende Erkenntnisse offenbaren (z. B. wäre die Steigung der Renditekurve flacher als bei nationalen Anleihen in der Eurozone). Der JEB-Zinssatz würde sich dem der deutschen Bundesanleihen annähern, so dass Italien und Spanien von relativ niedrigen Zinssätzen profitieren könnten. Ein Darlehen mit zehnjähriger Laufzeit und null Nominalzinsen wäre möglich, und innerhalb von fünf Jahren würde Italien bei seinen Zinszahlungen erheblich sparen. Durch die Platzierung von JEBs auf dem internationalen Kapitalmarkt dürfte der Anteil des Euro als internationale Reservewährung steigen. Dies würde den Ländern der Eurozone neue eurobezogene Wohlfahrtsleistungen bringen.
- Die EZB sollte bis zu 40 Prozent der JEBs aufkaufen und könnte so den Zinssatz für mehrere Jahre fest auf einem sehr niedrigen Niveau verankern. Bis 2022 ist mit einer Normalisierung des Policy-Mix in der Eurozone, Großbritannien und den USA zu rechnen. Ein negativer Realzins muss als mehrjähriges Phänomen vermieden werden, da ineffiziente private Inves-

titionen und große Einkommensungleichheitsprobleme die Folge einer solchen anhaltenden anormalen Situation wären.

- Italien und Spanien (potenziell auch plus Griechenland und Kroatien) – alle dürften in den Jahren 2020–2021 vor ernsthaften Problemen bei der Schuldenfinanzierung stehen – könnten einen Anteil am JEB-Volumen erhalten, der den jeweiligen Anteil dieser Länder am Nationaleinkommen der Eurozone übersteigt. Dies sollte möglich sein, wenn beide Länder eine Abgabe auf das Nettovermögen des privaten Sektors einführen – wobei ein gewisser Betrag des Grundvermögens pro Kopf unversteuert bleibt. Das Verhältnis von Nettovermögen zum verfügbaren Bruttoeinkommen betrug 2019 in Spanien etwa 10, in Italien etwa 8 (EZB 2020; für Frankreich lag das Verhältnis bei 9, für Deutschland bei 7). Mit dieser institutionellen Garantie für die Zahlung von Zinsen und Kapital wären die JEBs ein wertvolles Instrument, um die Basis der expansiven Fiskalpolitik in Italien und Spanien zu verbreitern, wenn nötig auch stark; ein gewisser Anteil der Einnahmen aus der Vermögensabgabe sollte direkt in den JEB-Fonds fließen. Die Situation in Griechenland wird in den Jahren 2020–2022 sehr schwierig sein, da Griechenland wahrscheinlich erneut den Zugang zu den Kapitalmärkten verlieren wird.

JEBs würden den Weg zu einer Steuerunion innerhalb der Eurozone öffnen. Die Länder der Eurozone könnten beschließen, einen Teil der Militärausgaben und Infrastrukturausgaben auf die Ebene der Eurozone zu verlagern, vorausgesetzt, dass 2024 zusammen mit dem Europäischen Parlament ein Parlament der Eurozone gewählt wird. Laut IWF-Simulationen (Arnold et al. 2018) würde eine gemeinsame Fiskalpolitik eine schnellere wirtschaftliche Erholung von der Talsohle im Konjunkturzyklus bewirken und in der Tat den Rückgang der Konsumausgaben in einer Rezession der Eurozone verringern.

Italien hat viele Jahre lang unter einem langsamen Wachstum gelitten, aber das so genannte Verfahren des Europäischen Semesters, das der Europäischen Kommission die Möglichkeit gibt, die Wirtschaftspolitik der EU-Länder zu überwachen und Verbesserungsvorschläge zu unterbreiten, hat sich in den vergangenen Jahren zu sehr auf kurzfristige Reformen konzentriert und die eher langfristige Wachstumsherausforderung nicht in Angriff genommen. Dies kann in der Tat bisher nicht von der Kommission erwartet werden – ein solcher Bericht kann erst dann erwartet werden, wenn die Definition der Rolle der Kommission im Europäischen Semester erweitert wurde, um – vielleicht jedes zweite Jahr – die langfristigen Wachstumsperspektiven und politischen Optionen für Innovation und Wachstum in einem Sonderbericht zu behandeln.

JEBs würden nicht nur dazu beitragen, eine Euro-Krise 2 zu vermeiden, sondern auch ein starkes Signal dafür sein, dass die Europäische Union will, dass der EU-Integrationsprozess fortgesetzt wird, und zur globalen Führung in Zeiten der Wirtschaftskrise beitragen will. Deutschland, Frankreich und andere EU-Länder stehen auch für positive Beispiele des europäischen Modells der Sozialen Marktwirtschaft – Deutschland und Frankreich geben 2/3 der Gesundheitsausgaben (im Verhältnis zum Nationaleinkommen) der USA aus, die 18 Prozent ausgeben, während beide EU-Länder eine höhere Lebenserwartung und eine niedrigere Kindersterblichkeit aufweisen können als die USA. Die US-Säuglingssterblichkeitszahlen sind besonders schwach: Hätten die USA die gleichen niedrigen Säuglingssterblichkeitszahlen wie Deutschland und Frankreich, würde die US-Bevölkerung innerhalb von 60 Jahren um weitere 50 Millionen Menschen zunehmen. Aus guten Gründen ist die US-Bevölkerung sehr besorgt über eine mögliche Coronavirus-Todesrate von mehr als 50.000 Amerikanern im Jahr 2020, aber man kann auch darauf hinweisen, dass die quantitative Verbesserung der US-Kindersterblichkeitsrate mehr als tausendmal so wichtig ist, während die Trump Administration das Problem eigentlich nie in Angriff genommen hat. Was die EU betrifft, so sind die wirtschaftspolitischen Herausforderungen in der Corona-Krise von entscheidender Bedeutung.

Wenn es keine JEBs gäbe, würde Italien zu einem griechisch-ähnlichen Kapitalmarktproblem werden, wie es die EU-Mitgliedsländer in der Euro-Krise hatten: Viele EU-Länder würden jahrelang mit regelmäßigen Notfall-Ausschusssitzungen im Parlament, auch im Deutschen Bundestag, konfrontiert werden. Dies ist eine Situation, die die EU rasch weiter destabilisieren und sowohl Italexit als auch Germexit herbeiführen könnte, da populistische Politiker sowohl in Italien als auch in Deutschland die Debatte über die Finanzierung der italienischen Schulden außerhalb der privaten Kapitalmärkte als ideales Thema und als Chance für die Emotionalisierung und Radikalisierung politischer Debatten empfinden würden. Viel besser wäre ein neuer, spezieller gemeinsamer Eurobonds-Fonds (JEF), der eine Institution außerhalb der EU wäre, aber dennoch von allen Mitgliedern der Eurozone unterstützt würde, und ein gemeinsamer parlamentarischer Kontrollausschuss, der somit über spezielle Entscheidungen in den nationalen Parlamenten nur dann zu treffen wäre, wenn die hinter dem JEF stehenden Länder der Eurozone vom modularen Rettungs- und Stabilisierungsmenü und dem damit verbundenen Algorithmus abweichen würden. Auf diese Weise könnten die nationalen Parlamente grünes Licht für eine bestimmte Reihe von politischen Maßnahmen geben, z. B. dass für jeden zusätzlichen Punkt der JEB-Erlöseteilung für ein Mitgliedsland der Eurozone Deutschland, Frankreich, die Niederlande, Österreich, Irland und Finnland mit einer Aufteilung von 4:3:1,5:1:0,3:0 unterrepräsentiert wären und für jeden zusätzlichen BIP-Erlös-Punkt eines Mitgliedslandes der Eurozone müssten die zusätzlichen Sicherheiten 7/10 bis 3 Prozentpunkte und darüber 9/10 betragen (die maximale Aufstockung der nationalen Anteile am BIP der Eurozone würde 5,5 Prozentpunkte betragen); es gibt also ein halbautomatisches Anpassungsmenü, für das die nationalen Parlamente in der Eurozone nur einmal grünes Licht geben müssten, nämlich zu Beginn einer genau definierten vierjährigen Programmperiode. Alle vier Jahre und abhängig von kritischen Ereignissen – wie im Jahresbericht des ESRB im Abschnitt über die Eurozone beschrieben – würden die nationalen Parlamente das Mandat des JEF verlängern oder es auflösen. Die JEF müsste monatliche Berichte über den Wert der Sicherheiten hinter den jeweiligen nationalen Kreditanteilen vorlegen; Gold- und Währungsreserven würden von den Mitgliedsländern der Eurozone in die JEF eingebracht (Abb. 19.1).

Die neue JEF-Institution müsste natürlich Jahresberichte an die nationalen Parlamente ihrer Mitgliedsländer und an den Europäischen Ausschuss für Systemrisiken schicken, der die JEF-Aktivitäten in sein analytisches Radar

Quelle: Eigene Darstellung

Abb. 19.1 Institutionelle Verankerung des gemeinsamen Eurobonds-Fonds im europäischen Kontext (ESRB=Europäischer Rat für Systemrisiken)

aufnehmen würde. In dem Maße, in dem die EZB – wie vorgeschlagen – aktiv am Ankauf von Gemeinsamen Europäischen Anleihen beteiligt ist, würde die EZB – bis zu einem gewissen Grad – JEF-bezogene Aktivitäten im Zusammenhang mit den öffentlichen Wertpapierankaufprogrammen der Europäischen Zentralbanken und damit verbundene Maßnahmen zur quantitativen Lockerung in ihre vierteljährliche Berichterstattung an das Europäische Parlament aufnehmen. Die ECFIN-Prognosen der Europäischen Kommission müssten die politischen Schritte der im JEF aktiven EU-Mitgliedsländer enthalten, und die JEF-Berichte müssten sowohl die entsprechenden EZB- als auch die ECFIN-Berichte enthalten.

Aspekte der Interdependenz EU-US-China
Im Mai 2020 veröffentlichte die Bank of England (2020) eine Prognose für das britische Produktionswachstum im Jahr 2020: – 14 Prozent sind nach dem von der Bank entwickelten Szenario zu erwarten, während die Arbeitslosenquote auf etwa 8 Prozent steigen könnte; die Inflationsrate Großbritanniens könnte 2020 auf 0 Prozent sinken, was zum Teil den starken Rückgang der Ölpreise im Gefolge des Coronavirus-Schocks in den ersten beiden Quartalen des Jahres 2020 widerspiegelt (Anhang 3 Teil III: Weltölpreise (WTI-Tagespreis), 2000–2020). Die gute Nachricht ist, dass die Bank of England erwartet, dass die Produktion im Jahr 2021 um 15 Prozent steigen wird – was allerdings nicht die Auswirkungen der britischen BREXIT im Kontext des fehlenden vorteilhaften EU-UK-Handelsabkommens für die Zeit nach 2020 einschließt. Die Regierung von Premierminister Boris Johnson hatte Anfang 2020 angekündigt, dass Großbritannien den EU-Binnenmarkt zum Ende des Jahres definitiv verlassen werde. Es besteht ein erhebliches Risiko, dass ein eher schwaches Abkommen über Handelsintegration und Investitionen zwischen der EU und Großbritannien die wirtschaftliche Erholung Großbritanniens in den Jahren 2021 und 2022 dämpfen würde. Dies wiederum würde auch die Erholung der EU27 schwächen. Ein besonders heikler Zeitpunkt sind die nationalen Wahlen in Deutschland im Jahr 2021. Die Vereinigten Staaten sehen sich mit einer Arbeitslosenquote von etwa 16 Prozent im Jahr 2020 konfrontiert; die Schuldenquote wird von 100 Prozent im Jahr 2019 auf etwa 125 Prozent im Jahr 2020 steigen, was Zweifel an der Stabilität des AAA-Ratings der USA aufkommen lässt, und die Produktion wird um etwa 1 Prozent sinken. Italien steht vor noch größeren Problemen, da seine Schuldenquote im Jahr 2019 bereits bei 135 Prozent des Bruttoinlandsproduktes lag, Ende 2020 ist ein Wert von nicht weniger als 155 Prozent zu erwarten.

Der reale Einkommensrückgang der EU27-Länder wird laut der Frühjahrsprognose 2020 der Europäischen Wirtschaftsprognose der Europäischen Kommission (siehe Anhang 15: Europäische Wirtschaftsprognose Frühling 2020) bei etwa 7 Prozent liegen, den höchsten Produktionsrückgang könnte Italien mit -10 Prozent verzeichnen. Als Faustregel gilt, dass ein US-Produktionsrückgang um 6 Prozent einen Produktionsrückgang von 1 Prozent in der EU sowie einen Produktionsrückgang von fast 0,5 Prozent in China und Japan mit sich bringt. Darüber hinaus bringt ein Produktionsrückgang in der EU28 (EU27+Vereinigtes Königreich) von 7 Prozent einen Produktionsrückgang in den USA von 1 Prozent und von etwa 0,4 Prozent in China und Japan mit sich. Sollte es im Jahr 2020 zu einer neuen Euro-Krise kommen, würde die Gesamtproduktion der Eurozone nicht um 7 Prozent, sondern um 9–10 Prozent im Jahr 2020 zurückgehen (eine ähnliche Größenordnung würde für die gesamte EU gelten), und 2021/2022 würde sich die EU wesentlich langsamer erholen als ohne Eurokrise 2.

Geht man davon aus, dass es 2020/2021 zu einer Eurokrise 2 mit dem Epizentrum in Italien kommt, so würde sich der zusätzliche Produktionsverlust in der EU im Jahr 2020 auf etwa 320 Milliarden Euro belaufen (-2 Prozent zusätzlich); über vier Jahre hinweg würde die Erholung der EU gedämpft, was zu einem Produktionsverlust von 640 Milliarden Euro im Vergleich zur Entwicklung des Benchmark-Outputs in den Jahren 2021–2023 führen könnte, wenn es keine zweite Euro-Krise gäbe. Der Produktionsverlust in der übrigen Weltwirtschaft über vier Jahre würde 0,5 Prozent betragen, was etwa 400 Milliarden Euro ausmachen würde, so dass der globale Produktionsverlust der Euro-Krise 2 nahezu 1400 Milliarden Euro betragen würde. Es liegt auf der Hand, dass die G7 unter normalen Umständen erheblichen Druck auf die Länder der Eurozone und der EU ausüben würden, um eine neue Euro-Krise zu vermeiden, nicht zuletzt deshalb, weil der von der EU verursachte Produktionsverlust der USA über 4 Jahre etwa 200 Milliarden Dollar betragen würde (die vorübergehenden Arbeitsplatzverluste könnten in den USA fast 1 Million erreichen). Weder die G7- noch die OECD-Ländergruppe waren jedoch Anfang 2020 in der Lage, eine breitere transatlantische und globale wirtschaftspolitische Zusammenarbeit zu erreichen; ganz zu schweigen von der G20. Innerhalb der hier gemachten Gesamtvorschläge zur Vermeidung einer Euro-Krise 2 gibt es die Annahme, dass sich Deutschlands unflexible politische Haltung auf dem Gebiet der Mutualisierung (Vergemeinschaftung von Schulden) leicht ändern würde und dass Italien und Spanien mutige Anstrengungen unternehmen, um zusätzliche Sicherheiten zu beschaffen, um einen Anteil an den Erlösen der gemeinsamen Euro-Anleihen zu erhalten, der größer ist als der, der dem Anteil des jeweiligen Landes an der Produktion der Eurozone entsprechen würde.

Sobald die deutsche EU-Ratspräsidentschaft am 1. Juli 2020 begonnen hat, könnte es zu spät sein, um breit angelegte politische Innovationen zu erreichen, die in der Eurozone und der EU dringend notwendig sind wenn eine Eurokrise 2 abgewendet werden soll. Klar ist auch, dass eine Eurokrise 2 den Deflationsdruck in der Eurozone verstärken und es der EZB damit erschweren würde, das Inflationsziel von 2 Prozent mittelfristig zu erreichen. Die EZB wäre somit einem – unnötigen – zusätzlichen Druck ausgesetzt, mehr Anleihen zu kaufen, was die Zinssätze noch mehr drückt als ohnehin schon. Was die USA betrifft, so dürften die hohe Volatilität der Finanzmärkte und die zunehmende Einkommensungleichheit das Vertrauen in das US-Bankensystem weiter untergraben, was wiederum die politische und wirtschaftliche Stabilität im Land untergraben könnte.

Transatlantische und globale Auswirkungen auf ausländische Direktinvestitionen sollten berücksichtigt werden; die Dynamik der ausländischen Direktinvestitionen wurde bereits im Fall von BREXIT als entscheidend identifiziert (Welfens und Baier 2018), und in dem Maße, wie die Coronavirus-Krise den Nationalismus stimuliert und damit die regionalen Integrationsklubs in der Weltwirtschaft schwächt, sollten FDI-Aspekte besonders berücksichtigt werden; über die internationalen Handelsverbindungen hinaus. Bemerkenswert ist auch, dass geringere Gewinne in multinationalen Unternehmen – im Kontext der Corona-Weltrezession – eine Verringerung der Investitionen in Tochtergesellschaften im Ausland mit sich bringen werden (Cravino und Levchenko 2016). Somit gibt es einen negativen Multiplikator für internationale Direktinvestitionen, der sowohl die OECD-Länder als auch die Schwellenländer betreffen wird, und dieser Effekt könnte auch die Wachstumsrate des Wachstums der totalen Faktorproduktivität (oder des technologischen Fortschritts) dämpfen.

Für die EU könnte der zusätzliche Produktionsrückgang einer Euro-Krise 2 etwa 1000 Milliarden Euro betragen, für Deutschland allein etwa 200 Milliarden Euro zusätzlicher Produktionsrückgang – mit einem Verlust an Einkommenssteuereinnahmen und Einbußen bei den Sozialversicherungsbeiträgen – von etwa 80 Milliarden Euro. In der übrigen Welt (außerhalb der EU) würde die Produktion in den USA um etwa 150 Milliarden Euro zurückgehen, in Großbritannien um etwa 30 Milliarden Euro und außerhalb dieser beiden Länder um weitere 70 Milliarden Euro (in Summe: 250 Milliarden Euro). Eine Euro-Krise 2 würde somit zu einem weltweiten Produktionsverlust von etwa 1250 Milliarden Euro führen. Die Produktionsverluste wären das kombinierte Ergebnis hauptsächlich handelsbezogener Schocks und geringerer globaler ausländischer Direktinvestitionen sowie höherer globaler Risikoprämien im Falle einer Euro-Krise 2 in der Weltwirtschaft. Wenn die

Produktion außerhalb der Eurozone innerhalb von 4 Jahren um 0,3 Prozent zurückgeht, würde sich dieser Produktionsrückgang auf 240 Milliarden Euro belaufen, was wiederum die EU-Produktion um etwa 1/7 von 240 Milliarden Euro, d. h. um weitere 34 Milliarden Euro, als mittelfristigen Folgeeffekt verringern würde. Die Zunahme der politischen Instabilität in der EU im Zuge einer Euro-Krise 2 wäre beträchtlich, was wiederum eine zusätzliche Dämpfung des Produktionswachstums in der EU mit sich brächte. Es gibt klare Anzeichen dafür, dass mehr politische Instabilität in den OECD-Ländern mittel- und langfristig eine geringere Output-Wachstumsrate mit sich bringt (Holzner et al. 2019). Während politische Instabilität für die Wirtschaft von Bedeutung ist, ist es bemerkenswert, dass eine solche Instabilität in Deutschland und der EU tatsächlich von einem Urteil eines nationalen Verfassungsgerichts ausgehen kann.

Man sollte den Bedarf an höheren privaten und öffentlichen Investitionen in den OECD-Ländern im Vergleich zu den frühen 2000er-Jahren nicht überbetonen. In der politischen Debatte wird oft übersehen, wie enorm die Preise für IKT-Kapitalgüter gesunken sind und wie hoch der Anteil der IKT-Kapitalinvestitionen an den Gesamtinvestitionen geworden ist. Der relative und absolute Preisindex für Informations- und Kommunikationstechnologien ist über Jahrzehnte hinweg gesunken; die Investitionslücke, die z. B. vom Forschungsinstitut DIW für Deutschland auf der Grundlage der nominalen Verhältniszahlen der Investitionen zum BIP berechnet wird, ist irreführend: Verwendet man stattdessen das Verhältnis der realen Investitionen zum realen BIP, so erhöht sich das entsprechende Verhältnis um 3 Prozentpunkte (Welfens et al. 2016). Auch die Rolle des IKT-Kapitals für den Strukturwandel wurde in der Literatur hervorgehoben (Adarov und Stehrer 2020). Eine stärkere Förderung von Innovationen im nicht-handelbaren Sektor und im handelbaren Sektor – einschließlich grüner Forschungs- und Entwicklungsprojekte – wäre sinnvoll. Im handelbaren Sektor sollte die Förderung von Innovationen die Weltmarktanteile der jeweiligen Sektoren als Maßstab haben.

Das Urteil des Bundesverfassungsgerichts und die Logik des vorgeschlagenen JEB-Programms

In einem Urteil vom 5. Mai 2020 befand das Bundesverfassungsgericht, dass ein Teil des Ankaufprogramms der Europäischen Zentralbank für den öffentlichen Sektor (PSPP) verfassungswidrig ist und gegen den zentralen Grundsatz der Verhältnismäßigkeit der EU und der EZB verstößt (Bundesverfassungsgericht 2020). Im Gegensatz dazu hatte der Europäische Gerichtshof in seiner allgemeinen Akzeptanz des PSPP das Verhältnismäßigkeitsprinzip nicht als kritisches Thema angesehen. Damit hat das Bundesverfassungsgericht indirekt die Position des Europäischen Gerichtshofs kritisiert, und die Folgen des Urteils für die Deutsche Bundesbank und die Bundesregierung bedeuten, dass dem Verhältnismäßigkeitsgrundsatz bei der EZB in Zukunft gebührende Aufmerksamkeit geschenkt werden muss: Die EZB kann nicht argumentieren, dass das PSPP zur Erreichung des geldpolitischen Ziels der EZB, eine Inflationsrate von unter, aber nahe 2 Prozent zu erreichen, eingesetzt wird, ohne die Auswirkungen des PSPP in einer breiteren wirtschaftspolitischen Perspektive zu betrachten und zu erklären. Das Gericht in Karlsruhe hat erklärt: „Ein Programm zum Ankauf von Staatsanleihen, wie das PSPP, das erhebliche wirtschaftspolitische Wirkungen hat, erfordert, dass das geldpolitische Ziel des Programms und die wirtschaftspolitischen Wirkungen des Programms identifiziert, abgewogen und gegeneinander abgewogen werden" (Bundesverfassungsgericht 2020).

Im Hinblick auf ein mögliches QE-Programm der EZB (irgendeine Form von PSPP) mit Schwerpunkt auf JEBs, wie hier vorgeschlagen, müsste die EZB die folgenden Schlüsselaspekte berücksichtigen:

- Das Programm trägt dazu bei, eine massive Rezession in der Eurozone zu vermeiden – möglicherweise in der extremen Form einer Euro-Krise 2; eine massive Rezession würde Instabilität auf den Finanzmärkten und einen deflationären Effekt mit sich bringen, so dass das monetäre Ziel, eine Inflationsrate von unter, aber nahe 2 Prozent zu erreichen, in der Eurozone verfehlt würde.
- Mit einer starken 55-prozentigen Besicherung des jeweiligen nationalen Anleiheanteils an dem vorgeschlagenen gemeinsamen Eurobond ist das effektive Haftungsrisiko für Deutschland und jedes andere einzelne Land der Eurozone eher begrenzt, zumal die Regeln für die Verwendung der Erlöse aus der Platzierung von JEBs an den Kapitalmärkten sicherstellen, dass vor allem transeuropäische Infrastrukturprojekte finanziert werden, die die Produktion und das langfristige Wachstum der Realeinkommen stimulieren würden, so dass die Wahrscheinlichkeit eines kritisch steigenden Schuldenstands im Verhältnis zum BIP minimiert wird. Dies gilt umso mehr, als ein Drittel der Erlöse aus der JEB-Platzierung für innovations- und wachstumsfördernde wirtschaftspolitische Maßnahmen verwendet werden muss. Im EU-Binnenmarkt stärkt dieses besondere angebotsseitige Element mittel- und langfristig die gesamtwirtschaftliche Stärke der Eurozone und trägt auch dazu bei, in Zukunft zusätzliche Steuereinnahmen zu generieren, die es ermöglichen, eine Wiederholung hoher Defizitquoten in den Mitgliedsländern der Eurozone zu vermeiden – und damit auch das

zukünftige Risiko einer Verletzung der „No bailout"-Klausel in einem breiteren Kontext. Nach der Domar-Regel wird die langfristige Schulden-BIP-Quote durch das Verhältnis des strukturellen Defizit-BIP-Verhältnisses zur Trendwachstumsrate bestimmt. Die angebotsseitigen Elemente der Verwendungsseite der Erlöse aus den JEBs stärken das Wirtschaftswachstum in den Ländern der Eurozone, und insbesondere besteht die Möglichkeit – im Rahmen der hier vorgeschlagenen JEBs-Architektur –, dies mit besonderem Augenmerk auf Länder zu tun, die bisher mit einem eher schleppenden Wirtschaftswachstum zu kämpfen hatten (siehe insbesondere den nächsten Punkt).

- Die Tatsache, dass Italien und Spanien als Länder, die einem Coronaschock besonders ausgesetzt sind, nur dann die Möglichkeit haben, mit den Partnern der Eurozone zu verhandeln, um einen Anteil an den Erlösen der JEBs zu erhalten, der den Anteil am BIP des jeweiligen Landes übersteigt, wenn dieses Land z. B. mit zusätzlichen Sicherheiten aufwartet, eine Vermögensabgabe, die für die Zahlung von Kapital und Zinsen des jeweiligen Anteils des betreffenden Landes an den JEBs vorgesehen ist – spiegelt das Prinzip der Verhältnismäßigkeit angemessen wider (wie der deutsche Bundesverfassungsrat in seinem Urteil zum PSPP der EZB am 5. Mai 2020 betont hat). Während sich beispielsweise der Anteil Deutschlands und Frankreichs an den Erlösen der JEB zugunsten Italiens und Spaniens verringern könnte, würden Deutschland und Frankreich (wie auch andere EU-Länder) von der wirtschaftlichen Stabilisierung Italiens und Spaniens besonders profitieren, da die Handelsbeziehungen sowohl Deutschlands als auch des Franc mit Italien und Spanien recht stark sind. Durch die Vermeidung einer neuen Euro-Krise 2 würde das Realeinkommen Deutschlands stabilisiert (z. B. ein zusätzlicher Produktionsrückgang von 2 Prozent in einer Euro-Krise 2 verursacht einen zusätzlichen Produktionsverlust von etwa 68 Milliarden Euro und impliziert auch einen Verlust an Steuereinnahmen und Einnahmen aus der Sozialversicherung in Höhe von 27 Milliarden Euro). Da die Eurozone eine schnellere Erholung und auch eine räumlich gleichmäßigere wirtschaftliche Erholung aufgrund der JEB-orientierten QE der EZB haben könnte, gibt es eine starke gesamtwirtschaftliche Logik für die Einbeziehung dieser Säule in einen adäquaten Policy-Mix, der Geldpolitik, Fiskalpolitik und Wachstumspolitik umfasst – die beiden letztgenannten Elemente als Teil der Wirtschaftspolitik der nationalen Mitgliedsländer und der EU. Da Banken und andere institutionelle Investoren über neue hochwertige Vermögenswerte – JEBs – verfügen würden, besteht auch die Möglichkeit, das Bankensystem der Eurozone zu stabilisieren, was wiederum dazu beitragen könnte, potenzielle Konflikte der EZB in wichtigen Politikfeldern, nämlich der Geldpolitik und der Bankenaufsicht, zu untergraben; es könnte eine Aufgabe des Europäischen Ausschusses für Systemrisiken bleiben, den gesamten Policy-Mix und die internationale und globale Wirtschaftslage in der Corona-Weltrezession zu analysieren.

Der hier vorgeschlagene JEBs-orientierte Politikansatz ist daher wirtschaftlich sinnvoll und entspricht auch voll und ganz der Grundüberlegung des Bundesverfassungsgerichts. Zusätzliche Simulationsstudien der EZB und der Europäischen Union könnten die hier vorgestellten Argumente untermauern.

Änderungsbedarf bei der Modellierung und Konfliktlösung

Es besteht ein ernsthaftes praktisches Hindernis für die breitere Sichtweise der EZB auf wirtschaftspolitische Ziele, da diese hauptsächlich Aspekte der Beschäftigung und des Wirtschaftswachstums betreffen: Der typischerweise unterschiedliche Modellierungsansatz der GD ECFIN in der Europäischen Kommission – hier liegt der Schwerpunkt innerhalb des QUEST-Modells auf diesen Variablen sowie auf den Defizit-BIP- und Schulden-BIP-Ergebnissen (aber nicht auf der Geldpolitik) – und das DSGE-Makro-Modell der Europäischen Zentralbank, das die Auswirkungen der Geldpolitik, nicht aber die Auswirkungen der Fiskalpolitik untersucht, ist ein etwas künstlicher zweigleisiger analytischer Ansatz, der nicht ganz angemessen ist. Die EZB kann die Auswirkungen ihrer politischen Maßnahmen auf die wirtschaftspolitischen Ziele nicht vollständig verstehen, wenn es keine gemeinsame Modellierungsrunde zwischen der Europäischen Kommission und der Europäischen Zentralbank gibt. Hier sollten in Zukunft Änderungen in Betracht gezogen werden, um die Auswirkungen des Politik-Mix und insbesondere der quantitativen Lockerungsmaßnahmen der Europäischen Zentralbank besser zu verstehen.

Vermutlich wird die EZB den Konflikt mit dem Bundesverfassungsgericht lösen können, indem die EZB die geforderten Überlegungen zur Verhältnismäßigkeit der Geldpolitik der Deutschen Bundesbank zuleitet. Diese wiederum könnte die EZB-Darlegungen dann an die Deutsche Bundesregierung und das Bundesverfassungsgericht weiterleiten.

EU-Ansatz zur Finanzierung des Wiederaufbaus

Ende April 2020 signalisierten die EU-Länder die Bereitschaft, über einige Jahre hinweg mehr zum EU-Haushalt beizutragen. Damit wird eine neue Option eröffnet, um den EU-Ländern zu helfen, die vom Corona-Schock besonders hart getroffen wurden, was die Todesfälle und die Tiefe der Rezession 2020 betrifft; hier sind Italien und Spanien besonders exponiert. Die Beiträge aus dem EU-Haushalt könnten erhöht werden, und die Haushaltszahlungen könnten als Garantie verwendet werden, um über die Europäische Union ein großes Defizit-Ausgabenprogramm zu finanzieren. Italien und Spanien haben die Notwendigkeit betont, hohe Transfers zu erhalten, während viele Länder in den nördlichen EU-Ländern argumentieren, dass Transfers nur ein bescheidener Teil des Pakets sein könnten; das Hauptaugenmerk würde auf Krediten und einer expansiveren Finanzpolitik in der EU liegen. Italiens Regierung hat vorgeschlagen, dass Darlehen unbefristete Laufzeiten haben sollten, ein Vorschlag, der jedoch von den Regierungen in Deutschland, den Niederlanden und mehreren anderen Ländern abgelehnt wurde.

Was ist das Hauptproblem Italiens in der Eurozone? Was die Schuldenquote (fast 135 Prozent im Jahr 2019) betrifft, so ist das Hauptproblem Italiens – im Vergleich zu den Partnerländern der Eurozone – das unzureichende Wirtschaftswachstum. Dies wird deutlich, wenn man das Wachstum in der Eurozone – ohne Italien – mit der Wachstumsrate Italiens vergleicht, die seit etwa 15 Jahren im Vergleich zu den Partnerländern der Eurozone unterdurchschnittlich ist. Italiens Hauptherausforderungen im Bereich des Wirtschaftswachstums waren früher Probleme im Bildungsbereich, insbesondere im Hochschulwesen (mit einer Abbrecherquote der Studenten vor dem Abschluss von etwa 50 Prozent oder mehr; Aina et al. 2018), Überregulierung der Arbeitsmärkte und unzureichende Investitionen, aber in den 15 Jahren nach 1995 gingen die italienischen Reformen unter verschiedenen Regierungen in die richtige Richtung, während die Korruption ein Schlüsselproblem bleibt (Gros 2018). Ein Hauptproblem scheint zu sein, dass die italienischen Regierungen viele der Vorschläge aus den OECD-Länderberichten und den Länderberichten des Europäischen Semesters der EU nicht umsetzen.

Zu den weitgehend übersehenen Problemen gehören unzureichende Ausgaben für Forschung und Entwicklung und ein Mangel an ausländischen Direktinvestitionen im In- und Ausland – im Verhältnis zum Nationaleinkommen – was einen unzureichenden technologischen Fortschritt impliziert. Zu den positiven Perspektiven der italienischen Wirtschaft gehört der über viele Jahre hinweg positive Leistungsbilanzüberschuss, so dass die Auslandsverschuldung Italiens auf den ersten Blick ein eher begrenztes Problem darstellt. Man sollte jedoch nicht übersehen, dass sowohl inländische als auch ausländische Investmentfonds sehr schnell reagieren könnten, wenn die italienischen Staatsanleihen im Rating herabgestuft würden.

Die Verluste des italienischen Privatsektors und insbesondere des Bankensektors könnten ziemlich hoch ausfallen, wenn der italienische Zinssatz steigen oder ein „Haarschnitt“ am italienischen Schuldenbestand erfolgen würde. Die Forderungen der italienischen Banken an den Staat – durch Staatsanleihen in den Bankbilanzen und Bankkredite an den Staat – summierten sich auf mehr als 700 Milliarden Euro, von denen etwa 400 Milliarden Euro Staatsanleihen sind: Ein 30-prozentiger Haarschnitt (wahrscheinlich nur bei ungünstigen wirtschaftlichen Entwicklungen) würde zunächst 120 Milliarden Euro an Bankkrediten verursachen, aber die Aussicht auf niedrigere Marktzinsen nach dem Haarschnitt bei Staatsanleihen könnte gleichzeitig den Marktwert erhöhen. Sapir (2019) hat die italienische Schuldenentwicklung mit der belgischen verglichen, wobei der Autor argumentiert hat, dass die Reduzierung der belgischen Schulden von 138 Prozent im Jahr 1993 auf 87 Prozent im Jahr 2007 möglich war, weil die Konsolidierungspolitik in Belgien von einem breiten politischen Konsens getragen wurde. In Italien war ein solcher Konsens damals nicht sichtbar, und ein solcher Konsens ist auch heute nicht sichtbar. Italien erzielte einige Konsolidierungsfortschritte in Bezug auf seine Schuldenquote, die jedoch viel bescheidener war als in Belgien und anderen Ländern. Da eine populistische Rechtspartei darauf wartet, an die Macht zu kommen, und eine linkspopulistische Partei an der Macht ist, ist die Wahrscheinlichkeit eines breiten politischen Konsenses in Italien im Bereich der Schuldenpolitik nahe Null.

Es ist jedoch unklar, ob die Mitgliedsländer mit genügend neuen und angemessenen Projekten aufwarten werden, die mit viel höheren Steuerausgaben finanziert werden können. Es besteht ein erhebliches Risiko, dass ein großer Teil der Mittel für eher ineffiziente Investitionsprojekte sowie für den Staatskonsum und Initiativen zur Erhöhung der Löhne im öffentlichen Sektor verwendet wird, was den handelbaren Sektor belasten und damit die Nettoexporte von Waren und Dienstleistungen (im Verhältnis zum Bruttoinlandsprodukt) verringern würde. Es sollte auch darauf hingewiesen werden, dass eine unzureichende Überwachung der Verwendung der zusätzlichen Mittel ein großes Problem in der EU sein könnte, die typischerweise oft ernsthafte Probleme bei der Überwachung der nationalen Ausgaben der EU-Regional- und Strukturfonds hat. Es hat sich herausgestellt, dass etwa die Hälfte der EU-Regionalfonds keine signifikanten Auswirkungen in den jeweiligen EU-Regionen haben. Es stellt sich auch die große Frage, ob die EU ohne adäquate Reformen in Richtung einer Steuerunion wirklich substanziell höhere Ausgaben tätigen will oder nicht; wenn der Corona-Schock und die neuen massiven Ausgabenprogramme nicht zu Schritten in Richtung einer Steuerunion führen würden, wird eine solche institutionelle Modernisierung und Vertiefung der EU-Integration nie zustande kommen.

Ohne eine Finanzunion wird die Eurozone in künftigen Rezessionen wahrscheinlich zerfallen. Während es offensichtlich ist, dass der Corona-Schock und die epidemischen Herausforderungen den wirtschaftlichen und politischen Nationalismus in den EU-Ländern kurzfristig verstärkt haben, ist auch klar, dass die Europäische Union vor einer historischen Herausforderung steht: Geschwächt durch BREXIT und mittelfristig unter Druck für weitere Ausstiegsmöglichkeiten – wobei Italien unter ungünstigen politischen Umständen ein offensichtlicher Kandidat ist – sollten die EU-Länder überlegen, welches das Mindestniveau der institutionellen Modernisierung ist, das Anfang der 2020er-Jahre erreicht werden sollte. Nach 2025 wird es in der EU eine zunehmende demografische Kluft geben, da sich die Alterung in Deutschland, Italien und Spanien beschleunigen wird, während die Situation in Frankreich günstiger ist (und auch in Großbritannien). Die unterschiedliche Alterungsdynamik wird zu unterschiedlichen nationalen Interessen beitragen, was wiederum die Zusammenarbeit in der EU und institutionelle Veränderungen erheblich erschweren wird. Wenn die historische Chance zur Schaffung einer supranationalen Fiskalunion – mit strengeren Regeln für die Ausgabenobergrenzen der nationalen Regierungen – ignoriert wird, wird die EU in den kommenden Jahrzehnten wahrscheinlich allmählich zerfallen. Sie könnte in einen Mittelmeer/Süd-Block mit Frankreich an der Spitze und ein neues „*Mitteleuropa*" im nördlichen und östlichen Teil der gegenwärtigen EU mit Deutschland an der Spitze zerfallen. Eine solche Situation wird zwangsläufig zu neuen Konflikten innerhalb Europas führen und würde Deutschland früher oder später dazu drängen, nach nuklearmilitärischen Optionen zu suchen; der politische Zerfall würde auch den wirtschaftlichen Zerfall in Europa mit sich bringen, und beide würden für eine weitere historische Schwächung der westlichen Welt stehen. Alle grundlegenden Ziele der EU-Integration im Startjahr 1957 wären für immer aufgegeben worden. Wenn die USA in internationalen Wirtschaftskrisen keine Führungsrolle übernehmen können, sollte die EU versuchen, dies zu tun: Deutschland/Frankreich plus andere EU-Länder könnten dies tun. Die Trump-Administration kann keine Führungsrolle übernehmen, da a) Präsident Trump den Multilateralismus ablehnt, b) die Trump-Administration unter einem Mangel an rund 1000 Mitarbeitern und Experten leidet (nur drei Viertel der nach der Besetzung der politischen Ämter durch Obama frei gewordenen Stellen wurden unter Trump besetzt) und c) die US-Gesellschaft politisch so polarisiert ist, dass eine Führung nicht machbar und glaubwürdig ist.

Umfrageergebnisse aus der Europäischen Union

Das Europäische Parlament hat eine Umfrage unter 21 EU-Ländern in Auftrag gegeben, um die Sichtweisen der Bürgerschaft zum Seuchen-Schock und zur Seuchen-Bekämpfungspolitik zu erfahren (Tab. 19.1). Wegen der Coro-

Tab. 19.1 Umfrageergebnisse zur Prioritätenliste der EU-Reaktion auf das Corona-Virus (max. 3 Antworten, Angaben in %)

	Sicherstellen, dass genug medizinisches Bedarfsmaterial (Masken, Handschuhe, Tests, etc.) für alle EU-Mitgliedsstaaten vorhanden ist	Zuteilung von Forschungsgeldern für die Entwicklung einer Impfung	Bereitstellung von direkter finanzieller Hilfe für EU-Mitgliedsstaaten	Verbesserung der Zusammenarbeit zwischen Forschern in verschiedenen EU-Mitgliedsstaaten	Verbesserung der Kooperation zwischen EU-Mitgliedsstaaten	Lockerung der EU-Haushaltsregeln, damit Mitgliedsstaaten ihre Volkswirtschaften mit Staatshilfen unterstützen können	Durchsetzen strengerer Kontrollen an den Außengrenzen der Europäischen Union	Zusammenarbeit mit Social Media Plattformen, um bei der Eliminierung ungenauer Informationen, oft auch Fake News genannt, zu helfen	Anderes	Keines	Weiß ich nicht
INSGESAMT	55	38	33	32	29	25	25	11	1	2	4
Belgien	59	36	25	30	29	28	26	11	1	1	6
Bulgarien	40	37	40	27	22	36	34	14	2	1	2
Tschechien	44	35	32	25	29	23	27	10	2	3	6
Dänemark	55	46	16	37	23	20	25	17	2	2	7
Deutschland	57	41	27	34	31	14	26	9	2	3	5
Irland	60	40	41	28	22	32	31	13	1	1	2
Griechenland	49	32	60	18	25	38	30	10	1	1	2
Spanien	62	43	43	36	27	27	16	7	1	1	3
Frankreich	59	36	22	34	27	30	29	8	1	2	6
Kroatien	51	27	51	33	29	28	26	17	1	1	2
Italien	47	27	49	30	38	35	16	12	1	1	3
Ungarn	42	31	29	32	29	20	32	20	2	1	6
Niederlande	53	50	12	34	27	18	29	14	1	2	6
Österreich	58	34	29	35	32	23	31	11	2	2	3
Polen	55	42	36	28	23	25	24	16	1	2	4
Portugal	63	39	47	28	28	25	32	10	1	0	4
Rumänien	51	45	41	27	24	29	28	16	1	1	2
Slowenien	60	25	45	27	37	30	28	17	1	1	2
Slowakei	51	30	43	30	27	34	33	12	1	1	2
Finnland	61	33	26	27	33	24	30	10	1	1	6
Schweden	62	40	19	36	24	18	24	17	2	1	6

AM HÄUFIGSTEN GENANNTER PUNKT

AM ZWEITHÄUFIGSTEN GENANNTER PUNKT

AM DRITTHÄUFIGSTEN GENANNTER PUNKT

Quelle: Frage Q8: Bitte wählen Sie von dieser Liste bis zu drei Antworten aus, die Ihrer Meinung nach für die Europäische Union bei ihrer Reaktion auf das Corona-Virus die höchste Priorität haben sollten. (MAX. 3 ANTWORTEN)

navirus-Pandemie wurden die Umfragen in der letzten März-Woche Online durchgeführt, was eine gewisse Unsicherheit darüber mit sich bringt, ob die Umfrageergebnisse wirklich repräsentativ sind. Davon sei hier ausgegangen. Im Übrigen lag die Umfragewelle mitten in der kritischen Phase der Quarantäne-Maßnahmen und der Produktionsbeschränkungen für viele Sektoren und der Zuhause-Bleibe-Vorgaben für zahlreiche Bevölkerungsgruppen. Die Umfrage ergibt eine interessante Momentaufnahme der Sichtweisen der Bevölkerung in den EU-Mitgliedsländern (Europäisches Parlament 2020 – Uncertainty/EU/Hope. Public Opinion in Times of COVID-19, Brussels).

Die Kantar-Umfrage für das Europäische Parlament zu Corona-Unsicherheitsfragen enthält eine Reihe interessanter Befunde zu Ende März 2020 mit Blick auf die EU-Länder (bis zu drei Nennungen bei Antworten möglich):

- Hauptempfindungen der Befragten waren Hilflosigkeit (29 %), Frustration (27 %), Vertrauen (21 %) und Furcht (22 %), Hilfsbereitschaft (14 %) und Ärger (14 %)
- Unsicherheitsempfindungen waren in der großen Mehrzahl der Länder bei den Befragten dominant, in Bulgarien, Dänemark, Deutschland, Kroatien, Österreich, Rumänien und Slowenien dominierte allerdings die Kategorie Hoffnung.
- Wenn man nach den wichtigsten EU-Aufgaben im Kontext der Corona-Krise fragte, so war die Nr. 1 Antwort mit 55 %: Sicherung ausreichender Medizingüter-Versorgung in den EU-Mitgliedsländern; es ist den Bürgerinnen und Bürgern offenbar mit Blick auf die Pandemie klar, dass die EU dank ihrer Größe auf globalen Märkten gewisse Verhandlungsvorteile hat und diese nutzen sollte – so eine möglich Interpretation. 38 % nannten die Finanzierung von Impfstoffen gegen die Seuche. Das EU-Parlament hat nicht nachfragen lassen, ob die Bürger der Eurozone eine besondere Notwendigkeit sahen, dass die Eurozone eigenständige gezielte Hilfsmaßnahmen für ihre Mitgliedsländer entwickeln sollte. Hier lässt die Umfrage wichtigen Fragen völlig außen vor. Aus ökonomischer Sicht ist die EU tendenziell mit ihrer jetzigen Konstruktion instabil: Geldpolitik auf der Euroebene mit 19 Ländern in 2020, EU-Fiskalpolitik auf der Ebene der 27-Mitgliedsländer, was natürlich nicht sinnvoll zusammenpasst.
- 33 % betonten, dass direkte Finanzierungshilfen für EU-Mitgliedsländer wichtig seien; besonders starke Hilfswünsche wurden in Griechenland (60 %), Kroatien, Italien (49 %) und Bulgarien geäußert, Deutschland und Frankreich verzeichneten 27 % bzw. 22 %. In allen Ländern außer Griechenland und Italien war die Erwartung sehr stark, dass die EU für ausreichende Versorgung mit Medizin-Produkten sorgen sollte.

- 32 % wünschten, dass die EU eine verstärkte wissenschaftliche Vernetzung wünschte.
- 29 % wünschten, dass die EU-Länder stärker miteinander kooperieren sollten.
- 25 % wollten, dass die EU weniger streng bei nationalen Subventionsvergaben an Unternehmen sein sollte
- 25 % wünschten sich stärkere Außengrenzen-Kontrollen der EU.

Bemerkenswert ist, dass nur 1/3 der EU-Bürgerschaft überhaupt direkte EU-Finanzhilfen als Top-EU-Priorität ansahen. Weitere wichtige Befunde waren:

- Mit Blick auf die Zufriedenheit von EU-Maßnahmen besonders unzufrieden waren Bulgarien, Österreich, Spanien und Italien, besonders zufrieden hingegen waren Irland, Niederlande, Dänemark, Finnland, Portugal und Deutschland. Eine klare Mehrheit der EU-Bürger wünscht sich in Sachen Pandemie-Krisenbekämpfung mehr EU-Kompetenzen.
- Relativ große politische Unterstützung der nationalen Regierungen gab es in Österreich, Finnland, Niederlande, Dänemark, Portugal, Irland, Deutschland und der Slowakischen Republik, besonders gering war die politische Unterstützung in Ungarn, Frankreich, Bulgarien, Slowenien und Polen.
- Bei der Frage nach der Zufriedenheit mit den von der nationalen Regierung getroffenen Seuchen-Maßnahmen war die Einschätzung der Befragten unterdurchschnittlich (schlechter als EU-Durchschnitt) in Italien, Slowenien, Rumänien, Ungarn, Bulgarien, Frankreich, Polen, Spanien. In den genannten Ländern dürfte sich eine längerfristige Schwächung des Vertrauens in die Institutionen beziehungsweise das politische System ergeben. Aus deutscher Sicht ist das besonders problematisch mit Blick auf Frankreich und Italien – die ohnehin eher geringe politische Stabilität dieser beiden Länder dürfte sich weite verschlechtern. Deutschland lag leicht über dem EU-Durchschnitt.
- In den meisten Ländern galt das größte Vertrauen in Sachen Pandemiewissen – als Infoquelle – den Wissenschaftlern, nur in Dänemark, Schweden, Finnland, Irland, Niederlande und Österreich ist es die nationale Regierung; in Portugal, Ungarn und Rumänien ist es die Weltgesundheitsorganisation.
- Am größten sind im Seuchenkontext die eigenen Gesundheitssorgen in Portugal, Polen, Italien, Spanien, Rumänien, Irland, Belgien und Frankreich (alle höher als der EU-Durchschnitt), eher niedrig sind die Besorgnisse in

Deutschland, Schweden Tschechien, Kroatien, Finnland, Bulgarien, Dänemark, Slowenien und Österreich; die Befunde sind ländermäßig ähnlich mit Blick auf Gesundheitssorgen bei Familie und Freunden.

- Bei den drei meisten ökonomischen Betroffenheitspunkten waren Einkommensverluste (30 % im EU-Durchschnitt), Kurzarbeit oder Arbeitslosigkeit (23 %) sowie unerwartet notwendige Nutzung der eigenen Ersparnisse (21 %) in allen Ländern besonders häufig erwähnt (Ausnahme: Portugal in Sachen Arbeitslosigkeit und Kurzarbeit; Ausnahme: Griechenland bei Nutzung der eigenen Ersparnisse).
- In Sachen verstärkte Kommunikationsbedürfnisse in der Pandemiesituation waren mit überdurchschnittlichen Häufigkeiten verzeichnet Portugal, Spanien, Italien, Frankreich, Slowenien, Irland und Rumänien.
- Es sei angemerkt, dass Irlands Positionierungen wohl stark durch die schlechten Gesundheitsentwicklung in Großbritannien beeinflusst war, wo auch rund eine Million Iren arbeiten. Die Antworten in Slowenien dürften zum Teil der starken geografischen Nähe zu Italien zuzuschreiben sein, wo die Sterblichkeitsquoten im März besonders hoch waren.
- Eine große öffentliche Epidemie-Debatte gab es eher selten, im EU-Durchschnitt erklärten hier ein besonderes Engagement 4 % der Bevölkerung und ein gewisses Engagement 13 % der Bevölkerung. Weil die Coronavirus-Pandemie eher als eine Experten-Angelegenheit eingestuft wird, dürfte es auch eine erhebliche Bereitschaft der Bevölkerung geben, den Anordnungen der nationalen Regierung in der Seuchenpolitik zu folgen; zumindest für eine gewisse Zeit.

Mit dem 750 Milliarden € Kommissionsvorschlag für einen außerordentliche EU-Kredit, der faktisch die EU-Ausgaben für etwa fünf Jahre verdoppelt – relativ zum EU-Nationaleinkommen – hat die EU-Kommission einen sehr teuren Vorschlag gemacht; im Vergleich zu einem vernünftigen Eurozonen-Hilfspaket von ca. 600 Milliarden – der JEBs-Vorschlag wie dargestellt – ist das EU-Hilfspaket viel teurer, gibt völlig unnötig riesige Transfers in die osteuropäischen EU-Länder, wo schon jetzt die Absorptionsfähigkeit für EU-Strukturfondszahlungen relativ gering ist. Mit der Brüsseler Rhetorik von einem einmaligen Ausgabenpaket versucht sich die Kommission einer rationalen, kritischen Debatte zu entziehen; das ist bequem, aber schlecht für die Effizienz der Hilfspakete und damit auch schlecht für die langfristige Stabilisierung der EU. Es gibt sicher viel guten Willen bei der EU-Kommission, ob es hinreichend gute Beratung dort gibt, erscheint als sehr zweifelhaft. Womöglich kommt schon in wenigen Jahren die nächste neuartige Pandemie – und was will man dann machen? Die EU-Kommission ist weit hinter Kants

Kategorischem Imperativ, wonach man bedenken soll, ob die vorgeschlagenen Maßnahmen so sind, dass man sie zum Maßstab einer allgemeinen Pandemie-Krisen-Bekämpfung machen sollte.

Die EU muss sich fragen lassen, wie lange sie die sonderbaren Nichtbeitritte der osteuropäischen EU-Länder und von Schweden zur Eurozone weiterlaufen lassen will. Es ist völlig klar, dass die Nicht-Euro-Länder bei allen notwendigen Schritten zur Absicherung gegen Krisen in Euroländern, sich quasi von der EU-Kommission eine Art Prämien-Transfer in Brüssel zusichern lassen. Die jetzt vorgesehenen EU-Transfers Richtung osteuropäische Nicht-Euro-Länder sind weitgehend gegen die Interessen von Eurozone und EU; es gibt ein von der EU-Kommission selbstgeschaffenes Moralisches-Risiko-Problem, wenn sie mit undurchdachter Politik riesige unnötige EU-Zusatzausgaben verursacht. Diese werden in den Empfängerländern absehbar die Korruption erhöhen, die wiederum das Wachstum schwächt und damit den ökonomischen Zusammenhalt – die Kohäsion – in der EU mindert. Dann soll die EU als nächstes den Euro-Nichtbeitrittsländern in Osteuropa erhöhte Kohäsionszahlungen für die ökonomische Annäherung an die Eurozone geben: Das ist völlig widersprüchlich und könnte man für politisch sehr unklug (und auch verlogen) halten. Fast 20 Jahre nach dem EU-Beitritt von zehn Ländern in 2004 (acht aus Osteuropa plus Malta und Zypern) kann man nicht sagen, dass der Nichtbeitritt zur Eurozone ein Normalzustand sei. Wie man dem EZB-Konvergenzbericht entnehmen kann (2018), haben eine Reihe von osteuropäischen Ländern die Konvergenzkriterien für einen Beitritt erreicht. Schweden hat die Konvergenzkriterien schon vor Jahren erreicht, dann aber per Volksabstimmung einen Beitritt zur Eurozone abgelehnt. Auf Dauer wird das ein Problem schaffen.

Die Alternative zum jetzigen Instabilitätszustand in der EU ist, dass man eine Neuverhandlung des Maastrichter Vertrages ansetzt und alle Nicht-Beitrittsländer der EU auf Wunsch mit einer Opting-out-Klausel in Sachen Währungsunion versieht und gleichzeitig ein Eurozonen-Parlament und eine Euro-Regierung gründet. Wenn die Nicht-Euroländer sich verweigern, so könnten die Länder der Eurozone aus der EU austreten und eine Art EU-Neugründung vornehmen: als Eurozonen-EU. Ein beliebiges Europa à la Carte, bei dem jeder sich ein Sammelsurium von Teil-Integrationsbereichen wählen kann, ist gar keine EU-Integration; jedenfalls keine von Dauer und erst recht keine, die sich mit einiger Politikautonomie gegenüber den USA und China wird behaupten können.

Den größten ökonomischen Nutzen auf den ersten Blick haben von der EU-Integration bzw. der Euro-Integration:

- erfolgreiche Unternehmen im Sektor der handelsfähigen Güter; sie über EU-Körperschaftssteuersätze zu besteuern und damit eine Basis-Eurozonen-Staatsausgabenquote von 1,5 % zu finanzieren, erscheint als sinnvoll. Bisher sind die Körperschaftsbesteuerungen nur national, wobei der politische Wettbewerb um mobile Unternehmen zu relativ niedrigen Körperschaftssteuersätzen. Im Fall eines EU-Körperschaftssteuersatzes sollte man deutlich die Verlagerung von Unternehmen Richtung UK und Schweiz unattraktiv machen.
- Einkommensumverteilung sollte auch auf der supranationalen Ebene im Wesentlichen erfolgen, wie dies der ökonomischen Theorie des Föderalismus entspricht. Einkommensumverteilung in den USA auf Ebene der Bundesstaaten wäre ineffizient, deshalb gibt es in den USA eine Bundes-Einkommenssteuer; allerdings ist das politische System stark spendenmäßig von den Superreichen in den USA verzerrt, die Einkommensumverteilung über das Steuersystem ist minimal. Die Sozialausgabenquote der USA im Vergleich zu den EU-Ländern ist sehr niedrig.
- Mit diesen Themen hat man sich in der Eurozone und der EU bislang nicht wirklich beschäftigt. Nach der Corona-Krise wird es höchste Zeit dafür. Es dürfte wenig Sinn machen, einfach einen neuen Konvent anzusetzen – das ist in der EU schon einmal kläglich gescheitert, und zwar am Widerstand Frankreichs, wo man seitens der Gegner in der Bevölkerung zu viel Marktliberalismus im EU-Verfassungsentwurf sah und das Wort Sozial beziehungsweise Soziale Marktwirtschaft kaum im Entwurfstext vorhanden sah. Auch die Bevölkerung der Niederlande haben in einer Volksabstimmung mehrheitlich Nein gesagt, wobei wohl die Mehrheit der Gegner des Konvent-Verfassungsentwurfes das Problem sah, dass relativ kleine Länder wie die Niederlande mit ihren Interessen nicht ausreichend repräsentiert seien. Man sich darüber im Klaren sein, dass im Zuge der Corona-Krise Frankreich und Spanien politisch schwach sind, da die Bevölkerung sehr über die Seuchenpolitik der jeweiligen Regierung enttäuscht ist. In Frankreich dürfte der Destabilisierungseffekt wegen des gegenüber Spaniens größeren Anteils an jugendlichen Wählern größer als in Spanien sein; um so mehr könnte man im Zuge von Schritten hin zu einer Euro-Politikunion darüber nachdenken, auch nationale Verfassungen so zu verändern, dass eine politische Stabilisierung nach dem Corona-Schock erreicht wird.

Die EU kann in der jetzigen widersprüchlichen und instabilen Situation nicht bleiben; sie wird nämlich so in der Tendenz immer schwächer und womöglich Teil eines untergehenden Westens – mit UK nach BREXIT (Welfens

2017) und den USA als strukturell populistisches Land (Welfens 2019a). In der EU fehlen viele Punkte für nachhaltige Integration. Man kann sich eine Weltwirtschaft mit Dominanz Asiens oder von USA und China – bei Niedergang der Sozialen Marktwirtschaft in der EU- durchaus vorstellen. Eine positive Perspektive für die Weltwirtschaft ist das nicht. Die Welt im 21. Jahrhundert braucht mehr Soziale Marktwirtschaft und hier sollte die EU eigentlich eine Führungsrolle übernehmen, wovon wenig sichtbar ist. Vielen Menschen in Deutschland, Frankreich, Niederlande und anderen EU-Ländern ist gar nicht bewusst, wie qualitativ hochwertig das europäische System der Sozialen Marktwirtschaft ist: mit den geringsten Säuglingssterblichkeitsquoten der Welt, mit den höchsten Lebenserwartungen in der Welt und einem Lebenszeiteinkommen, das so hoch wie in den USA ist. Kein Wirtschaftssystem kann die eigene Systemkonzeption international exportieren, wenn man nicht wirtschaftlich stark und politisch-ökonomisch stabil ist. Von daher ist die jetzige EU-Konstruktion ein großes Problem für Europa und wegen der langjährigen EU-Vorbildrolle für andere regionale Integrationsräume auch in wichtigen anderen Teilen der Weltwirtschaft. Eine echte EU-Reformdebatte fehlt völlig, die konzeptionell mangelhafte „EU-Wiederaufbaupolitik" zeigt, dass es in Europa auch große Konzeptionsdefizite gibt. Mit Energie, Geduld und Kompetenz ließe sich wohl eine bessere Integration der EU bauen; gelingt das nicht, dürfte die Zerfallsperiode der EU viel kürzer als ihre Aufstiegsphase 1957–2016 sein.

Positive EU-Perspektiven und Wechselkursaspekte

Zu den Vorteilen der Eurozone in 2020 gehört, dass bei der Europäischen Zentralbank Instrumente angewendet werden können, die man als Reaktion auf die Transatlantische Bankenkrise 2008/09 entwickelt hat. Die Banken sind zudem im Frühjahr 2020 als positiver Stabilisator in der Eurozone aufgetreten, da sie Anleihen aufkauften, die etwa Investmentfonds und Versicherungen verkauft haben (LANE 2020). Allerdings ist nicht zu übersehen, dass im März 2020 – da begannen Betriebsschließungen und Zuhause-Bleibe-Vorgaben für einige Sektoren beziehungsweise Arbeitnehmergruppen – der sogenannten CISS-Finanzmarkt-Risikoindikator der EZB deutlich anstieg. Mit den EZB-Eingriffen im April und Mai ist es dann gelungen, die Situation halbwegs zu normalisieren. Was die Eurozone insgesamt angeht, so besteht natürlich in der extremen Corona-Krisenlage eine gewissen Tendenz, dass Investoren Gelder aus südlichen Krisenländer-Kandidaten wie Spanien, Portugal, Italien, Griechenland abziehen und in nördliche stabile Länder zu verlagern, insbesondere nach Deutschland, Frankreich, Niederlande. Einer solchen

Flucht in den sicheren Hafen „Nord-EU“ hat die Politik der EZB teilweise entgegen gewirkt; ohne Mitgliedschaft in der Eurozone hätte es sicher schon im März 2020 sehr massive Kapitalabflüsse aus Italien gegeben, so dass die Zinssätze für italienische Staatsanleihe deutlich angestiegen, die Anleihezinssätze für deutsche Staatsanleihen deutlich gesenkt worden wären. Positiv kann man einordnen, dass nach Jahren relativ expansiver Geldpolitik der EZB (und auch der US-Zentralbank und der Bank of England) und fiskalpolitischem Winterschlaf in der Eurozone viele Länder mit expansiver Fiskalpolitik aktiv geworden sind. Das Bankensystem dürfte 2020 deutlich robuster in der EU und der Eurozone dastehen als 2009, als ja der Bankenkonkurs von Lehman Brothers in New York am 15. September der sichtbare Krisenauslöser für USA, UK und andere EU-Länder geworden ist.

Betrachtet man nochmals das Problem EU und Eurozone, so kann man folgende Punkte betonen:

- Die Politik von EZB und Eurozonen-Ländern wird – sofern eine neue Eurokrise vermieden wird – zu einer Aufwertung des Euros gegenüber Nicht-Euro-Ländern der EU führen. Das ist mittelfristig ein indirekter Impuls für höhere Exporte dieser Länder Richtung Eurozone und müsste eigentlich als Aspekt auch beim EU-Kommissions-Kreditpaket betrachtet werden (was jedoch nicht der Fall bis Mitte 2020 war).
- Der Aufwertungsdruck auf den Euro könnte sich deutlich erhöhen, wenn die USA eine sehr ernste Rezession in 2020/2021 hätten (immer vorausgesetzt, es kommt zu keiner neuen Eurokrise). Es wäre sehr wünschenswert, dass dieser Aufwertungsdruck nur wenige Quartale anhält, da sonst für die Eurozone die Überwindung der Eurozone sehr schwer wird.
- Die Eurozone könnte mittelfristig von verstärkten Direktinvestitionen profitieren (immer vorausgesetzt, es kommt zu keiner neuen Eurokrise), da UK wegen seiner wenig erfolgreichen Corona-Bekämpfungspolitik und wegen des BREXIT in 2021/2022 eine ziemlich schwierige ökonomische Anpassungsphase haben dürfte. Das britische Pfund wird vermutlich nochmals eine deutliche reale Abwertung erfahren, was es EU-basierten und japanischen sowie chinesischen Investoren erleichtern wird, britische Firmen zu übernehmen; auch wichtige US-Investoren könnten dabei sein. Für UK wird das ökonomisch wenig vorteilhaft sein, da immer größere Anteile der britischen Wirtschaft in der Hand ausländischer Investoren sind; in manchen Sektoren mag das für den internationalen Technologietransfer recht nützlich, aber ein anderer wichtiger Aspekt sollte nicht übersehen werden: Wenn der Anteil ausländischer Investoren am Kapitalbestand deutlich ansteigt – etwa von 16 % in 2016 auf 25 % in

2030 – dann steigt auch der Unterschied zwischen Bruttoinlandsprodukt und Bruttonationaleinkommen; die reale Wachstumsrate des Bruttonationaleinkommens, das ein Bestimmungsfaktor für realen Konsum und reale Güterimporte ist, wird langsamer sein als beim Bruttoinlandsprodukt; es wird also ein größerer Anteil des Bruttoinlandsprodukts als Gewinntransfers von ausländischen Tochterfirmen in UK an die jeweiligen ausländischen Muttergesellschaften abgeführt. Geht man davon aus, dass in UK die Gewinne 1/3 des Bruttoinlandsproduktes ausmachen, dann werden 2030 etwa drei Prozent des Bruttoinlandsproduktes zusätzlich als Gewinntransfers ins Ausland gehen.

Der Einfluss ausländischer Investoren beziehungsweise von multinationalen Unternehmen dürfte in einer Reihe von Industrie- und Schwellenländern weiter zunehmen. Wo da im Übrigen in UK der Johnson-BREXIT-Satz vom Take Back Control (sich die Kontrolle via BREXIT zurück nach UK holen) Sinn machen soll, bleibt ziemlich unerfindlich. Aus EU-Sicht stellt allerdings das Euro-Banken-Großhandelszentrum in London auf mittlere Frist noch ein Problem dar: Es kann nämlich sein, dass durch die Corona-Wirtschaftskrise in UK mittelfristig eine britische Bankenkrise entsteht, wodurch Unternehmen aus EU-Ländern negativ betroffen werden. Denn bisher ist es ja bis zum BREXIT – seit 1993 beziehungsweise dem EU-Binnenmarktstart – so gewesen, dass London zu mehr als 65 % über 25 Jahre den Euro-Großhandels-Bankenmarkt repräsentiert hat. Es ist allerdings anzunehmen, dass bis Ende des britischen Übergangszeitraums in Sachen BREXIT, nämlich Ende 2020, weitere Banken und Finanzdienstleister aus UK Richtung Eurozone umgezogen sein dürften.

Literatur

Adarov, A., & Stehrer, R. (2020). *New productivity drivers: Revisiting the role of digital capital, FDI and integration at aggregate and sectoral levels*, Working Paper 178. Vienna: Vienna Institute for International Economic Studies.

Aina, C., Baici, E., Casalone, G., & Pastore, F. (2018). *The economics of University dropouts and delayed graduation: A survey*, IZA Discussion paper no. 11421. Institute of Labor Economics. http://ftp.iza.org/dp11421.pdf. Zugegriffen am 01.04.2020.

Arnold, N., Barkbu, B., Ture, E., Wang, H., & Yao, J. (2018). A central fiscal stabilization capacity for the Euro Area, IMF staff discussion note SDN/18/03, March 2018, Washington, DC.

Bank of England. (2020). Monetary policy report, May 2020, London.

Bernanke, B. S., Gertler, M., & Gilchrist, S. (1996). The financial accelerator and the flight to quality. *The Review of Economics and Statistics, 78*(1), 1–15.

BVG. (2020). Bundesverfassungsgericht ECB decisions on the Public Sector Purchase Programme exceed EU competences, Bundesverfassungsgericht, Press Release No. 32/2020 of May 5, 2020. https://www.bundesverfassungsgericht.de/SharedDocs/Pressemitteilungen/EN/2020/bvg20-032.html Link to the judgment by the Second Senate of Germany's Federal Constitutional Court https://www.bundesverfassungsgericht.de/SharedDocs/Entscheidungen/EN/2020/05/rs20200505_2bvr085915en.html. Zugegriffen am 15.05.2020.

Cravino, J., & Levchenko, A. (2016). Multinational firms and international business cycle transmission. *Quarterly Journal of Economics*, 921–962. https://doi.org/10.1093/qje/qjw043.

Europäisches Parlament. (2020). – Uncertainty/EU/Hope. Public Opinion in Times of COVID-19, Brussels.

Gros, D. (2018). *Who lost Italy?, Policy contribution*. Brussels: Centre for European Policy Studies.

Holzner, M., Jestl, S., & Pichler, D. (2019). *Public and private pension systems and macroeconomic volatility in OECD countries*, Working paper 172. Vienna: Vienna Institute for International Economic Studies.

Lane, P. (2020). Understanding the ECB's pandemic emergency purchase program (PEPP). Presented at the Princeton Bendheim Center for Finance Webinar, June 22, 2020. *https://bcf.princeton.edu/event-directory/covid19_26/* Zugegriffen am 22.06.2020.

Sapir, A. (2019). High public debt in the euro Area: A Tale of Belgium and Italy. *Journal of Common Market Studies*. https://doi.org/10.1111/jcms.12950.

Welfens, P. J. J. (2017). *BREXIT aus Versehen* (2., u. erw. Aufl.). Wiesbaden: Springer.

Welfens, P. J. J. (2019a). *The global Trump – structural US populism and economic conflicts with Europe and Asia*. London: Palgrave Macmillan.

Welfens, P. J. J. (2019b). *Klimaschutzpolitik – Das Ende der Komfortzone, Neue wirtschaftliche und internationale Perspektiven zur Klimadebatte*. Wiesbaden: Springer.

Welfens, P. J. J. (2020b). *Corona world recession and health system crisis: Shocks not well understood so far*, EIIW discussion paper no. 273. https://uni-w.de/2tzbc.

Welfens, P. J. J. (2020d). *Joint eurobonds as a rational policy options in the EU corona crisis*, EIIW discussion paper, forthcoming.

Welfens, P. J. J., & Baier, F. (2018). BREXIT and foreign direct investment: Key issues and new empirical findings. *International Journal of Financial Studies, 6*(2), 46. https://doi.org/10.3390/ijfs6020046.

Welfens, P. J. J., & Celebi, K. (2020). CO_2 allowance price dynamics and stock markets in EU countries: Empirical findings and global CO_2-perspectives, EIIW discussion paper no. 267. https://uni-w.de/ndf2l.

Welfens, P. J. J., Irawan, T., & Perret, J. (2016). *True Investment-GDP Ratio in a World Economy with Investment in Information & Communication Technology*, EIIW discussion paper no. 215, https://uni-w.de/bh21m

20

Gesundheits- und wirtschaftspolitische Schlussfolgerungen

Die Coronavirus-Pandemie wird sowohl in den EU-Ländern als auch in den USA viele Herausforderungen für Gesundheitsreformen hinterlassen. In Italien hat sich gezeigt, dass ein Teil der hohen Todesfälle in der Lombardei (einem nördlichen Teil Italiens) weitgehend auf die unverantwortliche Entscheidung der Regionalregierung unter der rechtspopulistischen Lega-Partei zurückzuführen ist, Coronavirus-infizierte ältere Patienten in vielen Fällen ausgerechnet in Seniorenheimen unterzubringen (DER SPIEGEL: Beitrag vom 18.04.2020), was im Februar und Anfang März 2020 eine völlig unangemessene Entscheidung war – dies trug zu einer tödlichen Infektionsspirale unter älteren Menschen bei: Populismus und Ignoranz töten. In Frankreich gab es eine Debatte über die Rolle privater Alters- und Pflegeheime: Rund die Hälfte der Corona-Toten kommt aus dem Bereich von Alters- und Pflegeheimen, doch zeigte sich, dass der Staat hier bei privaten Heimen im Frühjahr 2020 sonderbar eingriff, indem er Maskenbestände zugunsten einer Weitergabe an Krankenhäuser weitergab und zudem gab es in Frankreich viel zu wenig Testlabors für den Coronavirus, nämlich nur 40 (Schubert 2020). Es ist sicher wichtig, in 2021 eine umfassende EU-Vergleichsanalyse gerade der Rolle von Alters- und Pflegeheimen für die COVID-19-Sterberaten vorzunehmen.

Was die Gesundheitssysteme betrifft, so sollte der wirtschaftlichen und medizinischen Rolle dieser Systeme viel mehr Aufmerksamkeit geschenkt werden. Die USA stehen vor der gewaltigen Herausforderung, ihr Gesundheitssystem zu modernisieren – in einigen Bereichen ist das System ausgezeichnet, aber in vielen Bereichen schwach. Eine Standardoperation in einem US-Krankenhaus kostet dreimal so viel wie das gleiche Verfahren in Deutschland, was

P. J. J. Welfens, *Corona-Weltrezession*, https://doi.org/10.1007/978-3-658-31386-9_20

darauf hindeutet, dass es in den USA an einer angemessenen Organisation des Krankenhaussektors mangelt. Man sollte nicht ausschließen, dass sowohl die EU-Länder als auch die USA von Singapur lernen könnten: wo die Lebenserwartung genauso hoch ist wie in Deutschland und Frankreich, während das Land etwa ein Drittel weniger für Gesundheitsausgaben ausgibt als die beiden EU-Länder und nur etwa die Hälfte des US-Preises für Gesundheit ausgibt.

Eine besondere Schwäche des US-Systems ist die Tatsache, dass 13 Prozent der Bevölkerung ohne Krankenversicherung sind und viele Menschen für westeuropäische Verhältnisse eindeutig unterversichert sind. Letztlich ist der hohe Anteil von 18 Prozent der US-Gesundheitsausgaben am Bruttoinlandsprodukt nicht nur eine übermäßige Belastung der Ressourcen, sondern trägt sogar zu den Wettbewerbsproblemen der USA bei. Die Arbeitnehmer sind sich der Gesundheitskosten sehr wohl bewusst und werden versuchen, einen gewissen Ausgleich in den Löhnen zu erhalten, die von den Firmen gezahlt werden, für die sie arbeiten sollen; in wirtschaftlicher Hinsicht und unter Berücksichtigung der Tatsache, dass der Anteil der Lohneinkommen am gesamten BIP etwa 2/3 beträgt, bedeutet der Vergleich mit Deutschland und Frankreich, dass die hohen Gesundheitsausgaben der USA im Verhältnis zum BIP einer 4-prozentigen Exportsteuer der USA entsprechen. Während Präsident Trump betont hat, wie entscheidend die angebliche US-Handelsbilanzdefizitquote ist, hat er nie die Frage der außergewöhnlich hohen Gesundheitsausgaben-BIP-Quote angesprochen, die in vielen Bereichen die enorme Lobbymacht der großen Gesundheitsdienstleister und der Pharmaunternehmen widerspiegelt. Die US-Wirtschaftspolitik unter Präsident Trump war in vielen Bereichen inkonsistent, und die Gesundheitspolitik sowie die Handels- und Finanzpolitik waren nur drei der wichtigsten Problembereiche (Welfens 2019a). Die USA unter Präsident Trump steuern auf einen enormen Anstieg der Schuldenquote im Verhältnis zum BIP zu; bereits vor der Coronavirus-Krise prognostizierte das unabhängige Congressional Budget Office (CBO 2020), dass eine fortgesetzte Defizitpolitik Trumps im Jahr 2050 zu einer Schuldenquote von 180 Prozent des BIP führen würde.

Schwierige schuldenpolitische Perspektiven und Notwendigkeit institutioneller Innovationen

Die Corona-Weltrezession bringt eindeutig höhere Staatsdefizite im Kontext einer sehr expansiven Finanzpolitik mit sich; in einem Umfeld mit sehr niedrigen nominalen und realen Zinssätzen können Industrieländer einige Jahre damit zu recht kommen. Allerdings bringen niedrige Realzinssätze sicherlich auch Verzerrungen in der Produktionsstruktur und Überinvestitionen als Problem. Langfristig können hohe Schuldenquoten aber zum Problem werden, sobald die realen Zinssätze ansteigen – oder aber, mit Blick auf Länder mit hohen Schuldenquoten, wenn der Risikoappetit wichtiger internationaler Anlegergruppen sinkt.

Geht man davon aus, dass die Relation Defizit zu Bruttoinlandsprodukt nach 2021 um 3 Prozentpunkte pro Jahr gesenkt werden kann, würde Chinas Schulden-BIP-Quote um mehr als 30 Prozentpunkte steigen (wodurch Chinas Position auf den internationalen Kapitalmärkten geschwächt würde), die Frankreichs um mehr als 18 Punkte, die Griechenlands um mehr als 22 Punkte und die Italiens um mehr als 18 Punkte durch Defizite und weitere 12 Punkte durch einen erwarteten Produktionsrückgang Italiens um 9 Prozent (geschätzter Produktionsrückgangaus dem World Economic Outlook des IWF, April 2020: 9 Prozent mal 1,35 = 12,15 Prozent). Die Schuldenquote Portugals wird im Zeitraum 2020–2024 um mehr als 10 Punkte steigen, die von Spanien und Großbritannien um mehr als 19 Punkte und die der USA um mehr als 29 Punkte.

Was die USA betrifft, so bringt die Annahme eines realen Einkommens-Rückgangs um 6 bis 8 Prozent im Jahr 2020 und eines Nullwachstums der Produktion im Jahr 2021 einen Anstieg der Schuldenquote bis 2022 um mehr als 35 Punkte mit sich; allein für 2021 könnte der Anstieg der US-Schuldenquote nahe 25 Prozent liegen (eine Defizitquote von 19 Prozent des BIP plus die Auswirkungen der negativen Wachstumsrate der Produktion). Bis 2025 könnte die US-Schuldenquote nahe bei 160 Prozent des BIP liegen, wenn man davon ausgeht, dass die US-Regierung die Defizitquote jedes Jahr um 3 Prozentpunkte senken könnte. Eine Herabstufung der US-Staatsanleihen würde die US-Kapitalkosten erhöhen und könnte auch das globale Wachstum für mehr auf Euro lautende Reserven in den Zentralbanken stimulieren; vorausgesetzt, die Eurozone vermeidet eine Euro-Krise 2.

Der effektive Schuldenstand im Verhältnis zum Nationaleinkommen könnte durch die Politik der quantitativen Lockerung in den USA, im Vereinigten Königreich und in der Eurozone niedriger sein als in den obigen Zahlen angegeben. Grob gesagt bedeutet die QE-Politik der Zentralbanken, dass etwa 40 Prozent der Staatsschulden (in der Eurozone von den Schulden der Länder der Eurozone) von der jeweiligen Zentralbank gehalten werden könnten: Dadurch wird das Prolongationsrisiko der verschiedenen Länder auf eine künstliche Art und Weise gemildert, die als langfristige Strategie unangemessen ist; die Regierung zahlt Zinsen auf Staatsanleihen, die von der jeweiligen nationalen Zentralbank oder der EZB gehalten werden, während die so induzierten höheren Gewinne der Zentralbanken weitgehend als Einnahmen in die Staatshaushalte zurückgeführt werden. Aus dieser Perspektive würde das potenziell kritische Verhältnis der Verschuldung zum Bruttoinlandsprodukt (wenn die Wahrscheinlichkeit, den Zugang zu den Kapitalmärkten zu verlieren, kritisch hoch ist) von hypothetischen kritischen 160 Prozent des Bruttoinlandsproduktes auf ein effektives Verhältnis von 224 Prozent des BIP im Falle Italiens angehoben. Hier liegt die Gefahr der EZB-Politik des Quantitative Easing („mengenmäßige Auflockerung der Geldpolitik": Ankauf von Staatsanleihen im Sekundärmarkt), da ein Mitgliedsland der Eurozone seine Schuldenquote in Richtung des kritischen Wertes drängen könnte, um die EZB zu bedrängen: Die wäre dann wohl gezwungen, ihre QE-Politik für immer fortzusetzen – andernfalls würde die EZB durch eine zeitliche Reduzierung der QE-Politik (sprich: den Verkauf von Staatsanleihen) den Kredit-Ausfall eines Mitgliedslandes der Eurozone verursachen.

Falls Italien und Spanien einen EU-Transfer aus dem EU-Kommissionspaket von etwa 4 % des Bruttoinlandsproduktes erhalten sollten, so hilft das zeitweise Italien, den Anstieg der Schuldenquote zu begrenzen. Die Zahlen für Italien könnten 2020/2021 sehr kritisch ausfallen, sofern der realen Einkommensrückgang in Italien in 2020 12 % erreicht – das ist die Prognose des IWF aus der Juni-Aktualisierung des World Economic Outlook (IMF 2020d). Dadurch steigt dann die Schuldenquote um 16 % an, hinzu kommt die Defizitquote von 10 bis 12 %, was die Schuldenquote Italiens um 26 bis 28 Punkte in 2020 ansteigen ließe; möglicherweise also von 135 % in 2019 auf 163 %. 2021 könnte nochmals eine Defizitquote von 8 % entstehen und ökonomische Stagnation. Dann wäre 2021 Italiens Schuldenquote am Jahresende bei 171 %, was durch EU-Transferzahlungen um wenige Prozentpunkt gemindert werden könnte. Unter den EU-Ratspräsidentschaften Portugals und Frankreichs hätte man dann 2021 – mitten im Bundestagswahljahr – wohl eine Italien-Krise zu bekämpfen. Der hohe Anstieg der schon hohen Italien-Schuldenquote ist für sich genommen ökonomisch gefährlich. Wenn noch eine Herabstufung des US-Staatsschuldenratings dazu kommt, dürfte die Italien-Situation noch verschärft werden. Denn mit einiger Sicherheit folgt auf eine Herabstufung der USA im Rating auch eine Herabstufung von einigen Euro-Ländern, mit Italien als eines der Länder weit oben auf dem Rating-Radar. Man hat nicht den Eindruck, dass die EU-Ratspräsidentschaft Deutschlands die Italien-Problematik vor dem Beginn der Ratspräsidentschaft am 1. Juli klar analysiert hat. Auf dem Juli-Gipfel der Staats- und Regierungschefs in Brüssel spielt das Thema Verhindern einer Eurokrise2 keine sichtbare Rolle.

Wie wird sich die EZB im nächsten Jahrzehnt verhalten? Dass die EZB für Jahrzehnte sehr hohe Mengen an Staatsanleihen ankauft, wäre sehr problematisch; dies war nicht der Grund für die Gründung der EZB. Es gibt jedoch eindeutig ein Moralisches-Risiko-Problem auf Seiten der Länder der Eurozone. Paradoxerweise könnte eine sehr großzügige mengenmäßige geldpolitische Lockerung der EZB dieses Moral-Hazard-Verhalten tatsächlich indirekt fördern. Daher sollte die Europäische Zentralbank bei jeder Ankündigung der QE-Politik im Voraus bekannt geben, ab welchem Zeitraum – oder unter welchen Bedingungen – das Auslaufen und die Umkehrung der QE-Politik zu erwarten ist.

Die Politik der Europäischen Zentralbank droht ihre Unabhängigkeit zu verlieren. In Großbritannien und den USA ist das auch schon ansatzweise der Fall. Je mehr sich die Corona-Rezession in die Bankbilanzen frisst, desto eher wird die Politik in diesen Ländern zu einer neuen Deregulierung schreiten und dann erhöht sich auch mittelfristig wohl das Risiko für die nächste Bankenkrise. Wenn eine große neue Bankenkrise kommt, dann ist die politische Unabhängigkeit der Zentralbanken ohnehin Geschichte in den betroffenen Ländern; denn in der Politik wird man argumentieren, dass ja die Zentralbank (seit der Bankenkrise 2008/09) die Rolle der Bankenaufsicht zusätzlich zur Geldpolitik übernommen haben. Wenn es zu einer großen Bankenkrise käme, wird der politische Druck enorm anwachsen, die politische Unabhängig der Zentralbanken zu schleifen. Dann wird sicherlich auch eine Zeit mit erhöhten Inflationsraten zurückkommen.

Die Mitgliedsländer der Eurozone sollten jeden notwendigen Druck auf die Partnerländer in der Euro-Währungsunion ausüben, damit sie sich ihren jeweiligen kritischen Schuldenquoten nicht annähern. Es ist wahrscheinlich, dass der einzige Weg, dies zu erreichen, darin besteht, ein spezielles wissenschaftliches unabhängiges Gremium für Schuldenstabilität zu schaffen, das die Regierungen der Euro-Länder bzw. den JEB-Fonds regelmäßig berät. Ein JEBs-Fonds sollte nicht ohne eine Klausel in den Statuten geschaffen werden, die besagt, dass der JEBs-Fonds die politische Unabhängigkeit der EZB nicht beeinträchtigen sollte; und dass im Falle von Konflikten mit der EZB und der Europäischen Kommission der Europäische Gerichtshof die relevante Institution in allen rechtlichen Angelegenheiten in diesem Bereich ist.

Da die langfristige Schulden-BIP-Quote eines Landes – der DOMAR-Regel folgend – durch das Verhältnis der strukturellen Defizit-BIP-Quote zur Trendwachstumsrate bestimmt wird, liegt es auf der Hand, dass Italiens Regierung und die EU (möglicherweise auch die OECD als Ganzes) eine wachstumsfördernde Reformagenda der Wirtschaftspolitik aufstellen sollten (Anhang 4 und 5). Die italienische Regierung wie auch die Regierungen der anderen Länder der Eurozone könnten dem Brisbane-Ansatz des G20-Treffens 2014 folgen, der Maßnahmen zur Steigerung des langfristigen Produktionswachstums um mindestens 2 Prozentpunkte in einem vernünftigen Rahmen betonte: Die OECD überwachte die wachstumspolitischen Elemente und bot einige Modelle alternativer Politikoptionen der nationalen Regierungen an – bei Bedarf auch ergänzende Forschung. Bildung, der IKT-Sektor, die Ausweitung von F&E und die Gründung neuer multinationaler Unternehmen – einschließlich digitaler multinationaler Kleinstunternehmen – sollten Teil der Wachstumsagenda der Eurozone sein; möglicherweise sollten auch grüne Wachstumselemente einbezogen werden. Was die Fortschritte in der Klimapolitik betrifft, so hat der EU-Länderbericht zum Europäischen Semester für Italien (Europäische Kommission 2020) darauf hingewiesen, dass die italienischen Regierungen in diesem Bereich beträchtliche Fortschritte erzielt und eine starke Leistung gezeigt haben.

Italiens sehr häufige Regierungswechsel deuten auf verfassungsrechtliche Probleme hin; sollte die EU Italien daher zusätzliche Transfers und Kredite gewähren, sollte von dem Land erwartet werden, dass es seine Verfassung modernisiert, so dass mehr politische Stabilität zu erwarten ist. Die italienischen Regierungen hätten dann bessere Optionen hinsichtlich der Annahme einer angemessenen Wachstumspolitik. Was Italiens Leistungsbilanzüberschuss betrifft, so ist dies ein willkommenes Stabilisierungselement für eine überzeugende Finanzpolitik und einen überzeugenden angebotsseitigen Mix Italiens. Ein Anti-EU-Protektionismus der USA würde die Stabilität Italiens bzw. die italienische Leistungsbilanz untergraben. Es besteht kein Zweifel, dass Italiens starke Exposition gegenüber dem Corona-Schock eine breite Unterstützung der EU für ein angemessenes Erholungs- und Reformpaket verdient.

Der EU-Ansatz, ein riesiges Konjunkturpaket mit einem Volumen von mehr als 1000 Milliarden Euro zu schnüren, wirft Probleme hinsichtlich der Effizienz der EU-Finanzierung auf und könnte auch zweifelhaft sein, wenn eine Impfung relativ schnell verfügbar wird (etwa Ende 2020, wie einige Pläne der Schweiz vermuten lassen). Ohne angemessene wachstumspolitische Ansätze in den EU-Mitgliedsländern wird ein solcher neuer Mega-Fonds kaum zu einer nachhaltigen Erholung und wirtschaftlichen Konvergenz in der EU beitragen.

Man sollte auch analysieren, inwieweit negative Realzinsen in der Eurozone Effizienz, Innovation und optimales Wirtschaftswachstum untergraben könnten. Negative Realzinsen werden die Eurozone wahrscheinlich noch mehrere Jahre lang prägen und könnten zu einer übermäßigen Kapitalakkumulation und einer Verletzung der goldenen Regel des Solow-Wachstumsmodells führen.

Andere kritische Entwicklungen im Hinblick auf die wirtschaftliche Erholung könnten ebenfalls analysiert werden, und man könnte eine spezielle Öl- und Gassteuer zur Stabilisierung des Marktpreises und damit auch der CO2-Preisgestaltung im Emissionszertifikate-Handel (ETS) in der EU in Betracht ziehen; diese vorübergehende Ölpreisstabilisierungssteuer könnte dafür vorgesehen werden, die finanzielle Basis zu schaffen, um 50–100 Milliarden Euro an Transfers in die Länder mit der höchsten Zahl an Coronavirus-Todesfällen zu finanzieren, zu denen offenbar auch Italien und Spanien gehören würden. Indirekt, in Anlehnung an Welfens und Celebi (2020), würde dies dazu beitragen, den Preis für CO2-Emissionszertifikate in der EU zu stabilisieren, so dass – in Grenzen – eine neue Verlustquelle für Unternehmen in Sektoren mit CO2-ETS-Aktivitäten und entsprechenden Zertifikaten in der Bilanz vermieden würde. Grundsätzlich müssen die Emissionszertifikate-Märkte natürlich sinnvolle freie Preissignale geben können.

Der Ölpreis ist im März und April 2020 massiv gefallen (Anhang 3). Geht man davon aus, dass die Öl- und Gaspreise in den Jahren 2020–2022 eher niedrig bleiben werden, könnte dies in den meisten Ländern der Eurozone zu einer schnellen wirtschaftlichen Erholung beitragen und die Leistungsbilanz der Eurozone verbessern, so dass mittelfristig mit einer realen Aufwertung des Euro zu rechnen ist. Mittelfristig würde dies jedoch die wirtschaftliche Erholung in der EU dämpfen, während für die USA der niedrige Ölpreis einen unklaren Einfluss auf das Produktionswachstum hat – der Öl- und Gassektor wird schrumpfen und mehrere Banken mit starkem Engagement im Öl- und Gassektor werden erhebliche Probleme haben, während die Verbraucher und viele Unternehmen in den Genuss niedrigerer Öl- und Gaspreise kommen werden. Eine Rezession in den OPEC-Ländern, Mexiko und Russland wird das Exportwachstum der USA und der EU mittelfristig untergraben.

Sonderpunkt: Angebotsbeschränkte Fiskalpolitik

Die von der Regierung verhängten effektiven Sperren mehrerer Sektoren implizieren, dass es während der Coronavirus-Rezession zu epidemiebedingten Kürzungen des aggregierten Produktionspotenzials (Y^{pot}) kommt. Was die Sektoren betrifft, so kann man zumindest zwischen dem handelbaren Sektor (T) und dem nicht handelbaren Sektor (N) unterscheiden. Die Produktion des T-Sektors wird auf der Nachfrageseite sowohl von der Inlandsnachfrage im T-Sektor als auch von der internationalen handelbaren Nachfrage negativ beeinflusst, die ihrerseits von Sperren im Ausland betroffen ist. Eine expansive Fiskalpolitik ohne eine sektorale und eine quasi-angebotsorientierte Komponente läuft Gefahr, große sektorale Verzerrungen zu verursachen. Wenn z. B. das Produktionspotenzial des T-Sektors durch Blockaden und die Nichtverfügbarkeit importierter Zwischenprodukte um 50 Prozent eingeschränkt wird und eine Kapazitätsauslastung von 80 Prozent aufweist, während der N-Sektor ein effektives Produktionspotenzial von 80 Prozent hat und voll ausgelastet ist, dann wäre eine stark expansive Fiskalpolitik eher zweifelhaft, da eine Übernachfrage im N-Sektor entstehen wird, so dass der relative Preis des N-Sektors steigen wird, was mittelfristig zu einer Verlagerung von Arbeit und Kapital vom T-Sektor in den N-Sektor führen könnte. Die Leistungsbilanzsituation würde sich somit aufgrund einer unangemessenen Fiskalpolitik verschlechtern und das aggregierte Preisniveau würde als Nebeneffekt einer übermäßig expansiven Fiskalpolitik ebenfalls steigen.

Das allgemeine Prinzip sollte lauten, dass in dem Maße, wie die Regierungen den Grad des Lockdown (v) reduzieren, eine gut dimensionierte expansive Fiskalpolitik zur Stimulierung der Nachfrage in einer Weise eingesetzt werden könnte, die den Grad der Kapazitätsauslastung erhöht. Hohe Glaubwürdigkeit und Professionalität der Regierung bei der Epidemie-Bekämpfung werden die Kaufneigung der privaten Haushalte stärken; Länder mit relativ schlechter Epidemiepolitik – etwa UK, Schweden, Italien, Spanien und die USA – dürften regierungsseitig mit einer weithin verunsicherten Bevölkerung konfrontiert sein, was den Aufschwung erschwert. In UK und Schweden hat man eine zweifelhafte Herdenimmunitätsstrategie seitens der Regierungen im Frühjahr 2020 angesetzt, in Spanien kam die Quarantänemaßnahmen relativ spät und die Epidemiepolitik der USA war an verschiedenen Stellen erkennbar grob fehlerhaft (keine Nutzung des Coronavirus-Testes, der früh schon an der Berliner Charité entwickelt wurde; nicht Ernstnehmen der Epidemie durch Präsident Trump über viele Wochen und zudem sonderbare Sichtweisen des Präsidenten, etwa im Juni in einer Kampagne Rede in Tulsa, Oklahoma (C-SPAN 2020), wonach die USA weniger testen sollten – das gäbe ein besseres Bild in und für die USA, was als Sichtweise an der Grenze des Absurden ist).

Die Epidemie und die damit verbundenen Quarantäne- bzw. Lockdown-Entscheidungen stellen somit eine einzigartige Herausforderung für die Fiskalpolitik dar, nämlich eine angebotsbeschränkte Fiskalpolitik zu betreiben, bei der die angebotsseitige Orientierung bedeutet, dass die Fiskalpolitik die gegenwärtigen und geplanten politischen Schritte der Regierung zur Öffnung (d. h. Beendigung des Lockdown/Zuhause-Vorgaben für private Haushalte) berücksichtigen sollte. Es liegt auf der Hand, dass im handelbaren Sektor die Fiskalpolitik verschiedener Länder – z. B. in der EU mit starken länderübergreifenden Verbindungen durch den Handel mit Zwischenprodukten – angemessen koordiniert werden sollte. Diese Perspektive ist auch innerhalb der OECD-Ländergruppe und im Hinblick auf die Gruppe OECD+China+Indien relevant. Die OECD könnte beim wirtschaftlichen Aufschwung – der Überwindung der wirtschaftlichen Coronakrise – eine besondere Rolle spielen, da der OECD-Outreach-Ansatz in der Tat eine informelle Zusammenarbeit der OECD-Länder mit China und Indien beinhaltet; die G20 und der IWF könnten ergänzende Koordinierungsaktivitäten durchführen.

Weitere Schlussfolgerungen

Die Corona-Weltrezession ist ein Weckruf für die Eurozone, ihre Finanzpolitik und ihre Krankenhaussysteme in Ordnung zu bringen; und für die USA, eine umfassendere Überholung ihres eher ineffizienten Gesundheitssystems und die Grundlagen für die Wiederherstellung der internationalen Führungsrolle zu diskutieren. Mit oder ohne Trump steht das politische System der USA vor dem Problem, dass der populistische Trump während seiner (ersten) Amtszeit als Präsident der Vereinigten Staaten die innenpolitische Spaltung in den USA so verstärkt hat, dass der offensichtliche Mangel an internem politischen Konsens eine glaubwürdige internationale Führung fast unmöglich macht. Letztendlich wird es die Aufgabe der Republikanischen Partei sein, den Rechtspopulismus in den USA zu beenden und ernsthaft an der Heilung der vielen Gräben zu arbeiten, die unter Trump entstanden sind. Wenn die USA und die EU den neuen Herausforderungen und Problemen im Zusammenhang mit der Corona, die im Jahr 2020 deutlich sichtbar geworden sind, nicht gewachsen wären, würde die Weltwirtschaft für viele Jahre in Unordnung geraten; eine internationale Wirtschaftskrise ohne Führung durch eine große und stabile Wirtschaft wird einerseits für die meisten Länder teurer werden, während andererseits die zunehmende politische Instabilität in den USA und der EU die Wahrscheinlichkeit größerer internationaler Rezessionen erhöhen würde.

Sollte es der EU nicht gelingen, die Euro-Krise 2 zu vermeiden, müsste man mit einem enormen Druck zum „Ital-exit“ rechnen – nur ein Jahr nach dem Austritt Großbritanniens aus der EU. Wenn ein Gründungsmitglied der EU aus der Gemeinschaft austreten würde, wäre dies das Ende der Europäischen Union, die in zwei oder drei verschiedene Blöcke zerfallen und Europa zurück zum Großmächte-Regime des späten 19. Jahrhunderts führen könnte; mit einem sichtbaren Unterschied: Die europäischen Länder würden zunehmend unter dem Einfluss der USA, Chinas und Russlands als den drei führenden Großmächten stehen.

Letztlich wird der strukturelle US-Populismus ein Problem bleiben – mit oder ohne die Wiederwahl von Donald Trump. Seit den 1980er-Jahren haben die USA unter einer anhaltenden Zunahme der wirtschaftlichen Ungleichheit gelitten, die viel drastischer ist als die Entwicklungen in Westeuropa, wo der Anteil der unteren Hälfte der Bevölkerung – bezogen auf das mittlere Markteinkommen – zwischen 1981 und 2015 nur von 22 Prozent auf 20 Prozent gesunken ist. Im Gegensatz dazu ist in den USA der Einkommensanteil der unteren Hälfte im gleichen Zeitraum von 21 Prozent auf 13 Prozent zurückgegangen; und dies ist nicht das Ende dieses Trends (Welfens 2019a). Darüber hinaus ist ein entscheidender Punkt in Bezug auf die Problemlage in den USA, dass eine relative Mehrheit der Befragten erklärt hat, die Regierung solle eine als unfair empfundene zunehmende Ungleichheit nicht korrigieren: Vielmehr sollten dies eher große Unternehmen tun, was jedoch schlicht Wunschdenken ist. So wird in der US-Gesellschaft wahrscheinlich weiterhin die untere Hälfte der Einkommensbezieher – etwas weniger als 50 Prozent der Wähler (die Wahlbeteiligung in den unteren Einkommensschichten liegt unter dem Durchschnitt) – eine Situation anhaltender Frustration erleben, die neue Möglichkeiten für populistische Kandidaten schafft, die große Veränderungen zum Nulltarif versprechen, aber am Ende nicht viel halten werden. Denken Sie nur an die Steuerreform der Trump-Administration, die die Einkommensungleichheit nach Steuern nur noch verstärkt hat. Angesichts der wirtschaftlichen und politischen Geschichte der USA ist es auch klar, dass die Vereinigten Staaten wahrscheinlich nicht schnell zu einem eher europäisch geprägten Steuersystem übergehen werden. Der Coronaschock – der für die große Mehrheit der US-Wähler erstmals viele Schwachstellen des US-Gesundheitssystems offenbart (auch im Vergleich z. B. zu Deutschland sichtbar) – könnte jedoch ein Impuls für eine breitere US-Debatte über eine Systemreform sein. Allerdings steht auch zu befürchten, dass große Teile der Bevölkerung durch die Herausforderungen Epidemiegefahren und Risiko von Arbeitslosigkeit wohl zu sehr mit anderen Themen befasst sind, als dass viel Aufmerksamkeit für ein politisches Projekt Reform des Krankenversicherungs- und Gesundheitswesens bleibt.

Die westliche Welt hat sich selbst auf verschiedene Weise geschädigt: Das Vereinigte Königreich durch eine populistische BREXIT, die USA durch die Politik einer populistischen Trump-Administration und die EU durch Deutschlands glanzlose EU-Integrationspolitik über Jahre sowie Italiens mangelnde Wachstumspolitik über zwei Jahrzehnte nach 2000. Inmitten des Coronaschocks von Mitte März bis Mitte April 2020 trafen sich die EU-Finanzminister zweimal sehr lange, um dann festzustellen, dass die in der Woche vor Ostern gefundene gemeinsame Vereinbarung für die italienische Koalitionsregierung nicht wirklich akzeptabel war. Das politische System der EU bzw. der Eurozone ist verwirrend und führt zwangsläufig zu inkonsistenten Politikansätzen. Der globale Stresstest der Corona-Weltrezession hat begonnen, sowohl die Stärken als auch die Schwächen der westlichen Welt aufzudecken; zumindest jetzt, zu Beginn der Corona-Krise, sind die Schwachpunkte sichtbarer als die Stärken der westlichen OECD-Länder.

Literatur

CBO. (2020). *The budget and economic outlook: 2020 to 2030*. Washington, DC: Congressional Budget Office.

C-SPAN. (2020). President Trump campaign rally in Tulsa, Oklahoma. https://www.c-span.org/video/?473015-1/president-trump-campaign-rally-tulsa-oklahoma. Zugegriffen am 30.06.2020.

Europäische Kommission. (2020). 2020 European semester: Country reports, Country Report Italy, SWD(2020) 511 final, 26 February. https://eur-lex.europa.eu/legal-content/EN/TXT/HTML/?uri=CELEX:52020SC0511&from=EN. Zugegriffen am 30.06.2020.

IMF. (2020d). *World economic outlook, update June 2020*. Washington DC: International Monetary Fund.

Schubert, C. (28. Juni 2020). Virusfalle Pflegeheim. *Frankfurter Allgemeine Zeitung*. https://www.faz.net/aktuell/wirtschaft/unternehmen/warum-private-pflegeheim-betreiber-kritisiert-werden-16834288.html. Zugegriffen am 01.07.2020.

Welfens, P. J. J. (2019a). *The global Trump – structural US populism and economic conflicts with Europe and Asia*. London: Palgrave Macmillan.

Welfens, P. J. J., & Celebi, K. (2020). CO_2 allowance price dynamics and stock markets in EU countries: Empirical findings and global CO_2-perspectives, EIIW discussion paper no. 267. https://uni-w.de/ndf2l.

21

Schlussfolgerung mit internationalen Politikperspektiven

Die USA haben schon vor der Corona-Krise 2020 unter der Trump-Administration auf internationaler Ebene die Politik-Weichen neu gestellt: Weg vom Multilateralismus beziehungsweise einer wichtigen Rolle Internationaler Organisationen in vielen Politikbereichen; pro Bilateralismus, wo Präsident Trump quasi von Land zu Land verhandeln will – vermeintlich mit den USA als dominanter Akteur, der dann auf gute Verhandlungsergebnisse hoffen kann. Donald Trump als US-Präsident versteht aber offenbar nicht die Vorteile einer multilateralen Ordnung, eines Mehr-Länder-Interessenausgleichs zu relativ geringen Kosten und die Vorteile eines regelbasierten Handels- und Internationalen Investitionen-Systems. Regionale Wirtschafsintegrationsclubs wie die Europäische Union, die zehn Länder in Asien umfassende ASEAN oder der lateinamerikanische Integrationsclub MERCOSUR sowie ECOWAS in Afrika sind natürlich Befürworter des Multilateralismus. In der Corona-Krise spielen hier im Übrigen die UN und die Weltgesundheitsorganisation WHO eine wichtige Rolle. Trump hat im Übrigen auch der WHO im Frühjahr 2020 die Gefolgschaft aufgekündigt, da die WHO zu sehr von China beeinflusst sei. Es ist ziemlich unverständlich, dass die Republikanische Partei in den USA Donald Trump so viel außenpolitisches Porzellan zulasten von US-Interessen zerschlagen lässt.

Westliche Rationalitäts- und Politik-Info-Krise
Mit der Rationalität ist es in manchen westlichen Demokratien in der Politik nicht immer weit her; jedenfalls wenn man zuverlässige Informationen, solide Analysen und professionellen Umgang von Regierungen mit Statistiken als Teil von rationaler Politik definiert. Großbritannien unter Boris Johnson ist

P. J. J. Welfens, *Corona-Weltrezession*, https://doi.org/10.1007/978-3-658-31386-9_21

nicht weit von den USA unter Trump entfernt – die Widersprüche und Lügen an der Spitze im Weißen Haus sind oft schockierend. Die Washington Post führt eine sehr lange Liste von Lügen- und Fehlinfo-Tweets des US-Präsidenten (Kessler 2020; siehe auch http://trumptwitterarchive.com). Boris Johnson als Außenminister in der Regierung May erhielt von David Norgrove, dem Chef des Britischen Statistikamtes einen (nicht ganz einfach zu verstehenden) offenen Brief, wo Johnson vorgeworfen wurde, offizielle Statistiken zu missbrauchen (siehe Anhang 14: Norgrove-Brief an Foreign Secretary Boris Johnson); der hatte in einem Zeitungsbeitrag die Fehlinfo wiederholt – bekannt aus dem EU-Referendums-Wahlkampf 2016 –, wonach UK nach einem EU-Austritt wöchentlich 350 Millionen Pfund ins notleidende Nationale Gesundheitssystem NHS stecken könne; der korrekte Betrag, der auf den britischen wöchentlichen Netto-Beitrag (UK-Zahlung minus erhaltene EU-Zahlungen) abstellen müsste und nicht auf den Bruttobeitrag von 350 Millionen Pfund, ist etwas weniger als die Hälfte. Johnson hält es offenbar für eine besondere politische Schlauheit, die für Wähler nicht ganz einfache Unterscheidung von Bruttobeitrag (UK-Zahlungen) und Nettobeitrag unter den Tisch fallen zu lassen. Es ist eine absolute Ausnahme, dass ein britischer Statistikamtschef einen solchen offenen Kritikbrief an ein Mitglied der Regierung in London schickt. Premierministerin May stellte sich allerdings hinter ihren Außenminister.

Bei dem Norgrove-Johnson-Streit ging es um die Frage, wie viele Haushaltseinspareffekte UK bei einem BREXIT verzeichnen werde: Johnson hatte in der Referendums-Kampagne behauptet 350 Millionen Pfund pro Woche, was dem britischen Brutto-Beitrag an die EU entsprach; also ließ Johnson zugunsten einer verwirrenden Pro-BREXIT-Argumentation außer acht, dass UK etwa die Hälfte an Beitragsleistungen aus Brüssel über verschiedene Politikbereiche/EU-Projekte zurück erhielt. Statt die korrekte Zahl von 170 Millionen Pfund zu nennen, hatte Boris Johnson – ehemaliger Journalist – weiterhin auch in einem Zeitungsbeitrag 2017 350 Millionen Pfund genannt. Diese Lüge-Info beziehungsweise der Brief des UK-Statistics Authority-Direktors an Johnson hatte aber keinerlei erkennbaren Politikeffekt. Der internationale Aufstieg Großbritannien beruhte über Jahrhunderte auf dem Zusammenwirken von britischer Insellage, handlungsfähigen Institutionen der Politik und hervorragender Wissenschaft sowie dem Fleiß und der Sparsamkeit plus dem Unternehmertum der britischen Bevölkerung.

Dass die Royal-Economic Society sich so wenig und vor allem öffentlich wenig vernehmlich in die BREXIT-Debatte eingeschaltet hat, könnte man als einen Hinweis auf ein fragwürdiges britisches Wissenschaftsverständnis einordnen: Demnach machen Wissenschaftlerinnen und Wissenschaftler wissenschaftliche Studien, sie interessieren sich aber nur am Rande, ihre Erkenntnisse verständlich in eine breitere Öffentlichkeit zu transportieren. Die Anreize im Wissenschaftssystem, sich immer mehr zu spezialisieren und immer mehr in wissenschaftlichen Journals sehr komplex zu publizieren, erleichtert es jedenfalls den politischen Scharlatanen und Populisten, die Öffentlichkeit zu dominieren oder sehr stark zu beeinflussen. Im globalen Wettbewerb der Politiksystem wird hier eine bislang nicht diskutierte Schwäche des westlichen Wissenschafts-, Medien- und Politikmodells im frühen 21. Jahrhundert sichtbar. Gerade in der Corona-Krise wiederum hat sich gezeigt, dass Politik mit solider Orientierung an wissenschaftlichen Erkenntnissen – etwa in Deutschland – zügige Erfolge beim Kampf gegen die Epidemie erreichen konnte. Wissenschaft ist kein Allheilmittel, bei einem neuartigen Virus ist zudem der wissenschaftliche Erkenntnisprozess notwendigerweise am Anfang selbst in einer Such- und Analysephase. Die Bekämpfung einer Pandemie verlangt dabei im Übrigen nach dem Zusammenwirken verschiedener Wissenschaftsdisziplinen, was sich erfahrungsgemäß auch als eine schwierige Aufgabe erweist.

Digitalisierung und diffuse Info-Qualität als Problem

Es ist auf den ersten Blick unverständlich, dass in der digitalen Gesellschaft politische Lügner offenbar oft recht leichtes Spiel haben. Denn im Internet kann man ja korrekte Infos finden – aber nur wenn man professionelle Info-Quellen erkennen kann. Man kann aus wissenschaftlicher Sicht hier von einem digitalen Lügen-Paradoxon sprechen. Zu vermuten ist, dass die Vielfalt der Internet-Info-Kanäle beziehungsweise das durch das Internet eingetretene verstärkte Zerfallen der Öffentlichkeit in immer mehr Kleingruppen das öffentliche Gut „statistische Wahrheit/Fakten" regierungs- und parlamentsseitig zu deutlich erhöhten Kosten nur darstellbar sind: Damit erhöht sich die Zahl der Fehlinfo-Akteure, die sogar als markante Fehlinfo- und Lügen-Akteure bis in höchste Staatsämter vordringen können. Indem sie, zu politischer Macht gekommen, selbst dann verstärkt die digitale Medienöffentlichkeit auf vielen Kanälen erreichen, beeinflussen und dominieren, wird die Wahrheit als politische und ökonomische Kategorie immer schwächer. Wunschdenken breitet sich immer mehr in der westlichen Welt und vermutlich überhaupt in der digitalen Weltgesellschaft aus. Dass – digitale – Verschwörungstheoretiker und Krisen-Verkünder in Epidemiezeiten gute Konjunktur haben, ist keine Neuigkeit vor dem Hintergrund europäischer Erfahrungen. Das kann für Fortschritt, Effizienz, Stabilität und den Frieden längerfristig wohl zur ernsten Gefahr werden.

Wirtschaftspolitik- und Defizit-Corona-Probleme
Die Corona-Weltrezession vollzieht sich als globaler ökonomischer Schock, wozu noch in Großbritannien der EU-Austritt sowie in den USA der Handelskonflikt mit China kommt. In den Vereinigten Staaten hat sich in den Trump-Jahren politisch eine Anti-China-Stimmung bei Republikanern wie Demokraten entwickelt. Der US-China-Konflikt wird also auf der Tagesordnung bleiben. Sowohl der BREXIT wie der US-China-Handelskonflikt werden die Überwindung der Corona-Krise erschweren. Der ökonomischen Analysequalität der Trump-Administration konnte man wenig trauen, der von Boris Johnson und der britischen Regierung allerdings auch eher wenig; oberster Wissenschaftsverächter am Kabinettstisch in London ist im Übrigen Michael Gove, der schon im BREXIT-Wahlkampf im TV sagte, die Öffentlichkeit hätte genug von der Sichtweise von Experten (Welfens 2017).

Die Corona-Schocks werden die Weltwirtschaft 2020 und 2021 stark treffen, wobei die Defizitquoten der Industrieländer in 2021 noch ähnlich unnormal hoch sein könnten wie 2020. In Deutschland etwa war in der Transatlantischen Bankenkrise die Defizitquote 2009 – im Jahr nach dem Konkurs der US-Investmentbank Lehman Brothers in New York am 15. September 2008 – mit 3 % deutlich angestiegen (2008: 0 %); doch in 2010 stieg die staatliche Defizitquote, inklusive Sozialversicherungen, auf gut 4 %. Größenordnungsmäßig ein größeres Desaster waren UK und USA mit Defizitquote bei 10 % – in den USA noch darüber. Mit der Bankenkrise begann in Großbritannien faktisch der BREXIT: Denn die Cameron-Regierung kam zur Minderung der enorm hohen britischen Defizitquote auf die Idee, die Transfers an die Kommunen binnen fünf Jahren um sagenhaft 5 % des Bruttoinlandsproduktes zu senken; das führte dann zu einer Unterversorgung mit lokalen öffentlichen Gütern und wenn gefragt wurde, wer daran Schuld habe, so lautete perfider Weise die Cameron Antwort in zig öffentlichen Reden über aktuelle Wirtschaftsproblem indirekt immer wieder – es gebe zu viele Immigranten, vor allem auch zu viele Immigranten aus der Europäischen Union. Damit wurde das populistische Immigrationsthema Teil der konservativen Regierungspolitik, die dann auch im Referendumswahlkampf – aufgespießt als Thema von den EU-Austritts-Anhängern – mit entscheidend für die BREXIT-Mehrheit wurde (zu Details: Welfens 2017).

Die Analyse hat gezeigt, dass die westliche Welt vor einer schweren Krise steht, da die populistische Politik des US-Präsidenten Donald Trump und das populistische BREXIT-Projekt in Großbritannien für eine international destabilisierende Überschneidung stehen – weniger Freihandel in der Weltwirtschaft; zumal die Trump-Administration die WTO und andere internationale Organisationen (z. B. WHO, Weltpostorganisation) ernsthaft unterminiert hat und eine protektionistische Handelspolitik, die sich hauptsächlich gegen China richtet, sowie eine breite antimultilaterale Politikagenda verfolgt. Die Importzölle, die im Vereinigten Königreich für einen No-Deal-Fall – d. h. keine Einigung zwischen den EU27 und dem Vereinigten Königreich über künftige Handelsbeziehungen – vorgesehen sind, sowie die US-Importzölle gegenüber China stehen offensichtlich nicht im Einklang mit einer modernen Optimalzoll-Literatur; nämlich einem Ansatz, der die Rolle der kumulierten ausländischen Direktinvestitionen im Ausland berücksichtigt (Welfens 2020a: Die herkömmliche Theorie besagt, dass der Optimalzollsatz $1/E'$, wobei E' für die Elastizität das ausländischen Güterangebotes beziehungsweise der Exporte steht. Die korrekte Formel aber lautet im Fall ausländischer Direktinvestitionsbestände (Inland hat Tochterfirmen im Ausland), dass der Optimalzollsatz $t^{opt} = (1 - \alpha ß^*)$. Dabei ist ß* die Gewinnquote im Ausland und α der Anteil von Unternehmen aus Land 1 (Inland) im Ausland beziehungsweise in Land 2; in dieser vereinfachten Darstellung der Weltwirtschaft mit zwei Ländern wird sofort klar, dass die Präsenz inländischer Direktinvestitionsbestände im Ausland den Optimalzollsatz gegenüber dem herkömmlichen Ansatz vermindert; dann ß* wie α liegen jeweils im Wertebereich zwischen 0 und 1).

Da sowohl die USA als auch das Vereinigte Königreich große Herkunftsländer von ausländischen Direktinvestitionen sind, sind die vorgesehenen Zollsätze für britische Importe aus der EU27 bzw. die von den USA gegenüber China erhobenen Zollsätze zu hoch und damit selbstschädigend. Darüber hinaus hat ein solcher Protektionismus negative Wohlfahrtseffekte für andere Länder bzw. die Weltwirtschaft. Nachdem das Vereinigte Königreich die EU verlassen hat, wird es eine neue Rivalität zwischen der EU und dem Vereinigten Königreich in Drittländern, einschließlich der ASEAN, geben, die wiederum einer weniger stabilen EU gegenüberstehen könnten; nicht zuletzt wegen der politischen Narbenwirkungen der Pandemie, die zu einer dauerhaften politischen und wirtschaftlichen Destabilisierung der EU27 führen könnten.

Der politische Ansatz der Europäischen Kommission zur Bekämpfung der Rezessionsauswirkungen des Coronaschocks ist nicht überzeugend, und die Kombination mit dem zweiten EU-Kreditpaket vom April 2020 – das vom Europäischen Rat der Finanzminister verabschiedet wurde – ist nicht einmal eine wirksame Absicherung gegen eine neue Euro-Krise 2, die Italien als Epizentrum haben würde. Der unpragmatische Krisenansatz Deutschlands ist ein großes Problem, ebenso wie die mangelnde Bereitschaft Italiens, ein wachstumsförderndes Programm und andere notwendige Systemreformen zu verabschieden, die Innovation und Wachstum stimulieren würden. Um eine kostspielige Euro-Krise zu vermeiden, wäre ein „Joint Eurobonds"-Ansatz erforderlich, der etwa 600 Milliarden Euro eines Kreditpakets von Euro-Ländern – mit 55 % Sicherheiten aus Gold und Reserven – ausmachen würde. Das 750-Milliarden-Euro-Paket der Europäischen Kommission ist nicht notwendig, ein wesentlich kleineres Transferpaket von etwa 100 Milliarden Euro wäre angemessen, wenn der Schwerpunkt auf die effiziente Nutzung von EU-Fonds/Transfers gelegt werden soll (siehe Effizienzaspekte der EU-Strukturfonds: Becker et al. 2010). Größere EU-Reformen sowie Reformen der Eurozone sind notwendig; die Eurozone sollte ein Parlament der Eurozone haben, da sonst die Verabschiedung einer effektiven und effizienten, die Geldpolitik der EZB ergänzenden Fiskalunion nicht möglich ist. Zum Thema Euro-Fiskalunion kann man fünf Kernpunkte hier betonen:

- Eine Mindest-Fiskalunion sollte etwa 2 % des Eurozonen-Nationaleinkommens auf Eurozonen-Ebene enthalten. Mit dieser Größenordnung kann man eine effektive Eurozonen-Stabilitätspolitik durchführen; die Rolle nationaler Stabilitätspolitik könnte dann entsprechend vermindert werden.
- Vor allem integrierte Euro-Infrastrukturprojekte mit Vorabbeschlüssen des Euro-Parlamentes zur Aktivierung bestimmter Programme im Rezessionsfall wären sinnvoll.
- Die Eurozone sollte vor allem auf einer Euro-Körperschaftssteuer beruhen, was 1 % bis 1,5 % des Eurozonen-Nationaleinkommens als Einnahmen bringt. Auch etwa 1/10 des Einkommenssteueraufkommens der Euro-Länder sollten an die Eurozone gehen.
- Ein Eurozonen-Parlament sollte institutionell ohne Euro-Kommission arbeiten; vielmehr sollte man eine Eurozonen-Regierung wählen.
- Für die Eurozone wäre eine Schuldenbremse zu empfehlen (so wie in Deutschland oder der Schweiz in etwa), wobei die Eurozone in einer Rezession bis zu 1 % des Nationaleinkommens als Kredite für Transeuropäische Infrastrukturprojekte – sowie Verteidigungspolitik, falls dieser Politikbereich durch Vertragsreformen der EU relevant wird – aufnehmen können soll.

Der Coronaschock untergräbt die wirtschaftliche Stabilität in den USA, Europa und weltweit. Die USA leiden unter einem strukturellen Populismusproblem, das wiederum die internationalen Wirtschaftsbeziehungen destabilisiert und das auch ein neues US-Problem offenbart hat: die Unfähigkeit der gegenwärtigen US-Regierung – unter Präsident Trump – in einer großen internationalen Wirtschaftskrise eine Führungsrolle zu übernehmen. Dies ist eine ernsthafte Herausforderung sowohl für die EU als auch für die ASEAN. Beide

Gruppen, die Opfer eines neuen Großmachtregimes werden könnten, das von den USA, Russland und China dominiert wird, sollten versuchen, ihre politischen und wirtschaftlichen Ressourcen für eine viel umfassendere Zusammenarbeit zu bündeln; eine vernetzte Führung über EU-ASEAN-Mercosur könnte zu einem neuen Konzept für die Aufrechterhaltung des Multilateralismus werden. Neue EU-ASEAN-Kooperationsprogramme zur Bekämpfung von Epidemien und der Corona-Weltrezession könnten für beide Seiten nützlich sein. Es ist nicht auszuschließen, dass die wirtschaftlichen und politischen Beziehungen zwischen den USA und China noch viele Jahre lang recht instabil sein werden. Weder die EU noch die ASEAN sind an einem chinesisch-amerikanischen Kalten Krieg interessiert.

Die Reform der WTO ist eine große Herausforderung für alle Länder. Das Argument der Trump-Administration, dass frühere US-Verhandlungen alle zum Nachteil der USA abgeschlossen wurden, ist keineswegs überzeugend – aber Trump hat die NAFTA beendet, und jetzt wurde ein neues Abkommen unter dem Namen US-Mexiko-Kanada-Abkommen (USMCA) umgesetzt. Was die WTO anbelangt, so sollte man erweiterte Mitgliedschaftsrechte für Clubs der regionalen Integration in Betracht ziehen, während die Einstimmigkeit bei der Entscheidungsfindung nicht mehr die Regel sein sollte.

Was die Finanzstabilität in der Weltwirtschaft betrifft, so besteht die ernsthafte Gefahr, dass die Corona-Weltrezession eine neue Deregulierung der Finanzmärkte in den USA und im Vereinigten Königreich anregen wird, was wiederum Druck auf die EU-Länder ausüben würde, ebenfalls neue Deregulierungsmaßnahmen zu ergreifen. Gegen solche unklugen Veränderungen sollte die G20 eine Einigung über die langfristigen Mindestprinzipien der Finanzmarktregulierung erzielen. Darüber hinaus sollte der IWF in Zukunft einen Interdependenzbericht sowohl über die Stabilisierungspolitik als auch über die Finanzmarktregulierung wichtiger Mitgliedsländer und regionaler Integrationsgruppen (z. B. EU, ASEAN, Mercosur, ECOWAS) vorlegen. Im Hinblick auf die USA wäre es für die politischen Entscheidungsträger angebracht, größere Systemreformen zu verabschieden, bei denen die Gesundheitssysteme in den EU-Ländern oder in Singapur z. B. für Effizienzgewinne anregend sein könnten; die universelle Krankenversicherung in den USA bleibt eine politische Herausforderung und ein etwas anderes Steuer- und Sozialversicherungssystem als derzeit erforderlich. Die Staaten könnten ihre eigenen Reformen der Sozialversicherungssysteme durchführen, aber eine föderale Mindestanforderung in bestimmten Bereichen könnte nützlich sein. Letztlich ist in der EU eine neue Debatte über eine zukunftsfähige Eurozone oder Europäische Union nötig – der Brüsseler Gipfel vom Juli 2020 zeigte gleichsam unter der „Corona-Lupe" die Vielfalt an Widersprüchen in der EU.

EU-Gipfelfehler bei Corona-Rezession

Die EU-Kommission hat mit ihrem Vorschlag für ein 750 Mrd. € EU-Kreditpaket für den Wiederaufschwung nach der Corona-Rezession – mit 500 Mrd. € als EU-Transfers – ein starkes, aber merkwürdiges Signal gegeben: Hier soll EU-Solidarität gezeigt werden, wobei der EU-Transfer-Teil in der Größenordnung und im vorgeschlagenen Verteilungsschlüssel vom Juni 2020 sehr werkwürdig aussieht: 500 Milliarden € Zuschüsse sind viel zu viel, wobei auch noch alle 27-EU-Mitgliedsländer bedacht werden; nicht nur etwa die medizinisch und ökonomisch besonders stark gebeutelten Länder Spanien und Italien – plus gegebenenfalls Frankreich und Belgien. Noch merkwürdiger ist, dass die Hauptempfängerländer der Transfers in Relation zur Wirtschaftskraft der Empfängerländer osteuropäische EU-Länder und Griechenland sein sollen; weit dahinter dann Spanien und Italien mit 6 % beziehungsweise 4 % des Nationaleinkommens. Widerstand der „Sparsamen Vier", Österreich, Niederlande, Dänemark und Schweden, hat die Transfers beim Brüsseler Juli-Gipfel immerhin auf 390 Milliarden € zu drücken geholfen, was immer noch zu hoch ist; zudem haben Österreich und die Niederlande Beitragsrabatte herausgehandelt. Die Rückzahlung des EU-Kredits soll 2027 beginnen. Am Ende beweist die EU so Handlungsfähigkeit in der stabilitätspolitisch kritischen Zeit der Corona-Schocks; immerhin, aber auch nicht mehr. Aus Sicht der deutschen Ratspräsidentschaft ist der komplizierte Kompromiss von Brüssel von Mitte Juli ein erster Erfolg im relevanten zweiten Halbjahr 2020; so ließen denn auch alle Länder der EU den geplanten Kurz-Gipfel in eine Art Verlängerung zu gehen, bis der Kompromiss erzielt wurde.

Indem die EU 750 Milliarden € als langfristigen Kredit aufnimmt – über 30 Jahre zu tilgen -, entstehen indirekt EU-Gemeinschafts-Anleihen und wegen der damit verbundenen Frage der Bezahlung von Zins- und Tilgungslasten auch Impulse für die Schaffung neuer eigenständiger EU-Einnahmen (von Recycling-Steuer über Digital-Steuereinnahmen und ggf. auch eine CO_2-Grenzausgleichssteuer, die Exportländer von außerhalb der EU ohne CO_2-Emissionszertifikatesystem/CO_2-Steuer betreffen dürfte). Das sind wohl erste Ansätze für eine EU-Fiskalunion. Eine Fiskalunion ist eigentlich vorrangig für die Eurozone notwendig, da man sonst keinen optimalen Politikmix von Geld- und Fiskalpolitik realisieren kann: Die Europäische Zentralbank steht sichtbar für die Geldpolitik der Eurozone, aber in der Eurozone gibt es ja keine gemeinsame Eurozone-Finanzpolitik. Kommt die EU relativ schneller aus der Corona-Krise als die USA – und kann die EU eine neue Eurokrise zu vermeiden -, so könnte der EU-Gipfel die EU-Integration langfristig verstärken. Aber als überzeugende Hypothese erscheint das wohl nicht, zumal die Brüsseler Gesamtverhandlung zum 750 Milliarden-EU-Kreditpaket und zum Haushalt der nächsten Sieben-Jahres-Periode gerade für Deutschland relativ teuer wurde.

Deutschland hat wenig erfolgreich verhandelt, da beim Gesamthaushalt der EU in der Periode 2021–27 eine Erhöhung des Nettobeitrages von etwa 10 Milliarden € von Seiten der Bundesregierung akzeptiert wurde. Wegen des BREXIT war eine Erhöhung von bislang jährlich 13 Milliarden Nettobeitrag (Zahl für 2018) auf etwa 14 Milliarden € zu erwarten; aber ab 2021 wird der Netto-Beitrag Deutschlands zum EU-Haushalt rund 23 Milliarden betragen. Die weitere Beitragserhöhung dürfte weitgehend Teil des finanziellen Kompromisses vom Juli 2020 sein. Dänemark und Deutschland hatten mit Netto-Beitragszahlungen von 0,39 % des Bruttoinlandsproduktes (dahinter in 2018: Österreich, Schweden, Niederlande, UK – mit 0,29 % –, Italien, Frankreich, Finnland, Irland, Belgien) die größte Netto-Zahlerposition beim EU-Haushalt. Da dürfte künftig Deutschland mit 0,69 % des Bruttoinlandsproduktes klar an der Spitze stehen. Den bisher höchsten Pro-Kopf-Nettobeitrag hatte in 2018 Dänemark mit 206 € zu verzeichnen, dahinter kamen Deutschland mit 162 €, Österreich, Schweden, Niederlande, Finnland und UK sowie Frankreich, Italien, Irland und Belgien; die anderen Länder waren Netto-Empfänger-Länder. Deutschland wird künftig rund 280 € pro Kopf im Jahr als EU-Netto-Beitrag leisten. Von Seiten der Bundesregierung und anderer Netto-Beitragszahler hätte man in Brüssel darauf hinwirken sollen, dass die Empfängerländer des 750 Milliarden-Finanzpaketes zumindest die Hälfte in EU-Infrastrukturprojekte (Stromnetze, Datennetze, Verkehrsnetze) investieren sollten; dies ist aber nicht geschehen, was unter anderem sicherlich verstärkte Anti-EU-Reaktionen seitens populistischer Parteien in Netto-Beitragszahler-Ländern zur Folge haben wird.

Eine Konzeption für stabile Integration ist nicht zu sehen, eine solide Aufschwungsperspektive durch EU-Handeln erst recht nicht: es fehlen beim 750 Milliarden-Paket insgesamt Verwendungsschwerpunkte bei Innovation und Wachstum sowie besondere Effizienzkontrollen der neuen EU-Programme. 70 Prozent des 750 Milliarden Pakets 2021 und 2022 auszugeben – 30 % in 2023 – mag als zeitliche Schwerpunktsetzung immerhin gehen. Dass die EU-Länder in der schweren Corona-Krise Solidarität üben, ist in Übereinstimmung mit den EU-Verträgen und kann auch ökonomisch sinnvoll sein: wenn denn die EU-Empfängerländer wachstumsförderliche Programme aufsetzen. Bemerkenswert am Brüsseler „Lang-Gipfel" (über vier Tage) war unter anderem, dass dies der erste EU-Krisengipfel ohne UK-Beteiligung war; denn der britische Austritt hatte sich ja Ende Januar 2020 vollzogen. Auffällig war auch die starke Rolle der Niederlande, die früher UK aus historisch-politischen Gründen eng verbunden war, nun aber in Kooperation mit anderen kleinen und mittelgroßen Ländern versucht, eine Dominanz Deutschlands und Frankreich zu verhindern. Die zusätzlichen EU-Ausgaben, die faktisch an die EU-Mitgliedsländer übertragen werden, werden den EU-Konjunkturaufschwung in 2020/2021 und dann noch 2022 stärken. Aber bei einem erwarteten EU-Fiskalmultiplikator von knapp unter 1 kann man erwarten, dass der jährliche Konjunkturexpansionseffekt bei etwa 1,5 Prozent des Bruttoinlandsproduktes liegt: bei einer faktischen jährlichen Erhöhung der EU-Finanzausgaben in Höhe von etwa 2 Prozent der Wirtschaftskraft der EU. Der hier betrachtete Fiskalmultiplikator wird hier für beide EU-Kreditpakete zusammengerechnet, also das 540 Milliarden €-Paket in EU-Finanzministerrat plus die 750 Milliarden € aus dem EU-Kommissionsvorschlag (Oxford Economics teilte per Twitter-Nachricht am 21. Juli 2020 mit, dass man von einem Multiplikatoreffekt von unter 1 ausgehe). Das im EU-Haushalt der Anteil der Innovationsförderung mittelfristig sinken wird, ist ein sehr kritikwürdiger Punkt in einer Politikphase, in der EU-Wirtschafspolitik im Interesse einer Begrenzung des Anstiegs staatliches Schuldenquoten auf mehr Wirtschaftswachstum hätte setzen sollen.

Die von der EU-Kommission ursprünglich vorgeschlagenen Transferquoten liegen zwischen 7 % und 15 % in Osteuropa, was unfair ist, da ja die Haupt-Corona-Schocks in westeuropäischen EU-Ländern auftraten; die Mittelverteilung soll laut dem Brüsseler Gipfel vor allem dem Rückgang der Wirtschaftsaktivität 2020 und 2021 entsprechen. Die EU-Kommission sieht im Übrigen auch keinen Abschlag bei jenen Ländern vor, die mit ihrer nationalen Herdenimmunitätspolitik für besonders hohe nationale Ansteckungs- und Todeszahlen in den ersten Monaten 2020 sorgten: Schweden und Niederlande sowie UK, das allerdings am 31. Januar die EU verlassen hat. Die COVID-19-Sterberate – das Verhältnis von Corona-Toten zur Bevölkerungszahl – war Mitte Juli in Schweden gut vierfach so hoch wie in Deutschland, in den Niederlanden immerhin noch gut dreifach so hoch. Nur Italien und Spanien lagen noch höher in der EU27-Gruppe. Es fehlt bei den Beratungen beim EU-Gipfel in Brüssel Mitte Juli eine klare Selbstverpflichtung, der Corona-Epidemie weiter energisch entgegen zu wirken – das ist ja doch die erste Basis für die Überwindung der Corona-Krise.

Es ist zu fragen, ob denn das 750 Milliarden €-Kreditpaket der EU-Kommission plus das 540 Milliarden €-EU-Kreditpaket des EU-Finanzministerrates vom April 2020 wenigstens die nächste Eurokrise verhindert. Die Antwort ist eindeutig nein. Denn Leitplanken gegen einen Eurokrise2 – mit Italien als großem Epizentrum – zu setzen, kam in Brüssel bislang niemand in den Sinn; die deutsche Ratspräsidentschaft hofft offenbar das Thema Richtung 2021 verschieben zu können. Das ist nicht vorausschauend und wenig verantwortungsbewusst.

Die 1290 Milliarden € EU-Kredite, die immerhin für fast 8 % des EU-Nationaleinkommens stehen, sind nicht vernünftig fokussiert und in der Hilfsarchitektur wenig sinnvoll: Der Gesamtbetrag ergibt sich aus der Addition des 750 Milliarden € EU-Kommissionspaketes vom Mai und des 540 Milliarden €-Paket des EU-Finanzministerrates vom April 2020. Dabei ist zu bedenken, dass EU-Strukturfondsmittel in Regel kaum zur Hälfte ökonomische Expansionseffekte in den Empfänger-Regionen der EU bringen. Da könnte man immerhin erwarten, dass 390 Milliarden € Transfers und ergänzende EU-Kreditgelder nur bei Vorlage von durchdachten Elementen verbesserter Innovations- und Wachstumspolitik der Empfängerländer ausgezahlt werden. Das hat die EU-Kommission bislang nicht verlangt, auch wenn es heißt, dass die EU-Vorschläge aus dem jährlichen Europäischen Semester-Bericht wichtig sind. Leitplanken gegen eine Italien-Krise hat der Europäische Rat nicht aufgestellt, was als problematisch erscheint. Man kann in einer optimistischen Perspektive auch argumentieren, dass Italiens Regierung in 2021 erst einmal die eigenen Wirtschaftssystem-Reformfähigkeiten den eigenen Wählern und den Investoren in der Welt demonstrieren möge. Es erscheint aber nicht wirklich als realistisch, dass die Brüsseler Beschlüsse des EU-Gipfels von Mitte Juli 2020 einen Beitrag leisten, eine neue Eurokrise2 zu vermeiden. Insgesamt ist die Frage – nicht erst seit der Corona-Rezession – zu stellen, wie eine zukunftsfähige EU-Architektur institutionell aussehen sollte.

Eurozone mit politisch-ökonomischer rationaler Struktur

Wenn man die Theorie des Fiskalföderalismus/Fiscal Federalism (Oates 1999; Journal of Economic Literature) nimmt, dann gilt für ein föderales System aus ökonomischer Sicht eine Reihe einfacher Prinzipien für die vertikale politische Arbeitsteilung:

- Auf der obersten – im Fall Eurozone: supranationalen – Politikebene sind Verteidigung und Umverteilungsmaßnahmen; also Einkommens-Steuerpolitik und wichtige Elemente der Sozialpolitik anzusiedeln. Wenn man etwa eine regionale Einkommenssteuer einführte, kann man Umverteilungsmaßnahmen kaum realisieren, weil leistungsfähige Unternehmen und Privatpersonen immer dann in Nachbarstaaten oder andere Staaten der Union umziehen, wenn eine Umverteilungsmaßnahme im Kontext mit dem politischen Gesamtkonsens eingeführt wird. Dann aber kann man Umverteilungspolitik eigentlich lassen. Diese wird wegen der hohen

Faktormobilität innerhalb der Union scheitern. Unter diesem Aspekt sollte die Eurozone längerfristig als Politische Union aufgebaut sein: mit Euro-Einkommenssteuersystem und Sozialpolitik. Das kleinliche EU-Verhandeln etwa bei der Einführung einer Digitalsteuer in 2019/2020, wo es um sehr grundlegende Steuerpolitik-Logik im digitalen 21. Jahrhundert geht, wäre Vergangenheit, wenn die Digital-Steuer auf der Ebene der Eurozone für die Euroländer international verhandelt und umgesetzt würde.

- Auf der kommunalen Ebene erbringen die Städte Leistungen, für die Gebühren von der Bürgerschaft oder bestimmte Steuern zu verlangen sind.
- Auf der nationalen Ebene – innerhalb einer föderalen Union – werden wesentliche Pfeiler der Innovationspolitik und der regionalen Infrastrukturpolitik aufgesetzt, für die man regionale Steuern (ggf. auch einen Zuschlag zum supranationalen Einkommenssteuersatz) braucht; bei positiven externen Effekten („Übertragungswirkungen" positiver Art auf Nachbarstaaten/in andere Staaten der Union) wie in der nationalen Innovationsförderpolitik sollte die nationale Ebene entsprechende Zuschüsse von der obersten – im Fall Eurozone/EU supranationalen – Politikebene erhalten. Deutschland etwa sollte aus einem Eurozonen-Haushalt Transfers erhalten, um die hohen grenzüberschreitenden Innovations-Übertragungseffekte Richtung andere Länder der Eurozone fiskalisch abzudecken; nur dann könnte man in der Eurozone eine insgesamt optimale Innovations- und Wachstumspolitik erwarten beziehungsweise realisieren. Im jetzigen EU-System fehlt dieser Aspekt völlig, das System ist fiskalisch ziemlich einseitig ein Begünstigungssystem für Länder mit geringem Pro-Kopf-Einkommen. Die EU beziehungsweise die Eurozone ist an der Stelle gegenüber den USA strukturell schwach aufgestellt. Viele Politiker meinen im Übrigen unter Hinweis darauf, dass Deutschland stark vom EU-Binnenmarkt profitieren, sollten Deutschland und andere starke EU-Exportländer noch mehr Nettobeiträge an Brüssel liefern – das ist zu einseitig, nicht rational und damit auch nicht politisch-ökonomisch nachhaltig. Die hier entwickelten Vorschläge für eine Eurozonen-Integration hingegen sind zukunftsfähig und modern beziehungsweise theoretisch fundiert. Es bleibt für die Euro-Länder bei unzureichender Kooperation der Nicht-Euro-Mitgliedsländer der EU – Dänemark sei hierbei außen vor wegen seiner Opting-out-Klausel beim Euro – im Extremfall die Möglichkeit, gemeinsam aus der EU auszutreten, um eine Politische Union Eurozone zu gründen. Das Nicht-Euro-Mitgliedsländer, die eigentlich alle längst Mitglied der Eurozone sein sollten, auf Jahrzehnte den EU-Integrationsprozess verlangsamen und die Integrationspolitik künstlich verteuern, ist nicht im Interesse der Bürgerschaft der Eurozone.

Der EU-Gipfel von Mitte Juli 2020 hat hier viele Probleme für jedermann sichtbar werden lassen. Auch die Rechtsstaats-Defizitprobleme osteuropäischer Länder kann man nicht viele Jahre in einer echten Werte- und Rechtsgemeinschaft ungelöst lassen, wie das seit etwa 2010 der Fall ist. Mit der Forcierung eines Projektes einer Euro-Politikunion erledigen sich viele der bisherigen Ineffizienzen im ökonomischen und rechtlichen Bereich. Allerdings ist es enorm wichtig, bei einem Projekt Euro-Politikunion nicht die alten EU-Fehler zu wiederholen.

Die Eurozone hat bei einer klaren und klugen politischen Architektur große Möglichkeiten, Freiheit, Stabilität und Wohlstand für Europa im 21. Jahrhundert zu sichern und zudem durch Kooperation mit anderen regionalen Integrationsräumen die europäische Idee von Sozialer Marktwirtschaft weltweit ausbreiten zu helfen. Lässt man die EU bestehen, so müssten die Länder der Eurozone auf eine solche Architektur langfristig hinarbeiten. Die erwarteten ökonomischen Vorteile könnten zu entsprechenden Pro-Integrations-Mehrheiten in den Mitgliedsländern führen.

Eine starke Eurozone, politisch und ökonomisch, wäre in der Lage, als globale Macht mit den USA, China und anderen mitzuwirken. Das Prinzip Eurozone sollte man viel stärker als die EU künftig betonen. Wer umgekehrt die schwache EU-Integration betonen will, dürfte zur weiteren EU-Zerfallsdynamik beitragen. Statt beim Thema EU-Kreditpolitik in der Eurozone über viele Wochen ohne Entscheidung als EU dahin zu treiben – wie die EU im Juli 2020 –, könnte eine Regierung der Eurozone mit einem Europarlament in wenigen Wochen klare Entscheidungen treffen. Selbstverständlich wäre nicht zu erwarten, dass eine Regierung der Eurozone auf die sonderbare Idee käme, Transfers an alle Mitgliedsländer zu zahlen und dabei Hunderte Milliarden € zu verschwenden, wie das die EU-Kommission mit ihrem Vorschlag im Mai tendenziell gemacht hat. Selbstverständlich sollen von der Coronavirus-Pandemie besonders schwer betroffene Länder der Eurozone ausnahmsweise wohl auch Transfers einmalig mit einer gewissen Zweckbindung erhalten, aber man käme vermutlich kaum über Transfers von mehr als 150 Milliarden € für die besonders hart betroffenen Länder Spanien, Italien, Belgien und Frankreich hinaus. Gemessen am EU-Kommissionsvorschlag 500 Milliarden € im Sommer 2020 wäre das eine Ersparnis von 350 Milliarden €, also fast 800 € pro Bürger/in der Eurozone. Die jetzige EU-Mitgliedschaft ist für die westlichen und östlichen Eurozonen-Mitgliedsländer also unnötig teuer. Insgesamt könnte man bei einer durchdachten Architektur einer föderalen Eurozone den Gesamt-Einkommenssteuersatz wohl um ein bis zwei Prozentpunkte langfristig wegen der Effizienzgewinne senken. Es gibt von daher gute Gründe anzunehmen, dass ein Fortbestehen der jetzigen EU längerfristig unwahrscheinlich ist. UK, Russland und zeitweise wohl auch die USA – wie unter Trump – könnten auf einen EU-Zerfall hinarbeiten, der für die jeweiligen Länder einen Machtgewinn bedeutete. Eine politische Eurozone mit klaren Bürgerschafts-Vorteilen in den Mitgliedsländern kann man hingegen kaum von außen aufbrechen.

Klar ist im Übrigen, dass ein schrittweiser Zerfall von Eurozone und EU für Europa eine historische Katastrophe wäre, da man faktisch im Regime der Großmächte des späten 19. Jahrhunderts landete; natürlich mit einigen anderen Akteuren, nämlich neu dabei China, die USA und vermutlich Indien. Als analytische Warnung vor dem BREXIT-Modell sei hier angemerkt: So wie immer mehr UK-Firmen ausländischen Investoren aus den USA, der EU, Indien und China schon um 2022 gehören werden – verstärkt als Entwicklung durch eine starke Pfund-Abwertung (u. a. BREXIT-Effekte widerspiegelnd) – und damit das Motto der BREXIT-Befürworter vom Take Back Control (Macht national zurück übernehmen) als Luftschloss-Idee entlarven, so erginge es auch Eurozonen-Austrittsländern beziehungsweise EU-Austrittsländern. Die politische Planung der Merkel-Zeit war über Jahre viel zu eng, um solche Zusammenhänge gedanklich aufzunehmen. Eine Regierung, die den BREXIT zu keiner Zeit kommen sah, dürfte in der Analyse-Sicht auch bürgerschafts-vorteilhafte Eurozonen-Perspektiven wohl leichthin übersehen. Es ist bedenklich, wenn Regierungen keine Zukunftsstrategien unter Beachtung der globalen Entwicklungen entwickeln.

Ein Projekt Eurozone als Bürgerschaftsunion wird nicht einfach zu realisieren sein angesichts der Alterungsprozesse in EU-Ländern, die zu einem größeren Einfluss der älteren Wählerschaft führen. Die ist eben tendenziell eher anti-EU und pro-nationalistisch eingestellt ist als jüngere Wählerschichten. Ab 2025 beginnt der Altersprozess der Arbeitnehmerschaft sich in Deutschland, Italien und Spanien deutlich zu beschleunigen. Es wäre nicht erstaunlich, wenn etwa UK, Russland und die USA dann viel stärker als bisher auf einen EU-Zerfall setzen – im US-Fall unter der Annahme, dass dort ein strukturelles Populismus-Problem besteht, wie im Buch Trump global deutlich geschildert.

Das Thema Populismus-Expansion könnte auch durch die Corona-Schocks in einigen EU-Ländern – vor allem in Osteuropa – eine mittelfristig verstärkte Rolle spielen. Regierungen in Polen und Ungarn etwa nutzen die ermüdenden Alltagsumstände der Epidemie, der die Protestneigung der Bürgerschaft mindert, um mit neuen aggressiven Gesetzen die Kontrolle von Richterschaft, TV-Medien und auch Print- sowie Internetmedien zu stärken;

also letztlich Bürgerrechte zu schwächen und fairen politischen Wettbewerb zu behindern.

Literatur

Becker, S. O., Egger, P., & Von Ehrlich, M. (2010). Going NUTS: The effects of EU structural funds on regional performance. *Journal of Public Economics, 94*, 578–590. https://doi.org/10.1016/j.jpubeco.2010.06.006.

Kessler, G. (2020). Washington post fact checker. *Washington Post*. https://www.washingtonpost.com/news/fact-checker/. Zugegriffen am 01.04.2020.

Oates, W. E. (1999). An essay on fiscal federalism. *Journal of Economic Literature, 37*(3), 1120–1149.

Welfens, P. J. J. (2017). *BREXIT aus Versehen* (2., Akt. u. erw. Aufl.). Wiesbaden: Springer.

Welfens, P. J. J. (2020a). The optimum import tariff in the presence of outward foreign direct investment, EIIW Diskussionsbeitrag 269. https://uni-w.de/e5uwe.

22

Anhang zu Teil III

Anhang 1: Reserven und Fremdwährungsliquidität in Prozent des Bruttoinlandsprodukts

Tab. 22.1 Internationale Reserven und Fremdwährungsliquidität (% des BIP)

Land/Jahr	2010	2011	2012	2013	2014	2015	2016	2017	2018	2019
Portugal	8,81	8,71	10,47	7,75	8,53	9,73	12,18	11,80	10,36	**10,57**
Litauen	17,74	18,86	19,90	17,39	17,96	4,09	6,05	9,34	10,83	**9,48**
Italien	7,47	7,60	8,76	6,83	6,60	7,13	7,28	7,75	7,35	**8,82**
Frankreich	6,28	6,01	6,87	5,15	5,02	5,66	5,94	6,04	5,99	**6,98**
Slowakische Rep,	2,42	2,46	2,68	2,19	2,61	3,27	3,22	3,78	4,91	**6,73**
Malta	6,18	5,39	7,64	5,91	5,48	5,34	5,91	6,53	7,04	**6,31**
Deutschland	6,37	6,37	7,05	5,31	4,95	5,17	5,34	5,46	5,02	**5,80**
Belgien	5,54	5,58	6,18	5,17	4,78	5,28	5,01	5,27	5,05	**5,60**
Spanien	2,23	3,16	3,78	3,40	3,65	4,50	5,10	5,27	4,95	**5,35**
Österreich	5,68	5,83	6,64	5,42	5,63	5,82	5,93	5,17	5,09	**5,27**
Niederlande	5,45	5,66	6,53	5,28	4,81	5,00	4,63	4,62	4,21	**4,81**
Estland	13,02	0,89	1,30	1,25	1,63	1,80	1,47	1,29	2,46	**4,60**
Zypern	4,46	4,39	4,79	3,81	3,80	4,09	3,99	4,00	3,79	**4,26**
Finnland	3,85	3,77	4,31	4,17	3,90	4,30	4,38	4,15	3,76	**4,24**
Griechenland	2,13	2,39	2,95	2,40	2,62	3,06	3,53	3,84	3,48	**3,97**
Slowenien	2,22	1,92	2,04	1,91	2,03	1,99	1,66	1,83	1,73	**1,88**
Luxemburg	1,60	1,69	1,75	1,56	1,30	1,35	1,65	1,41	1,35	**1,52**
Irland	0,95	0,72	0,76	0,69	0,69	0,76	1,20	1,32	1,37	**1,49**
Lettland	31,96	22,41	26,73	26,08	10,28	12,77	12,68	15,13	12,53	

Quelle: IWF, eigene Berechnungen

P. J. J. Welfens, *Corona-Weltrezession*, https://doi.org/10.1007/978-3-658-31386-9_22

Anhang 2: Internationale Reserven und Fremdwährungsliquidität in Prozent des Bruttoinlandsprodukts (ohne Reserven bei der Europäischen Zentralbank)

Tab. 22.2 Internationale Reserven und Fremdwährungsliquidität (% des BIP; ohne Reserven bei der EZB)

Land/Jahr	2010	2011	2012	2013	2014	2015	2016	2017	2018	2019
Portugal	8,26	8,14	9,82	7,18	7,97	9,10	11,56	11,21	9,79	**10,00**
Litauen	16,90	18,11	19,11	16,73	17,34	3,38	5,35	8,70	10,22	**8,86**
Italien	7,03	7,18	8,28	6,40	6,18	6,65	6,80	7,28	6,88	**8,33**
Frankreich	5,88	5,62	6,44	4,78	4,66	5,25	5,52	5,63	5,59	**6,55**
Slowakische Rep,	1,76	1,84	2,01	1,61	2,04	2,65	2,59	3,18	4,34	**6,11**
Malta	5,62	4,85	7,07	5,44	5,06	4,90	5,50	6,15	6,69	**5,90**
Deutschland	5,96	5,99	6,64	4,95	4,61	4,78	4,96	5,09	4,66	**5,40**
Belgien	5,15	5,21	5,77	4,82	4,43	4,90	4,63	4,90	4,68	**5,20**
Österreich	5,30	5,47	6,25	5,08	5,31	5,45	5,56	4,82	4,75	**4,90**
Spanien	1,76	2,69	3,24	2,92	3,18	3,97	4,58	4,77	4,46	**4,86**
Niederlande	5,09	5,31	6,14	4,95	4,48	4,62	4,26	4,26	3,87	**4,44**
Estland	12,28	0,23	0,62	0,69	1,10	1,20	0,88	0,75	1,96	**4,08**
Finnland	3,47	3,41	3,91	3,83	3,57	3,91	4,00	3,78	3,40	**3,85**
Zypern	4,01	3,96	4,30	3,35	3,33	3,55	3,46	3,49	3,30	**3,75**
Griechenland	1,61	1,84	2,28	1,77	1,99	2,33	2,77	3,09	2,74	**3,31**
Slowenien	1,68	1,39	1,44	1,38	1,53	1,41	1,10	1,31	1,23	**1,37**
Luxemburg	1,31	1,42	1,46	1,32	1,08	1,09	1,40	1,17	1,12	**1,25**
Irland	0,56	0,33	0,34	0,33	0,36	0,47	0,91	1,06	1,13	**1,24**
Lettland	31,06	21,63	25,92	25,39	9,62	12,02	11,94	14,44	11,89	

Quelle: IWF, eigene Berechnungen

Anhang 3: Weltölpreise (WTI-Tagespreis), 2000–2020

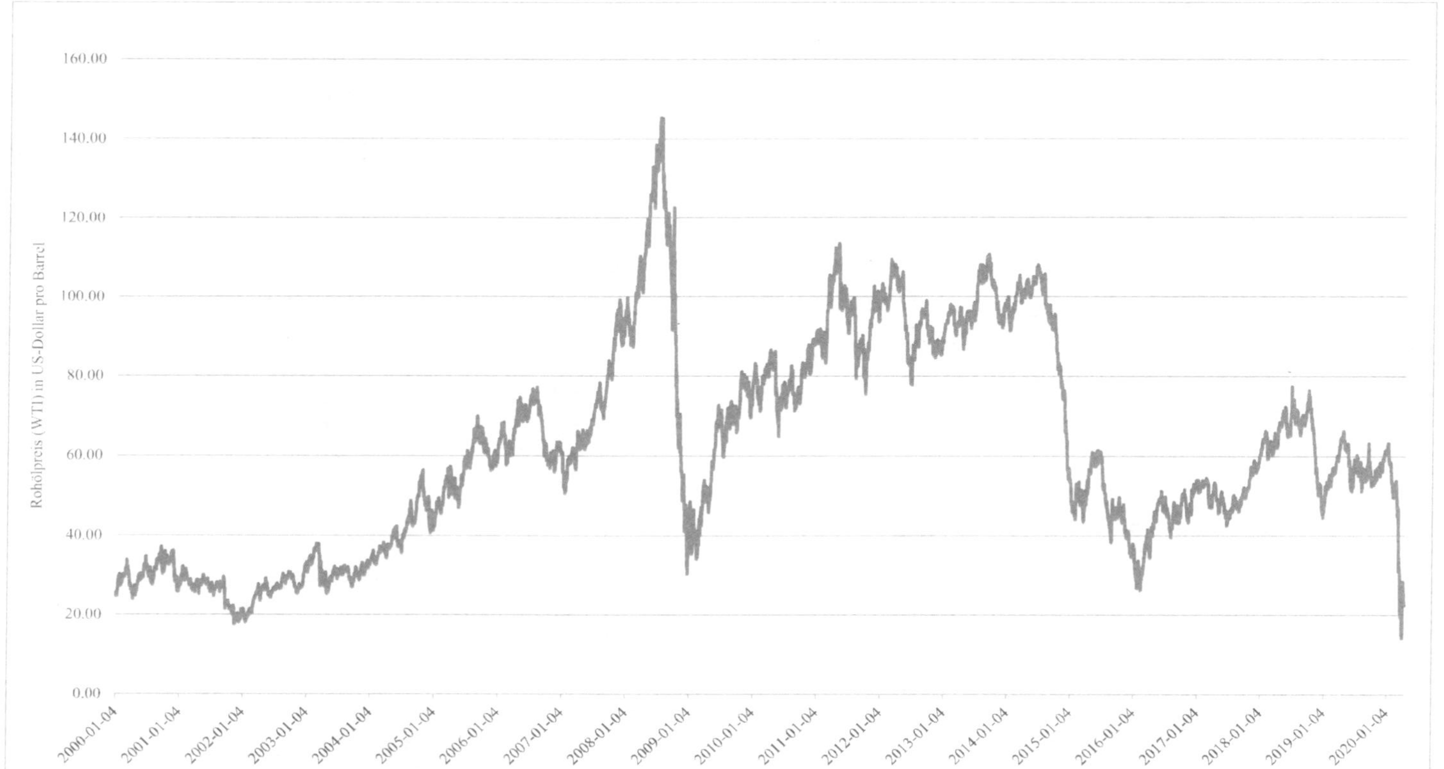

Quelle: Eigene Darstellung der bei der Federal Reserve Bank of St. Louis verfügbaren Daten

Abb. 22.1 Rohölpreise (WTI) in US-Dollar pro Barrel (Täglich, 01.01.2000–21.04.2020)

Anhang 4: Defizit-BIP-Verhältnis Staatsdefizit zum Bruttoinlandsprodukt in den Ländern der Eurozone, China und USA

Tab. 22.3 **Nettokreditvergabe (+)/Nettokreditaufnahme (+) des Gesamtstaats ausgewählter Länder**

Land	2014	2015	2016	2017	2018	2019	2020	2021
China	−0,909	−2,815	−3,702	−3,835	−4,655	−6,37	***−11,228***	***−9,569***
Kroatien	−5,35	−3,315	−1,045	0,752	0,234	***−0,046***	***−6,53***	***−2,552***
Frankreich	−3,905	−3,625	−3,542	−2,771	−2,274	***−3,015***	***−9,172***	***−6,243***
Deutschland	0,58	0,943	1,184	1,242	1,867	1,449	***−5,523***	***−1,193***
Griechenland	−4,07	−2,771	0,555	1,047	0,868	***0,39***	***−8,974***	***−7,907***
Italien	−2,954	−2,552	−2,404	−2,445	−2,199	−1,639	***−8,339***	***−3,474***
Niederlande	−2,152	−2,025	0,021	1,264	1,491	1,659	***−6,164***	***−2,136***
Portugal	−7,12	−4,303	−1,97	−2,96	−0,446	0,19	***−7,094***	***−1,888***
Spanien	−5,915	−5,177	−4,305	−3,024	−2,537	−2,642	***−9,509***	***−6,656***
Vereinigtes Königreich	−5,557	−4,591	−3,348	−2,455	−2,217	−2,08	***−8,31***	***−5,473***
Vereinigte Staaten	−4,034	−3,566	−4,269	−4,471	−5,682	*−5,782*	***−15,448***	***−8,643***

Quelle: Datenbank des IWF zum Weltwirtschaftsausblick. April 2020. Die fett-kursiven Zahlen für 2020 und 2021 sowie für wenige Länder in 2019 sind IWF-Stabschätzungen (22. April 2020)

Anhang 5: Schuldenstand im Verhältnis zum BIP und Prognosezahlen im Weltwirtschaftsausblick des IWF vom Frühjahr 2020 (Prognosen für 2020 und 2021; fiskalpolitische Maßnahmen vom April 2020 nicht enthalten)

Tab. 22.4 **Schulden-BIP-Verhältnis und -Prognose. Weltwirtschaftsausblick des IWF Frühjahr 2020 (April)**

Land	2000	2010	2019	2020#	2021#
China	22,8	33,7	55,6	60,9	65,4
Frankreich	58,9	85,3	99,3	99,2	99,0
Deutschland	59,1	82,3	58,6	55,7	53,1
Italien	105,1	115,4	133,2	133,7	133,9
Japan	137,9	207,9	237,7	237,6	238,4
Niederlande	50,9	59,4	49,2	47,3	45,5
Spanien	58,0	60,1	96,4	95,2	94,0
Vereinigtes Königreich	37,0	75,2	85,6	84,8	84,6
Vereinigte Staaten	54,9*	95,4	106,2	108,0	110,0

*Quelle: IMF World Economic Outlook Database 2019. * = Daten der Federal Reserve Bank. # Schätzung; Anmerkung: IWF-Prognosen ohne Berücksichtigung größerer finanzpolitischer Pakete*

Anhang 6: Staatsschulden für ausgewählte EU-Länder, UK und US, 2018 und 2019

Tab. 22.5 Staatsverschuldung: Ausgewählte große EU-Länder, das Vereinigte Königreich und die USA

Land	2018*	2019*†
Deutschland	2063,172	2015,008
Frankreich	2315,3	2393,725
Italien	2321,957	2357,724
Spanien	1173,107	1200,013
Niederlande	405,504	395,525
Vereinigte Staaten	21456,363	22773,158**
Vereinigtes Königreich	1838,59	1869,46**

** = Betrag in Milliarde Lokalwährungseinheit; für 2019 in Euro**: US €19,073 Billionen; UK: €2,120 Billionen; **Basis sind die durchschnittlichen Wechselkurse für 2019*
Daten für die USA: https://www.federalreserve.gov/releases/g5a/current/
Daten für das Vereinigte Königreich:
https://assets.publishing.service.gov.uk/government/uploads/system/uploads/attachment_data/file/877346/Average-for-the-year-to-December-2019.csv/preview
†= Schätzungen
Quelle: IWF, World Economic Outlook Database 2019; und eigene Berechnungen

Anhang 7: Deutsches BIP in Relation zum BIP von EU28, EU27 und EZ19

Tab. 22.6 Anteile des deutschen BIP in Relation zum BIP von EU28, EU27 und EZ19 (in Prozent)

	2008	2009	2010	2011	2012	2013	2014	2015	2016	2017	2018
DEU/EU28	18.77	18.63	19.00	19.51	19.56	19.63	19.96	19.76	19.86	19.78	19.67
DEU/EU27	21.75	21.52	22.00	22.53	22.67	22.79	23.20	22.99	23.07	22.94	22.78
DEU/EA19	26.00	25.83	26.49	27.21	27.45	27.61	28.17	27.96	28.05	28.01	27.91
											22,377,001.3*
											19,320,264.8**
											15,769,682.6***

, **, * stehen für das BIP der EU28, der EU27 und der EZ19 für das Jahr 2018 in Millionen US-Dollar*
Quelle: Eigene Darstellung

Anhang 8: Ausgewählte Indikatoren für ausgewählte EU-Länder, UK und US, 2019–2021

Tab. 22.7 **Weltwirtschaftsausblick des IWF, April 2020, Ausgewählte Indikatoren für ausgewählte Regionen/Länder**

Land/Region	2019	2020 (Hochrechnung)	2021 (Projektion)
	Reales BIP (% Änderung)		
Griechenland	1,9	−10,0	5,1
Italien	0,3	−9,1	4,8
Spanien	2,0	−8,0	4,3
Eurozone	1,2	−7,5	4,7
Frankreich	1,3	−7,2	4,5
Deutschland	0,6	−7,0	5,2
Europa	1,6	−6,6	4,5
USA	2,3	−5,9	4,7
Asien	4,6	0,0	7,6
China	6,1	1,2	9,2
	Leistungsbilanz		
Deutschland	7,1	6,6	6,7
Italien	3,0	3,1	3,0
Eurozone*	2,7	2,6	2,7
Spanien	2,0	2,2	2,4
Fortgeschrittenes Europa	2,3	1,6	1,8
Asien	1,8	1,0	1,2
China	1,0	0,5	1,0
Frankreich	−0,8	−0,7	−0,6
USA	−2,3	−2,6	−2,8
Griechenland	−2,1	−6,5	−3,4
	Arbeitslosenquote (%)		
Griechenland	17,3	22,3	19,0
Spanien	14,1	20,8	17,5
Italien	10,0	12,7	10,5
Eurozone	7,6	10,4	8,9
Frankreich	8,5	10,4	10,4
USA	3,7	10,4	9,1
Fortgeschrittenes Europa	6,6	9,2	7,9
China	3,6	4,3	3,8
Fortgeschrittenes Asien	3,1	4,1	3,7
Deutschland	3,2	3,9	3,5

Quelle: Eigene Darstellung auf der Grundlage des IMF (2020b), World Economic Outlook, Statistische Anhänge, April 2020; die Länder wurden nach den für 2020 erwarteten Ergebnissen gereiht (reales BIP nach dem größten Rückgang, Leistungsbilanz nach dem größten Überschuss, Arbeitslosenquote nach der höchsten Arbeitslosigkeit)

* Daten korrigiert um Berichtsdiskrepanzen bei Transaktionen innerhalb des Euroraums.

Anhang 9: Output-Wachstum und die Subventionierung von Bankkrediten durch die EIB

Output-Wachstum und die Subventionierung von Bankkrediten durch die EIB

Für das Produktionswachstum (g ist die Wachstumsrate, der Einfachheit halber ist die Kapitalabschreibung Null) kann man schreiben:

$$g_Y = \left(I / Y\right) Y_K \tag{22.1}$$

wobei I die Nettoinvestition, Y die Produktion und Y_K das Grenzprodukt des Grundkapitals ist;

Bezeichnet das Bankeigenkapital mit E, K′ als Gesamtbankkapital, die Wahrscheinlichkeit der Nichtausfallwahrscheinlichkeit von Firmeninvestitionen mit f und den Rückstellungsbetrag der EIB im Verhältnis zum Bankkapital mit U (und ß für die Gewinnquote, t″ für den Körperschaftssteuersatz) – unter der Annahme, dass df/dU > 0 ist – können wir für Investitionen schreiben:

$$I = F\left(E' / K', f\left(U\right), \beta\left(1 - t''\right)\right) Y \tag{22.2}$$

Oder man kann mit einer linearisierten Funktion (Parameter n″ > 0) und unter Verwendung der positiven Parameter f′ und f″ schreiben:

$$I / Y = f'E' / K' + f''U + n''\beta\left(1 - t''\right) \tag{22.3}$$

Das Geldmarktgleichgewicht (wobei M die Geldmenge, P das Preisniveau und h und h′ positive Parameter bezeichnen, r der Realzins ist; es wird eine erwartete Inflation von Null angenommen) kann geschrieben werden als

$$M / P = hY / \left(h'r\right) \tag{22.4}$$

Das Kombinieren von (22.1), (22.3) und (22.4) – unter Berücksichtigung der Gewinnmaximierung von Firmen (r = YK) gibt:

$$g_Y = \left(f'E' / K' + f''U + n''\beta\left(1 - t''\right)\right)\left(hY / h'\left(M / P\right)\right) \tag{22.5}$$

Die Zentralbank folgt einer geldpolitischen Regel (M/P) = v″Y – mit v″ als positivem Parameter – so dass wir die Gleichung haben:

$$g_Y = \left(f'E'/K' + f''U + n''\beta\left(1-t''\right)\right)\left(h/\left(h'v''\right)\right) \tag{22.6}$$

Die Wachstumsrate des Outputs ist eine positive Funktion von U, wobei die jeweilige marginale Auswirkung durch f″h/(h′v″) angegeben wird. Als Gewinnverhältnis ß: = H/Y – wobei H die realen Gewinne der Unternehmen bezeichnet – können wir schließlich (mit h″: = h/h′) schreiben:

$$\frac{dY}{dt} = \left(f'E'/K' + f''U + n''\beta\left(1-t''\right)\right)\left(h''/v''\right)Y \tag{22.7}$$

Es ist zu beachten, dass der Rückstellungsparameter U nicht unbegrenzt erhöht werden kann, da Verluste von Banken, die von einer öffentlichen Bank übernommen werden, durch einen höheren Einkommenssteuersatz oder einen höheren Körperschaftssteuersatz t″ gedeckt werden müssen, und wenn t″ zu steigen beginnt, ist klar, dass die Wachstumsrate im Laufe der Zeit abnehmen würde.

Dynamik des Schuldenstands im Verhältnis zum BIP

Die Haushaltsbeschränkung der Regierung (mit G für reale Staatsausgaben, r Realzinssatz, t″ Einkommenssteuersatz, B/P für reale Verschuldung – mit B Nominalverschuldung und P Preisniveau – und t für Zeitindex. Das Verhältnis Schulden-BIP (B/P)/Y wird durch b′ und G:= g″Y (0 < g″ < 1) bezeichnet; und das reale Produktionswachstum ist g_Y) lautet

$$G + r\left(B/P\right) - t''Y = d\left(B/P\right)/dt \tag{22.8}$$

(wenn man durch Y dividiert: d′ - b′g_Y = db′/dt, wobei d′ die Defizit-BIP-Quote ist)

Als db′/dt = (d(B/P)/dt)/Y - b′g_Y erhalten wir

$$\left(g'' - t''\right) + \left(r - g_Y\right)b' = db'/dt \tag{22.9}$$

Die erste linke Klammer (g″ - t″) ist das so genannte Primärdefizit-BIP-Verhältnis (Primärdefizit ist das Defizit vor Zinszahlungen). In einer Wirtschaftskrise ist die Wachstumsrate der Produktion typischerweise negativ. Es liegt auf der Hand, dass die Schulden-BIP-Quote – unter der Annahme, dass $r = g_Y$ – nur reduziert werden kann, wenn die Primärüberschussquote positiv ist. Wenn r die Produktionswachstumsrate übersteigt, gilt, dass die erforderliche Primärüberschussquote umso größer sein muss, je größer die Lücke $r - g_Y$ ist.

Bezeichnen wir den Staatskonsum im Verhältnis zum BIP mit g und die öffentlichen Investitionen im Verhältnis zum BIP mit g′; ausländische Variablen werden mit * bezeichnet. Der Schuldenstand im Verhältnis zum BIP (b′) wird stabilisiert, wenn $g + g' - t'' = (g_Y(t'', r(b'), g', a) - r(b'))b'$.

Hier ist der Realzins eine positive Funktion der Schuldenquote, und das Produktionswachstum hängt negativ von t″ und r, aber positiv von g′ und a ab, wobei a die Wachstumsrate der Technologie ist. Nehmen wir an, dass das Produktionswachstum als $g_Y = V'g' - V''t'' - Vr + a$ geschrieben werden kann (die Parameter V′, V″ und V sind positiv) und dass $r = r^* + r'b'$ (r′ ist ein positiver Parameter), so dass wir

$$\begin{aligned} &g + g' - t'' = \left(V'g' - V''t'' - V\left(r* + r'b'\right) + a - r* - r'b'\right)b' \Leftrightarrow \\ &r'\left(V+1\right)b'^2 + \left(r*\left(V+1\right) - a - V'g' + V''t''\right)b' + g + g' - t'' = 0 \end{aligned} \quad (22.10)$$

$$b'^2 + \frac{\left(r*\left(V+1\right) - a - V'g' + V''t''\right)b'}{r'\left(V+1\right)} + \frac{g + g' - t''}{r'\left(V+1\right)} = 0 \quad (22.11)$$

Es wird angenommen, dass die zweite rechte Klammer in Gleichung (22.11) negativ ist und der dritte Term positiv oder Null ist. Die Minimierung von b′ erfordert bestimmte Bedingungen (und eine positive zweite Ableitung). Die Lösung der quadratischen Gleichung lautet:

$$\begin{aligned} b'_{1,2} = &-\left(\frac{\left(r*\left(V+1\right) - a - V'g' + V''t''\right) / \left(r'\left(V+1\right)\right)}{2}\right) \\ &+/-\left[\left(\frac{\left(r*\left(V+1\right) - a - V'g' + V''t''\right) / \left(r'\left(V+1\right)\right)}{2}\right)^2 - \frac{g + g' - t''}{r'\left(V+1\right)}\right]^{\frac{1}{2}} \end{aligned} \quad (22.12)$$

Anhang 10: Defizit im Verhältnis zum BIP und Verschuldung im Verhältnis zum BIP für ausgewählte Länder des Euroraums, plus Großbritannien und USA, 1999–2018

Tab. 22.8 Defizit-zu-BIP-Verhältnis für ausgewählte Länder des Euroraums, plus Großbritannien und USA, 1999–2018

	1999	2004	2009	2014	2018
Euroraum	−1,5	−2,9	−6,2	−2,5	−0,5
Belgien	−0,6	−0,2	−5,4	−3,1	−0,7
Deutschland	−1,7	−3,3	−3,2	0,6	1,9
Estland	−3,3	2,3	−2,2	0,7	−0,6
Irland	3,5	1,3	−13,8	−3,6	0,1
Griechenland	−5,8	−8,8	−15,1	−3,6	1,0
Spanien	−1,2	−0,1	−11,3	−5,9	−2,5
Frankreich	−1,6	−3,6	−7,2	−3,9	−2,5
Italien	−1,8	−3,5	−5,1	−3,0	−2,2
Zypern	−4,0	−3,7	−5,4	−8,7	−4,4
Lettland	−3,7	−0,9	−9,5	−1,4	−0,7
Litauen	−2,8	−1,4	−9,1	−0,6	0,6
Luxemburg	3,5	−1,3	−0,7	1,3	2,7
Malta	−6,7	−4,3	−3,2	−1,7	1,9
Niederlande	0,3	−1,8	−5,1	−2,2	1,5
Österreich	−2,6	−4,8	−5,3	−2,7	0,2
Portugal	−3,0	−6,2	−9,9	−7,4	−0,4
Slowenien	−3,0	−1,9	−5,8	−5,5	0,8
Slowakei	−7,2	−2,3	−8,1	−3,1	−1,1
Finnland	1,7	2,2	−2,5	−3,0	−0,8
Vereinigtes Königreich	0,6	−3,1	−10,1	−5,6	−2,3
USA*	1,3	−3,4	−9,8	−2,8	−3,8

*Quelle: Eigene Darstellung der bei Eurostat verfügbaren Daten, *= US-Daten von der Federal Reserve St. Louis, FRED*

Tab. 22.9 Verschuldung im Verhältnis zum BIP für ausgewählte Länder des Euroraums sowie Großbritannien und die USA, 1999–2018

	1999	2004	2009	2014	2018
Euroraum	***	69,6	80,2	92,8	85,9
Belgien	115,4	97,2	100,2	107,0	100,0
Deutschland	60,1	65,0	73,0	75,7	61,9
Estland	6,4	5,1	7,2	10,6	8,4
Irland	46,6	28,2	61,5	104,4	63,6
Griechenland	98,9	102,9	126,7	178,9	181,2
Spanien	60,8	45,4	53,3	100,7	97,6
Frankreich	60,5	65,9	83,0	94,9	98,4
Italien	113,3	105,1	116,6	135,4	134,8
Zypern	55,8	64,8	54,3	109,2	100,6
Lettland	12,1	14,1	36,2	40,9	36,4
Litauen	22,7	18,7	28,0	40,6	34,1
Luxemburg	***	7,3	15,7	22,7	21,0
Malta	62,1	71,9	67,6	63,4	45,8
Niederlande	58,6	50,3	56,8	67,8	52,4
Österreich	66,7	65,2	79,9	84,0	74,0
Portugal	55,4	67,1	87,8	132,9	122,2
Slowenien	23,7	26,9	34,5	80,3	70,4
Slowakei	47,1	41,7	36,4	53,5	49,4
Finnland	44,1	42,6	41,5	59,8	59,0
Vereinigtes Königreich	39,5	38,4	63,3	86,2	85,9
USA	58,7	60,4	82,4	101,7	104,5

Quelle: Eigene Darstellung der verfügbaren Daten von Eurostat, US-Daten von der Federal Reserve St. Louis, FRED ***Keine Daten vorhanden.

Anhang 11: Fitch-Ratings für Italien – Herabstufung von Staatsanleihen

Das folgende Zitat (Fitch 2020) verdeutlicht einige Hauptaspekte des Italien-Ratings-Problems, wobei Fitch am 28. April 2020 von BBB auf BBB- (Ausblick stabil) herabging:

> „…Die Herabstufung spiegelt die erheblichen Auswirkungen der globalen COVID-19-Pandemie auf die italienische Wirtschaft und die Finanzlage des Staates wider. Fitch prognostiziert einen Rückgang des BIP um 8 % im Jahr 2020, und die Risiken dieser Basisprognose sind nach unten gerichtet, da sie davon ausgeht, dass das Coronavirus im Jahr 2H20 eingedämmt werden kann, was zu einer relativ starken wirtschaftlichen Erholung im Jahr 2021 führen wird. Im Falle einer zweiten Infektionswelle und der weit verbreiteten Wiederaufnahme von Sperrmaßnahmen würden die wirtschaftlichen Ergebnisse für 2020 und 2021 schwächer ausfallen.

Der gesamtstaatliche Bruttoschuldenstand (GGGD) im Verhältnis zum BIP wird in diesem Jahr um etwa 20pp steigen. Unsere GGGD-Basisprognose beläuft sich Ende 2020 auf 156 % des BIP, verglichen mit dem „BBB"-Median von derzeit 36 % des BIP. Nach unserem Basisszenario zur Schuldendynamik wird sich die GGGD-Quote im Verhältnis zum BIP nur mittelfristig auf diesem sehr hohen Niveau stabilisieren, was die Risiken für die Schuldentragfähigkeit unterstreicht.

Der stabile Ausblick spiegelt zum Teil unsere Ansicht wider, dass die Nettoankäufe der EZB Italiens substanzielle fiskalische Reaktion auf die COVID-19-Pandemie erleichtern und die Refinanzierungsrisiken verringern werden, indem die Kreditkosten zumindest kurzfristig auf einem sehr niedrigen Niveau gehalten werden. Nichtsdestotrotz könnte der Abwärtsdruck auf das Rating wieder zunehmen, wenn die Regierung keine glaubwürdige Wachstums- und Fiskalstrategie umsetzt, die das Vertrauen stärkt, dass der gesamtstaatliche Schuldenstand im Verhältnis zum BIP im Laufe der Zeit auf einen Abwärtspfad gebracht wird.

...ESG – Regierungsführung: Italien hat einen ESG-Relevanzwert (RS) von 5 sowohl für politische Stabilität und Rechte als auch für Rechtsstaatlichkeit, institutionelle und regulatorische Qualität und Kontrolle der Korruption, wie es bei allen Souveränen der Fall ist. Diese Werte spiegeln das hohe Gewicht wider, das die Governance-Indikatoren der Weltbank (WBGI) in unserem proprietären Sovereign Rating Model haben. Italien hat ein WBGI-Ranking auf dem 67,5 Perzentil, was die relativ starke institutionelle Kapazität, die effektive Rechtsstaatlichkeit und die niedrigere Bewertung der politischen Stabilität widerspiegelt".

Anhang 12: Italien-EU-Länderbericht im „EU-Semester" 2020 (Executive Summary)

„Angesichts der schwachen makroökonomischen Aussichten und der Herausforderung, Nachhaltigkeit zu gewährleisten, ist die Steigerung der Produktivität und des Wachstumspotenzials der Schlüssel zur Senkung der öffentlichen Schuldenquote Italiens und zum Abbau seiner makroökonomischen Ungleichgewichte. Die Umsetzung ehrgeiziger Strukturreformen und einer umsichtigen Finanzpolitik sowie gezielte Investitionen würden die digitale und ökologische Transformation Italiens unterstützen und ein nachhaltiges Wachstum sicherstellen. Eine wiederbelebte Reformdynamik sollte mit Vorrang für solide öffentliche Finanzen, eine effektivere öffentliche Verwaltung und Justiz, ein effizienteres Bildungssystem und einen effizienteren Arbeitsmarkt, ein freundlicheres Geschäftsumfeld und einen widerstandsfähigeren Bankensektor sorgen.

Die Wirtschaftstätigkeit in Italien bleibt trotz eines sich allmählich verbessernden Arbeitsmarktes schwach. Nach einem realen BIP-Wachstum von 0,8 % im Jahr 2018 wuchs das BIP im Jahr 2019 um 0,2 % und wird voraussichtlich in den Jahren 2020 und 2021 um 0,3 % bzw. 0,6 % wachsen. Die Inlandsnachfrage bleibt gedämpft, da das real verfügbare Einkommen unter dem Vorkrisenniveau bleibt und die Ersparnisse gestiegen sind. Es wird jedoch erwartet, dass das 2019 eingeführte neue Mindesteinkommenssystem und der beträchtliche Rückgang der Zinssätze die Ausgaben der Haushalte stärken werden. Trotz Anzeichen für eine Erholung im Jahr 2019 bleiben die öffentlichen Investitionen unter dem Vorkrisenniveau. Das schleppende Produktivitätswachstum behindert nach wie vor die wirtschaftliche Erholung Italiens. Es bestehen nach wie vor eine Reihe von Abwärtsrisiken, insbesondere im Hinblick auf den internationalen Handelskontext und die inländische Stabilität. Während die Beschäftigungsquote, insbesondere bei Frauen und jungen Menschen, nach wie vor deutlich unter dem EU-Durchschnitt liegt, stieg sie 2019 weiter an, was vor allem im Norden auf unbefristete Arbeitsverträge zurückzuführen ist. Die Arbeitslosenquote sank von 10,3 % im Vorjahr auf 9,8 % in Q3-2019. Allerdings bestehen zwischen den Regionen des Landes nach wie vor große Unterschiede bei den Beschäftigungsquoten.

Italien hat einige Fortschritte bei der Umsetzung der länderspezifischen Empfehlungen für 2019 gemacht.

Erhebliche Fortschritte gab es in folgenden Bereichen:

Bekämpfung der Steuerhinterziehung, u. a. durch die Stärkung der verpflichtenden Nutzung elektronischer Zahlungen.

Es gab *einige Fortschritte* in folgenden Bereichen:

i) Gewährleistung, dass aktive arbeitsmarkt- und sozialpolitische Maßnahmen wirksam integriert werden und gefährdete Gruppen erreichen; ii) Fokussierung der investitionsbezogenen Wirtschaftspolitik auf Forschung und Innovation und die Qualität der Infrastruktur; iii) Steigerung der Effizienz der öffentlichen Verwaltung; iv) Förderung der Umstrukturierung der Bankbilanz; v) Verbesserung der Nichtbankenfinanzierung für kleinere und innovative Unternehmen.

Begrenzte Fortschritte gab es in folgenden Bereichen:

i) Verlagerung der Besteuerung weg vom Faktor Arbeit, Senkung der Steuerausgaben und Reform des Katastersystems; ii) Bekämpfung der nicht angemeldeten Erwerbstätigkeit; iii) Förderung der Beteiligung von Frauen am Arbeitsmarkt durch eine umfassende Strategie; iv) Verbesserung der Bildungsergebnisse, auch durch angemessene und gezielte Investitionen, und Förderung der beruflichen Weiterbildung; v) Verkürzung der Dauer von Zivilprozessen durch Durchsetzung und Straffung der Verfahrensvorschriften; vi) Verbesserung der Wirksamkeit der Korruptionsbekämpfung durch eine Reform der Verfahrensvorschriften zur Verkürzung der Dauer von Strafprozessen.

Keine Fortschritte gab es bei:

i) der Verringerung des Anteils der Altersrenten an den öffentlichen Ausgaben und der Schaffung von Raum für andere soziale und wachstumsfördernde Ausgaben und ii) der Beseitigung von Wettbewerbsbeschränkungen, unter anderem durch ein neues jährliches Wettbewerbsgesetz.

Der Social Scoreboard, der die European Pillar of Social Rights unterstützt, weist auf beschäftigungspolitische und soziale Herausforderungen hin. Die Arbeitsmarktbedingungen bleiben schwierig. Die Arbeitslosenquote ist nach wie vor hoch und die Beschäftigungs- und Erwerbsquoten bleiben niedrig, insbesondere für Frauen. Auch Jugendliche und Langzeitarbeitslose stehen vor besonderen Schwierigkeiten. Der Anteil der befristeten Arbeitsverträge ist in den vergangenen Jahren gestiegen, aber die Schaffung von Arbeitsplätzen im Jahr 2019 wurde hauptsächlich durch unbefristete Verträge vorangetrieben. Schwache Arbeitsmarktbedingungen wirken sich auch auf die sozialen Ergebnisse aus. Während das Risiko von Armut und sozialer Ausgrenzung abnimmt, hat die Einkommensungleichheit 2018 zugenommen. Die Armut trotz Erwerbstätigkeit hat stetig zugenommen und sich 2018 auf hohem Niveau stabilisiert. Der Zugang zu Dienstleistungen wie Kinderbetreuung und Gesundheitsfürsorge liegt in der Nähe des EU-Durchschnitts. Allerdings gibt es große Unterschiede zwischen den Regionen.

Was die Strategie Europa 2020 betrifft, so hat Italien seine Ziele in den Bereichen Reduzierung der Treibhausgasemissionen, erneuerbare Energien, Energieeffizienz, Schulabbruch und Hochschulbildung bereits erreicht. Geringe Fortschritte wurden bei der Erreichung der Ziele in den Bereichen Beschäftigungsquote, FuE-Investitionen sowie Armut und soziale Ausgrenzung erzielt.

Italien macht Fortschritte bei der Verwirklichung der Ziele der Vereinten Nationen für nachhaltige Entwicklung (SDG). Wie die Fortschritte bei der Erreichung seiner Ziele für Europa 2020 bestätigen, hat Italien bedeutende Ergebnisse beim Klimaschutz erzielt (SDG 13). Im Gegensatz dazu erfordert die Erreichung von SDG 4 (Qualität der Bildung) weitere Anstrengungen in allen damit zusammenhängenden Bereichen: Grundbildung, tertiäre Bildung und Erwachsenenbildung.

Die wichtigsten Ergebnisse der eingehenden Überprüfung und die damit verbundenen politischen Herausforderungen sind:

Die Staatsverschuldung Italiens bleibt eine wichtige Quelle der Anfälligkeit der Wirtschaft. Italiens Schuldenquote erreichte 2018 134,8 % des BIP, und die Kommission prognostiziert, dass sie bei einem anhaltend schwachen nominalen Wachstum und einem sich verschlechternden Primärsaldo weiter auf 136,2 % im Jahr 2019, 136,8 % im Jahr 2020 und 137,4 % im Jahr 2021 ansteigen wird. Die Analyse der Schuldentragfähigkeitsanalyse der Kommission weist auf hohe mittel- und langfristige Risiken hin, die auf den hohen Schuldenstand und die Alterungskosten zurückzuführen sind. Die jüngste Rentenreform wird bis 2028 weitere Kosten verursachen und könnte, wenn sie über ihren Versuchszeitraum hinaus verlängert wird, das potenzielle Wachstum und die

Schuldentragfähigkeit weiter untergraben. Kurzfristig scheinen die Nachhaltigkeitsrisiken begrenzt, auch dank der seit September 2019 historisch niedrigen Staatsrenditen, aber die Notwendigkeit, umfangreiche Schulden in Höhe von rund 20 % des BIP pro Jahr zu verlängern, setzt die öffentlichen Finanzen Italiens immer noch einem plötzlichen Anstieg der Risikoaversion der Finanzmärkte aus. Hohe Kosten für den Schuldendienst verringern auch den fiskalischen Spielraum für die Umsetzung wachstumsfördernder und antizyklischer Politiken.

Das Produktivitätswachstum war trotz der Maßnahmen zu seiner Unterstützung nur schleppend. Die Produktivitätslücke zwischen Italien und der EU vergrößert sich weiter. Im Jahr 2018 ging die Arbeitsproduktivität um 0,3 % zurück, während sie in der Eurozone um 0,5 % wuchs. Dies ist das Ergebnis der rückläufigen Arbeitsproduktivität in den südlichen Regionen und im Dienstleistungssektor sowie des langsameren Produktivitätswachstums im verarbeitenden Gewerbe im Vergleich zum Durchschnitt des Euroraums. Die Wirksamkeit der jüngsten Maßnahmen zur Steigerung des Produktivitätswachstums, einschließlich der Anreize für Investitionen und Innovationen, wurde durch Verzögerungen bei der Umsetzung, politische Unsicherheit und das Fehlen einer umfassenden Strategie eingeschränkt. Im weiteren Sinne schränken Investitionshindernisse weiterhin die Produktivitätsdynamik und damit die Wachstumsaussichten ein, was wiederum die Verringerung der öffentlichen Schuldenquote behindert. Darüber hinaus wirkt sich das Gewicht der informellen Wirtschaft in wichtigen Wirtschaftssektoren negativ auf deren Produktivität aus.

Die Arbeitslosenquote ist nach wie vor hoch, wenn auch rückläufig, und die Maßnahmen zur Erhöhung der Erwerbsbeteiligung müssen noch vollständig umgesetzt werden. Ein langsames Wirtschaftswachstum, ein niedriges durchschnittliches Bildungsniveau, ein Missverhältnis zwischen Qualifikationsangebot und -nachfrage und niedrige Erwerbsquoten, insbesondere bei Frauen, begrenzen das Beschäftigungswachstum. Die Jugendarbeitslosigkeit ist nach wie vor extrem hoch. Darüber hinaus deutet der hohe Anteil unfreiwillig Teilzeitbeschäftigter und entmutigter Arbeitnehmer darauf hin, dass die Arbeitsmarktbedingungen nach wie vor schwach sind. Die Stärkung der aktiven Arbeitsmarktpolitik ist der Schlüssel zum Erfolg der Arbeitsmarktreformen und des Mindesteinkommenssystems. Allerdings sollte die Politik zur Verbesserung der Qualifikationen der Menschen und zur aktiven Eingliederung von Arbeitslosen in den Arbeitsmarkt weiterentwickelt werden.

Der Bankensektor ist widerstandsfähiger geworden, aber es gibt nach wie vor Schwachstellen. Die italienischen Banken haben weitere Fortschritte bei der Reduzierung notleidender Kredite gemacht, aber der Gesamtbestand ist im Vergleich zu den Konkurrenten im Euroraum immer noch hoch, insbesondere bei weniger bedeutenden Instituten. Nach dem jüngsten Rückgang der Renditen von Staatsanleihen hat der Druck auf das Kapital und die Finanzierung der italienischen Banken nachgelassen. Das Engagement der Banken in inländischen Staatsanleihen ist jedoch nach wie vor hoch, was das Risiko erhöht, dass es sich auf die Realwirtschaft auswirkt und auf diese übergreift. Die Reform der großen Genossenschaftsbanken ist noch nicht vollständig umgesetzt, während die Reform der kleinen Gegenseitigkeitsbanken weitgehend abgeschlossen ist. Die Reform des Insolvenzrahmens wurde verabschiedet und soll bis August 2020 umgesetzt werden. Der Zugang zu Bankfinanzierungen kann insbesondere für kleinere Unternehmen eine Herausforderung darstellen. Die Nichtbankfinanzierung ist nach wie vor unterentwickelt, vor allem für kleine und innovative Unternehmen.

Ein nachhaltiger haushaltsneutraler öffentlicher Investitionsanreiz würde den Output erheblich verbessern und zu kleinen, aber positiven grenzüberschreitenden Spillover-Effekten führen. Eine Simulation mit dem QUEST-Modell der Kommission deutet darauf hin, dass ein Investitionsprogramm eine beträchtliche Auswirkung auf das reale BIP hätte, seine außenwirtschaftliche Position verbessern und seine öffentliche Schuldenquote senken würde. Die potenziellen Output-Effekte hängen jedoch stark davon ab, inwieweit die öffentlichen Investitionen effizient sind.

Weitere wichtige strukturelle Fragen, die in diesem Bericht analysiert werden und die auf besondere Herausforderungen für Italien hinweisen, sind

Die Besteuerung der Arbeit ist nach wie vor hoch und die Einhaltung der Steuervorschriften gering. Italiens steuerliche Belastung der Arbeit gehört nach wie vor zu den höchsten in der EU, während die Mehrwertsteuer wegen des umfangreichen Einsatzes ermäßigter Steuersätze zu wenig ausgeschöpft wird. Im Haushalt 2020 wurden die Steuerausgaben und der Steuerkeil auf Arbeit gesenkt. Eine Verlagerung der Steuerlast auf Eigentum und eine Revision veralteter Katasterwerte, um sie näher an den Marktwert zu bringen, hat nicht stattgefunden. In den letzten Jahren wurden mehrere Maßnahmen ergriffen, um die Einhaltung der Steuervorschriften zu fördern, aber die Steuerhinterziehung ist nach wie vor sehr hoch, insbesondere in bestimmten Sektoren.

Auf dem Arbeitsmarkt bleiben Herausforderungen bestehen. Das Beschäftigungswachstum setzt sich fort, wenn auch in verlangsamtem Tempo. Der Anstieg der Zahl der Beschäftigten gleicht den Rückgang der Zahl der Selbstständigen mehr als aus, während sich der Wechsel von befristeten zu unbefristeten Verträgen beschleunigt hat. Das geschlechtsspezifische Beschäftigungsgefälle gehört zu den höchsten in der EU und zeigt keine Anzeichen einer Verbesserung. Die Flaute auf dem Arbeitsmarkt und die nicht angemeldete Erwerbstätigkeit geben weiterhin Anlass zu ernster Besorgnis. In diesem Zusammenhang liegt das Reallohnwachstum weiterhin nahe Null. Tarifverhandlungen auf betrieblicher oder lokaler Ebene spielen nach wie vor nur eine begrenzte Rolle, während Gesetzesinitiativen zu gesetzlichen Mindestlöhnen diskutiert werden. Aktive arbeitsmarktpolitische Maßnahmen werden im Zusammenhang mit dem neuen Mindesteinkommenssystem weiterhin umgesetzt, wenn auch in einem relativ langsamen Tempo. Die Teilnahme an der Erwachsenenbildung ist sehr begrenzt, insbesondere für gering qualifizierte und unterbeschäftigte Arbeitnehmer, was die Wettbewerbsfähigkeit und das Produktivitätswachstum der Unternehmen hemmt.

Bildung ist eine zentrale Herausforderung, vor allem in Süditalien, die die Qualität der Qualifikationen behindert. Italien hat im Vergleich zum EU-Durchschnitt eine viel höhere Rate an Schulabbrechern und Leistungsschwächeren, vor allem im Süden. Der Mangel an Lehrkräften für die Sekundarstufe bleibt eine Herausforderung, ebenso wie das Anziehen, Auswählen und Motivieren von Lehrern. Im Vergleich zum EU-Durchschnitt ist der Prozentsatz der Personen mit Hochschulabschluss nach wie vor gering und die Zahl der wissenschaftlich-technischen Hochschulabsolventen immer noch unzureichend. Die Hochschulbildung ist unterfinanziert und personell unterbesetzt. Trotz besserer Vermittelbarkeitsraten ist die berufsorientierte Hochschulbildung in ihrem Umfang begrenzt. Der Mangel an grundlegenden und fortgeschrittenen digitalen Fertigkeiten gibt Anlass zu ernster Sorge. Maßnahmen zur Verbesserung der Berufsausbildung werden nur langsam umgesetzt. Es fehlt ein umfassender Ansatz zur Höherqualifizierung, Umschulung und Erwachsenenbildung.

Die Sozialpolitik ist nach wie vor schlecht in andere Politikbereiche, einschließlich der aktiven Arbeitsmarktpolitik, integriert. Das Armutsrisiko geht zwar zurück, liegt aber nach wie vor über dem EU-Durchschnitt, auch für Kinder und Menschen mit Migrationshintergrund. Armut trotz Erwerbstätigkeit stellt ebenfalls eine Herausforderung dar, insbesondere für Zeitarbeitnehmer. Die südlichen Regionen und städtischen Gebiete sind am stärksten betroffen. Der eingeschränkte Zugang zu hochwertigen Sozialdienstleistungen erhöht das Armutsrisiko. Der Zugang zu erschwinglichem und angemessenem Wohnraum bleibt eine Herausforderung, während die Qualität der Gesundheitsdienste von Region zu Region sehr unterschiedlich ist. Im Jahr 2019 ersetzt das Staatsbürgerschaftseinkommen das frühere Einkommensbeihilfesystem zur Bekämpfung der Armut, aber es muss noch mehr getan werden, um die Menschen zur Arbeit zu bringen. Es müssen mehr Anstrengungen unternommen werden, um Kinderbetreuung und Langzeitpflege bereitzustellen und Chancengleichheit und die Vereinbarkeit von Berufs- und Privatleben zu fördern. Das Fehlen dieser Maßnahmen wirkt sich vor dem Hintergrund niedriger Geburtenraten und einer verringerten Nettomigrationsrate auf die Beteiligung von Frauen am Arbeitsmarkt und die allgemeinen demografischen Trends aus.

Das Produktivitätswachstum zeigt trotz positiver Investitionstrends keine Anzeichen einer Verbesserung. In den letzten zwei Jahrzehnten stagnierte die Arbeitsproduktivität Italiens, insbesondere aufgrund der schlechten Leistung des Dienstleistungssektors. Die Trends sind je nach geografischem Gebiet und Unternehmensgröße sehr unterschiedlich, insbesondere im verarbeitenden Gewerbe. Eine Erholung der Anlageinvestitionen könnte die Produktivität in Zukunft unterstützen. In diesem Zusammenhang sind ein höherer Grad der Digitalisierung der Unternehmen, Investitionen in Forschung und Innovation, ein effizienterer öffentlicher Sektor und angemessene Qualifikationen von entscheidender Bedeutung. Es fehlt eine umfassende Strategie zur Unterstützung von Produktivität und Investitionen. Die Maßnahmen sind nach wie vor fragmentiert und zeitlich begrenzt und berücksichtigen sektorale und geografische Aspekte nicht ausreichend.

Die Rahmenbedingungen für Unternehmen verbessern sich, aber die Stärkung der öffentlichen Verwaltung, des Justizsystems und des Anti-Korruptionsrahmens in Italien bleibt eine Herausforderung. Die Digitalisierung der öffentlichen Dienste schreitet voran. Weitere Anstrengungen sind erforderlich, um die öffentliche Beschäftigung zu verbessern, insbesondere auf der Führungsebene. Die schwache Verwaltungskapazität beeinträchtigt die Fähigkeit der öffentlichen Verwaltung, zu investieren und politische oder Vollzugsaufgaben zu erfüllen, die sich auf Unternehmen auswirken, wie z. B. die Marktüberwachung. In dieser Hinsicht fehlt eine umfassende Strategie zu ihrer Stärkung. Auch Ineffizienzen im öffentlichen Beschaffungswesen bleiben oft unbehandelt. Trotz der jüngsten Verbesserungen gehört die Dauer von Zivilprozessen nach wie vor zu den längsten in der EU. Die jüngsten Reformen beginnen Früchte zu tragen, und ein Gesetz zur Straffung des Zivilverfahrens wird derzeit diskutiert. Um die Verfahrensdauer zu verkürzen, gibt es jedoch noch viel Spielraum, um eine effizientere Verwaltung der Fälle zu gewährleisten und unbegründete Berufungen einzuschränken. Der Rahmen für die Korruptionsbekämpfung wurde kürzlich gestärkt, auch durch das Antikorruptionsgesetz vom Januar 2019. Es muss jedoch noch vervollständigt werden. Tatsächlich sanktioniert keine Regelung Interessenkonflikte für gewählte Amtsträger, Unterschlagungen im privaten Sektor sind nach wie vor nur teilweise kriminalisiert, und Bestimmungen gegen Lobbyismus gelten nicht für Regierungs- und Parlamentsmitglieder. Darüber hinaus verhindert die geringe Effizienz der Strafjustiz bei Berufungen nach wie vor eine wirksame Verfolgung von Korruption. Eine Reform des Strafverfahrens und des Berufungssystems steht noch aus.

Die Einhaltung der Binnenmarktregeln und die Beseitigung von Wettbewerbshindernissen käme mehreren Sektoren, insbesondere dem Dienstleistungssektor, zugute. Der Dienstleistungssektor ist am stärksten von der geringen Durchsetzung der Binnenmarktregeln betroffen, mit negativen Folgen für Einzelpersonen und Unternehmen. Außerdem sind sie überreguliert, insbesondere der Einzelhandel, die reglementierten Berufe und die kooperative Wirtschaft. Der Mangel an Wettbewerbsprozessen zur Verwaltung öffentlicher Dienstleistungen und begrenzte Genehmigungen für die Nutzung öffentlicher Güter beeinträchtigen die Qualität und die Kosten der erbrachten Dienstleistungen. Die Umsetzung des Wettbewerbsgesetzes von 2015 verzögert sich, und es wurden keine neuen Initiativen zur Beseitigung von Wettbewerbshindernissen oder zur Verbesserung der sektoralen Regulierung angekündigt.

Die regionale Kluft ist nach wie vor groß und weitet sich aus. Im letzten Jahrzehnt sind die öffentlichen Ausgaben in den südlichen Regionen zurückgegangen. Die jüngste Möglichkeit für Kommunalregierungen, ihre Überschüsse ohne vorherige Genehmigung auszugeben, wirkt sich in Gemeinden mit Haushaltsüberschüssen positiv aus. Die Bemühungen, die Kluft bei den privaten Investitionen zu verringern, waren bescheiden, insbesondere im Bereich Forschung und Innovation, wo die nationale Politik die Kluft sogar noch vergrößert hat. Auch bei der Qualität der Regierungsführung, dem Niveau der Arbeitsproduktivität und der Wettbewerbsfähigkeit bestehen nach wie vor große Disparitäten. In diesem Zusammenhang führt die hohe Arbeitslosigkeit im Süden zu einer Abwanderung von niedrig- und hochqualifizierten Arbeitskräften, was den lokalen Braindrain verschärft.

Nachhaltigkeitsbezogene Reformen und Investitionen stellen für Italien eine Chance dar. Italien liegt bei Ressourcenproduktivität und Investitionen in die Kreislaufwirtschaft über dem EU-Durchschnitt. Es ist auf dem besten Weg, seine Klima- und Energieziele für 2020 zu erreichen, auch wenn für längerfristige Ziele mehr Anstrengungen erforderlich sind. Die Umsetzung geplanter politischer Maßnahmen, wie sie im nationalen Energie- und Klimaplan festgelegt sind, wird erforderlich sein, um das Ziel für Treibhausgasemissionen im Jahr 2030 zu erreichen, die nicht vom EU-Emissionshandelssystem erfasst werden. Die Emissionen aus dem Verkehr haben in den letzten fünf Jahren stark zugenommen und stellen eine zentrale Herausforderung für das Erreichen des 2030-Ziels dar. Auf der anderen Seite bleiben Luftqualität, nachhaltige Mobilität, Klimaanpassung, Vermeidung hydrogeologischer und seismischer Risiken sowie Wasser- und Abfallmanagement Herausforderungen. Investitionen in die ökologische Nachhaltigkeit könnten eine Chance für Wachstum und hochqualifizierte Beschäftigung im Süden sein.

Der Vorschlag der Kommission für einen **gerechten Übergangsmechanismus** *(Just Transition Mechanism)* im Rahmen des nächsten mehrjährigen Finanzrahmens für 2021–2027 umfasst einen gerechten Übergangsfonds, ein spezielles Programm im Rahmen von InvestEU und eine neue staatliche Darlehensfazilität mit der EIB. Er soll sicherstellen, dass der Übergang zur EU-Klimaneutralität gerecht verläuft und könnte den am stärksten betroffenen Regionen in Italien helfen, die sozialen und wirtschaftlichen Folgen zu bewältigen.“ (*Quelle:* Europäische Kommission (2020), *S. 3–7*)

Anhang 13: WHO und Partner lancieren neue Initiative „Zugang zu Covid-19-Tools (19) Beschleuniger"

Am 24. April 2020 haben die WHO und ihre Partnerorganisationen eine neue Initiative „Access to Covid-19 Tools (19) Accelerator" (Zugang zu Covid-19 Tools (19) Accelerator) gestartet; der folgende Text stammt von der WHO-Website:

*„**Unsere Vision und Mission***

Ausgehend von der Vision eines Planeten, der vor menschlichem Leid und den verheerenden sozialen und wirtschaftlichen Folgen von COVID-19 geschützt ist, lancieren wir, eine erste Gruppe von globalen Gesundheitsakteuren (BMGF, CEPI, Gavi, Globaler Fonds, UNITAID, Wellcome Trust, WHO) sowie Partner aus dem Privatsektor und andere Interessengruppen, eine wegweisende, globale und zeitlich begrenzte Zusammenarbeit, um die Entwicklung, Produktion und den gerechten weltweiten Zugang zu neuen wesentlichen Gesundheitstechnologien für COV-ID-19 zu beschleunigen.

Wir wissen, dass, solange jemand durch dieses Virus gefährdet ist, die ganze Welt in Gefahr ist – jeder einzelne Mensch auf dem Planeten muss vor dieser Krankheit geschützt werden.

Wir sind uns einig, dass neben evidenzbasierten Maßnahmen im Bereich der öffentlichen Gesundheit innovative COVID-19-Diagnostika, Therapeutika und Impfstoffe erforderlich sind – in Rekordzeit und in Rekordumfang und -zugang -, um Millionen von Leben und unzählige Billionen von Dollar zu retten und der Welt wieder ein Gefühl der „Normalität" zu geben.

Wir sind uns der bedeutenden Menge an kritischer Arbeit, Investitionen und Initiativen bewusst, die bereits auf der ganzen Welt laufen, um die Entwicklung und den Einsatz innovativer Produkte und Interventionen im Zusammenhang mit COVID-19 voranzutreiben.

Wir sind uns bewusst, dass die Entwicklung und Einführung innovativer Produkte zwar unerlässlich, aber nicht ausreichend ist. Wir müssen gleichzeitig und dringend die Stärkung nachhaltiger Gesundheitssysteme und -kapazitäten beschleunigen, damit die neuen COVID-19-Instrumente denjenigen zur Verfügung gestellt werden können, die sie benötigen, und um die Auswirkungen auf andere Krankheiten abzuschwächen.

Wir erinnern uns an die Lehren aus der Vergangenheit, die gezeigt haben, dass selbst dann, wenn der Welt wirksame Instrumente zur Verfügung stehen, zu oft einige geschützt werden, während andere es nicht sind. Diese Ungerechtigkeit ist inakzeptabel – alle Instrumente zur Bewältigung von COVID-19 müssen für alle verfügbar sein. Im Kampf gegen COVID-19 sollte niemand zurückgelassen werden.

Unsere Mission besteht nicht nur in der beschleunigten Entwicklung und Verfügbarkeit neuer COVID-19-Instrumente – sie besteht darin, den gerechten weltweiten Zugang zu sicheren, qualitativ hochwertigen, wirksamen und erschwinglichen COVID-19-Diagnostika, Therapeutika und Impfstoffen zu beschleunigen und so sicherzustellen, dass im Kampf gegen COVID-19 niemand zurückbleibt.

Unser Engagement

1. *Wir verpflichten uns zu dem gemeinsamen Ziel eines gerechten weltweiten Zugangs zu innovativen Instrumenten für COVID-19 für alle.*
2. *Wir verpflichten uns zu einem noch nie dagewesenen Maß an Partnerschaft – proaktive Einbeziehung von Interessengruppen, Abstimmung und Koordinierung der Bemühungen, Aufbau auf bestehenden Kooperationen, gemeinsame Erarbeitung von Lösungen und Verankerung unserer Partnerschaft in Transparenz und Wissenschaft.*
3. *Wir verpflichten uns, eine starke einheitliche Stimme zu schaffen, um die Wirkung zu maximieren, wobei wir uns bewusst sind, dass es hier nicht um eine singuläre Entscheidungskompetenz geht, sondern um kollektive Problemlösung, Vernetzung und Inklusivität, bei der alle Beteiligten miteinander in Verbindung treten und von der Expertise, dem Wissen und den Aktivitäten dieser gemeinsamen handlungsorientierten Plattform profitieren können.*
4. *Wir verpflichten uns, auf den bisherigen Erfahrungen aufzubauen, um dieses Ziel zu erreichen. Dazu gehört auch, dass wir sicherstellen, dass jede unserer Aktivitäten im Rahmen eines gerechten globalen Zugangs durchgeführt wird und dass die Stimmen der am stärksten betroffenen Gemeinschaften gehört werden.*
5. *Wir verpflichten uns, gegenüber der Welt, den Gemeinschaften und untereinander rechenschaftspflichtig zu sein. Wir kommen im Geist der Solidarität und im Dienst an der Menschheit zusammen, um unsere Mission und Vision zu verwirklichen.*

Wir sind uns bewusst, dass wir dies nicht allein tun können und dass wir in einer beispiellosen und integrativen Partnerschaft mit allen Beteiligten – politischen Führungskräften, Partnern aus dem öffentlichen und privaten Sektor, der Zivilgesellschaft, der Wissenschaft und allen anderen Interessengruppen in der Gesellschaft – zusammenarbeiten müssen, wobei wir unsere komparativen Stärken und unsere jeweiligen Stimmen gemeinsam nutzen müssen, um kollektive Lösungen, einen beschleunigten Weg und den Zugang für alle voranzutreiben. Wir sind stärker, schneller und effektiver, wenn wir zusammenarbeiten.“

Anhang 14: Norgrove-Brief an Foreign Secretary Boris Johnson

UK Statistics Authority
1 Drummond Gate
London
SW1V 2QQ

Telephone: 0207 592 8645
E-mail: david.norgrove@statistics.gsi.gov.uk
Website: www.statisticsauthority.gov.uk

Chair of the UK Statistics Authority, Sir David Norgrove

Rt Hon Boris Johnson MP
Foreign Secretary
Foreign and Commonwealth Office
King Charles Street
London
SW1A 2AH

17 September 2017

Dear Foreign Secretary,

I am surprised and disappointed that you have chosen to repeat the figure of £350 million per week, in connection with the amount that might be available for extra public spending when we leave the European Union.

This confuses gross and net contributions.[1] It also assumes that payments currently made to the UK by the EU, including for example for the support of agriculture and scientific research, will not be paid by the UK government when we leave.

It is a clear misuse of official statistics.

Yours sincerely

David Norgrove

Sir David Norgrove

[1] For further detail on official statistics relating to the UK's financial contributions to the EU, see Sir Andrew Dilnot's letter of April 2016 to the Rt Hon Norman Lamb MP regarding UK contributions to the EU.

Quelle: https://uksa.statisticsauthority.gov.uk/wp-content/uploads/2017/09/Letter-from-Sir-David-Norgrove-to-Foreign-Secretary.pdf (zuletzt abgerufen am: 27.07.2020)

Anhang 15: Europäische Wirtschaftsprognose, Frühling 2020

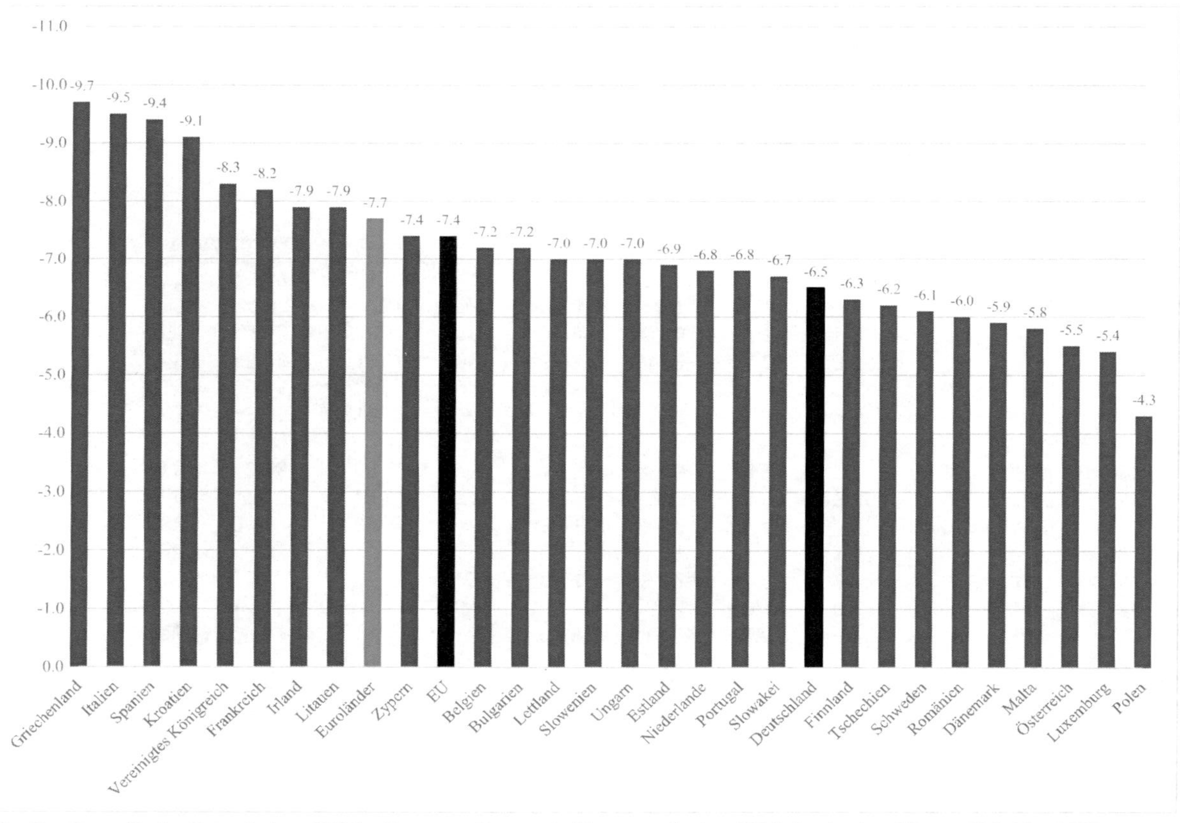

Quelle: Europäische Kommission (2020), European Economic Forecast, Spring 2020, Institutional Paper 125, May 2020, https://ec.europa.eu/info/sites/info/files/economy

Abb. 22.2 Reales Bruttoinlandsprodukt (Änderung in %), Prognose Frühling 2020

Anhang 16: Gesamtstaatsdefizit in Prozent des Bruttoinlandsprodukts, 2007–2019

Tab. 22.10 Gesamtstaatsdefizit in % des Bruttoinlandsprodukts, 2007–2019; ausgewählte Länder

Land	2007	2008	2009	2010	2011	2012	2013	2014	2015	2016	2017	2018	2019
Südkorea	3,96	2,13	−1,28	0,88	0,98	1,02	1,28	1,21	1,18	2,21	2,68	2,83	
Deutschland	0,26	−0,12	−3,15	−4,38	−0,88	0,01	0,04	0,58	0,94	1,18	1,24	1,87	1,45
Schweiz	1,61	1,93	0,50	0,36	0,74	0,38	−0,43	−0,21	0,64	0,33	1,23	1,39	
Niederlande	−0,09	0,20	−5,09	−5,25	−4,43	−3,92	−2,93	−2,15	−2,02	0,02	1,26	1,36	1,73
Schweden	3,34	1,91	−0,71	−0,05	−0,23	−1,01	−1,40	−1,53	0,00	0,99	1,43	0,79	0,49
Kanada	1,82	0,18	−3,88	−4,74	−3,31	−2,52	−1,49	0,17	−0,06	−0,45	−0,13	−0,40	−0,39
Eurozone	−0,64	−2,16	−6,23	−6,27	−4,23	−3,71	−3,01	−2,46	−1,98	−1,46	−0,96	−0,46	−0,65
Europäische Union	−0,86	−2,48	−6,60	−6,45	−4,56	−4,30	−3,31	−2,91	−2,36	−1,67	−1,08	−0,68	−0,79
Italien	−1,34	−2,56	−5,12	−4,24	−3,59	−2,95	−2,85	−2,95	−2,55	−2,40	−2,45	−2,20	−1,64
Großbritannien	−2,66	−5,15	−10,08	−9,28	−7,51	−8,16	−5,53	−5,56	−4,59	−3,35	−2,46	−2,22	−2,08
Frankreich	−2,64	−3,26	−7,17	−6,89	−5,15	−4,98	−4,08	−3,90	−3,63	−3,61	−2,93	−2,27	−3,00
Japan	−2,76	−4,12	−9,78	−9,15	−9,09	−8,30	−7,64	−5,38	−3,56	−3,46	−2,91	−2,28	
Spanien	1,89	−4,57	−11,28	−9,53	−9,74	−10,74	−7,04	−5,92	−5,18	−4,31	−3,02	−2,54	−2,83
USA	−3,99	−7,37	−13,13	−12,43	−11,00	−9,22	−5,82	−5,20	−4,62	−5,39	−4,26	−6,60	

Quelle: OECD 2020, https://data.oecd.org/gga/general-government-deficit.htm; für 2019 liegen keine Daten zu Südkorea, Schweiz, Japan und USA vor

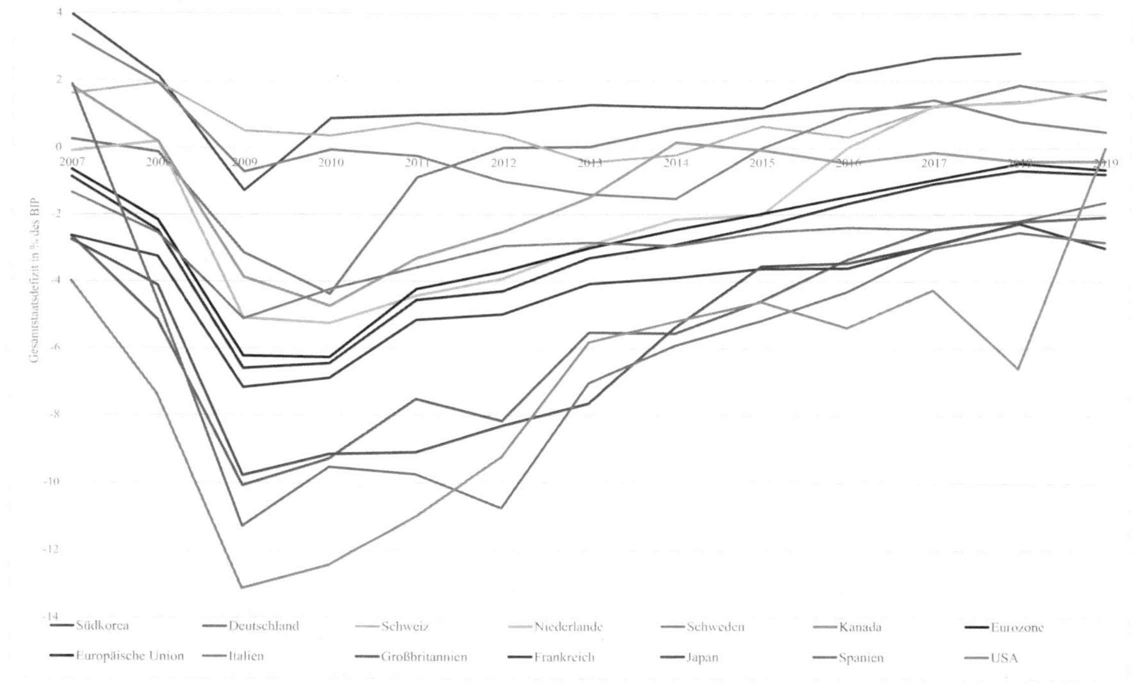

Quelle: OECD 2020, https://data.oecd.org/gga/general-government-deficit.htm; für 2019 keine Daten für Südkorea, Schweiz, Japan und USA

Abb. 22.3 Gesamtstaatsdefizit in % des Bruttoinlandsprodukts, 2007–2019; ausgewählte Länder

Literatur

Europäische Kommission. (2020). Erklärung der Exekutiv-Vizepräsidentin Margrethe Vestager zu staatlichen Beihilfemaßnahmen zur Bewältigung der wirtschaftlichen Auswirkungen von COVID-19, 13. März 2020.https://ec.europa.eu/commission/presscorner/detail/en/statement_20_467. Zugegriffen am 01.04.2020.

Fitch. (2020). Fitch downgrades Italy to ‚BBB-'; Outlook stable, 28. April 2020. https://www.fitchratings.com/research/sovereigns/fitch-downgrades-italy-to-bbb-outlook-stable-28-04-2020. Zugegriffen am 20.07.2020.

OECD. (2020). OECD interim economic assessment, coronavirus: The world economy at risk, dated March 2, 2020. https://www.oecd-ilibrary.org/docserver/7969896b-en.pdf?expires=1583745256&id=id&accname=ocid177160&checksum=BC42C16F7220C0A9342BA1401F79397E. Zugegriffen am 09.03.2020.

Teil IV

Impfförderungsaufgaben und Kooperation sowie globale Führungsfragen

23

Impfförderungsaufgaben

Der Coronavirus-Seuchenschock betrifft die Menschheit insgesamt – als mehrfache Herausforderung ernster Art; und aus den unterschiedlichen Politikantworten von Ländern und Regionen ergeben sich Schlussfolgerungen mit Blick auf notwendige Erneuerungsprozesse auf nationaler, regionaler und globaler Ebene (Abb. 23.1):

- Wie kann man die notwendigen Impfforschungen und Impfaktionen sinnvoll national und global organisieren? Schließlich geht es darum, eine Pandemie zu überwinden.
- Welcher globale und nationale sowie regionale Systemwandel ist nötig, damit man künftig mit Seuchengefahren und ökonomischen Schock-Risiken besser umgehen kann? Neben nationalen und EU-bezogenen Reformen geht es auch um die Frage, wie internationale Kooperation und Verantwortlichkeit besser als bisher realisiert werden kann: auch durch internationale Organisationen, die sich künftig etwa verstärkt mit Seuchen-Gefahren werden auseinander setzen müssen – auch bei einer Wirtschaftsorganisation wie der OECD oder dem Internationalen Währungsfonds oder der Weltbank.
- Wie sind die internationalen Kräfteverschiebungen und welche Art von internationaler Führung bietet sich nach dem Corona-Schock an?

Einige Problempunkte sind zur Jahresmitte 2020 nur mit einiger Unsicherheit absehbar, aber wichtige Analyseelemente und Schlussfolgerungen sind durchaus formulierbar. Dabei ist nicht zu übersehen, dass der Westen wohl zunächst als Verlierer beim Seuchenschock gelten dürfte; die populistischen

P. J. J. Welfens, *Corona-Weltrezession*, https://doi.org/10.1007/978-3-658-31386-9_23

Quelle: Eigene Darstellung

Abb. 23.1 Erneuerungsperspektiven nach dem Corona-Schockjahr 2020

Länder USA, UK und Brasilien werden mit einiger Sicherheit als Verlierer im globalen Systemwettbewerb identifizierbar sein (was UK angeht, so besteht aus Sicht des Autors – vor dem Hintergrund langjähriger eigener Forschungen – kein Zweifel, dass BREXIT für ein Populismus-Projekt steht und Boris Johnson ein Großmeister des Wunschdenkens ist, mit unverkennbarem politischem Show-Talent).

Eine neuartige Frage für die internationale Kooperation betrifft das Verhältnis EU und China in einer Phase, in der für eine Reihe von Jahren wenig an internationaler Führungsfähigkeit der USA zu erwarten ist. Die Vereinigten Staaten sind unverändert die globale ökonomische Nr. 2 für einige Jahrzehnte wohl, aber die US-Gesellschaft ist nach der Trump-Präsidentschaft 2016–2020 noch tiefer zerstritte als zuvor; und das Problem eines strukturellen Populismus bedeutet, dass man kaum mit langjährig stabiler US-Politikführung rechnen kann. Solange die USA in der Zeit der modernen Globalisierung nicht Reformen für eine Soziale Marktwirtschaft vornehmen, wird die USA entweder die Globalisierung aufgeben müssen oder aber die USA scheiden als internationale Führungsmacht mittelfristig aus der internationalen Politik aus. Für die EU ergeben sich aus dieser Perspektive enorme Herausforderungen, die hier nachfolgend nur in Ansätzen aus einer Perspektive der

Internationalen Politischen Ökonomie betrachtet werden können. Mit dem politischen Konfliktfeld Hongkong hat China mit Blick auf die Beziehungen zu UK, USA und EU27 eine schwierige Herausforderung, wobei China damit rechnen muss, im Fall eines immer wieder harten Einschreitens auf den Widerstand des Westens zu treffen und dann auch breit an wirtschaftlichen Kooperationsmöglichkeiten mit dem Westen einzubüßen. Eine Art neuer Kalter Krieg könnte hier entstehen, was es eigentlich zu vermeiden gilt. Vermutlich wird aus historischen Gründen UK stärker mit der Hongkong-Frage beschäftigt sein als die EU27 und UK wird sich dabei stärker noch als bisher an die Seite der USA und Australien stellen wollen.

Die im Sommer 2020 vereinbarte Kooperation Australien-Indonesien – es geht um ein Freihandelsabkommen und Kooperation in Sicherheitsfragen – ist für China wohl ein Signal, dass sehr forsches Auftreten Chinas in Asien viele der Länder in der Nachbarregion (bis hin nach Australien) zu mehr ökonomischer und militärischer Kooperation veranlassen könnte. Teilweise mit Blick nach Westen – auch Richtung EU – aktiv sind die ASEAN-Länder, die bevölkerungsmäßig die EU27 übertreffen und sich teilweise von Chinas ökonomischen Erfolgen einerseits angezogen fühlen, aber andererseits auch mit einer denkbar deutlich verstärkten EU-ASEAN-Kooperation eine politische Positionsverbesserung erreichen könnten. Der Corona-Schock hat die ASEAN-Länder weniger stark getroffen als die EU, aber natürlich sind sich Regierungen in den ASEAN-Ländern bewusst, dass man im Fall einer geschwächten US-Führungskraft wohl überlegen muss, wieviel mehr Kompromisse man mit China realisieren will oder aber ob man mit der EU künftig deutlich stärker zusammenarbeitet, um ein eigenes politisches Gewicht bei den G20 und in anderen internationalen Organisationen zu haben. Dabei könnten die ASEAN-Länder durchaus künftig verlangen, dass ASEAN neben einzelnen ASEAN-Ländern bei G20 auch als Institution vertreten ist – wie das eben für die EU gilt. Der Corona-Schock macht jedenfalls Stärken und Schwächen von Ländern und Regionen deutlich sichtbar und strategische Politikorientierungen werden von daher zum Teil neu festzulegen sein. Mehr internationale Kooperation kann im Übrigen durchaus wegen Corona auch schwieriger werden: wenn nämlich eine teilweise digital verwirrte Gesellschaft kaum Kraft für einheitliches, energisches und effizientes politisches Handeln findet.

Erkennbar ist im Übrigen in vielen Ländern auch eine Neigung in einer Minderheit der Bevölkerung, allen möglichen Verschwörungstheorien im Internet zu folgen. Beim Coronavirus taucht unweigerlich auch die Frage nach künftigen Impfungen auf und viele Impfverweigerungsgruppen werden sich daher zusätzlich zu Verschwörungstheoretikern mobilisieren.

Globale Impfstoffverteilungsfragen im Kampf gegen COVID-19-Pandemie

Will man zwei Drittel der Menschheit impfen, um weltweit Herdenimmunität zu erreichen, so sind knapp fünf Milliarden Impfungen notwendig. Je nachdem wie lange der Impfschutz hält, sind Auffrischungsimpfungen nach einiger Zeit notwendig, so dass man auf rund zehn Milliarden Impfungen in mittlerer Sicht kommen könnte. Die internationale Verteilung könnte man vornehmen nach verschiedenen Kriterien, wobei Ökonomen wie Alvin Roth (2007) mit dem Themenfeld Markt-Design einige wichtige Punkte zum Bereich Überwindung von Marktversagen oder bessere Marktdynamik durch Markt-Design beigetragen haben; auch mit einigen Aspekten von gesundheitspolitischer Relevanz. Angebot und Nachfrage kommen aus Sicht der Markt-Design-Ansätze oft in hinreichender Stärke zusammen: mit zahlreichen Anbietern und Nachfragern, die auch einen Teil der wichtigen Vertragsdetails an die Öffentlichkeit geben, was zur Marktqualität und -dynamik wesentliche Auskünfte gibt; den jeweiligen Markt stärkt. Wo hingegen nur „dünne Märkte" bestehen, kann man durch politische Vorgaben und Regeln institutionelle Markbedingungen zwecks Stärkung des Marktsystems beschließen. Dabei sind aus Sicht von Mark-Design-Ansätzen oft Einsichten aus der Spieltheorie einerseits und andererseits der Experimentalökonomik (hier können Ansätze der Spieltheorie überprüft werden) hilfreich.

Die Innovationskosten und -risiken von Impfstoff-Entwicklern kann der Staat durch eine Art Vorab-Kaufzusage teilweise übernehmen, wobei neben der Impfstoff-Innovation auch eine Art Vorabbezahlung für die gewünschte Mindestmengen an Impfdosen denkbar ist. Im Rahmen des „Market Design-Ansatzes" kann man sich durchaus Ansätze vorstellen, die einen hinreichenden globalen Impfmarkt zu entwickeln helfen: Es gibt zwar kein Marktversagen, da tatsächlich Firmen in mehr als ein Dutzend Ländern Impfstoffe gegen den Coronavirus im ersten Halbjahr 2020 zu entwickeln versuchen; aber auf der Nachfragerseite gibt es bei jedem Geimpften den Sachverhalt, dass diese Person andere Menschen nicht anstecken kann – dieses Schutzeffekt erhält der Geimpfte nicht vergütet, der aber zugleich auch bestimmte Impfrisiken (z. B. Unverträglichkeiten, Nebenwirkungen) übernimmt. Ob es eine ausreichende Subvention im Fall der Coronavirus-Pandemie ist, Impfungen kostenlos anzubieten, bleibt zu untersuchen. Die Impfquote muss jedenfalls um 60 % liegen, wenn man von etwa 5 % der Bevölkerung ausgeht, die eine COVID19-Infektion mit zunächst dadurch hinreichender Immunität – für etwa ein Jahr wirksam – erworben haben. Die 5 % der Bevölkerung mit hinreichender Anti-Körperbildung braucht man erst in einer zweiten Phase zu impfen. Aber auch 60 % der Weltbevölkerung in 2021 zu impfen, ergibt eine hohe Zahl, die man überhaupt erst einmal technisch mit der vorhandenen Zahl von Ärzten, vor allem Allgemein-Medizinern und Kinderärzten sowie vermutlich einem Teil der Klinik-Ärzteschaft, bewältigen muss: 4,5 Milliarden Impfdosen wären notwendig, die sinnvoll koordiniert global zu produzieren wären (dabei wohl unterschiedliche Impfstoffe für unterschiedliche Risikogruppen).

Nachfolgend ist eine Reihe von möglichen Ansatzpunkten für Kriterien für die internationale Zuweisung von Impfstoff-Mengen dargestellt:

- Zahlungsbereitschaft – dann sind die Industrieländer (OECD-Gruppe: 37 Länder) bevorteilt, was jedoch nach einer wenig fairen Verteilung aussieht; man könnte erwägen, RAWLS (1980) Ansätze aus der Theorie der Gerechtigkeit einzubeziehen: dass etwa der Impfmittel-Verteilungsschlüssel auch die Überlebenschancen der Ärmsten in jedem Land und der ärmsten Länder auf der Welt verbessert. Oder man fragt allgemeiner mit Bezug auf RAWLS hypothetischen Naturzustand, was wohl Menschen ohne Kenntnis ihrer konkreten Lebenssituation (in Nord/Süd; infiziert/nicht-infiziert) für Verteilungsgrundsätze befürworten werden.
- Anteil der über 65-Jähringen (oder andere Anteile von Risikogruppen, etwa Übergewichtigkeit) – dann ist der Norden der Weltwirtschaft, vor allem Europa plus USA, bevorteilt;
- Anteil der kumulierten Infektionsrate: je höher diese ist, um so weniger müsste man in einer ersten Impfaktion in Land X Menschen impfen, um aus medizinischer Sicht Herdenimmunität zu erreichen: Später nach Hochlaufen der globalen Impfstoffproduktion können Infizierte, die genesen sind, auch noch geimpft werden. Im Übrigen könnten auch Migrationsaspekte betrachtet werden: Länder mit hohen Emigrationsraten – hier können legale wie illegale Migration auftreten und in diesem Kontext internationale Infektionsimpulse – könnten zeitlich bevorzugt werden.
- Überlebensnotwendigkeits-Druck: Hier wären viele Entwicklungsländer eine Priorität, da Menschen ohne Arbeit in der formellen und informellen Wirtschaft nicht überleben können – gerade Länder mit hohem Anteil des informellen Sektors stehen vor einem in Teilen der Bevölkerung hohen Überlebensnotwendigkeitsdruck bei der Coronavirus-Pandemie. Dabei könnten Hilfsgelder von der Weltbank und der Weltgesundheitsorganisation sowie von privaten Stiftungen/Impffördernetzwerken (z. B. GAVI) eine wichtige Rolle spielen.
- Eine Art „Selbstvorteil" haben Innovations- beziehungsweise wichtige Produktionsländer von Impfstoffen, wozu die USA, die EU (einige EU-Länder), UK, Schweiz, Russland, China, Kanada, Japan und Indien gehören. Von der Bevölkerungszahl der Welt her ist das gut die Hälfte. Auf diese Erzeugerländer

als Gruppe „G9“ kommt naturgemäß eine große Verantwortung zu, auch die Entwicklungsländer mit Impfstoffen zu versorgen.

- Da es wohl einen politischen Wettlauf dieser Länder um Einfluss im Süden der Weltwirtschaft geben wird, sind die Chancen vieler Entwicklungs- und Schwellenländer bei der Versorgung mit Impfstoffen relativ gut. UK könnte etwa in Verfolgung seiner neuen Interessen an Freihandelsabkommen mit Ländern in Asien, Afrika und Lateinamerika bevorzugten Zugang zu Impfstoffen anbieten. Die USA werden strategisch zunächst die Länder in Mittel- und Lateinamerika mit versorgen wollen, darüber hinaus auch Länder in Asien und Afrika, wobei letzteres via Frankreich-Kolonialverbindungen auch besonderes Interessengebiet für die EU sein dürfte; auch Belgien, Deutschland und Italien haben hier Kolonial-Historie aufzuweisen. Zudem dürfte die Intensität der bilateralen Handelsverbindungen eine positive Rolle für die bilaterale „Impfstoff-Hilfsneigung“ der G-9-Länder bringen, was man durch ein Gravitationsmodell empirisch abbilden kann. Im Übrigen ist nicht ausgeschlossen, dass auch die WHO bei der globalen Impfstoffverteilung eine wichtige Rolle – vor allem für Entwicklungsländer – spielen wird. Im Grunde kann man so eine globale Impfstoffverteilungsprognose aufstellen, wobei möglicherweise auch geographische Nähe beziehungsweise Nachbarschaft ein zu beachtendes Kriterium sein könnte.

Die USA und die EU-Länder – als Einkaufsgemeinschaft in Form von Deutschland, Frankreich, Italien, Niederlande – hatte bis Juli 2020 bereits Einkaufsverträge bei führenden Pharmafirmen in den USA und Europa geschlossen. Interessante Vorschläge für einen dreistufigen Mechanismus, um einen neuen Impfstoff effizient zur Verfügung zu stellen, sind u. a. von Cassel et al. (2020; Impfstoff für alle, erscheint im RPG) entwickelt worden.

Wenn man einen international sinnvollen Verteilungsansatz realisieren will, so sollte man im Fall der Coronavirus Pandemie folgende Grundsätze – so der Vorschlag hier – beachten:

- Es sollte durch Vorabankaufszusagen von Industrieländern und Impfförder-Stiftungen sichergestellt sein, dass eine hinreichende Zahl von Pharmafirmen an der Impfstoffentwicklung arbeitet und die Phasen-Tests (I–III) durchführen kann; da man vorab nicht wissen kann, welche Pharmafirmen erfolgreich mit ihren Forschungsprogrammen sein werden, ist davon auszugehen, dass eine Reihe von Staaten mit der Teilübernahme von Forschungskosten vorab natürlich in Einzelfällen auch nicht-erfolgreiche Firmen unterstützen wird. Das liegt aber in der Natur des Innovationsproblems, wobei hier davon ausgegangen wird, dass die entwickelten Impfstoffe nicht den üblichen Patentschutz nutzen werden; das was im Marktprozess normalerweise über hohe Impfstoffpreise an Rendite von erfolgreichen Innovationsfirmen hätte erzielt werden können, sollte in etwa – wie im Zeitraffer – durch die staatliche Kostenübernahme+X von Forschungsausgaben sichergestellt werden; minus dem globalen Reputationsgewinn-Effekt, den erfolgreiche Impfstoffentwickler für sich als eine Art Reklameeffekt realisieren können.

- In jedem Land sollen 60 % der Bevölkerung geeimpft werden, mit der üblichen Reihenfolge medizinisches Personal, Risikogruppen, Rest der zu Impfenden. Wenn man die positiven externen Effekte der Impfung betrachtet, so sollte jede Impfung zu einem staatlich subventionierten Preis bereitgestellt werden (medizinisches Personal und Risikogruppen erhalten die Impfung kostenlos) – dabei ist der Preis soweit abzusenken, dass man die gewünschte Impfquote erreicht. Wenn es ökonomische Vernetzungs- und Netzwerkeffekte etwa benachbarter Länder i und j gibt, so ist diese ökonomische Interdependenz zu bedenken, die ja die Zahlungsbereitschaft für den Fall von „Normal-Volkswirtschaften" im Impfmarkt erhöht (das Pro-Kopf-Einkommen ist im Inland ein Lageparameter der Nachfragekurve; das ausländische Pro-Kopf-Einkommen in bestimmten Sektoren auch und bei erhöhter Infektions- und Sterberate im Nachbarland j sinkt daher die Zahlungsbereitschaft in i, wo das Pro-Kopf-Einkommen positiv von dem im Nachbarland j abhängt; umgekehrt: wenn in j breit geimpft wird, steigt das dortige Pro-Kopf-Einkommen und damit auch das in i). Wenn Länder mit solchen ökonomischen Vernetzungs- und Netzwerkeffekten parallel Impfaktionen durchführen, so erhöht sich in beiden Ländern die Zahlungsbereitschaft und damit auch das Subventionserfordernis für die Impfungen, was ökonomisch rational ist.
- Wegen der internationalen Infektionsübertragungsgefahren wird in den Ländern prioritär geimpft, die viele Flug- und Schiffsreisende im internationalen Verkehr haben – das dürften die OECD-Länder plus China, Russland, Indien und einige arabische Länder plus Indonesien sein. Nur so kann der internationale Tourismus und die üblichen internationalen Dienste von Manager/innen und Service-Teams für Industrieanlagen realisiert werden.
- Je höher die Infektionsrate in einem Land schon ist, je geringer zunächst die Impfquote, da Herdenimmunität sich ja aus der Impfquote und dem Anteil der gesundeten Infizierten in der Bevölkerung ergibt (langfristig könnten aber auch gesundete geimpft werden).
- Die Länder, die Impfstoffe kostenlos erhalten, sollten einen mit der Weltgesundheitsorganisation abgestimmten Impf-Plan entwickeln.

- Längerfristig sollten die Länder mit erfolgreichen Impfanbietern von anderen Ländern eine Art Forschungsförderungs-Gebühr erhalten, damit sich zumindest alle Industrie- und Schwellenländer an der Impfstofffinanzierung beteiligen.
- Es ist sicherzustellen, dass sich genügend OECD-Ländern/G20-Länder finden, die für global ausreichende Produktionskapazitäten der Impfstoffe sorgen.

Damit hat man einen Ansatz, der global effiziente Impfstoffentwicklung und Impfstoffverteilung zu realisieren erlaubt, wobei ausgewählte Aspekte der Grundsatzdebatte nachfolgend dargelegt werden.

Welche Aufgabe ergibt sich aus ökonomischer Sicht für die nationale und internationale Wirtschafts- beziehungsweise Gesundheitspolitik, wenn man global effiziente Impfschutzförderung betreiben will? Folgt man einer grundsätzlichen Wirtschaftslogik, so gilt es zu fragen nach den Kosten des Corona-Schocks national und weltweit einerseits und nach sinnvollen adäquaten Förderkonzepten für Coronavirus-Impfungen andererseits. 80 Milliarden $ volkswirtschaftliche Kosten – also etwa Produktionsausfälle plus Gesundheits-Extraausgaben – für die USA und 200 Milliarden $ Kosten für die Weltwirtschaft pro Woche wurden von Larry Summers in seinem Webinar-Beitrag bei Markus Brunnermeier (University of Princeton) am 22. Mai 2020 genannt (Summers 2020). Es wird sich also lohnen, wenn der Staat einen hohen Kostenzuschuss für forschende Impfstofffirmen gibt; hier ist die US-Institution BARDA (Biomedical Advanced Research and Development Authority), 2019 gegründet, eine sinnvolle Organisation, da sie etwa eine große Zuschusssumme an eine Pharmafirma im In- oder Ausland mit dem gewünschten Impf- bzw. Medikamentenforschungsprofil geben kann. Zudem wies Summers auf zwei wichtige Punkte hin:

- Wenn man Impfförderung betreiben will, muss man die Risiken des Innovators angemessen vergüten – entweder über eine besonders hohe Rendite beziehungsweise Renditeerwartung, was auf hohe Preise in einer Phase der Vermarktung mit Patentschutz hinausläuft; oder man bietet von Seiten des Staats einer Gruppe forschender Unternehmen eine Art Kostenversicherung, wobei mehrere konkurrierende Forscherteams ins Rennen geschickt werden. Die Option hohe Rendite ist bei einer Pandemie nicht sehr glaubwürdig, hat also Anreizprobleme: Denn der politische Druck der Weltbevölkerung beziehungsweise der Wählerschaft, allen Bürgerinnen und Bürgern eine kostengünstige Impfung zu ermöglichen, wird bei der internationalen Coronavirus-Epidemie natürlich sehr hoch sein; das Versprechen, eine

Top-Rendite via patentgeschütztem Impfstoff klingt für forschende Pharmafirmen im ersten Moment gut, im zweiten Moment ist aber klar, dass in der Realität für die erfolgreiche Pionier-Forschungsfirma eher eine Art Zwangslizensierung mit Offenlegungspflicht der Wirkstoffkombination droht. Daher ist der Versicherungsansatz in Verbindung mit einem überdurchschnittlichen – aber gegenüber Monopolpreisen moderaten Renditeaufschlag – eine sinnvolle Anreizkonstruktion.

- Wie der Staat genau einen anreizkompatiblen Kontrakt mit Pharmafirmen oder Forschergruppen ausgestalten soll, wäre einer gemischten Expertengruppe zu überlassen, die den staatlichen Stellen mit besonderem Wissen in Sachen öffentlicher Beschaffung einerseits und Impfstoffförderung andererseits zur Seite stehen.
- Nimmt man die von Summers genannte Coronavirus-Kostenzahl von 200 Milliarden $ pro Woche für die Weltwirtschaft, dann steht jeder Tag mit Coronavirus für rund 29 Milliarden $, also 27 Milliarden €. Kann man durch globale Forschungsförderung das Finden des richtigen Impfstoffs durch 26,5 Milliarden € Forschungsanreiz um einen Tag verkürzen, so wäre das in etwa die richtige Forschungsförderung. Eine entsprechende Einschätzung zur „Beschleunigungsmöglichkeit der Impfstoffforschung" können nur Experten geben.

Geht man davon aus, dass 29 Milliarden $ weltweite Impfförderung beim Coronavirus angemessen wären, so bedeutet dies im Falle eines globalen Fördertopfes, dass pro Kopf rund 4 $ beizutragen wären. Für die USA bedeutete dies 1,2 Milliarden $, für die EU28 rund 2 Milliarden $, für Russland und Japan jeweils rund 0,5 Milliarden $, für China und Indien jeweils rund 5 Milliarden $. Nun könnte man argumentieren, dass Länder mit höherem Pro-Kopf-Einkommen eine höhere Zahlungsbereitschaft für einen Tag früher sicher leben haben als Länder mit geringem Pro-Kopf-Einkommen: Nehmen wir an, dass die Zahlungsbereitschaft in den USA, Europa und Japan zehnfach so hoch wie in China und Indien ist, dann kommt man für die USA und die EU vielleicht auf je 10 Milliarden $, für China und Indien auf je 1 Milliarde $. Eigentlich müsste man eben einen globalen Impffonds finanzieren, bei dem Experten dann vermutlich etwa 30 Forschungskonsortien in einem technischen Auswahlprozess bestimmten sollten, die anfänglich in etwa gleich stark gefördert werden sollten und dann in einer weiteren Forschungsrunde käme dann nur noch eine kleinere geförderten Zahl von Firmen in Betracht (nach einer ersten Testrunde und ersten klinischen Tests kann man vermutlich die Zahl der absehbaren Gewinnfirmen etwas gegenüber der Ausgangszahl geförderter Firmen eingrenzen). Es könnte sein, dass die 30 besten Forschungskonsortien alle in Westeuropa und den USA liegen; das wird politische Probleme bringen, da etwa China, Russland und Indien vermutlich darauf bestehen werden mindestens auch jeweils zwei nationale Forschungsgruppen zu fördern. Es kann sich auch ergeben, dass ein Drittel der besten Forschungsgruppen in China und der Schweiz liegen – werden die USA und die EU28-Länder bereit sein, eine entsprechende internationale Aufteilung der Forschungsgelder mitzutragen, bei dem dann ein Drittel der US- beziehungsweise der EU-Mittel an die Schweiz und China gingen? Das klingt nicht sehr plausibel.

Je weniger internationale Kooperationsbereitschaft in Sachen Impfförderung beziehungsweise Impfforschung es gibt, desto schwieriger wird es werden, eine effiziente Impfförderlösung auf globaler Ebene herbeizuführen. Man hätte hierüber eben bei G20 und der Weltgesundheitsorganisation ausgiebig diskutieren und nachdenken müssen: gleich im ersten Quartal 2020. Das ist nicht geschehen. Es wäre immerhin gut, wenn etwa die EU und die Schweiz plus UK und Norwegen sich gemeinsam für eine kooperative Finanzlösung bei der Impfstoffforschung gemeinsam einsetzen könnten.

Das bisherige globale Ausmaß der Forschungsförderung – zu Anfang Juli 2020 – scheint unzureichend, auch wenn etwa die EU am 4. Mai 7,5 Milliarden € auf einer internationalen Geberkonferenz in Brüssel zusammenbrachten. Diese Gelder – mit Aufstockungen von 6,4 Milliarden € im Juni 2020 – sollen ausreichen, um die Entwicklung neuer Anti-COVID-19-Medikamente und von Corona-Impfstoffen zu fördern. Die USA sind bei dieser Konferenz erst gar nicht aufgetaucht, ein Vertreter Chinas war da, machte aber zunächst keinerlei Zusagen. China ließ allerdings Ende Mai verlautbaren, dass man der Weltgesundheitsorganisation 2 Milliarden $ an Zusatzfinanzierung gewähren wolle. Es kann durchaus sein, dass zufällig die richtigen Impfstoff-Forschungskonsortien schon ausreichend gefördert werden, aber bei rund 100 Forschergruppen weltweit scheint das aus einer Perspektive Jahresmitte 2020 als eher unwahrscheinlich.

Ein ausreichender globaler Impfschutz ist ein weltweites Kollektivgut. Ökonomen wissen, dass bei der Bereitstellung von Kollektivgütern Trittbrettfahrerprobleme entstehen: Alle Länder möchten einen Nutzen von der Verfügbarkeit eines neuen Impfstoffes haben, aber nicht alle Länder möchten jeweils finanziell angemessen zur Impfstoffforschung beitragen. Neben diesem Impfforschungs-Finanzierungsproblem gibt es aber wohl auch noch ein Impfstoffverweigerungsproblem in wichtigen Ländern: Wenn es einen erheblichen Teil der Bevölkerung gibt – sagen wir: 40 % –, die einen Coronavirus-Impfstoff für sich ablehnen, dann stirbt die Epidemie nicht aus. Hier erscheinen der Populismus und auch der politische Links- und Rechtsextremismus als ein Problem in einigen Ländern darzustellen. Es wird im Übrigen auch ein Weltproblem bleiben, falls etwa Brasiliens Präsident Bolsonaro eine Impfung der Bevölkerung in Brasilien ablehnen sollte. Eine Druckmaßnahme der EU-Länder und Chinas könnte dann lauten, dass man Importprodukte aus Brasilien in wichtigen Bereichen boykottiert; das wiederum führt dann zu Konflikten bei der Welthandelsorganisation WTO.

Die WTO ist aber ihrerseits seit Ende 2019 wegen der USA nicht mehr handlungsfähig im Bereich der Konfliktregelung. Die USA unter der Trump-Administration haben eine Nachwahl von Richtern beim WTO-Berufungsgericht verweigert, so dass der WTO-Konfliktregelungsmechanismus blockiert ist. Die US-Handelspolitik unter Trump ist für die USA und wohl die Mehrzahl der Länder der Welt eine erhebliche Nutzenverschlechterung. Aber Trump als oberster US-Wutbürger führt diese sonderbare WTO-Blockadepolitik seit 2018 durch und gibt sich auch in anderen internationalen Politikbereichen wenig kooperativ.

Es gibt praktische Impfprobleme im Kontext der Pandemie:

- Wie schnell kann man die Weltbevölkerung impfen?
- In welcher Reihenfolge von Ländern und Bevölkerungsgruppen geht man vor?
- Wie sollen die Kosten der globalen Impfung weltweit zugerechnet werden?

Am Beispiel Deutschland kann man auf Basis von 100.000 Impfungen am Tag durchrechnen, dass man binnen eines Jahres 36,5 Millionen Menschen wird impfen können, was für Herdenimmunität vielleicht ausreichen könnte – sofern es etwa 10 Millionen Infizierte gab, die gesundet sind. Allerdings sind 100.000 Impfungen am Tag in Deutschland kaum möglich, sofern man nicht über Monate auch Bundeswehrärzte und Krankenhausärzte einbezieht – inklusive Schichtdienst am Wochenende. Die Impfungen werden beim medizinischen Personal anfangen, gefolgt von den Risikogruppen und wichtigen Funktionsgruppen (Beschäftigten im Pflege-, Kindergarten-, Schul- und Hochschulbereich sowie bei Feuerwehr, Polizei und Justiz).

Das Institut der Deutschen Wirtschaft wies darauf hin (IDW 2020), dass nur zwischen Dezember 2019 und April 2020 global mehr als 15.000 Forschungsartikel zu COVID-19 veröffentlich worden sind. Dabei stammt zwar die Mehrzahl der Publikationen aus den Vereinigten Staaten, rund 2500, und Deutschland fand sich mit 500 Forschungsartikeln auf Rang 5. Wenn man aber die Zitierhäufigkeit – über Cite Score – ermittelt, dann liegt Deutschland quasi qualitätsgewichtet leicht vor den USA und Großbritannien. Man wird sehen, welche Produzenten als Erste sichere Impfstoffe entwickeln und wie eine weltweite Impforganisation effizient erfolgen kann. Es kann nicht ausgeschlossen werden, dass ein wirksamer Schutz gegen COVID-19 nicht nur einer Impfung bedarf, sondern mehrere Impfungen erfordern könnte. Neben der Organisation einer nationalen Impfaktion stellt sich für Regierungen die Aufgabe, hinreichend neuartige Medikamente für COVID-19-Patienten zu besorgen. Auch hier kann es, wie bei der Versorgung mit Impfstoffen, zu einem Nord-Süd-Gefälle kommen: Impfungen werden zunächst überwiegend im Norden der Weltwirtschaft erfolgen und dort könnten auch zuerst neuartige Medikament verfügbar werden.

Corona-Schock und Zunahme von Staatsmacht

Mit dem Anwachsen der Macht der Staaten in den Industrie-, Schwellen- und Entwicklungsländern im Zuge der Corona-Krise ergibt sich eine Bedrohung der Freiheit weltweit. Der Staat als Rettungsinstitution in der Konjunkturpolitik gegen die große Corona-Rezession und der Staat als Rettungsaktionär in Tausenden Unternehmen weltweit steht für einen Zuwachs an staatlicher Macht, die sich quasi im Schatten der Pandemie ergeben hat. Neue internationale Konflikte dürften sich aus dem neuen gewachsenen Machtanspruch des Staates in so vielen Ländern ergeben.

Autoritäre Regime könnten in einigen Ländern durch die Corona-Krise relativ zum Westen an Einfluss gewinnen. Allerdings ist wohl auch davon auszugehen, dass populistische Seuchen-Politik, geleitet von Wunschdenken, in der Regel nicht erfolgreich sein wird; das wiederum könnte die Unterstützung für populistische Staatspräsidenten vermindern.

Ob man in Demokratien nach dem Corona-Schock viel politische Energie in die Aufarbeitung von Fehlpolitik wird investieren wollen, das bleibt abzuwarten. Auch wenn etwa die Konservative Partei in Spanien der Regierung verschiedene Vorwürfe bei der Epidemie-Bekämpfung macht, so dürften auch wichtige Politiker der Konservativen Partei in Spanien in problematische Entscheidungen – etwa beim Umgang mit der Krankheit in Altersheimen – verwickelt gewesen sein. Das politische Interesse am Corona-Medizinthema dürfte spätestens bei Verfügbarkeit einer Impfung abflauen, da sich die Menschen nach der Ausnahmesituation zurücksehnen in eine Normalzeit. Dieses Phänomen ist etwa auch aus dem Schock-Erlebnis des Ersten Weltkrieges bekannt.

Man muss keinerlei Corona-Verschwörungstheorie anhängen, um zu sehen, dass die Macht des Staates in Dutzenden Ländern durch die Bekämpfung der Corona-Seuche zugenommen hat. In einigen Ländern dürfte sie aber auch zu verstärkten politischen Konflikten führen. Es ist kaum denkbar, dass etwa Venezuela mit seiner Diktatur stabil durch die Corona-Schocks kommt.

Der amtierende Präsident Maduro – aus der Eigensicht von Venezuelas Machthabern – wollte im Juni 2020 Goldreserven bei der Bank of England abholen lassen. Aber das oberste britische Gericht verwehrte das unter Hinweis darauf, dass UK Maduro als Staatspräsident nicht anerkenne und die Anweisung von Maduro an die Nationalbank Venezuelas, aus UK Goldbestände Venezualas anzufordern, nicht als legitim betrachtet wird.

Es könnte hilfreich für die Sicherung der Freiheit in westlichen Ländern sein, wenn liberale Parteien für eine gewisse Zeit politisch an Einfluss gewinnen. Allerdings muss man liberalen Parteien zumindest in einigen EU-Ländern zum Teil doch auch vorwerfen, dass sie bei der Epidemie-Bekämpfung wenig überzeugende Vorschläge geäußert haben. Zudem haben liberale Parteien mit wenig Verständnis für die entstehenden internationalen Stabilitätsprobleme im Kontext der Deregulierung der Finanzmärkte in der Dekade vor der Transatlantischen Bankenkrise eingesetzt. Das kann man tendenziell wohl verstehen. Aber das Fehlen jeglicher Selbstkritik nach der Bankenkrise führt zu ernsten Fragezeichen wie es um die intellektuelle Führungskraft liberaler Parteien in Westeuropa bestellt ist. Im Übrigen haben liberale Parteien wie konservative und sozialdemokratische sowie grüne Parteien in der Eurozone und der EU nicht fertiggebracht, europäische integrierte Parteien länderübergreifend zu gründen.

Literatur

IDW (o.V.). (2020). Der Wettlauf um den Impfstoff, IWD-Mitteilungen, #14/2020, 2. Juli 2020, Köln.

Cassel, D., et al. (2020). Impfstoff für alle – doch wie soll das gehen? Probleme der Verfügbarkeit und Verteilung von Covid-19-Impfstoffen, erscheint in RPG – *Recht und Politik im Gesundheitswesen*, 26(3).

Roth, A. (2007), The art of designing markets. *Harvard Business Review*, October. Zugegriffen am 01.04.2020

Summers, L. (2020). Larry summers: COVID-19 and the global economy, Bendheim Center for Finance, Princeton University. https://bcf.princeton.edu/event-directory/covid19_18/. Zugegriffen am 01.06.2020.

24

Verschuldung in der EU als Problem der Eurozone

Die Corona-Weltrezession ist ein historisch einmaliger Schock. Die Weltbank schrieb in ihrem neuen Bericht 2020, dass noch niemals seit 1870 so viele Länder gleichzeitig rückläufige Produktionszahlen hatten, wie sie für 2020 zu erwarten sind. In Deutschland hat die Regierung mit zwei Hilfspaketen im März und April 2020 160 Milliarden € mobilisiert, dann noch ein Konjunkturpaket von 130 Milliarden € im Juni. In der Summe läuft das auf ein zusätzliches staatliches nationales Haushaltsdefizit von fast 9 % in der Konsequenz hinaus; zusammen mit staatlichen Einnahmenausfällen wegen der Rezession könnte die Defizitquote 10 % in 2020 in Deutschland betragen, dann etwa 8 % in 2021 im Aufschwungsjahr und 5 % in 2022 und nochmals 2 % in 2023. Da steigt die Schuldenquote dann also ziemlich rasch von 60 % im Jahr 2019 – in Übereinstimmung mit der Obergrenze des Maastrichter Vertrages zur Euro-Währungsunion – auf etwa 85 % in 2023. Das ist ein wenig höher als die gut 80 % staatliche Schuldenquote nach der Bankenkrise 2008/2009. Allerdings haben die EU-Finanzminister im April beschlossen, nochmals bis zu 540 Milliarden € über die Europäische Investitionsbank und die EU zu mobilisieren, was bei genauer Zählweise aber nur 365 Mrd. € an neuen Staatsschulden sind, was 2,2 % des EU-Bruttoinlandsproduktes ausmacht.

Die EU-Kommission möchte noch 750 Milliarden € obendrauf als EU-Kreditpaket legen, was 4,5 % des EU-Bruttoinlandsproduktes sind. Das sind nochmals etwa 7 % Schuldenquote in der EU obendrauf, die man auf die EU-Länder umlegen muss. Da steigt die Staatsschuldenquote Deutschlands also auf über 90 %, wenn man der EU-Kommission folgt. Die von Italien erhöht sich von etwa 155 % Ende 2020 auf rund 160 %, wobei schon

P. J. J. Welfens, *Corona-Weltrezession*, https://doi.org/10.1007/978-3-658-31386-9_24

eingerechnet ist, dass Italien einen Teil der ursprünglichen EU-Kredit als Transfer – also Geschenk – erhalten soll. Ist das vernünftig?

Die Antwort hängt von vier Teilaspekten ab: (1) Sind die Kreditpakete ausreichend und auch hinreichend fokussiert, um eine Italien- und damit eine Eurokrise2 zu verhindern? Die Antwort lautet hier eindeutig nein. Denn falls Italien sein Investorgrad-Rating verliert, bräuchte Italien etwa 350 Milliarden Euro an jährlicher Schuldenfinanzierung und sicherlich noch 100 Milliarden Euro zur Defizit-Abdeckung im laufenden Staatshaushalt; dann aber sind die Reserven im Europäischen Stabilitätsmechanismus ESM weg und schon überzogen, so dass man eine Neukapitalisierung des Rettungsfonds ESM bräuchte. Kosten bei einer Verdoppelung des Eigenkapitals wären rund 48 Milliarden Euro nur für Deutschland. (2) Wie starke Aufschwungskräfte kann die Kombination von nationalen Rettungsmaßnahmen und EU-Kreditpaketen mobilisieren? Hier kann man vor allem bei EU-Mittelmobilisierung skeptisch sein; bei den EU-Strukturfonds hat nur die Hälfte eine Wirkung in den Empfängerregionen. Selbst wenn man hohe Multiplikatoreffekte für die Fiskalpolitik des Staates in Deutschland, Frankreich, Italien und Spanien annehmen wollte, bleibt die Gefahr, dass die Schuldenquoten kaum sinken werden. (3) Eine große Unbekannte sind die Vereinigten Staaten, die unter der Trump-Administration schon im Aufschwung hohe Defizitquoten realisiert hatten und nun in 2020 auf eine Defizitquote von fast 20 % kommen dürften. Da steigt dann die Schuldenquote der USA von rund 100 % in 2019 auf gut 150 % in 2025. Denn auf eine so hohe staatliche Defizitquote von 20 % kann dann nur über eine Reihe von Jahren eine Rückführung der Defizitquote erfolgen. Das Top-Rating AAA ist bei den USA damit bei den großen Ratingagenturen wohl Geschichte und dann werden die Bewertungs-Agenturen auch alle anderen Länder in der Risikobewertung der Staatsschulden kritisch in den Blick nehmen. Verliert Italien etwa bei der führenden Rating-Agentur Standard & Poor's zwei Stufen nach unten, steht der Absturz aus dem Qualitätsbereich des Investorgrad-Ratings fast bevor. Dann werden viele institutionelle Großinvestoren Italien-Anleihen ganz massiv verkaufen und dann könnte auch schon die nächste Eurokrise in 2021 da sein: Wenn nämlich Italien den Zugang zu den internationalen Anleihemärkten verliert; dabei womöglich Griechenland gleich mit. (4) Viel hängt davon ab, ob denn Italiens Regierung eine vernünftige Wachstumspolitik macht oder einfach nur die wenig erfolgreiche Finanzpolitik der letzten Dekaden nochmals wiederholen will. Es gibt kaum Möglichkeiten, Italien hier vernünftig für Vernünftiges unter Druck zu setzen. Wird Italien von selbst eine bessere Wirtschafts- und Wachstumspolitik aufsetzen als in den letzten Jahren – dafür spricht wenig, ausgeschlossen ist es allerdings auch nicht. Italien fehlt eine durchdachte Innovations- und Wachstumspolitik.

Wenn man den 540 Mrd. € und den 750 Mrd. Euro-Kredite der EU zusammenrechnet, so erhält man eine hohe zusätzliche EU-Schuldenquote, die man bei den jeweiligen nationalen Schuldenquoten dazurechnen muss. Die Schuldenquoten der EU-Länder steigen um etwa 8 Prozent zusätzlich, was wiederum Nicht-Euro-Ländern der EU (ohne Dänemark in der Betrachtung hier) die Möglichkeit erschwert, die Konvergenzkriterien für den Euro-Beitritt zu schaffen. Die EU-Kommission schwächt damit die Eurozone und die Europäische Zentralbank, zugleich erleichtert sie osteuropäischen EU-Ländern, unnötigerweise länger EU-Kohäsionsgelder zu erhalten: Diese sollen den Weg zum Eintritt in die Eurozone erleichtern, aber die EU-Kommission erschwert diesen Weg zugleich, indem sie die Schuldenquote von möglichen osteuropäischen Beitrittsländern über die kritische 60 %-Marke hievt und die effektiven nationalen Defizitquote über 3 % mehrjährig hochtreibt. Beide Marken sind im Rahmen der Konvergenzprüfung im Vorfeld eines Beitritts zur Eurozone einzuhalten. Die Europäische Zentralbank schreibt zweijährig einen EZB-Konvergenzbericht über die Fortschritte bei allen sechs Konvergenzkriterien (3 % maximale Defizitquote, 60 % maximale Schuldenquote, Inflationsrate höchstens 1,5 Prozentpunkte über der Inflationsrate der drei Länder mit der geringsten Inflationsrate; langfristiger Zinssatz höchstens 2 Prozentpunkte über der Inflationsrate der drei Euro-Länder mit der geringsten Inflationsrate; politisch unabhängige Zentralbank und Mitwirkung im Europäischen Wechselkursmechanismus sowie zwei Jahre lang keine Währungsabwertung gegenüber dem Euro).

Vernünftiger als der 750 Mrd. € EU-Großkredit wäre hingegen, wenn man sich auf ein Rettungspaket vor allem für die 19 Eurozonen-Länder beschränkt. Denn besondere ökonomische Hilfen brauchen die Corona- und rezessionsmäßig eher wenig betroffenen Nicht-Eurozonen-Länder eher nicht, zu denen im Übrigen auch Schweden und Dänemark gehören. Eine Strategie zur Verhinderung einer neuen Eurokrise2 könnte man vernünftiger Weise über ein 600 Milliarden-Euro-Kreditpaket nur in der Eurozone – über etwa fünf Jahre – realisieren, was 5 % des Nationaleinkommens der Euro-Länder ausmacht. Hier sollte man auf eine teilbesicherte Gemeinschaftsanleihe Joint Eurobonds setzen: mit 55 % Kreditbesicherung über nationale Gold- und Devisenreserven, wobei Länder wie Italien und Spanien auch einen höheren Anteil am Mittelaufkommen aus der JEBs-Anleiheplatzierung erhalten könnten, als es ihrem Anteil am Euro-Nationaleinkommen der Eurozone entspricht; allerdings auch nur, wenn eine progressive Zusatzbesicherung erfolgt, etwa aus einer Vermögenssteuer. Die Europäische Zentralbank könnte bis zu

40 % der JEB-Anleihen ankaufen und müsste allerdings nach fünf Jahren ein Ausstiegsprogramm beginnen. Wenn man solche JEBs mit Laufzeiten von zwei, zehn und dreißig Jähren hätte, so könnte das gut der globalen Euro-Kapitalmarktwicklung dienen. Diese kurzen Laufzeiten wären für internationale Zentralbanken in Sachen Euro-Reserven interessant, die langen Laufzeiten könnten vor allem für institutionelle Investoren interessant sein. Die JEBs sollten von einem Sonderfonds außerhalb der EU-Verträge platziert werden, wobei die Eigentümer die Länder der Eurozone wären.

Ursprünglich wurde der Euro mit der Europäischen Zentralbank gestartet, um – von Dänemark und UK mit ihren Ausnahmeklauseln abgesehen – eine Wirtschafts- und Währungsunion zu haben, an der alle EU-Länder teilnehmen sollten. Zwei Jahrzehnte nach dem Start der Währungsunion sind aber immer noch sieben EU-Länder nicht Mitglieder der Eurozone und damit bestimmt über die EU-Fiskalpolitik ein EU-Parlament mit einer EU-Kommission, die halt für 27-EU-Mitgliedsländer plant; nicht für die kleine Euro-Gruppe von 19 Ländern. So ist auch das kommissionsseitig vorgeschlagene EU-Kreditpaket von 750 Milliarden € unnötig groß ausgefallen im Vergleich zu einer Situation, wo man nur für die Eurozone ein Programm braucht. Weshalb Polen 38 Milliarden als Transfer erhalten soll und Spanien immerhin 80 Milliarden Euro, ist kaum zu verstehen; zumal Polen laut EU-Kommissionsprognose den geringsten Einkommensrückgang in der Corona-Rezession unter allen EU-Ländern verzeichnen soll – und auch nicht übermäßig von der Seuche im ersten Halbjahr 2020 getroffen war.

Die Erklärung für die großen EU-Transfer- und Kreditsummen für Spanien und Polen kann man in der Spieltheorie finden: Nach dem sogenannten Banzhaf-Index gilt, dass sich durch den BREXIT die relative Machtposition von Polen und Spanien verbessert hat. Denn bei gewichteten Abstimmungen in EU-Ministerräten erhöht sich die relative Zahl von Fällen, in denen Polen und Spanien durch Beitritt zu einer bisherigen Verlierer-Koalition von Ländern eine Gewinnerkoalition bilden (man muss bei gewichteten Abstimmungen 55 % der Länder und 65 % der EU-Bevölkerung auf sich vereinen). Für die stark vom Corona-Seuchen- und Corona-Wirtschaftsschock stark getroffenen Länder Italien und Spanien könnte man wohl einen EU-Sonderkredit aufnehmen und auch den osteuropäischen Ländern über eine geringe Erhöhung des EU-Haushaltes helfen, aber 750 Milliarden Euro als EU-Paket ist einfach viel zu viel. Die Idee der Kommission, dass sich jetzt alle Länder in der Gegenwart auf Kosten der künftigen Steuerzahler selbst beschenken sollen, kann man als moralisch fragwürdig einstufen –28 Milliarden Euro als Transfer für Deutschland darf man sonderbar und unangebracht finden.

Es fehlt in der Eurozone ein Euro-Parlament, das man bei der nächsten Europa-Wahl erstmals wählen sollte, damit die Eurozone auch eine Fiskalunion werden kann: mit verantwortlicher Regierung und einem für die Währungsunion zuständigen Parlament; eine Euro-Fiskalunion braucht man für die Eurozone, denn sonst gibt es keine Möglichkeit für einen klaren und richtigen Politikmix. Die EU kann nicht im globalen Standort- und Systemwettbewerb mit den USA und China mithalten, wenn sie der Eurozone versagen wollte, den für die Währungsunion adäquaten Politikmix von Geld- und Finanzpolitik zu realisieren. Nur eine expandierende und stabile Eurozone kann die Basis für eine prosperierende Europäische Union sein. Was den 750 Milliarden EU-Kredit-Vorschlag der EU-Kommission angeht, so kann man den unter ökonomischen Aspekten im Kern nur als weitgehende Verschwendung von Steuergeldern einerseits und mangelnde Absicherung gegen die gefährlichen Risiken einer neuen Eurozone einstufen. Dabei würde eine Eurokrise 2 einen zusätzlichen riesigen Einkommensverlust über vier Jahre bedeuten, rund 1000 Milliarden Euro. Da wäre ungefähr soviel an Einkommen in der EU verloren, wie alle Hilfspakete der EU mobilisieren wollen.

Ohne eine vernünftige Euro- und EU-Wirtschaftspolitikperspektive kann die EU keine international gewichtige Rolle spielen. Auf die EU kommt bei einem anhaltenden USA-Rückzug von der internationalen Politikbühne eine größere Rolle zu. Da wäre jede Schwächung der Eurozone, die auch die EU unterminiert, gleichbedeutend mit einer Stärkung der relativen Position Chinas, Russlands und der USA; im Zweifelsfall auch einer populistischen Version der Vereinigten Staaten. Den aufgezeigten Reformbedarf sollte man daher aus EU-Sicht ernst nehmen.

25

Globale Kooperationserfordernisse und Reformdruck EU und USA

Eine weltweite Pandemie zu bekämpfen ist offenbar eine Herausforderung, die verstärkte internationale Kooperation verlangt. Von einer solchen intensivierten Kooperation ist allerdings 2020 nichts zu sehen. Das liegt zunächst daran, dass die USA sich aus der internationalen Verantwortung unter Präsident Trump zurückgezogen haben. Dies hat aber auch einen wichtigen Grund in China. Teile der Regierung in China wollen offenbar die Ablenkung der Medien-Aufmerksamkeit vom politischen Unruhepunkt Hongkong nutzen, um Chinas Herrschaft über Hongkong politisch stärker als bisher zu realisieren. Hongkong könnte sich für Chinas politisches System noch als schweres innenpolitisches Problem erweisen und zudem hat der China-Hongkong-Politikkonflikt sicherlich einen hohen internationalen politischen Preis. Die Absage des EU-China-Gipfels unter der deutschen EU-Ratspräsidentschaft in der zweiten Jahreshälfte 2020 zählt hierzu.

Betrachtet man die enorme ökonomische und politische Schwächung in den USA in 2020 und bezieht man die Widersprüche in der Architektur der Eurozone mit Blick auf die EU ein, so bringt die Coronakrise mit ihrem doppelten medizinisch-ökonomischen Schock eine relative Machtverschiebung zugunsten von China. Dieses Land sieht sich allerdings eigenen Herausforderungen entgegen, wozu das Problem der „Mittleren-Einkommensfalle" gehört: Hatte China 2019 etwa ein Pro-Kopf-Einkommens – nach Kaufkraftparität –, das rund 1/3 des Wertes der USA oder Deutschlands/Frankreichs entsprach, so wäre ein ökonomisch erfolgreicher langfristiger Aufholprozess so, dass etwa um 2050 des chinesische Pro-Kopf-Einkommen so hoch wie das der führenden westlichen Länder wäre; allerdings könnte Chinas Aufholprozess auch in der Mitte stecken bleiben („Mittlere Einkommensfalle"), wie dies

P. J. J. Welfens, *Corona-Weltrezession*, https://doi.org/10.1007/978-3-658-31386-9_25

etwa auch Ländern aus Lateinamerika erlebt haben. Wenn es nämlich nicht gelingt, den Strukturwandel bei Wettbewerb hin zu einer starken innovations- und dienstleistungsgetriebenen Volkswirtschaft voranzutreiben, könnten die ökonomischen Wachstumsraten sich deutlich verlangsamen. Dann käme es in China auch zu größeren Verteilungskonflikten, wie sie in einer stark wachsenden Volkswirtschaft eher wenig typisch sind. Denn da wachsen die Kuchenstücke gewissermaßen für alle Schichten.

Relativ unklar ist, wie die führenden westlichen Marktwirtschaften und Japan mit unnormal niedrigen Realzinssätzen mittelfristig zurechtkommen wollen, die es seit der Transatlantischen Bankenkrise 2008/2009 gibt. In einer solchen Situation entstehen erhebliche Aktienspekulationen und auch hohe Aktienmarktumsätze, die wiederum Liquidität binden und damit weniger Liquidität der Zentralbanken auf die Gütermärkte vordringen lassen; das wiederum bremst die Inflationsraten. Der Ökonom Field (1984) hatte eine solche Überlegung erstmals auf die USA in den zwanziger Jahren angewendet, als es hohe Umsätze auf den US-Aktienmärkten gab – aus der Sicht von Field (1984) war die Sichtweise der US-Zentralbank FED daher Anfang Ende der 1920er- und Anfang der 1930er-Jahre in dem Sinn verzerrt, als die FED die US-Geldmarktexpansion mit Blick auf die Gütermärkte als expansiver einschätzte als sie tatsächlich war. Die zu geringe Bereitschaft der FED, expansive Geldpolitik Anfang der 1930er-Jahre zu betreiben, trug von daher mit zur scharfen US-Wirtschaftskrise 1930–1934 beziehungsweise zur Weltwirtschaftskrise bei. Eine ähnliche Situation könnte wohl in den ersten zwei Jahrzehnten des 21. Jahrhunderts eingetreten sein, als die Inflationsraten in den USA, Großbritannien, der Schweiz und der Eurozone über viele Jahre ungewöhnlich niedrig lagen. In der Eurozone liegt das allerdings auch wohl daran, dass die Europäische Zentralbank in Phasen eines größeren Ankaufs von Staatsanleihen solche meist direkt von Banken mit solchen Anleihen in der Bilanz erwirbt. Es wäre viel besser, solche Staatsanleihen vornehmlich bei Nicht-Banken – also etwa Versicherungen – zu erwerben, was die Geldeinlagenbestände der Banken und damit die gesamtwirtschaftliche Geldmenge wachstumsmäßig und mit Druck hin zu erhöhter Inflation nach oben treiben könnte. Das häufige Wehklagen der EZB, sie könne die Inflationsraten kaum auf den gewünschten Inflations-Zielwert von nahe, aber unter 2 % treiben, ist also zum Teil irreführend: Die EZB sollte die Technik des Anleihen-Ankaufes institutionell sinnvoll verändern.

Immerhin könnte für einige Jahre nach der Corona-Expansion gelten: Die globale ökonomische Kräfteverschiebung geht zunächst von USA und der EU Richtung China, das seine relative Position global verbessern kann: mit einem Anstieg seines Anteils am realen Welt-Einkommen. Dazu könnte mit beitragen die weiterhin relativ hohen Wachstumsraten der ASEAN-Länder, die von der Corona-Pandemie nicht so hart getroffen wurden wie etwa die EU-Länder.

Da demnach in den ASEAN-Ländern auch die ökonomischen Corona-bedingten-Abschwungeffekte relativ gering waren – abgesehen von deutlich negativen Impulsen aus dem zeitweise massiven Schrumpfen des internationalen Tourismus aus China -, kann die weitere Expansion Asiens aus einer Kombination von Impulsen aus China, den ASEAN-Ländern sowie Indien plus Japan profitieren.

Deutschland zählt in der kurzen Frist erkennbar ökonomisch zu den relativen Gewinnern in der Corona-Weltrezession. Da man aber seitens der EU keine wirklich überzeugende Strategie zur Vermeidung einer neuen Euro-Krise – mit Italien als Epizentrum – entwickelt hat, könnte Deutschland gleichwohl noch zu den Verliererländern in Europa werden. Die EU insgesamt droht weiter (nach dem BREXIT) auseinanderzufallen, falls das Vermeiden einer Eurokrise 2 beziehungsweise die Entwicklung neuer Reformmaßnahmen nicht rechtzeitig gelingen. Das EU-Risikomanagement in Berlin und Paris ist schwach, die ökonomischen „Wiederaufbau-Pläne" der Von-der-Leyen-Kommission erscheint in Teilen als höchst widersprüchlich.

Klimapolitik-Aspekte

Klimapolitik ist auch Anti-Seuchenpolitik, da im nicht mehr ewigen Permafrost in Sibirien und Kanada neue alte Viren und Bakterien aufgetaut und die Länder der Welt gebracht werden könnten. Zudem ist die Luftqualität – mit Blick auf die Staubelastung – wohl ein für die Todesintensität der Coronavirus-Pandemie und ähnlicher künftiger Epidemie-Arten wichtiger Einflussfaktor (Bretschger et al. 2020a), so dass Umwelt- beziehungsweise Klimapolitik nach 2020 weltweit an Bedeutung zunehmen sollte. Es ist hier langfristiges Denken in der Politik verstärkt gefordert; aber auch mehr Kooperation. Dabei sind die Lösungswege in der Klimapolitik aus ökonomischer Sicht nicht kompliziert, da es darauf ankommt, den in der EU entwickelten CO_2-Zertifikatehandel weltweit verstärkt einzusetzen; und in der EU selbst den von CO_2-Zertifikatehandel abgedeckten Anteil der CO_2-Emissionen von 45 Prozent auf mindestens 85 Prozent bis 2030 anzuheben (Welfens 2019b).

Internationale Organisationen und Impfforschungspolitik

Eine effektive und effiziente Bekämpfung internationaler Epidemien verlangt längerfristig eine verstärkte internationale Zusammenarbeit, bei der sich die EU positiv einbringen könnte und sollte. Die EU ist allerdings in einer schwierigen Lage, da der politische Dialog mit China seit 2020 sichtbar erschwert ist. Zunächst ist zu betonen, dass die Erforschung von Impfstoffen gegen Epidemien eine wichtige Herausforderung für sehr viele Länder der Welt ist.

Die Forschungsförderung für Impfstoffe in 2020 ist global gesehen zu gering. Denn pro Woche betragen die weltweiten Schäden durch die Corona-Shocks rund 200 Milliarden $, wenn man Summers (2020) folgt. Es gibt zwar seitens der USA, der EU, der Schweiz und Chinas erhebliche Aufwendungen für die Forschungsförderung im relevanten Pharmabereich, aber die Förderstrategien sind wenig koordiniert und auch bisweilen wenig durchdacht. Insbesondere die Weltgesundheitsorganisation (WHO) spielt bei der internationalen Förderung von Impfprojekten eine Rolle, wobei die Anwendung eines neu verfügbaren Impfstoffes in vielen Entwicklungsländern eine eigenständige Herausforderung ist. Die WHO leidet allerdings unter Streitigkeiten, wobei die Haltung der USA unter Trump in 2020 wenig konstruktiv ist: Die US-Drohung, die Beitragszahlungen einzustellen, sind mitten in der Corona-Pandemie ein besonderes Problem; auch wenn staatliche Beiträge nur etwa 1/5 des WHO-Budgets ausmachen. Wenn China mit einer Sonderbeitragszahlung 2020/2021 zu leisten verspricht, so hilft das der WHO und ihren Projekten und verschiebt zugleich den Einfluss nationaler Akteure in dieser Organisation zugunsten Chinas.

Finanzierungsfragen bei internationalen Organisationen sind oft ein Streitpunkt in der jüngeren Wirtschaftsgeschichte gewesen. Häufig haben die USA und Großbritannien auch Reformen von Internationalen Organisationen gefordert, indem sie Beitragsgelder zeitlich zurückhielten oder mit dem Austritt aus Organisationen oder internationalen Abkommen drohten. Die Beitragssätze zu verschiedenen Internationalen Organisationen hängen häufig von ökonomischen Variablen ab; beim Internationalen Währungsfonds, bei der Weltgesundheitsorganisation und einigen anderen internationalen Organisationen sollte jedoch der Anteil der über 65-Jährigen in der Zukunft mit eine Rolle spielen, damit die ökonomischen Anreize vernünftig und die Lastenverteilung fair ist. Jedenfalls zeigte sich bei den COVID-19-Todesraten, dass diese positiv vom Anteil der über 65-Jährigen in der Bevölkerung beeinflusst wird, so dass mit Blick auf Epidemierisiken umgekehrt jene Länder einen besonderen Vorteil haben, wo etwa vorbeugende Impfungen die Epidemiebedrohung vermindern könnten. Daraus ergibt sich, dass eine ganze Reihe von Ländern – vor allem solche im Norden der Weltwirtschaft (siehe Anhang 1: Statistiken der Weltgesundheitsorganisation COVID-19) – einen höheren Beitragssatz etwa bei der Weltgesundheitsorganisation zahlen sollten. Eine ähnliche Überlegung gilt bei den Beiträgen zu internationalen Konsortien bei der Impfstoff-Forschung.

Dass offenbar Übergewicht – statistisch mit schwacher Signifikanz bei der Todesrate in OECD-Ländern – verstärkend eine Rolle in Richtung Erhöhung der COVID-19-Todesrate spielt (Bretschger et al. 2020a), sollte in den Industrie- und Schwellenländern Anlass für eine zielgerichtet verbesserte Gesundheitspolitik sein; und auch für unternehmensseitige Gesundheits- bzw. Fitnessprogramme ein Impuls sein, die Begrenzung der Übergewichtsfälle und der Übergewichtsproblematik in der Bevölkerung insgesamt künftig verstärkt anzugehen. Diese Perspektive ist eine Herausforderung für viele EU-Ländern, aber insbesondere auch für die Vereinigten Staaten mit häufigen Übergewichtsproblemen in Teilen der Bevölkerung. Im Übrigen ist das US-Gesundheitssystem als wenig robust und sehr teuer anzusehen, da die Ausgaben mit 18 % des Nationaleinkommens in 2018 immerhin 1/3 höher als in Deutschland und Frankreich lagen – dabei hatten die USA unter Präsident Trump immerhin 13 Millionen Unversicherte in 2019; und dann kam es 2020 zu einer massiv weiter steigenden Zahl von Unversicherten durch den enormen Anstieg der Zahl der Arbeitslosen im ersten Halbjahr 2020 im Zuge des Corona-Wirtschaftsschocks. Denn da die meisten US-Bürger/innen eine Krankenversicherung über ihre Arbeitgeber haben, entsteht aus einer Phase der Massenarbeitslosigkeit – etwa 15 % Arbeitslosenquote in den USA Anfang Mai 2020 – rasch auch eine Phase breiter nicht Versicherung in den Vereinigten Staaten. Das US-Wirtschafts– und Politiksystem macht in 2020 unter dem Eindruck der Corona-Schocks ohnehin einen relativ geschwächten Eindruck, so dass der Corona-Schock zu einer breiteren Reformdebatte führen dürfte.

Auch mit Blick auf den Süden der Weltwirtschaft könnte es im ökonomischen Aufholprozess längerfristig verstärkt Übergewichtsprobleme geben. Das gilt vor allem für einige Industrieländer mit hohem Anteil von Übergewichtigen, so dass hier die nationalen Träger der Gesundheitspolitik gefordert sind. Eine Zunahme von „Wohlstandskrankheiten" im Zuge ökonomischer Aufholprozesse sollte man stärker als bisher durch sinnvolle Anreize, Informationen und vernetzte private plus öffentliche Initiativen in relativ armen, aber wachstumsstarken Ländern im Norden (und wohl auch im Süden der Weltwirtschaft) vermeiden.

In der Gesundheits- und Wirtschaftspolitik sind grenzübergreifende Kooperationsansätze etwa in der EU oder in anderen Integrationsräumen erwägenswert, vor allem in Grenzregionen von Ländern. Aber auch für Weltgesundheitsorganisation und die Vereinten Nationen könnten verstärkte, sinnvoll gezielte Anti-Seuchen-Initiativen nützlich sein. Auch für die G20 könnte das Themenfeld in der Zukunft eine wichtige gesundheitspolitische und ökonomisch relevante thematische Baustelle werden. Es sollte im Rahmen regionaler und internationaler vernetzter besserer Bevorratungspolitik zur Epidemienbekämpfung möglich werden, die Kosten im Gesundheitssektor effektiv zu begrenzen und vor allem auch den Schutz der im Krankenhaus- und im Pflegesektor aktiven Personen viel stärker potenziell zu sichern als dies in der Pandemie 2020 der Fall war.

Natürlich sind ergänzende, weitergehende Studien zu den OECD-Ländern und darüber hinaus auch zu den Mitgliedsländern der UN sowie zusätzliche Regionalstudien wichtig. Dabei könnte man neben den offiziellen Corona-Todesraten auch die sogenannte Überhangsterblichkeit als zu erklärende Variable betrachten, bei der man aus dem Vergleich der Sterbezahlen in früheren ersten Quartalen verschiedener Jahre mit der erhöhten Sterbezahl im ersten Vierteljahr 2020 die Corona-Sterbezahlen indirekt über einen statistischen Filterprozess ermittelt. Diese Daten sind bei nationalen Statistikämtern vorhanden, sollten aber für Forschungszwecke möglichst rasch von der OECD und der UN oder der Weltbank bereitgestellt werden.

Die Coronavirus-Epidemie hat Milliarden Menschen auf aller Welt deutlich gemacht, wie verletzlich einerseits Gesundheit, Volkswirtschaften und Gesellschaften bei einer globalen Seuche sein können; und wie eng andererseits auch die Gesundheit der Bevölkerung sowie gute Luftqualität zu positiver Produktionsdynamik sowie hoher Wohlfahrt beitragen. Die ökonomisch-gesundheitsmäßigen Verbindungspunkte der Analyse gilt es längerfristig stärker noch als bisher auszuleuchten. Die Coronavirus-Pandemie mit ihrer hohen Ausbreitungsgeschwindigkeit um die Welt zeigt, dass Seuchenprobleme und -bekämpfung keinesfalls einfach als ein vorrangiges Entwicklungsland betreffendes Problemfeld dargestellt werden sollte. Die ökonomischen Schock-Effekte der Pandemie gilt es schließlich, mit Blick auf die Infektions- und Sterbeintensitäten in den UN-Ländern noch weiter auszuleuchten – dabei sind auch die besonderen Probleme der Entwicklungsländer relevant für sich und natürlich auch in einer Nord-Süd-Perspektive.

Es ist insgesamt nicht zu übersehen, dass die Abfolge von Krisen im Westen seit 2001 (in den USA spezifisch zudem der September 11-Anschlag in New York; in der EU spezifisch die Eurokrise 2010–2014) ein erheblicher Impuls für eine allgemeine Verunsicherung der Bevölkerung sind: Auf die Bankenkrise, die fast zu einer neuen Weltwirtschaftskrise geführt hätte, folgte die Corona-Weltrezession 2020, wobei das Ausmaß an internationaler Kooperation in der globalen Corona-Krise wegen der Trump-Politik ungewöhnlich schwach war. Das hat die Überwindung der Krise sicherlich erschwert.

Die USA haben in Gestalt eines strukturellen Populismus ein besonderes Problem, das nicht einfach zu lösen sein scheint. Ohne eine Reform für ein besseres, allgemeines Krankenversicherungssystem werden die Vereinigten

Staaten im internationalen Systemwettbewerb im Ansehen zurückfallen. Die positiven Einschätzungen in Deutschland gegenüber den USA sind zur Jahresmitte zurückgegangen – ein Entfremdungsprozess, der auch in anderen EU-Ländern gegenüber den USA eintreten könnte. Wie man einen transatlantischen Reformdialog sinnvoll auf den Weg bringen kann, gilt es sorgfältig zu überlegen.

Die Corona-Krise ist eine historische Herausforderung in medizinischer, ökonomischer und politischer Hinsicht. Weitere wissenschaftliche Analysen sind mit Blick auf die USA, Europa und Asien sowie andere Länder erforderlich. Zu Pessimismus besteht kein Anlass. Es ist allerdings nicht zu übersehen, dass die Weltwirtschaft mehr politische Kooperation braucht. Durch das Internet gibt es zwar Ansätze hin zu einer Weltinnenpolitik, da für alle Menschen sehr viele nationale Entwicklungen international digital wahrnehmbar sind. Aber an internationalen Institutionen, in denen Interessen und Sichtweisen artikuliert und diskutiert werden könnten, gibt es einen Mangel. G20-Gipfeltreffen sind kein Ersatz für eine größere demokratische Institution der G20-Länder.

Literatur

Bretschger, L., Grieg, E., Welfens, P. J. J., & Xiong, T. (2020a). *Corona fatality development, health indicators and the environment: Empirical evidence for OECD countries*, EIIW discussion paper no. 274. https://uni-w.de/8-ljy.

Field, A. J. (1984). A new interpretation of the onset of the great depression. *Journal of Economic History, 44*, 489–498. https://doi.org/10.1017/S0022050700032083.

Summers, L. (2020). Larry summers: COVID-19 and the global economy, Bendheim Center for Finance, Princeton University. https://bcf.princeton.edu/event-directory/covid19_18/. Zugegriffen am 01.06.2020.

Welfens, P. J. J. (2019b). *Klimaschutzpolitik – Das Ende der Komfortzone, Neue wirtschaftliche und internationale Perspektiven zur Klimadebatte*. Wiesbaden: Springer.

26

Marktsystemschwächung durch Politikmaßnahmen gegen Corona-Schock

Die Politikmaßnahmen gegen den Corona-Schock bestehen in massiven Eingriffen: Der Staat dürfte in den meisten OECD-Ländern allein in 2020 über große Ausgabenprogramme (plus den Effekt von Steuerausfällen) das Verhältnis von Staatsschulden zu Bruttoinlandsprodukt um etwa zwanzig Prozentpunkte erhöht haben. Staatliche Beteiligungen an Fluggesellschaften und Industriefirmen bedeuten, dass die Rolle des Staates auch im Unternehmenssektor deutlich ansteigt. Auch hohe Kredite staatlicher Entwicklungsbanken verstärken die ökonomische Rolle des Staates.

Der Staat hat sich im 20. Jahrhundert nicht als guter Unternehmer erwiesen, was einerseits an den anderen Anforderungsprofilen „Unternehmer/in" gegenüber Beamter/Beamtin liegt und andererseits natürlich an den unterschiedlichen Motivationen beim Nachdenken über Investitionen und Innovationen: Unternehmer/innen sind durch die Aussicht auf belohnende Erfolgsprojekte motiviert und setzen eigenes Kapital bei der Projektfinanzierung in der Regel mit ein, während wenig motivierte Beamte in Staatsunternehmen mit dem Geld der Steuerzahlerschaft Projekte anschieben. Wenn der Anteil des Staates im Unternehmenssektor durch die Bekämpfung der Corona-Schocks zunimmt, ist die Konsequenz, dass die Innovations-, Investitions- und Wachstumsdynamik der Wirtschaft sinkt. Eine geringere Wachstumsdynamik heißt wiederum, dass sich die Chancen verschlechtern, die staatliche Schuldenquote – gerade erst massiv im Corona-Jahr 2020 angestiegen – dadurch zu vermindern, dass man hohes Wirtschaftswachstum herbeiführt. In Ländern mit geringen Wachstumsraten – man denke an Italien und Griechenland – besteht die Gefahr, dass die mittelfristigen Wachstumsraten der Produktion noch mehr absinken. Das ist ein großes Risiko bei der öko-

P. J. J. Welfens, *Corona-Weltrezession*, https://doi.org/10.1007/978-3-658-31386-9_26

nomischen Stabilisierung der Eurozone. Es ist von daher wenig sinnvoll, einem Land wie Italien ohne besondere Bedingungen große EU-Kredite und EU-Transfers zukommen zu lassen; auch wenn natürlich große Transfers, also Geschenke, politisch sicherlich als „Hilfsmaßnahme" politisch populär sein werden. Die Europäische Kommission unter Kommissionschefin von der Leyen ist sich offenbar dieser Zusammenhänge nicht bewusst: Das 750 Milliarden €-Kreditpaket (zur Hälfte laut EU-Kommissionsplanung als Transfers vorgesehen) vom Mai 2020 ist ökonomisch ziemlich unvernünftig. Riesige Transfers für Osteuropa sind ohne jede nachvollziehbare Begründung.

Es ist in der Corona-Krise keine Verantwortungs-EU zu erkennen, es gibt viel guten Willen, aber damit kann man keine dauerhafte EU-Institution bauen. Es ist davon auszugehen, dass Italien und andere große Transferempfänger den Mittelzufluss öffentlich sehr begrüßen werden, was man gut verstehen kann. Zugleich wollen die „Sparsamen Vier" und auch Deutschland als Land mit dem EU-Ratsvorsitz im zweiten Halbjahr nicht als geizige oder in der Corona-Krise herzlose Akteure erscheinen.

Die gesamte Hilfsarchitektur der EU-Kredite ist ökonomisch bedenklich, nicht nachhaltig wirksam, widersprüchlich und ineffizient. Im Wettbewerb der Systeme USA-EU-China könnte die Europäische Union um 2025 durch ökonomische Selbstschwächung ausscheiden. Das 750 Milliarden €-Paket braucht die EU in diesem Umfang auf keinen Fall, weniger als die Hälfte wäre völlig ausreichend. Man sollte im Übrigen erkennen, dass die Neigung von EU-Ländern, der Eurozone beizutreten, nicht klar absehbar ist, was zur Notwendigkeit führt, ein Euro-Parlament zu bilden. Bei der Gründung der Eurozone war – abgesehen von Großbritannien und Dänemark – im Maastrichter Vertrag vereinbart worden, dass alle EU-Länder der Währungsunion beitreten sollten, sobald die Konvergenzkriterien erreicht sind. Viele Länder, inklusive Schweden und Polen, hatten vor 2020 die Konvergenzkriterien erreicht, aber wollten aus politischen Gründen der Eurozone nicht beitreten beziehungsweise erhofften sich Vorteile von flexiblen Wechselkursen. Auf diese Weise kann die Eurozone kein Erfolg werden, denn der Schlüssel für die Fiskalunion beziehungsweise die Koordinierung der Fiskalpolitik liegt beim Europäischen Rat und beim EU-Parlament, wobei letzteres ja für den EU-Haushalt verantwortlich ist; aber der Europäische Rat und das EU-Parlament sind ein Gremium aller 27 EU-Länder und beide Institutionen sind außerstande, für die Eurozone sinnvolle klare Beschlüsse zu fassen.

Es wäre viel besser, das 750 Milliarden €-Paket auf ein Sonder-Transferpaket von etwa 100 Milliarden € zugunsten von Italien, Spanien und Griechenland zu beschränken und statt dessen in der Eurozone ein nur auf die Länder der Eurozone beschränktes Kreditpaket von etwa 600 Milliarden Euro über

5 Jahre aufzusetzen, das auf Joint Eurobonds (JEBs) basiert; also national teilbesicherten Staatsanleihen -55 % mit Gold- und Devisenreserven zu unterlegen, Ankaufsoption für die Europäische Zentralbank bis zu 40 % der Ausgabensumme an JEBs. Dabei wären Laufzeiten von fünf, zehn und dreißig Jahren für die JEBs sinnvoll, womit es zu einer vernünftigen Entwicklung der Euro-Kapitalmärkte käme. Eine Euro-Krise könnte man so sinnvoll vermeiden, was hier nochmals betont sei.

27

Demokratieschwächung durch Enttäuschung über Epidemie-Politik

In einem wichtigen Beitrag von Aksoy et al. (2020) zur Wirkung von Epidemieschocks wird untersucht, wie solche Schocks-Ereignisse auf die Bevölkerung beziehungsweise die Einstellung verschiedener Schichten und Altersgruppen wirken; und welche Entwicklungen sich daraus ergeben. Es zeigt sich, dass Epidemien über etwa zwei Jahrzehnte quasi politische Narben hinterlassen, und zwar speziell bei jüngeren Altersgruppen (impressionable age/ „eindrucksmächtiges Alter"); dabei ergeben sich langfristige Enttäuschungs- beziehungsweise Vertrauensminderungseffekte, die in Ländern mit im Epidemiezeitpunkt schwachen Regierungen größer sind als im Fall von Ländern mit zum relevanten Zeitpunkt starken Regierungen. Dabei ergibt sich bei wenig Gebildeten ein besonders starker Entfremdungsdruck von den bestehenden politischen Institutionen und Führungspersonen. Autokratische Systeme kennen solche Epidemie-Enttäuschungsschocks offenbar in dieser Form nicht.

Führt man die Überlegungen und empirischen Befunde der obigen Autoren in Anwendung auf den Corona-Schock weiter, so besteht offenbar folgendes Problem:

- dass Epidemieschocks vor allem in Ländern mit instabiler Regierung – etwa Italien, Spanien – zu einer rund zwei Jahrzehnte lang wirkenden Enttäuschung bei jüngeren Wählerschichten führen: zu einer schichtenspezifischen Demokratieabwendung und damit insgesamt einer Demokratieschwächung.
- Für die EU-Integration droht hier also auch Jahrzehnte ein politisches Auseinanderleben, das vermutlich auch nur wenig durch eine verstärkte

P. J. J. Welfens, *Corona-Weltrezession*, https://doi.org/10.1007/978-3-658-31386-9_27

EU-Kreditpolitik als Teil der Corona-Schock-Bekämpfung überwunden werden kann.

- Hier zeigt sich zudem, dass eine gewisse EU-Zentralisierung mit Fokus auf Pandemie-Mindeststandards im Gesundheitsweisen in den EU-Ländern unerlässlich ist, da der politische Desintegrationsschaden im Fall von internationalen Epidemieschocks sonst sehr erheblich und sehr langfristig zu sein droht.

Gibt es eine relativ rasche Möglichkeit für eine weltweite Impfung gegen den Coronavirus, so wird eine erhebliche Enttäuschung in Westeuropa insbesondere in den Ländern mit einer Strategie der Herdenimmunitäts-Politik bleiben – sie forderte überproportional viele Todesopfer; nämlich in Großbritannien, Schweden und den Niederlanden. Besonders stark dürfte die politische Enttäuschung auch in Ländern mit hohen Todesraten und schwachen Regierungen sein, wobei Belgien, Italien, Spanien und ansatzweise auch Frankreich hier im Fokus stehen. Das dürfte die Integrationsneigung in der EU insgesamt schwächen. Dies kann man höchstens an einer Stelle relativieren, nämlich inwieweit das Phänomen einer weltweiten Epidemie (eben einer Pandemie) eine Art paralleles Gefahrenbewusstsein in EU-Ländern schafft: Die Parallelität der Seuchen-Ereignisse und der negative parallele Schock in allen EU-Ländern könnte immerhin eine gewisse Kooperationsbereitschaft innerhalb der EU verstärkt entstehen lassen. Wenn es aber bleibende politische Narben in vielen EU-Ländern – und auch den USA und Kanada – geben sollte, dann könnten diese sich als politische Radikalisierungsphänomene zeigen. Die wiederum werden internationale Kooperation beziehungsweise den Multilateralismus tendenziell schwächen. Größere politische Instabilität aber bedeutet eine geringere Investitionsquote und ein vermindertes Wirtschaftswachstum.

In globaler Perspektive könnte es zu einer relativen Schwächung der Demokratien des Westens im Durchschnitt gegenüber den Ländern mit autoritären Machtstrukturen kommen. Die Pandemie ist von daher indirekt ein Schwächungsmechanismus in einer Reihe von demokratischen Ländern. Es wäre im Fall schwacher Regierungen in 2020 und schlechter Politik beim doppelten Corona-Schock, medizinisch und ökonomisch betrachtet, eigentlich anzuraten, dass man in den betreffenden Ländern Verfassungsreformen durchführt. Diese aber wären außerordentlich schwierig gerade deshalb durchzuführen, weil es ja wenig stabile Mehrheitsverhältnisse beziehungsweise Regierungen gibt. Von daher droht dann eine Art institutionelle Abschwungs- und Schwächephase auf nationaler Ebene; ob die EU-Mitgliedschaft dabei eine Art Stabilitätsanker zur institutionellen Absicherung spielen kann, bleibt abzuwarten.

Der Corona-Schock führt überwiegend zu erhöhten Sterbehäufigkeiten bei älteren Personengruppen – etwa den über 65-Jährigen. Es ist denkbar, dass der Corona-Schock diese Gruppen mehr als normal konservativ wählen lässt, sofern ein besonderes Vertrauen bei älteren Menschen in die Leistungsfähigkeit konservativer Parteien besteht. Besonders wichtig könnten allerdings gerade auch die Wahl-Verhaltensänderungen bei jüngeren Älteren sein – etwa in der Altersgruppe 50–65 Jahre; soweit bei diesen ein beschleunigter Trend zur Wahl konservativer Parteien unter dem Eindruck der Epidemieschocks (medizinisch und ökonomisch) entsteht, könnte sich die Innovations- und Anpassungsfähigkeit von Wirtschaft und Gesellschaft womöglich in westlichen Ländern verlangsamen. Da die jüngeren Wählerschichten zwar durch die Epidemieschocks besonders stark betroffen und längerfristig geprägt werden, wirken diese Enttäuschungseffekte wohl über rund zwei Jahrzehnte nach. Aber in den westlichen Ländern – bei der EU geht es vor allem um Deutschland, Italien, Spanien, Griechenland – ist der Anteil der Jüngeren an der Gesamtwählerschaft relativ gering. Das lässt die politischen Corona-Narben in diesen Ländern womöglich politisch auf weniger Destabilisierung hinauslaufen als in Großbritannien und Frankreich, wo der Anteil der jüngeren Wählergruppen höher als in den gerade genannten Ländern ist. Gibt es mehr politische Instabilität in westlichen Ländern nach der Corona-Krise, also auch höhere politische Risikoprämien in den Kapitalmärkten, so wirkt dies wachstumsschwächend. Die Verteilungskämpfe werden sich dann wiederum – bei einem langsamer wachsenden Kuchen – verschärfen, was politische Polarisierung und Radikalisierung in einigen Ländern begünstigen könnte. Das aber schwächt die internationale Kooperation. Diese für die EU genannten Probleme könnten in ähnlicher Form durchaus auch in den lateinamerikanischen Mercosur-Ländern auftreten; eher weniger in den ASEAN-Ländern, die von den Corona-Schocks nicht ähnlich stark betroffen waren wie die EU-Länder. Es bleibt abzuwarten, ob sich die ASEAN-Länder auf dieser Basis zu einer verstärkten regionalen Kooperation werden entschließen können. Es könnte durchaus sein, dass die USA und auch Großbritannien durch die relativ schlechten Corona-Ergebnisse – immer gemessen am nationalen Anspruchsniveau (ohnehin stets hoch im globalen Führungsland USA) – für rund zwei Jahrzehnte eine gewisse politische Destabilisierung erfahren. Das wiederum wird im neuen Wettbewerb der Großmächte die Positionen von China und Russland sowie gegebenenfalls auch der Türkei mittelfristig im globalen Kontext verbessern. In einem Beitrag für die Frankfurter Allgemeine Zeitung wie Michaela Wiegel darauf hin (Wiegel 2020), dass Frankreich im Zuge der schwachen beziehungsweise wenig erfolgreichen nationalen Pandemiepolitik 2020 eine Art neuen Deutschland-Komplex in der politischen Klasse entwickeln könnte: Die Selbstwahrnehmung in Teilen der französischen Elite, dass man zwar gegenüber Deutschland ökonomisch etwas schwächer aufgestellt sei, aber ein viel besser organisiertes Gesundheitssystem hätte, ist eine Fata Morgana gewesen. So ist jedenfalls ein verbreiteter Eindruck in Frankreich im Corona-Schockjahr 2020.

Es ist in der Tat erstaunlich, dass Frankreich mit seiner großen Seuchen-Erforschungstradition im Geiste von Pasteur bei der Seuchenpolitik nicht besser als oder zumindest ähnlich gut dasteht wie Deutschland. Man könnte sich vielleicht in Frankreich ein wenig an den noch schlechteren Ergebnissen Großbritanniens trösten, aber UK gegenüber fühlten sich viele Politiker Frankreichs schon lange in einer politischen Oberhand.

Die Uneinigkeit der französischen Gesellschaft ist im Übrigen ein eigenständiges Epidemieproblem in Frankreich, da die vielen Protestmärsche mitten in der ersten Virus-Ausbreitungswelle im Zeitraum März bis Ende Mai selbst ein möglicher Ausbreitungsmechanismus gewesen sind: Protestmärsche mit Mundschutz hat es durchaus gegeben, aber bei vielen Protesten in Frankreichs Großstädten sieht man auf TV-Nachrichtenbildern eine zum Teil erhebliche Zahl von Protestierern ohne Schutzmasken. Wenn Präsident Macron mit seinem Reformprogramm scheitern sollte, wird sich Frankreich womöglich populistischen Parteien verstärkt neu hingeben. Da in Italien eine gewisse weitere Expansion des Populismus – dort mit einer rechten Partei und einer linken Partei doppelt aktiv – zumindest zeitweise denkbar und auch Spaniens Populismus stark ausgeprägt ist (hinzu kommt auch Belgien mit Problemen), erscheint Frankreichs Politikumfeld tendenziell offen für ausländische Populismus-Impulse. Das könnte die eigentliche politisch-militärische Supermacht der EU27, nämlich Frankreich, für eine Reihe von Jahren auch für Deutschland zu einem schwierigen Partner machen. Käme in Frankreich ein populistischer beziehungsweise rechtsradikaler Präsident an die Macht, könnte dies das Ende der Europäischen Union bedeuten. Dabei kann man am Ende auch mit Verwunderung feststellen, dass all die nationalen Pandemiepläne der EU-Mitglieder, die seit vielen Jahren alle der EU gemeldet worden sind, offenbar in den meisten Fällen wenig wert waren – der Corona-Schock hat das für alle deutlich gemacht. Damit ist auch klargeworden, dass die Europäische Kommission zu wenig mit einem kritischen zweijährigen Monitoring bei den EU-Mitgliedsländern unterwegs ist und dass es auch an automatisierten Geldstrafen für Verfehlungen bei Zielvorgaben in Pandemieplänen mangelt; Vorschriften ohne Anreize, Vorschriften einzuhalten, sind irrelevant und die Wirklichkeit der nationalen Pandemieplänen hat das deutlich gezeigt.

Eine Epidemie mit grenzübertragenden Infektionseffekten hat bei der Seuchenbekämpfung immer auch Eigenschaften eines internationalen öffentlichen Gutes: Das heißt, dass Länder, die ihre Hausaufgaben in der Seuchenpolitik nicht gemacht haben, nicht nur die Gesundheit der eigenen Bürgerschaft aufs Spiel gesetzt haben, sondern auch die Gesundheit von Menschen in den Nachbarländern – und natürlich von ausländischen Besuchern und Besucherinnen. Eine sinnvolle EU-Seuchenpolitik müsste künftig zumindest über das zentrale Vorgeben von Mindeststandards bei wichtigen Bevorratungsmaßnahmen und eine Berichtspflicht zur Krankenhauspolitik (im Epidemiebereich) eine höhere Mindestqualität in den EU-Ländern sichern, als die, die bei der Coronavirus-Pandemie entstanden ist. Viele sinnvolle Maßnahmen kosten wenig in Sachen höhere Finanzausgaben des Staates, aber mehr Transparenz, mehr Standardsetzung und mehr Inspektionsaktivitäten – inklusive Strafzahlungen bei Verletzung der Mindestvorgaben – sind nötig und auch machbar. Wenn die Menschen in der EU eine gemeinsame gute Zukunft in Gesundheit und Wohlstand auf jeweils hohem Niveau haben wollen, dann sind die aufgezeigten Defizite energisch anzugeben. Pandemien könnten im 21. Jahrhundert mehr noch als im 20. Jahrhundert zu den globalen Herausforderungen zählen. Die Länder der EU und die Eurozone beziehungsweise die EU selbst sollten versuchen, sich hier hohe Ziele zu setzen und im Rahmen einer vernünftigen Kommission auch eine international wettbewerbsfähige Seuchenpolitik und Seuchenbekämpfungsordnung zu entwickeln.

Literatur

Aksoy, C. G., Eichengreen, B., & Saka, O. (2020). *The political scar of epidemics.* UC Berkeley: mimeo, June (forthcoming).

Wiegel, M. (12. Juni 2020). Frankreichs Deutschland-Komplex. *Frankfurter Allgemeine Zeitung*, S. 10.

28

Digitalisierungsschub für die Wirtschaft

Dass die Corona-Schocks die Digitalisierung in den USA, Asien, Europa und anderen Weltregionen verstärken werden, wurde bereits betont. Dieser Digitalisierungsschub aber dürfte asymmetrisch zugunsten der USA und Asiens – dabei insbesondere Chinas, Japans und Indiens sowie Koreas – wirken. Hierbei könnten auch nochmals räumlich weiter gefasste internationale Produktionsnetzwerke entstehen, wie dies in Teilen Asiens schon in den Jahren vor den Corona-Schocks beobachtet worden ist. Auch wenn es Aspekte von Deglobalisierung in manchen Sektoren als isoliertes Phänomen geben mag, der globale Digitalisierungsschub wird eher die wirtschaftliche Globalisierung verstärken; vermutlich bei qualitativen Änderungsakzenten.

Die EU steht also vor einer Digital-Herausforderung, in digitalen Schlüsseltechnologien und bei der digitalen Start-up-Dynamik – hier geht es um Neugründungen im Sektor der Informations- und Kommunikationstechnologie (IKT) insgesamt – nicht weiter zurück zu fallen. Eine Konzeption hierfür ist zumindest bis Sommer 2020 nicht zu erkennen gewesen. Die verschlechterten USA-China-Handelsbeziehungen, die ja auch einen Streit um digitale Produkte und IKT-Patente sind, dürften auf längere Sicht wohl China eher stärken, da Chinas Regierung wegen der Konflikte mit der Trump-Administration offenbar entschlossen ist, die Abhängigkeit von den USA im IKT-Sektor zu vermindern. Gerade in der Corona-Rezession gilt im Übrigen, dass die EU27-Länder vor der Herausforderung stehen, die ohnehin im Vergleich zu den USA und Großbritannien schwachen Risiko-Kapitalmärkte zu stärken; auch durch zeitlich beschränkte staatliche Hilfen. Denn beim IKT-Sektor geht es um wissens- und technologieintensive Bereiche, wo positive Innovations-Externalitäten (also Zusatznutzen in anderen Branchen

P. J. J. Welfens, *Corona-Weltrezession*, https://doi.org/10.1007/978-3-658-31386-9_28

etwa) eine ökonomische Begründung auch für besondere Fördermaßnahmen darstellen.

Mit den erkennbaren Schwächen Großbritanniens und der USA sind im Übrigen zwei alte Weltmächte in der Corona-Krise in wichtigen Feldern durch Schwachpunkte aufgefallen. Der globale Systemwettbewerb bringt wohl zumindest mittelfristig eine internationale Machtverschiebung zugunsten Asiens, zum Teil auch zugunsten Chinas. Mit dem Hongkong-Konflikt hat China allerdings ein Konfliktfeld, das aus Sicht Pekings politisch prioritär ist und dabei politische Konflikte mit UK und den USA bringen wird. Durch den BREXIT-Vollzug steht Großbritannien in diesem Konflikt gegenüber China schwächer da als bis 31. Januar 2020.

Seit etwa 2010 ist deutlich geworden, dass die USA und China die global führenden Digital-Länder sind und die EU – trotz einiger starker Felder – eher relativ schwach aufgestellt ist. Die internetbasierte Plattform-Wirtschaft hat als führende Firmen solche, die vor allem aus den USA und China kommen (Abb. 28.1).

Auch die Zahl der großen Start-ups – Firmen mit einer Bewertung von mehr als einer Milliarde $ – zeigt international große Unterschiede, nämlich Führungspositionen von USA und China, gefolgt von UK und Indien; deutlich dahinter Deutschland und die Republik Korea (Abb. 28.2).

US-Destabilisierungsimpulse Richtung Deutschland und EU?

Die in den USA seit Mai 2020 lebhafte neue Rassismus- und Polizeidebatte ist sichtbar auch nach Deutschland – und andere EU-Länder – übergeschwappt. Randalierer haben in Stuttgart im Juni 2020 Teile der Stuttgarter

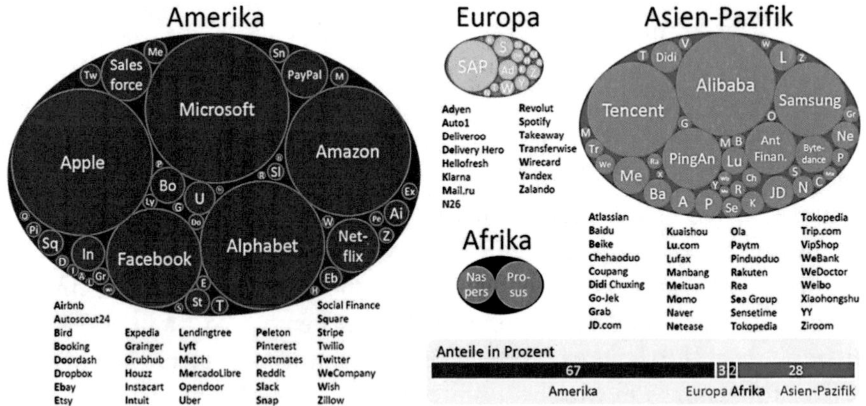

Abb. 28.1 Die 100 wertvollsten Plattformen der Welt (Stand: 29.02.2020)

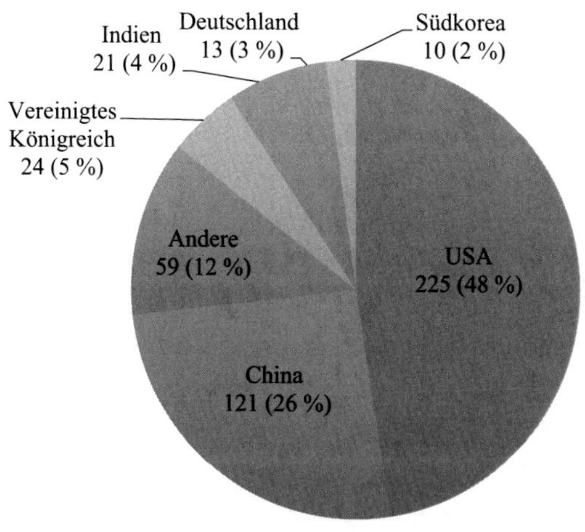

Quelle: CBINSIGHTS (2020), https://www.cbinsights.com/research-unicorn-companies, basierend auf https://www.degruyter.com/view/journals/pwp/21/1/article-p3.xml (letztes Datenupdate: 16.06.2020; zuletzt abgerufen am: 03.07.2020); Prozentanteile gerundet; Definition „Einhörner" (Unicorns): private Unternehmen mit einem Wert von 1 Mrd. US-Dollar und mehr

Abb. 28.2 Anzahl und Anteil (in Prozent) großer Start-up-Firmen („Einhörner") im internationalen Vergleich

Innenstadt demoliert und dabei die Polizei massiv angegriffen. Hier droht eine neue Art internetvermittelter Destabilisierung des Westens, indem ein emotionalisierendes US-Problemthema – durchaus im US-Kontext sehr ernst zu betrachten – via digitale Medien nach Europa überschwappt. Im 21. Jahrhundert kommt es immer mehr zu einer Art „Weltinnenpolitik", was eigentlich nach gemeinsamen Institutionen und Politikantworten verlangt; zumindest mit Blick auf den Westen, oder Asien oder andere geografische Räume in der Weltwirtschaft. Indem Präsident Trump den Multilateralismus in 2017–2019 geschwächt hat, ist mehr politische Instabilität im Westen und in der Weltwirtschaft insgesamt entstanden; politische Schocks wiederum sorgen für eine Minderung des Wirtschaftswachstums und führen zu weniger Stabilität. Während in früheren Jahrzehnten politische Instabilität vor allem ein Problem in Teilen von Lateinamerika und Asien sowie Afrika gewesen ist, scheint dies seit 2016 in großen Teil des Westens eine ernste Herausforderung geworden zu sein. Es bräuchte adäquate Reforminitiativen auf der globalen und EU-Ebene, um mehr Stabilität wiederherzustellen. Da die USA offenbar ein strukturelles Populismus-Problem haben, sollte man sich in der EU oder auch in den ASEAN-Ländern hier auf ein neues Instabilitätsproblem einstellen. Das US-Populismus-Problem ist struktureller Natur, weil – siehe entsprechende Analysen (Welfens 2019a) – eine enorm erhöhte Einkommens-Ungleichheit in den USA zu beobachten ist, während die Wählerschaft bislang mit relativer Mehrheit gar nicht die Politik hier für Korrekturmaßnahmen gefordert sieht, sondern die US-Konzerne; das aber ist reines Wunschdenken und wird die politische Frustration und die Populismus-Neigung in den USA über viele Jahre fördern.

Man könnte sich aus europäischer Sicht wünschen, dass die USA mehr auf Elemente einer Sozialen Marktwirtschaft politisch setzt, davon zu sehen ist in der US-Diskussion allerdings wenig (teilweise in der Diskussion bei den Demokraten). Die EU könnte in Sachen Soziale Marktwirtschaft ein Vorbild sein, aber eine relativ widersprüchliche Politik in Brüssel und die ungelösten Probleme der Eurozone beziehungsweise der EU lassen EU-Konzepte international wiederum auch nicht besonders attraktiv erscheinen. Es ist allerdings wünschenswert und vorstellbar, dass EU-Reformen vorankommen und auch der transatlantische Politikdialog sollte intensiviert werden.

Literatur

CBINSIGHTS. (2020). Research unicorn companies. https://www.cbinsights.com/research-unicorn-companies. Zugegriffen am 03.07.2020.

De Gruyter. (2020). *Perspektiven der Wirtschaftspolitik* (Bd. 1, Heft 21). Berlin: De Gruyter.

Welfens, P. J. J. (2019a). *The global Trump – structural US populism and economic conflicts with Europe and Asia*. London: Palgrave Macmillan.

29

Zweistufige Fragen der internationalen Zusammenarbeit und der IWF-Konsistenz in der Corona-Krise

Während die Corona-Weltrezession die globale Zusammenarbeit von Ländern fordert, die sich in einer Rezession befinden, könnte man argumentieren, dass eine gemeinsame Initiative von IWF und Weltbank zu breit angelegt und zu komplex wäre, da zu viele Länder beteiligt wären. Während ein solcher Ansatz letztlich nützlich sein könnte, legt die Konzentration auf die relativen Kosten der Zusammenarbeit und die Vorteile einer gemeinsamen Stabilisierungspolitik einen anderen Ansatz nahe:

- Eine wirksame Anti-Corona-Pandemie-Politik könnte bedeuten, zunächst eine konsequente EU-ASEAN-Kooperation oder eine G20-Kooperation zu organisieren und erst später eine sehr breit angelegte gemeinsame Stabilisierungsinitiative unter Führung von IWF und Weltbank sowie der WHO zu etablieren. Eine kleinere Gruppe von Ländern wird mit homogeneren politischen Präferenzen und geringeren Transaktionskosten („Kosten der Konsenserzeugung") im Kontext einer eher begrenzten Anzahl von Ländern einhergehen. Daher könnte ein zweistufiger internationaler Koordinierungsansatz nützlich sein. Darüber hinaus kann man argumentieren, dass isolierte Artikel-IV-Berichte des IWF eine zweifelhafte Übung sind – wie sie traditionell veröffentlicht werden; wenn der Internationale Währungsfonds einen Bericht Artikel IV-Bericht zur ökonomischen Lage/Wirtschaftspolitik zu den USA oder zur Eurozone oder zu China veröffentlicht, so stehen diese Bericht jeweils isoliert für sich: Es gibt keine analytische Verbindung etwa der Politikempfehlungen des IWF zu den drei betrachteten Ländern (Eurozone hier gedanklich als Land betrachtet), obwohl man kaum sinnvoll Politikempfehlungen Richtung USA geben kann ohne die Wirtschaftslage in der Eurozone und China einzubeziehen; auf deren Wirtschaftslage aber wirkt die jeweilige Politik in der Eurozone und China

P. J. J. Welfens, *Corona-Weltrezession*, https://doi.org/10.1007/978-3-658-31386-9_29

natürlich ein und entsprechend kann man auf IWF-Berichte zur Eurozone oder China als Problem hinweisen, wenn nicht zugleich der IWF-Bericht zu den USA gedanklich einbezogen ist. Es gibt hier eben wechselseitige Abhängigkeiten, die auszublenden bedeutet, dass man tendenziell falsche Schlussfolgerungen zu wichtigen Politikfragen ziehen wird. Zumindest sollte die „große Interdependenz" zwischen den USA, der Eurozone, Japan und China konsequent analysiert werden. Hier könnten sowohl die realwirtschaftlichen als auch die finanzmarktbezogenen Interdependenzen eine wichtige Rolle spielen. Es ist unklar, warum der Global Stability Report 2020 (IMF 2020c) des IWF nicht das potenzielle Problem erwähnt, dass eine sehr hohe US-Defizitquote in der Corona-Krise – wie im Fiskalmonitor des IWF Mitte 2020 erwähnt – zu einer starken Herabstufung der US-Staatsanleihen führen könnte, was wiederum parallele Herabstufungen in Dutzenden anderer Länder auslösen könnte, die beide zusammen die Weltfinanzmärkte bzw. die Weltwirtschaft stark destabilisieren könnten.
- Angesichts der Tatsache, dass die Corona-Weltrezession in vielen Ländern zu einem starken Anstieg des Protektionismus in vielen Formen geführt hat, könnte eine spezielle Überwachungsgruppe der WTO und der Weltbank nützlich sein, um den Protektionismus in der Weltwirtschaft zu brechen.

Es stellt sich – unter Trumps Nicht-Führung in der internationalen wirtschaftlichen Rezession – die Frage, inwieweit neue Führungsansätze in der Corona-Weltrezession und in zukünftigen internationalen wirtschaftlichen Krisensituationen funktionieren könnten. Nicht in allen Wirtschaftsbereichen braucht man eine Koordinierung, Wettbewerb ist häufig als kreatives Element des internationalen Systemwettbewerbs ein wichtiges Element. Aber es bleibt gerade bei der globalen Rezessionsbekämpfung die wichtige Frage, wie man international sinnvoll die Akteure der Stabilitätspolitik in mehr als einhunderte Ländern koordinieren sollte; ein zweistufiges Vorgehen erscheint als sinnvoll. Hingegen sind praktische Fragen einer weltweiten Impfaktion schlecht zunächst auf G20-Ebene zu koordinieren, da hier für die Weltöffentlichkeit eine Art „Monopolisierung globaler Entscheidungen" durch das G20-Netzwerk entstehen könnte und auch schnell der Vorwurf einer ungerechten Impfstoffzuteilen erhoben werden kann. Die UN und die WHO sind hier auf einer ersten Ebene daher vernünftiger Weise schon einzuschalten.

Literatur

IMF. (2020c). *Global financial stability report, April 2020.* Washington, DC: International Monetary Fund.

30

Vernetzte Führung im 21. Jahrhundert?

Ohne US-Führung die Corona-Weltrezession zu bekämpfen, ist aus Sicht der meisten Länder des Westens eine unklare, schwierige Aufgabe. Könnte der Westen – oder die EU – mit einem eigenen internationalen Führungsansatz auftreten? Regionale Integrationsprogramme, also auch die EU, könnten in Erwägung ziehen, eine vernetzte Führung innerhalb und außerhalb internationaler Organisationen zu schaffen. Eine Zusammenarbeit zwischen der EU und der ASEAN könnte in dieser Hinsicht von zentraler Bedeutung sein. Die ASEAN-Gruppe hat jedoch einen Schwachpunkt, nämlich das Fehlen adäquater Institutionen für eine solche politisch vernetzte Führung; es gibt keine ASEAN-Kommission und kein ASEAN-Parlament. In dem Maße, wie die USA als politischer Unterstützer und militärischer Verbündeter für die EU-NATO-Länder und auch für die ASEAN-Länder zunehmend unzuverlässig werden, könnte es für die ASEAN-Länder die Option geben, dem steigenden politischen und wirtschaftlichen Druck Chinas weitgehend nachzugeben und der politischen Agenda Chinas zunehmend zu folgen. Andererseits könnten die ASEAN-Länder eine stärkere Zusammenarbeit ASEAN-EU anstreben, die in der Tat indirekt ein Impuls zur Stabilisierung der USA sein könnte, damit diese ihre traditionelle Führungsrolle zurückgewinnen. Eine geteilte Führung könnte ein wichtiges neues Konzept im 21. Jahrhundert sein, und sogar eine Zusammenarbeit zwischen EU-ASEAN-Mercosur könnte möglich sein, sobald Brasilien keinen populistischen Präsidenten mehr hat. Es ist ziemlich unklar, in welchem Umfang und wie schnell die ASEAN-Länder ihre Institutionen aufwerten werden; ohne eine supranationale Institution – die der Europäischen Kommission ähnlich sein könnte – und das heißt, ohne eine gewisse Übertragung von Kompetenzen an die ASEAN als politischen

P. J. J. Welfens, *Corona-Weltrezession*, https://doi.org/10.1007/978-3-658-31386-9_30

Integrationsklub, gibt es keine Möglichkeit für eine starke politische Zusammenarbeit zwischen der EU und der ASEAN.

Die Zusammenarbeit EU-ASEAN-Mercosur-ECOWAS wäre eine nützliche langfristige Plattform für die Aufrechterhaltung der globalen Stabilität bzw. des Multilateralismus. Es scheint natürlich, dass die EU nicht nur mehr wirtschaftliche und politische Zusammenarbeit mit der ASEAN ins Auge fassen müsste, sondern auch eine verstärkte medizinische Zusammenarbeit bei der Bekämpfung künftiger Pandemien. Lange vor der Coronavirus-Pandemie hätten viele EU-Länder lernen können, dass es sich lohnt, das Gesundheitssystem Singapurs als Maßstab zu untersuchen.

Im Hinblick auf den transatlantischen handelspolitischen Konflikt könnte es sinnvoll sein, eine trilaterale Expertengruppe zu globalen und regionalen internationalen Ungleichgewichten einzurichten; die Betonung auf Experten bedeutet, dass die hochrangigen politischen Konflikte, die bisher eine erhebliche Rolle gespielt haben, schwächer werden sollten. Es ist unklar, ob die USA ihre traditionelle Rolle als Hegemon mit der Bereitschaft zur Umverteilung von Vorteilen aus der Handelsliberalisierung in einem globalen und multilateralen Kontext fortsetzen wollen oder nicht. Da Chinas Exportanteil am BIP nach 2010 erheblich zurückgegangen ist, könnte die Bereitschaft Chinas, eine solche Rolle auf globaler Ebene zu übernehmen, eher bescheiden sein, was für die Aufrechterhaltung eines globalen Freihandelssystems ein ernsthaftes Problem darstellen könnte. Die EU ist kaum in der Lage, eine solche Rolle zu übernehmen – nicht nur, weil ihre Wirtschaft kleiner ist als die der USA und Chinas; auch die Bereitschaft anderer Länder, der politischen Strategie der EU27 zu folgen, ist recht begrenzt (das Vereinigte Königreich ist ein Beispiel für eine massive Behinderung).

Man kann nicht ausschließen, dass die intern gespaltenen USA noch viele Jahre lang zu einem stärker nach innen gerichtetem Land werden. Es bleibt abzuwarten, ob ernsthafte EU-Reformen durchgeführt werden, die eine Grundlage für die Verteidigung des Multilateralismus in einem pragmatischen, vernetzten Ansatz bilden könnten; ein solcher Ansatz braucht Regeln und ein aktives Management sowie einen Pool von Ressourcen für internationale Kompensationszahlungen in einem plausiblen Rahmen. Was die politischen Entscheidungsträger betrifft, so lautet die abschließende Schlussfolgerung: Viel zu tun für alle zu Beginn des 21. Jahrhunderts, aber immerhin ist es das erste Jahrhundert, in dem digitale Vernetzung und Algorithmen neue Optionen und Möglichkeiten für politische Akteure und auch für multinationale Unternehmen schaffen. Diese Unternehmen könnten in Zukunft durch mehr Outsourcing und internationales Offshoring kleiner werden, so dass ausländische Direktinvestitionen an Bedeutung gewinnen könnten – hier muss man die Direktinvestitions-Offenheitsdaten von Ländern um die Größeneffekte der betrachteten Länder korrigieren.

Ein besonderes Problem ist im Bereich gemeinsamer internationaler Infrastrukturinvestitionen im Falle der Gaspipeline Nord Stream 2 aufgetreten; für solche Unternehmungen sollte es vor Beginn einer solchen Investition einen politischen Klärungsprozess in der NATO geben – Regeln ähnlich den WTO-Verfahren sollten die Entscheidungsfindung leiten. Im Hinblick auf mögliche „grüne Importzölle" der EU, die z. B. den Import von Stahl beeinträchtigen sollen, der mit CO_2-intensiven Technologien hergestellt wurde, legt die wirtschaftliche Logik nahe, dass solche Zölle illegal wären, wenn das Exportland (in dem die Produktion stattfindet) ein CO_2-Emissionszertifikate handelssystem hat, das dem der EU gleichwertig ist; China z. B. hat im Jahr 2020 ein System für den Handel mit CO_2-Zertifikaten eingeführt, aber das System ist nicht gleichwertig mit dem der EU, da China etwa 25 % der CO_2-Emissionen abdeckt, während die EU 45 % der CO_2-Emissionen abdeckt; und die verarbeitende Industrie wird in China in der ersten Phase des neuen Systems für den Handel mit CO_2-Zertifikaten nicht erfasst (und der Anteil der in Kalifornien erfassten CO_2-Emissionen liegt bei etwa 80 %, was höher ist als in der EU, aber der Rest der USA hat nur einen schwachen CO_2-Emissionshandel). Es liegt auf der Hand, dass diese Art potenzieller klimapolitisch bedingter Konflikte im Handel in der WTO-Reformagenda berücksichtigt werden sollte. Was die EU-ASEAN betrifft, so gibt es eindeutig sowohl einen Mangel an gemeinsamen Forschungsprojekten als auch einen gewissen Mangel an politischer Zusammenarbeit zwischen Schlüsselregionen in Europa und Asien. Die besonderen Verbindungen Chinas zur EU werden durch eine rasche Zunahme täglicher Ganzzüge verstärkt – eine einzigartige Verbindung, die für die USA nicht existiert.

Die Schwächung der USA und der wirtschaftliche Aufstieg Chinas könnten Chinas Regierung in der ASEAN bzw. in Asien durchsetzungsfähiger machen. Australien und Japan könnten daher stärker an der Schaffung stärkerer militärischer Verbindungen zu den NATO- und ASEAN-Staaten interessiert sein, und auch die ASEAN-Staaten könnten Optionen in dieser Richtung in Erwägung ziehen – trotz erheblicher Sympathie in einem Teil der Bevölkerung bestimmter ASEAN-Staaten für China. Die politischen Konflikte um Hongkong – mit einer starken Intervention seitens der chinesischen Regierung im Coronajahr 2020 und einer sichtbar engagierten britischen Regierung, die ihr Angebot für vereinfachte und beschleunigte Visaverfahren und einen Weg zur Staatsbürgerschaft für bis zu drei Millionen Menschen in Hongkong ankündigt – könnten wiederum den politischen Widerstand einiger asiatischer Länder gegenüber China verstärken.

Sollte die militärische Präsenz der USA in Europa abnehmen, könnten die EU-Länder neue Schritte verstärken, um eine stärkere Zusammenarbeit zugunsten einer gemeinsamen Verteidigung in Europa/EU in Betracht zu ziehen (und gescheiterte historische Initiativen in den 1950er-Jahren wieder aufgreifen). Die politische Ökonomie der internationalen Wirtschaftsbeziehungen wird zu Beginn des 21. Jahrhundert vor neuen Herausforderungen stehen. Wird die EU China nicht nur klar signalisieren, welche Regeln bzw. Beschränkungen für ausländische Direktinvestitionen aus dem Ausland relevant sind (April 2019), sondern auch angeben, wie die Zusammenarbeit zwischen der EU und den USA mittelfristig verstärkt werden könnte? In der Zwischenzeit könnten die USA, nachdem sie eine weniger freundliche Haltung gegenüber China eingenommen haben, Indien in einem breiteren Ansatz viel mehr als bisher unterstützen, was wiederum die chinesisch-indischen Konfliktgebiete stärken könnte. Was die Herausforderung der Coronavirus-Impfung betrifft, so könnten sowohl Indien als auch China eine entscheidende Rolle für die Welt spielen, da Indien einer der weltweit führenden Impfstoffhersteller ist – zumindest bis 2020.

Die globale Dominanz des Westens ist wohl seit 2016 und spätestens seit 2020 vorüber. Die alten Stärken des Westens, das Zusammenspiel von Demokratie, Rechtsstaat, Wissenschaft und Politik funktioniert nicht mehr wie früher. Das Vertrauen in politische Institutionen auf Seiten der Wählerschaft wird durch den Corona-Schock in vielen westlichen Länder langjährige bei den jüngeren Wählerinnen und Wählern sinken. Es besteht die Gefahr, dass die Wachstumsdynamik des Westens auf viele Jahre absinkt gegenüber Asien – eine Dominanz Chinas oder ein neues Großmachtregime China-USA-Russland könnte dann wahrscheinlich werden. Die jetzige EU beziehungsweise Eurozone ist wegen ihrer institutionellen Widersprüche existenzgefährdet – damit auch das Modell der Sozialen Marktwirtschaft weltweit. Sich für diese europa- und weltweit einzusetzen, müsste eigentlich Sache der EU-Bürgerschaft sein, wo man ja gerade beim Corona-Schock gesehen hat, dass die europäischen Sozialen Marktwirtschaften besser mit dem Schock zurechtkommen als etwa die USA. Wenn die EU zerfällt, werden die Europäerinnen weniger Wohlstand, Stabilität und Zukunftsvertrauen haben können als in einer reformierten EU. Deutschland und Frankreich kann man den Vorwurf nicht ersparen, die Risiken einer Eurokrise2 – hochgradig riskant für die EU – nicht im ersten Halbjahr 2020 gesehen und keine risikominimierenden politischen Leitplanken rechtzeitig aufgerichtet zu haben. Der Mangel an EU-Selbstkritik in Sachen BREXIT muss schließlich als intellektuelles Defizit in Brüssel eingeordnet werden. Auch diese Schwäche läuft auf ein zu wenig und zu spät an Reformen der EU hinaus. Es steht nirgendwo geschrieben, dass der Westen die Weltwirtschaft im 21. Jahrhundert beherrschen wird.

Was soll man aus der Corona-Weltwirtschaftskrise lernen?
Zur Corona-Weltrezession kann man durchaus – je nach Blickpunkt des Betrachtenden – unterschiedliche Sichtweisen betonen; zumindest eine negative und eine positive Gesamtsicht:

- Nachdem man schon die Transatlantische Bankenkrise und die Eurokrise überstehen musste, gibt es immer noch eine neue globale Verschlechterung der Gesamtlage: Hier nämlich durch den weltweiten Corona-Epidemieschocks. Das könnte zu einer weltweit weniger optimistischen Grundeinschätzung der Zukunftschancen bei den Menschen in sehr vielen Ländern beitragen.
- Die Corona-Medizin- und -Corona-Wirtschaftskrise werden die Kinderzahlen mittelfristig sinken lassen, weil es eben einen breiteren Zukunftspessimismus in vielen Teilen der Weltwirtschaft gibt.
- Der Widerspruch zwischen dem, was internationale Wirtschaftsorganisationen – wie der Internationale Währungsfonds – fordern als Weg zur Krisenüberwindung und dem, was tatsächlich seitens der Politik in globalen Führungsländern geschieht, ist großenteils unvereinbar: Zumindest unter der Trump-Administration werden etwa IWF-Forderungen aus dem Juni-World Economic Outlook 2020 (IMF 2020d), nämlich mehr internationale Kooperation, als illusorisch angesehen werden müssen.
- Die EU beziehungsweise die Eurozone sind instabile Institutionen, die wenig sinnvoll zur Überwindung der EU-/Euro-Wirtschaftskrise beitragen. Die deutsche Ratspräsidentschaft richtet viel Augenmerk im zweiten Halbjahr 2020 darauf, ein ökonomisch wenig sinnvolles 750 Milliarden €-Paket der EU-Kommission auf den Weg zu bringen, während vorbeugend gegen eine gefährliche Eurokrise2 – als denkbare Krisenverschärfung in der Eurozone – keine Leitplanken aufgestellt worden sind.
- Es mangelt an US-Führung in einer ernsten internationalen Wirtschaftskrise.
- Aus der Schärfe der Corona-Weltwirtschaftskrise ergibt sich, dass weitere Konflikte etwa zwischen Nord und Süd entstehen werden; die Verarmung von Teilen der Entwicklungsländer durch die Corona-Schocks wird zu einem mehr an Auswanderung Richtung OECD-Länder (gegebenenfalls auch Japan und China) führen, was wiederum politischen Auftrieb für populistische Parteien geben könnte.

Eine mehr positive Sichtweise könnte anders aussehen und dabei betonen:

- Die Corona-Weltrezession kann auch ohne US-Führung im Westen relativ rasch überwunden werden.
- Bessere Politikberatung kann auch zu effizienter Gesundheits- und Wirtschaftspolitik in den EU-Ländern beziehungsweise auch den G20-Ländern und den Schwellen- und Entwicklungsländern führen.
- Sofern die EU mit anderen Integrationsräumen Ansätze für internationale politische Netzwerkbasierte Führung entwickelt und durchsetzt, könnte auch bei absehbar mittelfristig geschwächter US-Führung auf internationaler Ebene eine Art westliche Führung bestehen; dabei müsste allerdings die EU wohl mit Großbritannien kooperieren.
- Es liegt an der EU, gute Beziehungen auch mit China und Russland zu entwickeln und den Multilateralismus zu verteidigen; das ist wichtig und auch möglich.
- Die EU als Soziale Marktwirtschaft ist eine Wirtschaftsordnung, die sich in der Corona-Krise bewährt hat und von der EU auch verstärkt global exportiert werden sollte. Auch ein transatlantischer ordnungspolitischer Dialog EU-USA könnte nützlich sein, wobei etwa die EU von den USA im Bereich der Risikokapital-Finanzierung lernen könnte, während die Vereinigten Staaten von europäischen Elementen der Krankenversicherung und des Gesundheitssystems lernen könnte.

Es wäre in der EU und den OECD-Ländern sowie in China und anderen Schwellen- und Entwicklungsländern wohl wünschenswert, dass man ein Konzept für einen zuverlässigen Multilateralismus gemeinsam entwickelt. Auch eine Rahmenpolitik für kooperative Pandemievermeidung und -bekämpfung wäre wichtig. Zudem wäre zu überlegen, wie man im erwarteten globalen Wirtschaftsaufschwung 2021/2022 verstärkt auch Nachhaltigkeitskomponenten beziehungsweise langfristige Elemente moderner Klimapolitik einbauen könnte; hier kann auch auf den EIIW-vita-Indikator (Welfens et al. 2016) als Nachhaltigkeitsindikator für die Weltwirtschaft wie für einzelne Länder hingewiesen werden.

Grundsätzlich besteht zum Pessimismus auf internationaler Ebene – und auch national – eigentlich kein Anlass. Die positiven Sichtweisen der Menschen könnten im Fall einer baldigen globalen Impfung auch auf breiter Basis an Gewicht gewinnen. Aus Sicht der Wissenschaft gibt es ein Problem von zu wenig Info-Aktivität von Universitäten und wissenschaftlichen Institutionen sowie Forschern im Internet. Die von Epidemie ausgelösten breiten Verunsicherungen von Menschen in vielen Ländern der Welt dürfte die Neigung vieler Menschen, Scharlatanen und Populisten nachzulaufen erhöhen. Hier wäre die Gründung neuer internationaler mehrsprachiger Wissenschaftler-Info-Netzwerke wünschenswert; durchaus sinnvoll könnte hier eine staatliche oder stiftungsseitige Anschubfinanzierung sein – der Interaction Council etwa könnte sich hierbei verstärkt engagieren.

Es wäre wünschenswert, dass die Rolle der EU und vor allem der Eurozone mittelfristig deutlich in Europa gestärkt werden könnte. Die EU wiederum könnte auch eine stärkere Rolle in der G20-Gruppe spielen, insbesondere auf Basis einer verstärkten Kooperation mit ASEAN-Ländern, aber auch mit Japan und Australien. Der Einfluss Japans und Australiens in Asien könnte, unabhängig von der US-Politikentwicklung auf mittlere Sicht, steigen, weil beide Länder nicht nur Mitglied der G20 sind, sondern eben auch beim Transpazifischen Handelsabkommen (ohne USA 2019 mit verändertem Namen in Kraft getreten) aktiv sind. Hier könnte auch ein Ansatzpunkt zur längerfristigen Stärkung der Vereinten Nationen liegen. Bei einer zunehmenden Konfliktlage US-China dürfte es von besonderer Bedeutung – und im Interesse Deutschlands und der EU – sein, dass man zumindest bei den multilateralen Institutionen gut zusammenarbeitet. Aus einer Pandemie-Sicht ist hierbei natürlich auch die Weltgesundheitsorganisation als besonders wichtig zu benennen. Man wird vernünftigerweise wohl mittelfristig auch versuchen, Organisationen wie die Welthandelsorganisation und die WHO zu reformieren, damit auch die USA hier zuverlässig weiter mitarbeiten.

Der größte westliche Instabilitätspunkt für die nächste Dekade dürften die Vereinigten Staaten sein, wo die interne politische Polarisierung seit vielen Jahren fortschreitet, was internationale Führung immer mehr erschwert. Auch die EU vermittelt nur einen geringen Stabilitätseindruck. In Europa herrscht bei großen Teilen der Politik eine merkwürdige Selbstzufriedenheit und die institutionelle Architektur der EU beziehungsweise der Eurozone sieht nicht zukunftsfähig aus. Jammern nützt im Leben bei ernsten Problemen nichts, es wäre von daher sehr wichtig, Reformaufgaben gerade in der EU anzugehen. Klimaschutz und Pandemieabwehr sollte im Übrigen langfristige wichtige Kernpunkte internationaler EU-Politik sein. Der enorme Gegensatz zwischen China/Hubei und den USA in Sachen Sterblichkeitsquote sollte als Warnsignal an die westliche Führungsmacht verstanden werden, dass die Corona-Schocks die Schwächen aller Gesellschafts- und Politiksysteme weithin sichtbar machen.

China hat dabei offenbar seine eigenen Probleme, inklusive Konfliktfall Hong Kong. Vermutlich könnten mehr gemeinsame globale Erfolge bei der CO_2-Minderung über einen weltweit integrierten Emissionszertifikat-Handel zum einem mehr an Kooperation aller Länder und der besonders einflussreichen Politikakteure auf mittlere und lange Sicht beitragen. Es wäre beim ökonomischen Neustart der Volkswirtschaften im Übrigen zu wünschen, dass Nachhaltigkeits- und Klimaaspekte verstärkt von Wirtschaft und Politik in den Blick genommen werden. Sofern die Corona-Krise vorübergehend zu größeren internationalen Einkommens-Unterschieden führt, dürfte internationale Politik-Kooperation für eine Reihe von Jahren komplizierter werden. Gelingt es mittelfristig die globalen Einkommens-Pro-Kopf-Unterschiede zu vermindern – wie dies vor 2020 in vielen Jahren der Fall war –, so wird bei größerer Homogenität der Interessen von Ländern auch die Kooperation international leichter umzusetzen sein. Europäische und globale ökonomische Konvergenz auf dem wirtschaftspolitischen Radar zu halten, ist daher empfehlenswert. Schließlich ist zu erwarten, dass die Narben-Effekte von Epidemien für ein bis zwei Jahrzehnte politisch nachwirken werden: mit ernsten Kooperationsherausforderungen gerade auch innerhalb der EU.

Literatur

IMF. (2020d). *World economic outlook, update June 2020*. Washington DC: International Monetary Fund.

Welfens, P. J. J., Perret, J., Irawan, T., & Yushkova, E. (2016). *Towards global sustainability: Issues, new indicators and economic policy*. Heidelberg: Springer.

31

Internationale Konjunkturperspektiven

In Abb. 31.1 ist die Entwicklung des Wirtschaftspolitik-Unsicherheits-Index ausgewählter Länder von Januar 2007 bis zum Januar 2020 zu sehen. Der Index von Baker, Bloom und Davis gibt an, wie oft spezifische Schlagwörter in Zusammenhang mit wirtschaftspolitischer Unsicherheit wie bspw. Haushaltsdefizit in Artikeln bestimmter national relevanter Tageszeitungen vorkommen. Wenn der Indikator ansteigt bedeutet dies, dass häufiger über wirtschaftspolitische Unsicherheit berichtet wird. Für China fallen deutliche negative Entwicklungen insb. in 2016 und in der ersten Jahreshälfte 2017 auf. Es folgt eine Verschlechterung des Indexwertes von etwa 200 Ende 2017 auf über 800 Anfang 2020. Auch Frankreich fällt mit einem erhöhten negativen Wert im Jahr 2017 auf, d. h. die Unsicherheit in Bezug auf wirtschaftspolitischen Maßnahmen ist sichtbar gestiegen. Ende 2019/Anfang 2020 befindet sich auch Deutschland und die USA bei einem erhöhten Index von 500 bzw. 400, deutlich angestiegen verglichen mit den Werten in 2018 und der ersten Jahreshälfte 2019.

Die EU läuft mit ihrem wenig durchdachten 750 Milliarden € Kreditpaket die Gefahr, die EU ökonomisch zu destabilisieren und damit auch die ökonomische Konvergenz in der Eurozone und der EU zu untergraben. Mit einer Defizitquote der EU von etwa 8 % (750 Milliarden € plus 540 Mrd. €) – über mehrere Jahre verteilt – ergibt sich faktisch eine Erhöhung der Schuldenquoten der Mitgliedsländer in erheblichem Umfang; nur gemildert durch Expansionserfolge in einer wohl recht überschaubaren Zahl von Ländern mit hinreichend starker Innovations- und Wachstumsorientierung. Während unter der Überschrift europäische Solidarität vermutlich viele Interessengruppen auf möglichst hohe EU-Kredite hinwirken werden, wird die ökonomische

P. J. J. Welfens, *Corona-Weltrezession*, https://doi.org/10.1007/978-3-658-31386-9_31

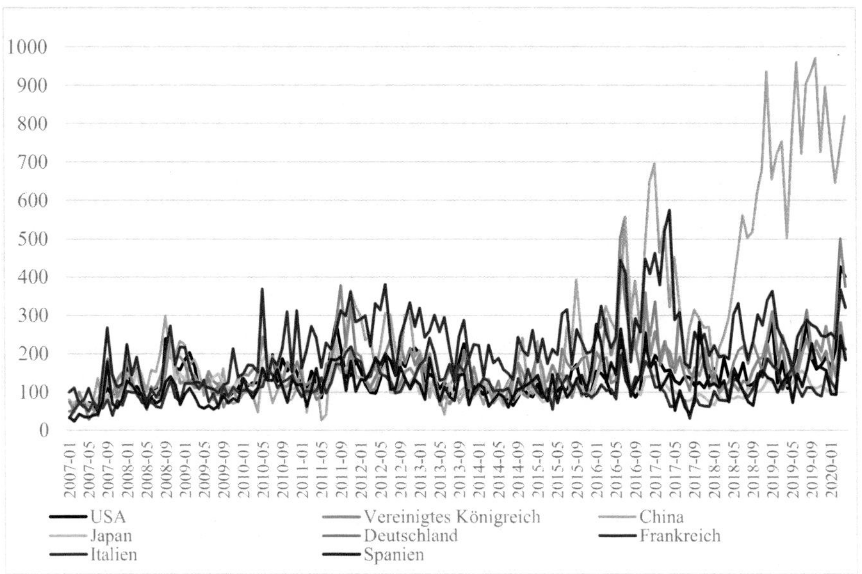

Quelle: 'Measuring Economic Policy Uncertainty' by Scott Baker, Nicholas Bloom and Steven J. Davis at www.PolicyUncertainty.com

Abb. 31.1 Wirtschaftspolitik-Unsicherheits-Index, ausgewählte Länder, 01.2007–01.2020

Realität bei einem wenig wachstumsorientiert aufgesetzten EU-Politikpaket ganz anders wirken: Die Eurozone wird wohl in die nächste Eurokrise sehenden Auges hineinstolpern, was dann den Ruf nach mehr kreditfinanzierten Staatsausgabenprogrammen zur Folge haben wird und letztlich die EU in massive interne Probleme und Konflikte führen dürfte; effektiv erfolgt dann eine Unterminierung der Sozialen Marktwirtschaft in der EU, während ein durchdachtes EU-Hilfspaket – und JEBs (Joint European Bonds) – zu einem zügigen Aufschwung und ökonomischer Konvergenz geführt hätte.

Man wird aufpassen müssen, dass die Kommission nicht durch ein Übermaß an zeitweisen Ausnahme-Spielräumen bei staatlichen nationalen Beihilfen den EU-Binnenmarkt deutlich verzerrt und damit auch das Wachstum von Wohlstand und anhaltende Beschäftigungsdynamik auf Basis internationaler Wettbewerbsfähigkeit beschädigt. Es kann die Corona-Krise bzw. eine Fehlpolitik national und international durchaus dazu führen, dass der Binnenmarkt dauerhaft geschwächt und die Rolle der EU und der Sozialen Marktwirtschaft deutlich gemindert wird. Die EU hat mit ihrem Ansatz „Next Generation EU“, nämlich dem 750 Milliarden Kredit-Paket, eigentlich einen wenig zukunftsfähigen EU-Politikansatz im Mai 2020 vorgelegt. Immerhin ist denkbar, dass der Ansatz des European Semesters, mit dem die Struktur- und Wirtschaftspolitik von EU-Ländern jährlich seit 2010 untersucht wird – seit 2018 bei den länderspezifischen EU-Politikempfehlungen durch ein Social Dashboard ergänzt –, Richtung Innovations- und Wachstumspolitik ausgebaut wird. Wenn einfach nur riesigen Defizitquoten realisiert werden und wenig Augenmerk auf Innovations- und Wachstumskraft gelenkt wird, dann dürften die Möglichkeiten zur Begrenzung und Rückführung kritisch hoher Schuldenquoten auf viele Jahre unzureichend sein. Die Folge könnten international erhöhte Instabilitäten bei den Kapitalzuflüssen sein, was wiederum Produktions- und Beschäftigungsdynamik in Europa und weltweit beeinträchtigen wird. Zwar ist es vernünftig, in der Corona-Wirtschaftskrise über eine Kombination von Angebots- und Nachfragepolitik – letztere auch kreditfinanziert auf Staatsseite – die Wirtschaft zu stabilisieren, aber es bedarf schon einer durchdachten und durchgerechneten Konzeption. Das was in der EU bis Ende Juni 2020 auf dem Tisch lag, erscheint als ungeeignet, um die EU ökonomisch und politisch zu stabilisieren. Durch Wunschdenken kann man weder bei der Epidemie- noch bei der Rezessionsbekämpfung vorankommen – das warnende Beispiel von UK und teilweise auch der USA unter der Trump-Administration kann als weltweites Warnsignal verstanden werden.

Notwendige Konzeption von Post-Corona-Modernisierungspolitik

Die Politik hat in der EU und vielen anderen Ländern entschieden, dass man bei den Konjunkturmaßnahmen deutliche sektorale Schwerpunkte bei Digitalisierung und Klimaschutz setzen will. Das kann man einerseits inhaltlich wohl nachvollziehen. Aber die Politik macht dies ohne eigentlich notwendige Flankierungsmaßnahmen – etwa im Bereich Weiterbildung. Es gibt auf Seiten der Politik wohl einige Wissensdefizite. Wo liegt das Problem?

Sowohl bei der Digitalisierung wie bei Klimapolitik-Maßnahmen wird die Expansion von Gütern und Dienstleistungen stimuliert, die als wissens- und technologieintensiv anzusehen sind. Der relative Preis solcher Güter- und Dienstleistungen, die qualifikationsintensiv in der Produktion sind – also relativ viele qualifizierte Arbeitnehmer brauchen – steigt durch staatliche Wirtschaftspolitik-Impulse. Das erhöht die Nachfrage nach qualifizierten Arbeitnehmern und daher steigt dann die ökonomische Ungleichheit in sehr vielen Ländern: Die Lohnrelation steigt zugunsten der Qualifizierten, die relative Verteilungsposition der Ungelernten verschlechtert sich. Die steigende Lohnprämie zugunsten der Qualifizierten ergibt aus sich selbst einen gewissen Qualifizierungsanreiz. Allerdings wäre es wünschenswert, im Interesse von gesellschaftlichem Zusammenhalt und politischer Stabilität und nachhaltiger Globalisierung, dass der Staat die Weiterbildung von Ungelernten fördert.

Eine wissenschaftliche Studie für die Niederlande hat gezeigt, dass die gesellschaftliche Rendite von Weiterbildungsmaßnahmen für Qualifizierte und Ungelernte etwa gleich hoch ist. Es fehlt aber bei den Ungelernten oft an hinreichender Motivation zur Weiterbildung – und zudem haben viele Ungelernte etwa Prüfungsängste, was bei Qualifizierten (mit viel Prüfungserfahrungen) so nicht der Fall ist. Es wäre also gut, wenn der Staat durch das „Plakattieren" von Erfolgsfällen von Weiterbildung gerade von Ungelernten mehr für Weiterbildungsmotivation sorgte. Auch könnten die staatlichen Ausgaben für Weiterbildung erhöht werden; sie reichen in Europa bei erfolgreichen Industrieländern von 0,2 % des Bruttoinlandsproduktes in der Schweiz (OECD-Angaben) über 0,25 % in Deutschland bis hin zum Spitzenwert Dänemark nahe bei 0,7 %. Die USA und UK waren mit nahe 0,01 % in einer bedenklichen Situation in der zweiten Dekade des 21. Jahrhunderts.

Die USA könnten im Westen zu einer latent destabilisierenden Macht werden, wenn es in den Vereinigten Staaten nicht gelingt, den Populismus-Druck abzuschwächen. Absehbarer Post-Corona-Strukturwandel Richtung verstärkte Digitalisierung beziehungsweise Expansion des Sektors der Informations- und Kommunikationstechnologie lässt gerade auch in den USA erwarten, dass die Lohnprämie sich zugunsten der Qualifizierter weiter erhöht und damit die ökonomische Ungleichheit in den USA ansteigt. Wenn die USA zu einer politisch polarisierten Gesellschaft mit weiter wachsenden Ungleichheiten werden sollten, die immer wieder auch populistische Präsidenten hervorbringt, dürfte die internationale Führungsposition der USA im Westen kaum noch vernünftig realisiert werden und immer weniger auf lange Frist akzeptiert werden. In Europa ist das Vereinigte Königreich auch schon ein Land mit populistischer Führung geworden: Boris Johnson als Premier hat offenbar ein schwieriges Verhältnis zur Wahrheit (sichtbar beim BREXIT-Projekt: siehe Welfens 2017) und bevorzugt in vielen Politikfeldern Wunschdenken; die Fähigkeit zur Selbstkritik ist womöglich relativ bescheiden, aber groß ein politisches Show-Talent: Wenn etwa die regierungsseitig versprochenen 100.000 Tests pro Tag nicht erreicht wurden – wie im April 2020 über viele Tage –, so wird statt dessen einfach ein nächst höheres Traum-Ziel von 200.000 Tests in die Welt gesetzt. Politische Tricks hat es sicherlich immer wieder in vielen Regierungen von OECD-Ländern gegeben. Aber Niveau und Häufigkeit politischer Tricks sind unter der Trump-Administration und bei der Johnson-Regierung in der Tat auffallend.

Im Internet geht es immer mehr und immer häufiger um gute Bilder, Instagram und TikTok sind hier klare Beispiele. Für die Politik könnte das heißen, dass der schöne Schein „guter Bilder" (Fotos, TV-Clips) längerfristig weiter an Bedeutung zunimmt; ernsthafte Analyse und konzeptionelles Denken für erfolgreiche Problemlösungen könnten an Einfluss verlieren. Eine qualitativ geschwächte Politik des Westens wird wohl zu mehr politischer Instabilität und weniger Wirtschaftswachstum und weniger Effizienz beitragen. Weniger Wirtschaftswachstum und geringere Effizienz aber bedeuten verschärfte Verteilungskonflikte und das kann wiederum das Wirtschaftswachstum weiter schwächen. Es könnte eine Wachstumsverlangsamungs-Spirale mit immer mehr internationalen Konflikten und Instabilitäten entstehen. Beim nächsten Epidemie-Schock wird der Westen womöglich noch schlechter aussehen als bei der Coronavirus-Epidemie.

Wie lange dauert die Ablösung der globalen Dominanz des Westens? Das ist schwierig zu beantworten, aber man kann auf ein illustratives Szenario schauen: Wenn Land A und C ein anfänglich gleich hohes Realeinkommen haben – etwa die USA und China in 2025 – und dann Land C mit 3 % pro Jahr 75 Jahre lang wächst, während Land A(merika) in dieser Zeit pro Jahr mit 1 % nur wächst, dann hat sich nach 75 Jahren das Realeinkommen von Land C(hina) verneunfacht und das von Land A verdoppelt: Land C hätte also ein Realeinkommen, dass 4.5-fach so groß wie das der USA wäre; dann wäre im Übrigen auch das Pro-Kopf-Einkommen Chinas wohl gleich hoch wie das der Vereinigten Staaten.

Natürlich ist die Zukunft zunächst ein offener Prozess, aber die neuen Stolpersteine in den USA sollte man nicht übersehen und auch die nach der Trump-Wirtschaftspolitik 2017–2019 deutlich und dann 2020 sehr massiv gestiegene US-Schuldenquote könnte in einigen Jahren, bei erhöhten Zinssätzen, zu einem ernsten Problem werden. Der Westen kann seine Widersprüche eigentlich selbst lösen, etwa indem die USA sich vom Wirtschaftssystem her mehr auf Westeuropa hinbewegen und die EU-Länder – die Eurozone – müssten stärker von den USA im Bereich von Risikokapitalmärkten beziehungsweise bei technologieorientierten Unternehmensneugründungen lernen. Man mag sich ein solches wirtschaftspolitisches Transatlantisches Reallabor vorstellen. Aber es müssten schon viele einflussreiche Akteure sich für ein solches Projekt einer „westlichen Mondlandung auf der Erde" entscheiden; und sicherlich gilt es, den USA selbst zu überlassen, über welche Stufen und Anpassungsprozesse sie etwa eine modernisierte umfassende Krankenversicherung entwickeln wollten. Auf einer ersten Stufe wäre immerhin ein intensivierter transatlantischer Dialog sehr wünschenswert, in den in einer zweiten Stufe auch Asien etwa einbezogen werden könnte. Globaler Standortwettbewerb mag als ökonomischer Ansatz zu institutionellem Lernen gut klingen, aber die Asymmetrien der Weltwirtschaft und Pfadabhängigkeiten verhindern wohl vielfach institutionelle Lernprozesse. Hier ist sicherlich auch die Wissenschaft auf beiden Seiten des Atlantiks und in Asien, ja weltweit, gefordert. Die Coronavirus-Pandemie hat global als mehrfacher ernster Stresstest gewirkt, kluge Schlussfolgerungen gilt es in allen Ländern der Welt zügig zu ziehen und sich der Herausforderung von notwendigen Reformen engagiert zu stellen. Die Pandemie destabilisiert die Weltwirtschaft für einige Zeit, es ist an Europa und den USA und Japan sowie China und anderen Akteuren, sich für die Erneuerung von Prosperität und Stabilität einzusetzen. Der Westen steht durch die Corona-Schocks vor ganz besonderen Problemen und man wird sehen, ob sich hinreichende Reformkräfte finden, um die historisch starke ökonomische Rolle des Westens zu festigen und neue Formen der Kooperation mit den Ländern Asiens, Afrikas und Lateinamerikas zu entwickeln. Immerhin, ein ähnliches Interesse an effizienten Gesundheitssystemen, nachhaltigem Wohlstand und einer Klimastabilisierung verbindet alle Länder der Welt als längerfristiger gemeinsamer Nenner.

Es sei am Ende betont, dass eine umfassende Analyse der Corona-Schocks für einen effizienten und rationalen Umgang der entstandenen und absehbaren Herausforderungen im Norden und Süden der Weltwirtschaft gleichermaßen dringlich ist. Zu den Problemen der Entwicklungsländer gibt es viele wichtige Aspekte – auch ökonomischer Art –, die jenseits der vorgelegten Analyse sind; die Weltbank und die regionalen Entwicklungsbanken bieten allerdings ebenso die CEPR-Corona-Website eine Reihe relevanter Analysen. Die hier gewählte Vorgehensweise ist Industrieländer-lastig, bezieht allerdings auch schon erkennbare Entwicklungen in Asien und Teilen der Entwicklungsländer mit ein. Die Corona-Weltrezession verdeutlicht einmal mehr, dass der Gedanke wechselseitiger Abhängigkeiten im 21. Jahrhundert für Wirtschaft und Politik deutlich an Gewicht gewinnen dürfte (und sollte); zudem ist die bisher bestehende Unterschätzung gesundheitsökonomischer Fragen aus Sicht der Makroökonomik sicherlich als ernstes Defizitfeld wirtschaftswissenschaftlicher Analyse einzuordnen. Mehr Forschungsarbeiten bleiben dringlich, auch im interdisziplinären Bereich, und sicherlich ist auch zu mehr internationaler Kooperation zu motivieren. Das Denken in globalen Zusammenhängen ist jedenfalls im Kontext der Corona-Krise wichtiger denn je geworden.

Corona-Dynamik und globaler Wirtschaftsaufschwung: Zweite Welle als Problem

Die stark steigenden Zahlen bei den COVID-19-Infektionen in vielen Industrieländern deuten im Herbst 2020 auf eine zweite Infektionswelle hin. Nachdem im Sommer noch auf der Karlsbrücke in Prag, der Hauptstadt der Tschechoslowakei, das Ende der Coronavirus-Epidemie gefeiert worden war, hatte sich die Tschechoslowakei zu Ende September 2020 zu einem EU-Schwerpunkt der Infektionen entwickelt. Auch in Frankreich, Spanien, UK, Belgien, den Niederlanden und Polen waren die Infektionszahlen stark angestiegen, während Deutschland deutlich (noch) günstiger da stand als seine Nachbarländer. Bei dem intensiven Güter- bzw. Personenverkehr über die Grenzen – ohne Kontrollen – wird es nicht ausbleiben, dass Deutschlands Infektionszahlen sich auch durch Impulse von außen bedingt deutlich erhöhen werden. Die Sterberaten bei COVID-19 sind im Herbst 2020 in den Industrieländern deutlich niedriger als im Frühjahr 2020 – die Medizin hat Therapiefortschritte gemacht, erste neue COVID-19-Medikamente sind verfügbar. Unverändert aber gilt, dass COVID-19 nicht als eine Art Grippe verharmlost werden sollte; die Sterbequoten sind höher, die gesundheitlichen Langzeitschäden bei Genesenen sind häufig gravierend.

Mit einer zweiten starken Infektionswelle droht der erhofft starke Wirtschaftsaufschwung 2021 sich in Europa und Nordamerika abzuschwächen, die Überwindung der Corona-Weltrezession könnte schwieriger werden als noch im Sommer vom Internationalen Währungsfonds prognostiziert. Wenn der Aufschwung schwächer ausfällt, so wird es um so wichtiger sein, die Mittel der Konjunkturpolitik klug einzusetzen. Werden die Mittel der Fiskal- und Geldpolitik unzweckmäßig gewählt und dosiert, so wird die Überwindung der Corona-Weltrezession langsamer ausfallen als möglich. Je widersprüchlicher und weniger erfolgreich die Fiskal- und Geldpolitik ausgelegt ist, um so weniger können sich die westlichen Industrieländer ineffiziente Politikschritte in anderen Feldern leisten; etwa in der Klimaschutzpolitik, wo die effizienteste Maßnahme eine Ausweitung des CO_2-Zertifikatehandels ist (Welfens 2019b), während Deutschland und andere EU-Länder in 2020 keine Schritte zur Ausweitung des EU-CO_2-Zertifikatehandels unternommen haben.

Der Winter 2020/2021 kann im Übrigen in vielen Industrieländern wieder zu Überlastungen der Intensivstationen in Ländern mit hohen Infektionsraten wie Belgien, Niederlande, Großbritannien, Frankreich und Spanien führen. Deutschland hat unter der Merkel-Regierung einen relativ ausgewogenen und erfolgreichen Kurs in der Pandemie entwickelt, nämlich strikte allgemeine Vorgaben im Frühjahr 2020 und seit Spätsommer des Jahres dann regional und lokal selektive Maßnahmen, die dem jeweiligen Infektionsgeschehen gerecht werden sollen. Da kompetenzmäßig bei der Seuchenabwehr die Bundesländer eine wichtige Rolle spielen, ist ein Teil der Verantwortung für Erfolge und Misserfolge bei den Regierungen der Bundesländer. Die ostdeutschen Bundesländer stehen dabei insgesamt besser da als die westdeutschen, was u.a. an der relativ geringen Bevölkerungsdichte Ostdeutschlands liegen mag. Gesundheit, Wohlstand, wirtschaftliche Freiheit und sozialer Ausgleich sind von der Politik in Bund und Ländern als Ziele angegangen worden – mit einigem Erfolg. Unverständlich bleibt, dass große Menschenansammlungen bei Hochzeiten, Beerdigungen und privaten Feiern in 2020 in Deutschland und vielen anderen OECD-Ländern nicht konsequent durch die Behörden unterbunden wurden.

Dass vernünftige Kommunikationspolitik seitens der Regierung zur Corona-Bekämpfung wichtig ist, damit Menschen sinnvolle Verhaltensänderungen vornehmen, ist offensichtlich. Gefordert sind aber auch Unternehmen, Schulen, Universitäten und Behörden. Denn jede Institution muss Corona-gerechte Aktivitäts-Bedingungen schaffen; sie zu kontrollieren durch unabhängige Institutionen erscheint wichtig. Kritische Vorgaben müssen dabei sanktionsbewehrt sein – Bußgelder in erheblicher Höhe etwa für individuelles Verweigerung von Masken zu tragen sind ein wichtiges Signal in die Gesellschaft. Dass Gesichtsmaske-Tragen die Virus-Ausbreitung verhindert, kann man in einige Ländern Asiens mit hoher Masken-Nutzungsintensität sehen: von Thailand über Taiwan, Japan und China; oder in Deutschland einer Analyse entnehmen, nämlich zum Vergleich von Magdeburg (mit frühem kommunal verhängten Masken-Tragegebot) und der Analyse eines synthetischen städtischen Doppelgängers ohne Maskenpflicht – am Computer aus Stadtbezirken anderer Städte „gebaut". Masketragen ist eine preiswerte und einfache Maßnahme, um vor allem Mitmenschen vor Ansteckung zu schützen und wenn jeder da mitmacht, sind am Ende alle geschützt. Konsequentes Masketragen im Freien und in Gebäuden in Situationen ohne Möglichkeit zur Einhaltung von Abstandsvorgaben (z.B. im Lift) ist für viele Länder in der Welt eine neue Aufgabe. Aber es geht hier nicht um eine technisch komplexe Aufgabe, sondern um eine breite Verhaltensänderung in der Epidemiezeit.

Da die Perspektiven für eine rasche Verfügbarkeit eines sicheren und wirksamen Impfstoffes im Herbst 2020 noch unsicher sind, dürfte es in vielen Teilen der Welt zeitweise zu regionalen Lockdowns (Quarantäne-Anordnung oder Verfügung, dass Arbeitnehmer/Familien bzw. Selbstständige Zuhause bleiben müssen) und Shutdowns (Betriebsschließungen) kommen, damit die Infektionsdynamik unter Kontrolle bleibt. Wirtschaftliche Schäden werden sicher zeitweise wieder erheblich sein. Im Gesundheitssystem gibt es in einigen Ländern im Herbst 2020 erhebliche Defizite in Europa; eine Überforderung des Krankenhaussystems – wie in Italien im Frühjahr 2020 – ist etwa in Belgien mit seinem trägen politischen System zu erwarten, wo man 18 Monate für eine Regierungsbildung brauchte und wo die Infektionsrate im Frühjahr und Sommer die höchste der Welt war. Verzögerte Regierungsbildung heißt für Belgien erhöhte Infektions- und Sterbequoten im Herbst 2020. Zügige Regierungsarbeit in einer Pandemie ist für effektive Corona-Bekämpfung wesentlich.

Neue nationale und regionale Mobilitätsbeschränkungen sowie auch Schul- und Betriebsschließungen bringen zum Jahreswechsel 2020/2021 neue wirtschaftliche Probleme für viele, für ganze Sektoren (Hotellerie, Gaststätten, internationaler Tourismus, Flugverkehr). In westlichen Ländern dürfte es auch zu Protesten gegen Epidemie-Bekämpfungsmaßnahmen kommen, wobei Demonstrationen ohne umfassendes Maske-Tragen selbst zu Ausbreitungsherden werden können. Mit Blick auf die EU-Länder kann man sich fragen, ob die 390 Milliarden € EU-Transfers – als festgesetzte Summe im Brüsseler Politikkompromiss vom Juli 2020 – in ihrem Verteilungsschlüssel (hohe Beträge relativ zu Nationaleinkommen für Griechenland und osteuropäische Beiträge) sinnvoll sind und bei der Epidemiebekämpfung in der EU insgesamt effektiv und effizient helfen.

Für viele Menschen in Entwicklungsländern werden durch die Pandemie existenzielle Probleme entstehen. Die langjährigen internationalen Fortschritte bei der Armutsbekämpfung werden durch Corona zurückgedrängt. Dabei werden in armen Ländern sowohl Arbeitsplätze in der offiziellen Wirtschaft wie in der Schattenwirtschaft entfallen. Staatshilfen wird man in vielen Ländern kaum finanziell stemmen können, ein Staatskonkurs ist eine neue Gefahr in einigen Entwicklungs- und Schwellenländern. Zum Teil hängt die Stabilisierung der Volkswirtschaften im Süden der Weltwirtschaft von der ökonomischen Erholung im Norden wesentlich ab. Diese Erholung wiederum hängt wesentlich ab von einer erfolgreichen Epidemie-Bekämpfung ab, die auf zahlreiche Politikelementen aufbaut – auch unterhalb der nationalen Politikebene.

Epidemie-Bekämpfung hat viele regionale und lokale Aspekte. Die Arbeit der Gesundheitsämter beziehungsweise das Nachverfolgen der Infektionsketten bleibt eine wichtige Aufgabe während der Epidemie – ab einer sehr hohen Infektionsrate ist ein effektives Nachverfolgen der Neuinfizierten ohne automatisierte Corona-App-Anwendungen bei Mobiltelefonen unmöglich; im Herbst 2020 trat in einigen EU-Ländern und auch in Teilen der Schweiz eine Situation ein, die eine umfassende Nachverfolgung von lokalen Infektionsketten unmöglich macht. Mit Blick auf die Corona-App besteht ein Zielkonflikt zwischen Datenschutz und Infektionsschutz; dass Infizierte freiwillig ihre Infektion auf dem Handy eintragen – als Basis für anonyme Warninfo -, ist unzweckmäßig; dass sollten die Gesundheitsämter digital eintragen können. Sonst droht womöglich eine unkontrollierte Infektion, die für das betreffende Land das faktische Verhängen einer Quarantäne durch die Nachbarländer wohl zur Folge hätte: Der Personenverkehr über die Grenzen wird dann weitgehend eingestellt. Schnelltests zu COVID-19, die seit Herbst in den Industrie- und Schwellenländern zur Verfügung stehen, dürften helfen, das Ausmaß der Einschränkungen im Wirtschaftsverkehr national und international im Herbst 2020 und im Winter 2020/2021 geringer zu halten als im 2. Quartal 2020.

Der ökonomische Aufschwung wird gleichwohl durch hohe Infektionsraten natürlich verlangsamt, da infektionsmäßiger Alarmstimmung in der Bevölkerung die Konsumausgaben dämpft und das Fehlen von Teilen der Belegschaft am Arbeitsplatz oder fehlende Zulieferungen aus dem Ausland zu Produktionseinschränkungen führen werden. Der Westen gibt infektionsmäßig – abgesehen von Deutschland, Neuseeland und wenigen anderen Ländern – im Vergleich zu China beziehungsweise Asien im Herbst 2020 ein schlechtes Bild. In großen Teilen Asiens, von Indien und wenigen anderen Ländern abgesehen, sind die Infektions- und Sterberaten viel niedriger als in Europa und Nord- sowie Südamerika. Als westliches Führungsland unter Präsident Trump ist die USA in eine politisch-ökonomische Krise geraten. Der Unwillen von Trump selbst als Vorbild bei der Epidemie-Politik Maske zu tragen, ist sonderbar. Ein verbreitetes Maske-Tragen ist ein recht guter Schutz für andere, aber wenn alle Maske tragen, sind letztlich auch alle indirekt geschützt, wie Mediziner schon von der Epidemie in China 1911/1912 wissen. Eine gute digitale Mobilfunk-App zur COVID-19-Warnung und auch für eine auf wenige Monate beschränkte freiwillige Kontaktverfolgung wäre zudem wünschenswert, die digital führende USA sind hierbei ebenso wie weite Teile Europas im Vergleich zu Korea, Taiwan und China aber schwach aufgestellt. Dass aktive frühe Infektionspolitik Menschenleben rettet, ergibt sich u.a. auch aus der schon erwähnten Bretschger-Grieg-Welfens-Xiong-Studie, wonach eine Woche spätere Erstinfektion weltweit bedeutet hätte, dass 168.000 Menschenleben gerettet worden wären. Der Westen mag durch wirksame Impfstoffe neu an Ansehen gewinnen, aber zunächst ist der Westen gegenüber China ein Verlierer im globalen Systemwettbewerb im Corona-Jahr 2020.

Der Westen hat – von Frankreich abgesehen – laut IMF World Economic Outlook (Oktober 2020; IMF 2020) eine deutliche Erhöhung der Ungleichheit beim Gini-Koeffizienten zur Ungleichheit beim verfügbaren Einkommen bis 2019 gegenüber 1990 erlebt; eine Problematik, die sich durch die Pandemie weiter verschärfen dürfte. Allerdings berücksichtigt die IWF-Darstellung nicht die Ungleichheit beim Zugang zu Gesundheitsdiensten, die in den EU-Ländern und Japan deutlich besser ist als in den Vereinigten Staaten. Es ist zu kritisieren, dass der Internationale Währungsfonds weder im Frühjahrs-Bericht World Economic Outlook noch im Oktober-Outlook 2020 die Ungleichheitsproblematik bei der Gesundheitsversorgung in verschiedenen Ländern angesprochen hat. Man wird sehen, ob bei der Verfügbarkeit von COVID-19-Impfstoffen eine faire weltweite Verfügbarkeit für alle Bevölkerungsgruppen in allen Ländern sichergestellt werden kann. Auch organisatorisch wird man neue Wege gegen müssen, wenn denn 60 % der Bevölkerung binnen Monaten durchgeimpft werden sollen. Dazu braucht man schon seit Sommer 2020 umfassende Planungen, die nicht zu erkennen sind. Es gibt also einen Mangel an staatlichen Planungen in bestimmten Bereichen der Corona-Politik, zugleich gibt es insbesondere durch internationale Handelskonflikte bedingt – wesentlich angetrieben von US-Präsident Trump – eine seit 2017 anhaltende längerfristige Erhöhung des weltweiten Global Economic Policy Uncertainty Index (Unsicherheitsindex der Wirtschaftspolitik). Bei einer Trump-Abwahl könnte sich diese neue Unsicherheitsdimension allerdings auch binnen eines Jahres wieder abbauen. Für Investoren und Bürgerschaft in sehr vielen Ländern erschwert die erhöhte Politik-Instabilität das Vertrauen in das Politiksystem und wohl auch die kurz- und mittelfristige Konsum- und Investitionsneigung und damit der Aufschwung werden geschwächt.

Wenn ein sicherer und wirksamer Impfstoff Anfang 2021 zur Verfügung steht, dann könnte sich ein rascher Aufschwung weltweit ergeben – womöglich verstärkt durch den Amtsantritt eines neuen US-Präsidenten Biden, der zunächst ein klares Signal für eine bessere US-Epidemie- und Wirtschaftspolitik sowie mehr US-Kooperation in der Handelspolitik sein dürfte. Wer auch immer neuer US-Präsident werden sollte, der wird sich mit einer stark erhöhten staatlichen Schuldenquote aus der Stabilisierungspolitik der USA in 2020 – und Trumps hohen Defizitquoten im Aufschwung 2018/2019 – konfrontiert sehen.

Die massiv expansive Geldpolitik/Quantitative Easing und der starke Anstieg der Staatsschuldenquote schaffen auf lange Sicht Stabilitätsprobleme im Westen. Der extrem niedrige Staatsanleihen-Zins dürfte hohe Staatsausgaben begünstigen – auch jenseits dessen, was für die Rezessionsbekämpfung eigentlich nötig ist (so kann etwa die große Rettungsaktion des Staates für TUI kaum als sinnvoll in Deutschland gelten, zumal die Aktiengesellschaft nicht einmal die mögliche 10 % Kapitalerhöhung realisiert hat, die einfach möglich ist). Dabei ist ein Anstieg der Infrastrukturausgaben im Übrigen nur bis zu einer gewissen Grenze sinnvoll, wie man in einem modifizierten Solow-Wachstumsmodell für das „goldene Zeitalter" der Maximierung des Pro-Kopf-Konsums zeigen kann (die Produktionselastizitäten für Infrastrukturkapital und für privates Kapital/Maschinen & Anlagen spielen dabei eine wichtige Rolle;

siehe Anhang). Ein Teil der wirtschaftspolitischen Debatte ist offenbar zu wenig fundiert, was die Bekämpfung der Corona-Weltrezession erschwert. Nicht nur erhöhte Infrastrukturausgaben können für den Aufschwung hilfreich sein; die Produktionselastizität von Infrastrukturausgaben wird von Bom und Ligthart (2014) in einem Fachliteratur-Überblick mit 0,106 bis 0,131 relativ hoch angesetzt – die Erhöhung des Infrastrukturkapitalbestandes um 1 % soll demnach zu einem Anstieg der gesamtwirtschaftlichen Produktion um 10,6 % bis 13,1 % (Infrastrukturkapital im engeren Sinn) führen. Mehr staatliche Förderung von Innovationen und von Weiterbildung ist neben der Erhöhung der Infrastrukturausgaben ebenso zu prüfen wie Steuersenkungen für Arbeit und Kapital. Sofern man klare positive Netzwerkeffekte national beziehungsweise international bei digitalen Netzen und Diensten findet, wäre auch eine digitale Industriepolitik mit entsprechender Förderung für die Internalisierung positiver externer Effekte denkbar. Hierzu können Subventionen für bessere regionale Breitbandversorgung im Rahmen von Ausschreibungsverfahren zählen. Mit Blick auf Epidemiebekämpfung ist auch eine Förderung der digitalen Vernetzung der Gesundheitsämter in Deutschland und Europa erwägenswert.

Bezieht man die Stabilitätspolitik-Analyse auf Deutschland, so ist in 2020 mit einem ersten Rettungspaket der Fiskalpolitik vor allem eine große Unterstützung für den Unternehmenssektor erfolgt (2 % des Nationaleinkommens; 0,6 % für private Haushalte) – hinzukommen noch Staatsgarantien, staatliche Eigenkapitalbeteiligungen und ähnliche Maßnahmen. Im zweiten Fiskalpaket lag der Fokus der staatlichen Unterstützung für die Unternehmen und die privaten Haushalte etwa gleich hoch, und zwar in Höhe von etwa 1 % des Nationaleinkommens. Obendrein wirken die automatischen Stabilisatoren aus dem Steuer- und Sozialsystem, inklusive Arbeitslosenversicherung. Die Erhöhung der Infrastrukturausgaben lag bei 0,1 % des Bruttoinlandsproduktes und könnte 2021 und 2022 noch etwas höher liegen. EU-Stabilisierungsimpulse kommen für 2021–2023 hinzu. Die Reaktionszeit der Stabilitätspolitik ist in Deutschland bei Infrastrukturausgaben lang, so dass hier auch prozyklische Effekte auftreten können und die Probleme könnten hier mittelfristig wegen politischer Widerstände gegen Infrastrukturausgaben weiter zunehmen, was die Stabilisierungsfähigkeit des Staates beziehungsweise des Wirtschaftssystems erschwert. Staatliche Infrastrukturprojekte der Stabilisierungspolitik sollten aus einem politisch mehrheitsmäßig vordefinierten Pool von als notwendig beschlossenen Projekten stammen.

In 2020 zeigte die Pandemie am Beispiel Deutschlands und auch der Eurozone, dass die Soziale Marktwirtschaft gut funktionieren kann auch in medizinischen Krisenzeiten – der Export der Sozialen Marktwirtschaft als zukunftsfähige Konzeption sollte politisch seitens der EU gefördert werden. Deutschland ist hierbei gefordert, sich mit anderen in der EU zu engagieren, wobei Reformen in Europa dringlich bleiben. Der Export der Sozialen Marktwirtschaft im globalen Systemwettbewerb ist eine historische Aufgabe für Europa. Die Pandemie verdeutlicht viele institutionelle Qualitätsmerkmale der Wirtschaftsordnung in der EU.

Die Demaskierung des Populismus in der Pandemie-Krise schreitet im Übrigen voran, wie die Beispiele Trump in den USA und Johnson in Großbritannien zeigen: Wunschdenken ist kein Ersatz für sinnvolle, wissenschaftlich fundierte Analyse, die auch ökonomisch und medizinisch gesehen wichtig ist. Mit Blick auf die Klimapolitik gilt das ähnlich, die Klimakrise wird nach der Corona-Rezession wieder auf die politische Agenda mit hoher Wertigkeit zurückkehren. Mit einem G20-CO_2-Zertifikatehandel stünde hierbei ein globaler Ansatzpunkt bereit, Klimaschutzpolitik effizient zu entwickeln – auch wenn Länder wie Indien oder Indonesien vermutlich zunächst nur zurückhaltend mitwirken werden. Pandemie- und Klimaproblem-Bekämpfung sind globale Aufgaben, die mehr internationale Zusammenarbeit und verantwortlichen Politikdialog verlangen. Durch das Internet wird dabei nationale Politik auch zunehmend zur Außenpolitik. Die Wissenschaftler/innen sind gefordert, stärker noch als bisher, international zusammen zu arbeiten und dabei Forschungsergebnisse besser und breiter als bisher üblich auch in digitalen Formaten – also auch im Internet – zu erklären. Der Westen steht vor einer Bewährungsprobe, die zu bestehen gerade auch die EU-Länder helfen sollten. China hat offenbar durch energische Seuchenpolitik auch die Basis für einen Aufschwung schon im zweiten Halbjahr 2020 gelegt, der auch in 2021 anhalten wird und die relative Position Chinas gegenüber den USA und der EU verbessern dürfte.

Vermutlich wird es wegen der Trump-Abwahl ab Januar 2021 leichter mit der Stabilisierung des Westens. Denn ein US-Präsident Biden wird die politischen Weichen neu stellen und dabei die Wiederbelebung der Transatlantischen Beziehungen und des Multilateralismus fördern. Die USA dürften zudem energische Corona-Epidemiepolitik betreiben, was die ökonomische Stabilisierung der Vereinigten Staaten und damit auch des Westens verstärkt. Das alles heißt nicht, dass das Problem des Populismus in den USA vorbei wäre – der ist wegen der enormen ökonomischen Ungleichheitszunahme seit 1981 (viel stärker als in der EU) ein langfristiges US-Problem, für dessen Lösung sich eine Biden-Administration erst noch kluge Politikmaßnahmen wird erarbeiten müssen. Biden dürfte eine expansive Fiskalpolitik auf den Weg bringen, was allerdings zunächst mittelfristig auch die US-Defizit- und US-Schuldenquote ansteigen lassen wird.

Der US-Zinssatz könnte ansteigen und damit ergibt sich auch Druck hin zu höheren Zinssätzen in Europa beziehungsweise der Eurozone, zugleich wird aber höheres Wirtschaftswachstum in den USA den globalen Aufschwung mittelfristig stärken; auch in der Eurozone. Es ist denkbar, dass die G7/G8 und die G20-Länder Abstimmungen Richtung fiskalische Expansionspolitik des Staates vornehmen und dabei gleichzeitig das Thema Klimaschutzpolitik kooperativ voranbringen. Die Weltbank und regionale Entwicklungsbanken bleiben gefordert, den ärmsten Ländern der Welt zu helfen, medizinisch und ökonomisch die Corona-Krise zu bewältigen. Die G20 sollten mittelfristig Nigeria aufnehmen, das um 2050 von der Bevölkerungszahl wohl zu den vier größten Ländern der Welt gehören wird.

Ein gemeinsames Erfolgserlebnis international kooperativer Epidemiebekämpfung und Konjunkturpolitik könnte dazu beitragen, die Weltwirtschaft zu stabilisieren – dabei bleibt allerdings für einige Zeit das Sonderproblem von Notenbankzinssätzen nahe Null in vielen Ländern und damit eine unnormale, zeitweise riskante Situation an den Finanzmärkten. Bessere nationale und globale Finanzmarktregulierung ist wünschenswert. Im Übrigen ist es wichtig, dass die OECD-Länder Produkt- und Prozessinnovationsdynamik mit Blick für den Aufschwung nach dem Corona-Schock stärken (siehe EIIW Diskussionsbeitrag 279). Eine starke Expansion des Sektors der Informations- und Kommunikationstechnologie nach 2019 dürfte die Innovations- und Wachstumsdynamik in den Industrie- und Schwellenländern stärken. Bisherige IKT-Förderaktivitäten in den Entwicklungsländern seitens der Weltbank gilt es mittelfristig auszubauen. Wesentlich für die globale Prosperität und Stabilität wird schließlich sein, den unter US-Präsident Trump aufgebauten Protektionismusdruck abzubauen und den Multilateralismus in geeigneter Form – auch bei mehr Transparenz und mehr demokratischer Kontrolle der Internationalen Organisationen – zu stärken.

In Deutschland wie in anderen EU-Ländern bleibt das Problem für Regierung und Parlament, eine sinnvolle Fiskalpolitik aufzusetzen; dabei geht es auch um durchdachte Infrastrukturprojekte, Kurzarbeitergelder für Arbeitnehmer*innen, Liquiditätshilfen und dabei auch angemessene Hilfen für Unternehmen und insbesondere auch Solo-Selbstständige in der Ausnahmesituation der Pandemie. Bei den Infrastrukturausgaben liegt in Deutschland in 2020 erkennbar ein Problem in Bund und Ländern vor, dass nämlich bereitgestellte Gelder unzureichend abgerufen werden in der Corona-Situation. Zu komplizierte Antragswege dürften dabei eine wichtige Funktion spielen. Im Übrigen gibt es in Teilen der Politik eine erkennbare Neigung, auch ein Zuviel an Infrastrukturinvestitionen zu erwägen, da ja doch die Realzinssätze für den Staat und damit die Finanzierungsoptionen für Infrastrukturprojekte als sehr günstig erscheinen. Man muss allerdings anmerken, dass optimale Infrastrukturpolitik nur wenig vom Realzins abhängt, sondern hierbei geht es vor allem um die relativen Produktivitätswirkungen von Privat- und Infrastrukturkapital (ökonomisch-technisch gesehen: Es geht um die relativen Angebotselastizitäten von Privat- und Infrastrukturkapital). Eine kluge und durchdachte Wirtschaftspolitik in den EU-Ländern und in der EU insgesamt ist gefordert.

Man bräuchte in vielen Fällen auch mehr Sonderhilfen für Selbstständige mit oftmals schwieriger Geschäftslage in 2020 und den verstärkten Dialog mit bestimmten Arbeitnehmergruppen. Psychiatrische Einrichtungen werden wohl mittelfristig zunehmend Fälle haben, dass sich neue Patienten im Kontext mit starken wirtschaftlichen Corona-Problemen vorstellen; hierbei sind in der Regel Unternehmer*innen und Arbeitnehmer*innen betroffen. Die schwierige und relativ langwierige Corona-Infektionslage schafft zahlreiche neue Probleme in vielen Industrieländern.

Es bleibt schließlich die neue – und schon fast alte – Frage, wie die Industrie- und Schwellenländer aus der Situation der mengenmäßigen geldpolitischen Lockerung (Quantitative Easing) mittelfristig herausfinden können. Bei hohen Staatsschuldenquoten in vielen Industrieländern dürfte der politische Druck in vielen Ländern steigen, die Zentralbank unter Druck zu setzen, in großem Maße Staatsanleihen anzukaufen und damit die Zinssätze auch langfristig auf einem künstlich niedrigen – zu Überinvestitionen anreizenden – und damit letztlich destabilisierenden Niveau zu halten. Es gibt im Corona-Kontext also in der Tat auch weiterhin vorläufig ungelöste Forschungsfragen in der Wirtschaftswissenschaft.

Für die wirtschaftswissenschaftliche Analyse kann man feststellen, dass der Bereich der Gesundheitsökonomik beziehungsweise der interdisziplinären Forschungsarbeit in Kooperation von Ökonomen und Medizinern ausbaubedürftig ist. In vielen ökonomischen Modellen wird angenommen, dass Individuen ihren auf die Gegenwart diskontierten (herunter gerechneten) Nutzen über einen unendlichen Zeithorizont maximieren, was eine gewisse mathematische Bequemlichkeit ist. Die wichtige Frage ist allerdings – so zeigt gerade die Corona-Pandemie -, wie lange die Lebenserwartung ist. Schon ein transatlantischer Vergleich USA-Westeuropa zeigt, dass eben die USA seit etwa den 1980er-Jahren bei der Lebenserwartungsentwicklung relativ zu Westeuropa deutlich zurückgefallen sind. Das ist ein durchaus ernstes und analysewürdiges Problem.

Bei einem etwas kleineren Jahres-Pro-Kopf-Einkommen Deutschlands und Frankreichs gegenüber den USA ist festzustellen (Welfens 2019a, 2020), dass das erwartete effektive Lebenszeiteinkommen in allen Ländern gleich hoch ist (bei Annahme, dass die realen Wachstumsraten pro Kopf in den USA und Deutschland/Frankreich gleich hoch sind). Wenn man auf diese Größe bei internationalen Wirtschaftsvergleichen künftig stärker abstellte, wird die Problematik einer relativen geringen Lebenserwartung automatisch stärker ins Bewusstsein der Öffentlichkeit kommen; damit aber auch Themen wie Krankenversicherungsreform, Gesundheitssysteme und Epidemieschutz.

Solange die Corona-Schocks nicht zu Finanzmarktkrisen führen, dürfte die Pandemie keine Expansion des Populismus bringen, wenn man der Funke-Schularick-Trebesch-Hypothese folgt (Funke et al. 2016). Letztere besagt, dass Rechts-Populismus-Parteien deutlich im Nachgang zu ernsten Finanzkrisen expandieren. Diese Autoren (Funke et al. 2020) fanden in einer neueren Analyse allgemein als Befund zu links- und rechtspopulistischen Parteien über ein gutes Jahrhundert, dass Populismus-Regierungen öfter als bürgerliche Parteien wiedergewählt werden; dass allerdings nach 15 Jahren eine Realeinkommenslücke von 10 % gegenüber einer normalen Politikentwicklung festzustellen ist. Diese Befunde deuten darauf hin, dass Populismus ein längerfristiges Phänomen in der Politik sein kann, das mit hohen ökonomischen – und wohl auch politischen – Kosten einhergeht. Im Zeitalter der Sozialen Medien könnte die populistische Versuchung an Bedeutung gewinnen, da man über solche digitalen Medien in einigen Schichten verbreitete Vorurteile, Nationalismus und Protektionismus, leichter mobilisieren kann als vor der Internet-Zeit. Auch im Corona-Schock-Jahr 2020 hat man schon sehen können, dass auch hier Vorurteile beziehungsweise anti-wissenschaftliche Positionen eine erhebliche Mobilisierungskraft haben. Dabei mag man immerhin feststellen, dass ein Teil der traditionellen Medien mit Corona-bezogenen Sonderberichten wissenschaftliche Erkenntnisfortschritte durchaus zu vermitteln versuchte.

Die Corona-Pandemie hat wie in einem Brennglas Stärken und Schwächen von Wirtschafts-, Gesundheits- und Politiksystemen aller Länder ausgeleuchtet. Dass die Pandemie – wie sicherlich zuvor schon größere Epidemien – auch zahlreiche Ängste und zudem ernste ökonomische Problem verursachte, darf man für kaum vermeidbar halten. Allerdings gibt es schon auch bemerkenswerte internationale Unterschiede in Sachen mehr oder weniger Erfolg bei der Epidemiebekämpfung:

- Deutschland kann zusammen mit einigen anderen EU-Ländern eine relativ erfolgreiche Seuchenabwehr-Politik aufweisen und auch die Anpassungsreaktionen des Gesundheitssystems und des Wirtschaftssystems – letzteres stark geprägt vom Miteinander von Großunternehmen und mittelständischer Wirtschaft – kann man in 2020 als weitgehend gelungen ansehen.

- Die USA unter Präsident Trump haben ihren westlichen Führungsstatus vorübergehend verloren; ein populistischer und dabei wissenschaftsfeindlicher Präsident der USA ist unfähig zur Führung der westlichen Welt und die von Trump über Jahre verstärkte politische Polarisierung der US-Gesellschaft dürfte sich noch einige Jahre lang als Hypothek erweisen. Die populistische Versuchung der US-Gesellschaft ist keineswegs vorbei; zu groß sind die enorm gewachsenen Einkommensunterschiede beziehungsweise die Widersprüche zwischen Lebens- und Politikerwartung der Bevölkerungsmehrheit und der Realität. Das Wissen um grundlegende Zusammenhänge in Wirtschaft und Politik ist zudem offenbar in manchen Feldern erstaunlich bescheiden. Denn die von einer relativen Mehrheit der Befragten geäußerte Erwartung, die Großunternehmen würden die als weithin ungerecht empfundenen großen Einkommensunterschiede vermindern, ist einfach abwegig in einer Marktwirtschaft mit stark ausgebauten Aktienbörsen (Welfens 2019a). Die EU täte gut daran, sich mit der strukturellen US-Problematik zu beschäftigen, die wohl die internationale US-Führungsfähigkeit im Zuge anhaltender politischer Polarisierung in den USA auf viele Jahre belasten wird. Die Expansion der digitalen Wirtschaft in und nach der Corona-Krise könnte die Ungleichheitsprobleme weiter verschärfen.
- Es ist insgesamt erstaunlich, wieviel auch an transatlantischer – vermutlich auch an Intra-EU-bezogener – Fehlwahrnehmung besteht. Die USA sind ökonomisch und auch gesundheitspolitisch schwächer als Westeuropa, was allerdings kein Grund für eine europäische Überheblichkeit sein sollte. Selbst wenn die USA gestärkt aus der Corona-Krise hervorgehen sollten, so ist der alte Nimbus der Vereinigten Staaten zerbrochen – die US-Führungskraft geschwächt. Man kann zudem darauf hinweisen, dass ein Zuviel an politischer Aufmerksamkeit fürs Militär in den USA (selbst wenn eine Supermacht immer eine hohe Priorität für Verteidigungspolitik haben wird) und ein Zuwenig an Fokus auf breiter Krankenversicherung und effizientem Volksgesundheitssystem ein gefährlicher Widerspruch sind. Wenn der Anteil der kranken Arbeitnehmer um 1 % ansteigt, dann sinkt das Realeinkommen im jeweiligen Industrieland um etwa 0,7 %; die Vielzahl viel zu früh verstorbener Industriearbeiter in den USA – die Arbeiterschaft leidet seit über einer Dekade unter sinkender Lebenserwartung -, sind ein Warnsignal für kritische Zustände in einem Teil der Gesellschaft in den Vereinigten Staaten.

- Einige Entwicklungen in der EU können auch nur mit erheblicher Besorgnis betrachtet werden. Dazu gehört ein national einheitlicher hoher Mindestlohn in Frankreich, der für Hundertausende Jugendliche außerhalb von Paris vor allem ein hohes Jugendarbeitslosigkeitsrisiko bedeutet – und damit wohl gerade auch bei islamischen Jugendlichen eine Einladung für religiöse und politische Radikalisierung (zum Zusammenhang von Jugendarbeitslosigkeit siehe exemplarisch den Beitrag mit Israel/Palästina-Bezug: Caruso und Gavrilova 2012). Für die Gesellschaft entstehen so verstärkt Kriminalitäts- und Radikalisierungsprobleme in den Vorstädten. Frankreichs Präsident Hollande sorgte nicht etwa für regional differenzierte Mindestlöhne in dem großen Land Frankreich, sondern zahlte den Unternehmen mit Mindestlöhner-Beschäftigung hohe Subventionen als eine Art Kostenabfederung: fast 1 % des Nationaleinkommens in Frankreich. Sinnvoll wäre es gewesen, eine regionale Mindestlohn-Differenzierung einzufügen – mit Abschlägen für Regionen mit relativ niedrigem Preisniveau und hohen Jugendarbeitslosenquoten; dann hätte man die Innovations- und Weiterbildungsförderung jeweils um einen halben Prozentpunkt des Nationaleinkommens erhöhen und auf die Extra-Subventionen für Unternehmen mit Mindestlöhner-Beschäftigung verzichten können. Es war unter Präsident Hollande so, als wolle man Nikotinabhängigkeit dadurch überspielen, dass man vermehrt billigen Alkohol ausschenkt. Es gibt durchaus Argumente für eine vorsichtige und differenzierte Mindestlohnpolitik, aber für populistische staatliche Mindestlohnpolitik spricht gar nichts. Zu den Problemen Spaniens gehört eine erhebliche politische Instabilität und auch Polarisierung, die sich noch verstärken könnte als Echoeffekt einer wenig erfolgreichen Corona-Politik der spanischen Regierung. In Italien gibt es seit zwei Dekaden eine Wachstumsschwäche, die allgemein bei Ökonomen und Politikern in Italien bekannt ist, es fehlt aber an Reformansätzen zur Überwindung dieser Wachstumsschwäche. Deutschland hat sich unter einer Merkel-Regierung mit einer teilweise wenig durchdachten Flüchtlingspolitik 2015 ein flächendeckendes AfD-Problem eingefangen, das eine politische Destabilisierung Deutschlands bedeuten könnte. Die starke wirtschaftliche Verankerung in der traditionellen Autoindustrie sorgt für eine erhebliche Verletzlichkeit der Wirtschaftsdynamik auf mittlere Sicht, da man sich erkennbar schwer tut, auf Elektromobilität umzuschalten; hinzu kommen die Corona-Schocks in 2020. In Sachen Europa-Politik ist kaum einer Regierung nach 2000 gelungen, Integrationsvertiefung und Integrationseffizienz miteinander zu verbinden. Immerhin hat der Corona-Schock im Sommer 2020 zu einer neuen EU-Fokussierung in Berlin geführt, aber ohne dass ein Konzept erkennbar wäre.

- Aus verschiedenen Gründen ist der EU wenig in Sachen Verbesserung der Beziehungen zum neuen Russland gelungen. Nicht einmal die Pandemie hat erkennbar zu mehr Kooperation geführt; Russlands Regierung hat mit Hilfslieferungen nach Italien im Frühjahr 2020 ein Zeichen gesetzt, aber eine erkennbar realistische Kooperationsperspektive kann man wohl in Russlands Regierung kaum erkennen. Die EU und China sind allerdings durch den Corona-Schock wohl stärker zusammen gerückt, nachdem US-Präsident Trump die transatlantische traditionelle Kooperation mit der EU geschwächt und zugleich durch die Förderung des BREXIT die EU selbst untergraben hat. Dass Großbritannien unter Premier Johnson weder in der Corona-Politik besonders erfolgreich war noch in Sachen BREXIT ökonomisch einen sinnvollen Kurs eingeschlagen hat, ist ein Hinweis auch auf eine neue UK-Schwäche. In der Summe seiner Hauptprobleme steht Westeuropa vor eigenen Schwierigkeiten, von den populistischen Irrungen und Wirrungen in Teilen der osteuropäischen EU-Länder ganz zu schweigen. Man wüsste zu gern, was Leszek Kolakowski, der verstorbene polnische Philosoph an der Universität Oxford, wohl heute schriebe.

Die Pandemie bietet als globales Problem jenseits aller Herausforderungen im Übrigen den Vorteil, dass man viele internationale Länder- und Systemvergleiche mit neuen Perspektiven vornehmen kann. Es werden am Ende auch die schon zitierten Epidemie-Narbeneffekte in vielen Ländern wohl bleiben, die politisch verminderte Stabilität mit sich bringen könnte; vielleicht auch zeitweise einen Aufstieg der Populisten und eine verstärkte politische Polarisierung in Ländern, deren Regierungen eine wenig erfolgreiche Corona-Politik umgesetzt haben. Die erfolgreichen Länder – in einer ökonomisch-medizinischen Doppelperspektive – sollten sich engagieren, erkannte Bausteine erfolgreicher Epidemiepolitik zu stärken und international zu exportieren; auch letzteres ist eine Hilfe für Mitmenschen auf dem Planeten Erde, wo die Menschen sich durch die Pandemie wieder stärker auch ihrer gegenseitigen Abhängigkeiten und Verbundenheit bewusst werden dürften.

Eine optimale Kooperation in der Konjunkturpolitik kann für einen globalen Wirtschaftsaufschwung sehr hilfreich sein. Der Ausgang der US-Präsidentschaftswahl – mit einer vermuteten Abwahl des Amtsinhabers – kann ein wichtiger Impuls für eine verbesserte Kooperation in der internationalen Wirtschafts-, Gesundheits- und Klimapolitik sein. Hier entsteht auch eine Chance für eine Revitalisierung des Westens und einer Sicherung eines regelgebundenen globalen Wirtschaftssystems; also die Stabilisierung des Multilateralismus, für dessen Weiterentwicklung globale Kooperation notwendig ist. Gerade wegen der teilweise schwachen Erholung der Weltwirtschaft wäre es angeraten, im Bereich der mittel- und langfristig wichtigen Klimapolitik effiziente, für die Steuerzahler günstige Instrumente einzusetzen – mit Ausweitung des CO_2-Zertifikatehandels an erster Stelle. Teure selektive Interventionen im Markt, mit denen sich manche gerne profilieren möchten, sind ökonomisch und ökologisch unverantwortlich; nach der Corona-Pandemie gilt das erst recht.

Mit der Verfügbarkeit eines wirksamen Impfstoffs werden sich die Möglichkeiten sehr deutlich verbessern, mittelfristig einen starken Konjunkturaufschwung zu erreichen. Dabei ist es wichtig, dass die Regierungen effiziente Impfpläne vorlegen – etwa mit einem Fokus (nach Impfung des medizinischen Personals) auf organisierten Impfaktionen in Betrieben. Dies dürfte um einiges sinnvoller sein, als im Wesentlichen über die Einrichtung weniger Impfzentren eine unnötig komplizierte und teure Impfaktion zu starten. Eigentlich sollte es bei umfassender und früher Planung möglich sein, zu Ostern 2021 zwei Drittel der Bevölkerung in Deutschland bzw. der EU zu impfen. Eine effiziente Impfaktion wäre eine wichtige Basis dafür, einen frühen und starken Konjunkturaufschwung zu erreichen.

Literatur

Bom, P. R., & Ligthart, J. E. (2014). What Have We Learned From Three Decades of Research on the Productivity of Public Capital? *Journal of Economic Surveys, 28*, 889–916.

Caruso, R., & Gavrilova, E. (2012). Youth Unemployment, Terrorism and Political Violence, Evidence from the Israeli/Palestinian Conflict. *Peace Economics, Peace Science and Public Policy, 18*(2), 1–37.

Funke, M., Schularick, M., & Trebesch, C. (2016). Going to the extremes: Politics after financial crises, 1870-2014. *European Economic Review, 88*, 227–260.

Funke, M., Schularick, M., Trebesch, C. (2020). Populist Leaders and the Economy, im Druck.

IMF. (2020). *World economic outlook, Oktober 2020.* Washington DC: International Monetary Fund.

Welfens, P. J. J. (2017). *BREXIT aus Versehen* (2., u. erw. Aufl.). Wiesbaden: Springer.

Welfens, P. J. J. (2019a). *The global Trump – structural US populism and economic conflicts with Europe and Asia.* London: Palgrave Macmillan.

Welfens, P. J. J. (2019b). *Klimaschutzpolitik – Das Ende der Komfortzone, Neue wirtschaftliche und internationale Perspektiven zur Klimadebatte.* Wiesbaden: Springer.

Welfens, P. J. J. (2020). *Trump global.* Heidelberg: Springer.

32

Anhang zu Teil IV

Anhang 1: Anteil der über 65-Jährigen (in Prozent) in den Ländern und Regionen der Welt, 2019

P. J. J. Welfens, *Corona-Weltrezession*, https://doi.org/10.1007/978-3-658-31386-9_32

Tab. 32.1 Anteil der über 65-Jährigen (in Prozent; nach UN) in den Ländern/Regionen der Welt, 2019

Country	*2019*	Country	*2019*
Aruba	14,06	Latin America & Caribbean	8,70
Afghanistan	2,62	Least developed countries: UN classification	3,56
Angola	2,20	Low income	3,28
Albania	14,20	Sri Lanka	10,84
Arab World	4,66	Lower middle income	5,64
United Arab Emirates	1,16	Low & middle income	7,34
Argentina	11,24	Lesotho	4,93
Armenia	11,48	Late-demographic dividend	11,18
Antigua and Barbuda	9,05	***Lithuania***	***20,16***
Australia	15,92	Luxembourg	14,27
Austria	19,08	***Latvia***	***20,34***
Azerbaijan	6,45	Macao SAR, China	11,21
Burundi	2,31	Morocco	7,30
Belgium	19,01	Moldova	12,01
Benin	3,26	Madagascar	3,04
Burkina Faso	2,41	Maldives	3,64
Bangladesh	5,18	Middle East & North Africa	5,31
Bulgaria	***21,25***	Mexico	7,42
Bahrain	2,52	Middle income	7,81
Bahamas, The	7,48	North Macedonia	14,09
Bosnia and Herzegovina	17,20	Mali	2,50
Belarus	15,20	***Malta***	***20,82***
Belize	4,87	Myanmar	6,01
Bolivia	7,34	Middle East & North Africa (excluding high income)	5,50
Brazil	9,25	Montenegro	15,39
Barbados	16,23	Mongolia	4,19
Brunei Darussalam	5,21	Mozambique	2,88
Bhutan	6,09	Mauritania	3,16
Botswana	4,37	Mauritius	12,00
Central African Republic	2,81	Malawi	2,64
Canada	17,65	Malaysia	6,92
Central Europe and the Baltics	18,95	North America	16,36
Switzerland	18,84	Namibia	3,61
Channel Islands	17,60	New Caledonia	9,43
Chile	11,88	Niger	2,60
China	11,47	Nigeria	2,74
Cote d'Ivoire	2,87	Nicaragua	5,46
Cameroon	2,72	Netherlands	19,61
Congo, Dem. Rep.	3,02	Norway	17,27
Congo, Rep.	2,72	Nepal	5,78
Colombia	8,77	New Zealand	15,99
Comoros	3,06	OECD members	17,10
Cabo Verde	4,70	Oman	2,45
Costa Rica	9,88	Other small states	5,57
Caribbean small states	9,00	Pakistan	4,32

(Fortsetzung)

Tab. 32.1 (Fortsetzung)

Country	*2019*	Country	*2019*
Cuba	15,56	Panama	8,31
Curacao	17,17	Peru	8,39
Cyprus	14,05	Philippines	5,31
Czech Republic	19,80	Papua New Guinea	3,51
Germany	***21,56***	Poland	18,12
Djibouti	4,61	Pre-demographic dividend	2,77
Denmark	19,97	Puerto Rico	19,70
Dominican Republic	7,30	Korea, Dem. People's Rep.	9,26
Algeria	6,55	Portugal	22,36
East Asia & Pacific (excluding high income)	*9,93*	Paraguay	6,62
Early-demographic dividend	*5,97*	West Bank and Gaza	3,17
East Asia & Pacific	*11,18*	Pacific island small states	4,63
Europe & Central Asia (excluding high income)	*12,01*	Post-demographic dividend	19,29
Europe & Central Asia	*16,62*	French Polynesia	8,68
Ecuador	7,37	Qatar	1,52
Egypt, Arab Rep.	5,28	Romania	18,79
Euro area	***20,86***	Russian Federation	15,09
Spain	19,65	Rwanda	3,03
Estonia	19,99	South Asia	5,99
Ethiopia	3,52	Saudi Arabia	3,41
European Union	***20,46***	Sudan	3,63
Fragile and conflict affected situations	3,42	Senegal	3,10
Finland	***22,14***	Singapore	12,39
Fiji	5,62	Solomon Islands	3,63
France	20,39	Sierra Leone	2,95
Micronesia, Fed. Sts.	4,19	El Salvador	8,47
Gabon	3,54	Somalia	2,89
United Kingdom	***18,51***	Serbia	18,74
Georgia	15,06	Sub-Saharan Africa (excluding high income)	2,99
Ghana	3,10	South Sudan	3,38
Guinea	2,94	Sub-Saharan Africa	3,00
Gambia, The	2,56	Small states	6,13
Guinea-Bissau	2,86	Sao Tome and Principe	2,96
Equatorial Guinea	2,42	Suriname	7,02
Greece	***21,94***	Slovak Republic	16,17
Grenada	9,68	***Slovenia***	***20,19***
Guatemala	4,93	***Sweden***	***20,20***
Guam	10,19	Eswatini	4,01
Guyana	6,71	Seychelles	7,81
High income	18,26	Syrian Arab Republic	4,69
Hong Kong SAR, China	17,50	Chad	2,49
Honduras	4,83	East Asia & Pacific (IDA & IBRD countries)	9,94

(Fortsetzung)

Tab. 32.1 (Fortsetzung)

Country	*2019*	Country	*2019*
Heavily indebted poor countries (HIPC)	3,05	Europe & Central Asia (IDA & IBRD countries)	12,88
Croatia	***20,86***	Togo	2,89
Haiti	5,06	Thailand	12,41
Hungary	19,69	Tajikistan	3,09
IBRD only	8,79	Turkmenistan	4,59
IDA & IBRD total	7,45	Latin America & the Caribbean (IDA & IBRD countries)	8,52
IDA total	3,57	Timor-Leste	4,29
IDA blend	3,47	Middle East & North Africa (IDA & IBRD countries)	5,53
Indonesia	6,05	Tonga	5,94
IDA only	3,62	South Asia (IDA & IBRD)	5,99
India	6,38	Sub-Saharan Africa (IDA & IBRD countries)	3,00
Ireland	14,22	Trinidad and Tobago	11,12
Iran, Islamic Rep.	6,36	Tunisia	8,59
Iraq	3,40	Turkey	8,73
Iceland	15,19	Tanzania	2,62
Israel	12,21	Uganda	1,96
Italy	***23,01***	Ukraine	16,70
Jamaica	8,92	Upper middle income	10,03
Jordan	3,89	Uruguay	14,94
Japan	***28,00***	***United States***	***16,21***
Kazakhstan	7,65	Uzbekistan	4,60
Kenya	2,42	St. Vincent and the Grenadines	9,74
Kyrgyz Republic	4,60	Venezuela, RB	7,61
Cambodia	4,72	Virgin Islands (U.S.)	19,88
Kiribati	4,08	Vietnam	7,55
Korea, Rep.	15,06	Vanuatu	3,62
Kuwait	2,76	World	9,10
Latin America & Caribbean (excluding high income)	8,50	Samoa	4,93
Lao PDR	4,16	Yemen, Rep.	2,90
Lebanon	7,27	South Africa	5,42
Liberia	3,29	Zambia	2,12
Libya	4,46	Zimbabwe	2,98
St. Lucia	10,04		

Quelle: Schätzungen der Weltbank auf der Grundlage der Alters-/Geschlechtsverteilung der Weltbevölkerungsprognosen der Bevölkerungsabteilung der Vereinten Nationen: Revision 2019; gerundete Werte; https://data.worldbank.org/indicator/SP.POP.65UP.TO.ZS; Länder bzw. Regionen, zu denen es keine Daten für 2019 gab, sind in der Liste nicht aufgeführt (letzter Stand: 03.07.2020)

Anhang 2: Optimale Infrastruktur-Ausgabenquote im erweiterten Solow-Modell

Wenn man davon ausgeht, dass ein konstanter Anteil V″ des Bruttoinlandsproduktes für öffentliche Investitionen ausgegeben wird und (mit Parameter V′>0), dann ist die Relation von Infrastrukturkapitalbestand K′ zu Y langfristig gegeben (der Logik des Domar-Modells bei der Staatsverschuldung folgend: Domar 1944) durch $K'/Y = (V''/g_Y)$ bzw. im Fall einer konstanten Bevölkerung $K'=(V''/a)Y$. Hier wird davon ausgegangen, dass Infrastrukturkapital kostenlos vom Staat den Unternehmen bereitgestellt wird. Zudem wird annahmegemäß Realkasse (M/P; M nominaler Geldbestand, P ist das Preisniveau) von den privaten Haushalten gehalten, und als Produktionsfaktor im Rahmen von für Unternehmen relevanten „Spillover-Effekten" im Bezahlsystem des betrachteten Landes betrachtet ($0<ß<1$, $0<ß'<1$, $0<ß''<1$), was zu der Produktionsfunktion führt:

$$Y = (M/P)^{ß''} K^{ß} K'^{ß'} (AL)^{1-ß-ß'-ß''} \quad (32.1)$$

Betrachtet man den langfristigen Zusammenhang, dass $K'=(V''/a)Y$, so kann man als gesamtwirtschaftliche Produktionsfunktion – nach Ersetzen von K′ in der vorigen Gleichung – verwenden:

$$Y = (M/P)^{ß''} K^{ß} \left((V''/a)Y\right)^{ß'} (AL)^{1-ß-ß'-ß''} \quad (32.2)$$

$$Y/(AL) := y' = (m')^{ß''} K^{ß} \left((V''/a)y'\right)^{ß'} \quad (32.3)$$

$$y'^{1-ß'} = (m')^{ß''} K^{ß} (V''/a)^{ß'} \quad (32.3')$$

$$y' = (m')^{ß''/(1-ß')} k'^{ß/(1-ß')} (V''/a)^{ß'/(1-ß'')} \quad (32.3'')$$

Je größer die Infrastrukturkapital-Produktionselastizität ß″, desto stärker werden die Produktionselastizitäten der Produktionsfaktoren Realkasse pro Arbeit in Effizienzeinheiten, nämlich $(M/P)/(AL):=m'$ und von $k':= K/(AL)$ erhöht. Die Wachstumsrate des technischen Wissens a wird – bei gegebener Bevölkerung – die Wachstumsrate des Realeinkommens im langfristigen Gleichgewicht bestimmen.

Es gelte mit Blick auf annahmegemäße innovationsförderliche Effekte des Infrastrukturkapitals, dass die Wachstumsrate des technischen Wissens (A) hier a= a_0 + V′V″ beträgt (a_0 ist die exogene Komponente des technischen Fortschritts). Man kann davon ausgehen, dass ein hoher Infrastrukturkapitalbestand die Zugänglichkeit für innovationsstarke Firmen bei technologie- und wissensintensiven Vorprodukten verbessert, was innovationsstärkend wirkt – entsprechend ist der Parameter V′>0.

$$a = a_0 + V'V'' \tag{32.4}$$

Es gelte (mit m für Realkasse (M/P) beziehungsweise m^d für reale Geldnachfrage in der Volkswirtschaft) bei Abwesenheit von Inflationserwartungen die reale Geldnachfragefunktion m^d = hY/(h′r), wobei r der Realzins ist und h sowie h′ positive Parameter sind. Die Bedingung für Geldmarktgleichgewicht lässt sich kompakt schreiben als:

$$M / P = hY / \left(h'r\right). \tag{32.5}$$

Dabei kann hier beachtet werden, dass Grenzprodukt des Kapital (hier gleich ßY/K) gleich Realzins bei Wettbewerb und Gewinnmaximierung der Unternehmen gilt (τ ist der Einkommenssteuersatz; Erträge aus staatlichen Wertpapieren sind annahmegemäß unversteuert):

$$ß\left(Y / K\right)\left(1-\tau\right) = r;\ \text{äquivalent ist} \tag{32.6}$$

$$\left(ß / \left(1-ß'\right)\right)\left(1-\tau\right)\left(m'\right)^{ß''/(1-ß')} k'^{ß/(1-ß')} \left(V'' / a\right)^{ß'/(1-ß'')} \quad k'^{ß''-1} = r \tag{32.6′}$$

Der Abschreibungssatz auf Realkapital sei 0 und h/h′:=h″. Die Produktionsfunktion lautet daher implizit:

$$Y^{(1-ß')} = \left(h'' / \left(ß\left(1-\tau\right)\right)\right)^{ß''} K^{ß+ß''} \left(V'' / a\right)^{ß'} \left(AL\right)^{1-ß-ß'-ß''} \tag{32.7}$$

Das ergibt:

$$Y = \left(h'' / ß\left(1-\tau\right)\right)^{ß''/(1-ß')} K^{(ß+ß'')/(1-ß')} \left(V'' / a\right)^{ß'/(1-ß')} \left(AL\right)^{(1-ß-ß'-ß'')/(1-ß')} \tag{32.8}$$

Mit y′:= Y/(AL) und k′:= K/(AL) erhält man:

$$y' = \left(h'' / ß\left(1-\tau\right)\right)^{ß''/(1-ß')} k'^{(ß+ß'')/(1-ß')} \left(\left(V'' / a\right) / \left(AL\right)\right)^{ß'/(1-ß')} \tag{32.9}$$

Infrastrukturkapital erhöht via ß′ bzw. durch 1-ß′ im Exponenten der Produktionsfaktoren K, A und L sowie beim Realkasse Term die Produktionselastizitäten dieser Produktionsfaktoren und steigert das Niveau des Wachstumspfades im modifizierten neoklassischen Modell hier um den kombinierten Term $(V''/a)^{ß'/(1-ß')}$ $(h''/ß(1-t'))^{ß''/(1-ß')}$. Im zweiten Term $(h''/ß)^{ß''/(1-ß')}$ wirkt der Einfluss von Realkasse und Infrastrukturkapital zusammen. Logarithmieren von (7) ergibt hier eine einfache Gleichung für „Growth Accounting“:

$$\begin{aligned} \ln Y = &\left(ß''/\left(1-ß'\right)\right)\left(\ln h - \ln ß\right) + \left(\left(ß + ß''\right)/\left(1-ß'\right)\right) \\ &\ln K + \left(ß'/\left(1-ß'\right)\right)\ln V'' - \left(ß'/\left(1-ß'\right)\right) \\ &\ln a + \left(\left(1-ß-ß'-ß''\right)/\left(1-ß'\right)\right)\left(\ln A + \ln L\right) \end{aligned} \qquad (32.7')$$

Geht man von einer konstanten Trendwachstumsrate des technischen Fortschritts aus (dlna/dt = 0), dann gilt nach Differenzieren:

$$\begin{aligned} d\ln Y/dt = &\left(\left(ß+ß''\right)/\left(1-ß'\right)\right)d\ln K/dt + \left(\left(1-ß-ß'-ß''\right)/\left(1-ß'\right)\right) \\ &\left(d\ln A/dt + d\ln L/dt\right) + \left(ß'/\left(1-ß'\right)\right)d\ln V''/dt \end{aligned} \qquad (32.7'')$$

Die Wachstumsrate des Realeinkommens ergibt sich daher durch die Summierung der gewichten Wachstumsrate des privaten Kapitalbestandes K, des Wissens A und der Bevölkerung bzw. der Arbeitnehmer L plus der gewichteten Wachstumsrate der öffentlichen Investitionsquote, wobei allerdings im Koeffizienten für die Wachstumsbeiträge von K, A und L jeweils auch die Produktionselastizität des Infrastrukturkapitals eine Rolle spielt: Je höher diese ist bzw. je höher der Schätzkoeffizient bei dlnV″/dt, desto höher sind die geschätzten Koeffizienten für K, A und L in der obigen Gleichung.

Von daher – und mit der Annahme, dass V″>a – gilt, dass Infrastruktur die effektive Produktionselastizität bzw. Grenzproduktivität aller anderen Produktionsfaktoren vergrößert, während die Geldhaltung die Produktionselastizität beziehungsweise speziell das Grenzprodukt des privaten Kapitals erhöht. Sofern h″/ß>1 ist, gilt stets, dass Realkasse das Volumen des Bruttoinlandsproduktes erhöht, da Realkasse quasi-kapitalvermehrend wirkt. Man definiere Y/(AL):= y′ und kann dann mit k′:= K/(AL) schreiben:

$$y' = \left(h''/ß\left(1-\tau\right)\right)^{ß''/(1-ß')}\left(V''/a\right)^{ß'/(1-ß')}\,k'^{(ß+ß'')/(1-ß')} \qquad (32.10)$$

Für das private Kapitalgrenzprodukt gilt:

$$\partial y'/\partial k' = (ß + ß'')/(1-ß')\left(h''/ß(1-\tau)\right)^{ß''/(1-ß')} \left(V''/a\right)^{ß'/(1-ß')} k'^{(ß+ß'')/(1-ß')-1} \tag{32.11}$$

Hier gilt für die staatliche Budgetbeschränkung unter der Annahme, dass es nur öffentliche Investitionsausgaben und reale Zinsausgaben gibt:

$$\tau Y + (dK'/dt)/P) = V''Y + rK' \tag{32.12}$$

$$\tau y + dk'/dt + nk' = V'' + rK'/Y \tag{32.13}$$

Da langfristig (K′/Y) = V″/a ist, gilt im Steady state (dk′/dt = 0) unter Annahme n = 0:

$$\tau y = V''(1 + r/a) \tag{32.14}$$

Daher ist langfristig der Steuersatz gegeben durch

$$\tau\# = \left(V''(1 + r/a)\right)/y. \tag{32.15}$$

Es gibt hier eine objektgebundene Staatsdefizitfinanzierung, so dass ein erhöhter Steuersatz τ zwar eine höhere öffentliche Investitionsquote erlaubt, zugleich aber fällt das Netto-Grenzprodukt des privaten Kapitals bzw. von k′, was mit Blick auf Gewinnmaximierung zu einem verminderten optimalen k′ im Gleichgewicht führt.

$$S/(AL) = s(1-\tau)(h''/ß(1-\tau)^{ß''/(1-ß')}\left(V''/a\right)^{ß'/(1-ß')} k'^{(ß+ß'')/(1-ß')} \tag{32.16}$$

Bei konstanter Bevölkerung lautet die Gleichgewichtslösung für k′# (mit $\underline{ß}$:= (ß+ß″)/(1-ß′))

$$k'\# = \left(s(1-\tau)\left(h''/ß(1-\tau)\right)^{ß''/(1-ß')}\left(V''/a\right)^{ß'/(1-ß')}/a\right)^{1/(1-\underline{ß})} \tag{32.17}$$

$$y'\# = \left(h''/ß(1-\tau)\right)^{ß''/(1-ß')}\left(V''/a\right)^{ß'/(1-ß')} \left(s(1-\tau)\left(h''/ß(1-\tau)\right)^{ß''/(1-ß')}\left(V''/a\right)^{ß'/(1-ß')}/a\right)^{ß/(1-ß)} \tag{32.18}$$

Im Exponenten bei der Kapitalintensität sind enthalten die Kapitalintensitäten ß und ß″ sowie ß′. Damit spielen auch Realkasse und Infrastrukturkapital eine wichtige Rolle und zwar erhöhen sie das gleichgewichtige y′.

Es sei davon ausgegangen, dass eine erhöhte Infrastrukturkapitalintensität K′/(AL) den Handel mit technologieintensiven Vorprodukten innovationssteigernd erleichtert, so dass die Fortschrittsrate a eine positive Funktion von V″ ist (V′ ist nachfolgend ein positiver Parameter). Zum Infrastruktur-Kapitalbestand zu zählen sind Autobahnen/Straßen, Flughäfen, Häfen und die Digitalinfrastruktur; in einer engen Definition könnte man letztere ausblenden, da sie im privaten Kapitalbestand erfasst wird, da aber positive Netzexternalitäten vorliegen, ist die hier vorgeschlagene breite Infrastrukturkapital-Definition durchaus sinnvoll auch mit Blick auf eine ökonometrische Analyse (denkbar ist zum, dass der Einkommenssteuersatz sich auf die Fortschrittsrate a auswirkt).

Wenn für die Wachstumsrate des Wissens gilt:

$$a = a_0 + V'V'' \tag{32.19}$$

dann erfordert die modifizierte goldene Regel:

$$(ß + ß'') / (1 - ß') = a_0 + V'V'' \tag{32.20}$$

$$V'V'' = ((ß + ß'') / (1 - ß')) - a_0 \tag{32.21}$$

Daraus folgt für den staatlichen Angebots-Fiskalparameter V″ – die öffentliche Investitionsquote – im golden age (Maximierung des Pro-Kopf-Konsums):

$$V''^{opt} = (((ß + ß'') / (1 - ß')) - a_0) / V' \tag{32.22}$$

Die optimale öffentliche Investitionsquote ist daher eine positive Funktion von ß und ß″ sowie der Angebotselastizität des Infrastrukturkapitals und eine negative Funktion von V′. Man beachte im Übrigen: K′/Y = (K′/K)(Y/K), wobei $y'/k' = (h''/ß)^{ß''/(1-ß')}(V''/a)^{ß'/(1-ß')}$.

Literatur

Domar, E. D. (1944). The „burden of the debt“ and the national income. *American Economic Review, 30*(4), 798–827.

Weiterführende Literatur

Anderson, J. (2020). *The fiscal response to the economic fallout from the coronavirus*. Brussels: Bruegel.

Bretschger, L., Grieg, E., Welfens, P. J. J., & Xiong, T. (2020a). Corona fatality development, health indicators and the environment: Empirical evidence for OECD countries. *International Economics and Economic Policy*,(2), forthcoming

Bretschger, L., Grieg, E., Welfens, P. J. J., & Xiong, T. (2020b). *Infections plus fatality developments and the environment: Empirical evidence for OECD countries and newly industrialized economies* (EIIW discussion paper No. 276). Wuppertal: Europäisches Institut für internationale Wirtschaftsbeziehungen (EIIW)/Universität Wuppertal.

DeGruyter. (2020). *Perspektiven der Wirtschaftspolitik* (Heft 21, Bd. 1). Berlin: de Gruyter.

IMF. (2020a). IMF makes available $50 billion to help address coronavirus, speech by IMF Managing Director Kristalina Georgieva at Joint Press Conference with World Bank Group President David Malpass on the Coronavirus Response, March 4 2020. https://www.imf.org/en/News/Articles/2020/03/04/sp030420-imf-makes-available-50-billion-to-help-address-coronavirus. Zugegriffen am 11.03.2020.

Johns Hopkins University. (2020). COVID-19 dashboard, Johns Hopkins Whiting School of Engineering, Center for Systems Science and Engineering. https://www.arcgis.com/apps/opsdashboard/index.html#/bda7594740fd40299423467b48e9ecf6.

Welfens, P. J. J. (2020d). *Joint eurobonds as a rational policy options in the EU corona crisis*, EIIW discussion paper, forthcoming

P. J. J. Welfens, *Corona-Weltrezession*, https://doi.org/10.1007/978-3-658-31386-9

WHO. (2020d). *Coronavirus disease (COVID-19) situation report* – 155, 23 June 2020. Geneva: World Health Organization. https://www.who.int/docs/default-source/coronaviruse/situation-reports/20200623-covid-19-sitrep-155.pdf?sfvrsn=ca01ebe_2. Zugegriffen am 29.06.2020

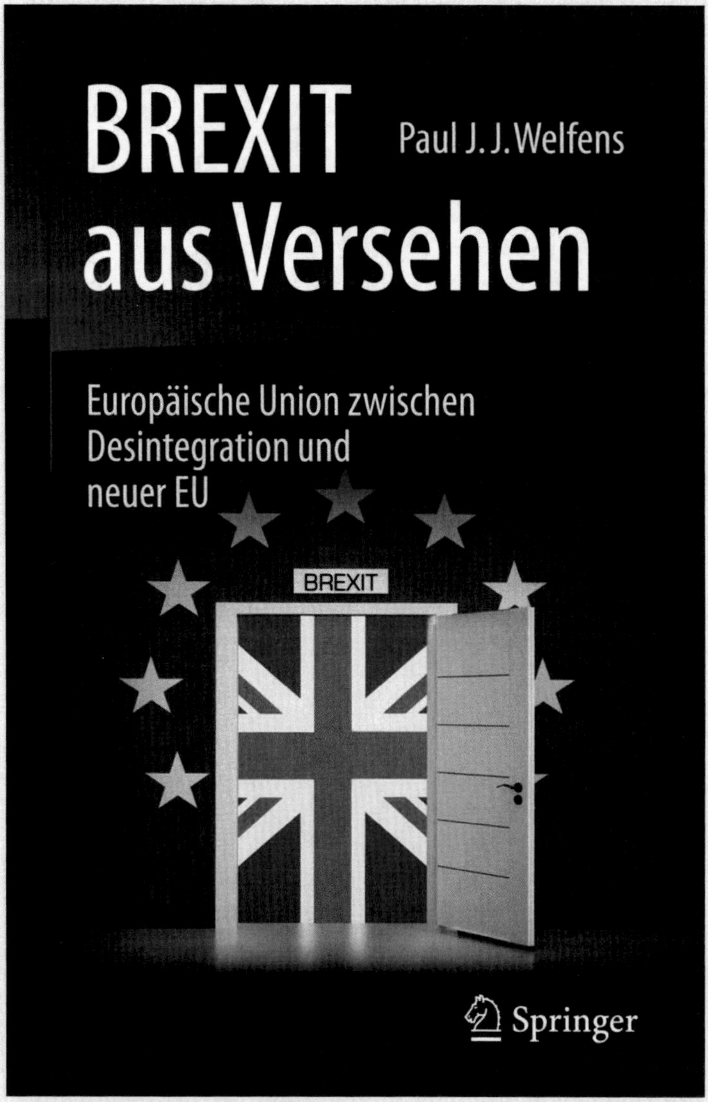